ein Ullstein Buch

ÜBER DAS BUCH:

Im Mittelpunkt dieses drei Generationen umspannenden Familienromans steht ein junges Paar: Jane Heissenhuber und Nicholas Cobleigh. Sie sind zwanzig, als sie sich auf der Universität kennenlernen und bald darauf heiraten. Auf ihre eigenen Pläne, zur Bühne zu gehen, verzichtet Jane, um sich ganz der Schauspielerkarriere ihres Mannes zu widmen und seine Interessen als Managerin wahrzunehmen. Und Nick schafft den steilen Aufstieg vom Off-Broadway zum gefeierten Broadway-Star und strahlenden Filmhelden. Eigentlich könnte Jane, mittlerweile Mutter zweier reizender Töchter, glücklich sein, aber sie fühlt sich überflüssig, ein eheliches Anhängsel eines von aller Welt angehimmelten Stars, und leidet an Anfällen von Platzangst. Nick stürzt sich indessen von einer Affäre in die andere, während Jane ein leidenschaftliches Verhältnis mit ihrem Psychiater beginnt. Doch glücklich werden sie beide nicht. Als Nick in England einen Film dreht, ruft er Jane zu Hause in Connecticut an, und sie reden am Telefon wieder miteinander wie in alten Zeiten. Jane, die spürt, daß Nick sie braucht und daß ihre Ehe vielleicht doch noch eine Chance hat, überwindet ihre panische Angst vor dem Fliegen und besteigt die nächste Maschine nach London...

DIE AUTORIN:

Susan Isaacs arbeitet als freie Journalistin für *New York* und *Mademoiselle* und veröffentlicht Buchbesprechungen in *The New York Times Book Review* und *The Washington Post Book World*. Die Autorin lebt mit ihrem Mann und zwei Kindern auf Long Island, New York.

Meinen Kindern Andrew und Betsy Abramowitz
mit all meiner Liebe gewidmet

Susan Isaacs

Liebe ist
der Liebe Preis

Roman

ein Ullstein Buch

ein Ullstein Buch
Nr. 22101
im Verlag Ullstein GmbH,
Frankfurt/M – Berlin
Titel der amerikanischen
Originalausgabe:
Almost Paradise
© 1984 by Susan Isaacs
Ins Deutsche übertragen
von Helena Krone

Ungekürzte Ausgabe

Umschlagentwurf:
Theodor Bayer-Eynck
unter Verwendung eines Ausschnitts
des Bildes *Adam et Eve*
von Tamara de Lempicka
© VGBild-Kunst, Bonn, 1988
Alle Rechte vorbehalten
Übersetzung
© 1986 Verlag Ullstein GmbH,
Frankfurt/M – Berlin
Printed in Germany 1989
Druck und Verarbeitung:
Clausen & Bosse, Leck
ISBN 3 548 22101 7

August 1989
9.–11. Tsd.

CIP-Titelaufnahme
der Deutschen Bibliothek

Isaacs, Susan:
Liebe ist der Liebe Preis /
Susan Isaacs. – Ungekürzte Ausg.,
9.–11. Tsd. – Frankfurt/M; Berlin:
Ullstein, 1989
  (Ullstein-Buch; Nr. 22101)
  ISBN 3-548-22101-7

NE: GT

Prolog

An Bord einer Concorde flog Jane Cobleigh mit Überschallgeschwindigkeit nach London, um sich ihren Ehemann wiederzuholen. Erst als die Maschine zur Landung ansetzte, sah sie das endlose Häusermeer unter sich liegen. Eine sommerliche Hitzewelle flimmerte über der Stadt.

Ihr Hotel erreichte sie ungefähr zur gleichen Zeit, als Nicholas aus dem Studio in seine Wohnung zurückkehrte.

»Guten Abend.« Der Portier trug eine korrekte Uniform, in der ihm allerdings schrecklich heiß war. Sein roter Hals quoll über den engen Hemdkragen.

Jane bemühte sich, ebenso höflich zu sein. »Guten Abend«, sagte sie ohne jeden Ohio-Akzent.

»Wir freuen uns sehr, daß Sie uns beehren, Mrs. Cobleigh.« Er genoß es offensichtlich, den berühmten Namen über die Zunge rollen zu lassen. Seine Aussprache war außerordentlich vollmundig und so herrlich englisch, daß Jane fast erwartete, er werde seine Ansprache mit einem Shakespeare-Sonett fortsetzen: »Wenn vierzig Winter deine Stirn belagern / und in deine Schönheit Furchen graben ...«

Statt dessen fragte der Portier aber nur: »Zahlen Sie mit Scheck oder Kreditkarte?«

»Kreditkarte«, erwiderte sie.

»Ausgezeichnet«, meinte er.

Was er wohl gesagt hätte, wenn sie mit Scheck zahlen würde?

Sein ganzes Gesicht war rot wie eine Tomate. Die Hotelhalle war auch viel zu elegant, als daß eine primitive technische Einrichtung wie eine Klimaanlage darin Platz gehabt hätte. Außerdem trug er eine betreßte Livree mit langen Rockschößen, die zwar zu all dem Marmor und vergoldeten Stuck paßte, aber in der stickigen Hitze absolut tödlich sein mußte. Jane überlegte, wer von ihnen wohl zuerst ohnmächtig würde. Mit gemessener Feierlichkeit überreichte der Portier ihren Zimmerschlüssel dem Pagen.

Als sie schließlich in ihrem kühlen Zimmer stand, fragte sich Jane, ob sie dem Pagen zuviel Trinkgeld gegeben hatte. Er hatte sich jedenfalls verbeugt, als ob sie gekommen wäre, um ihren wohlbegründeten Anspruch auf die britische Krone geltend zu machen. Wieviel waren fünf Pfund eigentlich wert? Sie war zu müde zum Nachdenken.

Erst nachdem sie geduscht hatte, gestand sie sich ein, daß es nicht nur Müdigkeit war. Sie hatte Lampenfieber. Die entfremdete Ehefrau des berühmtesten Filmschauspielers der Welt durfte nicht einfach unangemeldet in London auftauchen. »Hallo! Meine Affäre ist vorbei. Sie hat mir nie viel bedeutet. Wie sieht es bei dir aus? Kannst du sie abschieben? Wozu braucht ein vierzigjähriger Mann überhaupt so eine vierundzwanzigjährige Porzellanpuppe mit rotem Haar und einer sehr teuren, sehr delikaten Figur?«

»Jane«, würde er ganz vorsichtig sagen und sie dabei vermutlich bedauernd anblicken.

»Aber du hast so oft angerufen, Nick. Es klang so, als ob ... Ich war mir ganz sicher ...«

»Jane, es tut mir schrecklich leid. Ich dachte, es wäre besser für die Kinder, wenn wir ein gutes Verhältnis hätten. Ich wollte einfach nur ... nett sein. Es tut mir schrecklich leid, daß du das irgendwie mißverstanden hast, Jane. Weißt du, ich liebe Pamela. Das habe ich dir doch schon vor zwei Jahren erklärt ...«

Lampenfieber? Nein, es war mehr. Es war die Angst vor einer schrecklichen Demütigung. Sie war auf dem besten Wege, sich zu einem kompletten, über den Atlantik angereisten Esel zu machen. Was sollte sie ihm denn sagen? »Oh, hallo. Ich habe mich mal eben ins Flugzeug nach London gesetzt, obwohl ich bisher noch nie geflogen bin. Ich dachte, ich sehe mal nach, wie's dir geht.«

Was sollte sie machen, wenn Pamela bei ihm war? Alle sagten, sie sei ständig bei ihm. Hielte Händchen mit ihm. Legte ihr Köpfchen an seine Brust. Sie mußte eine richtige Zierpuppe sein, dachte Jane. Nein. Sie war bewundernswert zierlich. Ich werde wie Mrs. King Kong neben ihr aussehen.

Was sollte sie sagen? Sie hatte keine besondere Rolle geprobt. »Nick, laß uns reden. Nick, ich liebe dich immer noch. Ich liebe dich so, du weißt gar nicht, wie sehr ich dich liebe ...«

Er hatte sie auch geliebt. Nach ihrer Hochzeit hatten ihm seine Eltern den Geldhahn zugedreht, was Nicholas nie geglaubt hätte. Die Cobleighs waren nicht damit einverstanden gewesen, daß ihr Sohn sein Jurastudium aufgab, um Schauspieler zu werden. Zum ersten Mal hatte Nicholas plötzlich ohne den wärmenden Mantel der Oberklassen-Sicherheit dagestanden.

Eines Morgens hatte Jane ihn dabei ertappt, wie er mit weit offenen Augen die irrsinnige Jagd der Kakerlaken beobachtete, die im Spülbecken ihrer jämmerlich kalten Wohnung an der 46. Straße herumflitzten. Er tat ihr leid in seinem Abscheu und seiner Demütigung. Es war immer alles so schön gewesen für Nicholas, bevor sie ihn zur Schauspielerei verführt und in die Armut gelockt hatte.

»Nick«, hatte sie gesagt, »es tut mir so leid. Es tut mir leid, daß alles so schmutzig ist und daß wir so arm sind und ...«

Dann hatte sie aufgehört. In den Kreisen, aus denen Nicholas stammte, wurde Selbstmitleid vermutlich als eine typische Schwäche von Angehörigen der Unterklasse betrachtet, und wenn sie jetzt weiterjammerte, würde ihm womöglich bewußt werden, was er für einen Fehler gemacht hatte. »Hoppla!« würde er sagen und so schnell wie möglich in die Park Avenue laufen. Statt dessen hatte er seinen Arm um sie gelegt und gesagt: »Mach dir nichts draus! Wir werden's schon überleben. Schau uns doch an. Wir könnten glatt auf Tournee gehen: ein glücklich liebendes Paar, jung und arm wie Kirchenmäuse. Hast du je von einer solchen Romanze gehört, die kein Happy-End hatte? Na, komm schon, lach wieder. Lächle ein bißchen, ehe die Kakerlaken mich in die nackten Füße beißen und irgendein scheußliches Melodrama beginnt, in dem ich an der Beulenpest sterbe und du mit einem billigen schwarzen Gewand herumhocken mußt.« Sie hatte gelächelt. »Gut«, hatte er gesagt, »und jetzt sag mir noch, daß du mich liebst.«

»Ich liebe dich, Nick.« Dann lag alles an ihm.

Was auch immer in einer Ehe geschehen sein mag, die Frau, mit der ein Mann neunzehn Jahre lang verheiratet war, kann ihm nicht gleichgültig sein. Ein Mann kann mit einer Frau nicht so lange verheiratet sein, ohne sich daran zu erinnern, daß er sie einmal geliebt hat.

Es war daher nicht weiter erstaunlich, daß Nicholas Cobleigh in dieser Nacht von Jane träumte. Er wohnte kaum eine Meile von ihrem Hotel entfernt in einem jener ehemaligen Pferdeställe, die von cleveren Architekten zu todschicken, hochmodernen Stadtwohnungen ausgebaut worden waren. Die gute alte Jane, dachte er, als er sich in seinem sündhaft teuren, etwas kitschigen Himmelbett aufsetzte. Er konnte sich an die Einzelheiten des Traums nicht erinnern, aber er wußte, daß es um jenen Abend gegangen war, an dem seine Eltern das Mädchen begutachtet hatten, das er heiraten wollte.

Es war am Tag der Examensfeier gewesen. Das Mittagessen fand im Falstaff-Saal des Sheraton-Biltmore in Providence statt, und zwischen den acht blonden, hellhäutigen und wohlgekleideten Cobleighs sah die schwarzhaarige, olivhäutige Jane wie eine italienische Einwanderin aus. Ihr Hemdblusenkleid saß über dem Busen ein bißchen zu knapp und leuchtete zwischen den beigefarbenen Seidenkleidern und den dunkelbraunen Tweedjacken der Cobleighs wie eine grüne Verkehrsampel. Mit der Artischocke, die Cobleigh sen. für sie bestellt hatte, konnte Jane offensichtlich gar nichts anfangen.

Nicholas drehte sein Kopfkissen um und legte sich auf die kühlere Seite. Er erinnerte sich noch sehr genau, wie Jane den Kopf gesenkt und durch rasche Seitenblicke auf die Gastgeber festzustellen versucht hatte, wie sie mit dem grünen Ding auf ihrem Teller umgehen solle. Schließlich zog sie an einem der Blätter und brachte damit die Artischocke ins Rutschen. Wahrscheinlich wäre sie samt der öligen Vinaigrette auf dem Schoß des grünen Kleides gelandet, hätte Jane sie nicht eben noch mit der Linken zu fassen gekriegt.

Nicholas wußte noch wie heute, daß er damals auf eine ihrer witzigen, selbstironischen Bemerkungen gewartet hatte, aber Jane war stumm geblieben. Die Gegenwart der acht Cobleighs, die ihr wohl als ungeheuer kultivierte New Yorker erschienen, hatte sie völlig gelähmt. Er konnte ihr nicht einmal mit einem kleinen Händedruck Mut machen, denn sie saß zwischen seinem Vater und seinem jüngeren Bruder.

Es war wirklich schade, daß sie die Augen gesenkt hielt. Ihre Augen waren so schön. Er hatte sich so gewünscht, daß seine Familie Janes veilchenblaue Augen bewunderte, die er viel schöner als seine eigenen fand.

Seine Augen waren berühmt, aber gestern morgen hatte der Maskenbildner gesagt: »Die Augen sind ein bißchen trüb heute, Mr. Cobleigh.« Nicholas hatte ungeduldig geseufzt, aber er wußte Bescheid. »William the Conqueror« war ein Fünfunddreißig-Millionen-Dollar-Film, dessen Erfolg von ganz bestimmten Zutaten abhing, und dazu gehörten auch Nicholas Cobleighs weltberühmte grünblaue Augen.

Auch heute würden seine Augen wieder eine Rötung aufweisen. Er schlief schon seit Wochen nicht sonderlich gut. Immer wieder machte Jane ihm zu schaffen. Wenn er nicht von ihr träumte, wachte er mitten in der Nacht auf und suchte ihren warmen Körper mit seinen Händen.

Auch jetzt gelang es ihm nicht, Jane zu vertreiben. Er atmete tief und konzentriert, rutschte auf die andere Seite des Bettes und preßte sich an Pamelas geschwungenen Rücken; er schloß die Augen und streichelte Pamelas spitze Brüste, aber nichts half.

Seufzend stand Nicholas auf, schlich auf Zehenspitzen die Treppe hinunter in die Bibliothek und nahm den Telefonhörer ab.

Er wußte nicht, was ihn immer wieder dazu trieb, Jane anzurufen, und er wußte auch nicht, was er ihr diesmal sagen sollte, falls sie überhaupt an den Apparat kam. Es war ihm peinlich, daß er sie jede zweite Nacht anrief und dabei jedesmal neue Vorwände brauchte. Meist mußten die Kinder als Ausrede herhalten. »Könntest du mir bitte Vickys Zeugnis kopieren? Hast du mit dem Arzt über Elizabeths Mittelohrentzündung gesprochen?« Jane wußte vermutlich, daß in London gerade die Dämmerung aufzog.

Einmal hatte er sich vorgenommen, etwas nur deshalb zu sagen, um herauszufinden, wie sie darauf reagierte. »Ich glaube, wir sollten mal mit den Rechtsanwälten sprechen. Ich kann Pamela schließlich nicht ewig warten lassen«, hatte er sagen wollen. Aber als er das vertraute »Hallo« mit dem lustigen Cincinnati-»o« hörte, hatte er es einfach nicht fertiggebracht. »Der Steuerberater sagt, du hättest ihm noch nicht alle Unterlagen geschickt«, war alles, was er schließlich vorzubringen gewußt hatte. »Mitte des Monats ist der letzte Termin für die Steuererklärung.« Ihre Stimme war völlig gelassen geblieben: »Geht in Ordnung, ich habe jetzt alles beisammen. Übrigens, wie geht es denn mit ›William‹ voran?« Fast eine Stunde lang hatte er ihr von den Dreharbeiten erzählt.

Nicholas rief erst in der Penthouse-Wohnung in New York und dann in ihrem Haus in Connecticut an, aber beide Male weckte er nur die Haushälterinnen. Mrs. Cobleigh wurde in dieser Nacht nicht mehr erwartet, sie war auf eine Urlaubsreise gegangen. Ob man ihr etwas ausrichten könne? »Nein, ich versuche es ein andermal.«

Er hängte ein und ging wieder nach oben, ins Bett. Pamela kuschelte sich an ihn, und ihre Haare gerieten in sein Gesicht. Er schob sie beiseite, dann schloß er die Augen.

Er fragte sich, wo Jane wohl hingefahren sein mochte. Er dachte über seinen Traum und das hellgrüne Kleid nach, das sich über dem Busen spannte. Dann versuchte er sich vorzustellen, wie es wohl wäre, Jane wiederzusehen.

So, wie sie es sich vorgestellt hatten, fand ihr Wiedersehen allerdings niemals statt. An jenem unsäglich heißen Julitag des Jahres 1980, an dem drei Komparsen in ihren Rüstungen ohnmächtig wurden, an dem die Maskenbildner ihren gesamten Vorrat an Alabaster Nr. 6 Body Make-up verbrauchten, weil die Schauspieler es alle zehn Minuten wieder heruntergeschwitzt hatten, und an dem in der Kantine der letzte Eiswürfel bereits um zehn Uhr vormittags in einem Limonadenglas schmolz, entstieg Jane Heissenhuber Cobleigh in einem leichten cremefarbenen Leinenkleid vor der Blackheath Studios einem grauen Mercedes und lief aufgeregt über die Straße. »Nick, Nick!« rief sie dem Insassen einer anderen Limousine zu, die gerade das Studio verließ, und wurde im selben Augenblick von dem dunkelblauen Sportwagen eines drittklassigen Rockmusikers erfaßt, der seit drei Wochen zum erstenmal wieder nüchtern und *clean* war.

War es die Vorsehung oder ein alberner Zufall? Weder Nicholas noch Jane gehörten zu jenen Leuten, die über so etwas lange nachdenken. Es war schon zu vieles in ihrem Leben passiert, als daß sie hätten annehmen können, alles verliefe immer nur problemlos und glatt.

Aber einen solchen Schock hatte dann doch niemand erwartet.

＃ Erstes Buch

Jane

1

> Wir erfahren soeben von Reuters, daß Jane Cobleigh beim Überqueren einer Straße in London von einem Auto erfaßt und schwer verletzt worden ist. Ihr Ehemann, der bekannte Filmschauspieler Nicholas Cobleigh, hat sich geweigert, einen Kommentar abzugeben. Wie es heißt ...
>
> NBC-Nachrichten

Janes Mutter hätte sicher liebend gern mit den Reportern gesprochen. Sie würde sich dazu die beiden obersten Knöpfe ihrer Bluse geöffnet haben, wäre sich kurz mit der Zunge über die Lippen gefahren und hätte die neugierigen Journalisten mit einem sinnlichen »*Hi, boys*« begrüßt; jedenfalls in jenen längst vergangenen Showbusiness-Tagen hätte sie das so getan, als sie noch keine Hausfrau und Mutter war, als sie noch nicht regelmäßig in die Kirche ging und Gemüse einweckte, als sie noch nicht Mrs. Richard Heissenhuber war.

Revuetänzerin war sie gewesen und hatte sich Sally Tompkins genannt. Schauspielerin war sie gewesen, und 1926 hatte sie in der Komödie »Belle of Broadway« sechs Zeilen Text gehabt. Ihr Auftritt endete damit, daß sie energisch »Mr. Prescott, das ist für Sie!« rief, ihre Brüste von links nach rechts schwenkte und mit wuchtigen Schritten die Bühne verließ. Dafür hatte es noch jedesmal Beifall und anerkennende Pfiffe gegeben. Der Regisseur bestätigte ihr, sie sei ein großes Talent, und zwar nicht nur als Komikerin. »Aber«, so fügte er später hinzu, »mit so einem Atombusen wie du ihn hast, wird dich niemand jemals Lady Macbeth spielen lassen.« Und ein paar Nächte später erklärte er ihr, daß der Name Sally Tompkins überhaupt nicht zu ihrem Typ passe. Das klänge so nach dem Mädchen von nebenan, dabei sei sie doch eine richtige exotische Erscheinung, eine halbe Spanierin, oder? Warum nicht Lola Torrez oder Bonita oder Caramba? »Was solle ich denn machen?« fragte sie. »Ich heiße nun mal Sally Tompkins.«

Das war natürlich gelogen. In Wahrheit hieß sie Sarah Taubmann und stammte aus der Lower East Side von Manhattan.

Ihre Mutter, Janes Großmutter, war ein dickliches, verträumtes Mädchen gewesen, das bei Sarahs Geburt kaum fünfzehn Jahre alt war. Rivka Taubmann war so kurzsichtig, daß sie bei den Blusen, die ihre Eltern in Heimarbeit nähten, nur die Knöpfe annähen konnte. Sie hielt sich den Stoff dicht vor die Augen und stocherte lustlos mit Nadel und Faden herum. Die Sommersprossen in ihrem Gesicht stammten nicht von der Sonne, sondern waren in Wirklichkeit winzige Wundmale, die sie sich mit der tückischen Nadel beigebracht hatte.

Eines Abends im April 1906, als es schon zu dunkel war, um weiterzunähen, verließ Rivka die elterliche Zweizimmerwohnung und polterte die fünf Treppen zur Straße hinunter. Sie setzte sich in den Hauseingang und sog die warme Frühlingsluft ein, die ihr nach dem ewigen Zwiebel- und Knoblauchgeruch in der Wohnung sehr rein und erfrischend vorkam. Ihr rundes, blasses Gesicht war von einem Kranz schwarzer Locken umrahmt. Rivka blieb nicht lange allein. Yussel Weinberg kam um die Ecke und lachte sie an. »Hallo, meine Hübsche«, sagte er lässig. Sein Englisch war völlig akzentfrei. Er war sechzehn Jahre alt und so groß wie ein richtiger Amerikaner.

Sie plauderten ein wenig, und er setzte sich zu ihr. Dann mußte sie wieder zu ihren Eltern hinauf. Ein paar Tage später ging sie wieder hinunter, und erneut kam der hübsche Yussel vorbei. Danach trafen sie sich immer öfter. Eines Abends sagte Yussel: »Komm, ich zeige dir was«, und sie ging mit ihm. Er führte sie ins Haus nebenan und drängte sie in die dunkle Ecke unter der Treppe. »Ich kann nichts sehen«, protestierte sie, aber Yussel machte bloß »pssst«. Dann küßte er sie, und ehe sie wußte, wie ihr geschah, spürte sie überall seine Hände. Sie wußte, daß es nicht recht war, was er tat, aber als sie ihn wegstoßen wollte, wurde er böse. Also ließ sie ihn gewähren. Als sie wieder nach oben kam, schimpfte ihre Mutter sie aus, weil sie vergessen hatte, neuen Stoff mitzubringen. »Du blöde, blinde Göre!« kreischte die Mutter. Ihre Aussprache war nicht sehr deutlich, denn obwohl sie erst vierunddreißig Jahre alt war, hatte sie keinen Zahn mehr im Mund.

Yussel ging jetzt jeden Abend mit Rivka in den feuchten Schatten der Treppe, wo die Leute oft Abfall hinwarfen, und jedesmal betete sie, daß ihr keine Ratten unter den Rock krochen. Die Ratten verzichteten denn auch darauf, Yussel nicht. Er hob ihren Rock hoch, zog ihr den Schlüpfer herunter und steckte ihr Tag für Tag seinen Schwanz in den Bauch. Natürlich wurde sie schwanger.

Ihre Mutter wußte eher Bescheid als sie selbst. Ihr Vater verprügelte sie und hätte sie beinahe erwürgt; ihre Mutter schleppte sie zu einer Frau in der Rivington Street, der vier einzelne Borsten am Kinn wuchsen, und zwang sie, einen lauwarmen, stinkenden Sud zu trinken, der wie Urin schmeckte. Aber dieser Abtreibungsversuch mißlang. Dann schlugen sie mit einem Lineal auf sie ein, bis sie Yussels Namen verriet. Aber nachdem Rivka sich zwei Abende hintereinander nicht hatte blicken lassen, hatte der wohl Lunte gerochen und war von zu Hause weggelaufen.

Zwei Wochen vor ihrem fünfzehnten Geburtstag kam Rivka Taubmann auf dem Küchentisch nieder. Allen Gebeten ihrer Eltern zum Trotz war das Baby nicht tot und starb auch nicht bei der Geburt. Es war ein schönes, kräftiges Mädchen, und Rivka bestand darauf, daß es Sarah genannt wurde.

Ihre Eltern waren allerdings nicht gewillt, sie das Baby behalten zu lassen. Als Sarah eine Woche alt war, wickelte Rivkas Vater das Kind in eine Decke, ohrfeigte seine Tochter, damit sie aufhörte zu heulen, und marschierte zur Upper West Side. Das Schild an der Tür des Rose-Stern-Hoffmann-Heims für jüdische Kinder besagte, das Heim werde nach Abschluß der Renovierungsarbeiten am 15. Februar wieder eröffnet. Aber Rivkas Vater konnte Schilder in englischer Sprache nicht lesen, und so nahm er das Kind wieder mit.

Im Gegensatz zu Rivka, ihrer Mutter, war Sarah nicht blöde und blind, sondern hellwach und scharfsichtig. Obwohl sie es nicht auszudrücken gewußt hätte, war ihr schon mit sechs Jahren vollkommen klar, daß die Slums von zwei völlig verschiedenen Rassen bewohnt waren: Es gab Menschen, die total resigniert hatten, wie ihre Familienangehörigen, und es gab Menschen mit Hoffnung. Wenn sie andere Mädchen zu Hause besuchte, sah sie Eltern, die ihre Kinder hätschelten, mit Süßigkeiten verwöhnten und mit bunten Büchern zum Lernen anhielten. Solche Ermunterung fehlte bei ihr zu Hause vollkommen. Dort wurde Sarah als Schande betrachtet, deren Ankunft alle Hoffnung zunichte gemacht hatte.

Sarah schlief im Bett ihrer Mutter, aber Rivka schmuste niemals mit ihr. Nur ab und zu lächelte sie, und jeden Tag flocht sie Sarahs schwarzes Haar zu einem langen Zopf, den sie mit einer Schleife festmachte. Das war die einzige Zärtlichkeit, die Sarah von ihrer Mutter erfuhr.

Mit neun Jahren erkannte Sarah, daß ihr Leben keineswegs völlig aussichtslos verlaufen mußte. Sie konnte pfeifen wie ein Matrose, und bei allen Spielen war sie die Anführerin. Ihre Lehrerinnen mochten sie gern. Sie gaben ihr Bücher und verbesserten ihre Aussprache. »Das Wort heißt ›Song‹, Sarah, nicht ›Sonk‹.« Mrs. Pierce nahm sie mit in die Bibliothek und prophezeite ihr, sie werde einmal Ehre einlegen für ihre Familie. Miß McNulty bat sie, ihr nach der Schule noch etwas Gesellschaft zu leisten und die Hefte der anderen Schüler zu korrigieren. Sie erzählte Sarah von der High-School und sprach gelegentlich sogar vom College. Vor dem Nachhausegehen ging Miß McNulty immer noch einmal hinaus, um sich die Hände zu waschen, und Sarah benutzte die Gelegenheit, um sich an die Garderobe zu schleichen, wo Miß McNultys Handtasche hing. Sie stahl nie mehr als ein paar Cents.

Anfangs gab sie das Geld für Lakritze und Essiggurken aus, aber dann entdeckte sie das Varieté. Sobald sie zehn Cent beisammen hatte, ging sie ins Goldfarb-Buckingham-Kino. Die hektischen Slapstick-Komödien ließ sie ohne großes Interesse an sich vorbeirauschen, und wenn ihr damals jemand prophezeit hätte, daß ihre Tochter einmal einen Filmschauspieler heiraten würde, hätte sie bloß spöttisch gelacht. Ihre Welt war die Bühne; denn im Anschluß an den Film gab es im Goldfarb-Buckingham Varieté. Und wenn Ludwig und Schuller ihre uralten Clownsnummern abzogen (»Was hast du denn da für einen häßlichen Pickel am Hals?« – »Das ist doch kein Pickel, das ist mein Kopf!«), dann beugte sich Sarah auf ihrem ungepolsterten Sitz vor und begann lauthals zu lachen – was sie zu Hause noch nie getan hatte. Und wenn Brian O'Brien, »der dünnste Tänzer der Welt«, über die Bühne schwebte, ahmte sie unbewußt seine Bewegungen nach. Sie wußte, daß sie tanzen konnte. Sie wußte, eines Tages würde auch sie in einem roten Kleid und mit schwarzen Ballettschuhen da oben stehen und mit anmutigen Schrittkombinationen und graziösen Sprüngen Ruhm einheimsen.

Aber ihre wahren Lieblinge waren die Sängerinnen: Doris LaFlor oder Mary Heckman oder Leona Welles. »My Heart Is a Rose« konnte sie schon genauso schmelzend trällern wie Leona Welles. Ihr Sopran war zwar eher noch dürftiger und ausdrucksloser als der ihres Vorbilds, aber wenn sie vor dem Spiegel den sentimentalen Text hauchte, kam sie sich unendlich schön vor. Zahllose Melodien erfüllten ihr Herz, und sie war fest überzeugt, sobald sie den Mund aufmachte, würde ein Wunder geschehen. Als sie zehn Jahre alt war, hörte die Platzanweiserin sie im Foyer ein paar Takte singen und sagte: »Sehr hübsch, Kleine!« Sarah wertete dies als ein gutes Omen. Sie würde ein Star werden.

Doch dieses Geheimnis behielt sie für sich. Als Miß McNulty ihr erlaubte, den schlechteren Schülern Nachhilfe zu geben, und vorschlug, sie solle doch Lehrerin werden, lächelte Sarah begeistert und sagte: »Das ist mein größter Wunsch, Miß McNulty!« Behutsam korrigierte die Lehrerin ihre Aussprache.

Die Bemühungen ihrer Lehrer waren erfolgreich. 1920, als sie vierzehn war, ließ Sarah die Lower East Side und ihren Akzent hinter sich. Das Jahr hatte schlecht angefangen. Rivkas Augenlicht hatte sich durch die jahrelange Arbeit im Halbdunkel so weit verschlechtert, daß Sarah aus der Schule ausscheiden und zu Hause Knöpfe annähen mußte. Die Atmosphäre in der schmutzigen Wohnung war spannungsgeladen. Sarah war jetzt in dem Alter, in dem ihre Mutter sich hatte schwängern lassen, und die ganze Familie beobachtete sie voller Mißtrauen. Sie war recht hübsch geworden, ihr Haar schimmerte schwarz, und ihre Augen glühten wie Kohlen. Die glatte, goldbraune Haut des Orients hatte ihr Yussel vererbt.

Sie war noch immer sehr klein, aber sie war längst kein Kind mehr. Ihre Brüste entwickelten sich so rasch, daß bereits ihre

Matrosenbluse überall spannte. Unter ihrer schmalen Taille wölbten sich üppige Hüften, und ihre Schenkel und Waden waren auch nicht mehr so dürr und staksig wie früher. Wenn sie in der Wohnung herumlief, wandte ihr Großvater verlegen den Blick von ihr ab. Ihre Großmutter ärgerte sich darüber und nörgelte ständig an Sarah herum. Wenn das Mädchen beim Knöpfeannähen vor sich hinsummte, fuhr die Alte mit einem kreischende »La-la-la« dazwischen und sagte hämisch, sobald Sarah verstummt war: »Entschuldigen Sie, Miß Lillian Russell, ich wollte Ihre Probe nicht stören.« Einmal wachte Sarah nachts auf, weil ihre Mutter laut weinte. Sie versuchte Rivka zu trösten, aber die stieß ihre Hand weg und fauchte »Laß mich in Ruhe!«

Zwei Tage später, an einem Augusttag, der so schwül und heiß war, daß die Ware auf den Obstkarren schon am Vormittag faulte, marschierte Sarah zu Fuß vier Meilen weit hinauf in die Stadt. In Abramowitz' Rooming House stieg sie drei Treppen hinauf und erklärte dem jungen Nat Fields, sie werde ihn heiraten. Dann sank sie ohnmächtig um.

Sie hatte Nat schon vor vier Monaten kennengelernt. Er hatte sie angesprochen, als sie vor dem Bühnenausgang des Heritage-Theaters wartete, um einen Blick auf ihr neuestes Idol, Marie Minette, zu erhaschen. Aber statt der Sängerin erschien Nat Fields, den sie allerdings nicht erkannte, weil er auf der Bühne stets als Neger mit geschwärztem Gesicht sang, aber jetzt völlig weißhäutig war. »*Hiya, Tootsie*«, rief er und winkte ihr zu.

»Ich glaube, Sie sind falsch verbunden«, knurrte Sarah und drehte sich um.

Nat schien ihre Vorderansicht attraktiver zu finden, er hüpfte um sie herum, kniete nieder und schmetterte: »Schließt die Magnolie ihre Lider, dann seh ich sie im Jenseits wieder!«

»Sind Sie etwa ...« Sarah war sprachlos.

»Nat Fields, höchstpersönlich.« Er sprang wieder auf und zeigte seine volle Größe von einsachtundsechzig. »Und mit wem habe ich die Ehre?«

»Ich?«

»Ja, Sie meine ich, meine Hübsche.«

»Ach«, sagte Sarah Taubmann, »ich bin Sally Tompkins.«

Sie schaffte es, Nat jede Woche ein paarmal zu treffen. Nach einiger Zeit stellte er sie dem Regisseur als »mein Mädchen« vor, und sie durfte umsonst ins Theater. Von da an ging sie fast jeden Tag zu den Proben und sah zu, wie die neuen Nummern einstudiert wurden – sämtliche Nummern, einschließlich der Schleiertänze mit Schlangenbeschwörung. Manchmal setzte sich Nat zu ihr in den Zuschauerraum und grapschte an ihrem prachtvollen Busen herum. Er hielt sie für achtzehn. Aber Nat kriegte nicht alles. »Bitte, Nat«, sagte Sally sofort, wenn er sich unter die Gürtellinie begab, und ihre Augen füllten sich mit Trauer darüber, daß sie gezwungen war, sich zu verweigern. Natürlich verliebte Nat sich unsterblich in sie.

Sie beschränkten sich auf die standesamtliche Trauung. Sally behauptete, ihre Geburtsurkunde sei verlorengegangen, und lieh sich die einer Seiltänzerin. Der Trauschein wurde auf die Namen Nathan Finkelstein (so hieß Nat tatsächlich) und Hannah May Essmuller ausgestellt. In der Hochzeitsnacht zeigte Sally, daß ihre Jungfräulichkeit nicht nur Schau war. Nat war entzückt und befriedigt.

Außerdem brachte Sally ihm Glück. Ein paar Monate nach ihrer Hochzeit durfte Nat beim Bixby-Lyric-Circuit vorsingen und wurde für die nächste Tournee engagiert. Zwei Wochen später waren sie nach Stroudsburg, Pennsylvania, unterwegs. Zum ersten Mal in ihrem jungen Leben verließ Sally das Häusermeer von Manhattan.

Die Ehe hielt volle drei Jahre. Im Verlauf dieser Zeit besuchte Sally dreiundfünfzig Städte in neunzehn Staaten, außerdem hatte sie eine Abtreibung und ihren ersten Auftritt auf dem Theater. Das Debüt fand in der schönen Stadt Wilmington statt, und zwar nach klassischem Muster: Von den zehn Mädchen, die im Hintergrund tanzten und trällerten, wenn die romantische Solistin Mina Hawthorne ins Rampenlicht trat, lagen zwei mit Grippe im Bett (eine starb sogar später daran), und eine dritte war mit einem Hochstapler durchgebrannt, der behauptete, zur Familie du Pont zu gehören. Der Regisseur raufte sich dramatisch gestikulierend die Haare, und Sally beschloß, ihre Chance zu nutzen. »Ich wüßte schon, was ich tun müßte, Mr. Prosnitz«, flötete sie, und ehe sich der Regisseur von seiner Überraschung erholt hatte, war Sally auch schon auf die Bühne gesprungen. Sie stopfte sich das Kleid unter die Strumpfbänder, damit man ihre wohlgerundeten Beine sehen konnte, und sang *a capella* den Refrain zu »I'm Just a Co-ed«.

»Das kommt überhaupt nicht in Frage«, protestierte Nat, als ihm Sally erzählte, daß Prosnitz bereit sei, sie probeweise singen und tanzen zu lassen.

Sally gab eine unverständliche Antwort, denn sie war gerade dabei, ihr grünes Kleid auszulassen, um etwas mehr Platz für ihren üppigen Busen zu schaffen, und hatte den Mund voller Stecknadeln.

»Was?« fragte Nat unwirsch, und Sally sprang auf, spuckte ihm die Nadeln ins Gesicht und erklärte: »Mein lieber Nat, ich habe es satt, den ganzen Tag herumzusitzen und Däumchen zu drehen, während du täglich fünf Auftritte hast. Ich will auch auf die Bühne, und das ist jetzt meine Chance.«

»Bist du verrückt? Denkst du etwa, du hättest Talent? Außerdem muß ich morgen nach Baltimore weiter.«

Dort fuhr er auch hin. Sally versprach, ihn zwei Wochen später in Trenton zu treffen, aber daraus wurde dann nichts.

Sie trafen sich erst zehn Jahre später wieder, und zwar in Chicago. Ihre Ehe hatte nur noch schwachen Erinnerungswert. Mit schwarzem Gesicht brauchte Nat jetzt nicht mehr zu singen, seine Spezialität waren schmalzige Duette mit seiner Frau, Edna Jones. Sie nannten sich Giovanni und Flora und traten in billigen Clubs auf.

Sally war es nicht viel besser ergangen. Im Jahr zuvor, 1932, hatte sie einen schweren Rückschlag erlitten. Als sie mit einer Truppe namens »Louisa Whyte and her Golden Girls« nach St. Louis gekommen war, hatte sie feststellen müssen, daß das Theater, in dem sie auftreten sollten, einen Tag zuvor eingestürzt war. Louisa und die drei anderen Mädchen hatten noch genug Geld, um nach Wichita weiterzureisen, aber Sally blieb mit zwölf Dollar in der Tasche, drei veilchenfarbenen Kleidern und zwei blonden Perücken in St. Louis zurück.

Mitten in der schlimmsten Wirtschaftskrise, welche die Vereinigten Staaten je erlebt hatten, saß Sally in einem ungeheizten Hotelzimmer und fror. Ihre letzte Mahlzeit, eine Orange und ein

Glas Wasser, hatte sie bereits vor zwei Tagen zu sich genommen, und ihre Aussichten waren sehr trübe.

Sie war inzwischen erfahren genug, um zu wissen, daß sie niemals in einem Cadillac mit Chauffeur bei ihrer Mutter in der Ludlow Street aufkreuzen würde. Sie hatte sich tausendmal ausgemalt, wie die Kinder hinter ihr herlaufen würden: »Seht mal, das ist Sally Tompkins!« Ihre Großeltern hätten neidisch zusehen müssen, wie sie Hundertdollarscheine auf der Straße verteilte und schließlich ihre arme Mutter in eine hübsche kleine Wohnung entführte, wo sie nie mehr arbeiten mußte ...

Mit ihren sechsundzwanzig Jahren hatte Sally keine übertriebenen Hoffnungen mehr. Sie wußte, daß in einem Gewerbe, wo nur die langbeinigen Blondinen mit kristallklaren Stimmen überhaupt einigermaßen verdienten, eine zierliche, schwarzhaarige Person wie sie keine Chance hatte. Ihre Stimme war nicht glanzvoll genug; sie tanzte zwar gut und verstand es, ihre runden Beine keß hochzuwerfen, aber mindestens fünftausend Mädchen in Amerika tanzten besser. Eigentlich hatte sie nur drei echte Vorzüge: eine rasche Auffassungsgabe und zwei prachtvolle Brüste.

Sally stand auf. In St. Louis brauchte niemand eine Revuetänzerin. Aber Mrs. Barrows, die Hotelbesitzerin, hatte gesagt: »Mädchen, du hast zwei Alternativen, nein sogar drei: Du kannst dir irgendeinen braven Trottel suchen und heiraten; du kannst dich auf den Rücken legen und die Beine breit machen – aber bitte nicht in meinem Hotel; und du kannst Mr. Reeves vom Gayety fragen, ob er dich nimmt. Sicher, das Gayety ist ein Nachtklub, aber ich habe nicht den Eindruck, daß sich die Theaterregisseure die Klinke bei dir in die Hand drücken. Nimm's nicht persönlich. Eine Menge Mädchen müssen sich irgendwie durchschlagen heute. Die Zeiten sind schlecht.«

Wie tausend andere Randfiguren des Theaters erlebte Sally den schmerzlichen Abstieg vom Varieté zum Striptease. Schön war das nicht, aber sie hatte wenigstens zum erstenmal eine eigene Nummer: »Ladies und Gentlemen, das Gayety Theater« – oder das Republic, das Royale oder Mayfair – »freut sich, Ihnen eine Tänzerin aus dem sonnigen Spanien präsentieren zu können: Señorita Rosita Carita!«

Dann spielte die Band – manchmal war es auch nur ein einsamer Mann am Klavier – schmissige Flamenco-Musik, und Sally trat in die Mitte der Bühne. Den Kopf hielt sie stolz in die Höhe; hochhackige Schuhe machten sie größer. Um die Hüften wirbelte ein Flamenco-Rock mit zahllosen Rüschen, und ihren Busen hielt ein knappes, rot-schwarzes Mieder. Sie begleitete die Musik mit leidenschaftlichem Füßestampfen und temperamentvollem Schwenken der Schultern. Durch die lebhaften Bewegungen des Kopfes fielen ihr nach einigen Minuten die Kämme aus dem Haar, und ihre schwarzen Locken ergossen sich über die Schultern. Sally stöhnte und wand sich als hingebungsvolle Sklavin einer gnadenlosen Musik. Dann wurde das Tempo noch schneller, und der Höhepunkt nahte. Das Mieder platzte, ihre üppigen Brüste sprangen heraus, das Publikum tobte, und im selben Moment ging das Licht aus.

Die Atmosphäre in den Nachtklubs gefiel Sally nicht. Beim Varieté hatten sich die Tänzer, Artisten und Sänger nach der letzten Vorstellung oft noch mit ihren Frauen und Kindern gemütlich zusammengesetzt, ein Bier getrunken und in aller Ruhe geplaudert. Die Leute hatten begierig gelauscht, wenn Sally von Captain Tompkins, ihrem Vater, erzählte, den schon vor Jahren die See geholt hatte; und das Schicksal ihrer Mutter, der berühmten spanischen Ballerina Dolores, ging ihnen nahe. Sallys Autobiographie war so ergreifend, daß die Männer oft stundenlang zuhörten, ehe sie mit ihr ins Bett gingen.

Die Männer in den Nachtklubs waren weniger feinfühlig. Sie wollten weder hören, wie Sally Inez Alicia Tompkins es trotz ihrer exotischen Vergangenheit geschafft hatte, ein echt amerikanisches Mädchen zu werden, noch interessierte es sie, daß sie ein Stipendium für das Vassar-College abgelehnt hatte, um statt dessen tanzen zu lernen. Die Männer, mit denen sie es jetzt zu tun hatte, wollten erst ihre Brüste betatschen und sie dann vögeln.

Im Jahre 1939 hatte Sally die Tanzerei ziemlich satt. Sie war jetzt dreiunddreißig, aber obwohl ihre Haut immer noch wunderbar glatt und ihr Körper geschmeidig und schlank war (schließlich tanzte sie jeden Tag fünf bis sechs Nummern), wußte sie, daß sie nicht mehr lange im Geschäft bleiben konnte. Sie fühlte sich alt und zerschlagen, ihre Arme und Schultern schmerzten, und oft hatte sie Kopfweh, weil ihre Nackenmuskeln steif wurden. Das Herausschleudern der Haarspangen wurde allmählich zur Qual.

Ihre Migräneanfälle häuften sich so, daß sie eines Tages in Cincinnati beschloß, einen Arzt aufzusuchen. Und hier, im Wartezimmer von Dr. M. Neumann, wo sie sich mit einer alten Nummer der Illustrierten »LIFE« etwas Luft zufächelte, erblickte sie ihren künftigen Gatten, den Bankangestellten Richard Heissenhuber aus Cincinnati.

→ 2 ←

> Männliche Stimme: Wir bemühen uns gegenwärtig um eine Stellungnahme von Mr. Richard Heissenhuber zu dem schweren Unfall, den seine Tochter, Jane Cobleigh, in London erlitten hat. Trifft es zu, daß sie schwerverletzt ist und sogar in Lebensgefahr schwebt? Wir haben Mr. Heissenhuber allerdings in seinem Haus in Edgemont nicht erreicht. Dafür haben wir jetzt die Reporterin Sandra Saperstein hier im Studio bei uns. Sandra, Sie sind mit Jane Heissenhuber – wie sie damals noch hieß – in die Highschool gegangen. Wie war das damals, Sandra?
> Weibliche Stimme: Vielen Dank, Ken. Ja, ich erinnere mich gut an Jane Heissenhuber. Woodward High School, Abschlußklasse '57. Wahrscheinlich wußte sie damals schon, daß sie ins Showgeschäft wollte ...
>
> WCKY All-News Radio, Cincinnati

Richard war fest davon überzeugt, daß die zierliche junge Frau, die ihm gegenübersaß, das schönste Wesen war, das er jemals erblickt hatte. »Schön« war vielleicht nicht einmal das richtige Wort; denn seit seinen Collegetagen ging er schließlich mit Patsy Dickens, und die wurde von aller Welt als ganz außergewöhnliche Schönheit bezeichnet. Sie hatte große blaue Augen, blondes Haar und ein silberhelles Lachen, das viele Leute für ansteckend hielten. Patsy war genau das, was man sich als Mann wünschte: gutmütig, gebildet und schön.

Aber diese Frau vor ihm war – atemberaubend. Ihr rabenschwarzes Haar und ihre feurigen Augen schienen alles Licht im Raum zu verschlingen, so daß alles außer dieser exotischen Schönheit blaß und unwichtig aussah. Ihre Haut war honigfarben, und bei der Vorstellung, ihren zarten Hals küssen zu dürfen, begannen seine Nasenflügel zu beben. Ihre Haut sah so unglaublich glatt aus, und je länger er sie anstarrte, um so deutlicher mußte er an den süßen Honigtopf denken, den die Frauen angeblich unter dem Rock hatten. »Honigtopf« jedenfalls war der Ausdruck in den pornographischen Heften gewesen, die seine Kommilitonen aus der Studentenverbindung heimlich im Wohnheim herumgereicht hatten.

Richard mußte den Kopf senken, weil er spürte, daß er rot anlief. Er schämte sich, daß er so von einer anständigen Frau dachte. Mit ihrem strengen Haarknoten sah sie wie eine Lehrerin aus. Vorsichtig ließ er seinen Blick noch einmal von ihren Füßen zu ihrem Gesicht hinaufgleiten. Zu seinem Entsetzen stellte er fest, daß sie dies bemerkt hatte und ihn anlächelte. Tapfer gab er das Lächeln zurück und hoffte inständig, daß ihn die Sprechstundenhilfe nicht gerade jetzt aufrufen würde. Weil ihm nichts Besseres einfiel, warf er einen Blick auf die Uhr. Es war kurz vor elf.

Erneut wanderte sein Blick an ihr hinauf. Sie zeigte ziemlich viel von ihrer honigfarbenen Haut. Das Kleid hatte einen kühnen Ausschnitt, in dem er zwei schimmernde Brüste und einen tiefschwarzen Schatten dazwischen erahnte. Daß eine so ernsthaft wirkende junge Frau mit einem so freundlichen Lächeln ein so tolles Kleid anhatte, das war eben Klasse.

»Mr. Heissenhuber.« Jetzt war er doch an der Reihe. Er mußte aufstehen und sich hinüber ins Sprechzimmer begeben. Um seinen Zustand zu verschleiern, hielt er seine Aktentasche vor sich und lächelte krampfhaft. Gleichzeitig nahm er noch einmal tiefen Einblick in das Dekolleté, das sich seinen gierigen Augen so unschuldig darbot. Es sah fast so aus, als trüge sie keinen Büstenhalter, aber das war ja eigentlich unmöglich. Andererseits waren wirklich nur diese herrlichen, honigfarbenen, leuchtenden ... Seit sie verlobt waren, hatte ihm Patsy erlaubt, ihr beim Küssen auch unter die Bluse zu fassen, und er hatte in den letzten sechs Monaten ausgiebig davon Gebrauch gemacht, aber dort wo Patsys aufhörten, fingen die Brüste dieser Frau da draußen im Wartezimmer gerade erst an. Während er auf dem Behandlungsstuhl saß und darauf wartete, daß ihm Dr. Neumann eine Warze wegbrannte, überlegte Richard, ob die Frau vielleicht einen dieser französischen Büstenhalter anhatte, die gerade nur die Spitzen bedeckten. Im Studentenwohnheim war davon häufig die Rede gewesen, und er hatte auch einmal eine Postkarte mit einer derartigen Abbildung gesehen. Unwillkürlich krümmten sich seine Finger, so als ob er die herrlichen Brüste der Fremden schon in der Hand hielte. Es war ihm sehr peinlich, als er es merkte, doch in seinem ganzen bisherigen Leben war ihm noch nichts unter die Augen gekommen, was er so unbedingt hätte anfassen wollen.

Sally lächelte. Der Junge hatte ja einen Steifen von der Größe eines Baseballschlägers gehabt. Eigentlich war er gar kein so übler Bursche. Wenn er sogar an einem Samstag mit Anzug und Krawatte herumlief, mußte er ein ordentlicher Bürger sein, keiner von den Lustmolchen, die sich in der Hoffnung am Bühnenausgang herumdrückten, einem an den Busen oder zwischen die Beine fassen zu können. Der junge Mann war ungefähr Mitte zwanzig und sah wirklich gut aus. Sein mittelblondes Haar war ordentlich gekämmt, sein Gesicht war männlich, und sein breiter, voller Mund gefiel Sally ebenfalls gut. Sabberlippen hatte er nicht. Wenn sie keinen Fehler machte, würde er ihr wahrscheinlich vorher ein anständiges Essen spendieren.

Richard staunte über sich selbst, als er ins Wartezimmer zurückkehrte, Sally anlächelte und ohne jedes Stottern sagte: »Sie halten mich wahrscheinlich für sehr direkt, aber hätten Sie nicht Lust, mit mir essen zu gehen?« Er hatte schreckliche Angst, sie könnte ihn einfach auslachen oder womöglich gar Ausländerin sein und in einem schrecklichen Jargon Verwünschungen ausstoßen, aber statt dessen hauchte sie freundlich: »Ja, warum eigentlich nicht?«

Aber in diesem Augenblick kam auch schon die Sprechstundenhilfe. »Miß Tompkins, kommen Sie bitte?« Sally stand auf. »Warten Sie auf mich?« fragte sie, und Richard nickte. Mehr brachte er nicht mehr heraus, denn er war völlig hingerissen – von Sally und seiner eigenen Courage. Sie war wirklich sehr zierlich, eine winzige Person. Aber – und hier kam ihm wieder seine Heftchenlektüre zu Hilfe – sie war auch ein »Vollblutweib«. Als sie an ihm vorbeiging, sank er ganz automatisch auf einen der Stühle. Er wußte, daß es unmoralisch war, aber er dachte die ganze Zeit, wie es wohl wäre, wenn er diese großen ... Dinger berührte. Sie waren bestimmt weich und warm, auch wenn sie so kühl und fest wie Marmor aussahen. Er konnte an gar nichts anderes mehr denken. Richard Heissenhuber brauchte etwas, woran er sich festhalten konnte. Er war ein einsamer junger Mann ohne Freunde.

Das Haus seiner Eltern zeichnete sich jedenfalls nicht gerade durch Fröhlichkeit aus. Carl und Anna Heissenhuber waren zwei humorlose Menschen. Sie hatten nicht etwa geheiratet, weil sie sich liebten, sondern weil sie beide darüber unglücklich waren, daß bei ihnen zu Hause noch Deutsch gesprochen wurde. Die gewaltigen Familienfeste mit Akkordeonmusik, Wurstplatten und schäumendem Bier waren ihnen außerordentlich peinlich, denn ihr ganzer Ehrgeiz war darauf gerichtet, nette, unauffällige Amerikaner zu werden.

Sie verzichteten also auf die *Gemütlichkeit* und den evangelischen Pastor, heirateten in der presbyterianischen Kirche und zogen aus dem deutschen Viertel von Cincinnati nach Walnut Hills, wo unter alten Bäumen gepflegte Häuser aus viktorianischer Zeit standen und die Nachbarn Turner, Johnson oder Smith hießen. Ihr Haus war klein, grau und so steril wie ein Krankenhausflur, aber es paßte zu ihnen. Für einen Bankbeamten war es genau das richtige Heim. Selbstverständlich waren die Heissenhubers Antialkoholiker und Nichtraucher, aber sie sorgten auch dafür, daß niemand den Eindruck gewinnen konnte, sie frönten sonst einem Laster. (Daß Margaret Johnson etwa ihrer Nachbarin erzählte, Anna sei so langweilig wie Spülwasser, erfuhren die Heissenhubers von niemandem.)

Als Amerika in den Ersten Weltkrieg eintrat, war Heissenhuber der erste Mann aus Walnut Hills, der zu den Fahnen eilen wollte. Die Armee konnte ihn zwar nicht brauchen, weil er schrecklich kurzsichtig war, aber Carl Heissenhuber war überzeugt, er habe jetzt den Respekt aller Nachbarn gewonnen. Während des ganzen Krieges fühlten die Heissenhubers sich außerordentlich wohl, und ihre Freude wurde nur an dem Tag ein wenig gemindert, an dem der verrückte alte Mr. Phillips vernehmlich von »diesem dämlichen Heinis« sprach, als er an ihnen vorbeiging.

Richard war das einzige Kind dieser beiden vorbildlichen Amerikaner, und in seiner Anpassungsfähigkeit war er mindestens genauso vorbildlich. Schon im zartesten Alter lernte er, daß man ja nicht auffallen durfte. Er tat sich weder durch lautes Lachen noch durch besondere Freundschaften oder Heldentaten beim Baseball hervor. Sein Leben war wie ein großes Bankhaus: kühl und sehr still.

Carl Heissenhubers Eltern mit ihrem lästigen deutschen Akzent waren glücklicherweise schon lange gestorben, doch bei seinen Großeltern mütterlicherseits, den Reinhardts, gefiel es Richard sehr gut. Er ließ sich gern von seiner Großmutter küssen und ein *liebes Kind* nennen. Er besuchte sie jeden Samstag. Dem Großvater half er, die Veranda neu zu streichen, und in der Küche schälte er mit seiner Oma Kartoffeln, während sie von ihren ständigen Kämpfen mit dem hinterlistigen Schlachter und den schrecklichen Raupen erzählte, die ihre schlampige Nachbarin auf ihre unschuldigen Kohlköpfe losließ.

Am schönsten aber war Weihnachten. Schon wochenlang vorher roch es im Haus der Großeltern nach Plätzchen, und Richard durfte seiner Oma beim Teigrollen und Ausstechen helfen. Daß er dabei auch kräftig Teig naschte, versteht sich von selbst. Überhaupt war bei seinen Großeltern alles erlaubt, was Richards Eltern so abstoßend fanden: üppige Mahlzeiten, fröhliche Musik und laute Unterhaltungen in der verbotenen Sprache.

Am Weihnachtsabend durfte Richard mit seinen Cousinen und Vettern »O Tannenbaum« und »Stille Nacht, heilige Nacht« singen, und ihre Stimmen klangen so hell und rein, daß Richard oft glaubte, irgendwo im Haus wäre ein Engelschor versteckt. Dann gingen sie gemeinsam die Treppe hinauf, und Großvater stieß die Tür der Weihnachtsstube auf, wo ein prächtiger Tannenbaum mit zahllosen Kerzen stand. Die Geschenke für die Kinder waren immer so hübsch verpackt und fielen so großzügig aus, daß man glauben konnte, die Heiligen Drei Könige hätten sie selber gebracht. Und am ersten Weihnachtsfeiertag gab es eine knusprig braun gebratene Gans mit Rotkraut und Knödeln.

Als Richard das achte Lebensjahr vollendet hatte, war es mit dieser Herrlichkeit aus. Die Heissenhubers beschlossen, Weihnachten künftig zu Hause zu feiern. Familienfeste bei den Reinhardts waren einfach nicht nach ihrem Geschmack. Carl und Anna warfen sich bedeutungsvolle Blicke über Richards Kopf hinweg zu: all das schwere Essen und der schreckliche Trubel. Richard war es doch jedesmal schlecht hinterher, oder?

Zu Hause wurde Weihnachten dann richtig amerikanisch gefeiert. Der Weihnachtsbaum trug nur einen einzigen Stern, und statt der fetten Gans gab es einen schönen, trockenen und sehr zähen Truthahn. Am nächsten Tag war denn auch niemandem schlecht.

Richard merkte bald, daß er nicht dazugehörte. Dennoch gab er sich große Mühe, die Anerkennung seiner Altersgenossen zu erringen; er wollte, daß seine Eltern stolz auf ihn sein konnten. Im ersten Semester an der Universität hatte man ihn für eine prominente Verbindung gekeilt, der vor allem Studenten mit reichen Vätern angehörten. Aber gleich bei der ersten großen Sauferei stellten seine Verbindungsbrüder fest, daß sein Vater nicht etwa Direktor, sondern lediglich Kassierer bei der Queen City Trust war, und verloren jedes Interesse an Richard. Man behandelte ihn mit einer Höflichkeit, die fast schon beleidigend war.

Dann geschah das, was ihm zunächst wie ein Wunder erschien. Patsy Dickens, die Freundin des Vorsitzenden seiner Verbindung und dessen offizielle Couleurdame, eins der hübschesten und beliebtesten Mädchen der Universität Cincinnati, verliebte sich Hals über Kopf in Richard. Sie hatten sich kaum zweimal gesehen (einmal plauderten sie bei einem Ball darüber, ob Hauswirtschaftslehre ein gutes Hauptfach sei, und einmal waren sie sich in der Bibliothek begegnet), da gab Patsy auch schon die Verbindungsnadel zurück. Richard war sehr verblüfft und verlegen, aber sein Bundesbruder hatte ihm die Hand geschüttelt und gesagt: »Der Bessere hat wohl gewonnen.«

Patsy gehörte also zu ihm, und er schenkte ihr seine Nadel. Ihre Bewunderung erstaunte ihn sehr, aber Patsy ließ sich nicht davon abbringen, daß er »der schönste Junge an der ganzen Universität« sei und »so ernsthaft wie Cary Grant« aussähe.

Richards Eltern waren begeistert. Patsys Vater war immerhin Manager bei der Waschmittelfirma Procter & Gamble und gehörte einem der besten Clubs in der Stadt an. Ihre Mutter, von der Patsy ihr niedliches Aussehen geerbt hatte, gehörte zu den »Daughters of the American Revolution«, einem ebenso exklusiven wie patriotischen Frauenverband.

Anläßlich der Verlobung wurden die Heissenhubers von Patsys Eltern eingeladen. Sie waren noch nie in einem so herrschaftlichen Haus gewesen. Das Essen wurde von einem farbigen Dienstmädchen mit weißer Schürze und weißem Häubchen serviert, und es gab französischen Wein. Aber nicht nur deshalb fühlten die Heissenhubers sich unwohl. Ken Dickens und seine Frau waren so auffällig freundlich und fanden Richard so auffällig sympathisch, daß die Heissenhubers mißtrauisch wurden. Hatte Richard nicht selbst das Gefühl, daß da irgend etwas nicht stimmte?

»Ist Patsy auch bestimmt ein anständiges Mädchen?« fragte Anna Heissenhuber. »Weißt du auch genau, daß ihr Vater der Chef der Abteilung für Reinigungsmittel ist?« Patsy sei sicher ein sehr nettes Mädchen, ein bißchen zu munter vielleicht, aber wäre es nicht besser, wenn er, als zukünftiger Bankmanager, eine etwas weniger gesellige Frau hätte?

Carl Heissenhuber war zwar ein sehr geschätzter Angestellter bei der Queen City Trust, aber er war und blieb ein Kassierer. Richard hingegen, mit seinem Diplom von der Universität Cincinnati, konnte bis in die Spitze des Managements vorstoßen. Aber es war ein gefährlicher Aufstieg, und eine leichtsinnige Bemerkung seiner Frau konnte ihn ohne weiteres straucheln oder gar abstürzen lassen. Und es war Anna nicht entgangen, daß Patsy ziemlich redselig wurde, wenn sie Alkohol trank.

»Aber sie kommt doch aus einer so guten Familie«, widersprach Richard.

»Wenn du glücklich bist, Junge«, sagte seine Mutter, »dann sind wir es auch.«

Aber Richard war plötzlich gar nicht mehr glücklich, und zu seiner eigenen Überraschung saß er jetzt neben Sally Tompkins und vertraute ihr seine Bedenken an. »Nicht, daß ich Patsy nicht liebte«, erzählte er gerade, »aber es wundert mich, daß sie alles so mitmacht, was ich verlange –« Er wurde schrecklich verlegen. »Ich meine, ich verlange ja nicht, daß sie ... So etwas würde ich *niemals* verlangen.«

»Natürlich nicht«, sagte Sally und trank einen kleinen Schluck Wasser. »Dazu haben Sie viel zuviel Respekt vor sich selbst.«

Richard nickte. Sally war ja so einfühlsam. Jetzt kannte er sie erst seit zwanzig Minuten, und schon verstand sie ihn besser als alle anderen zuvor. Er hatte das Gefühl, daß sie tief in sein innerstes Wesen blickte und dort seine besten und edelsten Charakterzüge erkannte. »Sie sind ein feiner Kerl«, sagte sie und legte ihre Hand auf seinen Arm. »So etwa merkt man gleich.«

Richard senkte den Blick auf den Kartoffelsalat auf seinem Teller. Er spürte die Wärme ihrer Hand durch den Jackenärmel hindurch. Auch ihr Bein schien dem seinen sehr nahe zu sein. Er hätte geschworen, daß ihr Knie und ihre Schenkel ihn gestreift hatten.

»Vielleicht kann ich mich deshalb so gut in Ihre Lage versetzen, weil ich Schauspielerin bin«, sagte sie mit einem Augenaufschlag und lächelte so schmelzend, daß ihm ganz schwindelig wurde. »Aber eins weiß ich ganz sicher: Ein Mann von Ihren Qualitäten würde sich keine Sorgen um seine Braut machen, wenn er keinen guten Grund dazu hätte. Irgend etwas stimmt nicht mit Patsy, aber Sie sind viel zu sehr Gentleman, um es sich einzugestehen.« Sie setzte sich etwas zurück und nahm einen Bissen von ihrem französischen Hörnchen. Dabei fiel ihr ein Stückchen Blätterteig in den Ausschnitt. Richard wagte nicht, sie darauf hinzuweisen, vermochte aber nicht, den Blick abzuwenden.

Sally staunte über diesen großen, gutaussehenden Burschen, der sich so steif und vornehm benahm wie der Herzog von Windsor und dabei redete wie ein hilfloses Baby. Diese Patsy schien eine komplette Idiotin zu sein, und seine Eltern teutonische Nußknacker. Aber wer hätte gedacht, daß sich dieser Hochschulabsolvent, dieser künftige Bankmanager, der sogar samstags im Anzug herumlief, sie dermaßen anhimmeln würde? Der Bursche war ja nicht nur scharf darauf, ihr an die Wäsche zu gehen, der las ihr auch jedes Wort von den Lippen ab, als ob sie die Quelle der Weisheit selbst wäre. Irgendwie tat er ihr leid.

Der Arztbesuch und das anschließende Mittagessen hatten viel länger gedauert, als von Sally ursprünglich beabsichtigt, und sie hatte drei Auftritte im Royale versäumt. Als sie zurückkam, packte der Manager sie an der Schulter. Sie warf einen langen Blick auf seine schmutzigen Fingernägel. »Hören Sie, Mister Boyd«, sagte sie, »nehmen Sie gefälligst Ihre dreckigen Pfoten da weg!«
»Hören Sie lieber zu, Madame Tits«, gab er wütend zurück. »Wenn Sie hier noch einen einzigen Auftritt versäumen, können Sie einpacken und Ihre Titten in den Kaschemmen auf der anderen Seite des Flusses zur Schau stellen.«

Seine Mutter hatte ihm beigebracht, daß anständige Frauen unter dreißig nie Schwarz trugen, aber das enge schwarze Kleid, in dem Sally zu ihrem Rendezvous kam, beeindruckte ihn mächtig. Es war nicht etwa so eng, daß es billig gewirkt hätte, aber als sie näher kam, erkannte er den Schwung ihrer Hüften und sah, wo sich ihr Bauch wölbte. Der Ausschnitt war diesmal sehr klein, aber irgendwie war das noch schlimmer, denn nun konnte er sich ausmalen, wie die Brüste sacht unter dem dünnen schwarzen Stoff zitterten, wenn sie sich bewegte. Er konnte den Blick nicht davon abwenden und malte sich aus, wie es wäre, wenn plötzlich das Kleid reißen würde.

Patsy hatte er in letzter Minute angerufen, um ihr zu sagen, daß er eine Erkältung habe und deshalb zum Maitanz des Country Clubs leider unmöglich mitkommen könne. Ob sie ihm das geglaubt hatte, wußte er nicht.

Eigentlich hatte er ja nur noch ein bißchen Zeit mit Sally Tompkins verbringen wollen, um mit ihr zu reden. Aber als er die spanischen Kämme in ihrem schwarzen Haar sah, wollte er tanzen. Er wollte irgendwo hingehen, wo richtige flotte Foxtrotts gespielt wurden. Er wollte Sally an sich pressen und ihr üppiges Fleisch fühlen.

Gebildete Menschen erkannte Sally sofort. Deshalb mußte der

rauhbeinige alte Kapitän jetzt endgültig über Bord gehen. Statt seiner hatte Sally einen neuen, etwas zivilisierteren Vater gefunden. Immer wieder ließ sie in ihre Gespräche mit Richard ein paar melancholische Bemerkungen über den armen alten Reginald Tompkins einfließen, der zwar in Oxford studiert und bei der Royal Shakespeare Company gespielt, aber leider nie den großen Durchbruch geschafft hatte. »Am Schluß hat man ihm nur noch Charakterrollen gegeben«, resümierte sie dieses tragische Schauspielerschicksal.

»Und wie kam das?« fragte Richard betroffen. Es war Sonntag, und sie saßen auf einer Wiese im Eden Park, hoch über dem Tal des Ohio.

»Nun ja«, sagte Sally verträumt und ließ ihren Blick über die Dächer von Cincinnati schweifen, die im Sonnenschein unter ihr lagen. »Er hat eben meine Mutter so schrecklich geliebt. Anstatt Karriere zu machen, ist er ständig zwischen Madrid und London hin und her gereist. Meine Mutter war zwar beim Ballett, aber ihre Eltern waren sehr streng und wollten ihr nicht erlauben, nach England zu gehen. Deshalb mußte mein Vater jahrelang um sie werben, statt auf Tournee durch die Provinztheater in England zu gehen. Um ins Old Vic zu kommen, hätte er ständig arbeiten müssen, aber er brauchte Zeit, um immer wieder nach Spanien fahren zu können, und übernahm nur hie und da eine Rolle.«

»Und wie sind sie schließlich zusammengekommen?«

»Sie sind nach New York durchgebrannt und haben ohne die Eltern geheiratet.« Sally zog ihren Schuh aus und streichelte mit den Fußsohlen über den kühlen Rasen. »Tja, ich fürchte, in meiner Familie ist nicht alles so ... normal verlaufen, wie ihr das gewohnt seid.«

»Aber das macht doch nichts«, sagte Richard.

»Das sagst du nur, weil du ein höflicher Mensch bist. Aber wir sind wirklich anders als andere Menschen. Wir handeln immer ganz spontan, aus dem Gefühl heraus. Deshalb sind wir vermutlich auch Schauspieler.« Ihrer Brust entrang sich ein Seufzer.

»Sally«, sagte Richard und legte ihr den Arm um die Schultern. »Was hast du denn, Sally?«

»Ach, nichts. Ist schon gut.«

35

»Bitte, sag's mir doch, Sally. Ich habe dir so viel von mir erzählt. Glaubst du nicht, daß du mir vertrauen kannst?«

»Ach, Richard«, flüsterte sie mit tränenerstickter Stimme. »Ich bin das Theaterleben so satt. Ich weiß –« Sie suchte nach einem Taschentuch. »Ich weiß, daß ich eine gute Schauspielerin bin, aber ich werde nie zu den ganz Großen gehören. Bitte, widersprich mir nicht, ich weiß was ich sage. Ich bin jetzt sechsundzwanzig Jahre alt und habe seit meinem achtzehnten Geburtstag, als meine Eltern starben, ununterbrochen auf der Bühne gestanden. Ich bin so müde, so schrecklich müde.«

»Sally«, stöhnte er zitternd und preßte sie an sich. »Ach, Sally!« Sie war so weich und warm, und ihr Fleisch war so fest, und ihr Parfüm schien direkt aus dem Dschungel zu kommen. »Ich liebe dich, Sally.«

Den Flamenco-Rock und das rot-schwarze Mieder ließ Sally im Theater zurück. Sie zog aus Montgomery's Rooming House aus, weil da nur Stripteasetänzerinnen und anderes Tingeltangelvolk wohnten, und nahm sich ein Zimmer in Knauer's Hostelry for Young Ladies. Sie hatte noch knapp siebzig Dollar, eine bescheidene Garderobe, die für die bessere Gesellschaft von Cincinnati viel zu frivol war, und ein vierzehnkarätiges goldenes Armband, das ihr ein Verehrer aus Schenectady nach einem langen Wochenende geschenkt hatte. Ihren Lebensunterhalt beim Varieté hatte sie jetzt endgültig verloren. Es war ein riskantes Spiel, das sie da spielte. Aber sie pokerte gegen einen blutigen Anfänger, und das wußte sie auch.

Er löste seine Verlobung mit Patsy. Sally bat ihn inständig, doch lieber abzuwarten, ob ihre Liebe anhalten würde, aber Richard hatte nur gelächelt. Er war zu allem bereit. Er hatte das Gefühl, bisher an einer lähmenden Krankheit gelitten zu haben und jetzt geheilt worden zu sein. Zum ersten Mal spürte er, daß er lebte. Er entdeckte die Kletterrosen, die am Haus seiner Eltern emporrankten, und streichelte mit der Fingerspitze über die glänzenden Blätter. In der Bank sog er den berauschenden Tintengeruch der wichtigen Schriftstücke ein, die über seinen Tisch gingen. Er war am Leben. Er verzichtete darauf, jeden Morgen den

»Cincinnati Enquirer« zu kaufen, und betrachtete statt dessen die Fesseln, Arme, Brüste und Schultern der Frauen, die im Bus mit ihm in die Stadt fuhren. Er musterte die Frauen, und die Frauen musterten ihn, und zum ersten Mal wurde ihm klar, daß er wirklich ein gutaussehender Mann war und daß er begehrt wurde. Die Frauen lächelten ihm zu und berührten ihn scheinbar zufällig beim Aussteigen. Nette, hübsche Frauen, aber keine war wie Sally.

Sally hätte gar nichts dagegen gehabt, mit ihm zu schlafen. Er war ja wirklich ein hübscher Bursche mit seinen blauen Augen und den langen Wimpern. Schultern hatte er wie ein Bulle, und er war scharf auf sie wie ein Rasiermesser. Wenn er sie an sich preßte, spürte sie, daß er ein Besteck hatte, um das ihn andere Männer gewiß beneidet hätten. Sally gefiel es, daß er in ihrer Gegenwart immer erregt war, und sie sorgte dafür, daß es so blieb. Einmal rieb sie in einem Papiergeschäft so lange ihre Brüste an seinem Rücken, bis er vor Gier und Frustration stöhnte.

Manchmal entdeckte Sally sogar Tränen in seinen Augen, weil er sie so sehr begehrte. Es wäre so leicht gewesen. Anstatt seine Hand mit einem »Bitte nicht, Richard« immer wieder beiseite zu schieben, hätte sie ihm ja nur zu erlauben brauchen, endlich einmal ihre Brüste zu betasten. Sie wußte genau, daß er das wollte. Und es hätte ihr vielleicht sogar gefallen, aber je mehr er bettelte und bat, um so leichter fiel es ihr, nein zu sagen und spröde zu bleiben. Denn genau das war es ja, was Richard eigentlich wollte. Er wollte keine Frau, die ihm alles erlaubte. Er wollte eine Frau, die sich beherrschen konnte und eine respektable Ehefrau abgeben würde. Und Sally war klüger als Patsy.

»Nein, Richard.«

»Bitte. Nur von außen. Ich schwör dir, Sally –«

»Nein, Richard. Verstehst du denn nicht? Wenn ich dir das erlaube, kann ich dich auch gleich alles tun lassen.«

»Sally, nur ein einziges Mal!«

»Nein!«

Zwei Tage später machte Richard Heissenhuber der Ex-Schauspielerin Sally Tompkins einen Heiratsantrag. Zu diesem Zeitpunkt kannten sie sich seit knapp dreieinhalb Wochen.

Die Vorstellung bei Richards Eltern war qualvoll, verlief aber ausgesprochen höflich. »Möchten Sie vielleicht noch einen Schluck Tee, Sally?« fragte Anna Heissenhuber und zeigte auf ihre kostbare Teekanne aus echtem Wedgwood-Porzellan, die jeden Kenner entzückt hätte, diese Person aber völlig kalt ließ. Sie hatte offenbar überhaupt keine Ahnung von Kultur oder feinem Benehmen. Erst hatte sie sich drei Stückchen Zucker in die Tasse geknallt und ihren Tee umgerührt, als ob sie Zement mischen wolle, und dann nahm sie nicht mal den Löffel heraus, als sie trank. Anna warf ihrem Mann einen verzweifelten Blick zu, aber der sah nur hilflos zu, wie sich Sally beinahe das Auge mit ihrem Teelöffel ausstach.

»Nein danke, Mrs. Heissenhuber.«

Und Richard saß da mit großen Augen und strahlendem Lächeln, als ob diese hergelaufene Schlampe eine Vanderbilt wäre. Schauderhaft, diese dunkle, ölige Haut, der Lippenstift, der ihre Vorderzähne rotgefärbt hatte, und dieses lächerliche Milchmädchenkleid, aus dem ihre Brüste wie Euter herausquollen. Und Richard starrte sie an, als ob sie Schneeweißchen und Rosenrot wäre. Merkte er denn gar nicht, daß diese Person ein billiges Flittchen war, das ihn mit in den Sumpf ziehen würde?

Anna hielt ihrem Mann die Platte mit dem Sandkuchen hin. Sein Lippen waren schneeweiß. »Carl?« Er schüttelte den Kopf. Ihm war offensichtlich genauso elend zumute wie ihr selbst. Anna schob Sally den Sandkuchen hin und murmelte gleichzeitig ihrem Mann ein paar Worte auf deutsch zu. Das hatte sie seit über zwanzig Jahren nicht mehr getan, aber Carl zeigte keinerlei Überraschung, sondern nickte nur hilflos.

Wenn man vierzehn Jahre lang in der Ludlow Street in New York gelebt hat, spricht man nicht nur englisch, sondern auch jiddisch, und deshalb hatte Sally keinerlei Mühe, zu verstehen, was Anna gesagt hatte. Ihre künftige Schwiegermutter hielt sie also für eine Hure oder zumindest für eine Landstreicherin. Na schön, der würde sie es zeigen.

Aber Sally ließ sich natürlich nichts anmerken. Sie beugte sich ein wenig vor, um ihre Tasse auf dem Tisch abzustellen und gleichzeitig dem alten Carl Heissenhuber die schönsten zwei

Brüste vor die Nase zu halten, die er in seinem ganzen Leben gesehen hatte. Zufrieden stellte sie fest, daß ihm die Augen fast aus dem Kopf fielen. Dann wandte sie sich mit zuckersüßem Lächeln an Anna. »Dürfte ich mir vielleicht Ihr Haus ansehen? Es würde mir so viel bedeuten, Richards Zuhause kennenzulernen!«

»Warum hat es gerade Richard sein müssen?« fragte Carl Heissenhuber. Draußen färbte sich der Himmel zartrosa wie eine riesige Perle, aber im Haus war es noch immer stockfinster. »Warum will sie unbedingt Richard? Sie muß doch wissen, daß wir nicht reich sind. Das sieht man doch auf den ersten Blick.«
»Aber Richard hat Aussichten«, erwiderte Anna. »Er könnte Karriere machen, vielleicht sogar Vizepräsident in der Bank werden.« Sie seufzte. »Aber solche Landstreicherinnen interessieren sich ja nicht für Karrieren.«
»Vielleicht ist es gar nicht so schlimm«, sagte Carl.
»Vielleicht hat Richard ja recht. Vielleicht ist sie nur ein bißchen wild. Sie ist schließlich Schauspielerin.«
»Von wegen Schauspielerin. Sie ist eine Schlampe, das hast du genauso gesehen wie ich. ›Wo leben denn Ihre Eltern?‹ Die sind tot. ›Haben Sie sonst gar niemand mehr?‹ In England wohnen ein paar von meinen Verwandten. ›Ach, wo denn?‹ Da wußte sie plötzlich nicht weiter und starrte zur Decke. Und weil ihr nichts anderes einfiel, sagte sie: London. Lächelt dieses komische Lächeln und sagt: Es gibt unglaublich viele Leute, die Tompkins heißen, in London. Schade, daß zur Hochzeit niemand herüberkommen kann, aber das kann man ja bei der gegenwärtigen Kriegsgefahr niemandem zumuten. Ich habe oft richtiges Heimweh nach ihnen, besonders meine Tante Mary vermisse ich schrecklich.« Anna seufzte. »Aber warum gerade Richard, unser einziger Sohn? Es ist so sinnlos.«

Sie saßen in der Hollywoodschaukel auf der Veranda vor Knauer's Hostelry for Young Ladies und sahen die Morgenröte heraufsteigen. Sally nahm Richards Hand und bedeckte sie mit kleinen Küssen. Dann leckte sie ihm mit spitzer Zunge die zarte Haut zwischen den Fingern. »Morgen kaufe ich meine Aussteuer«, sagte sie. »Vor allem ein paar ganz dünne, durchsichtige Nachthemden.«

»Willst du diesen Mann zu deinem rechtmäßigen, angetrauten Ehemann nehmen und ihn lieben, ehren und für ihn sorgen, bis daß der Tod euch scheidet?«

»Ja«, sagte Sally und hob den Kopf, um Richards strahlendes Gesicht zu sehen. Sie hatte nur Augen für Richard, obwohl ihr durchaus bewußt war, daß auch der Standesbeamte sie für sehr attraktiv hielt. Mit ihrem teuren weißen, von einer meterlangen Straußenfeder gekrönten Hut und dem glatten weißen Kleid sah sie aber auch aus wie eine Prinzessin. Das Kleid war ideal für ihre Figur, denn es war einerseits sehr schlicht, stellte aber andererseits auch alles vorteilhaft zur Schau, was Richard demnächst im Bett haben würde. Der Gegensatz zwischen dem weißen Kleid und ihrer dunklen Haut sei so schön wie ein Liebesgedicht, hatte Richard gesagt. Richard sagte immer solche romantischen Sachen.

Er war überhaupt sehr romantisch. Erst vor einer Woche hatte er ihr eine rosa Nelke geschenkt und um den Stiefel fünfzig Dollar gewickelt. Als sie protestieren wollte, hatte er gesagt: »Sally, ich weiß doch, daß du keine Eltern hast, die dir für die Hochzeit ein Kleid kaufen könnten. Ich möchte Vater und Mutter für dich ersetzen, mein Liebling.«

Richard war sehr froh gewesen, daß Sally nur eine standesamtliche Trauung wünschte, denn dadurch blieb es ihm erspart, seinen Vater zu bitten, die Braut in die Kirche zu führen. Einen Freund, der dies hätte übernehmen können, hatte er nicht, und seinen Chef, Mr. Forsyth, wollte er genausowenig fragen wie einen ehemaligen Bundesbruder, den er gelegentlich morgens im Bus traf. Sicher hätte sowohl der eine wie der andere gesagt: »Gewiß, Richard, das tue ich gern«, aber sie hätten sofort gemerkt, daß er sonst keine Freunde hatte, und das hätte sein Ansehen erheblich geschmälert.

Richard war keiner von diesen geselligen Typen, das wußte er selbst, und es kränkte ihn immer sehr, wenn Sally gelegentlich fragte: »Wann wirst du mich denn deinen Freunden vorstellen, Liebling? Ich möchte gern deinen Freundeskreis kennenlernen.« Sie schien zu glauben, daß er der größte Partylöwe von Cincinnati war; und er wagte ihr nicht zu sagen, daß er jetzt schon seit drei Wochen bei der Bank arbeitete und ihn noch keiner seiner Kollegen gefragt hatte, ob er mit zum Lunch kommen wollte.

Aber als er jetzt in der City Hall stand und seine Braut küßte, wußte er, daß ihm bessere Zeiten bevorstanden. Von jetzt an war er ein Glückspilz.

Ihre Hochzeitsnacht war ein Riesenerfolg. Sally Heissenhuber kam aus dem Badezimmer der Honeymoon-Suite des Hoosier House in French Lick, Indiana, und Richard strahlte vor Glück. Sallys Gesicht war von zartem Rot übergossen (ob es Schüchternheit oder Rouge war, ließ sich bei der schlechten Beleuchtung nicht klären), ihre blauschwarzen Haare flossen wie ein Wasserfall über ihre schneeweißen Schultern, und unter ihrem Nylon-Nachthemd konnte Richard ihre rosigen Brustwarzen ebenso schimmern sehen wie das schwarze Dreieck zwischen den Schenkeln.

So rasch es seine zitternden Finger erlaubten, knöpfte er seinen gestreiften Schlafanzug auf. »Oh, Boy«, hauchte Sally, als sie seine breiten Schultern und seine gewölbte Brust sah. Nach all den haarigen Clowns, nach all den wabbeligen Nachtklubbesuchern und den ungewaschenen Saxophonisten wurde sie zum ersten Mal wieder von einem kräftigen jungen Mann in die Arme genommen, der nicht keuchte: »Fick mich, Baby«, sondern: »Du bist ja so schön« und: »Ich liebe dich so.«

»Ach, Richard.«

»Ach, Sally.«

Es war schöner für sie, als sie gedacht hatte. Obwohl er sie viel zu behutsam anfaßte und die ganze Zeit so tat, als ob er der Freiheitsstatue unter den Rock ginge, wußte er seine Braut doch zu schätzen. Er keuchte und stöhnte wie ein brünstiger Büffel. Ihre große Sorge, daß sie die Entjungferung nicht glaubhaft vortäuschen könnte, erwies sich als gegenstandslos. Er rammelte so wild drauflos, daß sie ganz unwillkürlich schreien mußte, als er in sie einzudringen versuchte. »Au«, schrie sie auf, und er hielt einen Augenblick inne und entschuldigte sich, machte dann aber mit unverminderter Heftigkeit weiter; denn er war viel zu erregt, um sich noch zu beherrschen. Wenn sie nicht hätte darauf achten müssen, sich leidenschaftlich vor Schmerzen zu winden, hätte sie sich mit diesem ungestümen Burschen richtig gut amüsiert. Er war ein richtiger Kerl mit Muskeln, ein Mann, der studiert hatte, ein Bankbeamter mit Zukunft. Und er gehörte nur ihr. »Sally, Sally, ach Sally«, stammelte er, als er schließlich ermattet auf ihr ruhte.

Richard war endlich ans Ziel seiner Wünsche gelangt. Endlich, endlich durfte er alles anfassen, was sich seit Wochen vor seinen Augen bewegt hatte. Er durfte jede Wölbung und jeden Winkel berühren und genoß es unendlich. Sie war wie eine Göttin, in jeder Beziehung vollendet. Und die Art und Weise, wie sie intuitiv auf seine Bewegungen einzugehen versuchte, zeigte ihm, daß es ihr bestimmt bald Spaß machen würde, wenn er nur ein geduldiger und behutsamer Lehrmeister war. Zum ersten Mal in seinem Leben fühlte er sich aller Welt überlegen.

Die reine Seligkeit währte vier Tage, das eheliche Glück drei Wochen, und die Zufriedenheit hielt noch zwei weitere Monate an. Die Illusionen lösten sich so langsam auf, daß Sally und Richard den Verlust gar nicht bemerkten. Schon am sechsten Tag ihrer Hochzeitsreise wurde Sally allerdings klar, daß sich hinter Richards liebenswerter Schüchternheit keineswegs ein besonders sensibler Charakter, sondern eine schwache Persönlichkeit verbarg, die ein kritischer Beobachter wahrscheinlich sentimental genannt hätte.

Noch während der Flitterwochen fiel Richard auf, daß die männlichen Gäste im Hotel Sallys Körper ganz unverschämt anstarrten. Anfangs nahm er das noch als angemessenen Tribut an ihre Schönheit und seinen guten Geschmack hin. Er hatte fast das Gefühl, daß die anderen Männer gewissermaßen den Hut vor ihm zogen und ihm gratulierten. Aber nicht immer las er den nötigen Respekt aus diesen Blicken heraus, manchmal hatte er geradezu den Eindruck, daß er offen verhöhnt wurde.

»Findest du nicht, daß du dich etwas dezenter anziehen solltest?« fragte er eines Abends vor dem Dinner. »Willst du nicht vielleicht eine Stola umlegen oder so was?« Sally hatte ein atemberaubendes rotes Kleid an, und zwischen ihren weit entblößten Brüsten schwebte ein Gänseblümchen aus Plastik.

»Ach, du bist ja so süß, Richard.«

»Ganz im Ernst, Sally. Die anderen Frauen laufen doch nicht so herum. Du hast den tiefsten Ausschnitt von allen, und die Leute hier sind so schrecklich konservativ.«

»Meinst du wirklich?« lächelte Sally und zog seine Hand auf ihren wogenden Busen, wo sie bald in der feuchten Spalte zwischen den Brüsten verschwand. Zum Essen kamen sie über eine halbe Stunde zu spät.

Nach einer Woche kehrten sie nach Cincinnati zurück. Richard hatte eine Dreizimmerwohnung in einem weißgestrichenen Holzhaus gemietet, das nur zwanzig Minuten vom Stadtzentrum entfernt lag. Vor dem unvermeidlichen Sonntagnachmittagskaffee bei seinen Eltern bat Richard seine Frau, sie solle doch bitte den kastanienroten Nagellack von ihren Fingern entfernen. Eine solche Farbe sei allenfalls bei Autos und Schuhen erträglich, und er wolle beim Wiedersehen mit seinen Eltern auf keinen Fall Streit haben. Auch diesmal zog er den kürzeren; denn Sally streckte den beanstandeten Zeigefinger in Richtung auf seinen Hosenschlitz aus und ließ ihn langsam kreisen. Diesmal kamen sie fünfzig Minuten zu spät, und der Braten, den Richards Mutter im Ofen hatte, war verbruzzelt.

Zwei Monate nach ihrer Hochzeit wurde Sally endgültig klar, daß ihr Mann in gesellschaftlicher Hinsicht eine Null war. Sie hatte sich vorgestellt, daß ihre ehelichen Verpflichtungen im wesentlichen darin bestehen würden, bei einer endlosen Kette von Partys ein silbernes Tablett mit käsegefüllten Oliven herumzureichen und dazu freundlich zu lächeln. Aber Richard wußte gar nicht, welche netten jungen Ehepaare er hätte einladen können, und die einzige Einladung, die sie selbst erhielten, kam von einem seiner sehr deutschen Cousins. Der Abend verlief in völligem Schweigen. Erst wurde Zwiebelfleisch mit Salzkartoffeln vertilgt, dann hämmerte der neunjährige Sohn der Gastgeber, der so fett war, daß sein Hintern nicht auf den Klavierhocker paßte, lustlos eine Sonate herunter.

Auch Richard verspürte eine vage Enttäuschung. Ganz

allmählich begriff er, daß Sallys Vorliebe für dickes Make-up und schweres Parfüm so gut wie gar nichts damit zu tun hatte, daß sie Schauspielerin war, sondern ausschließlich darauf beruhte, daß sie einen schlechten Geschmack hatte und die Männer gern scharfmachte. Sein Traum, mit Sally in die Oper zu gehen und sich von der feinen Gesellschaft bewundern zu lassen, weil er ein Frauen- und Kunstkenner war, löste sich in Nichts auf. Er besaß nicht die Seelenstärke, sich einzugestehen, daß er sich hatte hereinlegen lassen. Aber die beiden Semester über englische Literatur, die er an der Universität belegt hatte, um sich kulturell ein wenig zu bilden, genügten ihm, um zu erkennen, daß Sallys Erfahrungen mit dem Theater sich auf die flüchtige Lektüre zweier Shakespearedramen beschränkten. Bald hatte er das Gefühl, daß seine Frau entweder weit mehr oder weit weniger von der Welt wußte, als man vermutete.

Beide sprachen niemals über diese Enttäuschung. Ganz im Gegenteil: Lange Zeit waren sie fest überzeugt, sich zu lieben, denn sie liebten sich oft. Jeden Abend verzehrten sie zunächst das neue Überraschungsmenü, das Sally in einer Frauenzeitschrift entdeckt hatte (meist irgendein Hackfleischgericht), dann spülte Sally das Geschirr in der Küche, während sich Richard mit Hilfe der Sportberichte in der Zeitung auf etwaige Gespräche mit seinen Arbeitskollegen vorzubereiten versuchte. Dann ging Sally wortlos ins Schlafzimmer und rieb sich die Hände mit einer duftenden Creme ein. Richard folgte ihr schweigend. Wortlos und ohne zu lächeln streiften sie ihre Kleider ab und legten sich hin. Etwa eine halbe Stunde lang kneteten sie in der Regel aneinander herum, der eigentliche Geschlechtsverkehr war stets sehr heftig, dauerte aber selten länger als fünf Minuten. Sally nahm dabei immer die Stellung ein, in der Richard sie haben wollte. Er selbst bezog seine diesbezüglichen Kenntnisse aus einem Ehehandbuch, das er in einem Schuhkarton versteckt auf dem Kleiderschrank aufbewahrte. Hinterher wünschten sie sich gegenseitig höflich eine gute Nacht und schliefen rasch ein.

Sally ermüdete leicht, seit sie schwanger war. Die Empfängnis hatte bereits bei ihrem ersten Verkehr stattgefunden. Sally hätte nie geglaubt, daß es so schnell gehen könnte, aber jetzt wurde sie jeden Tag unmerklich schwerer und träger.

Sally hatte in ihrem Leben mit mehr als fünfzig Männern geschlafen, aber abgesehen von der einen Abtreibung während ihrer Ehe mit Nat war sie nie schwanger geworden, obwohl sie keineswegs immer vorsichtig gewesen war. Im Grunde war sie seit langem davon überzeugt gewesen, sie hätte sich eine jener Krankheiten zugezogen, die zur völligen Unfruchtbarkeit führen, aber insgeheim hatte sie doch gehofft, daß dem nicht so wäre. Sie war dreiunddreißig (obwohl Richard glaubte, sie wäre sechsundzwanzig wie er), und sie wußte, es wurde allmählich Zeit. Ein dicker Bauch war die beste Gewähr für den Bestand einer Ehe. Und es wäre auch ganz nett, so ein Püppchen zum Spielen zu haben. Sie langweilte sich nämlich entsetzlich.

Freundinnen hatte sie keine. Die jungen Frauen in der Nachbarschaft stammten alle aus Cincinnati und wiesen ihre gelegentlichen Einladungen, doch einfach mal zum Kaffee bei ihr vorbeizuschauen, kühl zurück. Sally versuchte, sich durch ein paar freundliche Schmeicheleien über die Cockerspaniels und Kinder beliebt zu machen, die ihre Nachbarinnen spazierenführten, und erkundigte sich nach Rezepten gegen das morgendliche Erbrechen, aber sie spürte genau, daß man sich nur darüber lustig machte, wenn sie Kontakt suchte. Sie hörte geradezu das aufgeregte Getuschel, wenn sie sich in rosa Shorts und schulterfreiem Oberteil zum Sonnenbaden vors Haus legte oder in einem engen schwarzen Rock und einem orangefarbenen Angorapullover zum Einkaufen ging. Die anderen Ehefrauen ihres Viertels platzten einfach vor Eifersucht, wenn Sally Heissenhuber irgendwo auftauchte.

Sally wußte, daß man sie eher akzeptieren würde, wenn sie genauso wurde wie die anderen Frauen, wenn sie das Make-up wegließ und flache Schuhe mit Kreppsohlen trug. Aber sie konnte sich zu diesem Kompromiß nicht entschließen. Sie blieb lieber allein; denn sie hegte im stillen die Hoffnung, daß Richard und sie in eine etwas elegantere Gegend mit weniger spießigen Nachbarinnen umziehen würden, wenn das Baby erst einmal auf der Welt war.

Vorläufig aber war ihr Leben grauenhaft langweilig. Jahrelang hatte sie jeden Tag sechs anstrengende Auftritte als Tänzerin absolviert, jetzt brauchte sie bloß ein paar Teller zu spülen, mit dem Staubtuch über die Schränke zu fahren, anschließend lange zu duschen und ein bißchen zu masturbieren. Zum ersten Mal seit zwanzig Jahren begann sie wieder zu lesen, aber länger als zwanzig Minuten oder eine halbe Stunde am Tag hielt sie das nicht durch.

Nach dem sechsten Monat, als ihr Bauch sich weiter zu wölben begann als ihr Busen, verlor Richard das sexuelle Interesse an ihr. Sally konnte ihn nur noch erwischen, wenn sie früher wach wurde als er und ihm die Hand in den Schlafanzug steckte, ehe er aufwachte. Sonst behauptete er immer, es würde dem Kind schaden, wenn sie Geschlechtsverkehr hätten. Aber Sally glaubte zu wissen, was der wahre Grund für seine Zurückhaltung war: In seinen Augen hatte sie sich von einer heißen Nummer in einen unattraktiven Fleischberg verwandelt.

Zu Beginn des neunten Monats war ihr das völlig egal geworden. Ihr Rücken schmerzte, ihre Brustwarzen waren nicht mehr rosa, sondern braun, und sie fühlte sich so matt, daß sie sich sofort wieder ins Bett legte, wenn Richard morgens das Haus verließ. Den Wecker stellte sie auf halb fünf, damit sie wenigstens wach war, wenn er zurückkam. In diesem letzten Schwangerschaftsmonat fiel es Richard immer schwerer, überhaupt mit ihr zu sprechen. Aus der charmanten Künstlerin, die er geheiratet hatte, war ein müdes, altes und ständig jammerndes Weib geworden. »Ach, Richard, meine Füße tun mir so weh, ich konnte leider nichts zu essen machen. Ach, Richard, kannst du nicht mal jemanden einladen? Mir ist so langweilig.« Er konnte es bald nicht mehr hören.

Jeden Abend, wenn er nach Hause kam, hatte er Angst, sie könnte ihm ihre gigantisch angeschwollenen Brüste vor die Nase halten und fragen: »Wie wäre es heute mit ein bißchen Liebe, Liebling?« Und am Morgen fürchtete er sich davor, daß sie ihn am Schwanz packte und flötete: »Für dieses Gürkchen weiß ich ein wunderschönes Töpfchen, mein Süßer.« Auch als ihm klar wurde, daß Sally nicht mehr an Sex dachte, wurden die Dinge nicht einfacher, denn sie wußten nicht, worüber sie sonst reden könnten. Sally schaffte es kaum noch, das Geschirr abzuwaschen, ohne zu gähnen oder zu seufzen, und Richard saß im Sessel und las den »Ohio Accountant« oder »Modern Estate Practices«, bis es zehn Uhr war. Dann war er endlich müde genug, um zu vergessen, wie gemein er zu seiner Frau war und wie er sich darüber schämte, sie überhaupt geheiratet zu haben.

Das Fruchtwasser ging Sally an einem verschneiten Märzsonntag auf dem blauen Sofa in Anna Heissenhubers Wohnzimmer ab. »Oh«, sagte sie nur, als ihr die Flüssigkeit zwischen den Schenkeln herunterrann. Sie blieb so lange sitzen, bis der Fleck nicht mehr zu beseitigen war, dann griff sie nach Richards Hand und zirpte: »Der Vorhang geht auf.«

»Wie bitte?« fragte er irritiert.

»Bring mich ins Krankenhaus«, sagte sie.

Vierzehn Stunden später hielt derselbe Dr. Neumann, in dessen Praxis sie sich vor Jahresfrist kennengelernt hatten, ein fünfeinhalb Pfund schweres Neugeborenes hoch.

»Es ist ein Mädchen«, sagte die Hebamme zu Richard. Er nickte und bedankte sich. Als sie zehn Minuten später zurückkam, um ihm das Baby zu zeigen, war er schon drei Straßen weiter in einem Tabakgeschäft, um Zigarren zu kaufen, die er in der Bank verteilen konnte, wenn man ihm gratulierte. Dann fuhr er zu seinen Eltern, um sich frischzumachen, ehe er ins Büro ging.

»Es ist ein Mädchen«, sagte die Krankenschwester, als Sally aus der Narkose erwachte.

»Ich möchte es sehen«, murmelte Sally mit trockenem Mund.

Die Schwester hielt ihr das in rosa Decken gewickelte Kind hin. Es war kein besonders schönes Baby, aber Sally hatte noch nicht sehr viele Neugeborene gesehen, und ihr gefiel das winzige Wesen sofort. Die Haut des Kindes war ebenso golden wie Sallys, und es hatte dieselben blauen Augen wie Richard. Sallys Befürchtung, das Kind könnte die verräterische Nase der Taubmanns geerbt haben, hatte sich nicht bewahrheitet. Die Nase des kleinen Mädchens war zierlich, wenn sie auch bei der Entbindung ein bißchen nach links gedrückt worden war. Am meisten entzückten Sally die winzigen rosa Fingerchen ihres Babys.

»Ist es nicht süß?« fragte sie.

»Wie soll es denn heißen?« fragte die Schwester.

Sally wußte genau, daß Richard das Kind nach seiner Mutter nennen wollte. »Jane«, sagte sie.

Das Kind wurde in der kleinen presbyterianischen Kirche in der Nähe ihrer Wohnung auf den Namen Jane Anna Heissenhuber getauft. Der Pfarrer, Dr. Plum, sagte, es sei das hübscheste Baby, das er je getauft hätte, aber wahrscheinlich wollte er damit nur Sally ein bißchen schmeicheln, denn er war sehr stolz darauf, daß sie jetzt zu seiner Gemeinde gehörte. Sie hatte ihm schließlich lange von ihren Gewissensqualen erzählt, die von ihrer religiösen Erziehung in der New Yorker Episkopalkirche herrührten. Er konnte zufrieden sein, denn nachdem sie zu Ostern noch etwas zögernd am Abendmahl teilgenommen hatte, war Sally zu Weihnachten bereits eine Säule der presbyterianischen Kirche geworden.

Für das Frühlingsfest putzte sie dreihundert Pfund Erdbeeren, sie übernahm den Vorsitz im Bibelklub der Missionsgesellschaft, und ihr Vorschlag, die große Fichte vor der Kirche zu Weihnachten mit Hunderten von roten Schleifen zu dekorieren, wurde zu einer langjährigen Tradition, die erst 1968 ein jähes Ende fand, als der Baum vom Blitz getroffen wurde und einging.

Der kastanienrote Nagellack verschwand, denn das Baby nuckelte liebend gern an Sallys Fingern. Als Jane sich im Kinderwagen aufzurichten begann und ihrer Mutter den Eindruck vermittelte, sie hätte gerne ein bißchen Gesellschaft, gab Sally auch den roten Lippenstift und die Pfennigabsätze auf. Das Manöver hatte Erfolg: Bald fanden sich andere Mütter aus der Nachbarschaft zu langen Gesprächen am Sandkasten und Spaziergängen auf den Bürgersteigen bereit.

Trotz der freundlichen Bemerkungen des Pfarrers war Jane ein recht normales Baby. Sie war nett, sah aber ein bißchen merkwürdig aus, weil sie einen völlig kahlen, weithin leuchtenden Schädel und einen einsamen Schneidezahn hatte, der fast rechtwinklig aus ihrem Gaumen herausstand. Ihre Mutter ließ sich davon nicht irritieren, sie hielt ihr Kind für ungeheuer begabt, und in ihren Ohren war jedes unartikulierte Gurgeln Musik.

»Hier kommt die Puff-puff-Eisenbahn mit dem Ham-ham.« Jeder Löffel Bananenmus und Karottenbrei enthielt Vitamine, mit denen das Talent ihres Babys genährt wurde, und das war auch unbedingt nötig, denn Jane sollte der Star aller Stars werden.

Das war Sallys Lieblingsvorstellung.

Mit elf Monaten konnte Jane laufen, mit vierzehn konnte sie tanzen. Sie ahmte das »Schritt-Schritt-Wechselschritt« ihrer Mutter nach und bewegte sich dabei so geschickt, wie ihre braunen Babyschuhe es zuließen. Mit fünfzehn Monaten konnte sie »Mama«, »Papa« und »Miech« (für »Milch«) sagen, und mit anderthalb Jahren sang sie »Hänschen klein«, »ABC« und »I Don't Care That My Man's Gone Blues«.

»Jane, du wirst Schlagzeilen machen«, prophezeite ihr Sally. Inzwischen war ihre Tochter zwei Jahre alt und konnte mit einem kompletten Milchgebiß lächeln. Ihre Vorstellung vom Paradies bestand darin, mit einem alten Löffel im Dreck zu wühlen und Kleckermatsche zu machen, aber die Liebe ihrer Mutter ging ihr nun mal über alles, und sie war schlau genug, um zu merken, daß ihre Mutter am glücklichsten war, wenn sie mit ihrem dünnen Stimmchen »Little Baby Booboo« quäkte und dazu mit dem Po wackelte. Also sang und tanzte sie jeden Tag und kam nur sehr selten dazu, die Blumenbeete zu ruinieren. »Du wirst ein ganz großer Star«, sagte Sally und küßte das Kind auf den runden Bauch. »Allerdings wirst du einen Künstlernamen brauchen, mein Mäuschen.«

Mit dem Vater hatte Jane nur sehr wenig zu tun. Was Sally toll fand, ging Richard meist auf die Nerven. Er mochte es nicht, wenn das Kind sang und tanzte. Jane hatte es nur einmal probiert. Sie hatte ihm ihre Puddingärmchen entgegengestreckt und geschmettert: »Love Me Again«, aber Richard war davon gar nicht begeistert gewesen. Von da an bremste Sally ihre Tochter, wenn Richard im Haus war. Statt sich mit ihrem neuen Röckchen und der großen Schleife im Haar zur Radiomusik produzieren zu dürfen, erhielt sie nur einen Lutscher, als Ausfallhonorar sozusagen. Jane begriff rasch.

Richard mochte seine Tochter, wußte aber nicht recht, was er mit ihr anfangen sollte. Außer Vorlesen fiel ihm nichts ein, und das mochte Jane nicht besonders. Wenn er aus dem Büro kam, rief er schon auf dem Flur: »Wie geht's, meine Mädchen?« Und dann kamen Jane und Sally gerannt und begrüßten ihn mit einem Kuß, der bei Jane immer etwas herzlicher ausfiel als bei ihrer Mutter. Dann setzten sie sich zusammen zu Tisch. Jane schob ihr kleingeschnittenes Essen auf dem Teller herum und hörte zu, was ihre Eltern erzählten. Die Tischgespräche waren ziemlich gezwungen, denn Richard interessierte sich kaum noch für Sally, aber er hielt es pädagogisch für besser, wenn sie nicht schweigend bei Tisch saßen.

Wenn sie frisch gebadet und gebürstet ins Bett gehen sollte, durfte sich Jane noch einen Gutenachtkuß bei Richard abholen. Zu diesem Zeitpunkt saß er dann bereits mit der Zeitung im Wohnzimmer. Die einzige Gelegenheit, bei der sie mit ihrem Vater allein war, waren die halbstündigen Samstagnachmittagsspaziergänge, bei denen sie immer ein Erdbeereis kriegte. Aber auch wenn er nicht besonders zärtlich und warmherzig war, meinte es Richard doch gut mit ihr. Viele kleine Mädchen mußten und müssen mit weit weniger Zuwendung auskommen.

Ihre Mütter allerdings auch. Sally spürte genau, daß Richards Erkundigungen nach ihrem Befinden reine Formsache waren. Er war allenfalls daran interessiert, dreimal in der Woche mit ihr zu schlafen. Doch das wollte sie nun nicht mehr. Die Tatsache, daß er sie während der Schwangerschaft im Stich gelassen hatte, verzieh sie ihm nicht. Außerdem wollte er sie sowieso nur dienstags, donnerstags und samstags, und es gab auch keinerlei Abwechslung mehr. Es war immer nur Küssen, Knutschen, Bumsen. Mit dem Kreuzworträtsel verbrachte er mehr Zeit. Und mit seinen Wagnerplatten, die wie Begräbnismusik für eine tote Katze klangen, erst recht.

Richard brauchte Trost. Es klappte nicht recht in der Bank. Er wurde überhaupt nicht befördert, während ein Bursche, der zwei Jahre jünger war, zum Vizepräsidenten ernannt wurde. Mr. Forsyth, der Chef der Kreditabteilung, hatte alle jüngeren Manager nacheinander zum Lunch eingeladen, aber Richard war auch diesmal der letzte gewesen. Er begriff nicht warum, denn er hatte sich gute Chancen ausgerechnet, Karriere zu machen. Kurz nach Pearl Harbor war er gemustert worden, und die ärztliche Untersuchung hatte ergeben, daß er wegen einer relativ harmlosen Nierenbeckenentzündung vor einigen Jahren als diensttauglich eingestuft worden war. Als nun zwei seiner Kollegen zur Armee eingezogen wurden, glaubte er, daß der berufliche Weg nach oben für ihn frei wäre. Sein Vater bestärkte ihn in der Annahme: »Du kannst eigentlich nur noch die Treppe hinauffallen«, sagte er mehrfach. »Im Dezember, spätestens im März hast du ein eigenes Büro mit deinem Namen an der Tür.« Aber es geschah nichts, und Richard mußte immer noch denselben Bleistiftspitzer benutzen wie die Stenotypistinnen.

Es war deshalb nicht weiter erstaunlich, daß ihn jähe Hoffnungen erfaßten, als ihm Sally eines Abends einen Briefumschlag mit einer wichtigen Einladung hinlegte: »Mr. und Mrs. Ralph Forsyth laden Sie herzlich zur Silvester-Party ein.«

»Kriege ich ein neues Kleid?« fragte Sally als erstes.

»Nur bitte nichts Auffälliges«, sagte Richard. »Die Forsyths sind eine sehr alte, wohlhabende Familie.«

»Das ist ja maßlos elegant hier«, sagte Sally ironisch.

»Psst«, zischte Richard.

»Eigentlich müßten sie sich ja einen Teppichboden leisten können, wenn sie wirklich soviel Geld haben.«

Das Haus der Forsyths mit seinen chinesischen Teppichen, Chippendale-Kommoden und einem Sheraton-Sekretär gehörte zu jenem Teil von Cincinnati, in dem die noblen Traditionen der Südstaaten von jenseits des Flusses nachgeahmt wurden. Es hätte als Kulisse für »Vom Winde verweht« dienen können, wenn bei der Ausstattung hätte gespart werden müssen. Es war eine kleine Villa mit weißen Säulen, umgeben von drei Morgen Grasland.

Sally strich mit ihren Fingernägeln über einen chintzbezogenen Sessel. »Willst du mir etwa weismachen, daß dieser schäbige Stoff hier ein Zeichen besonderer Vornehmheit ist?«

»Sei doch leise, um Himmels willen«, flüsterte Richard.

»Ich wette, der Bezug ist schon fünfundzwanzig Jahre da drauf«, sagte Sally. »Kein Wunder, daß die so wohlhabend sind. Die geben ja nie etwas aus.«

»Sally, wenn dich jemand hört, bin ich erledigt.«

Im Salon der Forsyths standen ungefähr fünfzig Personen beisammen, und um die riesige silberne Bowle im Eßzimmer drängten sich weitere fünfzig, aber niemand schien besonders erpicht darauf zu sein, die Heissenhubers zu belauschen. Genauer gesagt, die Heissenhubers interessierten niemanden. Von der Gastgeberin waren sie lediglich herzlich begrüßt worden. »Willkommen, Sally und Richard. Ich freue mich, Sie endlich kennenzulernen«, hatte sie gesagt. »Gehen Sie nur hinein und nehmen Sie sich etwas zu trinken, ich seh' Sie dann ja später noch.« Doch daraus wurde nichts. Sie blieb weiterhin an der Tür stehen und begrüßte die ankommenden Gäste.

Richard begann Sally die Namen der wenigen Anwesenden zu nennen, die ihm bekannt waren: alles Angestellte der Queen City Trust. Es war ihm völlig gleichgültig, ob sich Sally dafür interessierte, er wollte nur den Eindruck vermeiden, daß er sich nicht amüsierte. Bei ihren drei Abstechern zum Punsch und dem zweimaligen langen Verweilen vor der Vitrine mit Mrs. Forsyths Sammlung von Porzellankatzen fand sich niemand bereit, mit ihnen zu plaudern. »Und das ist John Crane aus der Auslandsabteilung. Nein, nicht der Dicke, sondern der daneben mit dem karierten Jackett.«

»Oh«, sagte Sally. Sie trug ein neues weißes Musselinkleid.

»Der Dicke ist Tiny Brody. Er arbeitet in der –«

»Hallo, Richard.« Eine sanfte Stimme mischte sich in das Gespräch des Ehepaares Heissenhuber. »Natürlich. Das muß Ihre Frau sein. Sie heißen Sally, nicht wahr?« Ralph Forsyth, der seit sechs Stunden einen Drink nach dem anderen gekippt hatte, hob sein Glas: »Auf Sally Heissenhuber! Auf Sally, die wunderschöne –« Er taumelte leicht und hielt sich an ihrer Schulter fest. »Die wunderschöne ... Schneeflocke!« Er hatte das rosige Gesicht eines Gewohnheitssäufers, aber sein Körper war noch rank und schlank. »Richard, darf ich sie Ihnen für eine Sekunde entführen?« Er wartete gar nicht erst, bis Richard genickt hatte. »Kommen Sie, meine Schneeflocke! Ich hole Ihnen einen Drink.« Er legte Sally den Arm um die Hüfte. »Ich mag hübsche Ladies«, erklärte er dem sprachlosen Richard, der geglaubt hatte, sein Chef interessiere sich nur für Bonitäten, Pferde und Hunde (Mr. Forsyth hatte ein goldgerahmtes Bild seiner beiden Vorstehhunde auf seinem Schreibtisch in der Bank stehen).

»Ja, Mr. Forsyth«, begann Sally, während sie auf das Eßzimmer zusteuerten.

»Sag doch Ralph.«

»Gut, Ralph –« Er hatte sie zu einem Fenster geführt und zeigte mit seinem Bourbonglas hinaus in die Nacht, wo seine Pferdekoppeln lagen. »Sehr schön«, sagte Sally. »Das sind mit die schönsten Koppeln, die ich je gesehen habe.«

»Weißt du, was mir gefällt, Sally? Du gefällst mir, meine Süße.«

»Vielen Dank.« Die Hand, die auf Sallys Hüfte ruhte, wanderte langsam hinauf und umfaßte jetzt ihre Taille – und kletterte immer noch weiter. Als Mr. Forsyth von seiner Lieblingsstute, Lady Linda, erzählte, fingerte er bereits an Sallys Busen herum. »Bitte, Mr. Forsyth!«

»Ralph, meine Schneeflocke. Du bist wirklich ein richtiger Appetithappen. Es ist schon erstaunlich – da kommt dieser Richard Monat für Monat zu uns in die Bank, und keiner weiß, was er daheim für eine reizende kleine Schneeflocke hat. Es ist doch wirklich eine Schande, so ein Schmuckstück zu Hause einzusperren und vor der Welt zu verstecken, nicht wahr? Wirklich eine Schande, das alles für sich behalten zu wollen.« Er trank sein Glas leer. »Gefällt dir die Aussicht, mein Mädchen?«

»Ja, Ralph.« Der Bursche war betrunken und wurde zudringlich. Aber Sally wußte nicht, was sie tun sollte. Forsyth war der Chef ihres Mannes, und sie durfte ihn nicht vor den Kopf stoßen. Normalerweise hätte sie ihm vielleicht trotzdem gesagt, daß er ein besoffener alter Sack mit einer Säufernase sei und sie gefälligst loslassen solle. Aber er hatte ja nicht mal so unrecht mit dem, was er sagte. Richard hielt sie tatsächlich zu Hause versteckt. Mit ihren sechsunddreißig Jahren und ihren großen Talenten saß sie zu Hause herum und wartete darauf, daß der Pfarrer sie bat, den Salat für das alljährliche Dinner der Gemeindeältesten zuzubereiten.

»Wirklich eine herrliche Aussicht, Sally«, keuchte Forsyth. Sie hoffte nur, daß er nicht kotzen mußte, sondern bloß geil wurde.

Andererseits war es natürlich ganz aufregend, sich von einem so mächtigen Banker anhimmeln zu lassen. Außerdem war es komisch, daß sie so brav vor dem Fenster standen und von hinten bestimmt ganz unschuldig aussahen, während er vorne an ihr herumknetete, daß ihr schon ganz heiß wurde. Sie ließ ihren Blick über den immer noch grünen Rasen und den weißgestrichenen Zaun gleiten und fragte sich heimlich, wie es wohl wäre, mit einem rosa Seidenkleid und einem rosa Fächer als Gastgeberin in der Eingangshalle zu stehen. »Ich glaube, ich sollte mich wirklich um meinen Mann kümmern«, sagte sie.

»Ach was, meine Schneeflocke.« Forsyth packte ihre Brust fester. »Heute ist Neujahr. Da müssen wir fröhlich sein. Komm, ich zeig dir noch eine andere Aussicht.«

Gehorsam oder, besser gesagt, schon recht willig folgte sie ihm durch die Küche und die Waschküche in den Keller hinunter, und dort, unter der Treppe, im polypenhaften Schatten des Boilers, begrüßten Sally Heissenhuber und Mr. Forsyth das Jahr 1943 mit einem gewaltigen Bums.

Die Großen dieser Welt haben eine Vorliebe für Winkelzüge, und Exekutionen im Reich der Konzerne finden lautlos und hinterrücks statt. Deshalb wurde Richard auch nicht etwa am 3. Januar, sondern erst Mitte März, eine Woche nach Janes drittem Geburtstag, zu J. Rufus Curry, dem Präsidenten der Queen City Trust, gerufen. Was Richard zu hören bekam, war allerdings keineswegs das, was er erhoffte. Curry teilte ihm vielmehr mit, daß er sich keinerlei Hoffnungen machen solle, jemals in die Geschäftsleitung der Bank aufzurücken. Unter Aufbietung all seiner Courage schaffte es Richard, den Präsidenten nach den Gründen für dieses vernichtende Urteil zu fragen. Es fehle ihm einfach an dem gewissen Etwas, erklärte Curry. Aber vielleicht hätte er in einer anderen Bank mehr Chancen. Man sei gern bereit, ihm bei der Suche nach einer geeigneten Stellung zu helfen. Wenn ihm seine Position bei der Queen City Trust genüge, könne er natürlich gern bleiben. Richard bedankte sich und sagte, er werde darüber nachdenken. Er gehörte nicht zu den Großen, er hatte gar nicht begriffen, daß er jetzt tot war und daß ihn Ralph Forsyth umgebracht hatte.

»Was bedeutet das denn?« fragte Sally.

»Nichts. Ich weiß nicht genau. Sie glauben, daß ich woanders glücklicher wäre.«

»Wieso ›glücklich‹? Bankmanager sind nicht glücklich. Ich verstehe das nicht.« Sally versuchte, ihre Stimme unter Kontrolle zu halten, um Jane nicht zu wecken. »Hast du mit Mr. Forsyth darüber gesprochen?« Sie hatte den Namen seit Neujahr nicht mehr erwähnt. Damals, unter der Treppe, im Schatten des Boilers, hatte Forsyth geschworen, sie am nächsten Tag anzurufen. Sie hatte lange gewartet. In den ersten vier Tagen hatte sie nur Konserven für Richard gewärmt, damit sie nicht aus dem Haus gehen mußte, und Jane war mit Süßigkeiten abgespeist worden, damit sie nicht protestierte. Danach war sie zwei Wochen lang immer nur eine Stunde lang außer Hauses gegangen. Nach drei Wochen hatte sie endlich begriffen.

Richard hatte natürlich überhaupt nichts begriffen. Er glaubte bis zum heutigen Tag, Sally und Mr. Forsyth hätten nur einen netten, gemütlichen Rundgang gemacht. Als sie zu ihm ins Wohnzimmer zurückgekehrt waren, hatten ihre Gesichter noch die gewisse Röte gezeigt, aber Forsyth hatte lediglich gesagt: »Tut mir leid, daß ich Ihnen Sally so lange entführt habe. Aber sie ist wirklich eine reizende Frau. Ganz allerliebst.« Sally hatte milde gelächelt und erst sehr viel später zugegeben, daß sie einige Schwierigkeiten gehabt hatte, ihren Teil zur Konversation mit Richards Chef beizutragen.

»Was wirst du jetzt machen?« fragte Sally besorgt.

»Ich muß alle Aspekte bedenken.« Richard wünschte, irgend jemand würde ihm sagen, was er tun solle.

»Bedeutet das etwa, wir können kein Haus kaufen?«

Im Juli hatte Richard sich noch immer nicht zu einem irgendwie gearteten Entschluß durchringen können. Alle Kollegen und Vorgesetzten sagten weiterhin feundlich »Guten Morgen« zu ihm, und jeden zweiten Freitag um elf erhielt er weiterhin seinen Gehaltsscheck, aber sein Schreibtisch wurde zu einer sehr ruhigen Insel in einem Meer von hektischen Aktivitäten. Die Kunden der Queen City Trust brauchten immer noch Hypotheken und Darlehen, und die ganze Abteilung arbeitete auf vollen Touren. Nur um Richard wurde es still.

An einem besonders drückenden Julinachmittag saßen sie wieder einmal auf den schmiedeeisernen Gartenstühlen bei Richards Eltern und diskutierten Richards Zukunftsaussichten. Alles verlief genauso wie an den vergangenen sechzehn Sonntagen.

»Es ist eine sehr solide Firma«, sagte Richards Mutter. Sie wollte, daß ihr Sohn seine Stellung behielt, sich ordentlich reinkniete und Mr. Forsyth und Mr. Curry zeigte, daß er doch das Zeug zum Bankmanager hatte.

Richards Vater, der sein Leben lang Kassierer bei der Queen City Trust geblieben war, vertrat die gegenteilige Ansicht. Richard sollte sich lieber etwas anderes suchen. »Die Firma wird immer schwerfälliger, Richard. Die Leute sind bürokratisch, selbstzufrieden und übervorsichtig.« Er nahm einen großen Limonadenkrug vom Tisch und goß sich ein frisches Glas ein. »Du solltest in einer Firma arbeiten, die aufgeschlossen ist gegenüber neuen Ideen. Vielleicht ist eine Bank gar nicht das Richtige für dich, Junge. Vielleicht wäre ein Börsenmakler viel besser. Vielleicht –«

»Hast du eine bestimmte Firma im Auge?« fragte Richard. Er beugte sich so eifrig nach vorn, daß er Sally dabei auf den Fuß trat.

»Nun ja«, erwiderte Carl. »So aus dem Handgelenk fällt mir nicht gleich etwas ein. Aber es müßte natürlich eine Firma sein, wo man einen jungen Burschen mit einer grundsoliden Ausbildung auch wirklich zu schätzen weiß.«

Sally seufzte. Sie hatte wieder begonnen, Make-up zu tragen, und ihre Schwiegermutter sah sie deswegen scheel an. Aber das war ihr egal. Sie hatte es einfach satt, so mausgrau in der Gegend herumzulaufen, daß die Leute sich einfach weigerten, sie auch nur zu sehen, geschweige denn, sie zu bewundern. Sie hatte sich selbst verleugnet, um Jane damit zu helfen, aber merkwürdig: Als sie zum erstenmal in ihrer Gegenwart Rouge und den neuen kußechten Lippenstift trug, hatte Jane gesagt: »Mami, du siehst wunderschön aus!« Das Kind hatte offensichtlich Geschmack. Schon wieder warf ihr Mutter Heissenhuber einen tadelnden Blick zu. Aber sie hatte keine Lust mehr, in irgendwelchen formlosen Säcken herumzulaufen. Ihr neues Kleid war wieder »Tough Titty« – mit einem saftigen Ausschnitt.

Sally hatte die Nase endgültig gestrichen voll. Gestern abend erst hatte sie wieder einmal darüber nachgedacht, ob sie nicht einfach abhauen und mit Jane irgendwohin gehen sollte, wo es ihr wirklich gefiel. Kalifornien, zum Beispiel. Richard war viel zu dämlich, um sie zu finden, wenn sie erst einmal weg war. Vielleicht konnte sie in Hollywood ein paar klitzekleine Nebenrollen ergattern. Es brauchte ja keine große Karriere als Filmstar zu sein. Dazu war sie zu alt, das wußte sie selbst, und da machte sie sich auch nichts vor. Trotzdem dachte sie dauernd daran. »Ich glaube, Janie hat nach mir gerufen«, sagte sie und stand auf.

»Ich habe nichts gehört«, sagte Richards Mutter. »Sie hat sich doch erst vor einer halben Stunde hingelegt. Sie schläft sicher ganz friedlich.«

»Ich seh' lieber mal nach«, sagte Sally und stöckelte mit ihren hohen Absätzen mühselig über den Rasen.

»Kannst du nicht deine Schuhe ausziehen, wenn du in unserem Garten herumläufst?« rief die Schwiegermutter hinter ihr her. »Du machst den ganzen Rasen kaputt. Lauter Löcher, dauernd müssen wir –«

»Was?« fragte Sally und drehte sich um. »Ich habe dich nicht verstanden!«

»Ich habe gesagt –« begann Richards Mutter.

»Au!« schrie Sally erschrocken und schlug sich mit der Hand auf die Brust, als ob sie einen Eid schwören wolle. Der Schlag war kräftig genug, um die Wespe zu töten, die sie gestochen hatte. Aber das war nur ein schwacher Triumph. »Scheiße, Scheiße, Scheiße!« schrie Sally und tanzte verzweifelt herum. Ihre ganze Brust brannte, als hätte sie Schwefelsäure getrunken. Es war schrecklich. Ihre Augen weiteten sich, sie schnappte vergeblich nach Luft und fiel den Heissenhubers kopfüber zu Füßen.

»Da stimmt doch was nicht«, sagte Carl.

Richard sprang auf. »Sally, Sally, was ist denn?« Er drehte seine Frau auf den Rücken. Sie war schweißbedeckt, und ihr Gesicht war glutrot. Die Stelle, wo die Wespe sie gestochen hatte, war so geschwollen, daß sie wie eine dritte steinharte Brust wirkte. Sallys Augäpfel waren nach hinten gekippt, ihr Atem rasselte krampfhaft. »Ruft sofort einen Krankenwagen«, schrie Richard. »Sally, was ist denn nur, Sally?«

Sally wußte es auch nicht. Sie hatte ihr ganzes Leben in Städten zugebracht, in stickigen Häusern und verrauchten Theatern. Sie ahnte nichts von ihrer tödlichen Wespengiftallergie. Richard hielt ihren Kopf, doch das Atmen fiel Sally zusehends schwerer. Mrs. Richard Heissenhuber, die ehemalige Señorita Rosita Carita, die ehemalige Sally Tompkins, geborene Sarah Taubman, starb volle fünf Minuten vor dem Eintreffen der Ambulanz in den Armen ihres Mannes.

Als der Fahrer des Krankenwagens vor dem Haus stoppte und die jaulende Sirene abstellte, wurde es einen Augenblick totenstill. Dann wachte Jane auf und rief: »Mami?«

→ 3 ←

> ... erklärte gestern Sir Anthony Bradley, der britische Neurochirurg, der Jane Cobleigh gegenwärtig behandelt. Das klassische amerikanische Standardwerk zu diesem medizinischen Bereich, »Stupor und Koma«, ist da sehr viel weniger zurückhaltend. Dort heißt es ausdrücklich ...
>
> Detroit News

Richard Heissenhuber war kein fröhlicher Witwer. Nicht, daß er um seine Sally geweint hätte. Ganz im Gegenteil: Drei Tage und Nächte lang saß er aufrecht und steifbeinig, aber trockenen Auges zwischen seinen Eltern auf dem Roßhaarsofa im Bestattungsinstitut »Pietät«, um seiner Trauer gebührenden Ausdruck zu geben und die Kondolenzbezeugungen seiner Nachbarn, Verwandten und Kollegen entgegenzunehmen.

Die meisten blieben nicht lange, denn es war drückend heiß. Schon deshalb war Richard entsetzlich verlegen, aber die Blicke, welche die Trauergäste in den offenen Sarg warfen, gefielen dem jungen Witwer erst recht nicht. Sally sah überhaupt nicht wie eine junge Ehefrau und Mutter aus, die ein frühes, tragisches Ende gefunden hatte. Irgend jemand im Bestattungsinstitut »Pietät« hatte Sallys wahre Qualitäten erkannt und sie hergerichtet, so schön er nur konnte.

Sie war mit Pfirsichwangen und karminroten Lippen und ultramarinblauen Lidern aufgebahrt worden, und das weiße Kleid, das sie bei Janies Taufe angehabt hatte, war entweder eingelaufen oder hinten so stark gerafft worden, daß sie nicht etwa wie eine respektable Leiche, sondern außerordentlich lüstern aussah. Richard wußte natürlich, daß es unmöglich sein konnte, aber einmal glaubte er einen seiner Vorgesetzten sagen zu hören, die Tote sähe aus wie eine ganz heiße Nummer.

Erst als am nächsten Tag die Blumen ins Grab fielen und die Totengräber schwere Erdklumpen auf den Sarg poltern ließen, fühlte Richard sich sicher. Es war endlich vorbei.

Ohne Bedauern gab Richard die eigene Wohnung auf und zog wieder zu seinen Eltern. Er vermißte weder Sallys Gesellschaft noch die feuchte Wärme und Geborgenheit, die sie ihm dreimal die Woche gewährt hatte. Er spürte aber auch, daß ihn niemand bedauerte. Seine Eltern nicht und erst recht nicht seine Vorgesetzten bei der Queen City Trust. Niemand hatte ihm auf die Schulter geklopft und gesagt: »Wir haben es uns überlegt, alter Junge. Sie können bleiben, wir brauchen Sie in unserer Mannschaft.«

Richard wußte immer noch nicht, was er tun sollte; vor allem nicht mit Jane, seiner dreieinhalbjährigen Tochter, die einfach nicht zugeben wollte, daß ihre Mutter tot war.

Das Eßzimmer bei den Heissenhubers war klein, und Richards Mutter hatte klugerweise eine helle, ganz leicht gestreifte Tapete gewählt, die den Raum höher wirken ließ. Bei der Auswahl der Möbel hatte sie eine weniger glückliche Hand gehabt. Der schmale Tisch und die zierlichen Kirschenholzstühle wirkten absolut puppenhaft, wenn die grobknochigen Heissenhubers zu den Mahlzeiten Platz nahmen.

»Iß jetzt«, sagte Janes Großmutter. Das Fleisch auf Janes Teller war in dicke Brocken geschnitten, daneben schwammen ein paar Karotten und zwei Löffel Erbsen in einer klebrigen Soße.

»Ich mag aber nicht«, sagte Jane.

»Weißt du eigentlich, wie viele Fleischmarken wir haben abgeben müssen, damit du etwas zu essen kriegst?« fragte Richards Vater. »Unsere Soldaten drüben in Europa würden sich freuen, wenn sie so etwas hätten.«

»Meine Mami sagt, ich brauch's nicht zu essen.«

»Jane«, säuselte Richards Mutter in jenem süßlichen Tonfall, zu dem ihr der Pfarrer geraten hatte. »Deine Mami ist jetzt im Himmel bei Jesus. Das hab ich dir doch erklärt. Mami ist im Himmel, und es geht ihr sehr gut. Sie vermißt dich ganz schrecklich, aber sie kann nicht zurückkommen.«

»Mami sagt, ich brauch's nicht zu essen.«

Richards Vater faltete säuberlich seine Serviette und legte sie neben den Teller. »Schwindle nicht, mein Fräulein. Niemand sagt etwas zu dir. Deine Mutter ist beim lieben Gott.«

»Mami sagt –« heulte Jane verzweifelt.

»Iß jetzt das Fleisch«, brüllte Carl Heissenhuber mit hochrotem Kopf.

»Das ist Schweinefutter, sagt Mami. Ich soll es nicht essen.«

»Iß«, schrie der Großvater und hob seine Faust, als wollte er zuschlagen.

»Laß doch«, bat Richard, der bisher schweigend und hilflos zugehört hatte. »Ich mach das schon.« Sowohl seine Eltern als auch Jane drehten sich verblüfft zu ihm um. »Also Jane«, begann er, wußte dann aber nicht mehr weiter.

»Ja, Daddy?« Jane wollte ihm helfen.

»Du mußt dein Fleisch essen, Jane. Damit du schön groß und stark wirst.«

»Mami sagt, das Fleisch stinkt.«

»Das stimmt nicht, Jane. Sie hat gar nichts gesagt.«

»Doch, sie hat es gesagt.«

»Jane, das ist der schöne Rinderbraten von Oma.«

»Nein, das ist fieser Fraß, und Mami sagt –«

»Hör auf damit!« schrie ihr Vater. »Hör auf! Sie ist tot!«

»Nein, Daddy, Mami sagt, daß sie mich lieb hat, und dich hat sie auch lieb, und du sollst mich nicht anschreien, sondern lieb zu mir sein, und das Fleisch soll ich nicht essen«, sagte Jane mit tränenerstickter Stimme.

»Jane –«

»Weißt du, was Mami sagt? Mami sagt –«

Richard stand auf und stieß dabei seinen Stuhl um. Er lief um den Tisch, packte Jane, die ängstlich den Kopf gesenkt hatte, an den Haaren und stopfte ihr, nachdem er mit einem harten Griff ihren Mund aufgezwängt hatte, einen Fleischbrocken zwischen die Lippen. Dann preßte er dem verzweifelt um sich schlagenden Kind die Hand unters Kinn und schrie: »Kau jetzt! Ich laß erst wieder los, wenn du gekaut und runtergeschluckt hast.«

Jane würgte, lief rot an und wäre vermutlich erstickt, wenn Richard nicht im letzten Augenblick ihren Kopf losgelassen hätte. Im hohen Bogen flogen Fleisch, Tränen und Speichel über den Tisch, und kaum war das Kind wieder zu Atem gekommen, begann es zu schreien, als ob es am Spieß steckte. »Ich sag's meiner Mami«, schluchzte es hilflos. »Ich sag's meiner Mami.«

Anna Heissenhuber war eine kalte, ehrgeizige Frau voller Berechnung, aber sie verbrachte eine Menge Zeit mit ihrer Enkelin und hatte sie auf ihre Art gern. Was ihr an mütterlicher Zuneigung fehlte, versuchte sie durch Pedanterie zu ersetzen. Pflichtbewußt spielte sie mit Jane und machte sogar kleine Ausflüge zum Spielplatz mit ihr. Aber Jane war nicht immer glücklich dabei. Reglos saß sie auf der Schaukel wie Däumelinchen.

»Nun fang schon an zu schaukeln«, sagte die Großmutter. »Dazu sind wir hier.«

Jane rührte sich nicht. »Ich habe Hunger, Omi.«

»In einer Stunde gibt es Abendbrot.«

»Aber ich habe jetzt Hunger.«

»Du verdirbst dir nur den Appetit, wenn du jetzt etwas ißt.«

»Können wir nicht nach Hause gehen und eine klitzekleine Kleinigkeit essen? Soviel wie eine Puppe ißt?«

»Nein. Wir bleiben jetzt noch eine Viertelstunde hier auf dem Spielplatz.«

»Aber einen winzigkleinen Apfel darf ich doch essen, wenn wir nach Hause kommen? Wenigstens einmal abbeißen?«

»Nein.«

»Aber einen Babyschluck Milch?«

»Jetzt hör auf!«

»Meine Mami –«

Anna schüttelte ärgerlich den Kopf. »Fang bitte nicht wieder damit an, Jane. Du willst doch nicht, daß ich deinem Papa erzählen muß, daß du wieder solche Geschichten erfindest.« Sie umrundete den Sandkasten, griff nach der Schaukel und zog sie zu sich heran. »Das willst du doch nicht, oder?«

»Nein.«

»Dann fang auch nicht wieder damit an. Du weißt doch, was der liebe Gott mit kleinen Mädchen macht, die Lügengeschichten erzählen, nicht wahr?«

»Nein, was denn?«

»Er schickt sie direkt in die Hölle.« Anna ließ die Schaukel abrupt los, und Jane fiel fast vom Sitz, als sie nach vorn sauste. Erschrocken umklammerte sie die rostigen Ketten. »Dein Vater möchte, daß du ein braves Mädchen bist, Jane. Du möchtest doch auch, daß alle dich lieb haben, oder?«

»Ja.«

»Dann benimm dich entsprechend.«

Für Annas Geschmack war Jane viel zuwenig robust. Ihre Alpträume und Ängste irritierten die Großmutter. Jetzt waren fünf Monate seit dem Tod ihrer Mutter vergangen, aber Jane lief immer noch aufgeregt zur Tür, wenn es klingelte, und war jedesmal enttäuscht, daß es nicht Sally war.

Andererseits war es Anna nicht entgangen, daß Jane ein außerordentlich begabtes Kind war. Mit ihren knapp vier Jahren konnte sie besser lesen als viele Erstkläßler. Anna hatte es ihr selbst beigebracht, indem sie einfache Wörter aufs Papier malte und ihrer Enkelin vorlas. J-A-N-E, schrieb sie zum Beispiel und sagte: »Siehst du, das ist dein Name.« Das Kind begriff schnell. Anna ärgerte sich nur darüber, daß Jane so oft verlangte, das Wort »Mami« zu sehen.

Jane besaß fast noch mehr Intelligenz, als Anna vor Jahren an Richard beobachtet hatte, und dazu eine Willenskraft, die – wie Anna ohne weiteres zugab – ihrem jetzt einunddreißigjährigen Sohn vollkommen abging. Aber den Eindruck zu verwischen, den Sally bei ihrer Tochter hinterlassen hatte, war gar nicht einfach. Immer wieder tanzte Jane an irgendeiner Straßenecke einen übermütigen Jitterbug, wenn sie auf dem Weg zur Kirche waren; und immer wieder mußte Anna sie züchtigen, weil sie unglaubliche Wörter in den Mund nahm.

Aber Jane hatte auch ihre guten Seiten. Sie war sehr zärtlich, kletterte ihrer Großmutter auf den Schoß, lehnte ihren Kopf gegen Annas mageren Busen und sagte: »Liest du mir was vor, Omi?« Und sie war sehr ordentlich für ein Kind ihres Alters. Ursprünglich hatte man ihr ein eigenes Zimmer unter dem Dach eingerichtet, aber Janes Alpträume waren so heftig und ihr nächtliches Geschrei so störend, daß man ihr schließlich ein Bett in das Schlafzimmer ihrer Großeltern gestellt hatte. Richard schlief wieder in seinem alten Zimmer, aber es wäre natürlich nicht in Frage gekommen, daß er es mit seiner Tochter geteilt hätte, auch wenn sie erst vier Jahre alt war. Ihr Großvater hatte ihr vom Supermarkt eine Bananenkiste mitgebracht, damit sie einen Platz für ihre Bücher und Spielsachen hatte. Es war erstaunlich, wie ordentlich sie ihre Spielsachen wegräumte. Ja, sie fing sogar an, ihr Bett selbst zu machen, so als wollte sie zeigen, daß es eine gute Idee gewesen war, sie aus ihrer Dachkammer herunterzuholen.

Irritiert beobachtete Anna Heissenhuber, wie ihre Enkelin die Schaukel zum Anhalten brachte und sich vorsichtig auf den Boden herabließ. »Nun spring schon herunter«, rief Anna. »Mach keine Schau draus.« Jane hatte den Kopf gesenkt, und ihre schwarzen Locken fielen ihr über die Augen.

Annas Mund zuckte. Das Kind ähnelte seiner Mutter sehr. Jane hatte dieselbe dunkle Hautfarbe, und ihr Haar war so schwarz wie das der Italiener im Schuhsalon an der Ecke. Aber wenigstens hatte sie die blauen Heissenhuberschen Augen, bedauerlicherweise aber auch die breiten Schultern und das eckige Kinn ihres Großvaters geerbt. Besonders schön war sie wirklich nicht, dafür aber gescheit. Das war sicher ein Vorteil. Inständig hoffte Anna, daß der Eigensinn und die schockierende Sprache des Kindes lediglich Nachwirkungen des mütterlichen Einflusses waren und eine fragwürdige Moral sich nicht vererbte. Sie nahm das Kind an der Hand. »Komm mit nach Hause, Jane. Ich muß das Abendessen machen.«

Die Großmutter panierte gerade den Seelachs, und die ganze Küche roch nach Fisch. Gedankenlos ließ Jane ein Röhrchen mit Lebensmittelfarbstoff über die Margarine tropfen. Ihre Mutter hatte immer so wunderschöne Sachen zum Essen gemacht, zum Beispiel die famose Sopran-Ananas: eine Ananas mit einem Kopf aus Marshmallows, Schokoladensiruphaaren und zwei dicken roten Kirschen als Brüsten, die auf einem Eiskrembett lag und sich nach ihrem großen Auftritt erholte. Die Ananas war nämlich eine berühmte Sängerin, und vor allem über die dicken Kirschen hatten Jane und Sally ganz schrecklich gelacht. Ihre Großmutter sagte immer bloß, es wäre jetzt Krieg, und man dürfte keinerlei Extravaganzen zulassen.

»Jane, stell sofort die Margarine in den Kühlschrank und hol die Servietten. Aber falte sie bitte anständig, ja? Keine Dreiecke, hast du verstanden?«

»Ja, Omi.«

Ihre Mutter hatte sie viel lieber gehabt.

Richard hatte man jetzt doch noch gekündigt. Mit Wirkung vom 1. Januar 1944. »Mr. Forsyth sagt, mein Schreibtisch würde gebraucht«, erklärte Richard seinen Eltern mit verständnisvollem Lächeln. »Außerdem sind sie in der Firma der Ansicht, es würde meinen Ehrgeiz wecken, wenn ich mir einen neuen Job suchen müßte.«

»Was?« Richards Vater fiel die Zeitung aus der Hand.

»Ich dachte, sie hätten dir gesagt, du könntest bleiben, solange du willst?« sagte seine Mutter.

»Ihr wißt doch, wie so etwas ist«, sagte Richard. »Und vielleicht haben sie ja auch recht. Vielleicht ist es wirklich das Beste für mich.«

Anna Heissenhuber bekam einen roten Kopf und ging wortlos aus dem Zimmer. Richard war nicht der Mann, den sie sich als Sohn erhofft hatte. Sie war fest überzeugt, daß diese schwarzhaarige Schlampe ihn völlig ausgelaugt hatte. Was sie übriggelassen hatte, war irgendein großes, gutaussehendes, gebildetes Etwas ... aber kein Mann mehr.

»Nein, das Rot mag ich nicht. Das habe ich Ihnen schon letzte Woche gesagt.«

»Entschuldigen Sie, Miß Rhodes, wir nehmen ein anderes.«

Anna Heissenhuber hörte interessiert zu. Die junge Frau wußte offenbar genau, was sie wollte. Wenn sie im Berufsleben mit der gleichen Bestimmtheit auftrat wie bei der Wahl ihres Nagellacks, war sie mit Sicherheit auf dem Weg zu einer großen Karriere. Eine gewöhnliche Hausfrau wäre ohnehin nicht am frühen Samstagmorgen in einem beigen Strickkleid mit braunem Bolerojäckchen und braunen Ziegenlederpumps im Frisiersalon von Walnut Hills erschienen. Andererseits war sie aber auch keine von diesen schamlosen Frauen, die nur daran dachten, sich mit irgendwelchen flotten Burschen zu amüsieren, während ihre Männer auf den Schlachtfeldern Europas oder im Pazifik ihr Leben riskierten.

Ihre Kleidung war schick, aber ihr Gesicht eher herb. Obwohl sie schon weit über dreißig sein mußte, trug sie kein Make-up. Ihre Lippen hatten den größten Teil ihrer jugendlichen Farbe verloren, aber sie waren energisch und fest. Sogar unter der

Trockenhaube wirkte diese Frau ungeduldig. Noch während ihr die Maniküre die Nägel lackierte, wippte sie mit dem Fuß, als ob sie jeden Augenblick aufspringen und einen wichtigen Termin wahrnehmen müsse.

Einen Ehering trug sie nicht. Anna hatte die junge Frau im Spiegel beobachtet, mußte jetzt aber feststellen, daß ihr die Friseuse, die ihr die Haare einlegte, die Aussicht versperrte. Die junge Frau verdiente sicher nicht schlecht. Obwohl sie nicht verheiratet war, konnte sie sich offenbar jede Woche einen Besuch in diesem teuren Salon leisten. Anna selbst ließ sich alle fünf Wochen die Haare schneiden, und eine Dauerwelle kam nur alle sechs Monate einmal in Frage, aber die junge Frau traf sie jedesmal hier an. Anna hatte sich bei dem Geschäftsinhaber nach ihr erkundigt, aber seine Auskünfte waren leider nicht sonderlich ergiebig gewesen. Die junge Frau lebte offenbar bei ihren Eltern in Walnut Hills und arbeitete angeblich in einem der großen Kaufhäuser in der Innenstadt.

Allerdings kam Anna diese Berufsangabe nicht sehr wahrscheinlich vor. Sie konnte sich diese Miß Rhodes mit dem praktischen Bubikopf, den straffen Schultern und den eng am Körper liegenden Armen nicht so recht als Verkäuferin vorstellen, die geduldig lächelnd darauf wartete, bis sich eine zögernde Kundin zwischen hell- und dunkelbraunen Handschuhen entschieden hatte.

Anna betrachtete ihre eigenen, gelb gewordenen Nägel und dachte wieder einmal an jenen Ausspruch in einem Film, den sie vor Jahren gesehen hatte: »Eine bewundernswerte Frau, diese Lady Veronica.« Bewundernswert. Das war genau der richtige Ausdruck. Diese Miß Rhodes war bewundernswert. Eine richtige Dame. Das sah man schon an der Art, wie sie ihr Geld aus dem Portemonnaie zupfte, um die Rechnung zu bezahlen. Eine richtige Dame. Und im Gegensatz zu den meisten berufstätigen Frauen rauchte sie nicht und kaute auch keinen Kaugummi. Aber vor allem hatte sie eine Art mit den Leuten umzugehen, die einfach beeindruckend war. Sie wurde nie laut oder aufdringlich, aber stets bemühten sich die Angestellten ganz besonders um sie.

Natürlich hatte sie auch ihre Schwächen. Anna hielt sie – im

Gegensatz zu jener Lady Veronica – keineswegs für vollendet. Ihr Gesicht war absolut durchschnittlich, und ihre Arme und Beine waren sogar ziemlich dick. Aber sie hatte so eine Art, das mußte man ihr lassen.

Die Friseuse drehte den letzten Lockenwickler ein, deckte Annas Ohren mit Watte ab und legte ein Haarnetz über den kunstvollen Aufbau. Als Anna aufstand, um sich unter die Trockenhaube zu setzen, warf sie noch einen letzten verstohlenen Blick auf Miß Rhodes. Zu ihrem Entsetzen bemerkte sie, daß die junge Frau sie beobachtet hatte. Verlegen wollte sie sich abwenden, da sah sie zu ihrem Erstaunen, daß der Gegenstand ihres Interesses sie außerordentlich freundlich anlächelte.

Dorothy Rhodes lächelte selten. Das konnte sie sich in ihrem Beruf gar nicht leisten. Schon nach einem schlichten »Guten Morgen« erwarteten die Leute eine volle Erstattung des Kaufpreises; wenn sie auch noch gelächelt hätte, würden die Leute wahrscheinlich den doppelten Kaufpreis und ein Schmerzensgeld obendrein haben wollen. Dorothy war die fähigste stellvertretende Leiterin der Reklamationsabteilung, die es je bei McAlpin's gegeben hatte, und sie war fest überzeugt, daß sie längst den großen Schreibtisch von Mr. Pugh geerbt hätte, wenn sich der Chef der Abteilung nicht doch noch von seinem Herzinfarkt wieder erholt hätte. Sie jedenfalls hätte gar nichts dagegen gehabt, mit den Chef-Einkäufern zu plaudern, an der Dienstagskonferenz teilzunehmen und nur noch die kompliziertesten Reklamationen selbst zu bearbeiten.

Nicht daß sie nicht genug Verantwortung gehabt hätte. Ihr Schreibtisch stand zwischen Mr. Pugh und dem Chaos. Von hier aus überwachte sie die drei übrigen Angestellten ihrer Abteilung und hielt den täglichen Ansturm von Kunden in Schach, die McAlpin's etwas zurückgeben wollten.

Die einfacheren Fälle – die Kleider, bei denen alle Etiketten noch dran waren, oder der verdorbene Weihnachtsstollen, der schon am 22. Dezember zurückgebracht wurde – konnten gleich von Miss DeBord, Mrs. Wigglesworth oder Mr. Uhl geklärt werden. Wenn sie nicht irgendwelche fragwürdigen Manipulationen mit dem Kassenzettel vermuteten, brauchten sie bloß ein kleines Formular auszufüllen und zu fragen: »Sollen wir das Geld überweisen oder möchten Sie einen Gutschein?« Dorothys Arbeit erforderte weit mehr Fähigkeiten.

»Der Toaster funktioniert nicht«, beschwerte sich zum Beispiel ein Kunde. Wortlos knipste Dorothy ihre starke Schreibtischlampe an und inspizierte das Gerät. Spätestens anderthalb Minuten nach Beginn der Untersuchung wurden die meisten Kunden nervös und versuchten, sie durch ein bißchen Konversation abzulenken. »Das verdammte Ding hat mir die letzte Scheibe von meinem Rosinenbrot verbrannt.« Mit solchen Bemerkungen verspielten die Kunden ihre Ansprüche.

»Haben Sie das Heizelement mit dem Messer berührt?« Mit dieser plötzlichen Frage gab Dorothy dem Beschwerdeführer den Fangschuß.

»Wie bitte?« Aber Dorothy wiederholte nie ihre Fragen. »Nun ja, natürlich mußte ich mit dem Messer da rangehen, schließlich verkohlte ja alles. Aber das Ding hat von Anfang an nicht funktioniert. Ich –«

»Es tut mir sehr leid. Sie können keine Erstattung des Kaufpreises erwarten, wenn Sie das Gerät selbst beschädigt haben.«

»Aber ich habe das Gerät nicht beschädigt!«

»Wenn Sie lieber mit Mr. Pugh, dem Chef der Reklamationsabteilung sprechen möchten, warten Sie bitte draußen im Flur auf der Bank. Sie werden gerufen, sobald Mr. Pugh für Sie Zeit hat.« Spätestens an diesem Punkt nahmen neun von zehn Kunden ihren Toaster und machten sich dünn. Und wenn sie es später noch einmal versuchten, wenn sie mit abgenutzten Hausschuhen kamen, die sie angeblich nie getragen hatten, oder mit Blusen, die große Fettflecken hatten, obwohl sie angeblich brandneu waren, brauchtesie nur einen Blick auf Dorothy zu werfen, um die Aussichtslosigkeit ihres Vorhabens zu erkennen. Schon mit ihrer Kartei, die alle Kunden enthielt, die mehr als zweimal etwas zurückgebracht hatten, ersparte Dorothy der Firma jedes Jahr ein paar tausend Dollar.

Sie war intelligent genug, um zu wissen, daß man sie für herzlos und unfreundlich hielt, obwohl sie stets höflich blieb und niemals laut wurde. Lediglich ihren Eltern erzählte sie, was sie so alles durchmachte.

»Natürlich erkennen wir berechtigte Beschwerden an, aber irgendwie sieht man doch gleich, ob eine Dame sich darüber empört, daß bei einem Taschentuch ein Webfehler vorliegt, oder ob eine schlaue Hausfrau versucht, eine neue Tischdecke zu ergattern, weil die alte einen Bratenfleck hat.«

Menschenkenntnis war Dorothys Beruf, und sie beherrschte ihn vollkommen. Sie arbeitete sechs Tage in der Woche von zehn Uhr morgens bis sechs Uhr abends. Ihr stand eine Mittagspause von fünfundvierzig Minuten zu, aber sie verließ nie ihren Schreibtisch, sondern aß mittags nur rasch ein Brot mit Leberwurst oder Schinken.

Für McAlpin's zu arbeiten war eine Familientradition. Dorothys Vater war der Erste Verkäufer in der Abteilung für Anzüge über 200 Dollar. Deshalb fuhren sie auch jeden Tag zusammen mit dem Bus in die Stadt.

Samstags abends ging Dorothy meistens in Kino, allein. Sonntags gab es zu Hause Würstchen und Pfannkuchen, und einmal im Jahr fuhr sie zusammen mit ihren Eltern für zwei Wochen zu Verwandten aufs Land, nach Tennessee oder Kentucky. So hätte alles noch jahrelang weitergehen können, wenn Dorothys Mutter nicht im Herbst 1942 erfahren hätte, daß sie an Tuberkulose erkrankt war. Der Arzt sagte ihr, sie müsse sich schonen, und Dorothys Mutter hielt sich daran. Plötzlich mußte Dorothy die Brote selbst schmieren, die sie zur Arbeit mitnahm, und ihr Vater mußte nach der Arbeit noch einkaufen. Der ganze Lebensrhythmus veränderte sich, und das gefiel Dorothy überhaupt nicht.

Zum Geburtstag kaufte sie sich einen Lippenstift und eine Flasche Parfüm der Marke »Jasmine Nights«. Sie konnte schließlich nicht ihr ganzes Leben in dem ockerfarbenen Haus ihrer Eltern verbringen. Mit sechsunddreißig wurde es Zeit, sich einen Mann zu suchen. Was ihre dicken Beine, ihre dünnen Haare und ihre blassen Lippen nicht schafften, mußte eben ihre McAlpin's-Garderobe bewirken.

Sie nahm verschiedene Anläufe. Mr. Hardee aus der Kurzwarenabteilung erwiderte ihr Lächeln zwar beim ersten, aber nicht mehr beim zweiten, dritten und vierten Mal. Mr. Kingham aus der Buchhaltung war sehr höflich, rückte aber ständig an einem

Foto auf seinem Schreibtisch herum, von dem Dorothy geglaubt hatte, es sei gleich mit dem Rahmen verkauft worden, weil das junge Mädchen darauf wie ein Filmstar aussah. Mr. Klein aus der Personalabteilung, der im Aufzug immer Arien summte, sagte: »Nein, danke«, als sie ihm die zweite Eintrittskarte für den »Fidelio« anbot, die sie zufällig hatte; und der Busfahrer hatte sie einfach nach hinten geschickt, als sie ihn ansprach. Ihren Eltern verriet sie nichts davon, daß sie ausziehen wollte und zu diesem Zweck einen Mann suchte. Und von ihren Fehlschlägen erzählte sie natürlich schon gar nichts.

Von den Heissenhubers berichtete zuerst ihre Mutter. Sie hatte bei ihrem Hausarzt, Dr. Neumann, von Sallys schrecklichem Ende gehört. Beim Abendessen erzählte sie ihrer Familie: »Das müßt ihr euch einmal vorstellen. Eine Wespe hat sie gestochen, und fünf Minuten später fiel sie tot um. Nun ja, sie war eben auch kein Mädchen aus Cincinnati.«

Am nächsten Morgen fiel Dorothys Vater ein, daß er Richard den Hochzeitsanzug verkauft hatte. »Das war dieses Mädchen mit dem Wespenstich, oder? Heissenhuber. Ich weiß noch, wie wir die Adresse notiert und darüber gelacht haben, daß er auch in Walnut Hills wohnt. Die Welt ist klein. Es war ein dunkelgrauer Kammgarnanzug, Größe hundertsechs, wenn ich mich recht entsinne. Der Bursche sah sehr gut darin aus.«

Und am nächsten Samstag hatte ihr Friseur geflüstert: »Sehen Sie die große Dame da drüben? Der gerade das Haar eingedreht wird? Das ist die Schwiegermutter der Wespenstich-Lady. Haben Sie davon schon gehört? Summ, summ, summ und schon war sie hin.«

Ausgerüstet mit diesen Kenntnissen, erwischte Dorothy ein paar Wochen später Anna Heissenhubers Blick im Spiegel und überrumpelte sie mit einem strahlenden Lächeln.

Zwei Monate und sechs langweilige Kino-Abende später machte Richard seinen Antrittsbesuch bei Dorothys Eltern. Dafür hatte Anna Heissenhuber gesorgt. Sie wollte ganz sicher sein, daß ihr Sohn diesmal die richtige Frau nahm, und Dorothy Rhodes kam ihren Wünschen in jeder Beziehung entgegen.

Nach dem Essen schlossen Dorothys Eltern die Küchentür

hinter sich und ließen, abgesehen von etwas Geschirrgeklapper, rein gar nichts mehr von sich hören. Richard saß verlegen neben Dorothy auf dem roten Plüschsofa, dessen Beine als Löwenpranken gestaltet waren.

»Das war ein schönes Essen«, sagte er. »Wirklich sehr schön.«
»Hast du dich nach einem neuen Job umgesehen?«
»Ja, also –«
»Du hattest doch gesagt, du würdest gleich anfangen, dich zu bewerben.«
»Das tue ich auch. Aber ich hatte noch ein paar dringende Weihnachtseinkäufe zu machen. Ich habe meiner Tochter einen Schlitten versprochen.«
»Wie lange braucht man denn, um einen Schlitten zu kaufen?«

Richard zuckte die Achseln und streichelte den roten Samt mit der Hand.

»Na schön«, sagte Dorothy, »vielleicht brauchst du jemanden, der dir Mut macht. Laß mal sehen, du bist Betriebswirt. Du kannst bis nach ganz oben vorstoßen, wenn du dich anstrengst. Du brauchst nur ein klein bißchen Hilfe. Willst du, daß ich dir helfe? Ja?«

»Ja«, sagte Richard. »Tu das bitte.«

Dorothy holte einen Bleistift und einen Schreibblock. Als sie sich wieder hinsetzte, berührten ihre Schenkel bereits die seinen. »So, jetzt wollen wir mal alles aufschreiben, was du machen könntest. Warte! Ehe du anfängst, hör mir mal zu. Es kommen nicht nur die Banken in Frage, sondern auch andere Firmen: Börsenmakler und die großen Konzerne, aber auch die Elektrizitätswerke und so weiter.«

»Ja, natürlich. Übrigens habe ich gehört –«
»Ja? Was denn?«
»In der Stadt gibt es einen neuen Personalberater, der sich auf Buchhalter und Betriebswirte spezialisiert hat.«
»Gut. Da gehst du gleich morgen früh hin.«
»Ich weiß nicht. Wahrscheinlich haben sie morgen zu. Zwischen Weihnachten und Neujahr ist doch nie viel los, oder?«
»Richard, wenn du dir nicht helfen lassen willst, brauchst du es nur zu sagen.«

Bei ihrem nächsten Rendezvous – in einem pseudo-italienischen Restaurant – gab Dorothy ihrem künftigen Ehemann (der sein Schicksal zwar ahnte, aber nicht wußte, wie er ihm ausweichen sollte) eine Liste mit ungefähr zwanzig verschiedenen Banken und Großfirmen. In der Regel standen nicht nur die Adresse und Telefonnummer, sondern auch der Name des Personalchefs daneben.

»Vielen, vielen Dank«, sagte Richard.

»Ich freue mich, wenn ich dir helfen kann, Richard. Warst du schon bei diesem Personalberater?«

»Ja.«

»Waren sie nett?«

»Ja.«

»Was verlangen sie denn als Vermittlungsgebühr?«

»Ich weiß nicht.«

»Hast du nicht gefragt?«

»Es wird wohl das Übliche sein.«

»Und wieviel ist das?«

»Ich weiß nicht.«

»Richard, ehe du zu irgendwelchen Vorstellungsgesprächen gehst, mußt du unbedingt fragen, was sie für Gebühren verlangen. Das erwarten die einfach von einem Buchhalter.«

»Glaubst du, ich muß die Gebühren bezahlen, ehe ich mein erstes Gehalt kriege?«

»Du bezahlst die Gebühren, wenn sie fällig werden. Mach dir keine Sorgen deswegen. Ich habe ein bißchen Geld gespart.« Dorothy sah ihn aufmerksam an, als sie das sagte; er wußte hoffentlich, daß er sie heiraten sollte. »Ich habe ein paar tausend Dollar auf meinem Sparbuch.« Dorothy legte ihre Gabel weg und hielt Richard ihre gepflegte Hand hin. Er saß trübsinnig da und dachte plötzlich daran, wie sich Sally manchmal die Oberlippe geleckt hatte, wenn sie ihn scharfmachen wollte. Aber das dauerte nur den Bruchteil einer Sekunde. Im nächsten Augenblick ergriff er gehorsam Dorothys Hand, versenkte seinen Blick erneut in ihre blaßbraunen, leicht vorstehenden Augen und küßte ihre manikürten Finger.

»Ich habe deinen Vater und deine Tochter noch gar nicht kennengelernt«, sagte Dorothy.

»Wir können gleich anschließend bei uns zu Hause vorbeigehen«, schlug Richard vor.
»Ach, nein. Ich glaube, zu Neujahr wäre es schöner.«
»Gut. Ja. Ich glaube, Jane wird dir gefallen. Sie ist ein sehr nettes Mädchen und sehr intelligent. Sie ist noch nicht einmal vier, aber sie kann schon lesen. Meine Mutter hat es ihr beigebracht.«
»Richard.«
»Ja, Dorothy?«
»Wenn du bald einen Job findest, können wir uns vielleicht noch die Anzahlung für ein Haus und eine Sitzgruppe im Wohnzimmer leisten.«

Wie es bei Kindern häufiger vorkommt, hatte Jane den Namen der Dame mit dem blauen Kleid nicht richtig verstanden, die neben ihr auf dem Kanapee saß. Deshalb glaubte sie, daß Dorothy als »Miß Rose« vorgestellt worden wäre. Sie drehte sich zu Dorothy um und schnupperte mit heruntergezogenen Mundwinkeln. Ihre Großmutter warf ihr einen warnenden Blick zu.

Ihr Vater hatte gesagt, er würde alle Geschenke wieder mitnehmen, die sie zu Weihnachten gekriegt hatte, wenn sie nicht nett zu Miß Rose war. Also setzte Jane sich brav hin, faltete die Hände im Schoß und schaute zu dem goldenen Engel hinauf, der die Spitze des Weihnachtsbaums krönte. Die Dame roch gar nicht wie eine Rose, eher ein bißchen so wie Janes Füße, wenn sie sich abends mit Kernseife wusch.

Ihr Vater und ihre Großeltern hatten viel Aufhebens vom Besuch dieser Dame gemacht. Die Großmutter hatte ihr Haarnetz abgenommen, und ihr Großvater hatte seinen neuen Pullover und eine Krawatte angezogen. Und ihr Vater bot der Dame ständig Schokoladenkirschen an, die sie aber glücklicherweise stets ablehnte. Vielleicht konnte Jane sich nachher ein paar grapschen, wenn die anderen schon im Eßzimmer saßen. Es würde gar nicht auffallen, weil noch so viele da waren. Allerdings würde sie die kleinen braunen Papierchen in der Toilette runterspülen und sich die Zähne putzen müssen, damit man die Schokolade nicht sah. »Komm, setz dich zu mir«, hatte die Dame gesagt und neben sich auf das Sofa geklopft. Ihre Großeltern und ihr Vater hatten schrecklich gelächelt dabei.

»Woher hast du denn diese hübschen schwarzen Locken, mein Kind?« fragte die Dame.

»Jane, bitte antworte Miss Rhodes!« kommandierte ihr Vater.

»Was?«

»Laß nur, Richard, wir werden uns schon anfreunden«, sagte die Dame, »nicht wahr, Jane?« Sie legte Jane ihre Hand auf den Kopf, streichelte ihr aber nicht etwa über den Scheitel, sondern ließ ihre dicke Hand ganz einfach dort liegen, als ob Jane ihre Armlehne wäre. Jane mußte daran denken, was für lustige Spiele ihre Mutter immer mit ihren schwarzen Haaren gespielt hatte. Wie sie die Locken nach oben gebürstet und um den Finger gedreht hatte. Jane hatte immer soviel zu lachen gehabt, wenn ihr Sally die Haare kämmte.

Mit einem Kopfschütteln versuchte Jane, die fette Hand der Frau loszuwerden, aber es gelang nicht. Die Dame im blauen Kleid preßte ihre Finger nur noch fester auf ihren Kopf, als ob sie wüßte, daß Jane sie abschütteln wollte. »Mami«, sagte Jane leise. »Wo ist meine Mami?« Niemand schien sie zu hören, auch ihre Großmutter nicht. Jane hatte zu weinen begonnen. »Ich will meine Mami«, schrie sie, so laut sie nur konnte. »Ich –« Erschrocken zog die Dame die Hand weg, und Janes Vater zerrte das Kind von der Couch.

»Hör auf damit!« brüllte er, und zu der Dame im blauen Kleid sagte er: »Das hat sie schon seit Monaten nicht mehr gemacht.«

»Das ist sicher die Aufregung«, ergänzte der Großvater.

»Wahrscheinlich hat sie zu viele Süßigkeiten gegessen«, sagte die Großmutter abschließend.

Die Dame schwieg. Ihr Vater ließ Jane wieder los.

Das Mädchen stand bewegungslos mitten im Zimmer, allein, mit gesenktem Kopf, und von ihrer Nasenspitze fiel eine Träne nach der anderen auf den Fußboden. Plötzlich spürte sie einen heftigen Stoß. »Wir werden noch die besten Freunde«, sagte die Dame lächelnd, aber sie sah dabei Richard an und nicht Jane.

Das Kind sah ihr fest in die Augen. »Du willst doch gar nicht mein Freund sein«, sagte sie.

»Doch, Jane. Ich bin deine Freundin.«

»Nein, das bist du nicht. Du tust nur so, du fette, alte –«

An dieser Stelle erhielt Jane eine schallende Ohrfeige von

ihrem Vater. Sie wurde ohne Abendessen ins Bett geschickt und erfuhr auf diese Weise erst am 2. Januar, daß Dorothy Rhodes ihre neue Mutter sein würde.

Am Dienstag, den 15. Februar, einen Tag vor ihrer Hochzeit, nutzte Dorothy Rhodes den Personalrabatt, den ihr McAlpin's gewährte, um ihren Übergang zum Hausfrauendasein mit dem Erwerb von fünf praktischen Hauskleidern und einem Schneebesen vorzubereiten.

Am 16. Februar wurden Richard und Dorothy von Dr. Clyde Babcock, dem Pfarrer der Walnut Hills Presbyterian Church, getraut. Nach der Trauung begaben sich die Heissenhubers mit ihren Gästen zum Haus der Familie Rhodes, wo Burgunder und Leberpastete serviert wurden. Selbstverständlich erwähnte niemand auch nur andeutungsweise, daß es sieben Monate zuvor noch eine andere Mrs. Heissenhuber gegeben hatte.

Am Morgen des 17. Februar servierte die mittlerweile entjungferte Dorothy Heissenhuber ihrem Mann in der grün und weiß gestrichenen Küche ihres neuen Hauses in Edgemont ein Frühstück mit Orangensaft, Hafergrütze und Kaffee. Der Immobilienmakler hatte behauptet, das Viertel sei die ideale Gegend für aufstrebende junge Manager und ihre Frauen, aber die aufstrebenden jungen Manager schienen das nicht zu wissen und hatten sich ihre Häuser woanders gekauft. Statt dessen war Edgemont mit seinen fünftausend Facharbeitern und Verkäufern gnadenlos langweilig. Als Richard, der nicht mit dem Makler gesprochen hatte, zu Dorothy sagte, daß es doch reizvollere Stadtteile gebe, ließ sie ihn wissen, daß es gar nicht schaden könne, am Anfang einer großen Karriere ein bißchen bescheiden zu sein. Sie könnten ja jederzeit umziehen, sobald er ein höheres Einkommen hätte. Richard aß langsam. Er mochte warme Hafergrütze nicht.

»Schmeckt dir die Grütze?«

»Ja, danke. Ganz köstlich.«

Dorothy trug ein kanariengelbes Hauskleid mit einem schwarzweiß-karierten Kragen, aufgesetzten Taschen und großen schwarzen Knöpfen. Richard starrte trübsinnig auf die winzige Milchpfütze, die auf seinem Haferbrei schwamm. Gestern abend, vor ihrer Hochzeitsnacht, hatte Dorothy ihn gebeten, sich im Bad auszuziehen, und als er endlich herauskommen durfte, empfing sie ihn in einem weißen Nylonnachthemd mit langen Fledermausärmeln.

Er hatte schon seit Wochen Angst davor, mit Dorothy schlafen zu müssen. Er war kein besonders phantasievoller Mensch, aber er konnte sich sehr gut vorstellen, was für ein Gesicht seine Frau machen würde, wenn er versagte. Wahrscheinlich würde sie sich aufrichten und die Sache methodisch mit ihm diskutieren. Er hörte schon die vorwurfsvollen Fragen: »Mache ich etwas falsch, Liebling? Soll ich die Beine anders halten? Sag es mir, Liebling.« Aber sie hatte es gar nicht so ungeschickt angefangen. Sie hatte das Licht ausgeknipst, so daß er praktisch nichts von ihr sah, und als er zu ihr unter die Bettdecke schlüpfte, stellte er fest, daß sie von sich aus das Nachthemd bis zum Hals hochgezogen hatte. »Oh«, sagte er verblüfft, als er ihr die Hand auf den nackten Bauch legte. Im Vergleich zu ihren Armen und Beinen war Dorothys Rumpf ziemlich schlank, aber die Haut über ihrer Bauchdecke war merkwürdig schlaff und verrutschte bei jeder Bewegung, so als wäre sie nicht mit den Muskeln verbunden. Er begann sie rhythmisch zu streicheln, hörte sie aber nicht einmal atmen. Vorsichtig tastete er sich hinauf zu den Brüsten, die ziemlich weich und flach waren, aber eine große Fläche ihres Oberkörpers bedeckten. Die Brustwarzen waren nach innen gestülpt und fühlten sich an wie zahnlose Münder. Richard begann sie mechanisch zu kneten, und plötzlich spürte er zu seiner Überraschung, daß er eine Erektion hatte. Er zog die Beine an, keuchte und wimmerte wie ein Baby. Dorothy hatte die ganze Zeit still auf dem Rücken gelegen. Schließlich brach sie ihr Schweigen, spreizte die Beine und sagte: »Gut, Richard. Jetzt darfst du.«

Dorothys Haare waren schon zum Frühstück so ordentlich gekämmt, als ob sie am Schreibtisch in ihrem Büro säße.

»Nimmst du Zucker in deinen Kaffee?«
»Ja, bitte.«
»Milch?«
»Ja. Aber ich kann das auch selbst machen, Dorothy.«
»Nein, das mache ich.«

»Danke schön.«

Richard konnte jetzt wieder jeden Tag ins Büro gehen, denn der Personalberater hatte tatsächlich eine Stelle für ihn gefunden. Am Freitag ging er auf dem Heimweg bei seinen Eltern vorbei und holte Jane ab. Er brachte sie nach Edgemont und sagte: »Das ist deine neue Mama, Jane. Sag ›Guten Tag, Mama‹.«

»Nein.«

»Ich warne dich, Jane!«

»Zwing sie nicht dazu, Richard, es dauert eben ein bißchen.« Dorothy legte Jane eine Hand auf die Schulter und hob dem Kind mit dem Zeigefinger den Kopf. »Jane, mein Liebling, ich weiß, das ist alles nicht einfach für dich, aber warum versuchst du nicht einfach, mich Mama zu nennen? Du weißt doch, daß ich dich gern habe, nicht wahr? Komm, sag Mama zu mir!«

»Nein.«

Richard versuchte Dorothy das Kind wegzureißen. »Sag sofort Mama!«

»Bitte, Richard!« sagte Dorothy leise. Sie schüttelte betrübt den Kopf und sah Jane vorwurfsvoll an. »Siehst du, Jane, jetzt machst du deinen Vater ganz böse. Gleich nimmt er dich mit nach oben und verhaut dich. Das willst du doch nicht, Jane? Nicht wahr? Du willst doch nicht, daß er dich schlägt und ohne Abendessen ins Bett schickt, an deinem ersten Tag in deinem neuen Zuhause? Das willst du doch nicht, oder? Komm, sag jetzt Mama zu mir. Mehr brauchst du doch gar nicht zu tun. Mach deinen Vater nicht böse.«

Jane preßte die Lippen zusammen und sah ihren Vater flehentlich an. Richard sah erst Jane und dann seine Frau an. Dorothy hob die Hände. »Wenn sie es nicht anders haben will«, sagte sie, »kann ich es auch nicht ändern.«

»Und dann«, flüsterte Jane, »sperrte die böse Stiefmutter die Prinzessin in den Turm.« Janes Freundin, die sechsjährige Charlene Moffett, erbleichte bei dieser neuesten Schreckensmeldung und packte Jane zitternd am Arm. »Es war ein schreckliches Gefängnis«, fuhr Jane fort. »Ganz dunkel, mit Spinnen und –«

»Keine Gespenster«, flüsterte Charlene, »das hast du versprochen.«

»Ich weiß.« Die beiden Mädchen lagen unter einer Ulme im Garten der Moffetts. Es war ein heißer Julinachmittag, und vom Ohio kam ein feuchtwarmer Lufthauch herüber. Genau vor einem Jahr war Janes Mutter gestorben, aber das wußte Jane nicht. Sie wußte nur, daß Dorothy wieder einmal ihre üblichen Magenbeschwerden hatte und sie zu den Nachbarn geschickt worden war. »Jedenfalls war Prinzessin Cindy ganz allein in diesem Turm und hatte nur einen Hocker zum Sitzen.«

»Nicht einmal Wasser und Brot?«

»Nein. Sie saß auf dem Hocker und weinte. Es war stockfinster, und dauernd hatte sie Spinnweben im Haar.«

»Aber wenn der schöne Prinz kommt und sieht die Spinnweben in ihren Haaren –«

»Charlene, willst du die Geschichte nun hören oder nicht? Plötzlich erklang nämlich eine wunderschöne Musik, und dann ...«

»Was? Was war dann?«

»Plötzlich erklang eine wunderschöne Musik, und es wurde ganz hell, und vor der Prinzessin stand die Gute Fee. Das war eine wunderschöne Frau mit schwarzen Haaren, die lächelte ganz lieb und sagte: ›Mach dir keine Sorgen, mein Kind, es wird alles gut.‹ Dann hat sie ihren Zauberstab genommen – das ist so ein rotes Stöckchen mit einem goldenen Stern drauf – und einen Zauberspruch gesagt, und plötzlich waren alle Spinnen und der Turm verschwunden, und die Prinzessin stand in einem rosa Abendkleid mit einer Diamantenkrone in einem hellerleuchteten Ballsaal. Da hat sich die Prinzessin im Spiegel betrachtet und gesagt: ›Vielen, vielen Dank, liebe Fee!‹ Aber die Gute Fee war schon wieder verschwunden.«

»Und das Licht? Ist das auch ausgegangen?«

»Nein. Das ist angeblieben. Aber die Prinzessin hat schrecklich geweint, weil sie ihre Gute Fee wieder zurückhaben wollte. Und plötzlich kam eine Stimme aus dem Himmel, die hat gesagt: ›Weine nicht, mein Kind, ich werde immer für dich sorgen.‹ Und so war es auch.«

»So war was?«

»Die Gute Fee hat ihren Zauberstab geschwenkt, und das Licht wurde noch heller, und plötzlich stand da –«

»Der schöne Prinz!«

»Charlene, du verdirbst die ganze Geschichte, wenn du immer dazwischenredest. Jedenfalls hat der schöne Prinz die Prinzessin geküßt« – an dieser Stelle hob Jane ihre Wange, um huldvoll den Kuß des Prinzen entgegenzunehmen –, »und die Tür ging auf, und der Prinz entführte die Prinzessin auf sein herrliches Schloß. Aber vorher hat er noch die böse Stiefmutter erschlagen. Er nahm sein Schwert und stieß es ihr bis zum Heft in den Bauch, daß die giftigen grünen Eingeweide nur so herausquollen ...«

»Du hast dein Ehrenwort gegeben, daß du diese Stelle nicht wieder erzählst!« protestierte Charlene.

»Na ja, er hat die Prinzessin auf sein weißes Pferd gesetzt und ist mit ihr davongeritten. Und wenn sie nicht gestorben sind, dann leben sie noch heute.«

»Und das war alles?«

»Ja, natürlich, Charlene.«

Richard arbeitete für einen der reichsten Männer im Staate Ohio. John Hart hatte die Maschinenfabrik, mit der sein Großvater reich geworden war, verkauft und das Vermögen in zahlreiche Chemieunternehmen gesteckt, mit denen schon sein Vater gutes Geld verdient hatte. Dann heiratete er eine höhere Tochter, die schöne Rebecca Corey aus Cincinnati. Mit fünfundzwanzig war er ein reicher Müßiggänger, der, wie man so sagt, nur noch »sein Geld arbeiten ließ«.

Zum Zeitpunkt, als Richard bei ihm eingestellt wurde, war John Hart allerdings Leutnant bei der Marineinfanterie und lief mit seinem Sturmgewehr auf den Marshall-Inseln herum, um die Japaner das Fürchten zu lehren. Er konnte seinen neuen Angestellten Richard Heissenhuber also nicht persönlich in seiner Firma begrüßen.

Eine große Begrüßung wäre es ohnehin nicht geworden, denn John Hart kümmerte sich nur wenig um die Vermögensverwaltung, und Richard war auch nur ein subalterner Revisor. »Revisor«, sagte Dorothy mit leuchtenden Augen, und Richard lächelte geschmeichelt.

»Und du arbeitest direkt für John Hart?«

»Na ja, im Moment ist er bei der Marine.«
»Ja, natürlich. Aber wenn er zurückkommt...« Richard nickte. »Dann bist du doch seine rechte Hand, sozusagen.«

Ganz so war es allerdings nicht. Gleich am ersten Arbeitstag hatte der alte Mr. Tisman, der schon für drei Generationen der Harts arbeitete, Richard unmißverständlich erklärt: »Wenn Sie ein Problem haben, kommen Sie damit zu mir. Nicht zu Mr. Grooms und auch nicht zu Mr. Weiskittle und schon gar nicht zu Mr. Corbett.« Der Letztgenannte war der Spezialist für den Warenterminhandel, ein beleibter Choleriker, dessen jeweilige Stimmung von den Notierungen für Sojabohnen und Schweinebäuche abhängig war. »Und wenn Mr. Hart auf Urlaub kommt, dann sagen Sie ›Guten Morgen‹ und ›Guten Abend‹ und sonst gar nichts, verstanden? Kein ›Wie geht es Ihnen, Mr. Hart?‹ und kein ›Schöner Tag heute‹, ist das klar?«

Die Hart Company war dazu da, das Vermögen John Harts gewinnbringend zu investieren und damit zu vergrößern. Sie beschäftigte dazu eine Reihe erfahrener Börsenmakler und etliche Sekretärinnen. Richard war der interne Rechnungsprüfer. Er kontrollierte die Buchführung der anderen vierzehn Angestellten, die Zahlungseingänge und die Spesenabrechnungen.

Dorothy war besonders stolz darauf, daß Richard eine eigene Sekretärin hatte. »Du bist der Revisor«, sagte sie immer wieder. »Du hast sie alle an der Kandare. Bald stehen wir in Cincinnati ganz oben. Du wirst schon sehen. Die Harts und die Heissenhubers!«

Richard hatte nicht gewagt, seiner Frau zu erzählen, wie brüsk Mr. Tisman seine Bitte abgelehnt hatte, ein eigenes Büro zu bekommen. »Bleiben Sie nur bei den Buchhaltern«, hatte Tisman gesagt. »Da gehören Sie hin.«

Bei allen größeren Familienereignissen ihrer Angestellten schickte Rebecca Hart Blumen. Im Falle einer Geburt kam noch ein silbernes Puddingschälchen und im Falle einer Hochzeit ein Paar gläserne Leuchter hinzu, selbstverständlich von Tiffany's in New York. (Die jungen Mütter und Ehefrauen quälten sich meist wochenlang mit einer passenden Antwort auf den knappen, aber schier unübertrefflichen Glückwunsch Rebeccas: »Our best – The Harts«.)

Auch Dorothy blieb nach der Geburt ihres Sohnes Rhodes eine Woche im Krankenhaus. Aber es kamen keine Blumen, und auch der Absatz von Puddingschälchen bei Tiffany's stagnierte in dieser Woche. Erst elf Tage nach ihrer Rückkehr aus dem Krankenhaus erhielt Dorothy eine Karte mit dem grauen Monogramm der Harts.

Liebe Mrs. Heissenhuber, lieber Mr. Heissenhuber,
zur Geburt Ihres Sohnes Rhodes gratuliere ich Ihnen auch im Namen meines Mannes sehr herzlich.

Rebecca Hart

Auf diese Weise gelangte auch Dorothy zu derselben Schlußfolgerung wie ihre Vorgängerin: Richard war ein Versager. Er gab ihr übrigens auch später nie Anlaß, an dieser Erkenntnis zu zweifeln.

Nur die großen dunkelblauen Augen zeigten, daß sie Geschwister waren. Wenn Jane sich an das Kinderbettchen heranschlich, leuchteten die Augen des Babys. »Psst«, machte sie.

Aber Rhodes' Begeisterung ließ sich nicht bremsen. Er begrüßte seine Schwester mit einem fröhlichen Singsang: »Nin, nin, nin, nin«, sagte er. »Beb, beb, beb, beb«, und wackelte mit der Zunge im zahnlosen Mund.

»Psst, Rhodes.«

Solche Besuche bei ihrem kleinen Bruder fanden meist statt, während Dorothy ihren Mittagsschlaf hielt. Sie waren nicht ungefährlich, denn Jane mußte stets fürchten, daß die Dielen im Schlafzimmer knarrten und ihre Stiefmutter aufwachte.

Aber diese heimlichen Besuche waren die einzige Möglichkeit, mit dem kleinen Rhodes zu spielen, seinen dicken Babybauch zu kitzeln und ihm mit dem Finger über die unglaublich weichen Bäckchen zu streicheln. »Psst.« Jane begann Fratzen zu schneiden: Sie verzerrte den Mund und schielte ganz schrecklich dazu. Rhodes lächelte und sagte: »Nu.« Jane schob ihren Zeigefinger durch die Gitterstäbe des Bettchens, und das Baby grapschte danach. »Rhodsie, mein Puddingbaby, ich hab dich so lieb«, flüsterte Jane. Dorothys Schnarchen veränderte sich zu einem wütenden Knurren. Jane erstarrte, aber mit der nächsten

Körperdrehung beruhigte Dorothys Schnarchen sich wieder, und ihr Atem ging leiser. Das Baby nahm Janes Finger zwischen die Lippen und nuckelte heftig daran. Dann spuckte es den Finger plötzlich aus und sah Jane empört an, als wollte es sagen: »Von dir hatte ich mir etwas Besseres erwartet.« Aber als Jane ihren Finger zurückzog, faßte Rhodes gleich wieder danach und hielt ihn ganz fest.

Nur am Nachmittag ließ Dorothy ihren Sohn überhaupt einmal kurz aus den Augen. Sonst trug sie ihn meistens mit sich herum, auch beim Putzen und Staubwischen. Nur beim Kochen setzte sie ihn auf seinen Babystuhl, blieb aber stets neben ihm stehen, so daß sie ihm ab und zu ein Küßchen auf den Kopf geben konnte, während sie die Bohnen umrührte.

Sie hatte Jane nicht ausdrücklich verboten, Rhodes zu berühren, aber jedesmal, wenn das Mädchen sich näherte, äußerte Dorothy Bedenken wegen irgendwelcher Ansteckungsgefahren oder behauptete, das Baby sei müde und würde schreien, wenn Jane mit ihm spielte.

»Hast du dein Brüderchen eigentlich lieb?« fragte sie Jane.

»Ja.«

»Bist du gar nicht eifersüchtig?«

»Eifersüchtig?«

»Wünscht du dir nicht manchmal, daß du auch so hübsch wärst wie Rhodes?«

»Rhodes ist doch nicht hübsch, Rhodes ist ein Junge.«

»Du weißt doch, daß du uns genauso lieb bist wie Rhodes, nicht wahr? Du gehörst doch auch zur Familie, auch wenn wir uns scheinbar viel mehr um ihn kümmern. Wir haben dich sehr lieb, auch wenn du vielleicht etwas anderes denkst. Auch wenn –«

»Warum darf ich Rhodes nicht mal in den Arm nehmen?«

»Diese Frage mußt du dir selbst beantworten.«

»Was?«

»Du kannst dir doch bestimmt denken, warum du das nicht darfst, oder?«

»Nein, weiß ich nicht.«

»Das heißt, ›Nein, ich weiß es nicht, Mama!‹«

»Ich weiß es nicht, Mama.«

»Dann denk mal darüber nach. Überleg dir mal, was für ein unartiges Mädchen du bist. Dann weißt du bestimmt, was ich meine.«

Vorsichtig zog Jane ihren Finger durch die Gitterstäbe zurück. Sie wollte vermeiden, daß Rhodes aus Enttäuschung zu weinen begann. In gewisser Weise verstand sie, warum ihre Stiefmutter so heikel mit Rhodes war. Er war bestimmt das schönste Baby der Welt. Das sagten ja auch alle Nachbarn. Und die Sprechstundenhilfe des Kinderarztes hatte sogar gesagt, er würde bestimmt mal von den Talentsuchern aus Hollywood entdeckt.

Dorothy grunzte im Schlaf, und Jane erstarrte vor Schreck. Wieder überfiel sie dieses scheußliche Schwindelgefühl, wo sie den Fußboden nicht von der Decke unterscheiden konnte und die Wände sich blähten wie Segel im Wind. Wenn sie entdeckt wurde, würde zunächst einmal gar nichts geschehen. Dorothy schlug sie nie. Sie wartete immer, bis Richard nach Hause kam. Dann stand sie unten in der Halle, nahm ihrem Mann geschickt den Mantel ab – mit der anderen hielt sie Rhodes – und zählte Richard mit betrübter, fast trauriger Stimme die Schandtaten auf, die Jane im Lauf des Tages begangen hatte.

Daraufhin packte Richard seine kleine Tochter am Arm und führte sie ins Schlafzimmer. Er setzte sich aufs Bett, legte sich das Kind übers Knie, schob ihren Rock hoch, zog ihr die Höschen herunter und schlug sie so lange, bis ihre Schreie ihre Stiefmutter ins Schlafzimmer lockten. »Hör auf, Richard«, flüsterte Dorothy und preßte sich ihren Sohn mit dem Gesicht an die Brust, damit er nicht sah, was geschah. »Hör auf, was sollen die Nachbarn denn denken?«

Mit angehaltenem Atem schlich sich Jane aus dem Zimmer. Aber gerade als sie an Dorothys Bett vorbeiging, begann Rhodes zu schreien. Es gefiel ihm nicht, daß Jane ihn alleinlassen wollte. Dorothy fuhr mit wirrem Haar aus dem Schlaf hoch. »Rhodes?« schrie sie und sprang aus ihrem Bett. Dabei stolperte sie über Jane. »Oh, mein Gott!« kreischte sie. »Was hast du mit ihm gemacht? Was hast du bloß gemacht?«

4

> ... konnte nicht sagen, ob Mrs. Cobleigh (40) jemals
> das Bewußtsein wiedererlangen wird ...
>
> The Guardian

Das Haus der Heissenhubers, 7510 Ross Avenue, hatte zwar einen Rasen, aber keinen Garten. Das fleckige Rasenstück war eine nachträgliche Zugabe des Bauunternehmers, ebenso wie der aufgeklebte Plastikschwan an der Klotür und das Glockenspiel am Eingang, das freilich immer nur *Yan-kee-doo* spielte und nie *Yan-kee-doo-dle*. Die Moffetts und die Donners hatten wenigstens ein paar Tulpen in den Rasen gesetzt, aber Dorothy hatte das für überflüssig gehalten. Schließlich wartete sie nur darauf, daß ihr Mann die rechte Hand von John Hart wurde. Dann würden sie ja ohnehin ausziehen.

Aber Richard blieb Rechnungsprüfer. Die Sekretärinnen nannten ihn nie »Mister«, er aß auch weiterhin sein Sandwich am Schreibtisch, und der rechten Hand seines Chefs kam er nur einmal im Jahr näher, wenn er seine Weihnachtsgratifikation erhielt und John Hart ihm die Hand drückte. Als Dorothy merkte, daß sie mit Richard nie über Ross Avenue hinausgelangen würde, wandte sich ihr ganzes Interesse ihrem Sohn Rhodes zu, und sie vernachlässigte den Rasen vollkommen.

Das Innere des Hauses war ebenso unauffällig wie das Äußere. Die Einrichtung stammte aus verschiedenen Kaufhäusern, insbesondere natürlich McAlpin's. Alle Bezüge waren dunkelgrün, alle Möbel hatten ein dünnes Ahornfurnier und Messingknöpfe. Wandteppiche, Bilder oder Vasen gab es nicht.

Daß die Räume alle nur den Charme von billigen Motelzimmern aufwiesen, störte Jane wenig, die sich ohnehin nur als ungebetener Gast in diesem Haus fühlen durfte. Dorothy war die Chefin, und Jane hatte gar nichts zu sagen. Ihre Meinung zu der Frage, ob man nicht im Wohnzimmer ein Aquarell aufhängen oder am Sonntag mal Kaninchen essen könnte, interessierte niemanden. Aber manchmal, wenn sie die vielen Fotoalben und Kinderbilder der Moffetts oder Friedmanns sah, träumte Jane davon, ein Bild ihrer Mutter zu haben. Sie hätte es direkt neben ihrem Bett an die Wand gehängt, in einem kleinen, herzförmigen Rahmen, wo sie es immer anfassen konnte.

Aber es gab keine Fotos von Sally, und Jane hatte nur ganz flüchtige Erinnerungen an sie: das trockene Knistern des Taftrocks, wenn sie ihrer Mutter auf den Schoß kletterte; die großen goldenen Rosinen, die sie ihr in den Mund schob. Sie konnte sich auch nur an zwei ganze Sätze erinnern: »Weißt du, wo die Wäscheklammern sind, Schätzchen?« und: »Eins ist klar: Deine Farbe ist Rot.« Und sie erinnerte sich daran, wie weich die Haut von Sallys Armen war.

Richard behauptete, nicht zu wissen, warum keine Fotos seiner ersten Frau existierten. Irgendwann hatte er verlegen gemurmelt, beim Umzug sei wohl einiges verloren gegangen.

Als Jane elf Jahre alt war, starb ihre Großmutter an einem Gehirnschlag. Im Zusammenhang mit diesem Todesfall erhielt Jane den Auftrag, eine Kiste mit persönlichen Erinnerungsstücken der Verstorbenen auszusortieren, und entdeckte in einem alten Schuhkarton unter einer dicken Lage von gelbem Seidenpapier eine pornographische Postkarte, die eine nackte Frau in geknöpften Stiefelchen zeigte, die mit geöffneten Beinen auf einem Hocker saß und an ihrer Vulva herumspielte. Weitaus interessanter aber war das Foto, das sich ebenfalls in dem Schuhkarton fand.

Es zeigte Richard als energischen jungen Mann, dessen Gesichtszüge noch nicht so wabbelig wie jetzt und dessen Haare noch üppig und voll waren. Er hielt ein kleines Kind im Arm, das wohl Jane selbst war, und auf seiner Schulter lag eine schlanke Hand mit dunkel glänzenden Fingernägeln. Als Jane das Bild untersuchte, stellte sie fest, daß auf dieser Seite der weiße Rand fehlte. Es gab keinen Zweifel, wen die Großmutter da weggeschnitten hatte: Sally Heissenhuber, Janes Mutter.

Dennoch stellte das Foto für Sallys Tochter einen Schatz dar. Die schlanke Hand mit den lackierten Fingernägeln war ein weiteres Bruchstück des Puzzels, aus dem Jane das Bild ihrer Mutter zu formen versuchte. Natürlich konnten diese Mosaiksteine der Erinnerung keine wirkliche Mutter ersetzen, aber sie waren Beweise dafür, das jene innere Mutter, die Jane jeden Tag Trost spendete, tatsächlich einmal existiert hatte. »Er hat es nicht so gemeint, Liebling«, flüsterte diese Mutter, wenn Jane wieder einmal heulend auf ihrem Bett lag, weil ihr Vater sie wieder verprügelt und gedemüdigt hatte. Mit dem Gesicht nach unten umarmte Jane ihr kühles Kissen, während ihr glühendes Hinterteil wie ein klopfendes Herz brannte. »Jane, mein Baby«, flüsterte Sallys Stimme, »wein doch nicht, Jane. Er hat es nicht gewollt, *sie* hat ihn dazu gebracht.« Dann streichelte die schlanke, weiche Hand ihr über die Haare, und alles war wieder gut.

Richard erzählte ihr wenig von ihrer Mutter. Er erinnerte sich angeblich nur noch daran, daß Sally sehr klein gewesen war, und Jane dachte sich den Rest dazu: Sally war nicht klein gewesen, sondern zierlich, und sie hatte einen Schwanenhals und eine königliche Haltung gehabt. Sally konnte stundenlang auf einem Stuhl sitzen, ohne sich anlehnen zu müssen. Ihre Haare waren genauso schwarz wie Janes eigene Haare. Wie Ebenholz. Die Augen wechselten. Mal dachte Jane, daß sie blau waren, manchmal aber auch grün oder lila. Sally war Schauspielerin gewesen, also mußte sie eine warme, volle Stimme gehabt haben. Aber Sally war kein kitschiges Heiligenbild. Sie blieb im Tod, was sie im Leben gewesen war – das Zentrum des Lebens für Jane.

Jane hätte dringend eine Mutter gebraucht. Beinahe täglich hatte sie Zusammenstöße mit Dorothy, die darauf mit Magenbeschwerden und Verbitterung reagierte. Dabei waren es gar keine besonderen Untaten, die Dorothy ärgerten. Es war ganz einfach Janes »störrische Art«, die ihre Stiefmutter immer wieder beklagte.

»Ich weiß, du meinst es nicht so, aber du wirkst immer so mürrisch«, erklärte Dorothy ihrer Stieftochter bei einem der häufigen »ernsten Gespräche«, die auf ihren Wunsch hin beinahe wöchentlich stattfanden, seit Jane vier Jahre alt war. »Sieh mich an, wenn ich mit dir rede!«

»Ich seh' dich ja an.«

»Nein, das tust du nicht.« Dorothy saß hinter dem Küchentisch, ihre Hände lagen flach auf der Formica-Platte. Sie war

Anklägerin und Richterin in einer Person. Jane, die jetzt zwölf Jahre alt war, aber ziemlich groß für ihr Alter, stand genau da, wo sie immer stand, wenn die »ernsten Gespräche« stattfanden: auf einem grünen Linoleumquadrat neben dem Kühlschrank. Sie hatte die langen, dünnen Arme und Beine ihres Vaters geerbt, aber unter ihrem Hemd zeigten sich schon die ersten Ansätze zu den großen Brüsten, die Sally gehabt hatte. Jane war jetzt fast einen Meter siebzig groß und machte oft einen runden Rücken, um ihre Größe zu kaschieren. Ihre schwarzen Haare waren vorne zu einem Pony geschnitten, und wenn sie den Kopf senkte, sah sie immer so aus, als wäre sie schuldig im Sinne der Anklage. Verlegen scharrte sie mit den Füßen auf dem grünen Linoleumquadrat.

»Du sagst auch nie etwas, Jane, wenn du zu Hause bist. Höchstens, wenn du dich mit Rhodes streitest oder ihm seine Buntstifte wegnehmen willst. Außerdem läufst du so schlampig herum, daß man sich schämen muß. Ständig trägst du Blue jeans, und das Hemd hängt dir aus der Hose wie ein Bettlaken. Man könnte meinen, du machst das nur, um mich und deinen Vater zu ärgern. Sieh mich gefälligst an! Deine Haare sind so fettig, daß man sich nicht zu wundern braucht, wenn kein Junge dich anschauen mag. Deine Freundin Charlene kriegt dauernd Besuche von Jungen. Denk nur nicht, ich hätte nicht gemerkt, wie dich das ärgert.«

»Ich will gar nicht, daß mich die blöden Jungen besuchen«, sagte Jane. »Der einzige Grund, warum sie Charlene besuchen, ist –«

»Dein schwarzes Haar und die dunkle Haut können *sehr* attraktiv sein, Jane, aber du mußt dich mehr pflegen. Wenn du sauber aussiehst, wirst du dich besser fühlen. Innen und außen. Sauber und fröhlich. Zieh nicht so einen Schnute, Jane, und murmle nicht vor dich hin. Ich geb mir doch alle Mühe mit dir, auch wenn du denkst, ich wäre deine Feindin. Schau mal, ich hab dir sogar extra dieses Shampoo für fettiges Haar gekauft... Na, schön, wenn du nicht willst, kann ich auch nichts dran ändern. Schneid nur Grimassen. Denk bloß nicht, ich merke das nicht. Du willst mich offenbar nicht verstehen. Es ist dir wohl lieber, wenn dir dein Vater den frechen Hintern versohlt, ja? Schon gut, du brauchst nicht zu antworten! Geh sofort auf dein Zimmer!«

Jane gehorchte. Wie immer nach diesen Auseinandersetzungen kroch sie zitternd unter ihre Bettdecke. Sie wußte, am Abend würde ihr Vater sie wieder schlagen, und um die Angst zu vermindern, sagte sie sich die Trostworte vor, die ihre innere Mutter ihr eingab. Am Schluß fiel sie immer in einen tiefen, traumlosen Schlaf, auch wenn es noch Vormittag war.

Sallys Bild war aber nicht stark genug, um Janes Widerspruchsgeist auf Dauer niederzuhalten. Als sie dreizehn war, versuchte sie sich zu wehren.

»Daddy, kann ich dich einmal sprechen? Ich wollte dich etwas fragen. Kannst du die Zeitung mal einen Augenblick weglegen?«

Richard setzte sich unbehaglich in seinem Sessel zurecht. Die Hosen seines praktischen Kunstfaseranzuges wetzten schnarrend über den Stoff der Bespannung. »Du weißt doch, ich habe immer für dich Zeit, wenn du vernünftig mit mir redest.«

»Daddy, kannst du mir erklären, warum Rhodes alles kriegt und ich gar nichts?«

»Mutter hat mir schon von deiner Eifersucht erzählt. Sie ist ganz verzweifelt deswegen. Bilde dir nur nicht ein, du könntest mir damit kommen.«

»Ich schwöre dir, Daddy, ich bin nicht eifersüchtig. Ich habe mich nur gewundert, warum er zur Country Day School gehen darf, du sagst doch immer, wir hätten kein Geld –«

»Mutter und ich sind der Ansicht, daß Rhodes bessere Aussichten hat, wenn er auf eine Privatschule geht. Du kommst doch in Woodward sehr gut zurecht. So, und jetzt geh nach draußen zum Spielen.«

»Daddy, ich werde bald vierzehn. Ich möchte auch wissen, warum du mich immer schlägst und warum du Rhodes nie ein Haar krümmst.«

»Dorothy? Komm doch bitte mal her.«

»Daddy, jetzt rede ich mit *dir*. Bitte hör mir mal zu.«

»Was du mir zu sagen hast, kannst du genausogut deiner Mutter erzählen. Dorothy, würdest du Jane bitte erklären, warum Rhodes zur Country Day School geht?«

»Was gibt es da zu erklären?«

»Nun ja, Jane hat gefragt –«

»Hör mal, Jane«, sagte Dorothy, »du weißt doch, wir würden auch dich auf eine Privatschule schicken, wenn dein Vater ein reicher Mann wäre, aber das ist er nun einmal nicht.«

»*Du* würdest mich nirgendwo hinschicken!«

»Jane –«

»Du interessierst dich doch bloß für deinen Sohn Rhodes.«

»Hör auf damit, Jane!«

»Du interessierst dich ja nicht einmal für meinen Vater. Du hast nur Rhodes im Kopf. Rhodes vorn und Rhodes hinten, den ganzen Tag lang.«

»Jetzt reicht's aber! Hast du das gehört, Richard? Sorge bitte dafür, daß sie nicht unverschämt wird!«

»Jane, reiß dich zusammen!«

»Daddy, *bitte* hör doch mal zu. Sie tut immer so, als wäre ich eifersüchtig, gemein oder böse, aber das bin ich doch gar nicht. Immer bringt sie dich dazu –«

»Richard! Hör dir das bloß an! Das laß ich mir nicht gefallen!«

»Schon gut! Wenn sie es nicht anders haben will ... Jane, komm mit ins Schlafzimmer!«

Die Bestrafung für ihre Verbrechen war unweigerlich grausam, und selbst die zärtlichsten Worte, die Jane ihrer Mutter in den Mund legte, konnten die Demütigung und Scham nicht verringern. Wieder einmal hatte Dorothy gesiegt.

Je älter sie wurde, um so brutaler wurde Jane von ihrem Vater geschlagen. Meist gab es nach der Schule eine Auseinandersetzung mit ihrer Stiefmutter, und wenn Richard um halb sechs die Straße heraufkam, stieß Dorothy die Tür von Janes Zimmer auf und sagte: »Dein Vater kommt nach Hause.« Dann mußte Jane mit ihrer Stiefmutter in die Halle hinuntergehen. »Es tut mir schrecklich leid«, sagte Dorothy, sobald Richard den Fuß ins Haus setzte. »Ich weiß, du bist müde, aber sie hat mich heute ... nein, es ist wirklich gemein ... sie hat mich eine Hexe genannt. Richard, ich weiß nicht mehr, was ich tun soll. Ich habe mir solche Mühe mit ihr gegeben ...«

Während Dorothy den Tisch deckte, kommandierte Richard seine vierzehnjährige Tochter ins Schlafzimer. Er schob sie mit dem ausgestreckten Zeigefinger die Treppe hinauf, verriegelte die Tür und kontrollierte, ob sie auch richtig zu war. Dann zog er sein Jackett aus, lockerte seine Krawatte und knöpfte den Kragenknopf auf. Vorsichtig ließ er sich auf die Bettkante nieder, damit die Sprungfedern nicht quietschten. »Sehen wir zu, daß wir es hinter uns bringen«, sagte er. Dann mußte Jane sich quer über seinen Schoß legen, wobei ihre Füße und Fingerspitzen den Boden berührten; denn sie war fast so groß wie ihr Vater. Er zog ihr den Schlüpfer herunter und schlug sie.

Beim ersten Schlag stieß sie einen heftigen Laut aus, der zwischen einem Keuchen und einem Schrei lag. Es war immer das gleiche fassungslose Entsetzen, obwohl sie ja wußte, was kam. Ihre Augen huschten verzweifelt über den Boden; sie brauchte etwas, woran ihre Blicke sich festhalten konnten: einen Kratzer an der Kommode oder die Flusen unter dem Bett. Sie versuchte sich völlig auf diese Wahrnehmung zu konzentrieren, um auf diese Weise den Schmerz auszuschalten wie ein Fakir, der auf einem Nagelbrett liegt. Aber die Heftigkeit, mit der Richards Hand auf ihr Hinterteil klatschte, ließ keine Konzentration zu. Immer schneller und stärker hagelten die Schläge herab, und bei jedem Klatschen schlugen Janes Kiefer zusammen. Oft bohrten sich ihre Zähne tief in die eigene Zunge.

Dann endlich spürte sie nur noch den Schmerz und begann haltlos zu schreien. Ihr Bewußtsein verdunkelte sich und nahm nichts mehr auf, bis ihr Vater aufhörte. Meist sah er dann ziemlich erschöpft aus. Er sank nach hinten aufs Bett zurück, mit rotem Gesicht und stark schwitzend.

Wenn die Schmerzen nachließen, kam die nächste Demütigung: Jane mußte die Treppe hinuntergehen und so tun, als ob nichts gewesen wäre. Rhodes starrte sie neugierig an, mit großen Augen und wachsbleichem Gesicht. Dorothy rief zuckersüß aus der Küche: »Jane, Liebling, kannst du mir helfen?« So, als ob sie ihr eine neue Chance geben wollte, aber schon wüßte, daß ihre Bemühungen um die mißratene Stieftochter aussichtslos waren. Ihrem Mann, der sonst nie Alkohol trank, stellte Dorothy nach den Bestrafungsaktionen immer ein großes Whiskyglas hin, und dann teilte sie lächelnd den Kohl und den Kartoffelbrei aus.

Es war ekelhaft. Die Schläge hätte Jane vielleicht noch ertragen. Viele Kinder erhalten häufiger Prügel. Was die Sache so widerlich machte, war die unausgesprochene, aber der ganzen Familie durchaus bewußte Tatsache, daß im Schlafzimmer nicht nur eine pädagogische Strafe vollzogen wurde, sondern daß sich hinter der verschlossenen Tür etwas abspielte, das zu benennen ihr unmöglich war.

Als sie fünfzehn war, zog sich Jane völlig zurück. Sie kam nur noch zum Essen aus ihrem Zimmer oder um außer Haus zu gehen. Etwaige Hausarbeiten, die ihr Dorothy auftrug, verrichtete sie schweigend und schnell. Die Schularbeiten machte sie hinter verschlossener Tür. Es war ihr lieber, im eigenen Zimmer eingesperrt zu sein, als mit ihrem Vater ins Schlafzimmer gehen zu müssen. Über ihrem Bett – einer Matratze auf einem niedrigen Gestell – befand sich eine Pinnwand mit Erinnerungsstücken aus der Kindheit wie dem Foto eines »lächelnden« Kätzchens; des weiteren Klassenbilder und ein Elvis-Presley-Porträt. Jüngeren Datums waren die Theatertrophäen: Janes Mitgliedsausweis der National Thespian Society, Programme der Laienspielgruppe der Schule, Eintrittskarten und Shakespeare-Zitate, die sie säuberlich auf kleine Kärtchen kopiert hatte. Ihrer Freundin Lynn hatte sie mit großartiger Geste erklärt: »Das Theater liegt mir im Blut.«

Aber das Erbe ihrer Mutter, das so sichtbar ihr Zimmer beherrschte, verband sich kaum noch mit konkreten Erinnerungen an Sally. Im Haus einer Dorothy Heissenhuber war nicht einmal für den Schatten einer liebenden Mutter Platz. Sally war nur noch eine schwache Ahnung für Jane, eine Ahnung, die in den dunklen, tröstlichen Augenblicken kurz vor dem Einschlafen auftauchte.

»Verschwinde aus meinem Zimmer«, sagte Jane.

»Kein Problem«, erwiderte Rhodes. »Mutter ist einkaufen. Was hast du denn da? Ein Spitzendeckchen? Hast du das geklaut?«

»Natürlich nicht, du Idiot.«

»Du weißt, daß dir Vater wieder den Hintern versohlt, wenn dich Mutter damit erwischt.«

»Und ich werde dir den Hintern versohlen, wenn du nicht deinen Mund hältst.« Jane saß auf dem kleinen blauen Bettvorleger, dem einzigen warmen Fleckchen auf dem Linoleum in ihrem Zimmer, und lehnte sich mit dem Rücken ans Bett. Ihr Bruder stützte sich auf die hohe Kommode. »Außerdem ist das kein Spitzendeckchen, sondern ein Möbelschoner, der schon seit zweitausend Jahren im Schrank liegt, weil ihn deine Mutter sowieso nicht benutzt. Wir haben ihn von der Großmutter geerbt, aber Möbelschoner sind spießig. So etwas benutzen nur Primitivlinge, die ihre fettigen Köpfe unbedingt anlehnen müssen.«

»Siehst du, deshalb wußte ich auch nicht, was es ist. Im Gegensatz zu dir bin ich eben kein Primitivling.«

»Du nicht, aber deine Mutter schon. Die wußte ja schließlich auch, worum es sich handelt.«

»Hör endlich auf, von ›deine Mutter‹ zu reden. Schließlich hat sie dich großgezogen. Sie ist genauso deine Mutter wie meine.«

»Meine Mutter ist Sally Tompkins Heissenhuber, und sie war eine Schauspielerin und eine Schönheit. *Deine* Mutter –«

»Woher willst du eigentlich wissen, daß deine Mutter so schön war? Du hast doch nicht mal ein Foto von ihr.«

»Daddy hat mir erzählt, daß sie die Julia in ›Romeo und Julia‹ gespielt hat, und solche Rollen spielen nur schöne Frauen.«

»Und was ist dann mit dir?«

»Was soll mit mir sein?«

»Hast du mal in den Spiegel geschaut? Noch vier Beine, dann kannst du als Oktopus gehen.«

Rhodes hob den Kopf und rückte die gestreifte Krawatte zurecht, die er als Schüler der Cincinnati Country Day School tragen mußte. Mit seinen dreizehn Jahren war er ein gutaussehender junger Mann von fast klassischer Schönheit. Er hatte ein kräftiges Kinn, seine Lippen waren voll, aber nicht weich, und seine dunklen blauen Augen glichen denen seines Vaters und seiner Schwester. Der Bartwuchs hatte noch nicht eingesetzt, und seine Haut leuchtete so hell und rein wie Porzellan. Er war sehr groß und schlank, aber nicht etwa schlaksig. Jede seiner Bewegungen zeigte die Körperbeherrschung des Sportlers. In der Basketball-Mannschaft war er der unumstrittene Star. Jeden Tag riefen Mädchen seines Alters an, die nervös kicherten oder ihre Stimmen verstellten. Ältere Mädchen, die schon sechzehn waren, luden ihn zu romantischen Autofahrten in ihren Cabriolets ein. Es wirkte deshalb keineswegs affektiert, wenn er sich wie ein Kavalier der zwanziger Jahre die Krawatte zurechtrückte.

Jane wandte sich wieder ihrer Näharbeit zu. Sie war dabei, den Kragen einer schlichten schwarzen Bluse mit dem Rand der Spitzendecke zu verzieren. »Du hältst dich für einen Playboy, weil du zur Country Day gehst, aber denk bloß nicht, die Leute da wüßten nicht, daß du in Edgemont lebst.«

»Die Leute wissen ganz genau, wo ich wohne«, gab Rhodes gelassen zurück. »Aber sie mögen mich trotzdem. Ich bin ja nicht so eine häßliche, schwarzhaarige Bestie wie du.«

»Dann haben die Leute in Country Day offenbar sehr viel weniger Geschmack, als ich dachte.«

»Um zu sehen, was für eine klapprige Bohnenstange du bist, genügt der Geschmack meiner Freunde vollkommen.«

»Sei so nett und verschwinde, Rhodes. Ich muß mein Kostüm fertignähen.«

»Ist das der Grund, warum du so schlecht gelaunt bist? Weil du bloß die Clementine spielen darfst? Du wolltest die andere Rolle, nicht wahr?«

»Nein.«

»Doch, ich weiß es genau.« Rhodes ließ sich mit gekreuzten Beinen auf der anderen Seite des kleinen Teppichs nieder, seine Knie berührten das Bein seiner Schwester.

»Verschwinde endlich.«

»Du wolltest die Hauptrolle, stimmt's?«

»Ich spiele die Hauptrolle. Lady Clementine.«

»Du weißt genau, was ich meine. Die Rolle der romantischen Schönheit. Wie war der Name noch gleich …?«

»Deirdre Brooks-Elliott.«

»Genau. Die Rolle wolltest du eigentlich haben. Ich hab doch gehört, wie du geprobt hast.«

»Ich habe den Text mal gelesen.«

»Und warum hast du die Rolle nicht gekriegt?«

»Darum. Verschwinde jetzt endlich, Rhodes. Ich habe zu tun.«

»Sag schon: Warum hat es nicht geklappt?«

»Weil Mr. Gluck gemeint hat, ich wäre nicht der Typ der jugendlichen Naiven. Aber das hätte die Rolle auch gar nicht verlangt. Außerdem bin ich Schauspielerin und kann alles spielen, was von mir verlangt wird. Ich bin sehr vielseitig.«

»Was hat er denn dazu gesagt?«

»Nichts.«

»Wie meinst du das?«

»Er hat nichts gesagt. Gar nichts. *Rien. Nada.* Ich kann mich doch nicht mit Mr. Gluck herumstreiten, oder?«

»Warum eigentlich nicht? Du hättest doch bloß zu sagen brauchen, daß du die Rolle gern hättest ...«

»Es war keinen Streit wert.«

»Natürlich war es einen Streit wert. Warum versuchst du es eigentlich nie, dich durchzusetzen? Das verstehe ich nicht.«

»Mr. Gluck hatte seine Gründe für diese Entscheidung, und es lohnte einfach nicht, deswegen Ärger anzuzetteln.«

»Du bist ein Feigling, das ist alles.«

»Rhodes, der Grund, warum er mich nicht die Deirdre spielen lassen kann, ist der, daß Bucky Richards, Deirdres Partner, nur einen Meter fünfundsechzig groß ist.«

»Und trotzdem hat er die Rolle gekriegt, die er wollte.«

»Ja, ich weiß. Und Vicki Lutrell darf die Deirdre spielen, bloß weil sie genauso klein ist. Aber was soll's? Das ist Schnee von gestern.«

»Na ja, wahrscheinlich wird dir in deiner Rolle ein großer Erfolg zuteil. Am Ende spielst du alle glatt an die Wand, weil sie noch viel schlechter sind als du.«

»Ich will niemanden an die Wand spielen. Das ist mein letztes Jahr in der Schule und mein letztes Jahr im Senior Drama Club, und ich hätte mir so gewünscht, daß es eine gute Aufführung wird. Statt dessen muß ich jetzt eine achtzig Jahre alte, verwitwete Engländerin spielen! Der blöde Bucky Richards denkt, er brauchte bloß die Schneidezähne zu blecken wie ein tollwutkrankes Kaninchen, um sich in einen englischen Gentleman mit Oxford-Akzent zu verwandeln, und Vickis gesamtes mimisches Repertoire besteht aus einer einzigen Geste: Sie macht ein rundes Mündchen, hält die Hand vor und sagt dazu: ›Oh!‹« Jane ließ das Nähzeug auf ihren Schoß sinken. »Ich muß das jetzt fertigmachen, Rhodes. Laß mich bitte allein!«

»Sieh nur zu, daß du hübsche kleine Stiche machst! Denk an Bobby Spurgeon! Du wärst sicher ganz unglücklich, wenn ihm das Kostüm nicht gefällt.«

»Was hat Bobby Spurgeon denn damit zu tun?«

»Tu doch nicht so! Was hast du neulich gesagt? ›Ach, Lynn, ich kann meine Rolle nicht hinwerfen. Ohne die Proben würde ich Bobby nie sehen. Die Proben sind mein einziger Kontakt mit ihm. Ich bin ihm so nahe dabei ...‹«

Jane wollte Rhodes eine langen, aber er war rasch aufgesprungen und lachte sie aus. »Du widerlicher kleiner Schnüffler«, schrie sie. »Seit wann belauschst du meine Telefongespräche?«

Rhodes bewegte sich auf die Tür zu. Mit der rechten Hand hielt er sich einen imaginären Telefonhörer ans Ohr. »Lynn? Soll ich dir etwas sagen? Heute hat mich Bobby Spurgeon in Latein direkt angesehen. Mit beiden Augen. Ich meine, nur eine Sekunde lang, aber trotzdem ...«

Als er durch die Tür verschwand, rief Jane: »Ich spreche kein Wort mehr mit dir!«

»Bis bald, Lady Clementine! Und: toi, toi, toi!«

Lynn Friedman, die zierliche Regisseurin der »Noble Hearts«-Aufführung, starrte aus dem Zuschauerraum zur Bühne hinauf. Mit ihrem zarten Körperbau, ihrer hellen Haut und den großen Augen sah sie ein wenig wie ein armes Waisenkind aus, obwohl sie sehr gut gekleidet war. Ihr Kaschmirpullover paßte ausgezeichnet zu ihrem blau-beige gestreiften Rock und den schicken Socken, die ihre Mutter eigens in New York bestellt hatte.

Jane stand im vollen Kostüm auf der Bühne. Mit ihrem grau gepuderten Haar sah sie wie ihre eigene Großmutter aus.

»Jane, kannst du ungefähr noch zehn Zentimeter nach rechts rücken? Gut. Du meine Güte, ist das ein scheußliches Licht.« Lynn formte ihre Hände zum Trichter und rief dem Beleuchter im hinteren Teil des Zuschauerraums zu: »He, Bobby! Ich wollte keine ›High Noon‹-Sonne.« Der auf Jane gerichtete Scheinwerfer färbte sich blau. »Das ist doch nicht zu glauben«, sagte Lynn. »He, Bobby, wir sind hier bei der Generalprobe!« Sie wandte sich Jane zu und fügte mit etwas leiserer Stimme hinzu: »Ich weiß wirklich nicht, warum du so scharf auf diesen Blödian bist. Bloß weil er so groß ist?«

»Sei doch still, Lynn!«

»Wenn ich nicht mit voller Lautstärke brülle, kann er nichts hören.«

»Aber Vicki steht gleich da drüben. Siehst du nicht, wie sie herschaut? Ich könnte wetten, sie hat alles gehört. Ich glaube, ich sterbe vor Scham.«

»Das geht nicht, wir haben morgen abend Premiere. Hör zu, wir gehen nach der Probe zu mir. Meine Mutter wird uns zwangsernähren, aber danach können wir ungestört reden. Ich fahre dich selbst nach Hause, damit du vor zehn Uhr da bist und keinen Krach mit deiner Stiefmutter kriegst. So wie jetzt geht es nicht weiter. Du bist in der letzten Klasse, du siehst sehr gut aus, und es gibt keinen Grund, warum du nicht mit einem netten Jungen zum Abschlußball gehen solltest. Schließlich gibt es Dutzende von Jungens, die überhaupt keine Partnerin haben.«

»Ich will aber nicht mit *irgend jemandem* gehen.«

»Dann unternimm etwas wegen Bobby.«

»Was soll ich denn noch tun? Ich habe ihm hallo gesagt. Ich habe ihm meine Notizen über Vergil zum Abschreiben gegeben, und ich hatte mir die Lippen genauso knallrot geschminkt, wie du gesagt hast. Aber er hat ganz offensichtlich gar nichts bemerkt. Ich glaube sowieso, daß er in Gail Renner verschossen ist.«

»Ich kann mir nicht vorstellen, daß er auf eine geistig unterbelichtete Tambourette scharf ist. Ich glaube, er würde dich bestimmt mögen, wenn du ihm ... hilfst.«

»Ich wüßte nicht, wie.«

»Du meine Güte, Jane, du bist siebzehn.«

»Süße siebzehn und ganz ungeküßt.«

»Das kriegen wir schon hin. Wenn du alles so machst, wie ich sage, wirst du mehr geküßt, als dir lieb ist.«

Es blieben ihnen noch zehn Minuten, bevor Jane zu Hause sein mußte. Lynn hielt auf der Section Road an, einen Block vom Haus der Heissenhubers entfernt. »So«, sagte sie, als sie die Handbremse anzog. »Jetzt gehen wir alles noch einmal durch.«

Die Vorderbank war so weit nach vorn gezogen, wie es nur ging, aber Lynn brauchte trotzdem ein Kissen, um durch die Windschutzscheibe sehen zu können. Der Wagen war ein Cabriolet in den Farben der Woodward High School: Blau und Weiß. Am Armaturenbrett war eine kleine Messingtafel mit den Initialen LMF befestigt, Lynn Marlene Friedman. Obwohl es erst März war, hatten die beiden Mädchen das Dach zurückgeschlagen. Lediglich ihre Beine wurden von der Heizung gewärmt.

»Also morgen abend bei der Premierenparty steht Bobby Spurgeon irgendwo in der Ecke, trinkt sein Cola und sieht so aus, als brauchte er etwas Gesellschaft. Was tust du?«

Jane versuchte, es sich bequemer zu machen, aber sie saßen so dicht vor dem Armaturenbrett, daß ihr die Knie schon ans Kinn stießen. »Ich sage: ›Hallo Bobby! Bin ich froh, daß alles vorbei ist!‹ und sinke ihm in die Arme.«

»Dann denkt er höchstens, du wärst eine Spastikerin. Nein, du sinkst ihm nicht in die Arme, sondern stellst dich nur ganz nah zu ihm hin und lehnst dich ein bißchen an, damit er merkt, daß du ein Mädchen bist. Okay, und was machst du, wenn er nichts sagt?«

»Dann frage ich, ob er mit der Beleuchtung irgendwelche Schwierigkeiten gehabt hat.«

»Nein! Dann sagt er bloß ja oder nein. Du fragst ihn, welches der schlimmste Augenblick des Abends für ihn war. Dann muß er etwas ausführlicher werden.«

»Mir ist kalt.«

»Nein. Du hast bloß schreckliche Angst, daß du zu spät nach Hause kommst und das alte Monster dich ausschimpft. Jane, du bist jetzt in der letzten Klasse. Was kann sie dir denn schon tun? Du brauchst nicht vollkommen zu sein!«

»Ach laß, Lynn.«

»Das ist mein voller Ernst. Du gibst dir bei allem so schrecklich viel Mühe. Du lächelst wie eine Weltmeisterin, du arbeitest wie eine Wahnsinnige. Wenn du einen Fehler bei einer Prüfung machst oder beim Einkaufen etwas vergißt, gerätst du in Panik. Kein Mensch hält dich für weniger reizend, wenn du nicht ganz so perfekt bist. Du bist so ein nettes Mädchen und könntest dir alles viel leichter machen, wenn du nicht alles so eng sehen würdest. Wahrscheinlich hättest du längst Dutzende von Verehrern, wenn du nicht ganz so ... unnahbar wärst.«

»Alles ganz einfach, wie?«

»Daß es einfach wäre, habe ich nicht behauptet. Wenn es einfach wäre, hättest du schon seit einem Jahr einen Freund. Nein, es ist verdammt schwer, weil du die Jahrgangsbeste von 1957 sein willst und deshalb ständig arbeiten mußt und weil dein Selbstbewußtsein auf minus Unendlich absinkt, wenn es um Jungens geht – was ich überhaupt nicht verstehe. Du kannst die reizendste Person der Welt sein, aber sobald ein Junge auftaucht, erstarrst du zur Eissäule.«

»Vielleicht bin ich frigide oder so was.«

»Ach, Quatsch. Wie kannst du frigid sein, wenn du noch nicht mal von einem Jungen geküßt worden bist? Vielleicht bist du in Wirklichkeit eine Nymphomanin und versuchst nur seit Jahren, deine wahre Persönlichkeit vor dir selbst zu verbergen.«

»Hör auf, Lynn! Ich bin nun mal nicht so hübsch wie du, das ist mein Pech. Du bist so niedlich, daß sie dir alle gleich ein Eis und Bonbons kaufen wollen, und ich bin so groß und ungeschickt, und ich hab diese schreckliche Nase –«

»Das stimmt nicht. Du hast eine sehr schöne Nase. Was solltest du mit einer niedlichen kleinen Stupsnase anfangen? Die würde gar nicht zu dir passen. Ich kenne mich da aus. Die Hälfte meiner früheren Freundinnen war schon beim Schönheitschirurgen.«

»Rhodes nennt mich immer Saatkrähe.«

»Rhodes ist dein jüngerer Bruder. Was erwartest du denn?«

»Und hübsche Kleider besitze ich auch nicht.«

»Du bist verrückt. Deine Klamotten sind völlig in Ordnung.«

»Ich habe bloß Orlon-Pullover.«

»Glaubst du, den Jungen käme es darauf an, was für Pullover du anhast? Wenn einer sich für deine Persönlichkeit interessiert und mit dir ... äh, zärtlich sein möchte, ist es ihm völlig egal, was du trägst. Ich verstehe wirklich nicht, was du hast. Du hast doch eine prima Figur, du brauchst nicht mal Einlagen in deinem BH, und dann machst du dir Sorgen wegen der Pullover. Jungens verstehen davon sowieso nichts. In der Klasse bist du die Nummer drei, du bist eine tolle Schauspielerin, und du bist die einzige Schülerin, die in Mathe schon mehr als siebenhundert Punkte hat. Und meine beste Freundin dazu...«

»Ich habe Angst, Lynn. Was ist, wenn Bobby –«
»Wenn er was?«
»Wenn er etwas ... versucht.«
»Sag nein.«
»Und wie?«
»Schieb seine Hand weg, droh ihm mit dem Finger und sag: ›Nein, nein, Bobby, das kommt gar nicht in Frage.‹«
»Das kann ich nicht. So etwas bringst nur du zustande.« Jane seufzte und rieb ihre Hände in dem warmen Luftstrom, der aus dem Heizungsschlitz kam.

»Hör schon auf!« sagte Lynn. »Du denkst immer das Schlimmste, und dabei warst du schon auf so viele Jungs scharf. Mal war es der eine und mal der andere, aber du hast dich bloß nie getraut, ihn anzulächeln. Also tu, was ich dir sage, und morgen abend um Mitternacht wird Bobby Spurgeon unsterblich in dich verliebt sein.«

Vor einigen Wochen hatte Jane einmal bei Lynn übernachtet und versucht, ihr zu sagen, was sie bedrückte. In Lynns dunklem Schlafzimmer hatte sie von einem Bett zum anderen gefragt: »Sag mal, hat dich dein Vater – ich weiß schon, daß er nicht streng ist – hat dein Vater dich jemals geschlagen?«

»Und wie! Aber nur einmal, es war nach irgendeinem großen Ball. Ich weiß nicht mehr, welcher. Ich war mit Chuckie Nudelman da, und danach waren wir noch bei den Frischs, und er hat mich nach Hause gefahren, und wir haben irgendwo hier in der Nähe geparkt und uns unterhalten, und ich schwöre dir, mehr ist gar nicht passiert, aber dann war es plötzlich halb fünf und...«

»Aber dein Vater ...?«
»Schlägt dich dein Vater? Ich kann mir das gar nicht vorstellen. Deine widerliche Stiefmutter sehe ich direkt vor mir mit der neunschwänzigen Katze, aber dein Vater ist doch so ein friedlicher Mann?«

»Ja, natürlich. Es war auch nur früher, als ich noch ein kleines Kind war.«

»Na ja, hör mal zu, wie es weiterging, Jane. Also: Ich war natürlich entsetzt, und Chuck auch, aber er ging brav mit zur Tür und ...«

Jane schloß die Augen. Die regelmäßigen Prügel hatten vor zwei Jahren aufgehört, aber in letzter Zeit war ihr Vater zweimal mitten in der Nacht in ihr Zimmer gekommen und hatte sich auf ihr Bett gesetzt. Sie hätte so gern mit ihrer Freundin darüber geredet, aber es gab wohl niemanden, dem sie erzählen konnte, was los war.

»Aber warum denn nicht?« fragte Miß Bell.
»Weil ich auf die Universität Cincinnati gehen werde.«
»Aber du kannst doch auf die besten Universitäten im ganzen Land gehen. Die ganze Welt steht dir offen.«
»Die Universität Cincinnati genießt doch einen guten Ruf.«

Nicht nur der Schreibtisch, sondern auch sämtliche Regale im Büro der Studienberaterin waren mit bunten Katalogen der verschiedensten Universitäten und Stapeln von Antragsformularen bedeckt. Jane saß ganz vorn auf der Stuhlkante und lächelte so freundlich, wie sie nur konnte, aber ihr Herz klopfte, als wollte es ihren Brustkasten sprengen.

»Natürlich tut sie das. Doch bleibt die Frage, ob sie die richtige Universität für Jane Heissenhuber ist.«

Jane lächelte tapfer weiter. »Bestimmt«. Ihr war so schwindelig, daß sie ihre Füße um die Stuhlbeine schlang und sich an der Lehne festhielt, um nicht herunterzufallen. »Es gefällt mir hier«, flüsterte sie, und ein Schweißtropfen lief ihr über den Hals.

»Jane, du hast doch nicht etwa Angst, die Stadt zu verlassen?«
»Nein.«
»Manche Schüler haben vielleicht zu viel ... Respekt vor den berühmten Universitäten, obwohl ihre Noten sehr gut sind. Sie wollen lieber nicht nach Smith oder Vassar. Spielt das auch bei dir eine Rolle?«

»Nein, Miß Bell, ganz bestimmt nicht.« Jane wußte, daß sie eigentlich Luft holen mußte, aber irgend etwas schnürte ihr den Hals zu, und sie hatte das Gefühl, den Sauerstoff aus der Luft nicht mehr aufnehmen zu können. Miß Bell hatte einen kleinen Pickel auf der Nase, und einen Augenblick lang hatte Jane das wahnsinnige Bedürfnis, über den Schreibtisch zu langen und zu sehen, ob Eiter herausspritzte, wenn sie ihn ausquetschte.

»Gib dir selbst doch eine Chance, Jane! Du hast sie verdient.«

»Bitte, Miß Bell, es ist alles in Ordnung.« Jane konnte das Gespräch nicht mehr länger ertragen. Es hatte doch keinen Sinn, auf eine dieser Universitäten zu gehen, wo all die schicken Mädchen aus New York und New England in ihren Kamelhaarmänteln und Kaschmirpullovern herumliefen. Sie würde sich da nie wohl fühlen. Sie würde im Hörsaal sitzen und als einzige nicht verstehen, über welche witzige Bemerkung des Professors die anderen lachten. Sie würde am Samstagabend als einzige im Studentenheim zurückbleiben müssen, wenn die anderen ausgingen.

»Jane, riskier doch mal etwas.«

»Wie bitte?« Sie hatte sich ganz auf ihr Atmen konzentriert.

»Zieh deine Bewerbungen nicht wieder zurück. Okay?« Jane senkte den Kopf, und die Studienberaterin wertete dies als Zustimmung. »Fein«, sagte sie. »Ich freue mich über deine Entscheidung, Jane.«

Die Schauspieler und Bühnenhelfer der »Noble Hearts«-Premiere sowie vierzig weitere Mitglieder des Woodward Senior Drama Clubs drängten sich im ausgebauten Partykeller der Friedmans. Das heißt, eigentlich brauchten sie sich gar nicht zu drängen; denn der Raum erstreckte sich fast über die ganze Länge des Hauses und bot genügend Platz für die fünfundsiebzig Jungen und Mädchen. Die meisten allerdings standen direkt an der Bar, einer teuren Theke aus poliertem Mahagoni, auf der zahllose Colaflaschen und -gläser herumstanden. Die ganze Truppe war ziemlich aufgekratzt. Man prostete sich zu, warf sich gegenseitig Erdnüsse in den aufgesperrten Mund, diskutierte ausführlich über den unvorhergesehenen Lacher am Ende des ersten Aktes und benahm sich überhaupt so exaltiert, als wäre man nicht in einem Partykeller in einem Vorort von Cincinnati, sondern wartete bei Sardi auf die Kritiken einer Broadway-Premiere.

Im Gegensatz zu Vicki Lutrelli, die immer noch in ihrem Kostüm als jugendliche Naive mit flatternden Bändern im Haar herumsauste, hatte Jane sich abgeschminkt und ihr Witwenkostüm gegen ein Paar schwarze Hosen und einen roten Pullover vertauscht, den sie nach einer halbstündigen Beratung mit Lynn schließlich aus deren Garderobe ausgewählt hatte. Da zwischen der Premiere und der anschließenden Party nicht genug Zeit mehr verblieb, um die Haare zu waschen und wieder zu trocknen, hatte Jane sich nur rasch hinter der Bühne soviel Puder ausgebürstet wie möglich, den Pony wieder in die Stirn gekämmt und den langen Pferdeschwanz, der über den halben Rücken herabhing, mit einem roten Gummi zusammengebunden.

»Warum gehst du nicht einfach rüber zu ihm?« fragte Lynn. »Ich verstehe dich nicht. Du siehst fabelhaft aus. Nicht mal dein Lippenstift ist verschmiert.«

»Ich kann nicht.«

»Natürlich kannst du. Wo steckt er denn überhaupt? Ah ja, da drüben, am anderen Ende der Bar. Er unterhält sich gerade mit Teddy Collier und Mike Spahr.«

»O Gott. Drei Jungen auf einmal. Das schaffe ich nicht.« Jane war so rot geworden, daß ihre Kopfhaut sich spannte. Bobby drehte ihr den Rücken zu. Er hatte einen Fuß auf die Messingstange gestellt, die an der Theke entlanglief. Seine langen Beine steckten in hautengen Jeans. Mit seiner lässigen Haltung und seinem karierten Baumwollhemd sah er aus wie ein Cowboy. Im Gegensatz zu den meisten anderen Jungen trug er keine Bürstenfrisur, sondern lange blonde Haare, die er von Zeit zu Zeit mit der Rechten zurückstrich. Unbewußt kaute Jane an ihren Fingernägeln, während sie zusah, wie sich Bobby eine Zigarette anzündete und ein weiterer Rauchkringel in die ohnehin schon recht stickige Luft aufstieg. »Sieh doch nur, Lynn, wie er die Zigarette hält. Sieht das nicht sehr männlich aus?«

»Komm schon, Jane. Du kannst dich nicht die ganze Nacht in der Ecke verstecken. Irgendwann mußt du was unternehmen.«

»Lynn, vielleicht sollte ich doch besser warten, bis ich auf der Universität bin. Bitte –«

»Hey«, sagte Bobby zwei Stunden später, »du kannst aber gut tanzen.« Inzwischen war auch noch die letzte Lampe ausgeknipst worden, und es war stockfinster im Raum. Die wenigen noch verbliebenen Paare tanzten eine langsame Nummer nach der anderen.

Jane hatte Schwierigkeiten zu schlucken. Bobby hielt sie so fest umschlungen, daß sie kaum atmen konnte. Ihr rechtes Ohr klebte an seiner Wange, und sie fürchtete, wenn sie den Kopf auch nur ein wenig zurückzog, würde es unweigerlich »plop« machen. Seine Finger beschrieben kleine Kreise auf ihrem Rücken, und sie wußte nicht recht, ob ihr das angenehm war oder nicht.

Dann streifte seine Hand die Haken an ihrem BH, blieb aber außerhalb ihres Pullovers, und so gab es eigentlich keinen Grund, sich dagegen zu wehren. Der Sänger, dessen Stimme aus dem Lautsprecher dröhnte, hatte ein samtweiches Timbre, und als er sang: »You're my angel girl in white«, nahm Bobby ihre Hand und biß sie ganz sacht in den Ballen.

»Nicht doch, Bobby, bitte.«

»Ich tu doch gar nichts.«

»Nein, wirklich, das geht nicht.«

»Psst. Ich bin doch ganz brav.«

»Bitte, Bobby.« Er drückte seine Hüften stärker an ihren Bauch, und sie spürte, daß er eine Erektion hatte. Sie stieß ihn ein wenig zurück und sagte: »Warum gehen wir nicht nach oben und schnappen etwas frische Luft, Bobby?« Sie hatte sich schon oft vorgestellt, wie schön es wäre, langsam mit ihm zu tanzen. Aber in ihrer Vorstellung war es nicht finster dabei gewesen, sondern hell, und er hatte nicht seinen Schwanz an ihr gerieben, sondern sie zärtlich auf die Lippen geküßt und ihr gesagt, daß er schon seit Monaten in sie verliebt sei. »Bobby!«

Jetzt hatte er doch tatsächlich ihren BH aufgehakt und ihr seine Hand in den Pullover geschoben.

»Hör sofort auf!«

»Jetzt mach doch kein solches Geschrei.« Er hatte ihre Brust in der Hand und hielt sie fest, als ob sie ihm wegrollen könnte. »Ui, ui, ui, da ist ja ganz schön was dran«, sagte er.

»Hör auf damit!« flüsterte sie. »Ich will das nicht.«

»Und ob du das willst.« Er drückte die Brust noch fester. »Du hast doch selbst damit angefangen, deine Möpse an mir zu reiben. Und schrei nicht so herum, wenn du nicht willst, daß die anderen was merken!« Mit Daumen und Zeigefinger spielte er mit ihrer Brustwarze.

Nach zwei weiteren Songs war die Langspielplatte zu Ende, und Jane schaffte es gerade noch, ihren Busen im BH zu verstauen, ehe das Licht wieder anging. »Okay«, sagte Bobby. »Jetzt können wir rausgehen. Wir können ein bißchen im Auto herumfahren, was meinst du? He, renn doch nicht weg!«

»Laß meine Hand los!«

»Na, komm schon mit!«

»Nein. Laß mich in Ruhe.«

»Was soll das heißen?« Er hielt sie so fest, daß es ihr wehtat. »Du wolltest doch schließlich mit mir tanzen, oder?« Er zerrte an ihrem Arm.

Ohne zu überlegen, stieß ihm Jane die spitzen Fingernägel in den Handrücken. »Au!« schrie er. »Was fällt dir denn ein?« Einige der anderen Partygäste drehten sich zu ihnen um.

»Tut mir leid«, sagte Jane leise. »Ich will bloß nicht –«

Bobby Spurgeon zwang sich zu einem wütenden Flüstern. »Was bildest du dir eigentlich ein? Du hast mich doch den ganzen Abend praktisch darum gebeten, oder nicht?«

»Nein. Es tut mir leid, wenn du mich falsch verstanden hast...«

»Falsch verstanden? Ich werd' dir sagen, was du bist: Du bist ein ganz zickiges Luder.«

Als er wütend zur Theke marschierte, fuhr sich Jane mit dem Handrücken über die trockenen Lippen. Sie war noch immer nicht geküßt worden.

»Weißt du eigentlich, wie spät es ist?« fragte ihre Stiefmutter, als Jane die Haustüre aufschloß. Dorothy hielt ihren gesteppten Morgenmantel mit beiden Händen fest zu, obwohl er ohnehin mit dem Gürtel verschnürt war. Jane fand, daß sie wie eine Wasserleiche aussah, und wandte den Blick ab. »Sieh mich an!« fauchte Dorothy wütend. »Sag mir sofort, wie spät es ist!«

»Ich weiß nicht. Ein Uhr?«

»Halb zwei!«

»Schon gut«, sagte Jane. »Doch deswegen hättest du nicht extra aufbleiben müssen.«

»Ist das alles, was du zu sagen hast? Um Himmels willen, sieh doch mal in den Spiegel!«

»Du hast gesagt, ich sollte nicht zu spät nach Hause kommen«, sagte Jane mit der Stimme eines kleinen Mädchens.

Dorothy rückte Jane ganz dicht auf den Leib. Ihr Atem roch säuerlich. »Du weißt wohl gar nicht, was los ist, was?«

Jane lehnte sich angewidert zurück. »Was soll ich wissen? Ich habe euch doch erzählt, daß nach der Premiere noch eine Party stattfindet, oder? Das Stück war um halb elf zu Ende. Haben dir Daddy oder Rhodes nichts gesagt?«

»Daddy und Rhodes«, zischte Dorothy, »schlafen seit Stunden. Sie sind gleich ins Bett gegangen, als sie nach Hause kamen. Was du hingegen« – sie unterbrach sich und umklammerte den Kragen ihres Morgenmantels noch fester, als hätte sie Angst, daß Jane ihr das Kleidungsstück wegreißen könnte – »was du in den letzten Stunden gemacht hast, möchte ich lieber nicht wissen.«

Jane senkte den Kopf. »Ich war auf der Party bei Lynn.«

»Und du erwartest, daß ich dir das glaube. Du bist eine schlechte Schauspielerin.«

»Hör endlich auf! Ruf doch die Friedmans an, wenn du mir nicht glaubst. Sie waren zu Hause.«

»So, so, die Friedmans waren zu Hause. Haben sie dich auch halbnackt herumlaufen sehen? Dir hängt ja alles herunter!«

Jane holte tief Luft und spürte die gefährliche Freiheit eines aufgehakten BH's. »Ich habe ihn nur aufgemacht, weil er gekniffen hat, jetzt gerade eben im Auto von Sissy Davies. Ich schwöre dir, Mama, er schneidet richtig ins Fleisch ...«

»Gib dir keine Mühe, Jane. Denkst du, ich wüßte nicht, was bei euch Teenagern los ist? Denkst du, ich könnte mir nicht vorstellen, auf was für einer Party du warst? Du kannst mir ja nicht einmal gerade in die Augen sehen, oder? Und weißt du, warum? Weißt du, warum, Jane? Weil du ganz genau weißt, was für eine du bist!«

»Ich bin noch nie so spät nach Hause gekommen. Es war das erste Mal heute.«

»Das ist noch das wenigste, das weißt du genau. Aber jetzt geht es los mit der Herumtreiberei, was?« Jane wandte den Kopf zur Seite, aber Dorothy, die ihre Stieftochter sonst niemals anfaßte, griff ihr unter das Kinn und zog sie zu sich heran. »Erst überredest du deinen Vater, daß du länger weggehen darfst, und dann stolzierst du hier rein ...«

»Ich bin überhaupt nicht stolziert, verdammt!«

»Fluche nur weiter. Auf diese Weise zeigt sich endlich dein wahrer Charakter. Ich hab es schon immer geahnt, und dein scheinheiliges Getue hat mich nie überzeugt. Du bist genauso wie deine Mutter.«

»Was willst du damit sagen?«

Dorothy zuckte mit den Schultern, als ob sie eine altbekannte Selbstverständlichkeit ausspräche: »Deine Mutter war eine Nutte.«

»Du verdammte Lügnerin«, schrie Jane mit flammenden Augen. »Ich glaube dir kein Wort!«

»Eine Nutte.«

»Du hast sie ja gar nicht gekannt.«

»Nein, das Vergnügen hatte ich nicht, aber jedermann, der sie kannte, wußte auf Anhieb Bescheid, und es war nur eine Frage der Zeit, bis es auch bei dir soweit kommen würde. Ich habe es kommen sehen. Denkst du, ich hätte nicht gesehen, wie du letzten August vor Rhodes in deiner Unterwäsche herumgerannt bist? Denkst du, ich weiß nicht, was vorgeht? Ich werde dir etwas sagen, du Früchtchen! Für den Rest des Jahres wirst du dich am Riemen reißen, und dann verschwindest du hier. Du gehst nicht auf die Universität Cincinnati, und du wirst nicht mehr mit dieser Friedman-Schlampe in ihrem Auto herumfahren. Wenn du auf die Universität willst, mußt du dir ein Stipendium besorgen, und dann verschwindest du aus der Stadt. Ist das klar? Ich kann nicht zulassen, daß du Rhodes alle Chancen verdirbst. Es kommt überhaupt nicht in Frage, daß du in Schlüpfer und Büstenhalter herumrennst, wenn seine Freunde von der Country Day School im Haus sind! Ich werde zu verhindern wissen, daß du mir den Jungen verdirbst!«

Dorothy wartete, bis die Tür von Janes Zimmer ins Schloß fiel, dann ging sie ins Schlafzimmer und zählte langsam bis hundert. Richard lag mit angezogenen Knien auf der Seite. Die linke

Hand steckte unter der Decke, die rechte lag neben seinem Mund. Er schnarchte zwar nicht, aber jeder Atemzug war ein Seufzer. »Richard?«

Er schlug erschrocken die Augen auf, als wäre er bei etwas Bösem erwischt worden. »Was ist los?« Dorothy setzte sich auf sein Bett. Er versuchte sich aufzurichten, aber sie saß auf seiner Decke, deshalb gelang es ihm nur, sich auf den Rücken zu drehen. Unbeweglich wie ein Wickelkind starrte er seine Frau an. Ihr Gesicht war in der Dunkelheit nicht zu erkennen. »Dorothy?« Sie faltete die Hände im Schoß. Richard begriff nicht, was sie wollte. Sie hatte ihn zwar nach der Geburt ihres Sohnes noch ein paarmal zu sich ins Bett gelassen, aber jetzt hatten sie schon seit über zehn Jahren keinen Geschlechtsverkehr mehr gehabt. »Ist jemand gestorben?«

»Nein. Gestorben ist niemand. Aber weißt du, wie spät es ist?« Er schüttelte den Kopf, aber er wußte nicht, ob sie es sehen konnte. »Es ist fast zwei«, fuhr Dorothy fort. »Deine Tochter ist eben erst nach Hause gekommen. Und soll ich dir etwas sagen? Ihr Büstenhalter war offen! Richard, ich glaube, jetzt ist es soweit. Sie hat es gemacht.«

»Was ist soweit? Was hat sie gemacht?«

»Muß ich es dir buchstabieren? Sie konnte mir ja nicht ins Gesicht sehen!«

»Hat sie etwas gesagt?«

»Richard, stell dich doch nicht so blöd! Glaubst du, sie würde es zugeben?«

»Nein, aber –«

»Ich habe dir immer gesagt, es würde noch soweit kommen. Ich weiß noch genau, wie ich sie letztes Jahr halbnackt in ihrem Zimmer erwischt habe. Sie lehnte an der Wand und hatte bloß ihren Schlüpfer und ihren BH an. Rhodes war ja damals noch klein, aber du weißt ja, wie sie aussieht, und ich schwöre dir, der arme Junge starrte sie mit offenem Mund an. Dergleichen will ich in meinem Hause nicht haben. Ich kann es nicht dulden, daß sie hier im Morgengrauen hereinstolziert wie eine ... wie eine Nutte.« Noch einmal versuchte Richard sich aufzurichten, aber Dorothys Gewicht vereitelte dies. »Du weißt doch, wie das jetzt weitergeht, oder?«

»Nein, wieso?«

»Es ist wie mit den Zigaretten. Wenn man eine geraucht hat, will man immer wieder eine. Bald wird sie sich hinter dem Haus mit ihren Verehrern herumdrücken wie Charlene Moffett. Und dann fahren die Kerle im Auto vor dem Haus auf und ab, hupen und lauern ihr auf. Das Telefon klingelt bis spät in die Nacht, und man muß sich schämen, über die Straße zu gehen. Denk nur mal dran, wie kleinlaut die Moffetts geworden sind, seit Charlene mit dieser Halbstarkenbande erwischt worden ist. Und du bist kein Vorarbeiter, wie Bill Moffett, sondern leitender Angestellter einer Holdinggesellschaft. Wenn Mr. Hart erfährt, was deine Tochter so treibt, bist du erledigt.«

»Was sollen wir tun?«

»Ich habe ihr gesagt, sie soll sich zusammenreißen.«

»Gut. Und du meinst, das genügt?«

»Nein. Aber das ist ihr letztes Jahr in der High-School. Dann muß sie aus Cincinnati verschwinden. Wenn sie kein volles Stipendium kriegt, müssen wir etwas helfen, aber an die Universität Cincinnati geht sie mir jedenfalls nicht. Es kommt gar nicht in Frage, daß sie noch länger bei dieser verwöhnten Lynn Friedman herumhängt, die sich an keinerlei Konventionen hält. Deine Tochter wird uns nicht alles zerstören, was wir in jahrelanger Arbeit aufgebaut haben. Sie muß hier weg, und dafür werde ich sorgen.«

»Aber Dorothy ...«

»Was denn?«

»Das können wir uns nicht leisten: die Country Day School für Rhodes *und* ein auswärtiges Studium für Jane noch dazu.«

»Es wird schon irgendwie gehen. Außerdem ist längst eine Gehaltserhöhung für dich fällig. Gleich am Montag wirst du mit Mr. Tisman darüber sprechen. Und wenn er nicht zustimmt, dann gehst du zu Mr. Hart. Ja, Richard?«

»Vielleicht hat sich Jane nur ein bißchen verspätet, weil sie etwas länger gefeiert haben. Vielleicht hat sie mit jemand geredet.«

»Glaubst du das?«

»Ich rede mit ihr.«

»Jetzt? Um diese Zeit? Das geht nicht. Ich weiß, du bist

manchmal noch spät abends bei ihr gewesen, und hatte auch gar nichts dagegen, denn ich spürte ja, daß sie mehr Zuwendung brauchte, als ich ihr geben konnte, und ich habe immer gehofft, daß du sie vielleicht zur Vernunft bringen kannst. Aber jetzt solltest du sie lieber etwas schmoren lassen. Sie soll ruhig wissen, daß ihr Verhalten in diesem Haus nicht geduldet werden kann.«

»Ja, natürlich. Aber, Dorothy, wenn ich mit ihr rede, vielleicht –«

»Richard, ich warne dich. Sie ist eine Schauspielerin, genau wie ihre Mutter, und wird dir bestimmt etwas vorlügen. Laß dich nicht täuschen. Du bist immer zu weich, wenn es um Jane geht. Ich will sie auf jeden Fall aus dem Haus haben. Auch für sie ist es besser. Versprich mir, daß du dich nicht wieder herumkriegen läßt.« Sie streckte die Hand aus und strich ihm über die Stirn. »Versprich es mir, Richard.«

Ihr Vater war schon seit einigen Wochen nicht mehr bei ihr gewesen, deshalb hatte Jane nicht lange wachgelegen, sondern sich sofort in den Schlaf sinken lassen. Erst als Richard ihre Decke hochhob, wurde sie wach. »Ich bin es«, flüsterte er, »hab keine Angst.« Mit beiden Händen versuchte sie, sich zu bedecken. Wie sonst auch legte er sich neben sie ins Bett und deckte sie wieder zu. Sein Pyjama roch nach Waschpulver. »Bleib ganz ruhig«, sagte er. »Ich dachte, du kannst ein bißchen Gesellschaft gebrauchen. Ich glaube nicht, daß du etwas Böses getan hast, mein Mädchen. Willst du mir nicht erzählen, wie es wirklich gewesen ist?«

»Ich habe überhaupt nichts gemacht«, sagte sie mühsam.

»Gut. Reg dich nicht auf. Ich glaube dir. Wenn du sagst, es war nichts, dann genügt mir das völlig. Nein, dreh dich nicht um. Bleib so liegen. Ich muß mit dir reden. Ich weiß, du willst nicht an eine der Universitäten im Osten. Du brauchst gar nicht den Kopf zu schütteln, ich weiß es. Die Studienberaterin hat Dorothy angerufen. Sie hat gesagt, wir sollten dich unbedingt dazu bewegen, auf eine dieser Elite-Universitäten im Osten zu gehen. Das wäre genau das Richtige für dich, hat sie gesagt. Komm, reg dich nicht auf. Lächle lieber ein bißchen. So ist es brav. Ich versteh dich doch. Du willst nicht auf diese großen, schicken Universitäten.«

»Doch, Daddy, ich gehe nach Osten. Entweder aufs Pembroke oder aufs Smith College, je nachdem, wo ich ein besseres Stipendium kriege.«

»Laß nur. Ich rede mit Mutter. Möchtest du nicht lieber hier bleiben, wo all deine Freundinnen sind? In deinem eigenen Zimmer? Zu Hause?«

»Nein, Daddy, wirklich –« Jane zitterte plötzlich.

»Ist dir kalt?«

»Nein.«

»Doch, dir ist kalt, kleine Jane.« Sonst hatte er sie nie angerührt, sondern nur neben ihr gelegen und von Sally erzählt. Von ihrem wunderschönen schwarzen Haar, ihrem Lächeln und ihrem erotischen Zauber. Aber diesmal legte er plötzlich sein Bein über die zuckende Jane. »Armes Mädchen«, sagte er und rieb sich an ihr. Er machte das viel unauffälliger und sanfter als Bobby Spurgeon, aber seine Absichten waren ganz offensichtlich die gleichen. »Komm, ich wärm dich ein bißchen. Ist das nicht schön? Du bist so ein süßes Mädchen, Jane. Du bist ja so schön. Ich weiß genau, daß du nichts Böses getan hast.« Seine Hand streichelte die Beuge ihres Leibes zwischen Taille und Hüfte. »Du bist wie deine Mutter. Weißt du eigentlich, wie sehr du mich an deine Mutter erinnerst? Du bist noch schöner als die hübsche kleine Sally, mein Mädchen.« Seine Hand strich über ihre Brüste und ihren Bauch, schob das Gummiband ihres Schlafanzuges hoch und suchte die feuchte Spalte im Schamhaar.

»Nein! Tu das nicht.« Jane wand sich unter seinem Gewicht.

»Sei leise.«

»Nicht, Daddy.«

»Ich werde mit Mutter reden. Dann kannst du hierbleiben, an der Universität Cincinnati. Wäre das nicht schön? Hmm? Ist das nicht schön? Na, komm. Ist dir jetzt wohler? Frierst du immer noch, oder ist dir jetzt wärmer?«

»Ich will nicht hierbleiben.«

»Ach, mein Mädchen, ist das nicht schön? Spürst du schon etwas?«

»Ich werde nach Osten gehen. Und jetzt hör sofort auf. Bitte, hör auf!«
»Sei doch leise!«
»Daddy, hör auf! Bitte. Ich möchte nicht, daß du –«
»Sei leise! Du weckst ja das ganze Haus auf!«
»Hör auf!«
»Leise, hab ich gesagt.«
»Nein«, schrie sie. »Nein! Nein! Nein!«

Zweites Buch

Nicholas

5

> ... und nun meldet sich die bekannte Filmkritikerin Patricia Hynes. Bitte, Pat.
> Vielen Dank, George. Ich stehe im Moment vor dem exklusiven Appartement in der Fifth Avenue, in dem Nicholas und Jane Cobleigh wohnen, wenn sie in New York sind. Genausogut hätte ich diese Reportage aber auch auf dem Landsitz der Cobleighs in Connecticut oder im sonnigen Kalifornien machen können, wo die Cobleighs ebenfalls einen großen Besitz haben. Wo fängt die Geschichte dieses Traumpaares an? Nun, für Jane Cobleigh, die nach ihrem tragischen Unfall in einem Londoner Krankenhaus um ihr Leben kämpft, hat alles in einer typischen Familie des Mittleren Westens begonnen. Ihr Mann hingegen, der Superstar Nicholas Cobleigh, war von klein auf den größten Reichtum gewöhnt. Er stammt aus einer aristokratischen Familie mit vielen Privilegien und Traditionen ...
>
> WABC Eyewitness News, New York

Trotz seines vornehm klingenden Namens stammte Nicholas Cobleighs Großvater, Henry Underwood Cobleigh, aus äußerst bescheidenen Verhältnissen. Henrys Vater, Johnny, war im Jahre 1869, zehn Jahre vor Henrys Geburt, als Gehilfe eines Schiffskochs in die Vereinigten Staaten gekommen. In seinem Brustbeutel befanden sich zwanzig Pfund Sterling, die ihm nicht gehörten, und in Liverpool wurde er wegen Raubmords gesucht. Gleich im ersten amerikanischen Hafen – Newport, Rhode Island – ging er von Bord und kehrte nicht wieder zurück.

Newport war ihm allerdings zu konventionell, und so zog er ein Stück weiter nach Norden, bis er in Pawtucket, Rhode Island, einen Wohnort nach seinem Geschmack fand. In dieser häßlichen Industriestadt, die ständig von gelbgrauen Nebeln eingehüllt war, fühlte sich Johnny zu Hause. Mit Hilfe der Goldmünzen in seiner Tasche, seines Unternehmersinns und seiner klobigen Fäuste wurde er rasch zum Inhaber einer gutbesuchten Taverne im übelsten Viertel der Stadt. Beinahe täglich gab es Schlägereien, die Messer saßen den Gästen locker im Gürtel, und mancher hatte sogar einen Revolver. Deshalb gehörte es zu den guten Traditionen der Stadt, daß die Kneipenwirte meist wenige Monate nach Geschäftseröffnung entweder tot oder Krüppel waren. Johnny hingegen hatte keine Schwierigkeiten mit tobsüchtigen Fabrikarbeitern und schwachsinnigen Huren. Er war fast zwei Meter groß, wog etwas über zwei Zentner und hatte ein Doppelkinn und eine blaugeäderte Nase. Bei wohlwollender Betrachtung konnte man ihn für eine gut durchwachsene Rinderhälfte halten.

Henrys Mutter, eine geborene Henrietta Underwood, war die Tochter eines Spinnereiarbeiters, dessen rechtes Bein von einem herunterfallenden, leuchtend blauen Stoffballen zerquetscht worden war. Ihre Ehe mit einem etablierten Geschäftsmann wie Johnny Cobleigh wurde als großer sozialer Aufstieg gefeiert. Henriette, deren große blau-schwarze Augen an Weintrauben erinnerten, war durchaus hübsch, aber nicht sehr intelligent. Das Auffälligste war, daß sie so dünn war. Sie wog nur knapp fünfzig Kilo. Ihr eheliches Glück währte leider nur kurz. Am 3. Mai 1878 schenkte Henriette einem strammen Knaben von knapp sieben Pfund das Leben und verblutete bei der Geburt.

Johnny nannte das Kind zur Erinnerung an seine Frau Henry und brachte es zu den Frommen Schwestern von St. Helena nach Providence. Johnny gehörte zwar seinerzeit der Church of England an, aber nachdem er mehrere Waisenhäuser besucht hatte, war er zu dem Ergebnis gekommen, daß es bei den katholischen Nonnen am wenigsten stank.

Seine Entscheidung trug Früchte. Der kleine Henry hatte von beiden Elternteilen recht nützliche Gaben mitbekommen und war erstaunlich hübsch und intelligent. Die frommen Schwestern schätzten sein niedliches Lispeln, seine blau-schwarzen Augen, seinen raschen Verstand, sein höfliches Auftreten, seine Sauberkeit und sein gutes Benehmen. Johnny, der es im Lauf der Zeit zu drei Wirtshäusern, einer neuen Frau und einem Sitz im Gemeinderat von Pawtucket gebracht hatte, stellte seine Besuche im Waisenhaus ein, als Henry ungefähr vier war. Sein Sohn vermißte ihn kaum, denn er hatte ja zwölf liebe katholische Schwestern, die für ihn sorgten.

Wachs in seinen Händen waren die Nonnen allerdings nicht. Ihre Erziehung war streng, und sie stellten hohe Anforderungen. Als Henry siebzehn war, hatten sie ihm nicht nur Latein, sondern auch Geschichte, Mathematik und Geographie beigebracht. »Macbeth« konnte er auswendig aufsagen, und sein theologisches Vorbild war Thomas von Aquin. Er hatte sowohl die »Quaestiones disputatae« als auch die »Summa Theologica« mehrfach gelesen. Seine Manieren waren vorbildlich. Das Lispeln war gänzlich verschwunden, und er sagte auf jede ihrer Bitten hin sofort: »Jawohl, Schwester!« Die Nonnen stammten zum größten Teil aus den vornehmen Familien Neuenglands und stellten an männliches Verhalten dementsprechende Ansprüche. Das Benehmen des schlanken, blonden Jünglings mit dem scharfen Verstand war daher ganz ohne Makel. Um seine Seele stand es weniger günstig. Vielleicht fühlte er sich doch von seinem Vater verstoßen; vielleicht waren zwölf Mütter doch ein bißchen zuviel; vielleicht hatten ihn die Schwestern so mit Liebe verwöhnt, daß er niemals lernte, daß man Liebe auch zurückgeben muß.

Henrys größter Ehrgeiz bestand darin, vermögend zu werden. Er träumte von eleganten Anzügen, seidenen Hemden und einem steifen Homburg, wie ihn der Eisenbahnkönig Richard O'Keefe trug, der dem Stiftungsrat von St. Helena vorstand. Natürlich gehörte auch eine feine Lady in Rosa zu dieser Ausstattung, die bewundernd an seinem Arm hing und ein ums andere Mal sagte: »Ach, Henry, du bist der bestaussehende Mann in Rhode Island.«

Bei der Beichte erwähnte Henry diese Träume allerdings ebensowenig wie sein Verhältnis mit Minnie Halloran, der über dreißigjährigen Waschfrau, die einmal wöchentlich den Nonnen bei der Bettwäsche half. Seine Beichte fiel immer so langweilig aus, daß sich der Priester meist resigniert zurücklehnte und ein kleines Nickerchen hielt, wenn Henry den Beichtstuhl betrat.

Unter diesen Umständen war es vermutlich ganz gut, daß die

Gebete der Schwestern, die hofften, er würde Jesuit werden, unerhört blieben. Als Henry achtzehn wurde, verabschiedete er sich von seinen zwölf Pflegemüttern, als ob er ein Gasthaus verließe. Er fuhr nach Pawtucket und suchte seinen Vater auf, der ihm beinahe freiwillig das Geld für eine Universitätsausbildung in die Hand drückte.

Weder das Waisenhaus noch seinen Vater suchte Henry danach je wieder auf. Er immatrikulierte sich an der Brown University in Providence, die er vier Jahre später als Bachelor of Arts wieder verließ, um die Juristische Fakultät der Harvard Universität mit seiner Anwesenheit zu beehren. Er spielte meisterlich Poker und Polo und besaß eine Leidenschaft für höhere Töchter, die er erstaunlich oft befriedigen konnte.

Seine Frau wurde Louise Kendall, die dritte von sechs prachtvollen Töchtern eines protestantischen Pfarrers. Die Kendalls hatten früher zu den reichsten Familien von Neuengland gehört und waren jetzt nur noch vornehm, aber dies dafür um so mehr. Die Tatsache, daß Roderick Kendall seinen Töchtern keine Mitgift mitgeben konnte, schreckte ihre Verehrer aber keineswegs ab. Im Gegenteil: Ihre rotblonden Haare und ihre aristokratischen Züge waren bis hinauf nach Boston berühmt, und manchmal kreuzten so viele Kavaliere gleichzeitig auf, daß die Mutter einen Stundenplan für den Salon aufstellen mußte.

Zwischen Louise und Henry war es Liebe auf den ersten Blick. Sie konnte seinen hübschen Gesichtszügen, seiner aufrechten Haltung, seiner tiefen Stimme und dem eleganten grauen Gehrock mit den passenden Handschuhen und Gamaschen einfach nicht widerstehen.

»Glaubst du, er findet mich attraktiv, Abigail?« fragte die Achtzehnjährige ihre Schwester. »Meinst du, er kommt morgen wieder?«

Henry kam wieder. Mit seinen fünfundzwanzig Jahren wußte er genug von der Welt, um sofort zu erkennen, daß eine solche Frau ein Gewinn für ihn bedeuten mußte. Außerdem hatten ihn seine bisherigen Erfahrungen gelehrt, daß er nicht zuviel erwarten durfte: Er hatte um die Hand zweier reicher Erbinnen angehalten, die leidenschaftlich in ihn verliebt waren, doch beide

Male hatten ihn die Väter der jungen Damen des Hauses verwiesen. Reverend Roderick Kendall konnte sich solchen Hochmut trotz seiner prominenten gesellschaftlichen Stellung nicht leisten, und so hieß er den jungen Mann mit den guten Manieren, der offensichtlich auf dem besten Weg war, einer der führenden Rechtsanwälte des Staates Rhode Island zu werden, als Schwiegersohn herzlich willkommen.

Die Ehen ihrer Schwestern waren zwar vorteilhafter, aber Louise Kendall fand ihr Leben sehr aufregend. Sie liebte ihren gutaussehenden Mann, ihr elegantes Haus an der Benefit Street und vor allem die zahlreichen Feiertage des Jahres, an denen Henry unweigerlich mit einem Geschenk für sie aus der Stadt kam. Mal war es eine Perlenkette, mal waren es Ringe oder eine Brosche, nicht selten mit Saphiren geschmückt, denn deren Farbe paßte zu ihren Augen.

Stets hielt er seine Geschenke hinter dem Rücken versteckt, wenn er zur Tür hereinkam, und Louise mußte schön »bitte, bitte« machen und an ihm hochhüpfen, ehe sie das kleine Päckchen erhielt, das er mitgebracht hatte. Henry hatte seine Freude daran, wenn ihre blonden Locken flogen, ihr Busen im gestickten Mieder hüpfte und ihr Mund sich schmollend verzog.

In Providence allerdings wunderten sich manche Leute, woher die Cobleighs das Geld für ihren extravaganten Lebensstil nahmen. Henry war aus dem Nichts gekommen, und daß Louise keine Mitgift mitbekommen hatte, wußte man auch. Woher stammten also die Mittel? Die, die darüber rätselten, waren allerdings nur eine verschwindende Minderheit, denn die meisten Leute freuten sich einfach über das schöne Paar. Wenn Henry in seinem dunkelblauen Blazer und seinen weißen Hosen über die Waterman Street ging und gelegentlich seinen Hut zog, um Passanten zu grüßen, wirkte er so aristokratisch wie der Sohn eines englischen Lords. In der Tat nannten ihn seine jüngeren Kollegen bei Gericht auch »Prince Henry«. Aber es war ein Spitzname, in dem keine Bösartigkeit steckte.

Louise sah aus wie die schönsten Ladies der Modejournale. Ihre ohnehin schlanke Figur wurde von einem engen Korsett zu einem erotischen Idealbild geformt. Sowohl in der Kirche als auch bei etwaigen Gartenparties, Abendessen und Empfängen glänzte sie durch eine elegante, hochmodische Garderobe, die ebenso teuer wie vornehm und keusch war. Ihr Körper war der Traum aller Männer.

Ein derartiges Auftreten hatte freilich seinen Preis, und Henrys Einkünfte als Rechtsanwalt waren nicht gerade üppig. Das letzte Geld seines Vaters hatte er ohnehin längst verspielt. Aber der flotte Henry ließ sich schon etwas einfallen.

Er hatte seine juristische Karriere bei der alteingesessenen Kanzlei Broadhurst & Fenn begonnen, einer äußerst noblen Adresse. In solchen ehrwürdigen Firmen bewegt sich allerdings wenig. Die Akten wandern langsam über die Pulte, und die Höflichkeiten sind zahlreicher als die Geschäfte. Die Firmengründer sitzen auf Stühlen mit hohen Lehnen und diktieren mit ihren Greisenstimmen langatmige Memoranden und Schriftsätze, während junge Männer einen kleinen Schreibtisch, äußerst maßvolles Lob und ein niedriges Salär erhalten. Henry Cobleigh genügte das nicht.

Schon nach den ersten zwei Wochen begriff er, daß er bei Broadhurst & Fenn nicht reich werden würde. Er würde dreißig Jahre brauchen, um einigermaßen standesgemäß leben zu können, aber wirklich reich würde er nie werden. Rechtsanwälte gehörten zwar den besten Clubs an, rauchten die besten Zigarren und hatten sehr viel zu sagen, aber sie besaßen keine Schlösser, Yachten und Rennpferde.

Eines Tages wurde Henry mit ein paar wichtigen Akten zu Spencer Howell geschickt. Mr. Howell war einer der wichtigsten Mandanten von Broadhurst & Fenn, ein reicher Spinnereibesitzer, dem einige der größten Textilfabriken von Neuengland gehörten.

»Wie heißen Sie, junger Mann?« Mr. Howell war ein höflicher Mann und eine Säule der Kirche zudem. Er nahm sich immer Zeit für seinen Nächsten.

»Henry Cobleigh, Sir.«

»Cobleigh. Cobleigh. Sind Sie irgendwie mit diesem Johnny Cobleigh aus Pawtucket verwandt, der sich in der Demokratischen Partei so hervortut?«

»Nein, Sir.« Mr. Howell nickte und griff nach seinem Federhalter, um die Papiere zu unterschreiben, die Henry ihm mitgebracht hatte. »Ich habe keine Familie, Mr. Howell. Ich bin in einem Waisenhaus aufgewachsen.« Mr. Howell legte die Feder weg und warf Henry einen prüfenden Blick zu. Seine Augen schimmerten vor Sympathie.

Im November 1902, einen Monat nach dieser Begegnung, verließ Henry Cobleigh die Kanzlei Broadhurst & Fenn und wurde Justitiar der Firma T.L. Howell & Sons. Sein Gehalt verdreifachte sich, und im Laufe der nächsten Monate wuchs er dem kinderlosen Mr. Howell so ans Herz, daß er hoffen durfte, eines Tages Teilhaber und Mitbesitzer der Firma zu werden. Zum ersten Mal bestand die Aussicht, wirklich zu Geld zu kommen.

Aber auch das genügte ihm nicht. Allein schon der Stoff für Louises Kleider, die den Entwürfen der besten Modeschöpfer nachempfunden waren, kostete Hunderte von Dollars. Außerdem mußten das Haus, die Dienerschaft, ein Vorrat an gutem Portwein und Reisen nach Newport, Boston, Saratoga und Maine bezahlt werden. Und nicht nur das: Gleich im ersten halben Jahr seiner Ehe kam Henry zu der Erkenntnis, daß er zumindest gelegentlich erotische Abwechslung brauchte. Aber um die kenntnisreichen, diskreten Damen, die er bevorzugte, häufiger als alle paar Wochen einmal genießen zu können, genügte selbst das üppige Gehalt eines Justitiars von T.L. Howell & Sons nicht. Henry mußte sich daher noch weitere Einkommensquellen erschließen.

Das gelang ihm auch bald. Henry war ein ausgezeichneter Rechtsanwalt, aber es gab auch viele Bereiche, für die er nicht zuständig war: Dazu gehörten vor allem das Patentrecht, Rechtsstreitigkeiten in anderen Bundesstaaten und die komplizierten internationalen Verträge. Aber wenn er diese Dinge auch nicht selbst erledigen konnte, so gehörte es doch zu seinen Aufgaben, die richtigen Rechtsanwälte dafür zu finden. Schon nach wenigen Wochen mußte Henry eine Anwaltskanzlei damit beauftragen, die Auswirkungen der neuen Kartellgesetze auf bestimmte Geschäfte der Firma zu prüfen. Er wählte die Kanzlei Hamden & Hamden, die nicht nur anerkannte Experten auf diesem Gebiet, sondern auch noch bereit waren, sich für die

Erteilung des Zweitausend-Dollar-Auftrages mit einer kleinen Gefälligkeit zu bedanken: Elias Hamden, Jr., der jüngste Anwalt bei Hamden & Hamden, schob Henry im League Club diskret einen Briefumschlag mit zwei knisternden Hundert-Dollar-Scheinen über den Tisch.

Das wurde zum Maßstab für Henry, von da an verlangte er bei allen zu vergebenden Aufträgen eine Provision von zehn Prozent für sich. Nicht alle seine Geschäftspartner waren so zuvorkommend wie Hamden & Hamden. Broadhurst & Fenn brauchten ein paar deutliche Hinweise; Henry erinnerte den alten Mr. Pratt, einen der wichtigsten Männer in der Kanzlei, behutsam daran, daß er vor kurzem geheiratet hatte und daß es recht teuer sei, eine lebenslustige junge Frau wie Louise glücklich zu machen. Am nächsten Tag traf ein Hochzeitsgeschenk bei ihm ein, dessen Wert etwas mehr als zehn Prozent des voraussichtlichen Honorars von Broadhurst & Fenn betrug. Bald wurde Henry noch sehr viel direkter. »Ich habe keine Lust, mit Ihnen zu feilschen, Willard. Zahlen Sie zehn Prozent, oder verzichten Sie auf den Auftrag. Wissen Sie, es gibt noch andere Rechtsanwälte in Providence.« Willard zahlte.

Neun Jahre lang mästete sich Henry Cobleigh an der Geldgier der Rechtsanwälte in Providence und anderen Städten. Man lud ihn ein, im besten Club der Stadt Mitglied zu werden. Für Prostituierte war er zu wählerisch; seine Mätressen, die junge Witwe eines Pfarrers, der seinem Schwiegervater eine Zeitlang assistiert hatte, und eine Solosängerin im Rhode Island Negro Spiritual Chorus, waren ebenso kultiviert und schön wie Louise, und sie erhielten ebenso üppige Geschenke wie seine Frau. Spencer Howell verließ sich immer mehr auf Henrys Scharfsinn und schickte ihn als seinen Vertreter auf ausgedehnte Geschäftsreisen nach New York, Charleston und sogar London. Henry kehrte mit fünf Anzügen aus der Savile Row und einem silbernen Queen-Anne-Teeservice nach Neuengland zurück, das ihm ein dankbarer Maschinenfabrikant geschenkt hatte, der seinerseits einen schönen Auftrag der Firma Howell verbuchte.

Doch auch all das genügte immer noch nicht. Immer häufiger wies Louise darauf hin, daß sie die einzige Kendall-Tochter sei, deren Ehemann noch kein Sommerhaus in Newport besaß. »Ich will ja gar keine riesige Villa«, sagte sie, »ich dachte an ein kleines, gemütliches Haus, damit wir in der Nähe von Abby, Irene, Margaret, Violet und Catherine Ferien machen können. Ich weiß ja, daß du keine eigene Firma hast wie die Männer meiner Schwestern, aber ich will ja auch nichts so Anspruchsvolles wie sie. Dir würde es bestimmt in Newport gefallen. Es ist so schön am Meer. Findest du nicht auch, Schätzchen?«

Und so sagte Henry eines Tages zu Reggie Blount: »Ich trage mich mit dem Gedanken, ein Grundstück zu kaufen.«

»Ach ja?« sagte Blount, einer der wichtigsten Patentanwälte in Providence. Er ahnte bereits, daß Henry noch mehr als seine üblichen zehn Prozent haben wollte. »Denken Sie an eine bestimmte Gegend?«

»Meine Frau will nach Newport.«

»Ist das nicht ziemlich teuer?«

»Ja, allerdings. Übrigens, Reggie, ich habe noch mal über unser kleines Arrangement nachgedacht. Es ist einfach nicht fair, daß ihr immer zehn Prozent von eurem Honorar für mich abzweigen müßt. Warum schlagt ihr beim Honorar nicht einfach jedesmal zwei-, dreitausend Dollar drauf und führt sie dann an mich ab, wenn die Firma Howell die Rechnung bezahlt? Die Sache ist insofern ganz unproblematisch, als alle Rechtsanwaltsrechnungen von mir persönlich geprüft werden.«

»Hör mal, Henry, wir sind dir jetzt wirklich schon so weit entgegengekommen, wie es nur geht.«

»Es gibt noch eine Menge anderer Patentanwälte in der Stadt, Reggie. Ich würde es mir an deiner Stelle gut überlegen.«

An diesem Abend machte Reggie Blount einen Besuch bei Spencer Howell. Der Millionär weigerte sich zunächst, ihm zu glauben, aber Blount beharrte auf seiner Aussage und ließ sich nicht davon abbringen. Erst nach einer vollen Stunde verließ er das Haus, und als er gegangen war, schlug Spencer Howell die Hände vors Gesicht und weinte.

»Was passiert ist, weiß ich doch selbst nicht, Mama.« Louise Cobleighs Augen waren gerötet. Ihre letzte Träne war schon vor drei Tagen versiegt, aber sie legte ihr Taschentuch keine Sekunde lang aus der Hand. Der feine Spitzenrand hing längst in Fetzen herunter. »Er kam nach Hause und knallte die Tür zu – ich war gerade beim Schneider gewesen, um das gelbe Seidenkleid kürzer machen zu lassen.« Sie unterbrach sich, um das Taschentuch an die verquollenen, aber völlig trockenen Augen zu führen. »Du weißt schon, das mit dem geblümten Band und –«

»Louise!« Die Stimme des Reverend Kendall erhob sich aus seinem mächtigen Brustkasten. Eine Stimme, die ebenso wohltönend wie gebieterisch war. »Mein liebes Kind, wir können dir leider auch nicht mehr sagen. Wenige von unseren Bekannten sind bereit, uns mit ... nun, sagen wir: schlechten Nachrichten zu belasten. Insbesondere dann nicht, wenn sie ... ein Mitglied unserer Familie betreffen. Deshalb –«

»Möchtest du noch einen Schluck Tee, Louise?« fragte die Mutter. »Oder vielleicht –«

»Mary, ist dir entgangen, daß ich gerade etwas zu sagen versuchte?«

»Oh, Roderick, entschuldige bitte. Ich fand nur, daß Louise so schrecklich unglücklich aussieht.« Diesmal führte Mrs. Kendall ihrerseits das Taschentuch an die Augen. Sie hatte noch eine Menge Tränen für ihre unglückselige Tochter.

»Bitte, Vater. Ich weiß nur, daß er nach Hause kam und mir sagte, daß er nicht mehr für Mr. Howell arbeiten würde. Dann hat er sich im Frühstückszimmer eingeschlossen. In den folgenden Tagen ist er kaum ausgegangen, und als ich ihn fragte, was denn passiert wäre, hat er gesagt: ›Das geht dich nichts an!‹ Dann –« Louise senkte verzweifelt das Haupt mit den goldenen Locken, und ihre Stimme wurde zum heiseren Flüstern. »Dann ist er an meine Juwelen gegangen. Er hat alles mitgenommen, was er mir jemals geschenkt hat, mit Ausnahme dieser scheußlichen Opalohrringe, die ich sowieso nie gemocht habe.«

»Vielleicht hat er sie verkaufen müssen, Louise.«

»Natürlich mußte er sie verkaufen«, fauchte das Mädchen.

»Louise!«

»Entschuldige, bitte! Er hat sogar der Köchin gekündigt. Das Teeservice ist verschwunden und sämtliche Kandelaber. Und als ich diese Tatsache zu erwähnen wagte, hat er gebrüllt: ›Halt den Mund, Louise!‹«

»Gütiger Himmel!«

»Mary!« Reverend Kendall wandte sich an seine Tochter. »Mein liebes Kind, da steckt etwas Ernstes dahinter. Wir müssen der Sache unbedingt auf den Grund gehen. Soviel ich weiß, befindet sich dein Mann in einer sehr heiklen Situation. Aber das soll uns nicht irremachen. Wir sind schließlich Kendalls, nicht wahr?« Die Frauen nickten gehorsam. »Mach dir nur keine Sorgen, mein Kind. Ich werde mich der Angelegenheit annehmen.«

Louise lockerte ihren Griff um das Taschentuch etwas und lehnte sich auf dem Sofa zurück. »Vielen Dank, Vater. Jetzt geht es mir schon viel besser.«

»Laß mich nachdenken.« Reverend Kendall preßte den Zeigefinger an die Stirn, als ob er diesen Vorgang beschleunigen wollte. Seine Stimme, seine blassen aristokratischen Gesichtszüge und seine lebhaften Gesten machten den Pfarrer zu einer eindrucksvollen Gestalt. Kaum ein Gemeindemitglied war sich bewußt, was für ein oberflächlicher Hohlkopf dieser Roderick Kendall in Wirklichkeit war. »Vielleicht wäre es eine gute Idee«, sagte er, »wenn du Henry den Vorschlag machst ... daß du eine Weile hier bei uns ... natürlich nur, bis sich seine Angelegenheiten ...«

»Ach, Vater! Das würdest du wirklich erlauben? Das wäre ja herrlich!«

»Aber Roderick! Das würde sich doch sehr merkwürdig ausnehmen, findest du nicht?«

»Tja, ich weiß nicht ...«

Louise wischte sich ihre feuchten Hände an ihrem Kleid ab. »Vater, Mutter. Es ist so schwierig mit Henry geworden. Ich habe mit ihm zu sprechen versucht, aber er weist mich einfach zurück.« Ihre Mutter tätschelte Louise am Arm. »Ich kann euch gar nicht sagen, wieviel Mühe ich mir gegeben habe, um ihn zu trösten. Aber er stößt mich einfach beiseite. Es wäre alles meine Schuld, sagt er. Ich hätte die ganze Zeit nur Schmuck und Kleider im Kopf. Aber das stimmt doch nicht, oder? Ich habe ihn nie um etwas gebeten. Er hat mir einfach gern etwas geschenkt. Und jetzt behauptet er plötzlich, ich wäre unersättlich und gierig.«

»Mein armer Schatz«, murmelte Mary Kendall.

»Und stell dir vor, Vater: Mrs. Welles hat mich geschnitten.«

»Ich weiß, mein Kind. Mutter hat es mir erzählt. Es wird sicher nicht wieder vorkommen. Vielleicht wäre es wirklich besser, wenn du eine Weile bei uns wohnst. Aber eigentlich gehörst du ja zu deinem Mann.«

»Nein, Vater, bestimmt nicht. Ich wäre ihm nur eine Last. Das Haus ist so groß, und die Dienstmädchen beschweren sich dauernd, sie hätten ihren Lohn nicht gekriegt. Es wäre viel praktischer und würde auch Henry viel helfen.« Ihre Mutter patschte ihr noch einmal ermutigend auf den Arm. »Da wäre allerdings noch eine Kleinigkeit ...«

»Und die wäre?« fragte Roderick Kendall. Selbst in der gedämpften Beleuchtung des Wohnzimmers sah er, wie seine Tochter rot wurde. »Nun, heraus mit der Sprache, Louise.«

»Es sieht so aus, als ob ich in anderen Umständen wäre.« Louise lachte gezwungen, aber man hörte trotzdem, daß ihre Mutter erschrocken nach Luft schnappte.

»Ach, du meine Güte«, sagte Mary Kendall beim Atemholen. »Bist du ganz sicher?«

»Ja. Ich wollte es Henry eigentlich schon vor drei Wochen sagen. Ich hatte ja schon so lange darauf gewartet ... Aber dann kam dieser schreckliche Tag ...«

»Wann wird es denn soweit sein?« fragte ihr Vater behutsam.

»In vier Monaten etwa.«

»Willst du etwa behaupten, du bist seit fünf Monaten schwanger, ohne jemandem etwas davon gesagt zu haben?« fragte Mary Kendall verblüfft.

»Weißt du, Mutter, es sollte eine Überraschung für Henry sein, und dir wollte ich es erst erzählen, wenn Violet und Catherine die Entbindung hinter sich hätten, damit du nicht noch mehr Sorgen hast. Außerdem hatte ich keine Lust, diese häßlichen Umstandskleider zu tragen, und das war ja zum Glück bisher auch nicht nötig. Ich dachte, es würde eine Riesenüberraschung für alle Welt werden. Erinnerst du dich, ich hatte euch ja auch schon zum Essen eingeladen ...«

»In guten wie in schlechten Zeiten«, psalmodierte Reverend Kendall plötzlich mit seiner wohltönenden Stimme.

»Nein, Vater, bitte nicht!«

»Doch, doch, mein liebes Kind! Wie oft habe ich diese Worte

gesprochen, um zwei Menschen im heiligen Bund der Ehe zusammenzuführen, und wie einfach ist es, diesen Schwur zu vergessen, wenn es uns einmal schwerer fällt, ihn zu halten! Nein, mein liebes Kind, je länger ich darüber nachdenke, um so besser scheint es mir, wenn deine Mutter und ich dir nicht gleich alle Widrigkeiten abnehmen, die dir im Laufe deines Ehelebens begegnen. Es wäre nicht richtig von dir, wenn du Henry in diesen schwierigen Zeiten im Stich ließest.«

»Aber Vater, er ist so gemein zu mir. Er haßt mich. Er gibt mir an allem die Schuld.«

»Vielleicht wird diese ... freudige Nachricht sein Gemüt aufhellen. Gib ihm den Glauben und das Vertrauen, die er braucht, um –«

»Nein! Bitte, Vater, er hat mich geschlagen. Wirklich. Ich schwöre, er hat mich geschlagen. Er hat mir eine Ohrfeige gegeben und mich eine gierige –«

»Still, mein liebes Kind! Beruhige dich. Wahrscheinlich war er sehr aufgeregt. Ich kenne Henry. Es wird bestimmt nie wieder vorkommen. Es wird alles ins rechte Gleis kommen.«

James Kendall Cobleigh wurde in einer kalten, klaren Aprilnacht des Jahres 1912 geboren. Seine Eltern freuten sich wenig darüber, was insofern bedauerlich war, als er ein außerordentlich hübsches Kind war.

Seine Mutter betrachtete ihn als die Fessel, die sie in einer unerträglichen Ehe festhielt, und war deshalb nicht in der Lage, seine blitzblauen Augen, seine niedlichen Zehen oder sein fröhliches Glucksen zu schätzen. Ein winziges braunes Muttermal unter seinem linken Ohr und seine schmutzigen Windeln fand sie dagegen so abstoßend, daß sie den kleinen James den ganzen Tag in seinem Bettchen liegenließ und nur dann in den Arm nahm, wenn sein Schreien laut genug wurde, um den Nebel ihrer stillen Wut zu durchbrechen.

Ab und zu versuchte Louise allerdings auch eine gute Mutter zu sein. Mehrfach begann sie, ihrem Sohn eine kleine Mütze zu häkeln, aber als sie den Rand immer nicht richtig hinkriegte und die Wolle in ihren feuchten Händen schließlich vollkommen schlaff wurde, gab sie es auf. Zwei- oder dreimal wollte Louise ihrem Söhnchen abends ein Schlafliedchen vorsingen, aber das Ergebnis war jedesmal dasselbe: James erschrak vor dem ungewohnten Geräusch in seinem stillen, dunklen Zimmer und begann lauthals zu schreien, was Louise zur eiligen Flucht vor dem vermeintlichen Monster veranlaßte, das sie selbst in die Welt gesetzt hatte.

Henry war ohnehin zu jeglicher Liebe unfähig, und das anfängliche Interesse, das er seinem Sohn entgegenbrachte, schwand rasch, als er feststellen mußte, daß James nicht geeignet war, ihm wieder zu Geld und Macht zu verhelfen. Die Herzen der Kendalls bewegten sich zwar beim Anblick des Kindes, weigerten sich aber zu schmelzen. Andererseits war Henry zwar käuflich, aber nicht bösartig. Gelegentlich nahm er sein Kind aus der Wiege, säuberte es und brachte es hinaus in den Garten, wo es Sonne und frische Luft gab. Er setzte sich mit dem kleinen James auf einen wackeligen Stuhl, summte ihm eine nicht erkennbare Melodie vor und streichelte seine kleine Nase und seine Lippen mit dem Finger. Aber diese Ausflüge in den Garten waren eher die Ausnahme. In der Regel war der kleine James sehr viel allein.

Seine Eltern hatten genügend Probleme. Einen Tag nachdem er Henry gekündigt hatte, war Spencer Howell beim Bezirksstaatsanwalt gewesen, hatte aber nur erfahren, daß es in Rhode Island keine strafrechtliche Verfolgung für Bestechlichkeit gab, wenn der Betreffende kein Staatsdiener war. Daraufhin hatte sich Howell an Isaiah Bingham, den Vorsitzenden der Anwaltskammer gewandt. Aber der war glücklicherweise ein Vetter von Mary Kendall und hatte den Industriellen beruhigt. »Wirklich scheußlich«, hatte er zu Howell gesagt, »aber wenn Sie ein offizielles Verfahren anstrengen, wird die ganze Stadt davon hören. Man wird über Sie –«

»Was? Was wird man?«

»Man wird über Sie lachen.«

So kam Henry Cobleigh relativ billig davon. Andererseits mußte er die Firma T.L. Howell & Sons zu einem Zeitpunkt verlassen, der für ihn äußerst ungünstig war, denn er hatte über zehntausend Dollar Schulden bei verschiedenen Schneidern, Juwelieren und Pelzhändlern in Providence und stand bei seinem Börsenmakler in Boston mit weiteren zwanzigtausend Dollar in der Kreide. Um wenigstens einen Teil seiner Schulden tilgen zu können, hatte er bereits den Schmuck seiner Frau und das Familiensilber verscherbelt.

Als er das Haus verkaufte, hatte Henry seine Frau vier Stunden lang auf dem Dachboden eingesperrt, um ihr hysterisches Toben zu dämpfen. Einen Käufer fand er innerhalb dieser Zeit, aber natürlich erhielt er fast ein Viertel weniger, als er erhofft hatte.

Das Geld brauchte er allerdings dringend. Er hatte sich zwar sofort darum bemüht, eine neue Stelle zu finden, aber nach zwei Tagen wußte er, daß er ein Paria war. Keiner der Rechtsanwälte, bei denen er vorsprechen wollte, empfing ihn. Im League Club ignorierten ihn die Kellner, und Winthrop Craig, einer der Treuhänder der Brown University, mit dem er manche Nacht durchgemacht hatte, schnaubte nur verächtlich und ließ ihn einfach stehen.

Nachdem er die Hypothek für das schöne Haus an der Benefit Street zurückgezahlt hatte, blieb Henry gerade noch genug Geld, um in Cranston, einer Arbeitersiedlung in der Nähe von Providence, eine kleine Anwaltskanzlei und ein klappriges Holzhaus mit termitenzerfressener Veranda zu kaufen. Die Nähe zu den Kendalls war allerdings eher peinlich, denn Louise zeigte so wenig Haltung, daß sich ihre Verwandten jedesmal genierten, wenn sie irgendwo auftauchte. Anstatt den sozialen Abstieg mit Fassung zu tragen, jammerte sie, und wenn eine ihrer Schwestern ein neues Kleid anhatte, strich sie mit feuchten Händen über den Stoff und sagte: »Ach, so etwas Hübsches werde ich wohl nie wieder anziehen.« Als James ein Jahr alt war, besuchte sie den Ostergottesdienst ihres Vaters und kehrte schluchzend zurück, weil sie erst in der Kirche festgestellt hatte, daß die Frauen in Providence eine neue Rocklänge trugen.

Nichts machte ihr Freude. Eine Zeitlang hatte sie sich nach der Geburt ihres Sohnes jedem Vertreter hingegeben, der an der Tür klingelte, aber die feuchten Küsse dieser Männer und die Knutschflecken, die sie auf ihrem Busen und ihrem Hals hinterließen, konnten ihr Bedürfnis nach Abenteuern, Trost oder Rache nicht stillen. Nach fünfzehn Männern in drei Monaten ließ sie es sein. Aber in der Zwischenzeit hatte sich herumgesprochen, daß sie leicht zu haben war, und sie mußte sich nicht nur mit der eisigen Kälte der Frauen von Cranston, sondern auch mit den Vertraulichkeiten der Verkäufer und Lieferanten abfinden, die nicht müde wurden, ihr vielsagende Blicke zuzuwerfen oder beiläufig nach ihrem Busen zu grapschen, wenn sie allein zu Haus war.

Obwohl die Kendalls stets Antialkoholiker gewesen waren, genehmigte sich Louise jetzt immer häufiger einen Schlummertrunk vor dem Zubettgehen. Nach wenigen Monaten war sie alkoholkrank. Ihr ehemals so prachtvolles goldenes Haar hing in schmutzigen blonden Strähnen herunter, sie wusch sich nicht mehr und war kaum jemals nüchtern. Sie verlor jegliches Zeitgefühl und war sich oft ihrer eigenen Anwesenheit nicht mehr bewußt. Ihre Familie in Providence besuchte sie kaum noch.

Auch Henry fuhr nicht mehr in die Stadt. Aus dem League Club hatte man ihn hinausgeworfen, weil er keine Beiträge mehr zahlte; seine Sauftouren und seine Völlerei hatten seine Figur so unförmig aufgebläht, daß er nicht mehr in seine eleganten Londoner Anzüge paßte, und er war ständig pleite. Jeden Morgen trottete er in sein schäbiges Büro, wo er Candy kaute und billige Zigarren rauchte; ab und an führte er einen Rechtsstreit für Puffmütter, obskure Vermieter und Tagelöhner der Stadt. Er war fett, teigig und deprimiert, bemühte sich aber trotzdem, ein Liebling der Frauen zu bleiben. Allerdings akzeptierten nur noch die einsamsten und kümmerlichsten Geschöpfe seine mechanischen Annäherungsversuche, und die einzige, die ihn wirklich mochte, war eine geistig behinderte Sechzehnjährige, die von jedermann herumgeschubst wurde, wenn sie ziellos in den Straßen herumirrte und in den Läden die Waren anfaßte. Freunde hatte er keine, denn er traute niemandem. Das einzige, was ihn anzog, war eine katholische Kirche, an der er täglich vorbeiging, ein schmutziger Ziegelbau, der vom Ruß der Fabriken geschwärzt war. Im Sommer standen die Türen meist offen, und Henry sah die Muttergottes-Statue im Kerzenlicht schimmern. Die Kirche selbst aber war dunkel, und Henry ging niemals hinein.

Sein kleiner Sohn, der blasse, protestantisch getaufte James

Kendall Cobleigh, wuchs in einem Meer von katholischen Südländern auf, denn Cranston wurde vor allem von Italo-Amerikanern bewohnt. Geschadet hat es ihm nicht; denn sie behandelten ihn liebevoller als seine eigenen Eltern.

Es war, als ob Gott gesagt hätte: Das Ganze noch einmal von vorn, aber diesmal macht ihr es richtig! James trat in die Fußstapfen seines Vaters, aber sein Weg nach oben war sicherer und direkter. Sobald er laufen konnte, unternahm er kleine Ausflüge in die Häuser der Nachbarn. Geblendet von seinen goldenen Locken und voller Mitleid wegen der in ganz Cranston bekannten Nachlässigkeit seiner Eltern, nahmen ihn die Frauen auf den Schoß und fütterten ihn mit Spaghetti und Pizza. Als er älter wurde, zeigten ihm die Jungen, wie man einen Baseballschläger hält und wie man auf einem unbebauten Grundstück ein Feuer macht, um sich Kartoffeln zu rösten. Obwohl ihm das nötige Talent fehlte, um ein wirklich herausragender Sportler zu werden, nahm ihn der Club doch gern in die Mannschaft auf, weil er bereit war, auf allen Positionen zu spielen und rücksichtslos seine Knochen zu riskieren, wenn es darauf ankam. Als er zwölf war, brachten seine Freunde ihm bei, wie man ein Mädchen von oben bis unten ansehen kann, ohne die Augen zu heben. Den Rest besorgten die Mädchen dann selbst.

Ebenso wie sein Vater verlor James seine Unschuld mit vierzehn. Aber seine Partnerin war keine Waschfrau mittleren Alters, sondern eine achtzehnjährige dunkelhaarige Venus namens Laura DiMarcantonio, die ihm nachlief, als er aus der Schule kam, und ihm zeigte, wie Mr. Paglias Milchwagen von innen aussah. »Weißt du was, Jimmy«, sagte sie danach, »du siehst genau aus wie dieser Schauspieler, den ich so toll finde. Ehrlich. Ich finde dich toll. Was, du willst gleich noch mal? So schnell?« Drei Monate lang traf sich James jeden Tag nach der Schule mit Laura, bis ihn eines Tages Mrs. Delvecchia abfing und fragte, ob er ihr nicht helfen könne, die Teppiche in den Garten zu tragen. So schön wie Laura war Mrs. Delvecchia nicht, aber sie war sehr lustig, gab ihm Wein zu trinken, und wenn sie sich geliebt hatten, spielte sie ihm ihre Caruso-Schallplatten vor. Als er Laura sagte, er könne sich mit ihr nicht mehr treffen, weinte sie und versuchte, ihn am Hemd festzuhalten. »Bitte, Jimmy, laß mich nicht im Stich. Ich hab dich doch so lieb. Es muß ja nicht jeden Tag sein. Nur manchmal. Bitte, Jimmy, sag ja.«

»Laura«, erwiderte er und strich sich das hellblonde Haar aus der Stirn, das Mrs. Delvecchia zerzaust hatte, »aus einem Stein kannst du kein Blut drücken.« Einen Monat später heiratete Laura einen Cousin aus Kalabrien, der noch ganz neu in Amerika war. Sieben Monate später brachte sie eine Tochter zur Welt.

Ungefähr um die gleiche Zeit verabschiedete James sich gerade von Mrs. Delvecchia, denn deren Rolle hatte mittlerweile seine Englischlehrerin übernommen. Danach folgte dann eine ganze Prozession von reifen Frauen und süßen Mädchen aus der Nachbarschaft, die sich den charmanten, gutaussehenden Sohn der verrückten Cobleighs gar nicht schnell genug ins Bett holen konnten.

Aber James war kein durchschnittlicher Kleinstadt-Casanova. Schon mit vierzehn war er fest überzeugt, daß er jederzeit eine Frau haben konnte. Aber er wollte mehr als bloß Sex, und im Gegensatz zu anderen Schülern lernte er gern und arbeitete wie ein Besessener. Seine Erfolge waren entspechend.

Als James siebzehn Jahre alt war, zeigte Henry auf einen Stuhl im Wohnzimmer, aus dem die Füllung herausquoll, und sagte: »Setz dich, mein Sohn. Ich höre, du bist ein cleverer Bursche und hast gute Noten?«

»Es geht ganz gut, ja.«

»Red nicht so albern mit mir. Hör zu. Du willst aus deinem Leben etwas machen, nicht wahr? Du willst aus diesem dreckigen Cranston heraus, oder? Dann mußt du auf die Universität. Mich brauchst du dabei nicht anzusehen. Ich habe kein Geld. Du mußt daher mit deinem Großvater reden. Warte aber nicht bis Weihnachten damit; denn zu Weihnachten ist deine Mutter auch da und fällt womöglich mit dem Gesicht zuerst in die Preiselbeersoße, und dann regt er sich auf. Fahr also lieber bald und laß dir die Haare vorher schneiden.«

Nachdem seine Großmutter, Mary Kendall, drei ihrer prominenten Schwiegersöhne dazu überredet hatte, Empfehlungsschreiben für ihn zu verfassen, wurde James an der Brown University immatrikuliert. Sein Großvater sorgte dafür, daß er ein Stipendium erhielt, das eigentlich für Pfarrerskinder bestimmt war. Vermutlich hatten die Kendalls das Gefühl, Louise etwas zu schulden. Sie sah welk, gelb und schwach aus, als sie zu Weihnachten kam, und sie fiel zwar nicht in die Preiselbeersoße, stieß dafür aber eine Schüssel mit heißen Kartoffeln um, die im Schoß ihrer Schwester landeten. Der Abscheu ihrer Eltern mischte sich mit Sorgen um ihre Gesundheit, die insofern ihre Berechtigung hatten, als Louise zwar noch ein paar Jahre lang lebte, aber nie wieder richtig gesund wurde.

Obwohl sie zu den Ivy-League-Universitäten gehörte, war die Brown University in den zwanziger Jahren nicht gerade wegen ihres geistigen Lebens berühmt. Sie galt eher als Playboy-Universität, und der größte Teil der Studenten rekrutierte sich aus solchen Söhnen der Oberschicht, die das Zeug nicht gehabt hatten, nach Yale oder Harvard zu gehen, wo man nüchtern und wohlvorbereitet zum Unterricht ging. Brown dagegen war ähnlich wie Princeton eine Universität, wo man sich amüsierte. Aber während seine Kommilitonen betrunken zum Fenster heraushingen und Hochrufe auf die akademische Freiheit ausbrachten, während sie ihren schwarzgebrannten Whiskey erbrachen, oder im Speisesaal herumalberten, saß James über seinen Büchern und büffelte.

Seine Professoren waren von seiner Intelligenz und seiner Haltung beeindruckt. Sie luden ihn in ihre holzgetäfelten Studierzimmer und ihre großartigen Landhäuser ein. Er lernte Sherry nippen und ließ sich von den Professorengattinnen verführen. Er war begabt genug, um in seinem Hauptfach, Amerikanische Geschichte, nur Spitzennoten zu bekommen; lediglich im Englischen fielen sie nicht so glänzend aus, weil der Professor seine Handschrift unleserlich fand.

Seine Erziehung fand natürlich auch nach dem Unterricht statt. Den ganzen Tag über war er mit den verwöhnten Söhnen der oberen Zehntausend zusammen. Er beobachtete sie beim Frühstück, beim Briefeschreiben, beim Duschen und beim Rasieren. Er erinnerte sich an die Dinge, die er zu Weihnachten oder beim Erntedankfest bei den Kendalls gelernt hatte, und bald war sein Benehmen von dem der anderen Studenten nicht mehr zu unterscheiden. Obwohl er knapp bei Kasse war und den Mädchen, die mit ihm ausgingen, nicht einmal ein Eis spendieren konnte, machten ihn sein sicheres Auftreten und sein gutes Aussehen zu einem der begehrtesten Männer der ganzen Universität. Im Jahre 1931 war jedes Mädchen vom Pembroke-College stolz darauf, wenn es sagen konnte, es sei mit Jimmy Cobleigh verabredet. Jimmy brauchte nie mit irgendwelchen kleinen Geschenken aufzuwarten, wenn er ein Mädchen herumkriegen wollte. Die meisten, mit denen er ausging, waren versessen darauf, geheiratet zu werden, und nicht wenige von ihnen hatten sehr wohlhabende Väter, die gern einen klugen, gutaussehenden Schwiegersohn bei sich in der Firma aufgenommen hätten. Aber James wollte sich noch nicht binden, und so bedeutete er all den Susies, Aprils und Gwendolyns mit der ihm eigenen Höflichkeit, daß für ihn die Zeit zu einem solchen Schritt noch nicht reif sei. Vielleicht spürte er, daß es noch etwas Besseres für ihn gab. Vielleicht wollte er sich wirklich verlieben.

Ansonsten schlug er denselben Weg ein, den auch sein Vater gewählt hatte. Er ging an die Juristische Fakultät in Harvard. Im September 1932 saß er auf dem gelben, sonnenverbrannten Gras am Ufer des Charles River, blickte aufs Wasser hinaus und seufzte.

»Was hast du denn?« fragte sein Cousin Bryan Kendall Devereaux, der ebenfalls in Harvard studierte und den er drei Tage vorher zufällig kennengelernt hatte, als Bryan im Hörsaal ausgerutscht war und James ihm aufhelfen mußte. »Was ist mit dir, Jim?«

»Eigentlich nichts«, sagte James.

»Du machst dir doch wegen des Stipendiums keine Sorgen?«

»Nein. Ich denke, ich werde es bekommen.«

»Wahrscheinlich kriegst du neunundneunzig Punkte. Ich falle bestimmt durch. Wirklich schade, daß ich nicht soviel Grips wie du geerbt habe.«

»Wirklich schade, daß ich nicht soviel Geld wie du erben werde.«

»He, Jim, du bist doch nicht etwa pleite?«

»Vollkommen!«

»Kann ich dir vielleicht etwas leihen?«

»Danke, Bryan, ich glaube, ich komme auch so über die Runden. Ich habe am Wochenende einen Job. Nach dem Spiel gegen Princeton werde ich bei Wally hinter der Bar stehen.«

»Du brauchst mal etwas Entspannung, mein Junge. Immer bloß arbeiten, das macht dich doch fertig.«

»Gelegentlich amüsiere ich mich durchaus.«

»Viel zu selten. Außerdem kann man es doch kaum ein Vergnügen nennen, mit dieser dürren Mathematikstudentin zu schlafen, das grenzt doch wirklich an Arbeit. Du brauchst ein bißchen Glanz in deinem Leben. Laß mich nur machen.«

Und so lernte James seine künftige Frau kennen: Winifred Tuttle.

→ 6 ←

> … Murray King, der Agent von Nicholas Cobleigh, teilte den vor dem Krankenhaus wartenden Journalisten auf Anfrage mit, der bekannte Schauspieler sei nicht bereit, Mitteilungen über den Gesundheitszustand seiner Frau zu machen, da dies eine »reine Privatangelegenheit« sei. Mr. King bestritt allerdings nicht, daß Mr. Cobleigh mit dem britischen Neurochirurgen Sir Anthony Bradley gesprochen habe, der …
>
> Philadelphia Inquirer

Die Tuttles waren zwar nicht ganz so reich wie die Rockefellers oder die Mellons, aber sie schwammen im Geld. Der erste amerikanische Tuttle landete 1701 in Manhattan. Er hieß Josiah und war ein warmherziger, siebzehnjähriger Analphabet, besaß aber schon die wichtigsten Kennzeichen der späteren Tuttles: einen gewaltigen roten Haarschopf und eine breite Nase voller Sommersprossen. Im Gegensatz zu den meisten anderen jungen Einwanderern war Josiah aber weder ein junger Tunichtgut noch ein entlaufener Dienstbote. Er hatte eine feste Anstellung als Stiefelputzer bei Lord Cornbury, dem britischen Gouverneur von New York.

Der Gouverneur mochte allerdings keine Stiefel. Wie so viele New Yorker nach ihm verkleidete sich der Lord lieber. Vor allem Abendkleider mit tiefem Dekolleté gefielen ihm sehr, und so verwandelte sich Josiah bald in einen Fachmann für Korsetts und Perücken, die er seinem Herrn geschickt zu schnüren und zu frisieren verstand.

»Findest du, daß ich pervers bin, weil ich Petticoats liebe?«

»Nein, Mylord.«

»Verdammt, Jo, ich mag keine Lügner! Natürlich bin ich pervers, ungeheuer pervers! Aber hübsch bin ich auch!«

»Sehr hübsch, Mylord. Besonders in hellblau.«

Als der Gouverneur einige Jahre später seinen Posten einbüßte, erinnerte er sich voller Dankbarkeit seines Stiefelputzers, des einzigen Menschen in seinem Haushalt, der seine Schönheit wirklich zu schätzen gewußt hatte. Ehe er an Bord des Schiffes ging, das ihn nach England zurückbrachte, schenkte er Josiah einen Ohrring mit einem Rubin.

Josiah, der sich für teuren Schmuck nur begrenzt interessierte, verkaufte den Ohrring und erstand für den Erlös ein Grundstück von fünf Morgen Größe in jenem Teil von Manhattan, der heute Greenwich Village genannt wird. Ein Jahr später verkaufte er die Hälfte davon wieder und kaufte sich noch einmal zehn Morgen Land ein Stück weiter draußen.

Der Gewinn aus diesen Grundstücksgeschäften reichte aus, um davon zu leben und immer weiter zu investieren. Im Jahre 1740 gehörte Josiah bereits ein ganz ansehnliches Stück von Manhattan. Er speiste mit den Jays, den Livingstons und den Van Cortlandts und konnte sich seinen eigenen Stiefelknecht leisten. Als er 1764 an einer schweren Grippe starb, war er bereits der Stammvater einer führenden New Yorker Familie.

Im Jahre 1792 machte Josiahs blasser, schmächtiger, rothaariger Enkel Hosea zwei Prozent des Grundbesitzes, den die Tuttles bis dahin zusammengekauft hatten, zu Geld und gründete die American Bank, was den Einfluß der Tuttles auf das Wirtschaftsgeschehen New Yorks und der Vereinigten Staaten für weitere fünf Generationen sicherte. Seine zweite kluge Entscheidung war, daß er ein Mädchen aus dem Volk heiratete.

Hesters Vater war der Kutscher der Tuttles, und die Familie war entsetzt, als sie hörte, wen Hosea erwählt hatte, aber er wollte keine von den Stuyvesant-, Philips- oder Marston-Töchtern, die man ihm vorstellte. Die stämmige, fröhliche Hester Smithers, die nicht zögerte, einen ausgewachsenen Banker in der Remise auf den Fußboden zu werfen und zu vernaschen, war die einzige Frau, die er wollte.

Während andere Familien durch ständige Inzucht degenerierten und ihr Vermögen durch die ungeschickten Machenschaften unfähiger Erben einbüßten, erhielten die Tuttles durch die drei kräftigen Söhne und die vier Töchter, die Hester ihrem Mann schenkte, eine kräftige Blutauffrischung.

Finanzgenie und Exogamie wurden gewissermaßen zu Markenzeichen der Tuttles. Alle zwei, drei Generationen verliebte sich der älteste Sohn der Tuttles in die Tochter eines Hufschmieds oder Hafenarbeiters und machte ihr einen Antrag. Jedesmal begann die Familie, die sich ihrer plebejischen Ursprünge nicht mehr entsinnen konnte, schrecklich zu lamentieren, aber das Prinzip funktionierte. Das ganze achtzehnte und neunzehnte Jahrhundert hindurch gab es Tuttles nicht nur im Geschäftsleben, sondern auch auf den Kanzeln von Universitäten und Kirchen. Tuttles schrieben Gedichte und kämpften gegen die Sklaverei. Sie brachten Rechtsanwälte, Chirurgen, Pferdezüchter und Suffragetten hervor. Und obwohl es natürlich auch den einen oder anderen Alkoholiker oder Spieler, einen Opiumsüchtigen und einen Päderasten gab, gelangten die Tuttles im großen und ganzen doch mit so viel Würde ins zwanzigste Jahrhundert, wie es ihrem Reichtum in etwa entsprach.

Am 24. März des Jahres 1900 stieß der damals dreißigjährige Samuel Tuttle direkt vor dem Haus seiner Eltern am Washington Square eine junge Frau um, als er nach dem Fünf-Uhr-Tee noch einmal in die Stadt wollte. »Oje«, rief er erschrocken, als er das Mädchen in der Gosse liegen sah. »Das tut mir schrecklich leid, bitte entschuldigen Sie! Darf ich Ihnen aufhelfen?«

»Sie sind ja ein schöner Kavalier!« jammerte die junge Frau. Sie musterte seinen gutgeschnittenen Mantel und bemühte sich aufzustehen, aber ihre Röcke hatten sich mittlerweile voll Wasser gesogen und wickelten sich ihr um die Beine, so daß sie nicht hochkam.

»Erlauben Sie, bitte?« Samuel hielt ihr die Hand hin, aber sie machte ein Gesicht, als ob er ihr einen verfaulten Fisch geben wolle. Er war ein schüchterner junger Mann, und so zog er seinen Arm erschrocken zurück. »Tut mir leid«, sagte er.

»Wollen Sie mich sitzen lassen, bis ich mir in dieser Pfütze den Tod geholt habe, Mister? Sie sind wirklich ein Held. Stehen Sie nicht so herum! Davon, daß Sie rot werden, habe ich gar nichts. Wollen Sie mir nicht aufhelfen? An Händchenhalten ist mir nicht viel gelegen, Sie ausgelutschte Karotte!« Samuel lief rot an, streckte ihr aber erneut die Hand hin, und die junge Frau zog sich an seinem Arm hoch. »Tut mir leid«, sagte sie, »wenn ich ein bißchen heftig geworden bin. Mein Vater nennt mich schon lange ein Schandmaul. Ich wollte Ihnen nicht zu nahe treten, Mister. Ach, du meine Güte! Wie sieht denn mein Kleid aus?«

Die junge Frau war kaum kleiner als Samuel Tuttle. Samuel bückte sich ein wenig, um den dünnen Wollrock genauer zu inspizieren. »Ach, herrje!« sagte er. Außer dem schmutzigen Wasser der Gosse hatte nämlich auch ein Haufen Roßäpfel seine Spuren auf dem grauen Stoff hinterlassen. Als er seine Stimme wiedergefunden hatte, sagte er: »Bitte erlauben Sie, daß ich Ihnen ein neues Kleid kaufe.« Er griff in seine Hosentasche, förderte aber nur etwas Kleingeld zutage. »Entschuldigen Sie«, stotterte er, »aber zu Hause habe ich genügend Geld. Ich werde für alles aufkommen.«

»Für alles aufkommen! Daß ich nicht lache! Sie sind doch ein elendes Großmaul!« Sie raffte ihren durchweichten, stinkenden Rock und trat einen Schritt zurück, aber wirklich nur einen; denn der Rocksaum wickelte sich um ihren Fuß, und sie wäre mit Sicherheit gestolpert und erneut zu Boden gefallen, hätte Samuel sie nicht um die Taille gefaßt und festgehalten. »Sie können mich ruhig loslassen«, sagte sie, »ich stehe schon wieder.«

Samuel wurde so rot, daß seine Nasenspitze und seine Ohrläppchen kribbelten. Ihre Augen waren kohlrabenschwarz, und ihre Haare hatten eine Farbe, wie er sie noch nie gesehen hatte: Kastanienbraun mit einem Schuß Bronze. Ihre Haut war wie Elfenbein, lediglich über den Wangen lag ein Hauch Rosa. Erst als sie ihn mit beiden Händen wegstieß, wurde ihm bewußt, daß er sie noch immer im Arm hielt. »Entschuldigen Sie.« Dann bemerkte er, daß sie weinte. »Es tut mir so schrecklich leid. Es war bestimmt ein sehr schönes Kleid, nicht wahr?«

»Ach, verschwinden Sie doch! Lassen Sie mich endlich in Ruhe!« Sie zerrte ihre Röcke noch ein Stück höher und marschierte mit entschlossenen Schritten über die Straße. Verlegen folgte er ihr in den Washington Square Park. Die Sonne war eben untergegangen, und der große Triumphbogen glühte rotgolden. Das Gras war so dunkelgrün, daß es fast blau schimmerte, und die Nebelschleier über den Wiesen ließen die Straßen dahinter grau und unwirklich werden. Die junge Frau stand wie eine Zaubergestalt im Licht dieses Abends. »Was starren Sie mich so an? Verschwinden Sie endlich! Wollen Sie jetzt auch noch zudringlich werden? Ich rufe die Polizei.«

»Seien Sie doch bitte so nett und kommen Sie wieder mit über die Straße. Ich wohne da in dem Haus. Ich könnte Ihnen das Geld für ein neues Kleid geben, und eins von den Dienstmädchen kann Ihnen helfen, sich ... etwas zu säubern.«

»Eins von den Dienstmädchen! Wirklich sehr komisch!«

»Aber –« Samuel starrte sie immer noch mit offenem Mund an. Seit er volljährig war, hatte man ihm eine ganze Reihe schöner Frauen vorgestellt; einige der bezauberndsten, glanzvollsten und verführerischen Frauen Amerikas hatten sich dem Kronprinzen des Tuttle-Imperiums geradezu angeboten. Aber die hier war irgendwie anders: Ihr Gesicht war faszinierend, ihr bronzefarbenes Haar paßte verblüffend gut zu den schwarzen Augen, so als ob es eigene ästhetische Gesetze für diese Frau gäbe. Und sie war ungeheuer erotisch. Im Gegensatz zu den Schönen der New Yorker Gesellschaft, die immer nur säuseln konnten, weil ihre geschnürten Taillen ihnen die Luft nahmen, und die entweder melancholisch vor sich hindämmerten oder aufgeregt kicherten, war seine neueste Bekanntschaft lebhaft und ehrlich. Ihre Persönlichkeit war kraftvoll genug, um seine strenge Erziehung und seine Hemmungen einfach beiseitezufegen und aus Samuel Warren Van Dusen Tuttle zum ersten Mal in seinem Leben einen leidenschaftlichen Menschen zu machen.

»Denken Sie, ich wäre so dämlich, mit einem wildfremden Mann in seine Wohnung zu gehen?« fragte das Mädchen, aber ihr Ton war eine Spur freundlicher geworden.

»Ich habe eine Idee!« Samuel mußte zu seinem Entsetzen feststellen, daß ihm seine Stimme nicht mehr gehorchte. Selbstbeherrschung war sein oberstes Lebensprinzip. Er schluckte, und sein Adamsapfel schien größer als jemals zuvor. »Bitte, warten Sie einen Moment. Ich laufe rasch hinüber und hole meine Mutter oder eine meiner Schwestern.« Er stürmte über die Fahrbahn und wäre fast von einer Kutsche überfahren worden. Aber das war ihm vollkommen gleichgültig, denn er war unsterblich verliebt.

Erst eine halbe Stunde später, als er der jungen Frau mit dem prachtvollen Haar und dem blühenden Aussehen, die inzwischen ein malvenfarbenes Kleid seiner Schwester Dora anhatte, im Salon gegenübersaß und dem höflichen Verhör lauschte, das seine Mutter bei einer Tasse Tee mit ihr anstellte, erfuhr Samuel Tuttle, daß die große Liebe seines Lebens die Tochter eines Kohlenhändlers war, daß ihre Mutter gestorben und sie selbst gerade volljährig geworden war, daß sie einen Bruder bei der Handelsmarine und einen bei der Feuerwehr hatte, daß sie Mary Sue Stanley hieß, aber von ihren Freunden Maisie genannt wurde.

Am neunzehnten Tag ihrer Flitterwochen schob Samuel seine Hand über den kleinen Tisch eines Pariser Cafés und streichelte Maisies Arm. »Findest du immer noch, ich wäre eine ausgelutschte Karotte?« fragte er.

»Eine Karotte schon«, lachte sie, »aber ausgelutscht nicht. Ich würde eher sagen: ganz prächtig.« Maisie hatte längst begonnen, ihr Vokabular mit den Modewörtern der Oberschicht anzureichern, und verwandelte sich rapide in eine Dame der Gesellschaft, mit der sich Samuel überall sehen lassen konnte, wohin ihn seine Verpflichtungen und Vergnügungen führten. Maisie Stanley Tuttle hatte eben einfach Klasse. Sie war aufmerksam, selbstsicher, optimistisch, fröhlich und herzlich, und obwohl sie in einer schäbigen Wohnung in Lower Manhattan geboren worden war, waren ihr Geist und ihre Schönheit durchaus aristokratisch. Auch wenn sie nicht von einem Samuel Tuttle in jene Pfütze auf dem Washington Square gestoßen und dann geehelicht worden wäre, hätte sie ihren Weg in der Gesellschaft gemacht.

Im vierten Jahr ihrer Ehe hatten die Tuttles drei kräftige Söhne, ein Haus an der Fifth Avenue, eine Farm in Fairfield County, eine große Jagdhütte am Taylor Lake in den Adirondacks und eine Wohnung in Mayfair.

Sie waren so glücklich, wie sie es verdienten. Samuel kümmerte sich genauso um die Musikalische Gesellschaft und das Behindertenheim in Washington Heights wie um seine eigenen finanziellen Interessen. Im Jahre 1906 gründete Maisie das Kulturzentrum Greene Street, zwei Straßen von der schäbigen

Wohnung entfernt, in der sie das Licht der Welt erblickt hatte. Im Gegensatz zu den neureichen Öl-, Kupfer- und Zuckerkönigen besaßen die Tuttles genug Selbstvertrauen, um ihre Wohltätigkeit dort wirken zu lassen, wo sie nicht sonderlich auffiel, dafür aber wirklich gebraucht wurde.

1915, anderthalb Jahrzehnte nach ihrer Hochzeit, klopfte Maisie eines Abends an die Schlafzimmertür ihres Mannes. Sie war noch schöner als früher, und zur strahlenden Frische ihrer Mädchenjahre waren die Haltung und Grazie der New Yorker High Society gekommen. »Darf ich eintreten?« fragte sie.

»Natürlich, Liebling«, erwiderte Samuel, und als er die Tür schloß, legte sie ihm die schlanken, weichen Arme um den Hals und küßte ihn auf den Mund.

In dieser Nacht wurde Winifred Lucinda Theodisia Tuttle, ihre erste und einzige Tochter, gezeugt.

7

> ... aber die Chefredakteurin, Elizabeth Rose, erklärte, *Harper's Bazaar* werde die große Bildreportage über die neue Freizeitmode, für die Jane Cobleigh vor zwei Wochen Modell gestanden habe, »auf jeden Fall« bringen.
>
> Women's Wear Daily

Mit siebzehn war Winifred Tuttle genauso groß wie ihr Vater und hatte das typische karottenrote Haar der Familie. Ansonsten wich ihr Verhalten allerdings erheblich von dem ab, was die Tuttles für korrekt hielten. Sie lief in den ausgeleierten Pullovern ihrer Brüder herum, preschte auf einem ihrer Araberhengste über die Farm und schockierte die Abendgesellschaft beim Erntedankfest mit ihrer Begeisterung für Präsident Roosevelts New Deal.

Die Welt ihrer Mutter, die vor allem aus Premierenabenden und Terminen beim Schneider bestand, interessierte sie wenig und flößte ihr meistens nur Angst ein. Auf dem Tennisplatz bewegte sie sich wie ein Champion, aber im Ballsaal war sie verloren. Schon in der Tanzstunde machten die Jungen in den blauen Sergeanzügen ein Gesicht, wenn sie Winifred auffordern mußten, und oft genug hörte sie, wie die Gouvernanten sich hinter ihrem Rücken Gehässigkeiten über sie zuflüsterten.

So war es denn nicht weiter erstaunlich, daß Winifred Lucinda Theodosia Tuttle wenig begeistert war, als sie erfuhr, daß zu ihren Ehren ein großer Ball in Newport geplant war, mit dem sie in die Gesellschaft eingeführt werden sollte.

»Da mach' ich nicht mit«, protestierte sie.

»Und ob du das wirst!« sagte ihre Mutter energisch.

»Vielleicht muß es ja nicht gerade Newport sein«, mischte sich Samuel ein. »Meine Schwestern hatten ihr Debüt zu Hause, hier in New York.«

»Zu Hause!« Maisie zog die Nase kraus. »Drei Stehgeiger hinter einer Topfpalme und dazu einen Weißweinpunsch, ja? Findest du, das wäre die richtige Art, um deine einzige Tochter in die Gesellschaft einzuführen, Samuel? Ohne mich!«

»Das kann alles sehr nett sein, Maisie, bestimmt. Und völlig korrekt. Winifred ist nun einmal nicht die Sorte Mädchen, die sich mit fünfhundert Gästen und einem zwanzigköpfigen Orchester wirklich wohl fühlt.«

»Dann sollte ich wohl besser den Mund halten. Du weißt das sicher viel besser. Du bist schließlich ein geborener Tuttle, und ich bin nur so ein Mädchen, das du aus der Gosse geholt hast.«

»Hör schon auf, Maisie. Du weißt genau, daß du hier den Ton angibst.«

»Dann verlaßt euch bitte auch auf mein Urteil. Winifreds Vorstellung von einer gelungenen Party, Samuel, dürfte nämlich bestenfalls aus einem schnellen Pferd, einem Paar Reitstiefeln, einem glänzenden Sattel und frisch gewienertem Zaumzeug bestehen.«

»Mama, wenn man dich reden hört, könnte man denken, ich wäre eine Idiotin. Ich bin ja nicht unvernünftig. Ich möchte doch nur nicht –«

»Die Angelegenheit ist kein Gegenstand für Verhandlungen, Winifred. Du mußt nun einmal in die Gesellschaft eingeführt werden, und nachdem dein Bruder und Polly freundlicherweise Breezy Point angeboten haben, werden wir davon auch Gebrauch machen. Breezy Point ist ein architektonisches Juwel! Eins der schönsten Sommerhäuser an der ganzen Küste!«

»Mama, wahrscheinlich kommt überhaupt niemand! Es wird bestimmt grauenvoll. Die Jungens hassen mich alle, und wenn sie nett zu mir sind, dann nur aus dem einen Grund – weil wir eine berühmte Familie sind und so weiter. Aber hinter meinem Rücken werden sie über mich lachen und behaupten, wir wären nur deshalb nach Newport gekommen, weil mich in New York keiner will.«

»Winifred, hör sofort auf!«

»Aber wenn es doch wahr ist, Papa! Sie werden behaupten, du hättest einen Preis für den ausgesetzt, der einen Mann für mich findet, und –«

»Winifred, Liebling.« Maisie streichelte ihrer Tochter über den

Kopf und glättete ihr gekräuseltes Haar. »Du bist ein sehr hübsches Mädchen. Du bist groß und sportlich und sehr elegant.«

»Ich bin überhaupt nicht elegant.«

»Dann wirst du es werden, Winnie. Warte nur ab.«

Bryan Kendall Devereaux tänzelte in das Zimmer seines Cousins im Studentenheim der Juristischen Fakultät der Universität Harvard und schwenkte eine imaginäre Balldame. »Jim«, sagte er, »putz deine Schuhe! Ich habe dafür gesorgt, daß du auf die Bostoner Liste kommst! Wir gehen auf eine fabelhafte Party. Ganz große Klasse, allerbeste Gesellschaft! Das Feinste vom Feinen!«

»Was ist los?« James Kendall Cobleigh lag in der spätsommerlichen Hitze splitternackt auf seinem schmalen Bett. Ein aufgeschlagenes Buch mit juristischen Fallbeispielen bedeckte seine Genitalien, während er den Kommentar zur Verfassungsgesetzgebung studierte. »Hallo, Bryan, du scheinst ja echt guter Laune zu sein!«

»Guter Laune? Ich bin begeistert. Ich bin voller Entzücken über mein gesellschaftliches Genie. Mein Gott, James, hast du ein Glück, daß du einen Vetter wie mich hast! In den letzten acht Tagen habe ich einigen der säuerlichsten Damen der Gesellschaft Honig ums Maul schmieren müssen, aber ich habe es geschafft: Du stehst auf der Liste! Auf der Liste, James! Auf der Liste, die eine ganze Serie von hochklassigen Partys für dich bedeutet. Schon jetzt sind wir zum besten Ball der ganzen Saison eingeladen! Nur die oberen fünf Prozent von den oberen Zehntausend von New York und Boston kommen zu dieser Festivität. Das Mädchen, um das es geht, ist allerdings ziemlich gräßlich. Eine sommersprossige Rothaarige, die sich bloß für Tennis und Pferde interessiert, aber vielleicht hat sie ein paar scharfe Freundinnen. Und auf jeden Fall kommst du nach Breezy Point, was allein schon eine Sensation ist ... Sag mal, mußt du eigentlich immer splitterfasernackt hier herumliegen? Ich habe wirklich keine Lust, jedesmal deinen ... Dingsbums zu beäugen, wenn ich mit deiner Gesellschaft vorliebnehmen muß. Also, wie gesagt, es handelt sich um eine größere Fete für irgendeine Tuttle-Tochter. Es soll zwar hübschere Pflaumen am Baum geben, aber darauf kommt es nicht an. Du meldest dich am Samstag, pünktlich um acht, im Abendanzug bei mir in der Wohnung. Alles klar?«

»Haben diese Leute eigentlich überhaupt kein Gewissen? Fragen sie sich nie, was die Arbeitslosen über sie denken, die den ganzen Tag anstehen müssen, um irgendwo eine warme Suppe und ein Stück Brot zu ergattern?«

»Jetzt öde mich bitte nicht an, James. Die ganzen Proleten haben doch nichts Besseres zu tun, als die Zeitungen mit dem Gesellschaftsklatsch zu verschlingen. Nichts ist ihnen wichtiger als die wunderschönen Prinzessinnen und die Millionärstöchter in ihren Zehntausend-Dollar-Kleidern, die sich in teuren Automobilen herumfahren lassen, Kaviar fressen und Sekt schlürfen. Das Sozialamt gibt ihnen Brot, und wir sorgen für die nötige Unterhaltung. Auf diese Weise ist allen gedient. Also mach dir nicht so viele Gedanken, zieh deinen Frack an und –«

»Ich hab keinen Frack, Bryan. Ich hab nicht mal einen Smoking. Ich könnte einen Navy-Blazer mit weißer Hose auftreiben, aber –«

»Du hast keinen Frack? Dann kauf dir halt einen! Oh, verdammt! Das habe ich völlig vergessen. Du bist ja der arme Verwandte. Und in meine Sachen paßt du mit deinem flachen Hintern nicht rein. Kannst du dir keinen Frack leihen? Hör mal, ich pump dir das nötige Kleingeld ...«

»Vielleicht sollte ich lieber ganz davon Abstand nehmen, Bryan. Ich bin noch nie bei so einer Fete gewesen. Wahrscheinlich stehe ich bloß den ganzen Abend irgendwo in der Ecke rum und sehe aus wie ein Kellner.«

»Natürlich kommst du mit. Die Tuttles sind die Crème de la crème von New York, und Breezy Point soll ganz großartig sein, obwohl Pushy Pollys Vater, der den Schuppen gebaut hat, ein ziemlicher Parvenü war. Mit Sicherheit laufen dort Hunderte von prachtvollen, stinkreichen, lasziven Mädchen herum, die nur darauf brennen, einem Harvard-Mann ihre Tugend zu opfern. Mit deinem Aussehen, James, wirst du wahrscheinlich so viele Anträge kriegen, daß du die Hosen in den nächsten fünf Jahren überhaupt nicht mehr zuzuknöpfen brauchst. Also: Frack, Samstagabend, acht Uhr. Gekniffen wird nicht! Wir nehmen ein paar freundliche Drinks und dann ab nach Newport! Du brauchst überhaupt keine Minderwertigkeitskomplexe zu haben, mein Freund! In deinen Adern rollt schließlich das blaueste Blut von Rhode Island, wenn auch ein bißchen verdünnt. Komm, James, amüsier dich mal richtig!«

Um zehn Uhr abends konnten die sechs Lakaien in den blaugrauen Uniformen von Breezy Point die ersten der fünfhundert Gäste in Empfang nehmen, die zu dem »Kleinen Tanzabend« kamen, den Polly Tuttle in ihrem »Sommerhaus« arrangiert hatte. Aus dem Ballsaal hörte man Tanzmusik, die weit über die Auffahrt in den Park hinausgeweht wurde.

Vom Meer kam eine warme Brise herüber, und noch während sie an der Seite ihrer Mutter die Gäste begrüßte, die hochgestimmt durch das säulengeschmückte Portal strömten, spürte Winifred, daß sich ihre Haare, die ihre Zofe vor einer halben Stunde unter Aufsicht ihrer Mutter glattgebürstet hatte, wie ein lodernder Feuerbusch aufrichteten.

Irgend etwas in der Atmosphäre von Newport ist für mich Gift, dachte sie. Alle anderen Mädchen schweben wie Göttinnen über den Boden, und ich stehe wie eine Vogelscheuche herum. Meine Sommersprossen sehen wie ein Leopardenfell aus, und meine Frisur ist abscheulich. Selbst wenn sie im Regen geritten war oder an einem nebligen Augustmorgen Tennis gespielt hatte, waren ihre Haare nicht so strähnig und widerspenstig gewesen wie heute.

»Hör schon auf, an deinen Haaren herumzuzupfen«, flüsterte ihre Mutter, als gerade einmal keine Gäste durch das blumenübersäte Spalier kamen, an dessen Ende sie sich postiert hatten.

»Aber es ist so –«

»Winifred, Liebling«, säuselte ihre Mutter, »sicher erinnerst du dich an Mrs. Peterson, nicht wahr?«

In der Halle war es grauenhaft heiß. Winifred begriff nicht, warum die Gäste nicht alle rot anliefen und fürchterlich schwitzten. Sie streckte ihre Hand aus, die in einem langen weißen Handschuh, passend zu ihrem klassischen weißen Abendkleid, steckte, und schüttelte der würdigen Matrone die Hand. »Natürlich. Guten Abend, Mrs. Peterson.«

»Und Mr. Peterson!« Maisie Tuttle war bei der Begrüßung des dreihundertsechzigsten Gastes immer noch so huldvoll entspannt wie zwei Stunden zuvor beim ersten. Als die Petersons in Richtung Treppe verschwunden waren, wandte sie sich, immer noch lächelnd, zu ihrer Tochter um und sagte: »Benimm dich bitte nicht wie eine Neurasthenikerin, Liebling, du siehst sehr attraktiv aus.« Und dann etwas lauter: »Guten Abend, meine Herren.«

»Bryan Deveraux, Mrs. Tuttle. Aus Providence. Und das ist mein Vetter, James Cobleigh.«

»*Conchita, give back my heart*«, schmetterte der Sänger am Mikrophon, während im Hintergrund die Geigen schluchzten. James senkte seinen Blick auf Ginnys mahagonifarbenes Haar. Oder Valeries Haar? Er hatte jetzt mit sechs oder sieben Mädchen getanzt, die alle wunderschön und – nach Bryans Angaben – Spitzenprodukte des diesjährigen Debütantinnenjahrganges waren. Sie hatten nur einen wesentlichen Nachteil: James konnte sie nicht unterscheiden. »*Conchita, with your lovely eyes*«, hauchte der Sänger lasziv, und Ginny – oder war es Valerie? – preßte ihren Bauch an seine Hüften, um sein Geschlechtsteil zu orten. Aber trotz des verführerischen Dufts der hunderttausend Blumen im Saal, trotz des erotischen Wimmerns der Saxophone und trotz der jubelnden Geigen versetzten ihn die Annäherungsversuche dieser achtzehnjährigen Mädchen nicht in Erregung. Um sein Interesse zu wecken, genügte es nicht mehr, daß ein Mädchen eine gute Figur hatte und wußte, wie man Schnecken und Shrimps ißt. Er hatte schon in seinen beiden ersten Jahren an der Brown University eine Reihe von höheren Töchtern gehabt und dabei feststellen müssen, daß sie die ärgerliche Neigung hatten, beim Kopulieren zu schwatzen. Und diese Debütantinnen hier mit ihren weißen Kleidern und weißen Schuhen, mit ihren langen Handschuhen und ihren schimmernden Haaren wirkten genauso unerotisch auf ihn wie die anderen.

»Waren Sie schon von Anfang an in Harvard?« fragte ihn seine Tanzpartnerin.

»Nein, an der Brown University.«

»Oh. Dann müssen Sie ja ein ganz Schlimmer sein.«

Jetzt fiel es ihm wieder ein. Sie hieß Philippa. »Genau. Ich bin das personifizierte Böse.«

Sie kicherte und warf den Kopf zurück, so daß ihr schimmerndes Haar das Licht der Kronleuchter einfing. Alle Debütantinnen warfen so ihre Köpfe zurück. Das Platin-Diamanten-Kettchen an ihrem Arm glitzerte. Von dem, was dieses Armband gekostet hatte, konnte eine vierköpfige Familie zwei Jahre lang leben, und für sein Studium hätte es auch noch gereicht. Langsam und absichtsvoll leckte sie sich mit der Zungenspitze über die Lippen. James seufzte.

»Sicher machen Sie mit armen unschuldigen Mädchen ganz schreckliche Dinge?« fragte sie mit einem Augenaufschlag und rubbelte ihre Brüstchen an seiner Hemdbrust, die mit einem steifen Knarren reagierte.

Glücklicherweise steigerten der Sänger und das Orchester sich gerade zum großen Finale. »*Conchita, I'm yours!*« dröhnte es durch den Saal, und dann war das Lied zu Ende. James verbeugte sich auf die gleiche ironische Art, die er an den anderen jungen Männern beobachtete hatte, und sagte: »Entschuldigen Sie mich für eine Minute, Philippa.«

»Philippa? Ich heiße Priscilla!«

»Na, amüsierst du dich gut?« fragte Bryan Deveraux. Sein Mondgesicht war von hektischer Röte überzogen und glänzte vor Schweiß. »Ganz schön anstrengend, diese Tanzerei! Trotzdem werde ich diese Rosemary noch ein bißchen länger herumschwenken, denn vielleicht läßt sich bei der etwas machen, wer weiß? Und wie kommst du bei Prissy McGuiness voran? Soviel ich gehört habe, ist sie gar nicht spröde. Ihr Papa wird wahrscheinlich bald eine Stiftung für schwererziehbare Töchter ins Leben rufen müssen. Die kleine Priscilla hat sich schon von der ganzen Park Avenue durchvögeln lassen, und von der Fifth Avenue ist auch nur noch ein kleiner Rest übriggeblieben. Das Mädchen ist der reinste Wanderpokal, aber unheimlich reich. Der Daddy von Daddys Daddy hat sich ein schönes Stück Standard Oil abgebissen, und der Rest ist Geschichte. Ach, du meine Güte, sieh dir das an!«

»Was?«

»Da, direkt unter dem Kronleuchter! Das tittenlose Tuttle-Mädchen wird von diesem Gorilla aus Dartmouth in die Mangel genommen. Jetzt sieh dir das an, der Kerl fährt vielleicht mit ihr Schlitten!«

Der »Gorilla aus Dartmouth« war ein gewisser Paget Trent, der durch seine vorstehenden Zähne, ein gewaltiges Kinn, eine sehr niedrige Stirn und tückische Schweinsäuglein auffiel. Winifred kannte ihn schon aus der Tanzstunde. Damals hatte er seine Pranken in eine große Bowle versenkt, eine Handvoll Beeren herausgefischt und ihr die glitschigen Früchte in den Rückenausschnitt geschoben. Auch diesmal schien er Übles zu planen. Angefeuert von seinen Kumpanen, die neben der Tanzfläche standen und grinsten, wirbelte er Winifred in immer engeren Kreisen herum, bis sie fast auf der Stelle herumkreiselten.

»Bitte, Paget«, keuchte Winifred.

»Gibst du auf?« fragte er und drehte sie nur noch wilder.

Winifred glaubte nicht, daß er sie bewußt quälte; er war wohl nur albern. Verzweifelt lächelte sie und versuchte sich auf seine Nasenwurzel zu konzentrieren, damit ihr nicht noch schwindliger wurde.

»Paget.« Wenn er sie noch einmal herumdrehte, mußte ihr unweigerlich schlecht werden. Wenn die Musik doch nur endlich aufhören würde. Wenn der Kerl sie nicht festhielt, würde sie aufs Gesicht fallen und sich erbrechen – auf ihrem eigenen Ball.

Bryan verzog das Gesicht zu einem hämischen Grinsen. »Gütiger Himmel, sieh dir bloß an, wie sie lächelt! Man braucht ihr bloß eine Trense zwischen die Zähne zu schieben und sie zu satteln! Bestimmt fängt sie gleich an zu wiehern. Findest du nicht, daß sie –«

»Ich finde sie gar nicht so übel«, erwiderte James. Winifred war groß, und obwohl ihre Schultern in dem dünnen Chiffonkleid etwas unglücklich wirkten, fand er sie sehr anziehend. Ihre brandroten Haare und ihre Sommersprossen waren um so vieles lebendiger als die gepflegten Frisuren und die bleiche Haut der übrigen Mädchen. James wußte sofort, was Winifred war: eine stolze, aristokratische Persönlichkeit.

»Nicht so übel? Du machst wohl Witze, James? Ich habe wirklich schon bessere Stuten geritten.« Die Musik wurde langsamer, und James entfernte sich etwas von seinem Cousin. »Wenn du sie in den Hintern zwickst«, rief Bryan hinter ihm her, »geht sie in leichten Galopp über.«

Das Mädchen gehörte nicht in diesen Ballsaal mit seinem Marmor, seinem vergoldeten Stuck und dem vielen Kristall. James fuhr sich mit der Hand über das glattrasierte Kinn. Es war ihm ein bißchen peinlich, daß ihn dieses Mädchen so faszinierte. Aber irgendwie tat sie ihm schrecklich leid. Sie sah aus, als ob sie gleich losheulen würde vor Zorn – auf ihrem eigenen Ball, in der »schönsten Nacht ihres Lebens«. Wahrscheinlich würde sie irgendwann einen ängstlichen Akademiker oder einen besoffenen Yachtbesitzer heiraten müssen, damit ihre Familie zufriedengestellt war. Jetzt beugte sich dieser Paget Trent auch noch über sie, so daß sie sich weit nach hinten zurücklehnen mußte und noch unbarmherziger herumgewirbelt wurde.

Sie sah so sauber und frisch aus. Wie ein Mädchen vom Land. Ihre Beine waren lang, ihre Brüste klein, aber fest. Und ihr Rücken war prachtvoll und gerade. James lächelte.

Bryan rief noch einmal hinter ihm her, aber James entfernte sich immer weiter von ihm.

Ein letzter Triller der Klarinette beendete das Musikstück. Paget Trent entzog Winifred seine schweißnasse Hand und ließ sie abrupt los. Grinsend sah er zu, wie sie das Gleichgewicht verlor.

Winifred schwankte. Sie wußte nicht, wo sie sich festhalten sollte. Gleich würde sie fallen. Der ganze Ballsaal schaute ihr zu. Sie würde flach mit dem Gesicht aufschlagen und sich das Nasenbein brechen. Blut würde herumspritzen, und ihre Eltern würden herbeistürzen. Mit einem Male fiel sie aber nach hinten. Gleich würde sie mit dem Hinterkopf aufs Parkett knallen. Sie konnte gar nichts mehr dagegen tun –

Und da fing James Cobleigh sie in seinen Armen auf und sagte: »Hoppla!«

Die Nacht verlief wie ein herrlicher Hollywoodfilm, ein glitzerndes romantisches Märchen, und Winifred hatte die Hauptrolle. Ihr Partner war der bestaussehende Mann auf der Welt. Er war so unglaublich nett, und vor allem – er schien sie unendlich zu mögen. Alle konnten das sehen. Sie spürte, daß alle ihre Bekannten und Freunde sie ansahen. Es war allen bewußt, daß etwas Großes geschah.

James Cobleigh hatte herrliche Augen, und er verschlang sie mit seinen Blicken. Winifred hatte das Gefühl, die begehrenswerteste Frau des Abends zu sein, die begehrenswerteste Frau auf dieser Erde.

Um ein Uhr nachts öffneten die Lakaien die Türen zum Speisesaal, und Winifred schritt an der Spitze von fünfhundert feierlich gekleideten Gästen mit James zur Tafel, wo in einem Meer von Blumen das traditionelle Champagnersouper serviert wurde. »Das hat alles meine Schwägerin arrangiert«, murmelte Winnie und schob die langstielige weiße Rose fort, die sie am Essen hinderte.

Polly Tuttle hatte den Ball aus unerfindlichen Gründen nicht nur unter das Motto »Ein Garten im Frühling« gestellt, sondern auch noch mitten im September solche Massen von Frühlingsblumen herbeischaffen lassen, daß man kein Brötchen schmieren konnte, ohne an Apfelblüten, Glockenblumen, Rosen oder Veilchen zu stoßen. Winnie war sich des Mannes an ihrer Seite ständig bewußt, obwohl James sie kaum oder nur ganz beiläufig einmal berührte. Ihr wurde abwechselnd heiß und kalt, und ihr Mund war trocken. Angestrengt bemühte sie sich, Konversation zu machen. »Ich hätte nie gedacht, daß es so viele Blumen sein würden. Ich hatte die ganze Zeit Angst, daß jemand einen Asthmaanfall bekommt. Du meine Güte, das klingt so, als wäre ich meiner Schwägerin und meinen Eltern nicht dankbar. Ich ... ich ...« James nahm Winifred die Gabel aus der Hand und legte sie auf den Teller zurück. Dann zog er ihre Finger an seine Lippen, küßte sie und fuhr ihr mit der Zungenspitze über die Innenseite des Daumens. »Oh, mein Gott«, flüsterte sie.

Die Tuttles fanden rasch heraus, wer James war. Maisie erklärte, er besäße keinen Pfennig; Polly wußte zu berichten, daß seine Mutter aus einer guten Familie stamme, aber Alkoholikerin sei; Samuel sagte, sein Vater sei Rechtsanwalt und habe einen sehr schlechten Ruf; und Jeremiah meinte, James sei vermutlich nur daran gelegen, Karriere zu machen. Aber Winnie sagte, das habe ihr James längst alles erzählt, gleich bei ihrem zweiten Rendezvous, am Tag nach dem Ball.

Außerdem sei sie nicht bereit, den ganzen Rest der Saison mit albernen Partys und Bällen zu verbringen und sich dann monatelang nach England und Frankreich schicken zu lassen. Sie wolle sich sofort am Wheelock College einschreiben oder an sonst einem College in Boston, und sie werde James sehen und mit ihm sprechen, sooft sie nur wolle, und damit basta.

Ihre Mutter erklärte, Winifred benehme sich wie eine Verrückte, und ihr Vater bekundete, er sei über ihr »eigenwilliges« Verhalten äußerst schockiert. Polly sagte, James sei ein Mitgiftjäger, und Jeremiah meinte, Männer wie James Cobleigh seien doch nur auf eins aus. Winnie wußte allerdings nicht so recht, ob er damit ihr Geld oder ihre Jungfräulichkeit meinte, und fing deshalb an zu weinen. Aber ihren Standpunkt änderte sie nicht.

»Bitte, James.«

»Nein, Winnie. Das dürfen wir nicht.«

»Oh, Gott. Bitte.«

»Nein.«

Ein Jahr nach ihrer ersten Begegnung lagen sie auf einer ungemähten Wiese, hundert Meter hinter dem Boston Racquet Club, wo Winifred ihn gerade mit zwei zu eins Sätzen geschlagen hatte. Das hohe Gras verbarg sie vor zufälligen Spaziergängern und Clubkameraden. »James, ich liebe dich so. Es wäre bestimmt nichts Böses, wenn wir es tun. Und in einem Jahr sind wir sowieso verheiratet, und niemand wird es je wissen. Ich möchte so gerne.« James zog einen Grashalm über Winnies Schenkel und kitzelte sie zärtlich am Bauch. »Bitte«, sagte sie. Ihre Shorts und ihr Höschen lagen neben ihnen im Gras. Einer ihrer Schuhe lag auf ihrem Tennisschläger. James schob ihre Bluse und ihren Büstenhalter so weit hoch, daß sie ein wirres Knäuel um ihren schlanken Hals bildeten, und streichelte ihre Brustwarzen mit seinem Grashalm. Mit der anderen Hand bedeckte er ihren Mund, um ihr lautes Stöhnen zu dämpfen.

»Bald, Winnie«, murmelte er, »sobald wir verheiratet sind.«

Samuel Tuttles Arbeitszimmer war der einzige ganz schlichte Raum in seinem Haus. Maisie hatte zwar über diese Mönchszelle gespottet und ihm angeboten, wenigstens ein Kruzifix in die Ecke zu hängen, wenn er schon keine Wandteppiche, keinen Mahagonischreibtisch und keine Brokatstühle wolle. Aber nach dieser Diskussion hatte sie das Zimmer nie wieder betreten. Sie behauptete, der starke Tabakgeruch, den Samuels Zigarren verströmten, verursache ihr Kopfschmerzen. In Wirklichkeit wertete sie Samuels Beharren auf der demonstrativen Schlichtheit seines Arbeitszimmers als Zurechtweisung. Hatte er ihr nicht deutlich gezeigt, daß er, als geborener Tuttle, keinen äußeren Schmuck brauchte, um sich seines Ranges sicher zu sein?

Auch James fühlte sich unbehaglich in diesem Zimmer. Die weißgestrichenen Wände, der schlichte Schreibtisch und die harten Stühle wirkten recht nüchtern. Es war beunruhigend, daß sich Samuel Tuttle in diese Umgebung zurückzog, wenn er allein sein und nachdenken wollte. »Nun, Mr. Tuttle«, begann James. Samuel legte seine Zigarre auf dem Aschenbecher ab, richtete die Augen fest auf James und ließ seinen Blick nicht mehr los. Plötzlich dämmerte James, daß Samuel sich sehr wohl der Wirkung, die von diesem kahlen Raum ausging, bewußt war und daß er ihn nur deshalb nicht in die gemütliche Bibliothek oder das anheimelnde Musikzimmer gebeten hatte, damit er sich von vornherein unsicher fühlte. Daraufhin lehnte er sich auf dem harten Stuhl so weit wie möglich zurück, schlug die Beine übereinander und lächelte. »Mr. Tuttle, Sie wissen, warum ich hier bin. Ich möchte Winifred heiraten und hätte gern Ihren Segen.« Samuel sah ihn ausdruckslos an. »Oder zumindest Ihre Zustimmung.«

»Die haben Sie.«

»Vielen Dank, Sir.«

»Danken Sie Winifred. Ihre ständigen Proteste haben ihre Mutter schließlich zum Einlenken bewogen. Bei mir hat es noch ein paar Monate länger gedauert, aber schließlich war ich der dauernden Auseinandersetzung müde. Ich fürchte zwar, daß ich meine Schwäche bald genug bedauern werde, aber so ist es nun einmal. Sie werden keinen guten Ehemann abgeben.«

»Unsere Ehe wird sicher sehr glücklich, Mr. Tuttle. Ich bin kein Opportunist. Ich liebe Winifred sehr, und ich bin in der Lage, für sie zu sorgen, ohne daß... Ich werde Ihre Hilfe nicht brauchen und nicht darum bitten.«

»Das trifft sich gut, Mr. Cobleigh, denn Sie werden auch keine erhalten. Winifred hat etwas Vermögen aus dem Erbteil ihrer Großeltern und einer Tante – wie Sie vermutlich wissen –, und auf die Verwendung dieser Mittel habe ich keinen Einfluß. Aber von mir wird Winifred gar nichts erhalten. Und Sie natürlich erst recht nicht.« James kannte Winifred gut genug, um auch an Samuel die typische Zornesröte der Tuttles zu erkennen, die jetzt sein Gesicht überzog.

»Ich erwarte auch nichts, Mr. Tuttle.«

»Keine großzügigen Geschenke, Mr. Cobleigh. Keine Darlehen. Keine Empfehlungsschreiben an New Yorker Rechtsanwälte oder dergleichen.«

»Die sind auch nicht nötig, Mr. Tuttle. Ich habe bereits eine Stelle.«

»Ach?«

»Ich werde bei Ivers & Hood arbeiten«, beantwortete James die unausgesprochene Frage.

»So, so. Bei Ivers & Hood.«

»Ja.«

Samuel griff nach seiner Zigarre, legte sie aber gleich wieder weg. »Wann hat man Ihnen diese Stelle angeboten, wenn ich fragen darf?«

»Im Februar. Zwei von den Herren waren im Januar bei uns in Harvard und haben sich mit den Examenskandidaten unterhalten. Zwei Wochen später erhielt ich dann eine Einladung nach New York.«

»Im Februar. Vor vier Monaten also. Winifred vergaß wohl, davon zu erzählen. Sie hat immer so viel zu tun. Wissen Ihre künftigen Arbeitgeber eigentlich von Ihrer Verbindung mit meiner Tochter?«

»Nein, Mr. Tuttle.«

»Ach.« Samuel steckte seine Zigarre nun doch in den Mund und zündete sie wieder an. »Ivers & Hood vertreten einige meiner Interessen. Wußten Sie das, Mr. Cobleigh?«

»Nein, Sir.«
»Es ist eine sehr angesehene Kanzlei, Mr. Cobleigh.«
»Ich bin auch ein sehr guter Rechtsanwalt, Mr. Tuttle. Aber wenn Sie das Gefühl haben, es wäre besser ... ich hatte auch andere Angebote.«
»Hier in New York?«
»Ja. In New York und in Boston.«
»Winifreds Mutter möchte, daß sie in New York bleibt.«
»Dann werden wir das auch tun, Mr. Tuttle.«
»Bleiben Sie ruhig bei Ivers & Hood. Die sind sehr solide.«
»Ja, Sir.«
Samuel stieß eine kleine Rauchwolke aus. »Trinken Sie Port oder Brandy, Mr. Cobleigh?«

Im September 1938 gab Winifred Tuttle James ihr Jawort und schritt dann als Mrs. Cobleigh am Arm ihres Mannes vom Altar der Park Avenue Congregational Church zum Portal. Sie schwebte auf einer Wolke von weißem Tüll, Orchideen und Lilien, und von den vielen hundert Gesichtern in den Kirchenbänken nahm sie kein einziges wahr, denn sie hatte nur Augen für den sanften blauen Blick ihres Mannes.

Als sie Winifreds glänzende Augen sah, murmelte die Gesellschaftsreporterin der »Times«, die draußen vor der Kirche im grauen Nachmittagslicht stand, leise: »Eine Liebesheirat, wie schön.« Ihr Kollege von der »Herald Tribune« zog die Mundwinkel herunter und erwiderte: »Zur Hälfte haben Sie wahrscheinlich recht.« Die Reporterin der »Times« schüttelte den Kopf. »Nein, er sieht sehr glücklich aus.« Der Mann von der »Tribune« grinste: »Würden Sie nicht auch strahlen, wenn Sie jemand von den Tuttles heiraten könnten?« Die Reporterin widersprach: »Ich würde lieber *ihn* heiraten. Er ist schon ein toller Mann. Außerdem hat er mit magna cum laude in Brown bestanden, und sein Harvard-Zeugnis ist ebenfalls glänzend. Der weiß bestimmt, was er seiner Frau beim Frühstück erzählen kann.«

»Sie sind vielleicht ganz schön naiv«, sagte der Mann von der »Tribune«. »Seine Augen und seine Zeugnisse sind ab sofort völlig uninteressant. Was zählt, ist nur eins: Er hat eine Tuttle geheiratet.«

Ein paar Mal gingen sie in die Oper, und manchmal mußte James abends länger arbeiten, aber für gewöhnlich kam er um acht Uhr nach Hause, legte seinen Hut auf den kleinen chinesischen Tisch, den Winifreds Onkel ihnen geschenkt hatte, warf seinen Mantel und sein Jackett auf einen Queen-Anne-Sessel, der von Winifreds Taufpatin stammte, lockerte seine Krawatte, griff sich Winifred, trug sie ins Schlafzimmer und warf sie aufs Bett, wo sie sich bis gegen Mitternacht liebten. Das Kopfteil des großen Messingbetts, ein Geschenk von James' Tante, knallte dabei rhythmisch gegen die Wand, manchmal nur leise, aber oft auch mit großer Heftigkeit und Wucht. (Ihre Nachbarn fanden das nächtliche Bumsen und Winifreds Lustschreie anfangs ganz amüsant, später erschreckend und schließlich abstoßend. »Wirklich, Bingham, kannst du ihm nicht mal was sagen? Vielleicht morgens im Aufzug? Ich meine, so geht es doch nicht!«)

Während der ersten zwölf Monate ihrer Ehe verlor Winifred vier und James drei Kilo Gewicht, weil sie fast täglich das Abendessen vergaßen, was freilich insofern nicht schlimm war, als Winifred, die ihr Lebtag nie gekocht hatte, mit Mühe und Not den Frühstückstoast rösten und die Butter auf den Tisch stellen konnte. Das einzige Gericht, das sie mit Hilfe eines Kochbuchs erlernt hatte, war Hühnchen mit Rahmsoße und Erbsen, wobei das Fleisch immer glitschig und zäh war. Aber das trübte ihr Eheglück nicht. Sowohl James als auch Winifred strahlten auch zu Weihnachten noch wie am Tag ihrer Hochzeit, und inzwischen hatte sich auch Samuel so weit mit der Situation abgefunden, daß er Maisie erlaubte, ihrer Tochter einen Wintermantel und ihrem Schwiegersohn ein paar goldene Manschettenknöpfe mit seinen Initialen zu kaufen. Zum Hochzeitstag machte Samuel das Angebot, eine Haushälterin zu bezahlen, damit Winifred tagsüber ihre Freundinnen besuchen konnte und Zeit für ihre Wohltätigkeitsveranstaltungen hatte. Als James zunächst ablehnte, erklärte Samuel, er bestehe darauf, und bot ihnen außerdem noch an, gelegentlich die Köchin vorbeizuschicken, damit James seine Rechtsanwaltskollegen von Ives & Hood einladen konnte.

»Erzähl mir, was du heute gemacht hast«, sagte Winifred. Sie waren jetzt vierzehn Monate verheiratet. Winifred fuhr mit dem Zeigefinger durch das goldene Haar auf dem Bauch ihres Mannes.

»Komm, wir schmusen noch eine Runde.«

»Jetzt nicht, James. Nimm deine Hand da weg. Wir sollten wirklich anfangen, uns wie ein richtiges Ehepaar zu benehmen. Ich sollte dir zum Beispiel etwas erzählen, damit du mich interessant findest. Weißt du, was ich heute gemacht habe?«

»Du hast mit Jill McGrew und Prissy Ross zu Mittag gegessen.«

»Ja, aber zuvor gab es einen gräßlichen Auftritt mit Lollie Kuhn. Sie erklärte, wenn wir Mr. Cropper das kalte Buffet beim Wohltätigkeitsball für das Kinderkrankenhaus ausrichten ließen, würde sie das Komitee verlassen oder Selbstmord begehen. Dafür habe ich dann heute nachmittag einen wunderbaren alten Stoff für die Fußbank gefunden, die uns Tante Bessie geschenkt hat.«

»Was für eine Farbe?«

»Na, sind wir nicht herrlich erwachsen? Der Stoff ist braun, aber es ist eine Art erhabenes Blumenmuster darauf. Ich habe Mr. Calussi angerufen, und er hat geschworen, er hätte es bis zum sechsundzwanzigsten fertig. Ein reizender Mann, dieser Calussi. Ich mag Italiener. Sie sind so ... voller Lebensfreude. Gibt es in Cranston nicht auch sehr viele Italiener, James? Sag mal, hast du je eine italienische Freundin gehabt?«

»Was meinst du denn?«

»Mmh. Du hast bestimmt eine italienische Freundin gehabt. War sie hübsch? Sag es mir auf der Stelle, James! War sie hübsch?«

James küßte sie. Dabei preßten sie ihre Münder so fest aufeinander, daß seine Zähne sich tief in Winnies Lippen bohrten. Es trieb ihr die Tränen in die Augen, aber es machte sie auch so glücklich, daß sie an nichts anderes denken konnte als daran, wie sehr sie ihn liebte. Und wenn er begann, mit seiner Zunge ihren Körper zu streicheln, gab sie sich vollständig hin. Wenn sie schrie, dann schien er diese Schreie in ihr zu erzeugen, und wenn sie zu schluchzen begann und ihn anflehte, ihr doch Erleichterung zu verschaffen, dann führte er die Regie.

»Jetzt, James. Bitte komm.«
In dieser Nacht wurde das erste Kind der Cobleighs gezeugt.

Die Räumlichkeiten der Kanzlei Ivers & Hood befanden sich im magischen Dreieck der New Yorker Börse, der Trinity Church und der Federal Hall, und wenn man auch diese Zusammenhänge nicht überbetonen darf, so kann man doch sagen, daß die meisten Angehörigen der Firma es als ihre Verpflichtung ansahen, dem Vaterland und Gott genauso zu dienen wie dem Kommerz. Den Männern von Ivers & Hood war es eine selbstverständliche Gewißheit, daß *sie* – und nicht etwa die Juden von der Lower East Side – das auserwählte Volk waren, und diese Gewißheit erstreckte sich auch auf die jüngeren Angestellten der Firma. All diese begabten jungen Männer um die dreißig waren fest überzeugt, daß sie, wenn das Schicksal gerecht und ihr Genie erst einmal erkannt worden ar, unweigerlich zu Partnern der Firma und von dort aus in die höchsten Staatsämter aufsteigen würden: Sie hatten den Marschallstab im Tornister. Washington war nicht weit weg, und sie konnten jederzeit zu Ministern oder Präsidentenberatern ernannt werden. Weitere Ehrungen würden nicht ausbleiben. Diners würden für sie veranstaltet werden, und die schönsten Frauen der Welt, die von klein auf gelernt hatten, die Nähe der Macht zu suchen, würden sie unbarmherzig verfolgen.

Jeden zweiten Donnerstag trafen sich diese Wunderknaben in einem unauffälligen Fischrestaurant zum Lunch, um die militärische Lage in Europa zu diskutieren, den Sieg des republikanischen Präsidentschaftskandidaten zu planen und die Wirtschaft wieder flottzumachen.

»Wie kann man nur ein solcher Pessimist sein?« fragte Matthew Whitley rhetorisch und zog an seiner Zigarette. »James, du bist die reinste Kassandra.«

»Kassandra hat allerdings recht behalten«, warf Dick Halloran ein.

»Das dürfte wohl kaum auf unseren Kollegen Cobleigh zutreffen. Wenn jemand behauptet, dieser Hitler würde nicht nur Frankreich und England verputzen, sondern auch noch über den Atlantik kommen, um uns zu verschlingen, dann –«

»Das habe ich nicht behauptet«, entgegnete James ruhig. »ich habe nur gesagt, daß die Maginot-Linie Frankreich nicht schützen kann.«

»So ein Quatsch«, knurrte George Grunwald. »Durch die Maginot-Linie kommen die Deutschen nie durch.«

»George, kannst du mir vielleicht verraten, wie diese Bunker die Luftwaffe aufhalten sollen«

»Frankreich ist nicht England, und deinen herablassenden Gesichtsausdruck kannst du dir sparen, James. Du bist hier nicht der einzige, der etwas von den Dingen versteht. Alle Experten sind sich darin einig, daß man einen Krieg nicht aus der Luft, nicht ohne Bodentruppen gewinnen kann, und das deutsche Heer wird die Maginot-Linie niemals durchbrechen.«

»Seht euch die Große Mauer an. Die hat die Chinesen auch nicht beschützt«, sagte James.

»Oh Gott, die Erdkundestunde geht weiter«, seufzte Peter Wooster mit hochgezogenen Brauen.

»Es soll wohl so eine Art Analogie sein«, fuhr Grunwald dazwischen, »aber hier geht es schließlich nicht um das mittelalterliche China, sondern um Frankreich, eine hochgerüstete Nation, die von England sehr effektiv unterstützt wird. Die Deutschen werden sich rasch auf dem Arsch wiederfinden, wenn sie die Maginot-Linie angreifen.«

»Da wäre ich mir gar nicht so sicher«, rief James. »Denkt doch nur dran, was die Deutschen mit Polen gemacht haben!«

»Du meine Güte«, sagte Matthew Whitley. »Polen war doch ein Witz. Das ist doch kein Land, sondern ein Truppenübungsplatz für die Deutschen und für die Russen. Polen kann man doch nur mit Frankreich vergleichen, wenn man völlig von diesen englischen Panikmachern wie Winston Churchill hypnotisiert ist. Du gehörst genau zu den Leuten, die sich von dieser anglo-jüdischen Lobby der Demokraten in einen Krieg hetzen lassen und unser Land damit ruinieren.«

»Halt mal die Luft an!«

»Halt selber die Luft an!«

»Glaubst du im Ernst, daß uns keine Gefahr droht?«

»Natürlich nicht. Das einzige, was wir zu fürchten haben, ist unsere eigene Dummheit.«

»Du bist wirklich noch dämlicher, als ich dachte.«
»Wenn das deine Einstellung ist, Cobleigh –«
»Was ist bloß mit James los?« flüsterte Peter Wooster. »Warum ist er so verdammt emotional?«
Dick Halloran zuckte die Achseln. »Weiß ich auch nicht. Ich meine, wir wissen ja alle, daß in Europa gekämpft wird, aber es hat doch keinen Sinn, diesen Krieg da persönlich zu nehmen.«

»Erzähl mir, was heute im Büro los war«, sagte Winifred. Sie saß mit angezogenen Beinen auf der Wohnzimmercouch und streichelte ab und zu ihren Bauch. Sie war im vierten Monat schwanger, aber immer noch schlank.
»Nichts weiter Aufregendes. René Thibaut von der Französisch-Amerikanischen Dampfschiffahrtsgesellschaft weilt in New York, und mir hat man aufgetragen, ihn zu beruhigen. Aber das ist so gut wie unmöglich, denn Monsieur Thibauts Ängste sind nicht grundlos.«
»Und die wären?«
»Er befürchtet, die Deutschen könnten Frankreich besetzen.«
»Ach so, ja natürlich. James, du brauchst mich nicht so böse anzusehen deswegen. Er hätte ja auch einen anderen Grund haben können. Seine Frau hätte krank sein können oder seine Firma bankrott oder dergleichen.«
»Das stimmt. Entschuldige, Winnie. Ich habe heute mit meinen Kollegen gegessen und hatte einen ziemlichen Streit mit Grunwald und Whitley. Diese Narren stecken alle den Kopf in den Sand und wollen nicht sehen, was in Europa passiert. Ich frage mich, warum ich der einzige bin, der sich Sorgen wegen dieser Entwicklung macht. Wir haben über die Maginot-Linie geredet –«
»Da habe ich vor einigen Tagen etwas darüber gelesen. Es klang alles sehr deprimierend. Ich muß gestehen, wenn es dich nicht so beschäftigte, was da drüben los ist, würde ich die erste Seite und die politischen Kommentare überhaupt nicht mehr lesen. Irgendwie scheinen diese ganzen Katastrophen auch ziemlich merkwürdig. Kaum schaltet man das Radio ein, ist schon wieder irgend so ein kleiner Landstrich von den Deutschen besetzt worden. Ich kenne eigentlich niemanden, der die Deut-

schen mag. Sie sind irgendwie so schwerfällig, nicht? Mamas Freundin Nellie Weldon hat einen Deutschen geheiratet, einen Grafen oder Baron oder dergleichen, und Mama sagt immer, er sähe aus wie ein Nußknacker. Er hat so ein scheußliches, zugiges Schloß in den Wäldern und ist so geizig, daß er seiner Frau nicht erlaubt, es anständig renovieren zu lassen. Mama sagt immer, sie würde sich nicht wundern, wenn Nellie ihn verlassen und wieder nach Hause zurückkommen würde. Es ist sowieso schon seine dritte Ehe. Na ja, es wird schon alles gutgehen mit Frankreich. Hat Monsieur Thibaut etwas über die Maginot-Linie gesagt?«

»Nein.«

»James, warum bist du so ... schroff?«

»Das bin ich doch gar nicht.«

»Doch, du bist immer gleich so ... gereizt, wenn ich mal über etwas anderes rede als Winston Churchill und den Krieg in Europa. Immer redest du über den Krieg, und dann erwartest du, daß ich –«

»Was erwarte ich, Winnie?«

»Ach, ich weiß auch nicht. Ich hab vergessen, was ich sagen wollte.«

»Du hast gesagt, ich würde immer nur über den Krieg reden, und dann erwartete ich etwas von dir. Was erwarte ich denn?«

»Du erwartest, daß ich mir dir ins Bett gehe und lache und mit dir schlafe, als ob nichts gewesen wäre. Ich weiß, ich bin nicht so gescheit wie du, James, aber ich hätte nie gedacht, daß dir das etwas ausmacht.«

»Aber Winnie, das stimmt doch nicht.«

»Ach was! Ich habe ja nicht einmal eine Ahnung davon, wo ich Holland auf der Europakarte suchen muß. Bisher war dir das völlig egal, aber jetzt wirst du plötzlich böse, wenn ich über Truppenbewegungen und die Maginot-Linie und die Panzer und all das nicht Bescheid weiß.«

James stand auf und setzte sich zu Winifred auf die Couch. Er nahm sie in den Arm, streichelte ihren Rücken und küßte sie auf den Hals. »Du bist ein intelligentes Mädchen, Winnie, wirklich. Worüber würdest du denn gern mit mir reden?«

»Über gar nichts Besonderes. Ich möchte nur wissen, was mit

dir los ist. Was du heute erlebt hast und so weiter. Erzähl mir noch etwas über Monsieur Thibaut.« Sie schloß die Augen, während er ihren Rücken massierte, und legte ihren Kopf an seine Schulter. »Das ist schön, mach weiter, James. Erzähl mir noch etwas. Was macht dein Französisch? Ich finde, es klingt schon richtig perfekt, obwohl Sprachen noch nie meine Stärke waren. Kommst du bei so einem geschäftlichen Gespräch mit Monsieur Thibaut gut über die Runden?«

»Es geht schon ganz gut. Monsieur Thibaut behauptet allerdings, ich hätte einen Akzent wie ein alter Fischer aus der Provence, der bei einer Pariser Verkäuferin Sprachunterricht genommen hat. Aber für jemanden, der noch nie in Frankreich war, ist das wahrscheinlich gar nicht so schlecht. Für einen Amerikaner hält man mich jedenfalls nicht.«

»Das ist ja toll. Ich kann noch nicht mal die Speisekarte richtig lesen. Wenn dieser ganze Ärger da drüben vorbei ist, müssen wir unbedingt mal nach Europa, findest du nicht? Mama hat mir erzählt, daß sie die Sachen für unser Baby alle in Frankreich bestellt hat, und jetzt weiß sie nicht, ob sie überhaupt noch geliefert werden. Ist das nicht schrecklich? Nun ja, wir haben notfalls immer noch das Kleidchen, in dem ich selbst getauft worden bin. Als ich gestern bei Mama zum Lunch war, hat sie es mir gezeigt. Es ist wirklich süß, nur ein bißchen vergilbt. Ach, James, ich kann es gar nicht mehr erwarten, bis es endlich soweit ist. Noch sechs Monate! So ein Baby muß das Schönste auf der Welt sein.« Winifred errötete plötzlich. »Außer dir natürlich.«

»Komm«, sagte James. »Laß uns ins Bett gehen.«

»Willst du dich gar nicht mehr unterhalten?«

»Nein, Liebling, wir haben genug geredet.«

»Oh, Gott! Es tut ja so weh, bitte helfen Sie mir.«

Die Hebamme strich ihr über die Stirn. »Schon gut, Kindchen.«

»Nein, bitte, ich halte es nicht mehr aus.«

»Aber Winnie. Sie heißen doch Winnie? Sie sind ein großes, tapferes Mädchen. Doktor Ward wird gleich hier sein. Kommen Sie. Es hat doch keinen Sinn zu schreien. Davon wird es nur schlimmer.«

Der einzige andere Mann im Warteraum der Entbindungsklinik war schon vor zwei Stunden gegangen, nachdem er erfahren hatte, daß seine Frau eine Tochter zur Welt gebracht hatte. »Viel Glück, Kumpel«, hatte er über die Schulter gerufen, obwohl er und James in den drei Stunden, die sie zusammen verbracht hatten, kein Wort gewechselt, sondern immer nur nervös auf die Uhr geblickt hatten.

James griff nach der »Times«, die der Mann hatte liegen lassen. 2. Juli 1940. Die Russen hatten Bessarabien eingenommen. Die Zeitung war weich und lappig, die Druckerschwärze war von den feuchten Händen des Vorbesitzers verschmiert. In einem weiteren Artikel hieß es: »Zum ersten Mal seit der Unterzeichnung des Waffenstillstands in Frankreich haben deutsche Bomberverbände einen Tagesangriff gegen die Britischen Inseln geflogen ...«

»Mr. Cobleigh«, rief eine Schwester vom Korridor her. James wollte aufspringen, aber sie sagte: »Nein, es ist noch nicht soweit. Doktor Ward läßt Ihnen nur ausrichten, daß Mrs. Cobleigh jetzt in den Kreißsaal gebracht wird. Innerhalb der nächsten halben Stunde wissen wir mehr. Ich werde Ihnen Bescheid sagen.«

»Vielen Dank.«

»Das ist ein großer Tag für Sie, stimmt's? Morgen früh sind Sie schon Vater. Kaum zu glauben, nicht wahr?«

Eine weitere Schlagzeile lautete: *Deutsche Truppen erobern Kanalinseln.* Im dazugehörigen Bericht hieß es, daß die Deutschen mit der Besetzung der Kanalinseln Jersey, Guernsey, Alderney und Sark zum ersten Mal den Fuß auf britischen Boden gesetzt hätten.

»Geben Sie ihr noch etwas mehr«, sagte Dr. Ward zu seinem Anästhesisten. »In einer Minute ist es vorbei. Gar kein Problem. Sie hat ein Becken wie ein Pferd.«

Der frühere französische Ministerpräsident Paul Reynaud sei nicht einem Autounfall zum Opfer gefallen, las James. Reynaud sei vielmehr von der Gestapo entführt worden, die verhindern wolle, daß er in Marokko eine Exilregierung ausrufe.

»Jetzt kommt es«, rief Dr. Ward.

Hitler droht Großbritannien, las James. Er bedeckte sein Gesicht mit den Händen. Als ihm die Schwester auf die Schulter tippte, fuhr er erschrocken auf. Wo er seine mit Druckerschwärze verschmierten Finger auf die Stirn gelegt hatte, waren schmutzige Flecken zurückgeblieben.

»Herzlichen Glückwunsch«, sagte sie.
»Wie bitte?«
»Es ist ein Junge!«

»Nicholas«, sagte sie. »Das ist ein sehr schöner, männlicher Name, findest du nicht? Mir hat er schon immer gefallen. Oder möchtest du unseren Jungen lieber nach deinem Vater nennen?«
»Nein, Winnie, Nicholas gefällt mir.«
»Ist er nicht süß, James? Ist diese kleine Knopfnase nicht goldig?«
»Wunderschön, Winnie.« Er küßte seiner Frau die Hand. In der grellen Beleuchtung des Krankenzimmers sahen ihre Sommersprossen fast gelb aus.
»Ach, James, sind wir nicht die glücklichsten Menschen der Welt?«

Ende Oktober 1940 ließen sie Nicholas mit seinem Kindermädchen bei Winnies Eltern in New York und fuhren durch den strahlenden Herbsttag nach Massachusetts, wo Winifred nach dem Tod einer Großtante, die ihr ein paar tausend Dollar vermacht hatte, in der Gegend von Berkshire ein zweihundert Morgen großes Grundstück mit einer kleinen Wochenendhütte gekauft hatte.
»Willst du nicht doch mitkommen?« fragte Winifred. Sie machte eine doppelte Schleife in die Schnürsenkel ihrer knöchelhohen Wanderschuhe und warf James einen aufmunternden Blick zu.
»Lieber nicht, Winnie. Ich muß noch ein paar Sachen lesen.«
»Ach, James. Das sollten unsere zweiten Flitterwochen werden. Du hast mir versprochen, wir würden lange Spaziergänge machen, Holz hacken und literweise Apfelwein trinken. Statt dessen sitzt du den ganzen Tag im Sessel und schaust nicht mal zum Fenster hinaus.«

»Bitte hör auf damit, Winnie.«
»Du hast noch nicht einmal zum Fenster hinausgesehen.« Sie zog sich eine dicke Wolljacke über ihr buntes Flanellhemd.
»Oder kannst du mir sagen, welche Farbe die Blätter des Baums vor der Tür haben?«
»Ich weiß nicht. Rot?«
»Nein, sie sind zufällig gelb.«
»Das genügt, Winnie.«
»Du verkriechst dich die ganze Zeit hinter deinen Zeitungen und diesen trübsinnigen Berichten von deinen Freunden aus der Kriegs-Lobby.«
»Laß mich in Ruhe!«
»Wenn es doch wahr ist!«
»Du weißt nicht, worum es überhaupt geht.«
»Ich weiß genau, worum es geht. Das ist jetzt die schönste Zeit des Jahres, wir sind in dieser niedlichen kleinen Hütte mitten im Wald, und du weißt nicht mal, welche Farbe die Blätter des Baumes vor der Tür haben –«
»Als wir hierhergefahren sind, habe ich fünf Millionen gottverdammte Bäume gesehen. Sie waren wunderschön, und ich habe auch gesagt, daß sie schön sind. Was willst du denn noch mehr, Winnie?«
»Ich möchte ein bißchen Spaß haben. Ich will nicht die ganze Zeit über diese Nazis reden und darüber, daß wir in den Krieg eintreten müssen, weil sonst die westliche Kultur und das Abendland untergehen. Das hat doch alles mit uns nichts zu tun. Wir sind Tausende von Meilen von diesem Europa entfernt. Warum kannst du nicht wenigstens ab und zu aufhören, daran zu denken?«
»Ich denke ja gar nicht dauernd daran.«
»Und ob. Und jedesmal, wenn ich irgend etwas Lustiges vorhabe, wenn ich ein Pferd kaufen will oder Prissy und Glenn in St. Croix besuchen, dann machst du ein vorwurfsvolles Gesicht.«
»Ich finde eben, daß es im Leben noch andere Dinge gibt als Pferde und Freundinnen. Ich finde es nun mal nicht besonders aufregend, in den Central Park zu gehen, um festzustellen, ob der dortige Stall auch luxuriös genug für irgendein dämliches Pferd ist.«

»Wenn du selbst reiten würdest, wäre das bestimmt anders.«
»Selbst dann würde ich nicht völlig die Augen vor dem verschließen, was in der Welt vorgeht. Und ich würde mir auch Gedanken darüber machen, daß, wenn nicht bald etwas geschieht, von England nicht viel mehr übrigbleibt als die blöde Hepplewhite-Kommode, die du unbedingt haben wolltest.«
»Wir können sie uns doch leisten, James.«
»Darauf kommt es nun wirklich nicht an.«
»Du hältst mich für oberflächlich, stimmt's? Sag's doch: Winnie, du denkst immer nur an albernen Kram, während ich so viele wichtige Dinge im Kopf habe.«
»Laß mich in Ruhe.«
»Du nimmst mich überhaupt nur noch im Schlafzimmer ernst. Wenn du aus dem Büro nach Hause kommst, und ich erzähle dir, daß ich einen neuen Teppich kaufen will oder daß Nicholas seinen ersten Zahn kriegt, dann unterdrückst du mit Mühe ein Gähnen. Du kannst es gar nicht erwarten, in dein Arbeitszimmer zu kommen und die dicke Aktentasche mit langweiligen Papieren zu lesen, die du mitgebracht hast. Vor Mitternacht sieht man überhaupt nichts von dir, und dann erwartest du, daß ich –«
»Bitte, mach jetzt deinen Spaziergang, Winifred.«
»James –«
»Bitte sei so nett und verschwinde!«

Nicholas begann mit elf Monaten zu laufen, und an seinem ersten Geburtstag wackelte er bereits tapfer durchs Wohnzimmer. Ab und zu stolperte er über die eigenen Füße und fiel hin, aber er stand jedesmal wieder auf und schaffte es auf diese Weise von der Mutter zur Großmutter, von dort zum Großvater, zum Tisch und dann wieder zum Sofa. Zur Feier des Tages hatte ihn sein Kindermädchen in einen blütenweißen Matrosenanzug mit einem roten Halstuch gesteckt, an dem er begeistert herumlutschte.
»Du meine Güte«, seufzte Samuel. »Hört er eigentlich nie auf?«
»Erst wenn wir so erschöpft sind, daß uns alles egal ist«, erwiderte Maisie. »Jetzt komm mal zu mir, Nicholas. So ist es brav. Setz dich schön auf meinen Schoß. Ach, was bist du für ein

niedlicher Kerl. Seht euch doch nur diese winzige Knopfnase an. Und die Haare!«

»Die Haare hat er von James.«

»Nicht ganz, Winnie. Ich finde, der rote Tuttle-Touch ist durchaus noch vorhanden. Das wird sogar James zugeben müssen. Wo ist er denn überhaupt?«

»Er hat gesagt, er wolle den Zwölf-Uhr-Zug von Washington nehmen, aber wir sollten den Kuchen ruhig schon ohne ihn anschneiden.«

»Er hat wohl sehr viel zu tun jetzt?« fragte Maisie.

»Ja«, sagte Winifred. »Nein, nein, Nicholas. Du darfst den schmutzigen Aschenbecher nicht in den Mund stecken!«

»Winnie, du mußt unbedingt ein besseres Kindermädchen für Nicholas finden. Diese schreckliche Person mit den Glotzaugen wird offenbar nicht mit ihm fertig.«

»Das ist gar nicht so einfach, seit England im Krieg ist. Der Mann in der Stellenvermittlung ist völlig verzweifelt. Er sagt, es wollte niemand mehr herkommen.«

»Merkwürdig. Man sollte doch denken, daß sie froh sind, England verlassen zu können. Ich meine, diese Luftangriffe und Bomben –«

»Bitte, Maisie«, warf Samuel ein. »Es gibt wirklich Wichtigeres heutzutage als Kindermädchen aus England. Winnie und dieses Kindermädchen kommen ganz ausgezeichnet zurecht. Was macht denn James eigentlich in Washington, Winnie?«

»Ich weiß auch nicht genau, Papa. Ich glaube, er hatte eine Verabredung mit einem Mr. Donovan. Er scheint sehr ... beunruhigt zu sein wegen der Weltlage. Er will unbedingt etwas tun.«

»Was will er denn tun?« fragte Samuel vorsichtig.

»Das weiß ich auch nicht genau. Er hat mir nichts Genaues erzählt. Aber er nimmt sich all diese Dinge schrecklich zu Herzen, Papa.«

»Nun ja, die Lage ist ja auch ernst, Winnie.«

»Ich weiß. Aber ist sie wirklich so ernst, daß er nicht mal zum ersten Geburtstag von Nicholas kommt?«

Am 11. Juli 1941, neun Tage nach Nicholas Cobleighs erstem Geburtstag, ernannte Präsident Roosevelt einen bis dahin wenig bekannten New Yorker Rechtsanwalt namens William Donovan zum *Coordinator of Information*. Er sollte eine Organisation aufbauen, die alle Informationen sammelte und analysierte, die für die Sicherheit der Vereinigten Staaten von Bedeutung sein konnten. Bald suchte Donovan fähige Leute für seine Organisation. Amerika war zwar noch nicht im Kriege, aber der Präsident wußte, daß es bald soweit sein würde, und wollte vorher noch einige Dinge geklärt wissen. Donovan, der sich schon im Ersten Weltkrieg als Oberst der Infanterie den Spitznamen »Wild Bill« Donovan verdient hatte, suchte junge Männer, die ebenso intelligent wie phantasievoll und ehrenhaft waren, und er war fest überzeugt, daß solche Mitarbeiter nur in den angelsächsischen Anwaltskanzleien, Universitäten und Banken der Ostküste gefunden werden konnten. Mit anderen Worten, der amerikanische Geheimdienst, die spätere CIA, begann als vornehmer, akademischer Zirkel von Edelspionen. James Cobleigh war einer von ihnen.

»Ich bin kein Spion«, sagte James.

»Aber Papa hat gesagt, Oberst Donovan –«

»Winnie, ich tue nichts, was – Nicky, nein. Du darfst dich von unserem Hund nicht ablecken lassen! Ich erledige nur ein paar Kleinigkeiten für Bill. Ich spreche ganz passabel Französisch, und er hat mich gebeten, mit ein paar Leuten zu reden, die etwas genauer über die Lage in Frankreich Bescheid wissen.«

»Du hast also nichts mit Geheimagenten zu tun?«

»Geheimagenten? Ach was, Winnie, ich bin ein ganz gewöhnlicher Rechtsanwalt von der Wall Street. Ich arbeite nach wie vor für Ivers & Hood – also, Nicky, wirklich! Ich finde es scheußlich, wenn dich Buster so ableckt. Das geht nicht. So, ja, so ist es besser.«

»Und warum sagst du mir dann nicht, wohin du eigentlich fährst? Du erzählst mir überhaupt nichts mehr, James.«

»Ich kann dir nicht sagen, wo ich hinfahre, weil es geheim ist. Glaub mir, es ist eine kurze Reise, aber sie ist wirklich sehr wichtig. Glaubst du, ich würde dich und Nicky allein lassen, wenn es nicht wichtig wäre?«

»Ich verstehe es nur nicht.«

»Müssen wir das alles noch einmal durchkauen? Ich muß verreisen, weil es wichtig ist, lebenswichtig für die Vereinigten Staaten. Ich muß bestimmte Informationen beschaffen.«

»Warum mußten sie gerade dich nehmen? Hätte nicht jemand fahren können, der ledig ist und keine Kinder hat?«

»Ich mache das völlig freiwillig. Bitte, fang jetzt nicht an zu weinen. Das ist nicht fair, Winnie. Ich bin wieder da, ehe ihr überhaupt richtig merkt, daß ich weg war. Wahrscheinlich wirst du am Ende bedauern, daß ich nicht länger fort blieb.«

»James, wenn du nicht da bist, macht mir alles keinen Spaß.«
Er seufzte tief, ehe er sagte: »Ich weiß, Winnie.«

James wurde nach England geschickt und von dort nach wenigen Tagen weiter nach Frankreich. Den Kanal überquerte er in einem kleinen englischen U-Boot, das nur knapp dreißig Meter lang war und beim leisesten Wellengang wie eine Nußschale schwankte. Er war noch nicht ganz an Bord, da drückte ihm ein Besatzungsmitglied eine Tüte aus Ölpapier in die Hand. »Falls Sie mal kotzen müssen, Sir«, sagte er freundlich.

James und sein Begleiter, ein Angehöriger des französischen Exil-Geheimdienstes BCRA, wurden in der Nähe eines bretonischen Fischerdorfes an Land gesetzt und verbrachten die nächsten zwei Wochen bei verschiedenen Résistance-Gruppen. Eine der jüngsten Résistance-Führerinnen war eine Altphilologin, die vor dem Krieg Assistenzprofessorin in Nantes gewesen war. Sie hieß Denise Levesque und war etwas mollig. Sie hatte glattes brünettes Haar und eine großporige Haut. Französinnen gelten im allgemeinen als besonders erotisch und schick, und selbst in den häßlichsten Mauerblümchen vermutet man die geborene Kurtisane. Aber das ist natürlich ein dummes Klischee. Denise war ganz einfach häßlich. Aber sie war außerordentlich willensstark und intelligent.

Sie informierte James darüber, daß Ovid ein äußerst mittelmäßiger Poet war, verlangte genaue Erläuterungen über sämtliche Verfassungsänderungen der Vereinigten Staaten, erklärte ihm, wie man eine Granate entschärft, und überzeugte ihn, daß die Résistance in der Lage sei, die Wehrmacht praktisch lahmzulegen, wenn sie genügend Waffen und Sprengstoff erhielt.

Am zweiten Abend kochte Denise für James: Kaninchenragout in Rotwein. Danach folgten zahllose Gläser Calvados. »Hast du nie Griechisch gelernt?« fragte sie. James war gerade noch nüchtern genug, um zu merken, daß sie nicht mal beschwipst war.

»Nein, nur Französisch.« Er betonte jedes Wort langsam und deutlich, um ja keine Fehler zu machen.

»Latein auch nicht?«

»Nein.«

»Aber in den Vereinigten Staaten giltst du bestimmt als ein sehr gebildeter Mann, oder?«

»Ja. Aber daraus solltest du keine falschen Schlüsse ziehen, Denise. Was weißt du denn zum Beispiel über das Strafrecht?«

»Gar nicht so wenig, James. Ich habe schon oft über die Unterschiede zwischen der angelsächsischen Rechtsauffassung und der französischen nachgedacht. Nein, James, mach bitte die Augen nicht zu. Du wirst bloß einschlafen, und dann bin ich wieder allein. Verstehst du das, James? Erzähl mir was von New York. Habt ihr schöne Restaurants da?« Sie streckte ihre kräftigen Beine aus und seufzte. »Ich weiß gar nicht mehr, wann ich das letzte Mal in einem guten Restaurant war. Erzähl mir von eurem Theater. Werden die klassischen Dramen bei euch viel gespielt? Erzähl mir von eurem Leben in New York, James. Erzähl mir alles von dir. Bist du glücklich?«

Als sie dann in der Nacht wach lagen, sagte Denise, sie wisse genau, sie werde den Krieg nicht überleben. Er legte ihr die Hand auf den Mund. »So etwas darf man nicht sagen.«

»Ach, James, nimm doch nicht alles so ernst! Liebesgeschichten im Krieg gehen immer schlecht aus. Das ist doch bekannt. Wenn du befürchten müßtest, daß ich nach dem Krieg in einem hübschen kleinen Haus in Cherbourg mit einem Schokoladen-Soufflé auf dich warte, würdest du doch nach England zurückschwimmen, ehe ich auch nur mein Kleid wieder anziehen könnte. Dir geht es einfach zu gut, *mon cheri.* Du brauchst ein bißchen Nervenkitzel, ein bißchen Angst vor dem Untergang, damit dein Glück dir wieder bewußt wird.«

»Das ist nicht wahr, Denise. Das weißt du genau.«

»Schon gut, James. Jetzt fang nicht an zu schmollen. Du bist sehr ernsthaft und mutig. Das weiß ich doch. Und außerdem siehst du unglaublich gut aus, aber das brauche ich dir nicht zu sagen, das hast du sicher schon öfter gehört, als dir lieb ist, und ich will dich nicht langweilen. So, jetzt sei nett und zeig mir dein großes amerikanisches Lächeln. Wie Douglas Fairbanks. Ja, so! Wunderbar!«

Er küßte sie, und ehe er sie wieder zu sich heranzog, sagte er: »Ich habe eine neue amerikanische Geheimwaffe für dich, es ist reine Magie, aber es funktioniert ausgezeichnet: Ich streichle dich, hier und hier und hier und hier, und dann kann dir nichts mehr passieren. Du bist kugelfest und bombensicher. Glaubst du mir das?« Sie lachte und schüttelte den Kopf. »Denise«, sagte er und preßte sie an sich, »so schön wie mit dir war es noch nie. Ich hätte nie geglaubt, daß ich so glücklich mit jemandem sein könnte.«

Drei Wochen später fuhr er nach Hause zurück. In New York fand er eine schwangere Frau, eine langweilige Rechtsanwaltspraxis und einen Sohn vor, der ihn so wenig kannte, daß er nicht einmal weinte, als sein Vater im nächsten Monat erneut abreiste. »Sag deinem Vater *bye-bye*«, verlangte Winifred. Ihr bleiches Gesicht lag wie eine Eisscholle im Feuerkranz ihrer Haare. Nicholas hielt den Kopf gesenkt und starrte mürrisch auf den bunten Ball, den er im Arm hielt. »Bitte, Nicholas, dein Vater tritt eine sehr lange Reise an. Sei ein guter Junge und sag schön auf Wiedersehen!«

»Auf Wiedersehen«, sagte Nicholas, ohne den Kopf zu heben. Dann wandte er sich ab. Seine Mutter hatte zu schluchzen begonnen, und James warf ihr einen warnenden Blick zu. Einen Augenblick blieb Nicholas reglos stehen. Ein kleiner Junge in einem gelben Schlafanzug, der plötzlich seinen Ball fallen ließ und mit heftigem Stoß über den dunklen Flur kickte.

8

> Meint es Nicholas Cobleigh eigentlich ernst? Oder ist sein ständiger Aufenthalt am Krankenbett seiner Frau nur eine sorgfältig arrangierte Schau für die Medien? Sowohl hier als auch in Hollywood gibt es Gerüchte, das Traumpaar sei schon lange nicht mehr besonders intim (jedenfalls nicht miteinander). In der Tat hat sich ...
>
> New York Post

»Ja, okay, wenn es sein muß.« Mit einem Seufzer, der sich am Telefon wie ein Fluch anhörte, versprach James Cobleigh seiner Frau, er werde am Sonntag aus Washington nach Hause kommen, um mit dem neuen Kindermädchen zu sprechen, das Winifred einstellen wollte. Aber an dem betreffenden Sonntag, dem 7. Dezember 1941, überfielen die Japaner den amerikanischen Flottenstützpunkt Pearl Harbor, so daß James erst drei Wochen später nach New York kommen konnte, und da waren Nanny Williams und ihre Lebertranflasche längst ein fester Bestandteil des Haushalts.

James kam ohnehin nur nach Hause, um seine Koffer zu packen. Viel Gepäck nahm er allerdings nicht mit. Offiziell war er Captain der Army, aber in Wirklichkeit gehörte er zum OSS. Am Neujahrstag fuhr er mit einem Truppentransporter nach England, und ein paar Wochen später war er wieder – zum dritten Mal – im besetzten Frankreich und bei Denise Levesque.

Nicholas konnte sich nicht an die Abreise seines Vaters erinnern, obwohl James am letzten Tag drei Stunden im Kinderzimmer verbracht hatte. Riesige Wolkenkratzer aus Bauklötzen hatte er auf dem Teppich errichtet und seinen aufgeregten, vor Eifer schwitzenden Sohn dann ermuntert, die gewaltigen Türme mit dem Fuß umzustoßen. Seit seiner Geburt hatte Nicholas noch nie so lange mit seinem Vater gespielt, und ihm wurde ganz schwindelig dabei.

Den ganzen Krieg hindurch versuchte Winifred, die Erinnerung an den Vater bei Nicholas lebendig zu halten. »Weißt du noch, wie du Wolkenkratzer mit deinem Vater gebaut hast?« fragte sie immer wieder. »Erinnerst du dich noch, wie du die Klötze umgestoßen hast? Und dann hast du Daddy auf Wiedersehen gesagt« – Winifred winkte mit der Hand, als ob sie von jemandem Abschied nähme – »und ihm einen Kuß gegeben. Weißt du das noch, Nicky?«

Das erste Mal hatte Nicholas nein gesagt, aber da hatte seine Mutter ein so trauriges Gesicht gemacht, und das neue Kindermädchen, Nanny Benson (von Nanny Williams hatte sich Winifred auf den Rat ihrer Mutter hin wieder getrennt), hatte hinter dem Rücken seiner Mutter so lebhaft mit dem Kopf genickt, daß er sich sofort korrigiert und gesagt hatte: »Ja, Mama. Ich erinnere mich.«

Das Foto von James stand im Kinderzimmer neben dem Bett, zwischen einem riesigen Glas mit bunten Wattebällchen und eine Spieluhr aus Plastik, die eine etwas träge Version des Minutenwalzers von sich gab, wenn man sie aufzog. Das Foto war 1941, ein paar Tage vor Weihnachten, aufgenommen worden. James trug bereits Uniform. Seine Offiziersmütze saß perfekt auf seinem glatten blonden Haar, seine Augen strahlten, und über seinem kräftigen Kinn stand ein energisches Lächeln.

Nicholas betrachtete das Foto beinahe täglich. Manchmal sah der Mann auf dem Bild – Nicholas wußte, daß es sein Daddy war – freundlich aus. Dann erinnerte ihn das Lächeln auf dem Foto an den netten Portier, der nachmittags Dienst hatte, oder an seinen Großvater, der ihm schon so viele Geschenke gebracht hatte.

Ab und zu sah das Bild auch bösartig aus. Einmal, an einem trüben Novemberabend, glaubte Nicholas zu wissen, daß hinter dem Lächeln auf dem Bild, das alle anderen täuschte, ein gefährlicher Riese lauerte, der aus dem Rahmen ausbrechen und ihm etwas Böses antun wollte. Aber als er ungefähr vier war, zwang sich Nicholas einmal, dem finsteren Lächeln standzuhalten und den Riesen für immer in das Bild zu verbannen. Der Dämon kehrte niemals zurück.

Thomas, der jüngere Bruder von Nicholas, hatte ein viel unkomplizierteres Verhältnis zu dem Bild. Er hatte seinen Vater nie kennengelernt, denn er war erst auf die Welt gekommen, als James schon in Europa war. Aber jedesmal, wenn er in die Ecke des Kinderzimmers kam, wo das Bild stand, sagte Nicholas zu ihm: »Das ist Daddy, Tom.« Und wenn Tom bei seiner Mutter auf dem Schoß saß, hielt sie ihm oft das Foto hin und sagte: »Komm, jetzt geben wir Daddy einen Kuß, Tom.« Sie küßte das Bild und hinterließ Spuren ihres Lippenstifts auf dem Glas. »Daddy!« plapperte Thomas, nahm das Bild und gab ihm einen feuchten, schmatzenden Kuß. »Daddy«, rief er allerdings auch jedem Soldaten, Matrosen und Polizisten in Uniform nach, dem er auf dem Weg zum Spielplatz im Central Park über den Weg lief.

Das Foto stand auch auf Winifreds Nachttisch. Hier befand es sich allerdings in einem kostbaren silbernen Rahmen mit Monogramm auf der Rückseite. Außerdem hatte der Fotograf auf diesem Foto die Fältchen in den Augenwinkeln wegretuschiert, so daß James genauso jung darauf aussah wie am Tage von Winifreds großem Ball. Über drei Kriegsjahre lang war dieses Foto das letzte, was Winifred jeden Abend vor dem Einschlafen sah: eine männliche Mona Lisa mit einem rätselhaften Lächeln in den Augen. Winifred empfand dieses Lächeln als quälend. *Ich weiß etwas, was du nicht weißt,* schien es zu sagen. Wenn sie das Licht ausmachte, lächelte Winifred häufig, ohne es zu wissen, zurück.

Manchmal, wenn sie hinter geschlossener Tür und heruntergelassenen Rolläden in der Dunkelheit lag, wachte Winifred allerdings auch mitten in der Nacht schaudernd auf. Sie spürte ihre zerwühlten Bettlaken um sich herum und das naßgeschwitzte Nachthemd am Körper und glaubte plötzlich zu wissen, wem James so strahlend zulächelte. *Sie* war es nicht, dessen war sie sich sicher.

Die Papiere, die James Cobleigh in der Innentasche seines schäbigen Jacketts mit sich führte, wiesen ihn als den Bäckergesellen Giles Lemonnier aus. Angeblich war er in Boulogne geboren. Die wenigen Male, wo er morgens um drei oder vier von einer deutschen Patrouille angehalten wurde, wenn er mit dem Fahrrad über die Landstraßen fuhr, konnte er sich nicht nur ausweisen, sondern überdies noch erklären, warum er so früh unterwegs war. Er müsse eben in die Backstube, damit Oberst von Finkenhausen pünktlich sein Weißbrot zum Frühstück erhalte. Man ließ ihn stets ohne Bedenken passieren.

Er sah längst nicht mehr so aus wie der Mann auf dem Foto in der Wohnung an der Park Avenue. Er hatte sich mit einer stumpfen Schere die Haare geschnitten, und die wirren, unregelmäßigen Haarbüschel auf seinem Kopf entstellten ihn sehr. Aus dem eleganten amerikanischen Offizier war ein ungepflegter, törichter Bauernbursche geworden. Seine unsichere, zögernde Sprechweise und sein vorgetäuschtes Lispeln verdeckten seinen leichten Akzent, ein leichtes Hinken bremste den allzu energischen amerikanischen Gang. All dies ergänzte sich zu dem sorgfältig kultivierten Eindruck, daß er ein völlig unbedeutender Mann sei, über den nachzudenken nicht lohnte. Dennoch verließ sich James so wenig wie möglich auf sein schauspielerisches Talent, sondern ging den Deutschen und der französischen Bevölkerung aus dem Weg, wo er nur konnte. Er interessierte sich nur für die Résistance.

Ebenso wie die anderen OSS-Männer in Frankreich hatte James Cobleigh zunächst nur die Aufgabe, seiner Kontaktstelle in London mit Hilfe eines tragbaren Kurzwellensenders Informationen über die Zusammensetzung und Schlagkraft der Widerstandsgruppen zu geben, mit denen er arbeitete. Später, im Frühjahr 1944, erhielten die britischen und amerikanischen Agenten den Auftrag, die Invasion vorzubereiten. Dazu mußten die Deutschen sowohl über den Zeitpunkt als auch über den Ort der geplanten Landungen getäuscht werden. Die erste Aufgabe war kompliziert und verwirrend genug, denn im französischen Untergrund existierten die verschiedensten Gruppen und Grüppchen: Katholiken, Kommunisten, Gaullisten, Juden und Sozialisten. Und zu den Mitgliedern gehörten neben Helden und Heiligen auch Verräter und Psychopathen. Die zweite Aufgabe aber war außerordentlich bitter, denn zur Irreführung der Deutschen über das eigentliche Ziel der Invasion mußten im Bereich des Pas-de-Calais zahlreiche Untergrundkämpfer bei Aktionen geopfert werden, die keinerlei militärischen Sinn hatten.

Für James wurde das alles noch komplizierter, weil er Denise Levesque, die ehemalige Lateinlehrerin, liebte, die jetzt Anschläge auf Eisenbahnlinien, Munitionstransporte und deutsche Kasernen durchführte. Denise war vollkommen anders als seine Frau. Sie war keine höhere Tochter und kein bißchen sentimental, sie war selbstbewußt und intelligent. Zum ersten Mal hatte James eine Gefährtin, die seine Leidenschaft teilte. Sie spottete über seine politischen Ansichten, über seine Anmaßung, über seine geringe Kenntnis der europäischen Kultur, und bei alledem liebte sie ihn so leidenschaftlich, wie er noch nie geliebt worden war. Wenn sie zusammen im Bett waren, gab sie sich nicht einfach hin, sondern blieb immer aktiv, führte und forderte ihn. Er wollte sich nie mehr von ihr trennen.

»Liebe Winifred«, schrieb er im April 1944, zwei Monate vor der Landung der Invasionstruppen. Er hockte im Keller des Hauses, in dem er mit Denise wohnte, und benutzte einen Hackklotz als Schreibfläche. Bisher war es ihm noch jeden Monat gelungen, einen Brief nach London mitnehmen zu lassen, wo die Briefe zwar durch die Zensur gingen, dann aber sehr korrekt nach New York geschickt wurden. »Irgendeine nette Form, Dir zu sagen, was ich Dir mitteilen muß, gibt es nicht. Deshalb –« Er steckte das abgekaute Ende des Bleistifts in den Mund und überlegte. »Deshalb muß ich ganz rücksichtslos und direkt sein. Ich habe hier –«

»Schreibst du an deine Frau?« fragte Denise. James riß erschrocken den Kopf hoch. Sein Gesicht wurde bleich. Denise war die zwölf Stufen völlig lautlos heruntergekommen.

»Ja.«

»Und was schreibst du ihr?«

»Nur, daß es mir gutgeht und daß –«

»Lüg mich nicht an! Du bist ja so verlegen wie ein Zwölfjähriger, der beim Rauchen erwischt worden ist. Ein Gestapo-Verhör würdest du nicht lange durchhalten, James. Nun sag schon, was schreibst du ihr?«

»Das, was ich ihr deiner Ansicht nach nicht schreiben soll.«

»Das darfst du nicht, James. Du hast mir versprochen, daß du es nicht tust.«

»Denise, ich –« Sie nahm den Brief und zerriß ihn. »Denise, das hat doch keinen Sinn. Ich schreibe es eben noch einmal. Ich schreibe es immer wieder, bis alles geklärt ist.«

»Hör auf damit!« Sie stopfte die Schnipsel in ihre Jacke. »Was sollen diese melodramatischen Briefe? Kannst du mir erklären, wer davon etwas hat? Das ist doch alles nur deine billige Kino-Romantik. Du bist ein schrecklicher Schurke, ein schlimmer Schuft, aber alles aus Liebe. Schlag dir das aus dem Kopf! Spar dir deine Geständnisse. Du kannst dich jetzt sowieso nicht scheiden lassen. Und heiraten kannst du jetzt auch nicht. Warum willst du deine Frau quälen?«

»Ich will nicht, daß irgendwas zwischen uns steht.«

»Jetzt hör mir mal zu. Wir sind mitten im Krieg. Was ist, wenn ich sterbe?«

»Du darfst nicht sterben.«

»Oder wenn du stirbst? Hast du schon mal daran gedacht? Du wirst geschnappt, und irgendeins von diesen Schweinen hält dir seine Pistole an den Kopf und drückt ab. Was bleibt dann für deine Frau und die Kinder? Ein Brief, in dem steht, daß du eine andere liebst?«

»Denise –«

»Wenn alles vorbei ist, sehen wir weiter.«

»Liebst du mich denn nicht?«

»Doch. Du weißt, wie sehr ich dich liebe.«

»Dann verstehe ich nicht –«

»Ich will dich erst, wenn das Leben wieder real ist.«

»Aber unser Leben ist doch real. Wir sind jetzt seit über zwei Jahren zusammen. Wir sind immer noch glücklich, und –«

»James, wenn wieder Frieden herrscht, wen wirst du dann wollen? Deine liebe, süße, reiche Frau? Deine zwei hübschen Kinder? Deine florierende Anwaltspraxis? Oder eine dicke Lateinlehrerin, die in einem ausgepowerten Land lebt?«

»Ich will dich, Denise. Ich liebe Winifred nicht mehr. Das weißt du doch alles.«

»Das kannst du ihr alles nach dem Krieg sagen, James. Dann ist dazu immer noch Zeit.«

James fügte sich. »Liebe Winifred«, schrieb er. »Ich glaube, es ist eine ausgezeichnete Idee, Nicky jetzt im Frühjahr zum Reiten zu schicken. Du weißt ja von mir, wie kläglich es endet, wenn man zu spät damit anfängt ... Gib Nicky und Tommy einen Kuß und sag ihnen, daß ihr Daddy sie liebhat. Alles Liebe Dein James.«

»Aber wenn du nun zu den Frauen gehörtest, die arbeiten *müssen*«, sagte Winifred zu ihrer Mutter, »würdest du dann dein Geld nicht lieber damit verdienen, daß du in einer gepflegten Wohnung die Kinder versorgst, statt irgendwo am Fließband zu stehen, Fallschirme zu packen oder Liberty-Schiffe zusammenzuschweißen?«

Maisie Tuttle brach einen blühenden Apfelzweig ab und steckte ihn sich wie ein Hula-Mädchen ins Haar. Hier draußen auf der Farm sah man ihr die zweiundsechzig Jahre nicht an. »Du erwartest sicher keine ernsthafte Antwort auf diese törichte Frage«, sagte sie scharf. Winifred ließ den Kopf hängen.

»Wenn ich bei dir Dienstmädchen wäre«, fuhr Maisie fort, »würde ich sofort in die nächste Fabrik rennen und etwas Vernünftiges tun, oder ich würde mich den ganzen Tag auf die Couch legen und Scotch trinken. Dein Leben ist doch ein einziges Chaos, mein Kind. Du gehst einfach weg und erwartest, daß sich alles von selbst regelt, daß die Kerzenhalter geputzt und die Kinder mit neuen Wintermänteln versorgt werden. Fragst du dich eigentlich nie, wie das alles funktionieren soll, wenn du dich um nichts kümmerst? Sollen die himmlischen Heerscharen mit ihren Posaunen den Dienstboten deine Wünsche bekanntmachen, während du mit deiner schwachsinnigen Freundin Prissy beim Lunch sitzt? Kein Wunder, daß du diesen ständigen Wechsel beim Personal hast! Ich denke nur an die Kindermädchen. Du stellst lauter unfähige junge Dinger ein und wunderst dich dann, warum Tommy seit Wochen nicht mehr Aa gemacht hat oder Nicky ständig an sich herumfummelt. Wirklich, Winifred, ich finde – jetzt fang nicht an zu heulen. Das hilft überhaupt nichts.«

»Mama, ich habe mir so viel Mühe gegeben. Wirklich. Aber ich bin nun einmal nicht so wie du. Ich bringe es einfach nicht fertig, zu sagen: Das Tischtuch hat Falten, Minna. Oder: Die Ohren der Kinder sind schmutzig, Nanny.«

»Und warum nicht?«

»Weil ich nicht so bin wie du. Ich bin nicht so selbstsicher.«

»Winifred, die Ohren der Kinder sind entweder sauber oder schmutzig. Und ich sehe nicht ein, warum es so schwer sein soll, dem Kindermädchen zu sagen, daß es sie saubermachen soll.«

»Vielleicht bin ich einfach zu schüchtern. Weißt du, mit meinen Freundinnen ist es genauso. Wir sitzen zusammen, und alle sagen so wichtige Sachen, nur ich nicht. Manchmal denke ich, sie laden mich nur ein, weil sie mich schon so lange kennen und sich an mich gewöhnt haben.«

»Winifred, du bist eine verheiratete Frau, du hast zwei Kinder, und das bringt Verpflichtungen mit sich. Von mir aus kannst du dich so schüchtern und dumm fühlen, wie du nur willst. Das ist deine Privatsache. Aber das ändert gar nichts an deinen Verpflichtungen. Du bist eine erwachsene Frau, Winifred. Daran kannst du nichts ändern.«

»Aber ich fühle mich gar nicht erwachsen, Mama. Verstehst du das nicht?«

»Das ist egal. Du mußt dich benehmen wie eine erwachsene Frau.«

»Yippee ti yo, ich bin ein Cowboy. Ich reite über die Weide und schwenke mein Lasso.« Der fünfjährige Nicholas kannte die Kennmelodie der Texas-Pete-Radio-Show auswendig. Seine Stimme war für ein Kind seines Alters ziemlich kräftig und tief. »Yippee ti yay, Yippee ti yee.« Er zermatschte einen großen Brokken saftiger Schwarzerde unter seinem rechten Stiefel und hakte die Daumen in die Gürtelschlaufen seiner verhaßten Reithosen. Aber auch ohne Blue jeans und Cowboyausrüstung gelang es seiner kindlichen Phantasie, die ländliche Farm in Connecticut in eine Texas-Ranch zu verwandeln. »Das Land ist so einsam, der Himmel so weit, Texas Pete und sein Mustang sind allzeit bereit ...«

»Haben Sie etwas gesagt, Master Nicholas?« fragte Mr. Sullivan, der Stallknecht der Tuttles. Er führte gerade Red Lady, ein rotbraunes Pony herbei, das einzige Pferd, auf dem Nicholas allein ausreiten durfte.

»Ach, nichts, Mr. Sullivan.«

»Werden Sie es mit Red Lady aufnehmen können?«

»Ja.«

»Okay, dann kommen Sie her. Ich helfe Ihnen hinauf.«

»Ist Red Lady ein wilder Mustang?«

»Nicht direkt. Aber beinahe. Sie müssen sie fest im Griff haben. Sie wissen doch, was ich meine? Man darf ihr nichts durchgehen lassen. Schaffen Sie das?«

»Ich glaube schon.«

Auf der Farm war Nicholas am glücklichsten. Trotz seiner aristokratischen Blutmischung aus New Yorker Tuttles und Kendalls aus Providence war er letztlich doch nur ein Nachfahre englischer Bauern, und die Landluft weckte seine ursprünglichsten Regungen. Wenn er ins Freie trat, erschien auf seinem Gesicht das selbstvergessene Lächeln eines angelsächsischen Schafhirten, der an einem sonnigen Morgen seine Herde auf die Weide hinaustreibt.

Nicholas brauchte Bewegung. Wie seine Mutter war er eine sportliche Natur, und es gab nichts Schlimmeres für ihn, als wenn er in einen Samtanzug gezwängt stundenlang stillsitzen mußte, um sich irgendein dummes Konzert anzuhören.

Wenn er nicht wenigstens einmal am Tag durch den Central Park jagen und Ball spielen durfte, kam es zu Hause unweigerlich zu einer mittleren Katastrophe. Entweder malte er den Umriß seiner linken Hand mit einem Bleistift auf die kostbaren Seidentapeten im Wohnzimmer, oder er zertrampelte einen von Toms Blechpanzern, oder er stieß eine heiße Teekanne um oder dergleichen.

Nicholas war zwar in Manhattan geboren, aber er war kein Stadtkind. Während Thomas ganz zufrieden war, wenn er mit seinem Teddybären auf einem bequemen Sessel saß oder stundenlang Aufzug fahren durfte, war Nicholas ständig auf den Beinen. Er hüpfte, rannte, tanzte und tobte durchs Haus, vom frühen Morgen bis zum Abend. Und immer hatte er einen Ball dabei. Bälle waren sein liebster Besitz.

Das Beste an der Farm war die Tatsache, daß es hier nicht jene endlose Parade von Damen in Seidenkleidern und sperrigen Hüten gab, die sich mit einem honigsüßen Lächeln zu ihm herabbeugten und ihn zu küssen versuchten oder irgendwohin zwickten. Nicholas war ein freundliches Kind, aber im Gegensatz zu Thomas legte er auf die Zärtlichkeiten von Fremden keinen Wert und begann auch nicht vor Vergnügen zu schnurren, wenn er auf irgendeinen Schoß gezerrt wurde. Thomas benahm sich, als ob die Erwachsenen nur dazu da wären, um ihn zu erfreuen. Aber Nicholas war ein viel zu genauer Beobachter, um nicht zu merken, daß sich seine Mutter und die übrigen Damen genausowenig für Kinder interessierten wie seine Großeltern. Die Welt der Erwachsenen mit ihren gepflegten Unterhaltungen, ihrem affektierten Gelächter, ihren Cocktailgläsern und Zeitungen hatte mit seiner Welt nichts zu tun und war offenbar sehr kompliziert. Allerdings konnte er sich nur am Wochenende auf der Farm davon völlig befreien.

Auch wenn die Frauen in den vierziger Jahren für die starken, wortkargen Kinohelden schwärmten, so fanden sie den charmanten Frechdachs Thomas letztlich doch sehr viel amüsanter als seinen älteren Bruder. Nicholas sah zwar viel besser aus, aber mit seinen zögernden Begrüßungen und seinem verträumten Lächeln hielt er sich die Erwachsenen recht erfolgreich vom Leib. Die Damen der Gesellschaft mochten seine Art nicht besonders und wandten sich lieber dem kleinen Thomas mit seinem fröhlichen Grinsen und seinen frechen Sommersprossen zu. Nicholas nahm es jedesmal mit Erleichterung hin, wenn sie sich entfernten. Dann konnte er sich entspannen und brauchte nicht mehr höflich und wohlerzogen zu sein. Er steckte den Daumen in den Mund, wobei er zur Steigerung seiner Bequemlichkeit noch den Zeigefinger über die Nase hängte, und setzte sich neben das Radio, das ihm die faszinierende Welt der Privatdetektive, der Indianer und Cowboys frei Haus lieferte. Den Kindermädchen entzog er sich, wo er nur konnte.

Die meisten Kindermädchen taugten ohnehin nicht sehr viel. Nanny Budd mußte entlassen werden, weil sie heimlich Jamaika-Rum trank, Nanny Williams wurde entlassen, weil sie Nicholas vier Stunden im Klo eingesperrt hatte, als er sich in die Hose gemacht hatte, und Nanny Benson wurde entlassen, weil sie den größten Teil von Toms Babywäsche einer schwangeren Nichte geschickt hatte. Nanny Keyes hatte gekündigt, weil Winifred immer im falschen Augenblick im Kinderzimmer auftauchte, und die schöne Nanny Coe lag eines Tages halb bewußtlos in der Wäschekammer, weil sie versucht hatte, mit einer Stricknadel eine Abtreibung an sich selbst durchzuführen.

Zwischen 1940 und 1945 trafen in den amerikanischen Häfen nur sehr wenige stellungsuchende englische Kindermädchen und Gouvernanten ein. Viele wohlhabende Amerikanerinnen seufzten ob des spärlichen Angebots und entschlossen sich, ihre Kinder lieber selbst großzuziehen. Winifred konnte das nicht. Bei der Vorstellung, schmutzige Windeln wechseln zu müssen oder einem kranken Kind Fieber zu messen, wurde ihr regelrecht schlecht.

Außerdem hatte sie unendlich viele Verpflichtungen. Aufgrund ihrer gesellschaftlichen Stellung gehörte sie bei drei verschiedenen Wohlfahrtseinrichtungen zum Vorstand, und weil sie eine gute Seele war, gehörte sie bei vier weiteren zum Exekutivkomitee. Mal organisierte sie eine Haussammlung für den Gesangverein von Manhattan und mal ein Dinner für den Eucharistischen Kongreß in New York, mal einen Wohltätigkeitsball für die Soldaten- und Seemannsliga und mal einen Basar für die Eiserne-Lungen-Gesellschaft. Sie rollte Bandagen, strickte Mützen, packte Care-Pakete und präsidierte bei Kaffeekränzchen. Für ihre Kinder hatte sie pro Tag etwa zwei Stunden Zeit, und obwohl sie in diesen zwei Stunden keineswegs unglücklich war, hatte sie kein Bedürfnis, ihre Kinder noch öfter zu sehen.

Für weitere Besuche im Kinderzimmer war sie einfach zu müde. Im Gegensatz zu ihren Freundinnen fand sie die gesellschaftliche Seite der guten Werke ungeheuer anstrengend. Sie haßte die endlosen Luncheons und Fünf-Uhr-Tees, bei denen sie stundenlang auf einem harten Stuhl sitzen und höflich Konversation machen mußte. Der ständige hämische Klatsch und die boshafte Schadenfreude, die zu diesen Veranstaltungen genauso gehörten wie die unvermeidlichen Brunnenkresse- und Gurkensandwiches, beunruhigten sie, denn sie spürte, daß sie jederzeit selbst der Gegenstand solcher Gespräche werden konnte. Andererseits konnte Winifred diese Welt aber auch nicht verlassen; denn sie kannte gar keine andere. Es fehlte ihr nicht nur an der nötigen Kraft, um sich eine eigene Welt aufzubauen, sondern auch an der Phantasie und Initiative. Sie akzeptierte die Aufgaben, die man ihr antrug, als Schicksal und benahm sich so, wie man es von einer Frau ihrer gesellschaftlichen Stellung erwarten durfte: Sie war verständnisvoll, gütig und wohltätig. Im Gegensatz zu ihrem Sohn Nicholas empfand sie auch den Aufenthalt auf der Farm ihrer Eltern nicht als echte Erleichterung, denn hier war sie nicht nur dem Einfluß ihrer strengen Mutter direkt ausgesetzt, sondern mußte sich auch mehr um ihre Söhne kümmern als in New York.

Ächzend rieb sie ihre schmerzende Schulter. Gestern hatte sie sich verpflichtet gefühlt, Nicholas auf seinem Pony eine Stunde lang durch die Wälder zu führen. Davor hatte sie mit ihren Söhnen vier Körbe voll Blaubeeren gesammelt und für Thomas ein Beet für Sonnenblumen angelegt. Ihr Hals war so steif wie ein Waschbrett, und ihre Haare standen wie trockenes Stroh in die Luft. »Beeil dich jetzt«, sagte Maisie, »du hast noch genau zehn Minuten.« Zum Dämmerschoppen wurden ein paar Nachbarn erwartet. »Kümmere dich besonders um Nora Vickers. Das ist die mit den vorstehenden Zähnen. Ihre beiden Söhne sind auf Iwo Jima gefallen. Reiß dich zusammen, Winifred. In sechs Stunden kannst du ins Bett gehen.«

»Ich bin fix und fertig.«

»Wir haben es alle nicht leicht. Komm, Winifred, Selbstmitleid hilft dir nicht weiter. Du lebst doch jetzt nur mit halber Kraft. Was soll denn werden, wenn James wiederkommt? Dann mußt du auch noch deinen Pflichten als Ehefrau nachkommen. So, jetzt geh unter die Dusche, und vergiß die arme Mrs. Vickers nachher nicht.«

Der sechsundsiebzigjährige Samuel Tuttle saß bleich und sommersprossig vor einem elektrischen Heizofen in seinem Arbeitszimmer und fror. Eine häßliche Erkältung, die sich zunächst zu einer Bronchitis und schließlich gar zu einer langwierigen Lungenentzündung entwickelt hatte, war schuld daran, daß ihm sein Hausarzt, der einen der vier von ihm gestifteten medizinischen Lehrstühle an der Columbia-Universität innehatte, jegliche Arbeit verbieten mußte. Maisie hatte seine Zigarren beschlagnahmt, und keiner der Dienstboten war bereit, seine Bestechungsgelder zu akzeptieren und neue zu kaufen. Er hatte alle seine Bücher von Edith Wharton, Henry James und Conan Doyle noch einmal gelesen. Obwohl er nach der wochenlangen Eier- und Hühnchendiät außerordentlich schlecht gelaunt war, hätte er nicht gewußt, was er gerne gegessen hätte.

»Nun, mein Sohn, was führt dich zu mir?« fragte er.

»Nichts Besonderes, Großvater«, erwiderte Nicholas.

»Ich verstehe. Hat dich deine Mutter geschickt?«

»Nein, Großmutter.«

»Aha. Und was hat sie gesagt? Du kannst es mir ruhig verraten.«

»Sie hat gesagt: ›Dein Großvater ist übelster Laune. Geh zu ihm in sein Zimmer, bitte ihn um Papier und Bleistift und mal ihm was Schönes, damit er sich freut.‹«

»So viele Buntstifte gibt es gar nicht, daß du mich aufheitern könntest, mein Sohn. Aber bitte, versuch es nur. Die Bleistifte liegen auf dem Schreibtisch, und das Papier ist da drüben im Schrank. Was willst du denn für mich malen?«

»Meinen Vater?«

»Ja, das wäre sehr nett, Nicholas.«

»Daddy ist in Europa, im Krieg.«

»Ich weiß.«

»Kennst du ihn?«

»Natürlich kenne ich ihn. Er hat ja meine Tochter geheiratet. Deine Mutter ist meine Tochter.«

»Das weiß ich. Und Onkel Jesse und Onkel Caleb sind deine Söhne, aber sie sind schon erwachsen.«

»Und außerdem noch Onkel Jeremiah in Rhode Island.«

»Darf ich dich noch etwas fragen?« Samuel nickte. »Du bist doch nicht der Daddy von meinem Daddy?«

»Nein.«

»Hat mein Daddy denn einen Daddy?«

»Ja. Er hat einen Vater und eine Mutter. Und soll ich dir etwas erzählen? Die wohnen auch in Rhode Island, genau wie Tante Polly und Onkel Jeremiah.«

»Kennen sie sich denn? Besuchen sie sich oft in Rhode Island?«

»Das glaube ich nicht, Nicholas. Deine Großeltern wohnen in einer anderen Stadt, und deine Großmutter ist krank.«

»Sind das auch meine Großeltern? Mein Großvater und meine Großmutter?«

»Ja.«

»Daddys Vater und Mutter?«

»Ja.«

»Warum besuchen sie mich nie und bringen mir Weihnachtsgeschenke?«

»Ich bin sicher, sie würden das sehr gerne tun, Nicholas. Aber sie sind schon sehr alt und krank und können nicht mehr weit reisen.«

»Darf ich sie mal in Rhode Island besuchen?«

»Ja, vielleicht darfst du mal hinfahren. Möglicherweise, wenn dein Vater aus Europa zurückkommt.«

»Können sie mir dann nicht wenigstens zu meinem Geburtstag eine Karte schicken?«

»Ich glaube, sie sind zu krank, um in einen Laden zu gehen.«

»Können sie nicht das Dienstmädchen schicken?«

»Nicholas, viele Leute, die meisten übrigens, haben keine Dienstmädchen. Soll ich dir sagen, warum? Dienstmädchen muß man bezahlen, und die meisten Leute haben nicht so viel Geld. Deshalb müssen sie alle Arbeiten selbst machen.«

»Texas Pete striegelt seinen Mustang auch selbst. Der Mustang heißt Bravo.«

»Das ist schön. Deine Großeltern wohnen alt und krank in Rhode Island und müssen alles selbst machen.«

»Aber davon werden sie doch immer älter und schwächer.«

»Ja, das stimmt.«

»Und warum geben wir ihnen dann kein Geld für ein Dienstmädchen?«

»Ja, das ist eine schwierige Frage. Weißt du, man kann den Leuten nicht alles abnehmen. Sie müssen sich selbst versorgen, auch wenn es schwer ist. Das ist nun mal der Lauf der Welt. Aber deine Großeltern denken bestimmt oft an Thomas und dich, auch wenn sie nicht stark genug sind, alles für euch zu tun, was sie gerne möchten, auch wenn sie nicht nach New York kommen und euch Geschenke kaufen können, verstehst du?«

»Ich glaube, ja. Weiß mein Vater eigentlich, daß seine Eltern alt und krank und schwach sind und nicht nach New York kommen können?«

»Ich glaube nicht.«

»Sollte ihm Mami nicht schreiben, daß er sofort aus dem Krieg nach Hause kommt, damit –«

»So, Nicholas, jetzt hör mal auf damit, mir Löcher in den Bauch zu fragen. Wolltest du nicht ein Bild malen?«

»Ich werde höchstens vier Wochen wegbleiben«, sagte James.

»Vier Wochen?« fragte Denise.

»Nun ja, vielleicht auch fünf oder sechs. Es könnte sein, daß ich in London ein paar Tage aufgehalten werde, um Berichte zu schreiben und so weiter, und wenn ich die ›New Orleans‹ verpasse, muß ich auf den nächsten Truppentransporter warten, und das kann etwas dauern –«

»Nun, ich habe nicht die Absicht, eine Kreuzfahrt im Mittelmeer anzutreten. Falls du zurückkommst, wirst du mich hier finden.«

»Hör auf, Denise! Ich habe dir gesagt, daß ich zu dir zurückkehren werde. Ich brauche nur etwas Zeit, um Winifred die Sache zu erklären und ein paar Dokumente zu unterschreiben. Dann gehe ich, wie versprochen, sofort an Bord des nächsten Schiffes, das nach Frankreich ausläuft.«

9

> Zur Erläuterung einiger medizinischer Details haben wir heute einen Experten im Studio, Dr. Andrew Herbert, den Chefarzt des Bellevue Krankenhauses ...
>
> The MacNeil Lehrer Report, PBS

Der fünfjährige Nicholas und der dreijährige Thomas hockten auf einem gewaltigen Ohrensessel im Wohnzimmer. Fürsorglich zog Nicholas seinem Bruder die Söckchen hoch. »Sitz still«, flüsterte er, »sonst rutschen sie wieder herunter.«

»Was soll ich sagen? Guten Tag, Sir, ich bin Thomas Josiah Cobleigh? Oder was?«

»Nein, deinen Namen brauchst du nicht nennen. Er ist doch dein Daddy.«

»Aber dein Daddy ist er auch, oder?«

»Ja, natürlich. Das hab ich dir doch schon tausendmal erklärt, Tommy. Mami ist ja auch deine und meine Mami. Du gehst einfach hin und gibst ihm einen Kuß, Tommie.«

»Gibst du ihm auch einen Kuß?«

»Natürlich. Mami küßt ihn gleich an der Tür. Deshalb wartet sie jetzt draußen im Flur. Sie hat gesehen, wie er aus dem Taxi gestiegen ist. Wir bleiben ganz still hier sitzen und warten, bis sie ihn ins Wohnzimmer bringt, dann stehen wir auf, sagen ›Guten Tag, Daddy‹ und geben ihm einen Kuß.«

»Wer geht denn als erster?«

»Ich. Ich bin größer.«

»Das ist nicht gerecht.«

»Doch. Du kennst ihn ja überhaupt nicht.«

»Das ist ganz ungerecht, Nicky.«

»Ich habe gesagt, so wird es gemacht, und ich bin der Boß.«

»Du bist überhaupt nicht der Boß. Du bist ein Blödmann.«

»Halt den Mund, sonst geb ich dir eins auf die Nase.«

»Halt selbst den Mund, Blödmann.«

»Pssst. Jetzt ist er schon draußen im Flur.« Nicholas nahm die Hand seines Bruders und hielt sie ganz fest. »Sei still. Mach dir keine Sorgen. Jetzt wird alles gut.«

Er würde sie küssen müssen, das war klar. Aber dann würde er so rasch wie möglich einen Schritt auf Distanz gehen und sagen: »Winifred, ich muß mit dir reden.« Als er aber nach drei harten, in modrigen Kellern und halbverfallenen normannischen Bauernhäusern verbrachten Kriegsjahren sein elegantes Apartment wiedersah, verschlug es James allerdings erst einmal die Sprache. Es war ihm entfallen, in welchem Luxus er früher gelebt hatte. Schon der Glanz der Parkettböden und das üppige Farbenspiel der kostbaren Teppiche ließen ihn staunen, und der Duft der Jasminzweige in einer Bodenvase zerriß ihm das Herz. Er hätte beinahe geweint, als er daran dachte, daß ihm das alles gehörte.

Er hatte auch nicht erwartet, daß sich die schlanke Frau, die er im Arm hielt, so angenehm anfühlen würde. Sie roch sauber und frisch, ihre Haut war einladend weich, und die Tränen, die ihre Wimpern benetzten, als sie ihre sommersprossigen Arme um seinen Hals schlang, waren so rührend. Er streichelte den glatten Stoff ihres hellblauen Kleides, er streichelte ihren festen Rücken und den flaumigen Nacken.

Und obwohl er natürlich erwartet hatte, seine Söhne zu sehen, hatten ihn doch die Gefühle übermannt, als sein schüchterner Ältester endlich den Kopf hob und er in dessen Gesicht die Züge seines eigenen Vaters entdeckte. Nicholas sah seinem Großvater Henry Cobleigh außerordentlich ähnlich; in seinen türkisblauen Augen freilich lag die Ernsthaftigkeit seiner Mutter. Auch auf den kreischenden kleinen Thomas mit seinem runden, sommersprossigen Tuttle-Gesicht war er nicht gefaßt gewesen, der seine dicken Ärmchen um ihn schlang und dazu krähte: »Daddy ist wieder zu Hause!«

Selbst das chromglänzende Badezimmer, die flauschigen Handtücher, das neue Rasierwasser, das frische Hemd, den festlich gedeckten Tisch mit zwei flackernden Kerzen, das Roastbeef und den Champagner, den ein hübsches Mädchen mit weißer Schürze servierte, hatte James nicht erwartet. Auch den überraschenden Besuch der Tuttles nicht, bei dem sein Schwiegervater ihm auf die Schultern klopfte und gerührt sagte: »Schön, daß Sie wieder da sind, mein Junge.« Und erst recht nicht die seidige Wärme von Winifreds schlankem Körper, als sie schließlich zu Bett gingen.

Schon nach einer Woche begriff er, daß Denise Levesque recht gehabt hatte. Ihre Liebe war eine Kriegsromanze gewesen, sehr intensiv und sehr unwirklich. Er gehörte nun mal nach New York. In den folgenden Wochen versuchte er mehrfach, Denise zu schreiben. Aber sämtliche Brieffassungen klangen so kühl und analytisch, daß er sie einfach nicht abschicken mochte. So schrieb er ihr am Ende gar nicht. Denise, die diese Entwicklung ja vorausgesehen hatte, würde sein Schweigen schon richtig zu deuten wissen.

Im Broad Street Club in Manhattan war alles größer als nötig. In den Sesseln hätten Gorillas Platz gehabt, in den Suppenschüsseln konnte man Fußbäder nehmen und ein Schwertfischsteak reichte aus, um eine vierköpfige Familie dreieinhalb Tage mit Protein zu versorgen. Statt des sonst üblichen Understatements trugen die wohlhabenden protestantischen Weißen der Oberschicht, die hier verkehrten, in den schützenden fünf Meter hohen mahagonigetäfelten Räumen ungeniert ihre Freßgier zur Schau.

Samuel Tuttle hob gerade eine riesige Languste von der mit Eis bedeckten Servierplatte auf seinen Teller. »Ich glaube, ich weiß genau, was Sie vorhaben«, sagte er dabei zu seinem Schwiegersohn. »Sie wollen Ivers & Hood verlassen, Ihre Praxis als Rechtsanwalt aufgeben, Winifred und die Kinder nach Washington schleifen und für eine Spionageorganisation arbeiten, die es offiziell bisher noch gar nicht gibt.«

James nahm einen großen Schluck von seinem Scotch. Der Club seines Schwiegervaters war so exklusiv, daß nur die beiden allerprominentesten Partner von Ivers & Hood Aufnahme gefunden hatten. »So, wie Sie das darstellen, klingt alles sehr unseriös.«

»Das ist es ja auch. Sie haben es nicht nötig, für diese Geheimdienstleute zu arbeiten. Denken Sie lieber an Ihre Familie.«

»Ich würde ja in Washington arbeiten und brauchte nicht mehr so viel zu reisen, Mr. Tuttle. Ich bin der Ansicht, daß Amerika unbedingt eine schlagkräftige Organisation –«

»Mrs. Tuttle möchte nicht, daß ihre einzige Tochter als Frau eines Spions nach Washington geht.«

»Ich muß doch sehr bitten!«

»Ich bin ebenfalls der Ansicht, daß Sie jetzt erwachsen genug sein sollten, um nicht länger Pfadfinder zu spielen. Sie sind schon viel zu lange mit Ihrem rostigen Schwert durch die Wälder gezogen und haben gefährliche Drachen erlegt. Ihre Fahrten und Abenteuer sollten jetzt ein vernünftiges Ziel finden.«

»Bitte –«

»Ich fände es außerordentlich töricht von Ihnen, wenn Sie Ivers & Hood gerade jetzt verlassen würden, wo man dort überlegt, Sie zum Partner zu machen ...«

»Man überlegt, mich zum Partner zu machen? In fünf Jahren vielleicht. So lange will ich nicht warten.«

»Daß Sie wenig Geduld haben, ist allen Beteiligten klar. Sie sind eine Abenteurernatur. Andererseits haben Sie aber auch eine Tuttle geheiratet, und wir schätzen es gar nicht, wenn das Familienleben durch Turbulenzen gestört wird. Ihre Abenteuer sind mit dem Sieg in Europa zu Ende gegangen. Ihre Tage als Spion sind vorbei, James. Den Rest Ihres Lebens werden Sie als Rechtsanwalt zubringen. Es wird Zeit, daß Sie sich damit abfinden. Und wie ich schon angedeutet habe, soll es Ihr Schaden nicht sein. Ich glaube, man wird Sie sehr bald bitten, einer der Juniorpartner der Firma zu werden.«

»Mr. Tuttle, es wäre mir gar nicht recht, wenn man mir vorzeitig eine Partnerschaft anbieten würde. Ich fände es ausgesprochen ungerecht, wenn ich den anderen vorgezogen würde, bloß weil ich Ihr Schwiegersohn bin und Sie einer der wichtigsten Mandanten von Ivers & Hood sind.«

»Sind Sie der Ansicht, Sie verdienten keine Partnerschaft?« fragte Samuel Tuttle und trank einen Schluck Wasser.

James stürzte den Rest seines Whiskys hinunter. »Verdienen würde ich die Partnerschaft schon –«

»Dann sollten Sie auch nicht zögern. Es schadet ja nichts, wenn Ihre Verdienste etwas vorzeitig anerkannt werden.«

»Ich werde diese Partnerschaft nicht akzeptieren, Mr. Tuttle. Ich werde nach Washington gehen. Winnie teilt meine Ansicht, daß –«

»Winifred würde Ihnen auch erlauben, sie zu verbrennen, vorausgesetzt, daß Sie das Streichholz persönlich entflammen. Das ist sehr bedauerlich, aber wahr. Ich glaube trotzdem nicht, daß Sie nach Washington gehen.«

»Man hat mir einen Posten als –«

»Soviel ich weiß, hat die Regierung das Angebot rückgängig gemacht.«

»Was soll das heißen? Wie kommen Sie darauf? Haben Sie mit irgend jemandem gesprochen?«

»Nun, die Beteiligten scheinen der Ansicht zu sein, daß Sie besser als Rechtsanwalt in New York bleiben sollten, James. Es ist keineswegs ausgeschlossen, daß Sie Ihrem Land zu einem späteren Zeitpunkt erneut dienen dürfen, aber gegenwärtig kann man in Washington auf Sie verzichten. Möchten Sie noch einen Scotch?«

James hatte sich auf einem großen Badetuch im Gras ausgestreckt und versuchte zu schlafen.

Nicholas saß mit gekreuzten Beinen neben ihm und starrte nachdenklich über den kleinen See. Es war das erste gemeinsame Wochenende hier draußen in der Hütte. Der Sommer lag warm auf den bewaldeten Hügeln der Berkshires.

Langsam, mit angehaltenem Atem, senkte Nicholas seine Hand, bis sie die Haare auf der Brust seines Vaters berührte. Die Haare begannen oben am Hals, überzogen die Brust und den Bauch seines Vaters, verschwanden in der Badehose und erschienen dann als goldene Locken auf seinen Beinen. Nicholas zog seine Hand zurück und strich sich über die eigene, glatte Brust.

»Daddy«, flüsterte er, und als James mit einem unwilligen Knurren reagierte, fragte er: »Daddy, schläfst du?«

»Ja.«

»Gehen wir noch einmal angeln?«

»Später vielleicht.«

»Kriege ich zum Mittagessen Hot dogs und ein Eis hinterher?«

»Bitte, Nick. Gönn mir noch ein paar Minuten Ruhe.«
»Kriege ich auch einmal so viele Haare wie du?«
»Was für Haare?«
»Auf dem Bauch.«
»Ja, vielleicht.«
»Auch an den Beinen?«
»Hör mal, Nick, ich hab eine schwere Woche hinter mir.«
»Was war denn los?«
»Nichts weiter. Laß mich nur einfach ein wenig ausspannen, okay?«

»Okay.« Nicholas sah zu, wie sein Vater die Hände unter den Kopf schob, um weicher zu liegen. Die Haare unter seinen Achseln waren beinahe weiß. Nicholas hätte sich gern bei seinem Vater angekuschelt und ihm seine Arme um die Schultern geschlungen.

Nicholas' Idealvater war eine Mischung aus einem Baseballchampion und einem U.S.-Marshall. James entsprach diesem Ideal nur bedingt; er saß lieber im Sessel und beschäftigte sich mit Dingen, die Nicholas nicht verstand. Aber die chaotischen Verhältnisse im Haushalt seiner Mutter hatten Nicholas zu einem sehr anpassungsfähigen Jungen gemacht. Schon wenige Tage nach der Rückkehr seines Vaters versuchte er, dessen tiefe Stimme nachzuahmen, und schlich sich jeden Morgen ins Bad seiner Eltern, um sich mit dem von James benutzten Rasierpinsel unter der Nase zu kitzeln.

Auch jetzt versuchte Nicholas, die Haltung des Vaters zu imitieren, aber das feuchte Gras, die vielen kleinen Steine und seine eigene Ruhelosigkeit machten das Stilliegen schwer. Er setzte sich wieder auf, schlang die Arme um die Knie und wünschte sich von ganzem Herzen, daß sein Vater endlich aufstünde und mit ihm herumtobte.

Aber auch wenn sein Vater völlig untätig blieb, wollte Nicholas unbedingt bei ihm sein. Er hätte immer noch lieber bewegungslos auf einem chinesischen Teppich gesessen und seinem Vater bei der Durchsicht eines Vertrages zugesehen als mit seiner Mutter eine Wanderung gemacht. Das Leben seines Vaters schien ereignislos zu sein, aber Nicholas brauchte viel Ruhe. Nach sechs Jahren voll häuslichem Chaos, in denen beinahe monatlich neue Kindermädchen für ihn und seinen Bruder gesorgt hatten, in denen seine Mutter eine völlig unberechenbare Gastrolle in seinem Leben gespielt hatte (mal kam sie am hellen Vormittag mit einer Tafel Schokolade, mal gab sie ihren Kindern um Mitternacht nach der Oper noch einen unerwarteten Gutenachtkuß), in denen die Wohnung ständig neu möbliert worden war und unzählige Freundinnen seiner Mutter ihn mit ihren heuchlerischen Zärtlichkeiten traktiert hatten, war Nicholas zu Tode erschöpft. Er brauchte seinen Vater dringend.

»Daddy, wieso hast du eigentlich nur mich mitgenommen?«
»Nick, bitte laß mich in Ruhe.«
»Ist es, weil Tommy noch klein ist?«
»Ja. Für ihn ist es besser, wenn er mit Nanny... wie heißt eure Nanny?«
»Nanny Stewart.«
»Für ihn ist es besser, wenn er mit Nanny Stewart zu Großvater und Großmutter auf die Farm nach Connecticut fährt.«
»Und Mami bleibt in New York und ruht sich aus, bis das neue Baby da ist.«
»Ja.«
»Warum ruht sie sich aus?«
»Warum machst du nicht einen kleinen Spaziergang, Nicky, und kommst in einer Viertelstunde zurück? Was hältst du davon?«
»Okay. Daddy?«
»Was denn?«
»Ich hab keine Uhr.«
»Nick –«
»Soll ich da hinten auf der Wiese nach Würmern graben, damit wir Köder haben fürs Angeln?«
»Das ist eine gute Idee.«
»Wo soll ich die Würmer denn reintun?«
»Am besten, du denkst dir selbst etwas aus, Nick. Okay? Und nun laß mich bitte in Ruhe.«
»Du hast eine schwere Woche gehabt.«
»Genau.«

Die nächsten Wochen waren nicht leichter. Am Montag hatte

James von morgens um acht bis abends um zehn an seinem Schreibtisch gesessen, um den Entwurf einer Bürgschaftserklärung für Republic Petroleum aufzusetzen. Schon vor drei Monaten hatte er seinen Sozietätsvertrag bei Ivers & Hood unterschrieben, aber sein Interesse an der Firma war immer noch minimal. Und für die Ölgeschäfte von Republic Petroleum in Texas oder Saudi-Arabien interessierte er sich schon gar nicht. Die westliche Kultur, die er in Europa so mühsam retten geholfen hatte, fand er jetzt außerordentlich langweilig.

Am Dienstag speisten James und Winifred als Gäste von Dwayne Petrie, dem Vorstandsvorsitzenden von Republic Petroleum, im Nuit Bleu. Mrs. Petrie, eine üppige Matrone, die sich soviel Lippenstift ins Gesicht geschmiert hatte, daß ihr Mund wie ein roher Hamburger aussah, war ebenfalls mit von der Partie. Sowohl Mr. als auch Mrs. Petrie waren überreichlich mit großen Diamanten geschmückt. Auf der Brust des Vorstandsvorsitzenden prangte eine Krawattennadel in Form eines D, und derselbe Buchstabe baumelte, mit noch mehr Diamanten besetzt, auch über dem fleischigen Dekolleté seiner blonden Gemahlin. »Deedee«, verkündete Mr. Petrie gerade, »unser Freund James war während des Krieges in Frankreich. Er war beim OSS, einer von diesen Wunderknaben, die für uns spioniert haben. Ich kann mir richtig vorstellen, wie er mit irgendeiner Mademoiselle im Café geheime Botschaften ausgetauscht hat.«

»Mr. Petrie...«, sagte Winifred leise. Mit ihrem elfenbeinfarbenen Schwangerschaftskleid, der von ihrer Mutter geliehenen Perlenkette und ihren Sommersprossen wirkte sie so dezent, daß sie fast unsichtbar war. Wie üblich trug sie keinerlei Makeup. »Wissen Sie, Mr. Petrie, ich glaube, Sie tun dem OSS unrecht«, sagte Winifred.

»Schon gut, Winifred«, sagte James. Ihm waren die aufgedonnerten Gastgeber ebenso peinlich wie seine ungeschickte, wohlmeinende Frau.

»Nein, bitte, James.« Winifred legte ihre Gabel weg und faltete ihre Hände über ihrem ballonartig aufgeschwollenen Bauch. »Ich glaube, manche Leute haben ganz falsche Vorstellungen vom OSS. James hat in Frankreich sein Leben riskiert –«

»Winnie, bitte.«

»Sie haben wirklich eine prachtvolle Frau, James«, sagte Mr. Petrie mit dröhnender Stimme. »Ich schätze es, wenn Frauen loyal sind. Ein Zeichen von Charakter, nicht wahr?« Er zwinkerte Winifred zu. »Ihr Kampfgeist gefällt mir, mein Mädchen. Aber jetzt müssen Sie brav Ihr Lammkotelett essen.«

Im weiteren Verlauf des Abends hatten sich der kleinen Gesellschaft auch noch Hamilton Cummings und seine Frau angeschlossen. Cummings war einer der Seniorpartner bei Ivers & Hood, er trug eine dicke, randlose Brille und hatte fast kein Lippen. Wenn er überhaupt lächelte, dann nur Republic Petroleum zuliebe. Seine Frau Ginger war eine blonde Schönheit Anfang vierzig, die eine gewisse Ähnlichkeit mit Louise Cobleigh hatte, der Mutter von James. Bedauerlicherweise litt sie auch an derselben Krankheit: Alkoholismus. Beim Dessert hatten ihre unverblümten Annäherungsversuche einen Höhepunkt erreicht, als sie James ihren Löffel mit *Mousse au Chocolat* vor den Mund hielt und sagte: »Wollen Sie nicht bei mir kosten, Jim?« Danach war sie in düsterem Schweigen versunken. Sie hatte in die Kerzen gestarrt und mit ihrem schwarzen Kleid und dem vornehmen, blassen Gesicht wie eine verwitwete Herzogin ausgesehen.

Das war der Dienstag gewesen. Am Mittwochabend hatte James ein kleines impressionistisches Gemälde über dem Sideboard entdeckt, als er sich zum Essen hinsetzen wollte. Er konnte sich an den Namen des Malers nicht gleich erinnern, aber der Triumph der gelben Lilien vor dem Hintergrund von dunklem Laub und grünem Moos im Nachmittagslicht war offensichtlich das Werk eines Genies.

»Na, wie gefällt es dir?« fragte Winifred. Ihre Schwangerschaft und die freudige Erwartung ließen sie wie eine elektrische Heizsonne strahlen. »Ist es nicht toll? Weißt du, ich war ganz zufällig in der Wasserman Gallery, weil Westy Redding ihr Boullet-Aquarell schätzen lassen wollte. Als ich das Bild sah, blieb mir einfach die Luft weg. Ich sagte mir natürlich: Winnie, das kannst du nicht machen. Aber dann konnte ich einfach den Blick nicht mehr davon abwenden, und schließlich habe ich es gekauft. Was ist, James, gefällt es dir nicht?«

»Gefällt es dir nicht, James?«

»James –«

»Könntest du bitte klingeln, Winnie, das Mädchen hat meinen Eistee vergessen.«

»James, ich war mir so sicher, daß du es schön findest. Ich wäre nie auf die Idee gekommen, daß du es nicht magst. Bitte, James, hör auf, so durch mich hindurchzusehen! Das ertrage ich nicht.«

»Ich hätte gern meinen Eistee.«

»Es tut mir leid, James, ich hätte nie gedacht –«

»Du denkst nie über irgendwas nach, oder?«

»James ...«

»Winifred, wie oft muß ich es dir noch erklären? Ich ertrinke in deinem Geld, Winifred! Wir leben in einem Apartment, das ich mir nicht leisten kann, wir haben eine Einrichtung, die ich mir nicht leisten kann, wir haben Dienstboten, die ich mir nicht leisten kann. Du trägst ein Paar Ohrringe, für die ich ein Jahr lang arbeiten müßte, und –«

»Die hat mir doch Mama geschenkt.«

»Und die hübsche Uhr hat Mama dir auch geschenkt. Und die hübschen Perlen und die hübschen Kleider dazu. Und Daddy hat dir den hübschen Wagen und den hübschen Scheck und den hübschen Weiß-ich-was geschenkt.«

»Aber, James! Das Geld hat er doch nicht *mir* geschenkt, sondern *uns*!«

»Den Teufel hat er getan!«

»Du sagst das alles doch nur, um mich zu ärgern, weil dir das Bild nicht gefällt.«

»Ich sage genau das, was ich denke. Ich habe es bis obenhin satt. Wie kommst du denn auf die Idee, der Scheck wäre nicht für dich gewesen? Er war auf *deinen* Namen ausgestellt. Jedesmal wenn ich dir den Rücken zukehre, drückt dir einer deiner zahllosen Verwandten ein paar Tausender in die Hand, und du rennst los und kaufst etwas, was unseren Lebensstandard verbessert. Wenn ich dir sage, ich hätte alles, was ich brauche zum Anziehen, finde ich zwei Tage später drei neue Hemden und einen Seidenschal in meinem Schrank –«

»Aber du *brauchst* einen Seidenschal für die Oper.«

»*Du* brauchst ihn, Winifred, *du*. Ich will keinen. Ich will bloß meine Ruhe. Wie findest du das, Winifred? Läßt sich das vielleicht machen?«

»Ich laß dir doch deine Ruhe, James. Wenn du in dein Arbeitszimmer gehst und die Tür hinter dir zumachst, habe ich noch niemals gestört. Aber was hat das mit dem Seidenschal zu tun?«

»Ein Seidenschal, eine Apanage für Nicky und Tommy und jetzt ein neues Gemälde, daß ich mir in fünf Jahren nicht kaufen könnte, ich –«

»Ich habe das Geld genommen, das mir Onkel Joseph vererbt hat. Und das Bild ist schön. Das mußt du doch zugeben. Alle Leute haben gesagt, es wäre eine gute Geldanlage. Ich möchte doch nur, daß wir eine schöne Wohnung haben, damit wir glücklich sind, wenn du nach Hause kommst abends. So wie früher, vor dem Krieg. Alles, was ich habe, gehört dir doch auch, James. Das weißt du genau.«

»Gut. Dann hast du gewiß nichts dagegen, wenn ich das Gemälde verkaufe.«

»Hör auf damit, James.«

»Dann ist es also nicht *unser* Gemälde, nicht wahr, Winnie?«

»James, ich will mich ja nicht mit dir streiten, aber ich habe durchaus nicht den Eindruck, daß es dir widerstrebt, Anzüge von Ogilvy's zu tragen, dir das Essen servieren zu lassen und die gebügelten Hemden im Schrank vorzufinden. Und daß die Jungens gepflegt herumlaufen, ist dir auch recht. Dabei solltest du wissen, daß ich allein nicht dazu in der Lage wäre, für all das zu sorgen.«

»Du könntest durchaus. Du willst nur nicht.«

»Das wäre doch albern.«

»Das wäre keineswegs albern. Es wäre nur unangenehm.«

»Na ja, warum soll man sich das Leben schwermachen, wenn es nicht sein muß? Muß ich denn unbedingt auf den Knien herumrutschen und Fußböden schrubben? Ist es das, was du willst?«

»Winifred, ich bin kein Fließbandarbeiter, sondern Juniorpartner in einer Anwaltskanzlei in der Wall Street. Du weißt ganz genau, daß du nicht auf den Knien herumrutschen müßtest.«

»Aber warum sollen wir denn unbedingt in einer dieser engen Wohnungen in den Vororten leben wie die anderen Juniorpartner der Firma? Das haben wir doch nicht nötig. Ich möchte es uns ein bißchen nett machen, das ist alles, James. Ist das so schlimm?«

»Winnie, eigentlich willst du mich gar nicht. Du versuchst doch nur, alles zu tun, was deine Familie von dir erwartet, und ein Ehemann ist eben ein unverzichtbares Accessoire für eine geborene Tuttle. Du brauchst einen Prinzgemahl, Winnie, eine männliche Prostituierte.«

Winifred stand auf, ging um den Tisch herum und hockte sich vor James hin, so daß sie von unten zu ihm heraufsah. »James, bitte, sag nicht so etwas Schreckliches. Du weißt doch, daß ich dich liebe und daß ich dich respektiere. Ich weiß, daß es schwierig ist für dich, seit du wieder zu Hause bist. Die Anpassung an das Zivilleben und so weiter, aber das muß jeder durchmachen. Sicher kommt dir alles hier unglaublich langweilig vor, aber du wirst dich bestimmt wieder daran gewöhnen. Ich möchte dir so gern helfen –«

»Jetzt reicht's aber, Winifred. Bitte setz dich wieder an deinen Platz. Ganz im Ernst. Laß mich einfach in Ruhe, das genügt völlig.«

»James, ich weiß, du möchtest nicht, daß ich weiter darüber rede, aber ich liebe dich so, und es –«

»Winifred.«

»Ja?«

»Laß mich in Ruhe.«

Am Donnerstagvormittag war seine Sekretärin ungerufen in sein Büro geschlüpft und hatte die Tür hinter sich zugemacht. Sie hatte die Hand vor dem Mund gehalten und wie eine Verschwörerin in einem Kriminalfilm durch die Finger geflüstert: »Mr. Cobleigh, ich wollte sie lieber nicht anrufen. Da ist eine Dame am Telefon, die ihren Namen nicht nennen will, obwohl ich sie dreimal gefragt habe.«

»Hmm. Ach, jetzt weiß ich. Das muß Mrs. Snoud sein, die Witwe von Hudson Containers. Ihre Tochter will sie entmündigen lassen.«

»Ach so. Entschuldigen Sie bitte, Mr. Cobleigh, daß ich hier so eingedrungen bin. Ich wußte ja nicht –«

»Aber das macht doch nichts, Gertie.«

Einen Augenblick später, als er wieder allein war, nahm James den Telefonhörer ab. Er hatte diesen Anruf zwar nicht gerade erwartet, aber er war auch nicht überrascht.

Am Freitag war es im fensterlosen Sekretärinnenzimmer der Kanzlei so heiß gewesen, daß eine der jungen Frauen ohnmächtig geworden und mit dem Kopf auf die Tastatur ihrer Schreibmaschine geprallt war. Sie mußte mit einer Gehirnerschütterung ins Krankenhaus gebracht werden. Auch Gerties Gesicht war verdächtig rosa, und ihre weiße Bluse klebte geradezu an ihrem breiten, fleischigen Rücken. Als James ihr verkündete, er werde in seinem Club zu Mittag essen, brachte sie nur ein schwaches »Jawohl, Mr. Cobleigh« heraus.

Statt zu seinem Club begab sich James allerdings zur nächsten U-Bahnstation und tauchte in die feucht-warmen Tunnel hinab.

Eine halbe Stunde später trank er seinen zweiten Gin und Tonic mit Eis und ließ sich von den kühlen Fingern seiner neuen Geliebten den Schwanz streicheln. Ginger Cummings, die Gattin seines Seniorpartners bei Ivers & Hood, war in jeder Beziehung erfrischend.

In der Nacht vom 1. auf den 2. September 1947, als Winifred sich schwitzend und stöhnend im Kreißsaal bemühte, Olivia Rebecca Cobleigh das Leben zu schenken, weilte James im Sommerhaus der Cummings in Southampton, Long Island. Die Fenster des Schlafzimmers standen weit offen, und vom Meer wehte eine leichte Brise herauf, als er sich Ginger zum dritten Mal in dieser Nacht vornahm. Er wütete in ihrem Fleisch wie ein brünstiger Eber, während sie, von kleinen Schreien unterbrochen, immer wieder erklärte, es wäre schon spät und sie müßte ins Bettchen; denn sie war völlig betrunken. (Hamilton Cummings, der sich wegen eines Fünf-Millionen-Dollar-Immobilien-Vertrags in Chikago befand, lag zur gleichen Zeit in seinem Bett im Ambassador und ließ ein Fünfzig-Dollar-Callgirl das für sich tun, was seine Frau zwei Stunden zuvor laut keuchend für James getan hatte.)

Thomas, der heftig weinte, und Nicholas, der dies nicht tat, durften in dieser Nacht bei der dicken Nanny Stewart, einem

braunäugigen, fast zwei Meter großen Kindermädchen mit einem leichten braunen Flaum auf der Oberlippe, im Bett schlafen.
»So, Thomas, ganz ruhig. Nicht herumzappeln, du bist doch schon groß.« Ihre tiefe Stimme ließ den ganzen Körper vibrieren.
»So, meine Jungens, kuschelt euch nur schön an mich. Eure Mutter kommt bald wieder nach Hause und bringt ein neues Geschwisterchen mit, und euer Vater kommt auch bald von seiner Dienstreise zurück, und dann wird alles wieder gut.«

Thomas kuschelte sich in die Armbeuge der Frau, und sein Daumen blieb respektable zehn Zentimeter außerhalb seines Mundes. Nicholas drängte sich an den Bauch der jungen Frau und wurde von ihrem gewaltigen Busen wie von einem Dach gegen alle Fährnisse beschirmt.

»So, ihr zwei. So ist es schön. Sehr gut, Nicholas, sind deine Augen auch wirklich fest zu? Du bist schon ein bißchen zu groß, um ohne weiteres bei mir zu liegen, aber bleib nur bei deinem Bruder. Es ist so richtig warm und gemütlich, nicht wahr? Ihr braucht Mama und Papa ja nichts davon zu erzählen.«

Bryan Devereaux war auch nach seinem Abgang von Harvard ein fröhlicher Bursche geblieben, der keinen Spaß ausließ. Partner bei Broadhurst & Fenn in Providence wurde er trotzdem; denn die Modeschmuckfabrik seines Vaters erbrachte ein Fünftel des Umsatzes dieser angesehenen Rechtsanwaltsfirma. Zwei- bis dreimal im Jahr kam Bryan geschäftlich nach New York. Er versäumte es selten, seinen Vetter James zu besuchen.

»Das Studium war ja schon langweilig genug«, sagte er, »aber da konnte man wenigstens nach den Vorlesungen ein bißchen herumknutschen. Aber in der Kanzlei geht es so grauenhaft steif zu, daß einem alles vergeht. Ich arbeite wie ein Pferd, und dann muß ich wegen jeder Unterschrift zum alten Potter und ihm erklären, warum ich hier diesen Paragraphen und dort jenen zitiert habe. Es ist wirklich ein Kreuz.«

»Du hast doch Jeannie und die Kinder.«

»Weißt du, James, Jeannies Vorstellung von einer heißen Nacht besteht darin, Käsetoast im Bett zu essen. Die Kinder sind ganz in Ordnung, aber abends um zehn wünsche ich mir eigentlich eine etwas andere Unterhaltung.«

»Jeannie ist ...«

»Nein, absolut nicht. Nach dem dritten Kind ist die Klappe endgültig dicht. ›Nein, Bryan, heute nicht. Ich habe Migräne.‹ Und die zwei Tage im Monat, wo sie nicht herumjammert, kannst du vergessen. Hast du mal diese Eiswürfel mit einem Loch in der Mitte gesehen? Genauso ist es, mit Jeannie zu vögeln. Nein, da ist es ja in der Kanzlei besser.«

»Hast du noch was nebenbei laufen?«

»Sicher. Was soll ich denn machen? Eine von den Sekretärinnen. Sehr süß. Ein bißchen dämlich, aber was soll's? Die meiste Zeit muß sie allerdings ihre Mutter im Rollstuhl herumschieben, deshalb kann sie sich immer nur am Mittwochabend für eine schnelle Nummer loseisen. Außerdem ist da noch die Tochter unseres Golftrainers. Die ist gebaut wie eine Amazone. Sie kann dich mit einem Tittenschlenkern von hier bis zum Central Park schlagen. Aber die vögelt mit dem ganzen Club, deshalb kriege ich sie nicht sehr oft zu Gesicht. Na ja, der Rest ist nicht der Rede wert, ein paar hübsche kleine Bienen, die ein paar Zwanziger brauchen. Aber was soll's. Immer noch besser als ein geselliges Beisammensein der Rechtsanwaltskammer.«

»Das kann ich mir denken.«

»Hey, James. Mach kein so trübes Gesicht. So schlimm ist das Leben nun auch wieder nicht.«

»Wenn du meinst.«

»Jetzt hör schon auf. Stimmt irgendwas nicht? Hmm? Hast du Ärger mit Winnie-Mäuschen?«

»Nein.«

»Das hätte ich mir auch nicht vorstellen können. Sie muß ja unheimlich scharf sein. Wie viele Kinder habt ihr jetzt eigentlich?«

»Fünf. Nick, Tom, Olivia und die Zwillinge Michael und Abby. Aber jetzt ist Schluß, und das weiß Winnie auch.«

»Will sie denn noch mehr?«

»Ich glaube schon. Wenn sie schwanger ist, kümmert sich die ganze Familie um sie. Und so schrecklich anstrengend ist es ja auch nicht. Sie setzt sie einfach nur in die Welt, der Rest ist Sache des Hauspersonals und der Nanny. Die Arbeit überläßt sie dem Kindermädchen, aber sie kann sich wichtig machen mit Tanzstunden, Klavierunterricht, Schlittschuhlaufen und endlosen pädagogischen Diskussionen mit ihren Freundinnen. Sie sitzt den ganzen Tag mit diesen Damen zusammen. Mit der einen Hälfte ist sie zur Schule gegangen und mit der anderen Hälfte ist sie verwandt, und wenn die anderen mit ihren Liebhabern protzen, erzählt Winnie von ihren fünf Kindern. Dann tätscheln ihr diese Weiber das Köpfchen und sagen: ›Ach, du bist doch eine tüchtige Frau, Winifred. Wie machst du das nur?‹ Sie möchte auch etwas Besonderes sein, deshalb vergißt sie dauernd, sich dieses Ding reinzustecken, und siehe da: Neun Monate später ist sie schon wieder Ehrengast bei einer Entbindung. Dann trifft sie mit ihrer Mutter die Vorbereitungen für die Taufe, und schwupp ist alles erledigt. Das Baby wandert zu Nanny Stewart, und Winifred ist wieder unterwegs zum Reitstall, zum Einkaufen oder zum Lunchen mit ihren Freundinnen. Du kennst ja Winnie. Sie ist immerzu in Bewegung. Ständig mit irgendwelchen Wohltätigkeitsveranstaltungen beschäftigt. Mal organisiert sie eine Spendenaktion für eine rheumatische Harfenistin, und mal verbringt sie eine Woche damit, für ihr Pferd eine neue Bürste zu kaufen.«

»Also bleibt für dich nicht viel Zeit?«

»Das ist nicht das Problem. Sie würde den ganzen Tag mit mir verbringen, wenn ich es nur wollte – und die meisten von ihren Freundinnen übrigens auch.«

»Komm, James, heraus mit der Sprache! Vergiß nicht, ich bin dein Cousin. Ich bin dein Trauzeuge gewesen. Ich habe diese ganze Liaison überhaupt in die Wege geleitet, also sprich! Was ist los?«

»Ich habe eine Geliebte.«

»Ich hab's doch geahnt. Donnerwetter, ich hab's doch gewußt!«

»Es ist natürlich nichts Ernstes. Aber ich mag sie ganz gern. Sie sieht sehr gut aus. Sie ist blond und hat so ein kühles, arrogantes Gesicht. Aber sie läßt sich sehr gern überreden, nicht ganz so kalt zu sein. Sie ist richtig scharf drauf.«

»Donnerwetter, du bist schon ein toller Hecht, James! Dir gelingt aber auch alles. Ich sitze da mit meiner naßkalten Jeannie und einem Schwiegervater herum, der drei lausige Supermärkte besitzt, und vögle einmal die Woche eine kleine Tippse mit einem Hängebusen und weichem Hintern, und du hast dir eine Tuttle geangelt und eine –«

»Alkoholikerin. Sie trinkt jeden Tag eine Flasche Schnaps, und abends gegen zehn ist sie völlig hinüber.«

»Ach. Und wann trefft ihr euch?«

»Mittags. Dann ist sie am besten. Wenn ihr Mann auf Geschäftsreise ist, gehe ich manchmal auch abends zu ihr. Dann wird der Schnaps allerdings rationiert, damit sie nicht schon bewußtlos ist, wenn ich sie mir vornehme. Es funktioniert ganz gut. Winifred glaubt, ich hätte einen wichtigen Mandanten in Boston. Meine ... Lady spielt immer das Telefonfräulein, wenn ich ihr abends gute Nacht sage.«

»Ich werd' verrückt! Du hast wirklich Nerven. Ohne Spaß, James. Was macht denn der Gemahl dieser Lady?«

»Er ist Rechtsanwalt.«

»In einer großen Kanzlei?«

»Ja.«

»In welcher denn? Komm schon, James.«

»In meiner.«

»In deiner? Mach keine Witze!«

»Er ist der Seniorpartner unserer Kanzlei.«

»Bist du wahnsinnig?«

»Wieso?«

»Du vögelst die Frau deines Chefs, James? Du hast sie doch wirklich nicht alle! Was ist, wenn sie sich einen ansäuft und erzählt, was ihr miteinander treibt?«

»Das hat sie schon getan. Vor ungefähr sechs Monaten, auf einer Party. Wir haben alle herzlich gelacht. Winifred ist der Ansicht, die Dame leide unter Halluzinationen, weil sie scharf auf mich ist.«

»Du bist wirklich nicht bei Trost, James! Begreifst du nicht, was du alles aufs Spiel setzt? Du kannst damit dein ganzes Leben zerstören, deinen Job verlieren, deine Familie. Warum hast du dir ausgerechnet diese Säuferin ausgesucht? Du liebst sie doch nicht?«

»Nein. Aber wir haben viel Spaß miteinander.«

»Spaß? Die Frau ist Gift für dich, James. Die Affäre mit dieser

Person kann dich ruinieren. Hast du im Krieg nicht genügend riskante Sachen gemacht? Warum suchst du dir nicht irgendein nettes Mädchen und amüsierst dich auf harmlose Weise? Diese Lady ist eine Zeitbombe, das mußt du doch wissen. Was ist, wenn ihr Mann etwas merkt?«

»Ich glaube, er weiß längst Bescheid. So naiv wie Winifred ist er jedenfalls nicht.«

»Du meine Güte! Was wird er denn unternehmen?«

»Gar nichts, wahrscheinlich.«

»Und wenn er doch etwas unternimmt?«

»Dann gibt es Schwierigkeiten.«

»Mensch, James, begreifst du denn gar nicht? Du kannst dir alles damit verderben! Alles! Wenn der alte Tuttle erfährt –«

»Bis jetzt ist ja nichts passiert. Es läuft alles prächtig, und mir geht es gut.«

»Du könntest verdammt auf den Arsch fallen, James.«

»Bin ich aber noch nicht, Bryan, oder?«

Vor den Fenstern der Cobleighschen Kinderzimmer im achtzehnten Stock der Park Avenue standen große Blumenkästen, die Winifred so üppig mit Phlox und Lobelien bepflanzt hatte, daß die Kinder mitten in der Steinwüste von Manhattan in einem blau-rosa Paradies aufwuchsen.

Aber das war nur der Anfang gewesen. Im Januar 1949, kurz vor der Geburt von Abigail und Michael, hatte Winifred begonnen, sich zahllose Tütchen mit Saatgut und Blumenzwiebeln kommen zu lassen. Sie füllte buchstäblich Hunderte von Blumentöpfen mit Humus und verwandelte das Badezimmer der Kinder in ein Treibhaus. In der Badewanne keimten Wicken, das Waschbecken und der Toilettensitz waren zu Salat-, Petersilie- und Tomatenbeeten geworden. Als der Frühling kam, wurde ein Teil des wuchernden Reichtums in die Wochenendhütte in den Berkshires und auf die Farm der Tuttles gebracht, aber es blieb noch genug übrig, um sämtliche Freundinnen, Nachbarinnen und Dienstboten mit Setzlingen reich zu beschenken.

Winifreds Blumenseligkeit kannte keine Grenzen. Vom Herbst 1949 an fuhr jede Woche einmal ein weißer Lieferwagen mit der Aufschrift *Les Fleurs* vor dem Hintereingang des Hauses an der Park Avenue vor, und ein gewisser Mr. Plotsky und sein grüngekleideter Assistent verbrachten anderthalb Stunden damit, nach Winifreds Anweisungen das wöchentliche Schnittblumenkontingent auf zwanzig Vasen zu verteilen.

Zu Weihnachten stand eine riesige Blautanne im Wohnzimmer. Mr. Plotsky hatte sämtliche Räume üppig mit Tannenzweigen und Misteln geschmückt, und die Rechnung für die roten und weißen Weihnachtssterne, die im Wohnzimmer standen, hatte allein schon fünfhundert Dollar betragen. Winifred verschenkte sie aber alle schon am nächsten Tag wieder, nachdem sie erfahren hatte, daß diese Pflanzen giftig sind. Es war ja nicht auszuschließen, daß Olivia oder die Zwillinge oder auch nur die beiden jungen Hunde, die Winifred für Tom und Nicky gekauft hatte, an den Blättern herumkauten.

Als das Gekreische der fünf Kinder, das Jaulen der jungen Hunde und die Aufregung der sechs erwachsenen Tuttle-Verwandten, die sich alle gleichzeitig erbötig machten, den frischen Hundekot auf dem Teppich zu beseitigen, und laut nach Handfegern, heißem Wasser, Aufwischlappen und Kernseife schrien, sich am ersten Weihnachtsfeiertag zu einem solchen Crescendo vereinigten, daß James aus seinem schweren Cognac-Rausch aufwachte, mußte er feststellen, daß er in einem Schlafzimmer lag, das mit Hunderten von weißen und roten Rosen verziert war. Wütend riß er die Kristallschale mit der einzelnen Rosenblüte vom Nachttisch und schleuderte sie quer durchs Zimmer, wo sie eine große silberne Vase mit weißen Rosen von Winifreds Kommode fegte und dann in tausend Stücke zerbrach.

In der ganzen Wohnung herrschte eine Sekunde lang erschrockene Stille. Dann erschien Winifred in der Tür. »Was war das für ein Lärm?« flüsterte sie.

»Wer hat dich denn gerufen?« knurrte James.

Winifred schlüpfte herein und schloß rasch die Tür hinter sich. Sie hütete sich aber, ihrem Mann zu nahe zu kommen. »Es ist schon elf Uhr«, sagte sie.

»Winnie, bitte laß mich in Ruhe.«

»Es ist Weihnachten, James. Du warst schon gestern abend nicht da, und –«

»Verschwinde!«

»Nicky hat sofort gemerkt, daß etwas nicht stimmt, James. Und Tommy –«

»Ich habe dir gesagt, du sollst es abtreiben lassen!«

»Das kann ich nicht.«

»Natürlich kannst du.«

»Oh Gott. Bitte, James, bitte! Ich werde dir bestimmt nicht zur Last fallen. Aber ich kann es nicht wegmachen lassen. Ich kann es wirklich nicht, James.«

»Ich hab's dir gestern gesagt, und ich sag es dir heute noch einmal. Entweder du fliegst nach Puerto Rico und läßt es dir wegmachen, oder ich rühre dich nie wieder an. Das ist mein voller Ernst, Winifred. Ich habe dir oft genug gesagt, daß ich es satt habe. Ich denke nicht daran, den Zuchthengst zu spielen, damit die verdammten Tuttles nicht aussterben.«

»Es war ein Irrtum.«

»Alle waren sie Irrtümer.«

»Nein, das stimmt nicht, James. Bitte, laß mich nur noch –«

»Verschwinde jetzt endlich.«

»Um drei gibt es Essen. Tom und Olivia haben Tischkarten gemacht. Sie sind so goldig, James –«

»Ich habe etwas Besseres vor.«

»Bitte, James. Das kannst du nicht machen.«

»So? Kann ich nicht?«

Die Atmosphäre war bleiern und feuchtkalt. Es war einer dieser grauen Tage, an denen man spürt, wie unnatürlich das Stadtklima ist. Den Knaben in bunten Schuluniformen, die mit roten, heißen Gesichtern über die Sportplätze jagten, schien die mit Autoabgasen geschwängerte New Yorker Nebelluft freilich nichts anhaben zu können. Sie rannten über die spärliche Grasnarbe, als wären sie in einem englischen Park oder einem dänischen Seebad.

Nicholas strahlte. Seine Arme waren zum Himmel gereckt, seine Finger gespreizt, und er sprang genau im richtigen Moment, um sich den hohen Flankenball zu fangen, den der Linksaußen von Cunningham vor sein Tor geschlenzt hatte. Nicholas war ein glänzender Torwart und hatte einen Stammplatz in der Mannschaft von St. Stephen. Auch diesmal wäre er wohl wie ein kindlicher Halbgott mit dem schwarzweißen Leder auf den Rasen geflogen, hätte nicht der gegnerische Mittelstürmer, ein vergleichsweise bulliger Zehnjähriger, versucht, den Ball mit dem Kopf ins Tor zu befördern, und Nicholas seinen dicken Schädel unters Kinn gerammt.

Der Schmerz schoß vom Kinn zur Schädeldecke hinauf und breitete sich wie ein Erdbeben aus. Nicholas versuchte zu schreien, brachte aber nur ein Röcheln zustande, als sich der gebrochene Unterkiefer aus seiner zerrissenen Zunge löste und sein Mund sich mit Blut füllte. Er war auf die rechte Schulter gestürzt, und als er sich herumwälzte, versuchte er die ausgebrochenen Zähne und das Blut auszuspucken, um nicht zu ersticken. Aber seine Kiefer öffneten sich nicht. Er konnte nur etwas blutigen Schaum zwischen seinen aufgeplatzten Lippen herauspressen.

»Bist du okay, Nick?« fragte Trainer Jensen. »Nick? Sag doch was, Junge! Tut dir was weh?«

Nicholas keuchte. Er versuchte, dem Trainer die Hand zu geben, damit er ihm beim Aufstehen half, aber zu seinem Entsetzen hing sie schlaff im Gelenk. Eine neue Welle von Schmerzen durchflutete ihn. Sein Handgelenk war gebrochen. Er stieß einen schwachen Klagelaut aus wie ein angeschossenes Tier. Seine Atemnot, der Anblick seiner kaputten Hand, sein eigenes Wimmern und die höllischen Schmerzen jagten ihm eine furchtbare Angst ein.

Nicholas sah, wie seine Kameraden furchtsam von ihm zurückwichen. »Nick!« rief sein Trainer. »Nick! Sag doch endlich was!«

»Du meine Güte.« Die Stimme des Coachs von Cunningham klang erschrocken. »Ihr müßt sofort einen Krankenwagen bestellen, Jake. Das sieht ja verdammt scheußlich aus.«

Auf dem Weg ins New York Hospital mußte er ohnmächtig geworden sein, aber diese Erleichterung währte nur kurz. Bald tupften Krankenschwestern mit einer brennenden Flüssigkeit an seinen Wunden herum. »He, Jungchen, wo willst du denn hin?« riefen sie, als er sich wegdrehen wollte, und drückten ihn mit Gewalt auf die Pritsche. Als sie ihn auf den Röntgentisch hoben, ließen sie seinen Kopf in der Luft baumeln, und als er vor Schmerzen schrie, sagten sie: »Alles okay!«

Der Arzt, der seinen Kiefer schiente, hielt eine riesige Spritze hoch und sagte: »Wie alt bist du, mein Junge? Zehn Jahre schon? Dann brauchst du doch nicht mehr zu weinen. Ein gebrochenes Handgelenk und ein gebrochener Kiefer! Was ist das schon? Das kriegen wir gleich wieder hin. Bloß ein paar Backenzähne sind weg. Aber wer braucht denn schon Backenzähne? So, jetzt hör auf zu weinen!« Als er sich aus den Riemen befreien wollte, mit denen er festgeschnallt war, raunzte die Schwester ärgerlich: »Wie sollen wir dir denn helfen, wenn du dich so aufführst?« Dann zerrten sie an seinen Fingern, um die Gelenke in die richtige Lage zu bringen und den Gipsverband anlegen zu können. »So, das hat jetzt ein bißchen wehgetan. Aber gleich ist es vorbei.«

Entlassen werden konnte er nicht, denn es kam niemand, um ihn abzuholen. Nicholas lag zitternd auf einem Bett in der Notaufnahme und starrte die gekachelte Wand an. Der Trainer hatte gesagt, er solle zu schlafen versuchen, und war telefonieren gegangen. »Ich werde es noch einmal bei dir zu Hause und im Büro deines Vater versuchen«, sagte er. Außerdem hatte er mit dem Rechtsanwalt der Schule gesprochen.

Nicholas hatte die Augen geschlossen und versuchte, an etwas Schönes zu denken. Aber in seinem geschienten, verdrahteten Kiefer und der eingegipsten Hand pochten die Schmerzen. Jetzt, wo nichts mehr zu tun war, legten die Krankenschwestern und Ärzte eine Pause ein. Sie glaubten offenbar, daß er schliefe, denn sie tranken Kaffee und unterhielten sich ganz ungeniert darüber, daß er so ein verwöhnter Balg von einer Privatschule sei. »Ich frage mich, wo die berühmte Selbstbeherrschung dieser Herrschaften bleibt«, sagte eine der Schwestern. »So eine Heulsuse hatten wir ja schon lange nicht mehr ... Nein, nein, er schläft tief und fest.« Zwei Minuten später hatten sie Nicholas allerdings schon wieder völlig vergessen, weil drei Frauen mit schweren Verbrennungen eingeliefert wurden. In einer chemischen Reinigung hatte es einen Brand gegeben.

Nicholas schloß die Augen, aber es war schon zu spät. Er hatte die Opfer des Feuers gesehen, und er konnte das angesengte

Fleisch riechen. »Lieber Gott«, betete er, »bitte hilf diesen Frauen. Mach, daß ihnen die Haut wieder wächst. Laß sie nicht sterben. Hilf ihnen, damit sie nicht mehr so schreien, damit es ihnen nicht mehr so wehtut. Bitte, lieber Gott, meine Mami soll kommen. Oder mein Daddy. Bitte mach, daß mein Hals nicht mehr so wehtut und meine Hand. Bitte hilf mir doch, lieber Gott! Wo sind denn nur alle?«

Es kam selten vor, daß Nicholas jemanden brauchte. Er war der Älteste, der Stärkste, der Tapferste und der Stillste. Er war gut in der Schule und noch besser beim Sport, und er konnte lieb lächeln. Wenn sie Thomas, Olivia, Michael, Abigail oder Edward trösten mußte, tätschelte seine Mutter auch ihm gelegentlich das Haar, und diese sanften Berührungen und der süße Duft ihres Parfüms waren so kostbar, daß er glaubte, gar nicht mehr als diese kurzen Momente verlangen zu dürfen. Sein Vater machte fast jeden Abend Überstunden im Büro, und wenn er einmal zu Hause war, schien er unter dem Ansturm der jüngeren Kinder und Haustiere völlig zusammenzubrechen. Nicholas spürte geradezu die innere Spannung, unter der sein Vater litt, wenn die anderen um ihn herumtobten, und brachte es einfach nicht fertig, ihn seinerseits auch noch um eine Partie Schach oder dergleichen zu bitten. Und die Gesellschaft seiner jüngeren Geschwister suchte er natürlich erst recht nicht, denn seine Brüder und Schwestern waren sowieso dauernd da. Sie wollten auf seinem Schoß sitzen, sie wühlten in seiner Spielzeugkiste herum, sie zerrten an seinen Hemdzipfeln, schrien ihm ins Ohr und zerrten an seinen Ärmeln: »Nicky! Nicky! Nikky! Lies mir was vor! Nimm mir das Pflaster ab! Sag Nanny, daß ich keinen Pudding essen muß, wenn ich nicht will! Mach meine Haarspange fest! Zeig mir, wie man den Ball übers Netz schlägt!«

Aber jetzt, wo er hilflos und frierend im Krankenhaus lag, hätte er jemand gebraucht. »Lieber Gott, bitte mach, daß Mami und Daddy endlich erfahren, was mir passiert ist. Oder Nanny Stewart oder Großmutter oder Großvater. Irgend jemand. Bitte sag ihnen Bescheid. Bitte, lieber Gott!«

Winifred war fünf Blocks entfernt vom New York Hospital bei ihrer Freundin Prissy Ross. Sie trank gerade ihren zweiten

Martini und half dabei, eine Tischordnung für den diesjährigen Cranberry-Ball zu entwerfen, bei dem dreihundert wohltätige New Yorker auf dreißig Tische verteilt werden mußten. James war über zwei Meilen entfernt in der Sauna des New York Athletic Clubs, wo er sich darauf vorbereitete, mit seiner neuesten Geliebten exotische Cocktails zu trinken. Es handelte sich um eine gewisse Germaine Bonnier, die Französischlehrerin war. James hatte sie bei einer *Fête Française* in der Schule seiner Kinder kennengelernt, zwei Tage, nachdem Ginger Cummings in eine diskrete kleine Entziehungsanstalt nach New Jersey gebracht worden war. Winifred hatte direkt neben ihm gestanden, als er Mme. Bonnier auf französisch ansprach und ihr praktisch sofort den Antrag machte, sich heimlich mit ihm zu treffen. Winifred hatte freundlich genickt und gelächelt und kein Wort verstanden, und Germaine war von seiner Frechheit so beeindruckt gewesen, daß sie ohne Zögern ja gesagt hatte.

Nanny Stewart war eine Meile entfernt im Central Park und beaufsichtigte Michael und Abigail, die den großen Kinderwagen mit dem Baby, Edward, zum Tiergarten schoben.

»Lieber Gott, bitte mach, daß mich jemand fragt, ob ich einen Schluck Wasser haben möchte. Meine Kehle tut mir so weh. Und bitte laß eine von den Schwestern daran denken, mir noch eine Decke zu geben. Es tut mir so leid, daß ich Olivia geschlagen habe. Ich will es nie wieder tun. Bitte laß diese arme verbrannte Frau aufhören, so schrecklich zu schreien. Bitte laß diese Schmerzen hinter meinen Augen aufhören.«

Der Direktor von St. Stephen's machte Winifred schließlich drei Stunden nach dem Unfall ausfindig, und was sie am meisten erschütterte, als sie in der Notaufnahme eintraf, war nicht Nickys aufgeschwollenes, rotes Gesicht, sondern sein völliges Schweigen. Er starrte sie aus seinem einen Auge an – das andere war völlig zugeschwollen – und weinte nicht und stöhnte nicht und versuchte auch nicht, Mami zu sagen.

Um sechs Uhr war er endlich zu Hause. Zwei Minuten später schob Nanny Stewart ihm einen Strohhalm zwischen die Lippen, und es gelang ihm, ein paar Schluck Bananenmilch zu trinken. Er bedankte sich mit einer winzigen Neigung des Kopfes. Um Viertel nach sechs streichelte Thomas die heilgebliebene Hand seines Bruders, während Olivia schrecklich heulte und sich die Nase an seiner Bettdecke abwischte, während sie ihre vier Lieblingspuppen auf seinem Kopfkissen aufbaute. Mehr als ein Liderflattern brachte Nicholas nicht zustande. Um sieben Uhr trafen die Tuttles mit ihrem Chauffeur ein, der einen riesigen Stapel von Jugendbüchern hereintragen mußte. Nicholas vergoß eine einzelne Träne. Um Viertel nach sieben erklärten die Erwachsenen, Nicholas sei sicher sehr müde und solle jetzt schlafen. Daraufhin ließen ihn alle allein.

»Die Ärzte meinen, alles werde problemlos verheilen«, erklärte Winifred ihren Eltern. Sie stützte sich auf den Kaminsims. »Natürlich sieht er jetzt schrecklich aus und hat auch scheußliche Schmerzen, aber es geht ihm bestimmt bald wieder gut.«

»Ja, natürlich«, nickte Samuel.

»Er wird noch ein paar Tage lang Schmerztabletten nehmen müssen«, sagte Winifred. »Wahrscheinlich wird er davon ein bißchen benommen.«

»Das kann schon sein«, bestätigte Samuel Tuttle.

»Aber es wird alles verheilen.«

»Ja, natürlich.«

Maisie, die neben Samuel auf der Couch gesessen hatte, stand plötzlich auf und packte ihre Tochter am Arm. »Wo ist eigentlich dein Mann?« fragte sie.

»Aber Mutter –«

»Wo ist er, Winifred? Sein Sohn hat einen schweren Unfall gehabt, und man hat im Büro angerufen, aber er war nicht im Büro. Es hieß, er wäre in seinem Club, aber da war er auch nicht. Wo ist er denn, Winifred?«

»Wahrscheinlich ist er bei einem Mandanten.«

»Das muß aber ein sehr anspruchsvoller Mandant sein.«

»Bitte, Maisie!«

»Samuel, du wirst mich nicht daran hindern, mit meiner eigenen Tochter zu sprechen! Wie lange willst du das eigentlich noch mitmachen, Winifred?«

»Bitte, Mama.«

»Er ist so unglaublich indiskret! Erinnere dich an Heiligabend! An den fünfzigsten Geburtstag deines Bruders! Es ist, als ob es ihm Spaß machte – Winifred, hör auf zu schniefen.«

»Maisie, das ist doch wirklich nicht der geeignete Zeitpunkt ...«

»Samuel, die Gelegenheit ist nie besser gewesen. Nicholas sieht aus, als wäre er durch den Fleischwolf gedreht worden, und Winifred bewahrt wunderbar Haltung. Aber kaum fällt ein Wort gegen ihren kostbaren Gatten, da fängt sie an zu heulen. In ihren Tränen könnte man baden. Es ist wirklich grotesk! Mein Enkel liegt völlig zerschlagen im Bett, aber weint Winifred etwa um ihn? Nein. Sie heult, weil ich anzudeuten gewagt habe –«

»Das ist es doch gar nicht, Mama!«

»Was ist es denn dann, Winifred?«

Von da an wurde nichts mehr gesagt. Winifred und ihre Eltern saßen schweigend im Wohnzimmer und tranken eine Tasse Kaffee nach der anderen.

Um halb zwölf drehte James den Schlüssel in der Tür um und kam in den einzigen Raum, wo noch Licht brannte. »Was ist los?« Er nuschelte etwas. James war zwar nicht betrunken, aber auch nicht mehr ganz nüchtern.

»Dein Sohn hat einen Unfall gehabt«, sagte Maisie.

»Schon vor Stunden«, fügte Samuel trocken hinzu.

»Ist es Nicholas?«

»Ja. James, mach dir keine Sorgen. Es wird wieder gut, aber –«

James schob seine Schwiegereltern beiseite und rannte den langen Korridor zum Zimmer seines Sohnes hinunter. Die anderen liefen hinter ihm her.

»Du brauchst gar nicht hinzugehen! Er schläft jetzt.«

»Er hat ein Beruhigungsmittel bekommen.«

»Denkst du, du könntest jetzt einfach –«

James riß die Tür des Zimmers auf, in dem sein Sohn lag, und knipste das Licht an. »Jesus Christus!« keuchte er und kniete sich neben das Bett. »Nicky, mein Liebling, wie geht es dir?«

»Seht euch das an! Jetzt hat er ihn wachgemacht!«

»Sei vorsichtig, James! Er hat sich den Kiefer gebrochen.«

»Nicky«, sagte James. »Ich bin's. Dein Daddy.«

Nicholas versuchte seinen Vater sowohl durch das gesunde Auge als auch durch den zugeschwollenen, tränenerfüllten Schlitz auf der anderen Seite zu sehen. Mühsam drehte er sich um. Ganz langsam hob er den eingegipsten Arm und legte ihn James um den Hals. So blieb er einen Augenblick reglos liegen, dann zog er das Gesicht seines Vaters zu sich heran.

James küßte die bleiche Stirn seines Sohnes, aus dessen Mund ein klägliches Wimmern kam. Winifred und die Tuttles traten einen Schritt näher. Sie waren verblüfft, als sie Nicholas »Daddy, Daddy, Daddy« flüstern hörten.

10

> Fünfunddreißig Millionen Dollar und einem Gerücht zufolge auch das Schicksal des halben Vorstands stehen bei diesem Film auf dem Spiel. Deshalb hat sich die Produktionsgesellschaft entschlossen, die Dreharbeiten zu »William the Conqueror« fortzusetzen. Der Hauptdarsteller und Regisseur allerdings, Nicholas Cobleigh, hat seine Partner wissen lassen, solange seine Frau in Lebensgefahr schwebe, stünde er nicht zur Verfügung.
>
> Wall Street Journal

In den folgenden Jahren brach sich Nicholas noch das Bein beim Football, den linken Arm beim Reiten, und er renkte sich beim Hockey die rechte Schulter aus. Prellungen und Hautabschürfungen erlitt er so oft, daß er praktisch nie ohne Verband oder Pflaster herumlief. Er war ein athletischer Draufgänger, der vor keinem Gegner zurückwich, sondern sich ohne Rücksicht auf fremde Fäuste, Ellenbogen, Stiefel und Knie seinen Weg bahnte. Nach seinem ersten Jahr im Internat hatte sich Winifred an seine bandagierten Finger, die blauen Flecken an seinen Schienbeinen und die blutigen Striemen an seinen Armen gewöhnt.

Die Mädchen fanden seine Sportverletzungen nicht im mindesten abstoßend. Ganz im Gegenteil, sie waren fasziniert von den Schrammen und blutverkrusteten Wunden. Hinzu kam, daß Nicholas sehr gut aussah. Sein Haar war inzwischen etwas dunkler geworden und hatte die Farbe von reifem Weizen, mit rötlichen Strähnen durchschossen. Seine grün-blauen Augen leuchteten wie das tropische Meer, aber das war auch das einzig Exotische an ihm. Der Rest war ganz angelsächsisch: ein aristokratisches, längliches Gesicht und eine kühn geschwungene Nase.

Wenn er sich entspannte, wirkte sein Gesicht kühl und fast abweisend, was den Mädchen genügend Anlaß für romantische Phantasien über ihn gab. Er war schweigsam und stark. (Stille Wasser sind tief.) Sein Mund war grausam und sinnlich zugleich, und in seinen Augen glaubten die schwärmerisch veranlagten Teenager eine unerklärliche Traurigkeit zu erkennen. In Wirklichkeit war Nicholas ein ganz normaler Junge, und die Leidenschaften, die er hervorrief, verwirrten ihn ziemlich. Er *wußte* nicht, was er tun sollte, wenn ihm ein Mädchen, das er kaum kannte, plötzlich mit den Lippen die Handfläche streichelte oder sein Bein zu berühren versuchte, und zog sich teils verlegen, teils erregt und verängstigt zurück, was die jeweilige Verehrerin unweigerlich zu dem Seufzer veranlaßte: »Ach, Nikky, du läßt wohl niemanden an dich heran?« Natürlich verbreiteten sich die Berichte über seine eisige Selbstkontrolle rasch und lockten immer weitere Mädchen an, die auch das undefinierbare Etwas an ihm zu entdecken suchten, das in Wirklichkeit gar nicht existierte.

Ihr Verlangen wurde noch erheblich gesteigert, wenn sie Nikky am Strand oder Nicky in Shorts oder Nicky mit lässig über der nackten Brust verknotetem Hemd auf dem Fußballplatz sahen. Er hatte einen schönen, eher schlanken Körper mit kräftigen Muskeln. Selbst den weniger sinnlich veranlagten Mädchen kribbelte es in den Fingern bei der Vorstellung, ihn streicheln zu dürfen.

Heather Smith war die erste, die Gelegenheit dazu bekam. Es war nichts Besonderes an ihr, aber ihre Fröhlichkeit und ihr einfaches Wesen zogen Nicholas an. Sie lächelte viel und schien vor allem nichts Geheimnisvolles von ihm zu erwarten wie die anderen Mädchen. Bei der Party, auf der sie sich kennenlernten, sagte Heather, er sei einfach süß und bat ihn, ihr seine Muskeln zu zeigen. Er fand das zwar etwas albern, erfüllte ihren Wunsch aber prompt, indem er seinen Bizeps anspannte, bis ihm der Arm zitterte. Heather betastete das stahlharte Muskelpaket durch das leichte Sommerjackett und machte mit rundem Mund: »Ooooh.« Nach wenigen Minuten war er von ihrer naiven Freundlichkeit und ihrem völligen Verzicht auf intellektuelle Ansprüche so begeistert, daß er sich Knall auf Fall in die nette, saftige Heather verliebte.

Als er noch ein kleiner Junge war, hatte Nicholas einmal mitbekommen, wie sein Großvater eine seiner Nichten als einen saftigen Pfirsich bezeichnet hatte. Aber erst jetzt, mit sechzehn, ging Nicholas auf, was der alte Samuel Tuttle damit hatte sagen wollen. Heather war wirklich ein Pfirsich.

Die Winterferien in Hobe Sound und die Sommerferien auf Martha's Vineyard hatten Heathers zarte Haut rosa-golden überhaucht und die feinen Härchen auf ihren Armen und Beinen gebleicht. Ihr weiches Fleisch war vom Schwimmen und Schulsport in Form gebracht worden. Sie war fest, rund und saftig. Innen sahen ihre nackten Schenkel, die leicht gespreizt auf dem hölzernen Gartenstuhl lagen, heller und zarter aus als auf der Oberseite, die von der Sonne gebräunt war.

Nicholas wußte, daß Heather seine Blicke bemerkt hatte, denn sie bewegte sich wieder auf ihrem Stuhl. Sie zog das rechte Bein an und stellte den Fuß auf. Unter den weit geschnittenen Shorts konnte Nicholas ihren weißen Slip schimmern sehen. Er sah Heather direkt in die Augen, um seine Unbefangenheit zurückzugewinnen, aber sie senkte ihre Lider und begann an der Innenseite ihres Daumens zu saugen. Nicholas fragte sich, ob sie sich bewußt wie ein Pin-up-Girl hinsetzte, um ihn zu reizen, oder ob sie vielleicht gar nicht wußte, was für ein saftiger Pfirsich sie war. Er wünschte sich, ihren weichen, üppigen Schenkel zu packen und sie zu beißen. Statt dessen schlug er die Beine übereinander, damit Heathers Vater nicht sah, daß er erregt war. Höflich dankend nahm er die Eiswaffel, die Heathers Mutter ihm reichte.

»Ich habe gehört, daß Sie der Kapitän des Hockey-Teams sind«, sagte Colonel Smith. Er hatte sich bereits vor zwei Jahren in das geräumige Haus der Familie in East Hill, Massachusetts, zurückgezogen, aber sein Haarschnitt war immer noch streng militärisch. Kurze graue Stoppeln standen wie ein Dreitagebart auf seinem Kopf. Sein Gesicht war gerötet, und es war nicht ganz klar, ob daran die Sonne oder der Besuch von Nicholas schuld war. Heather war Schülerin an der Mädchenschule East Hill und wohnte zu Hause, und obwohl es nichts Ungewöhnliches war, daß ein Mädchen ihrer Gesellschaftsschicht einen Verehrer zum Sonntagnachmittagskaffee einlud, war der Colonel doch ziemlich unwirsch. Er saß auf seinem Stuhl, als ob er mit seinen Adjutanten einen Sturmangriff plante. »Ich sagte gerade, ich hätte gehört, daß Sie der Kapitän des Hockey-Teams sind«, rief er.

»Oh? Ja, natürlich, Sir.« Nicholas stotterte beinahe. Die Junisonne war so grell und so heiß, daß der Zucker auf den glasierten Weintrauben von Mrs. Smith geschmolzen war und eine klebrige Pfütze auf der Platte bildete. Heather hatte sich eine der Beeren genommen und leckte den Zucker herunter, der auf ihren weichen Unterarm tropfte.

»Auf welcher Position spielen Sie?«

Nicholas starrte auf Heathers rosige Zunge.

»Heather, verdammt noch mal, hol dir doch eine Serviette«, brüllte der Colonel abrupt. Dann wandte er sich wieder dem Gast zu. »Haben Sie meine Frage verstanden?«

»Nein, Sir. Entschuldigen Sie.«

»Sind Sie schwerhörig?«

»Nein, Sir.«

»Ich habe gefragt, auf welcher Position Sie spielen. Position. Hockey!«

»Oh, ja. Im Mittelfeld, Sir.« Das Gesicht des Colonels wurde noch röter, und Nicholas hoffte, daß nur die Sonne schuld daran war. Er wußte, daß er bisher keinen guten Eindruck gemacht hatte. Der Colonel wollte knappe, präzise Antworten und keine Verträumtheit. »Wir haben ein sehr gutes Team, Sir.« Seine Stimme klang eifrig. Der Colonel sollte nicht etwa denken, das Hockey-Team von Trowbridge wäre irgendwie zweitklassig. »Wir haben zehn zu vier Punkte, Sir.« Es gefiel ihm nicht, daß er die ganze Zeit »Sir« sagen mußte, aber er wußte nicht, ob »Colonel« die korrekte Anrede war, und »Mister« erschien ihm angesichts dieses jähzornigen Ex-Offiziers fast schon gefährlich.

»Schwere Niederlagen?«

»Nein, Sir.«

»Wie waren denn die Ergebnisse?«

»Das weiß ich nicht mehr im einzelnen, Sir.«

»Habt ihr gegen Middlesex verloren?«

»Wie bitte, Sir?«

»Mid-dle-sex.«

»Nein, wir haben nicht gegen Middlesex gespielt, Sir.«
»Ich bin ein Ehemaliger von Middlesex.«
»Das wußte ich nicht, Sir. Ich habe einen Freund da. Eine gute Schule, Sir.«
»Das weiß ich.«
»Sind Sie von Middlesex nach Westpoint gegangen?«
»Wie kommen Sie darauf, daß ich in Westpoint war?« Der Colonel preßte seine Lippen noch etwas fester zusammen.
»Ach, ich dachte nur. Sie waren doch bei der Armee, Sir.«
»Denken Sie, es gäbe nur in West Point Offiziere?«
»Nein, Sir. Natürlich nicht, Sir.«
»Ich war in Dartmouth. Haben Sie daran gedacht, nach Dartmouth zu gehen?«
»Ich habe mir noch keine Gedanken darüber gemacht. Ich komme ja erst im nächsten Jahr aufs College.«
»Wo war denn Ihr Vater?«
»An der Brown University.« Der Colonel zeigte keine Reaktion auf diese Information. »Ich sagte, Sir, daß mein Vater in Brown war.«
»Ich habe schon verstanden. Treiben Sie sonst noch einen Sport?«
»Wie bitte, Sir?«
»Sie sollten wirklich mal zum Arzt gehen«, sagte der Colonel. »Sie sind bestimmt schwerhörig. Ich sagte, ob Sie sonst noch einen Sport treiben. *Treiben Sie sonst noch –*«
»Oh, ja.«
»*– einen Sport?*«
»Entschuldigung. Ja. Ich meine, ich spiele auch Football.«
»In der Schulmannschaft?«
»Ja, Sir.«
»Welche Position?«
»Verteidiger.«
»Punkte?«
»Neunundsiebzig, Sir.«
»Gut.« Der Colonel wandte sich ab. »Heather, hör auf, mit deinen Zehen zu spielen. Es ist schon halb fünf. Bring deinen Gast jetzt zum Bus.«

Nicholas stand auf. Ihm war schwindlig, und er schwankte

ein wenig. Nachdem er den ganzen Nachmittag auf dem niedrigen Gartenstuhl gesessen hatte, war er ganz steif geworden. Außerdem hatte er Hunger. Heather hatte ihn zum Lunch eingeladen, aber Mrs. Smith hatte nur die glasierten Weintrauben, die Eiswaffeln und einen Krug Limonade serviert. Der Colonel warf ihm einen prüfenden Blick zu, und Nicholas wußte, daß Heathers Vater ihm unterstellte, er hätte heimlich getrunken. Er hätte sich gegen diesen Verdacht gern gewehrt, aber er konnte ja nicht gut erklären, daß er sich deshalb so schwach fühlte, weil er nichts zu essen gekriegt hatte. Heather nahm seine Hand und zog ihn zum Haus. »Vielen Dank, Mrs. Smith«, sagte Nicholas, aber Heathers Mutter verabschiedete ihn nur mit einem knappen Kopfnicken. Wenn Heather ein Pfirsich war, dann war ihre Mutter eine Banane: klein, krumm und von gelblichem Teint. Sie sah irgendwie krank aus.

»Vielen Dank, Sir«, sagte Nicholas zu Heathers bulligem Vater. »Ich werde mir das überlegen mit Dartmouth.«

»Das brauchen Sie nicht«, erwiderte der Colonel knapp.

»Es war sehr nett bei Ihnen«, sagte Nicholas. »Vielen Dank für die Einladung.« Seine Gastgeber schwiegen. »Hoffentlich haben Sie einen schönen Sommer.« Heather zog ihn davon. »Es war nett, Sie kennenzulernen«, rief Nicholas noch, aber der Colonel war schon verschwunden, und Mrs. Smith beugte sich über ihre klebrigen Weintrauben und hatte wohl gar nichts gehört.

»Sie waren begeistert von dir«, sagte Heather.

»Bitte, Heather, tu das nicht«, stöhnte Nicholas. Sie hatte sein Hemd aufgeknöpft und streichelte mit der flachen Hand seine Brustwarzen. Nicholas schwankte zwischen Lust und Angst. Sie lagen in einem Park direkt im Zentrum von East Hill, nur durch ein paar Wacholderbüsche vor indiskreten Blicken geschützt. Die Erde unter seinem Rücken war kratzig und kalt. Stachlige Wacholderzweige bohrten sich in die Haut seiner Schultern und Arme. »Heather, bitte, ich halt' das nicht aus.« Sie hatte ihre Bluse und ihren Büstenhalter geöffnet. Wie zwei harte Pfirsiche hingen ihre Brüste vor seinem Gesicht. Sie ließ die Nippel vor seinem Mund tanzen. »Oh Gott, nein. Ich verpasse den Bus, Heather.«

»Um sechs fährt der nächste. Komm, küß mich mal richtig!«
»Um sechs muß ich in der Schule sein. Da gibt es Essen.«
»Ach, Nicky, du bist wirklich süß.«
»Heather, das geht nicht.« Sie umklammerte ihn und rieb ihre weichen Schenkel an seinen Hüften. Er dachte an das Kondom in seiner Brieftasche, das ihm sein Zimmerkamerad vor anderthalb Jahren geschenkt hatte. Wahrscheinlich konnte man es nicht mehr benutzen. »Tu das nicht, Heather.« Sie beugte sich vor und steckte ihm die Zunge ins Ohr. »Um Himmels willen, Heather.« Er hatte schon im Bus darüber nachgedacht, ob er nicht frische Gummis kaufen sollte, aber dann war Heather am Bahnhof gewesen, und er konnte ja schlecht in eine Drogerie mit ihr gehen und Kondome verlangen, wenn der Verkäufer sie vielleicht schon seit zehn Jahren kannte und in der Kirche Gemeindevorstand war. Er suchte nach dem Verschluß ihrer Shorts, aber als er den Knopf schließlich fand, hielt ihm Heather die Hand fest.

»Nein, Nicky. Das wäre eine viel zu große Versuchung für dich.«

»Ach, bitte, Heather. Ich passe bestimmt auf.«

»Nein, laß.« Er erwartete, daß sie jetzt aufstehen und weggehen würde, aber sie leckte sich statt dessen die Lippen und rubbelte unentwegt weiter.

»Heather, das ist kein Witz. Ich halte das nicht mehr aus.«

»Ach, Nicky.« Sie richtete sich auf, als ob sie auf einem bockigen Pferd säße. Ihre Brüste und ihre Haare wippten im Takt zu ihren Schenkelbewegungen. Er hatte dergleichen noch nie erlebt oder auch nur im Kino gesehen.

Wenn sie so weitermachte, würde er gleich einen Erguß haben und mit einem nassen Fleck auf der Hose nach Trowbridge zurückkehren. Er konnte sich schon vorstellen, was für ein Hohngelächter seine Kameraden anstimmen würden. Er hörte sie schon: »Na, Cobleigh, hast du wieder mal in die Hose gespritzt? Hast du ihn nicht reingekriegt, oder hat sie dich nicht gelassen?« Er stöhnte. Heather legte ihm die Hand auf den Mund. Mit dem Kinn zeigte sie auf die andere Seite der Sträucher. Kaum sechs Meter entfernt sah er jemanden auf einer Bank sitzen. »Heather«, flüsterte er, als ihn die Lust erneut übermannte,

»hör auf.« Er hoffte schon fast, daß man sie überraschte. Heather saß still. »Ach, Heather«, murmelte er, völlig aufgelöst. Er wußte nicht, was schlimmer war: Wenn sie ihn scharfmachte oder wenn sie damit aufhörte. »Bitte, Heather, mach weiter.«

»Liebst du mich, Nicky?«

Es war wohl nicht der richtige Zeitpunkt, über etwaige Zweifel zu sprechen.

»Liebst du mich?«

»Ja. Ja.«

Sie preßte ihre Schenkel wieder an seine Hüften, bewegte sich aber nicht mehr vor und zurück, sondern bohrte ihn nur in den Boden. »Wie sehr, Nicky?« Der Park, die Wacholderbüsche und die kühle Erde unter ihm waren plötzlich verschwunden. Sogar Heather war ihm völlig egal. Er spürte nur noch diese wahnsinnige Spannung in seiner Hose, diesen Drang nach Entladung. »Wie sehr liebst du mich? Komm, sag es mir, Nicky.«

»Mehr als alles auf der Welt«, keuchte er. Er war fast soweit. Er packte ihre Hüften und preßte sie an sich, bis sie ganz still liegen mußte.

»Schenkst du mir deinen Schul-Pullover?«

»Ja-a.« Der Druck wurde zur Qual.

»Und wir sehen uns jeden –«

»Ja, ja!« stöhnte er und kam im selben Augenblick.

Ein paar Minuten später standen sie an der Bushaltestelle. Heather küßte ihre Fingerspitzen und drückte sie Nicholas auf die Lippen, als wären sie miteinander verheiratet. »Bye, bye«, sagte er.

»Nicky, du mußt unbedingt im Sommer auch mal mit nach Martha's Vineyard rauskommen. Es geht dort viel lustiger als in Connecticut oder in den langweiligen Berkshires zu. Meine Eltern würden sich bestimmt schrecklich freuen, und ich kenne eine prima Clique da draußen.«

»Wir fahren wahrscheinlich nach England. Eine Freundin meiner Mutter –«

»England sieht genauso aus wie auf den Postkarten, Nicky, und Hamburger gibt es da auch nicht. Komm schon! Versprich mir, daß du es versuchst!«

»Okay.«

»Okay was?«

»Okay, Heather.«

»Nein. Du mußt sagen: Okay, ich verspreche, diesen Sommer nach Martha's Vineyard zu kommen.«

»Okay, ich verspreche, diesen Sommer nach Martha's Vineyard zu kommen.«

»Ach, Nicky, du bist ja so süß.«

Unter einem grünen Baldachin vom mächtigen Ulmen rollte der Bus beinahe lautlos heran. Heather warf Nicholas die Arme um den Hals und küßte ihn vor den Augen des Busfahrers und der anderen Leute voller Leidenschaft auf den Mund. »Ich liebe dich«, rief sie ihm nach, als sich die Türen schon hinter ihm schlossen und er sich mit rotem Kopf einen Platz suchte.

Trowbridge School (auf das »The« hatte man seit 1884 verzichtet) lag am östlichen Ufer des Connecticut Rivers, am äußeren Stadtrand von Beale, Massachusetts, einer so idyllischen Kleinstadt, daß man glauben konnte, immer noch in der englischen Kolonialzeit zu leben. Fremde waren in der Stadt nicht gern gesehen, und die Amateurfotografen und Antiquitätenhändler, die nach schönen Motiven und historischem Mobiliar suchten, lernten bald, daß sie besser in Felsham im Powder Horn Inn übernachteten als in Beale selbst. Die Trowbridge Boys allerdings fühlten sich in der Stadt wohl; denn sie galten seit langem als fester Bestandteil der Tradition und wurden deshalb auch akzeptiert. Die meisten von ihnen waren voller Wehmut, wenn sie nach dem Examen fortgehen mußten.

Die Schule lag in einem grünen Tal, direkt neben dem Fluß. Von der Stadt aus gesehen, wirkten die Gebäude wie große weiße Pinselstriche in der lieblichen Landschaft, nur der Turm der Kapelle erhob sich anmutig über die Bäume.

Trotz der äußeren Vollkommenheit war das Ansehen der Schule nicht ganz makellos. Die Absolventen von Trowbridge galten als unberechenbar, es gab Gentlemen und Genies, aber auch krasse Opportunisten und Dummköpfe.

Bei der Auswahl der Schüler war man flexibel. Von altersher bemühte man sich um die Söhne der reichen New Yorker Familien mit ursprünglich englischer und niederländischer Abstammung, die schon seit dem 17. oder 18. Jahrhundert das Tal des Hudson bewohnten. Deshalb konnte jeder Abkömmling der Tuttles, Spragues oder Van Essendelfts damit rechnen, in Trowbridge willkommen zu sein, ob er nun ein Taugenichts war oder nicht.

Andererseits konnten auch Leute, die ihr Vermögen als Bordellbesitzer gemacht hatten, ihre Söhne in die aristokratische Gesellschaft von Trowbridge einschleusen, wenn sie nur das Portemonnaie weit genug aufmachten. Außerdem gab es natürlich noch ein paar brillante Stipendiaten; des weiteren ein Dutzend Schüler, die von berühmten Schulen relegiert worden waren, und ein paar reiche kleine Prinzen aus irgendwelchen unbekannten Kleinstaaten.

Die Tuttles waren treue Trowbridge-Anhänger, und es wäre ihnen nie in den Sinn gekommen, daß ihre Söhne woanders eine bessere Ausbildung erhalten könnten. Was Nicholas anging, so hatte sein Vater in dieser Angelegenheit gar nichts zu sagen gehabt, denn James hatte ja eine öffentliche Schule besucht. Samuel Tuttle hatte die Dinge selbst in die Hand genommen. Unter souveräner Mißachtung aller Anmeldungsformalitäten hatte er den Rektor von Trowbridge darüber informiert, daß ihm demnächst ein neuer Tuttle ins Haus stünde. Ein Tuttle namens Nicholas Cobleigh. Der Rektor hatte sein Entzücken über diese Nachricht geäußert, und so folgte Nicholas seinen Onkeln Jeremiah, Caleb und Jesse, seinem Großvater Samuel und all den Tuttles früherer Generationen nach Trowbridge – so wie seine Brüder Thomas, Michael und Edward ihm folgen sollten.

Er teilte sein Zimmer mit Charlie Harrison, dem Sohn eines Gemüsehändlers, der seinerzeit nicht mal die High School geschafft hatte, heute aber eine Kette von Supermärkten besaß, die sich von Bangor bis Baltimore hinzog.

Charlie war groß, schlank, dicht behaart, weltgewandt, selbstsicher und ein mathematisches Genie. Nicholas bewunderte ihn uneingeschränkt. Sein Aussehen und seinen Charme hatte Charlie von seiner Mutter, einer graziösen irisch-katholischen Büroangestellten, die einem Käsehersteller aus Boston die Bücher geführt hatte, als sie Mr. Harrison kennenlernte. Es war dem damals vierzigjährigen Multimillionär relativ leicht gefallen, die Siebzehnjährige für sich zu gewinnen, obwohl er seinerzeit schon übergewichtig und ziemlich großmäulig war. Allerdings heiratete sie ihn erst, nachdem er versprochen hatte, sich in die Haushaltsführung und die Erziehung der Kinder nicht einzumischen. Dieses Arrangement bewährte sich ausgezeichnet; denn Mrs. Harrison war zwar ehrgeizig, aber sie ließ sich vom mangelnden gesellschaftlichen Schliff ihres Gatten nie in Verlegenheit bringen. Harrison kaute weiterhin auf seinen kalten Zigarren herum, spuckte gelegentlich die abgebissenen Enden in die Aschenbecher, erzählte jedermann, daß die Red Sox die beste Baseball-Mannschaft der Welt seien, und merkte nie, daß sein Hemd offenstand und daß man die Haare auf seiner Brust sah. Mrs. Harrison begnügte sich damit, gelegentlich zu bemerken, ihr Mann sei ein richtiges Original, und daß er ein reiches Original war, wußte ohnehin jeder.

Die Kinder der Harrisons, Charlie und eine jüngere Schwester, die bedauerlicherweise mehr wie ihr Vater aussah, wurden mit großem Aufwand erzogen. Sie hatten nicht nur ein Kindermädchen, sondern außerdem noch eine französische Gouvernante. Sie hatten Klavierlehrer, Geigenlehrer, Sprachlehrer, Zeichenlehrer, Tanzlehrer und Reitlehrer. Und während Nicholas den Sommer meistens im Ferienhaus seiner Eltern in den Berkshires oder auf der Farm seiner Großeltern in Connecticut verbracht hatte, weilte Charlie in den Ferien meist in Europa mit seiner Mutter und ihrer Zofe, seiner Schwester und dem jährlich wechselnden Harvard-Studenten, der als sein Sprach- oder Geschichtslehrer angestellt war, ihm in Wirklichkeit aber ganz andere Dinge beibrachte: Weltgewandtheit und Draufgängertum. Nicholas, der die Sprachbegabung seines Vaters nicht geerbt hatte, staunte über die Französisch-, Italienisch- und Deutschkenntnisse seines Zimmergenossen. Weit mehr beeindruckten ihn freilich Charlies Berichte über seine Erfahrungen mit Prositutierten in Nizza, München und Rom. Aber Charlie war beileibe kein Angeber. Ein großer Teil seines Charmes bestand darin, daß er bedenkenlos und detailliert von den zahlreichen Niederlagen erzählte, die er als Sohn eines Neureichen hatte einstecken müssen. Dabei ließ er weder die sündhaft teuren, aber leider gefälschten Karten für die Pariser Oper aus, die er gekauft hatte, um eine junge Dame der Gesellschaft zu beeindrucken, mit der er dann vor verschlossener Tür stand, noch die gebratene Schnepfe, die er einer englischen Herzogin versehentlich auf den Schoß gekippt hatte.

Von seinem Vater hatte Charlie den Realitätssinn und vor allem dessen hervorstechendste Eigenschaft geerbt: den Ehrgeiz. Im Gegensatz zu Nicholas war er zwar kein sportliches Naturtalent, doch dafür trainierte er mit ungeheurer Ausdauer. Oft drehte er noch lange nach Einbruch der Dunkelheit seine Runden auf der durchweichten Aschenbahn.

Auch in allen anderen Fächern gab sich Charlie mehr Mühe als die anderen. Nicholas war intelligent und arbeitete sorgfältig, aber wenn er fertig war, legte er den Federhalter beiseite und lächelte. Charlie dagegen schrieb alle seine Aufsätze mehrmals um und feilte an den Formulierungen bis zum letzten Moment. Eine Zeitlang versuchte Nicholas ihm nachzueifern, aber als er nach dem dritten Besuch in der Bibliothek immer noch weitere Bücher über Woodrow Wilsons Verhältnis zum Kongreß fand, wurde die Sache ihm langweilig. Zwar ärgerte er sich zeitweise über Charlies glänzende Noten, doch war er zu gutmütig, um wirklich neidisch zu werden, und außerdem hatte er inzwischen begriffen, daß er dort längst angekommen war, wo Charlie sich hinzugelangen bemühte.

Ihre Freundschaft war herzlich und auch dauerhafter als andere; beide waren hervorragende Sportler, beide wurden von den Mädchen bewundert, und so war ihr Verhältnis entspannt. Sie tauschten ihre Gedanken und Erlebnisse aus und freuten sich ohne Verlegenheit an ihrer Intelligenz und ihren Gefühlen.

Gegen Ende ihres letzten Jahres in Trowbridge waren Nicholas und Charlie die absoluten Götter der Schule. Nicholas war kühl, fähig und elegant. Er galt als Muster an Selbstbeherrschung und Stil. Daß er Heather die Treue hielt, wurde als Beweis dafür angesehen, daß sie mit ihm schlief.

Charlie galt als vollkommen göttlich. Er besaß einfach alles: eine Brust voller Locken, eine Schublade voller Liebesbriefe von zwei Zwillingsschwestern aus Boston und einen Stapel von Einladungen an die besten Universitäten des Landes, die alle hofften, er würde ihre Football-Mannschaft verstärken.

Charlie saß in Turnhosen und barfuß an seinem Schreibtisch und kraulte sich hingebungsvoll die Haare auf seiner Brust. Seine Fußsohlen waren kohlrabenschwarz.

Als Schüler der letzten Klasse galten sie nicht mehr als Schuljungen, sondern als junge Männer und brauchten deshalb auch keinen Zimmerappell durch den Hausmeister über sich ergehen zu lassen. Die meisten ihrer Altersgenossen reagierten auf diesen Vertrauensbeweis der Verwaltung mit zügelloser Schlamperei und wateten schon nach wenigen Tagen im Chaos. Auch hierin übertrafen Charlie und Nicholas alle anderen; ihr Zimmer war bei weitem das schmutzigste.

Nicholas lag in blauen Unterhosen auf seiner blanken Matratze. Er hatte vor einer Woche ein Bier auf dem Laken verschüttet und war zu faul gewesen, das Bett wieder neu zu beziehen. Von Zeit zu Zeit unterstrich er in seiner Shakespeare-Ausgabe einen Vers, den er für seine Seminararbeit über »Meteorologische Metaphern im ›König Lear‹« brauchen konnte. Als Kopfkissen benutzte er ein paar graue Flanellhosen, die er zu Beginn des Semesters zum Gottesdienst angehabt und dann zu einem etwas kratzigen, aber durchaus brauchbaren Bündel zusammengerollt hatte. Obwohl er keineswegs so schmuddelig wie Charlie war, dessen gesamte Toilette vor einer Party meist nur in einem erfrischenden Bad im Swimmingpool bestand und der seine Wollsocken niemals wusch, sondern immer nur auslüften ließ, sah Nicholas' Hälfte des Zimmers noch schlimmer aus als die seines Freundes. Notizen aus dem Unterricht, Schokoladenpapiere und T-Shirts lagen wüst auf dem Boden verstreut, und sein Bett teilte er nicht nur mit seinem Hockeyschläger, sondern auch mit seinen Bewerbungsunterlagen für Brown, Williams und Amherst. Nicholas gähnte und kratzte sich ausgiebig am Skrotum.

Charlie wischte sich den Schweiß unter der Achsel weg und roch dann an seiner Hand: »Hmm. Ich dufte wieder mal wie ein Veilchen.« Er schob sein Algebraheft und sein Mathematikbuch beiseite und warf Nicholas einen Blick zu. »Wollen wir?« fragte er leise. »Es ist schon halb zehn.«

»Okay.« Nicholas rutschte von seiner Matratze und knipste mit den Zehen das Licht aus. Im Zimmer wurde es mit einem

Schlag dunkel. Charlies Schreibtischschublade wurde geöffnet und wieder geschlossen. »Hast du sie?« fragte Nicholas.

»Ja«, sagte Charlie. »Hier. Du zuerst.«

Nicholas suchte mit der Hand im Dunkel herum, bis seine Finger die Wodkaflasche berührten, die Charlie ihm hinhielt. »Cheers«, flüsterte er und nahm zwei große Schlucke. »Ach, du heilige Scheiße«, krächzte er heiser.

»Taugt das Zeug was?« fragte Charlie und griff nach der Flasche. Nicholas hörte es gluckern. »Jesus! Der Stoff hat vielleicht eine schöne Oktanzahl!«

Die Flasche wanderte rasch hin und her. Schon nach wenigen Minuten hatte Nicholas Schwierigkeiten, den Kopf hochzuhalten, aber das schrieb er der Tatsache zu, daß er sich im Dunkeln nicht recht zu orientieren vermochte. Für betrunken hielt er sich jedenfalls nicht, und als Charlie mit Babystimme erklärte: »Jetzt ist alles alle«, war er sehr überrascht. Die leere Flasche rollte über den Boden und machte dabei einen höllischen Lärm. »Wau«, sagte Charlie, »das geht ja direkt in den Schwanz.«

»Halt den Mund«, sagte Nicholas, »du redest zu laut.«

»Ach, was«, knurrte Charlie. »Hey, Nicky, was meinst du? Wäre es nicht Klasse, wenn wir jetzt Babsie hier hätten? Uuh, Babsie. Wenn ich sie jetzt hier hätte, würde ich ihr mein Ding so weit reinstecken, daß es hinten gleich wieder rauskommt.«

»Was ist denn mit Betty?« Babs und Betty waren Charlies Bostoner Zwillinge. »Was machst du mit Betty, wenn du Babs vögelst?«

»Die würde ich mir anschließend vornehmen. Oder du könntest sie haben. Wie findest du das, Nick? Betty ist wirklich sehr nett. Genau wie Babsie. Sie würde dir sicher gefallen.«

Nicholas ließ seine Füße auf den Boden herunter. Er versuchte sich zu erinnern, wo die Tür war. Wo Charlie war, konnte er auch nicht erkennen. »Oh, Scheiße!«

»Ist dir schlecht?«

»N-Nein.«

»Hör mal, Nick. Du kannst Betty oder Babs haben. Welche ist dir denn lieber?«

»Ich weiß nicht recht, Charlie. Was soll ich denn Heather erzählen?«

»Was Heather angeht, so spinnst du vollkommen, Nick. Die ist doch wirklich ausgesprochen dämlich und sowas von dick! Mit dem ganzen blonden Flaum im Gesicht sieht sie doch aus wie ein Tennisball! Und vögeln läßt sie sich auch nicht. Dabei könntest du alle Mädchen der Welt haben, Nick. Die sind doch alle verrückt nach dir, und du rennst mit dieser eingebildeten dummen Pute herum. Hättest du nicht gern eine Freundin, mit der du auch reden kannst, Nick? Hör mal, Babs ist ganz wild auf dich. Und Betty genauso. Das sind zwei prachtvolle Mädchen. Die sehen klasse aus und haben auch Grütze im Kopf. Du kannst haben, welche du willst. Komm, wir rufen sie an.«

»N-Nein.«

»Nein? Willst du denn nicht vögeln?«

»Ich weiß nicht, Charlie. Wir dürfen auf keinen Fall unser Zimmer verlassen. Weißt du nicht mehr? Nicht mal aufs Klo dürfen wir. Notfalls lieber zum Fenster rauspissen. Wenn wir die Tür aufmachen, gibt's Ärger.«

»Ach, was! Los, Nick! Wir gehen! Welche willst du? Babs oder Betty?«

»Es ist schon so spät.«

»Es ist nie zu spät für einen guten Fick, Nick.«

»Bist du sicher?«

»Klar bin ich sicher.« Charlie stand auf, und sein Stuhl ging krachend zu Boden. Nicholas hielt sich die Ohren zu. Nach einigem Herumstolpern machte Charlie die Tür auf. Vom Korridor fiel Licht herein, und Nicholas schloß geblendet die Augen. »Komm schon, Cobleigh, beweg deinen Hintern. Wir müssen zum Telefon.«

»Und was ist mit Heather, Charlie?«

»Vergiß sie. Das Mädchen ist eine Pest.« Charlie zerrte den schlaffen Nicholas aus dem Zimmer hinaus auf den Flur. »Heute nacht holen wir's uns!« rief Charlie so laut, daß selbst Schwerhörige davon wach werden mußten.

»Was holen wir uns?«

»Ich werde Babs und Betty anrufen und ihnen sagen, sie sollen sich sofort auf den Weg machen. Sie sollen herkommen, und dann zeigen wir's ihnen.«

Nicholas wankte mühsam den Gang entlang, bis er mit lautem Krachen gegen die Wand schlug. Er wollte sich den schmerzenden Kopf reiben, aber dann sank er torkelnd in die Knie und begann leise zu kichern.

»Schteh auf, N-Nick!« lallte Charlie. Die eine oder andere Tür hatte sich lautlos geöffnet, aber nur einen Spalt. Charlie packte Nicholas an den Handgelenken und wollte ihn hochziehen, aber Nicholas fiel immer wieder zurück. Zu seinem Kichern kam jetzt noch ein heftiger Schluckauf. Beim nächsten Versuch stürzte auch Charlie mit dumpfem Donnern zu Boden.

»W-Wie sollen wir telefonieren, wenn wir nicht hochkommen?« fragte Nicholas. Er glaubte zu flüstern, aber in Wirklichkeit schrie er wie ein Berserker. »W-Wie sollen wir sie uns vornehmen, wenn wir nicht hochkommen?«

Charlie hob den Kopf. »W-Wir kommen schon hoch, Nick. Wir kommen hoch und wir kriegen ihn hoch, w-wetten? W-Wir kriegen ihn hoch, Nick. W-Wir kriegen ihn hoch!«

»Hallo, Babsie«, rief Nicholas fröhlich. »Halli, hallo, Babsie, M-Magst du mich wirklich? Soll ich's dir besorgen? Soll ich's dir ordentlich zeigen?« Er begann wieder zu kichern und preßte beide Hände auf sein schmerzendes Zwerchfell. Dann machte er eine Faust und trommelte gegen die Wand. »M-Mach auf, Babsie. Bum, bum, ich möchte dich bumsen.«

»B-Bumsen, jawohl«, jodelte Charlie. »Bu-, bu-, bu-, bumsen!«

»Mr. Harrison! Mr. Cobleigh!« Der Pedell, Mr. Keil, ragte vor ihnen auf. Seine Füße steckten in ausgelatschten Pantoffeln, und seine Schienbeine waren mit schwarzen Haaren bedeckt. Wütend knotete er den Gürtel seines Bademantels fester. »Was soll das? Was machen Sie da?«

»Wir haben ge-, ge-, gebumst«, sagte Nicholas kleinlaut.

Unvoreingenommene Betrachter hätten Martin Wigglesworth wohl eher für einen Leichenbestatter aus Indiana als für den Rektor einer höheren Schule in Massachusetts gehalten. Seine Haut war so ledern und wachsbleich, als hätte er jahrelang Formalin eingeatmet. Sein Kinn war so spitz wie ein Ziegenbart, und sein verkniffener Mund und seine lange Nase bestätigten den Eindruck, daß es sich um einen berufsmäßigen Nicht-Lächler handelte. Gemütliche Tweedjacken und Pullover vermied er und bevorzugte statt dessen schwarze Nadelstreifenanzüge und schmale, dunkle Krawatten.

Die zahllosen Spitznamen, zu denen sein Nachname Veranlassung gab, blieben den neuen Schülern schon nach wenigen Wochen im Hals stecken, die meisten bezeichneten ihn genau wie ihre Eltern als »Dr. Wigglesworth«. Wobei unterstellt werden darf, daß die Eltern genausoviel Angst vor ihm hatten wie ihre Söhne.

Winifred Cobleigh zum Beispiel beantwortete Dr. Wigglesworths Frage: »Ich gehe davon aus, daß Sie wissen, was Nicholas getan hat?« mit einem so ängstlichen »Nein«, als wäre sie eine Zehnjährige, die irgend etwas Schlimmes angestellt hatte. Nervös wickelte sie den Riemen ihrer teuren Handtasche um den Zeigefinger ihrer linken Hand und wußte nicht, wohin sie den Blick richten sollte. Sie saß vor dem Schreibtisch des Rektors, Nicholas und Charlie standen hinter ihr an der Wand. Nicholas wünschte sich, er könnte ihr mit einem Blick etwas Mut machen, damit sie angesichts der bevorstehenden Anklagen nicht so nervös war, aber er konnte nur ihren Hinterkopf sehen.

Sein Vater wäre nicht nervös gewesen. Sein Vater hätte ruhig und gerade auf seinem Stuhl gesessen und Dr. Wigglesworth mit seinem guten Aussehen und seiner Gelassenheit den Schneid abgekauft. Aber James Cobleigh hatte nicht kommen können, im Büro hatte man gesagt, er sei bei Gericht. Charlies Vater dagegen war anwesend. Breit und etwas gereizt saß er vor dem Schreibtisch des Rektors.

Nicholas warf seinem Freund einen Blick zu. Obwohl es inzwischen vier Uhr nachmittags war, sah Charlie immer noch betrunken aus. Seine Augen waren unnatürlich weit offen, und er starrte seinen Vater mit einem etwas törichten Gesichtsausdruck an. Auch Nicholas fühlte sich noch keineswegs wohl, und sein Mund war so trocken, als hätte er die Socken der gesamten Football-Mannschaft verspeist.

»Und Sie, Mr. Harrison?« fragte Dr. Wigglesworth Charlies Vater. »Haben Sie eine Vorstellung davon, weshalb wir Sie so dringend herbitten mußten?«

Louis Harrison, der von seinen Branchenkollegen und vom FBI, das sich für einige seiner undurchsichtigen Geschäfte mit

Fuhrunternehmern, Schlachthöfen und Lagerhäusern interessierte, nur »Big Lou« genannt wurde, grunzte unwillig: »Was?«

»Ich habe lediglich gefragt, Mr. Harrison, ob Sie vielleicht von Mr. Keil oder Ihrem Sohn über die Vorgänge informiert worden sind, die dazu geführt haben, daß Sie diese für Sie gewiß sehr ungelegene Reise nach Trowbridge antreten mußten.«

Nicholas verlagerte sein Gewicht von einem Fuß auf den anderen. Mr. Harrison ließ sich sehr viel Zeit mit seiner Antwort. Nicholas kannte niemanden, der es gewagt hätte, Dr. Wigglesworth so lange warten zu lassen. Winifred zerrte nervös am Riemen ihrer Handtasche und schnitt dem eingewickelten Zeigefinger der linken Hand auf diese Weise systematisch die Blutzufuhr ab. Dr. Wigglesworth begann, ganz gegen seine Gewohnheit, mit einem der gläsernen Briefbeschwerer auf seinem Schreibtisch zu spielen. Er ließ ihn mit einem verärgerten Plumps auf die Platte zurückfallen, als Harrison schließlich sagte: »Na, schön. Wenn's Schwierigkeiten gibt, müssen wir reden.«

»Ja, natürlich. Genau deshalb sitzen wir ja zusammen.«

»Gut«, sagte Harrison. »Und jetzt hören Sie bitte mal zu. Ich kriege heute morgen um sechs einen Anruf von Ihnen und mache mich auf den Weg.« Harrisons Akzent war sehr viel prononcierter als der seines Sohnes. »Ich bin den ganzen Weg von Boston gekommen. Im Auto. Und Mrs. Cobleigh – sind Sie auch mit dem Auto angereist?« Winifred schüttelte den Kopf. »Geflogen?« Sie nickte. Nicholas hatte den Eindruck, daß sie von Mr. Harrison durchaus fasziniert war. »Hören Sie, Doc? Sie ist von New York mit dem Flugzeug gekommen. Sie ist ganz blaß vor Schrecken und Aufregung. Wie wär's, wenn Sie uns endlich erzählten, was eigentlich los ist?«

Dr. Wigglesworths Gesichtsausdruck wurde schneidend, er sah wie ein blankes Rasiermesser aus. Er beugte sich etwas zur Seite, zog eine Schreibtischschublade auf und nahm Charlies Wodkaflasche heraus. »Sie haben zugegeben, den gesamten Inhalt getrunken zu haben«, sagte er triumphierend, als er das Corpus delicti auf den Tisch stellte.

»Haben sie irgendwas demoliert?«

»Nein, glücklicherweise nicht.«

»Gab es eine Prügelei?«

»Ich muß doch sehr bitten, Mr. Harrison. Vielleicht haben Sie die Schwere dieses Vorfalls —«

»Ist irgend jemand zu Schaden gekommen?«

»Nein.«

»Also was war dann?«

»Sie waren betrunken, Sir. Sie waren betrunken und haben einen schauderhaften Spektakel veranstaltet. Sie sind aus ihrem Schweinestall von Zimmer gekommen und haben die schlimmsten, die schlimmsten —«

»Ist das alles?«

»Sie verstehen vielleicht nicht, was das bedeutet. Wir sind in dieser Beziehung sehr streng. Alkoholische Getränke —«

»Sie haben mich um sechs Uhr morgens anrufen lassen, bloß weil die beiden sich einen hinter die Binde gekippt haben?«

»Wir haben bis zum Morgen gewartet. Wir wollten ja nicht, daß Sie nachts unterwegs sind.«

»Was soll denn das heißen, Doc? Können Sie mir das bitte erklären?«

Winifred streckte die Hand aus und berührte Harrison am Ärmel. »Mr. Harrison«, sagte sie so leise, daß sie Nicholas kaum verstand. »Es hat keinen Zweck. In solchen Dingen sind sie hier ganz rigoros.«

»Nun, das wollen wir doch mal sehen, Mrs. Cobleigh.« Er tätschelte ihr aufmunternd die Hand. »Lassen Sie mich nur machen, okay?« Winifred nickte. »Hören Sie, Doc, Sie sind doch Geistlicher, wenn ich nicht irre. Warum üben Sie nicht ein bißchen christliche Nächstenliebe? Die beiden Jungens haben einen Fehler gemacht. So was kommt vor. Sollten wir ihnen nicht vergeben und die Sache vergessen?«

»Mr. Harrison, sowohl als Geistlicher wie auch als Rektor von Trowbridge bin ich verpflichtet, dafür zu sorgen, daß bestimmte Verhaltensmaßregeln beachtet und respektiert werden. Ich fürchte, diesen flagranten Verstoß gegen unsere Hausordnung können wir nicht tolerieren. Auch und gerade dann nicht, wenn er von zwei Schülern begangen worden ist, die zu unseren besten gehören und für die ich persönlich die schönsten Hoffnungen hegte. Zwei Schülern, die —« Er mußte sich unterbrechen, denn Winifred hatte die Hände vor das Gesicht geschlagen und schien in Tränen ausbrechen zu wollen. »Mrs. Cobleigh«, sagte Dr. Wigglesworth salbungsvoll, »die Geschichte Ihrer Familie ist in gewisser Weise mit Trowbridge verwoben, deshalb schmerzt es mich ganz besonders, Ihren Sohn jetzt –«

»Jetzt ist aber Schluß mit dem Quatsch!« fuhr Mr. Harrison dazwischen. Seine Stimme klang so wütend, daß Nicholas und Charlie vor Schreck mit den Köpfen zusammenstießen und der Rektor sich mit beiden Händen am Schreibtisch festhielt. »Jetzt haben Sie Mrs. Cobleigh zum Weinen gebracht! Was wollen Sie, Mr. Wigglesworth? Sollen die Jungens hierbleiben oder weggehen? Es sind Ihre beiden besten Schüler, das wissen Sie selbst. Der eine hat eine Familie, die ihre Söhne schon seit Abrahams Zeiten in Ihre Schule geschickt hat, und der andere bringt Ihnen eine hübsche Spende für die neue Football-Tribüne, die Sie angeblich brauchen. Also bringen wir's hinter uns, Mr. Wigglesworth! Rein oder raus. Ja oder nein. Aber hören Sie auf, Mrs. Cobleigh zu quälen. So etwas tut man nicht.«

»Vielleicht können wir die Angelegenheit allein klären, Mr. Harrison?«

»Doc, ich kann hier nicht ewig herumsitzen. Meine Kassiererinnen haben mit Streik gedroht, wenn ich die Schicht nicht verkürze.«

»Mr. Harrison –«

»Hören Sie! Mrs. Cobleigh ist eine Dame der Gesellschaft, und ihr Sohn wird schon wissen, wie er an die Universität kommt. Und damit sich die Sache lohnt, wird Mrs. Cobleigh sicher nicht zögern, auch ihren Kleinen gleich mit abzumelden – wie heißt er doch gleich?«

»Thomas«, flüsterte Winifred.

»Sie wird also Thomas und Nicholas abmelden. Und sie hat ja noch einige weitere Söhne – stimmt's? Die können dann gleich woanders hingehen, Privatschulen gibt's ja genug. Und wer weiß, vielleicht schließen ihre New Yorker Freunde sich diesem Schritt an. Was mich angeht, Doc, ist die Sache noch einfacher. Denken Sie, Trowbridge wäre mir nicht sch ... äh, völlig egal? Meine Frau sagt, Charlie soll auf eine Privatschule gehen. Gut, sage ich. Meine Frau sagt, Trowbridge wäre okay. Gut, sage ich. Jetzt kommen Sie daher und sagen, Charlie gehört nicht nach Trowbridge, also werde ich meiner Frau sagen, daß eine andere Schule eine Football-Tribüne von mir spendiert bekommt. Denken Sie, mir macht das was aus?«

»Natürlich spielen die schulischen Leistungen stets eine Rolle bei solchen Entscheidungen«, sagte Dr. Wigglesworth ruhig.

»Das dachte ich mir.«

»Die beiden Jungen haben mich zwar sehr, sehr enttäuscht, aber ich würde es auch sehr bedauern, wenn sie Trowbridge verlassen müßten. Ich hoffe, andere disziplinarische Maßnahmen werden genügen.«

»Das klingt vernünftig«, sagte Harrison friedlich. »Was meinen Sie, Mrs. Cobleigh?« Winifred nickte.

»Ich glaube, ich bin sehr ausgewogen in meinen Urteilen, Mr. Harrison.«

»Gut. Das bin ich auch.« Louis Harrison stand auf und ging mit erstaunlicher Behendigkeit zur Tür. Nicholas versuchte zur Seite zu springen, aber Mr. Harrison erwischte ihn genauso am Kragen wie Charlie. »So, ihr zwei«, zischte er. »Jetzt hört mir mal zu. Dir breche ich sämtliche Knochen im Leib, wenn du so was noch mal machst, Charlie. Und du, mein Hübscher, wirst dich bei deiner Mutter entschuldigen und ihr versprechen, daß du so was nie wieder tust, ist das klar?« Charlie und Nicholas nickten. »Und jetzt gehen wir noch zusammen zum Essen nach Beale.«

Nicholas sah zu seiner Mutter hinüber. Sie hatte ihre zitternden Hände im Schoß gefaltet und starrte zum Fenster hinaus.

Im Herbst 1956, zwei Tage vor dem Erntedankfest, starb Samuel Tuttle. Er lag in einem hochgestellten Bett in einem Seitenflügel des New York Hospital, dessen Gründung auf eine Stiftung seines Vaters zurückging. Er war siebenundachtzig Jahre alt und litt an einer akuten Herzschwäche. In seiner Lunge hatte sich soviel Flüssigkeit angesammelt, daß jeder Atemzug von einem schrecklichen Röcheln begleitet war. Er keuchte wie ein Ertrinkender, der versucht, Wasser zu atmen. Das Geräusch störte ihn noch mehr als die Schmerzen in seiner Brust, denn jedesmal, wenn er einatmete, zuckte Maisie zusammen. Er wußte, daß sie versuchte, ihre Angst zu verbergen und ihn nicht spüren zu lassen, daß sein Tod sie in Schrecken versetzte. Sie hatte ihren Stuhl dicht an sein Bett gerückt und saß unnatürlich aufrecht. »Es geht mir gut, Liebling«, flüsterte Samuel mühsam. Maisie nickte, vermochte ihm aber nicht in die Augen zu sehen. Statt dessen beobachtete sie ihren Zeigefinger, der auf einem Streifen seines Schlafanzugärmels hin- und herfuhr.

Er wollte nicht sterben, denn er wußte, damit würde Maisies Glück enden. Sie würde weitermachen, aber sie würde ihre leuchtende Aura verlieren. Ihre Persönlichkeit würde genauso erlöschen wie die Kerzen in ihrem silbernen Leuchter, wenn man sie ausdrückte. Was für eine Schande, dachte er, denn mit ihren fünfundsiebzig Jahren war sie immer noch schön. Ihre Haut war im mitleidlosen Licht des Krankenhauses noch genauso makellos wie damals an dem Tag ihrer ersten Begegnung auf dem Washington Square. Es war ein Jammer, sie zu verlassen, und obwohl er fest überzeugt war, daß es einen Himmel gab, wußte er doch nicht genau, wie es dort sein würde.

Seine Söhne konnte er getrost auf dieser Erde zurücklassen. Sie würden zwar sehr um ihn trauern, aber sie brauchten ihn nicht mehr. Leid tat es ihm auch, daß er Winifred im Stich lassen mußte, deren Leben so unglücklich verlief. Wollte sie wirklich für den Rest ihres Lebens herumsitzen und auf diesen unzuverlässigen Mann warten? Wollte sie sich immer wieder hübsch herrichten und ihn mit Geschenken zu ködern versuchen, als ob er ein Gigolo wäre, dessen Gunst sie jede Nacht neu kaufen müßte, wenn er nach Hause kam und nach Schnaps und dem Parfüm einer anderen Frau roch? Sie war jetzt seit achtzehn Jahren mit diesem gutaussehenden, kalten Burschen verheiratet und hatte sechs Kinder mit ihm. Warum versuchte sie immer noch, ihn mit naiven kleinen Gesten für sich zu gewinnen? Warum war sie so demütig? Warum kroch sie vor ihm auf dem Bauch, als ob sie eine Bauernmagd wäre und dieser James Cobleigh ein König?

Samuel wußte, daß ihn James Cobleigh das Himmelreich kosten konnte. Er haßte seinen Schwiegersohn. Er wußte, daß er die Partie gegen ihn verloren hatte, weil James jederzeit Winifred und die Kinder gegen ihn ausspielen konnte. Voller Abscheu erinnerte Samuel sich, wie er seinen Einfluß geltend machen mußte, um zu verhindern, daß man seinen Schwiegersohn nach der skandalösen Affäre mit der Frau des Seniorpartners bei Ivers & Hood vor die Tür setzte.

Bei allen Familientreffen hatte sich James stets geschickt vor ihm abgeschirmt. Er hörte Olivias geschwätzigen Ausführungen über das Für und Wider der neuesten Frisurenmode zu oder ließ sich von Thomas Details der Apostelgeschichte berichten. Er las den Zwillingen aus der »Schatzinsel« vor oder half sogar Edward beim Zusammenbau eines Schiffsmodells – alles nur, um sich von Samuel abzuschirmen. Vor allem aber zog er Nicholas bei diesen Manövern heran, denn er war schlau genug, um zu wissen, daß Samuel den Jungen mehr liebte als alle anderen Enkel. Erst vor zwei Monaten, kurz vor Nicholas' letztem Schuljahr in Trowbridge, hatte Samuel wieder einmal erlebt, welche Faszination der Vater auf Nicholas ausübte. Aus der Entfernung hatte er zusehen müssen, wie James und Nicholas sich in der Bibliothek der Tuttles über eine große Frankreichkarte beugten. James tippte hier und da auf die Karte und berichtete, wo seine Résistance-Gruppen Brücken gesprengt und Straßen unpassierbar gemacht hatten. Samuel hatte gehofft, sein Enkel wäre über das Alter der Heldenverehrung hinaus, aber es war offensichtlich gewesen, daß er von den Erzählungen seines Vaters ganz gebannt war. Während James mit lässig übereinandergeschlagenen Beinen dasaß und völlig entspannt schien, wurde Nicholas abwechselnd rot und blaß, biß sich auf die Lippen und ballte die Fäuste, als ob er unsichtbare Feinde totschlagen müßte.

Samuel mochte Nicholas, weil ihm der Junge so ähnlich war: ernsthaft, treu, ein wenig traurig und zu jener geheimen Leidenschaft fähig, die Samuels Liebe zu Maisie erzeugt hatte. Die Schwäche Nicholas' für seinen Vater hielt Samuel für den einzigen Makel im Charakter seines Enkels. Er konnte sich nicht vorstellen, daß Nicholas außer dem zugegebenermaßen glänzenden Aussehen seines Vaters sonst noch irgendwelche Eigenschaften von James geerbt haben könnte. Der Junge sah wirklich sehr gut aus, sein Gesicht spiegelte aber nicht nur den billigen Charme seines Vaters, sondern zeigte eine innere Vornehmheit, die diesen weit übertraf. Maisie hatte auch dafür den richtigen Ausdruck gefunden: »Das Beste an Nicholas ist die Tatsache, daß er glauben würde, man hätte ihn mit Thomas verwechselt, wenn man ihm sagte, was für ein prachtvoller Bursche er ist.«

So standen also die beiden Menschen, die er am meisten liebte, vor Samuel Tuttles Augen, als er verschied: seine Frau und sein Enkel. Sein letzter Gedanke war daher die Bitte, daß Nicholas auch eine so großartige und schöne Frau finden möge wie Maisie. Er hätte wohl noch andere in sein letztes Gebet eingeschlossen, aber dazu hatte er nicht mehr die Zeit.

Der Kragen und die Manschetten von Nicholas' Hemd waren so steif gestärkt, daß sie bei jeder Berührung wie Pergament knisterten, aber sein Vater schien nichts zu bemerken. James hatte seine Arme auf die Brüstung der Loge in der Metropolitan Oper gelegt und schien jeden Ton, der von der Bühne heraufdrang, mit dem ganzen Körper aufsaugen zu wollen. Nicholas schob seinen Zeigefinger unter den Hemdkragen und zerrte daran, um ihn zu lockern, aber während er der wundgescheuerten Haut auf der einen Seite des Halses geringfügig Erleichterung verschaffte, verstärkte sich das Jucken auf der anderen um so mehr. Er versuchte, sich auf die Bühne zu konzentrieren. Mimi lag jammernd im Bett und flötete verzweifelt: »Rodolfo! Rodolfo!« Aber sie war eine so dürftige kleine Gestalt, daß sie ihn kaum interessierte. Außerdem hatte er »La Bohème« bereits zweimal gesehen und wußte, daß der Fall völlig hoffnungslos war. Die andere Sopranistin, die neben dem Bett stand, sah wesentlich kräftiger aus. Sie hatte breite Schultern und Füße, die so groß waren wie die von Patty Bollinger, Heathers bester Freundin. Wirklich schade, daß sie Mimi keine Bluttransfusion geben durfte. Nicholas versuchte, wenigstens seine Manschettenknöpfe zu öffnen, aber die Bewegung störte seinen Vater, der sich umwandte und ihm einen irritierten Blick zuwarf.

Nicholas saß wieder still. Er wollte seinen Vater nicht ärgern, der schon seit Tagen übelster Laune war. Als Nicholas, Thomas und Charlie Harrison zu Beginn der Weihnachtsferien aus Trowbridge gekommen waren, hatte eine düstere Stimmung über der Wohnung in der Park Avenue gelegen. Seine Mutter war erst zwei Stunden nach ihrer Ankunft aus dem Schlafzimmer gekommen. Ihre Lider waren gerötet, so als ob sie in letzter

Zeit viel geweint hätte. Sie war für ein festliches Abendessen gekleidet, mit einem langen dunkelgrünen Samtrock und einer weißen Plisseebluse, aber ihre Haare waren ungekämmt und hingen ihr wirr um den Kopf. Sie hatte ihre beiden Söhne und sogar Charlie geküßt, aber auf eine merkwürdig geistesabwesende Art.

Keiner der Jungen machte eine Bemerkung, aber alle waren erschrocken. Auch beim Abendessen sagte Winifred nichts außer »Nein, danke«, als ihr jemand Gemüse anbot. Sie wirkte sehr müde und ausgebrannt. James, der sonst fast nie mit seinen Kindern aß, hatte bei diesem Abendessen den Vorsitz geführt, als ob seine Frau gar nicht anwesend wäre. Geschickt entlockte er den drei Jungen aus Trowbridge die neuesten Schulanekdoten, ermahnte Edward, nicht mit dem Messer zu klappern und läutete mit einer kleinen Kristallglocke nach dem Dienstmädchen, als ob die elektrische Klingel unter dem Teppich gleich neben Winifreds Fuß nicht existierte. Erst beim Dessert hatte er seiner Frau einen langen Blick zugeworfen. Winifred starrte bewegungslos auf ihren Teller, ihre Hände ruhten im Schoß. »Warum gehst du nicht ins Schlafzimmer und ruhst dich ein bißchen aus?« hatte James ganz sachlich gefragt. Winifred hatte wortlos das Zimmer verlassen, ein gehorsames Kind mit wirren Haaren, das sich wie eine mechanische Puppe bewegte. »Der Tod ihres Vaters im letzten Monat hat sie doch etwas mitgenommen«, meinte James. Charlie Harrison hatte genickt.

Aber nach dem Abendessen war die neunjährige Olivia zu Nicholas ins Zimmer geschlüpft und hatte erzählt, daß Winifred sich schon lange vor dem Tod ihres Vaters so eigenartig verhalten habe. »Glaubst du, daß ich daran schuld bin?« fragte Nicholas. »Ich meine, du hast wahrscheinlich gehört, daß sie nach Trowbridge kommen mußte, weil ich ...«

»Nein, Nicky. Sie war vorher schon so komisch. Es ist wirklich schrecklich. Sie geht überhaupt nicht mehr weg. Kannst du dir das vorstellen? Sie geht nicht mehr aus dem Haus, sie weigert sich ans Telefon zu kommen, wenn man sie ruft, und den ganzen Tag weint sie.«

»Als sie in Trowbridge war, ist mir an ihr eigentlich nichts Besonderes aufgefallen.«

»Es wird immer schlimmer«, sagte Olivia, die Winifred von allen Kindern am ähnlichsten war. Ihre wilde rote Mähne war mit einer rot-grün karierten Schleife zum Pferdeschwanz gebunden. »Du kennst doch Mami«, fuhr Olivia fort. »Normalerweise fängt sie gleich nach dem Erntedankfest mit den Weihnachtseinkäufen an. Das ging dieses Jahr nicht, weil Großvater begraben wurde, aber sie hatte noch nicht einmal eine Liste. Am ersten Dezember holt sie normalerweise den Christbaumschmuck aus den Schränken, um zu sehen, ob etwas kaputt ist, aber diesmal hat sie es von Woche zu Woche hinausgezögert. Abby und ich haben sie immer wieder daran erinnert, aber sie hat nichts unternommen. Am Ende mußten wir Daddy bitten, in letzter Minute noch einen Weihnachtsbaum zu besorgen, obwohl er dauernd Überstunden macht und immer sehr müde ist. Abby und ich haben den Baum dann ganz allein geschmückt. Als wir damit fertig waren und alle Kerzen gebrannt haben, hat Mami wieder geweint.«

»Was sagt denn Daddy zu alledem?« fragte Nicholas.

»Ich traue mich nicht, ihn zu fragen, Nicky. Kannst du das nicht machen? Wir haben alle schon darauf gewartet, daß du endlich nach Hause kommst.«

Also hatte Nicholas seinen Vater gefragt; gerade eben, als sie hier in der Loge Platz genommen hatten. Das ganze Jahr über hatte er noch keine Minute allein mit seinem Vater verbracht. James wollte Charlie seine Karte für »La Bohème« abtreten, doch Charlie hatte dankend abgelehnt. Er war zu einer Party bei einem Mädchen eingeladen, das ihn seit über einem Jahr mit Briefen und Telefonanrufen verfolgte.

»Was ist mit Mami eigentlich los, Daddy?«

»Nichts. Sie hat nur Großvaters Tod noch nicht überwunden.«

»Aber sie war doch schon vorher so komisch, und Olivia sagt —«

»Deine Schwester dramatisiert die Dinge gern, Nick. Das solltest du wissen.«

»Aber ich sehe doch, daß es Mami nicht gutgeht. Ist sie krank? Hat sie ... leidet sie an etwas Bestimmtem?«

»Nein.«

»Aber sie ißt und trinkt nicht, sie –«

»Sie wird sich schon wieder erholen. Dergleichen braucht eben etwas Zeit. So, und jetzt mach es dir gemütlich und konzentrier dich auf diese ganz besondere Vorstellung.«

Als besonders aufregend hatte Nicholas die Aufführung der Oper auch dieses Mal nicht empfunden, aber zu seiner Überraschung stellte er fest, daß seinem Vater Tränen übers Gesicht liefen, als Rodolfo endlich merkte, daß Mimi tot war. Nicholas hatte James noch nie weinen sehen, und es flößte ihm Angst ein. Dachte sein Vater beim Anblick der bleichen, reglosen Frau auf dem Totenbett womöglich an seine eigene Frau?

Der Vorhang fiel, und das Publikum klatschte. Nicholas berührte seinen Vater am Ärmel. Dessen Gesicht war so von Gefühlen erfüllt, daß ihn Nicholas kaum wiedererkannte. Aber als er endlich sprechen konnte, sagte sein Vater nicht das, was Nicholas gedacht hatte.

»Ist sie nicht großartig?« rief er mit leuchtenden Augen.

»Wer?« fragte Nicholas verblüfft.

»Wer? Die Sopranistin natürlich.«

Nicholas hätte beinahe gefragt, welche der beiden Sängerinnen sein Vater denn meinte. Statt dessen nickte er nur.

Als die kleine Sängerin vor den Vorhang trat, stand sein Vater auf und klatschte wie wahnsinnig. »Bravo! Bravissimo!« schrie er. Nicholas schüttelte den Kopf. Seine Mutter war immer gern in die Oper gegangen, aber sein Vater hatte sich meistens gedrückt. Woher kam die plötzliche Begeisterung für diese mickrige Mimi?

»War sie nicht einfach phantastisch?«

»Ja, Daddy.« Nicholas dachte, sein Vater wolle noch etwas hinzufügen, aber der senkte den Kopf.

»Was ist denn los, Daddy?«

Sein Vater hob den Kopf, zögerte und fragte dann leise: »Hättest du Lust, sie kennenzulernen?«

Hinter der Bühne warteten sie, bis die anderen Besucher und Verehrer der Sängerin sich verlaufen hatten, dann klopfte James an die Tür der Garderobe. »Herein«, tönte es von drinnen. Nicholas sah als erster die Garderobiere, die in der Ecke stand und die dicke schwarze Perücke ausbürstete. Erst als er sich umdrehte, entdeckte er die zierliche Sängerin vor dem Spiegel. »Eine Sekunde, bitte«, sagte sie und riß sich mit einer Pinzette die falschen Wimpern herunter.

Sie sah fast noch winziger aus als auf der Bühne. Ihr Kostüm hing über einem Stuhl, und sie trug einen rosa Satin-Morgenmantel mit Flamingofedernbesatz. Aber trotz dieses eleganten, sehr weiblichen Mantels fand Nicholas, daß sie besser Peter Pan oder Huckleberry Finn oder sonst eine Hosenrolle gespielt hätte. Sie sah überhaupt nicht wie eine Opernsängerin aus.

Man konnte Lucy Bogard ansehen, daß sie die Tochter von Tagelöhnern und Wanderarbeitern war. Sie war nicht nur sehr klein, sondern auch mager und zäh. Ihr eigenes Haar war dünn und sandfarben, und ohne die künstlichen Wimpern wirkten ihre braunen Augen sehr blaß. »Einen kleinen Augenblick noch, ich habe gleich für euch Zeit«, sagte sie, griff in einen großen Topf mit Gesichtscreme und wischte sich damit die Schminke ab. Dann wandte sie sich Nicholas und James zu. »So«, sagte sie. »Wen bringst du mir da, Jimmy?«

»Das ist mein Sohn Nicholas«, sagte James.

»Da schau her!« sagte Lucy, erhob sich, nahm Nicholas an der Hand und schob ihn dann auf den Hocker am Schminktisch. »Laß dich ansehen, Nicholas. Ein hübscher Bursche bist du. Du siehst deinem Vater sehr ähnlich, aber nicht zu sehr. Erzähl mal, hat dir dein Vater schon gesagt, woher er mich kennt? Wahrscheinlich nicht, oder? Er hat dich bestimmt ohne jede Erklärung hier hinter die Bühne geschleppt, und du hast keine Ahnung, daß er kein gewöhnlicher Verehrer oder Autogrammjäger, sondern ein sehr guter Freund von mir ist, hab ich recht?«

»Nein, ich —« Sie stand direkt neben ihm, und der Gürtel ihres Morgenmantels war so locker geschlungen, daß Nicholas nicht wußte, wo er hinsehen sollte. Hielt er die Augen gesenkt, fiel sein Blick auf ihr rechtes Bein, das bis zum Schritt hinauf nackt war, und wenn er den Kopf drehte, war direkt vor seiner Nase ihre winzige Brust.

»Komm, Lucy, laß gut sein!« Der Protest seines Vaters klang ärgerlich, aber auch ein bißchen nervös. Es schien ihm nicht zu gefallen, daß Lucy mit seinem Sohn Katz und Maus spielte.

»Laß du nur gut sein, James«, gab Lucy zurück. »Du hast ihn hergebracht, jetzt laß mich auch mit ihm reden!« Ihre Stimme wurde merklich freundlicher, als sie sich Nicholas wieder zuwandte. »Wo waren wir stehengeblieben? Ach, ja. Ich wollte dir erzählen, wie ich deinen Vater kennengelernt habe. Das war auf dieser gräßlichen Wohltätigkeitsparty –« Sie nahm das Gesicht des Jungen in beide Hände und sah im direkt ins Gesicht. »Eine alte Freundin sagte zu mir: ›James ist genau der Richtige für dich!‹ Und sie hatte verdammt recht!« Sie machte eine Pause, und man hatte das Gefühl, daß die ganze Oper den Atem anhielt. Aber Lucy wußte natürlich genau, worauf sie hinauswollte. »Er ist wirklich der beste Rechtsanwalt in der Stadt!« Allen im Raum war die Erleichterung anzumerken, der Garderobiere genauso wie James. »Das weißt du doch, Nicky, nicht wahr? Dein Vater ist ein juristisches Genie.«

»Lucy –«, wollte James anfangen, aber sie schnitt ihm das Wort ab. Mit den Händen umfing sie immer noch den Kopf seines Sohnes. »Er kam einfach daher und löste alle meine Probleme. Ist das nicht toll?«

Charlie Harrison verliebte sich in dieser Nacht unsterblich in eine Hollins-Studentin. Als er Nicholas am nächsten Morgen davon erzählte, schüttelte dieser den Kopf.

»Schlag dir das aus dem Kopf, Charlie. Deine Eltern werden nie zulassen, daß du in Virginia studierst, nur um bei deiner Libby zu sein. Deine Mutter wird Schreikrämpfe kriegen, wenn du nicht nach Harvard gehst, und dein Vater wird dich zu Hackfleisch verarbeiten, wenn du ihr Kummer bereitest.« Nicholas lag übellaunig auf seinem Bett, sein Arm baumelte auf den Boden herunter. Sowohl an seinem Handgelenk als auch an seinem Hals waren die roten Streifen zu sehen, wo der Hemdkragen und die Manschetten die Haut aufgescheuert hatten. »Außerdem ist das ganze sowieso Humbug. Bis das Semester anfängt, hast du diese Libby bestimmt schon wieder vergessen. Du interessierst dich bloß deshalb für sie, weil sie zwei Jahre älter ist und schon studiert.«

»Das stimmt nicht. Ich habe noch kein Mädchen getroffen, das so schön und so rein wäre, Nicky. Sie sieht aus wie Scarlett

O'Hara mit ihrem herrlichen Haar. Tizianrot, das ist genau der richtige Ausdruck.«

»Hör schon auf, Charlie. Ich bin mit ihrem Bruder hier auf die Schule gegangen. Ich kenne sie auch. Sie hat ihr Leben lang in der 65. Straße gewohnt. Also laß dich von diesem ganzen Scarlett-O'Hara-Getue nicht täuschen. Sie ist keine Südstaaten-Lady.«

»Hör mal, Nicky, was ist eigentlich mit dir los? Sie tut doch gar nicht so, als wäre sie eine Südstaaten-Lady. Das war nur mein Eindruck, weil sie so eine schlanke Taille und dieses sanfte Gesicht hat. Aber sie ist auch sehr klug. Weißt du, was sie jeden Abend macht, bevor sie zu Bett geht?«

»Sie stellt sich vor den Spiegel und fummelt sich zwischen den Beinen herum.«

»Hör mal, Nick, ich finde das kein bißchen komisch. Sie liest jeden Abend ein Gedicht von John Donne. Sie sagt, das sei der krönende Abschluß des Tages für sie. Und sie liest nicht etwa die Liebesgedichte, sondern die ernsten, religiösen. Sie hat mir eins davon vollständig hergesagt, als ich sie nach Hause gebracht habe.«

»Das gibt's doch nicht, Charlie, daß du auf solchen Quatsch reinfällst! Wahrscheinlich hat sie Monate gebraucht, um ein Gedicht auswendig zu lernen. Wahrscheinlich hat sie es nur getan, um irgendeinen käsegesichtigen Theologiestudenten damit zu beeindrucken. Solchen Blödsinn –«

»Was zum Teufel ist denn bloß mit dir los, Nick?«

»Wieso?«

»Ärgert dich was?«

»Nein.«

»Hat es mit deiner Mutter zu tun?«

»Nein. Vater sagt, sie wird es schon überwinden. Okay?«

»Hast du gestern abend Krach mit deinem Vater gehabt?«

»Nein, es war wunderbar. Er sagt, ich brauchte nicht an die Brown University zu gehen, bloß weil er da gewesen sei, aber wenn ich wollte, wäre es ihm sehr recht. Daß meine Noten für Yale nicht gut genug sind, ist ihm egal.«

»Und wie war die Oper?«

»Ganz okay.«

»›La Bohème‹ ist meine Lieblingsoper. Ich weiß zwar, sie ist ein bißchen kitschig, und ich sollte lieber für die ›Götterdämmerung‹ schwärmen, aber ich mag ›La Bohéme‹ –«

»Warum sind wir dann nicht zusammen hingegangen?«

»Ich weiß nicht. Ich hatte das Gefühl, du wolltest mit deinem Vater allein sein. Außerdem hatte ich Lust, mal wieder so richtig zu tanzen.«

»Das tut mir leid, Charlie, daß du dich so langweilst bei uns.«

»Bist du verrückt? Ich hab mich doch nicht gelangweilt. Ich amüsiere mich prächtig. Außerdem habe ich doch Libby hier kennengelernt, schon dafür schulde ich dir mein Leben lang Dank. Soll ich dir was sagen? Du solltest auch mal wieder ein bißchen herumsumpfen. Mach dir nicht so viele Sorgen um deine Brüder und Schwestern. Die kommen schon zurecht. Und mit deiner Mutter wird das auch nicht ewig so bleiben. Diese kleine Depression vergeht bestimmt bald. Vielleicht sollte sie einfach irgendwohin fahren und sich ein bißchen erholen.«

»Ja, sicher.«

Winifred kam nur noch selten aus dem Schlafzimmer. Die schweren Brokatvorhänge blieben den ganzen Tag zugezogen und ließen das Zimmer in einem bernsteinfarbenen Nebel versinken. Nicholas hatte sie ein- oder zweimal besucht, aber es war ihm nicht gelungen, seine Mutter aufzuheitern oder für irgend etwas zu interessieren. Sie schien die meiste Zeit zu schlafen, und wenn sie doch einmal wach war, vermochte sie kaum auf seine Fragen zu antworten. Sie murmelte allenfalls, es wäre alles in Ordnung, es ginge ihr gut, aber ihre Stimme klang so erschöpft, als hätte sie nicht den ganzen Tag geschlafen, sondern schwere körperliche Arbeit geleistet. Es schien ihr auch gleichgültig zu sein, ob sich Nicholas Sorgen machte oder Angst um sie hatte. Oft schien sie gar nicht zu bemerken, daß er an ihrem Bett saß. Irgendwelche anderen Kontakte zur Außenwelt hatte sie nicht mehr. Das Dienstmädchen kam täglich einmal auf Zehenspitzen herein, aber James schlief schon seit einiger Zeit im Arbeitszimmer. Winifred hielt sich trotzdem an ihre Hälfte des Bettes, während die Bettdecke und das Kopfkissen ihres Mannes in peinlicher Ordnung und vollkommen unberührt blieben.

»Komm schon, Nick«, sagte Charlie. »Sei nicht so ... trübsinnig. Es hat doch keinen Sinn, wenn du auch noch den Kopf hängen läßt. Damit hilfst du niemanden. Ich habe dir versprochen, Heather nicht mehr zu kritisieren, aber kannst du sie nicht mal ein bißchen vergessen, solange wir hier in New York sind? Wir haben doch Ferien, Nick. Kannst du nicht irgendein nettes Mädchen aufgabeln und dich amüsieren?«

»Ich wette, du würdest jetzt lieber mit einem Mädchen in deinem Alter zusammensein«, sagte Lucy.
»Nein«, log Nicholas. »Das ist nicht wahr.«
Sie hatte gegen elf Uhr vormittags angerufen, als Nicholas und Charlie gerade weggehen wollten. Ob ihr Nicholas aus einer argen Verlegenheit helfen könne, fragte sie. Ihr sei gerade eingefallen, daß sie das Weihnachtsgeschenk für ihren Neffen vergessen habe. Der Neffe habe genau die gleiche Größe wie Nicholas, und wenn er rasch zu ihr in die Wohnung kommen würde, könnten sie vielleicht bei Brooks Brothers etwas Hübsches zum Anziehen als Geschenk für den Neffen besorgen. Es würde bestimmt nicht länger dauern als eine Stunde vielleicht. Nicholas hatte schließlich ja gesagt, weil er nicht wußte, wie er nein sagen sollte. Charlie hatte ihm zugestimmt. Lucy Bogard war eine Mandantin seines Vaters, und einer weltberühmten Sängerin konnte man sowieso keinen Wunsch abschlagen. Charlie hatte ihm geraten, sie auf jeden Fall Madame Bogard zu nennen und ihr die Hand zu küssen bei der Begrüßung.

Aber in diese Verlegenheit war Nicholas gar nicht gekommen. Lucy Bogard hatte ihm persönlich die Tür ihrer Penthouse-Wohnung geöffnet. Sie trug hautenge, glänzende Hosen und einen schwarzen Pullover mit einem tiefen V-Ausschnitt. Und sie streckte ihm nicht etwa huldvoll die Fingerspitzen entgegen, sondern begrüßte ihn mit einem Kuß auf den Mund. Es war nur ein leichter, freundschaftlicher Kuß, wie er in Künstlerkreisen häufiger vorkommt, aber Nicholas war so überrascht gewesen, daß er sich die Lippen geleckt hatte. Lucy hatte gelacht.

Sie führte ihn in einen Wohnraum mit supermoderner Einrichtung, mit langen, niedrigen Tischen und Couchen und geschwungenen Lampen, wie er sie nur aus Illustrierten kannte.

Sie bot ihm etwas zu trinken an, und er bat um ein Glas Bier, da er nicht wußte, was er am Vormittag sonst trinken sollte. Lucy selbst hatte sich neben ihn auf die Couch gesetzt und aus einem Martiniglas einen rosa Drink getrunken. Ihre Beine waren übereinandergeschlagen, und ihr rechter Fuß berührte sein Bein. Über seine Familie schien sie alles zu wissen, von Abigails Windpocken über die guten Noten von Thomas bis zu den Depressionen seiner Mutter war ihr alles bekannt. Nach dem Befinden seiner Mutter fragte sie freilich so hartnäckig, daß Nicholas schließlich das Thema wechselte, indem er sie um ein weiteres Bier bat.

»Jetzt, wo du mit deinem Freund in New York bist, amüsiert ihr euch bestimmt prima, nicht wahr?«

»Ja. Wir haben viel Spaß.« Lucys Zehennägel waren lang, oval und hellrot. An ihrem Fußknöchel trug sie ein haardünnes Goldkettchen. Obwohl seine Zunge schon nach dem ersten Bier etwas schwer wurde, versuchte Nicholas Konversation zu machen. »Bleiben Sie die ganze Saison in New York?« fragte er. »Ich meine: Werden Sie singen?«

»Oh, ja. Ein bißchen singen, ein bißchen tanzen.«

»Wie alt ist denn Ihr Neffe, für den das Geschenk sein soll?«

»Nicky«, sagte sie und stellte ihr Glas auf dem Nierentisch ab. »Du weißt doch genau, daß es diesen Neffen nicht gibt, oder?« Sein Herz machte einen lebhaften Sprung. Er wollte aufstehen, aber die Couch rutschte irgendwie weg, und er sank nur noch tiefer zurück in die Polster. Als ob sie ihn endgültig zu ihrem Gefangenen machen wollte, legte ihm Lucy ihre Hand auf die Brust und küßte ihn auf die Lippen. »Mein Gott, du hast einen herrlichen Mund«, sagte sie. »Weißt du das eigentlich? Du hast einen herrlichen, sinnlichen Mund, mein Lamm. Laß Lucy noch einmal kosten, ja bitte?«

Zu seiner Überraschung stellte Nicholas fest, daß er Lucys Küsse erwiderte und seinen Mund öffnete. Eine lebhafte, stark nach Gin schmeckende Zunge machte sich zwischen seinen Lippen zu schaffen, und fast wider Willen griff er in den dargebotenen V-Ausschnitt, in dem seine Hände nicht nur Lucys schmale, knochige Rippen, sondern auch zwei niedliche, zappelnde Brüste entdeckten, die er bald gar nicht mehr loslassen wollte, obwohl er ständig fürchtete, die Sängerin würde sich plötzlich empört zurückziehen und ihm eine Ohrfeige geben.

Er hatte sie eigentlich ziemlich mickrig und ihre Stupsnase beinahe häßlich gefunden, aber jetzt entdeckte er, daß er sie leidenschaftlich begehrte. Mit zitternden Händen versuchte er, ihre Hose zu öffnen und über ihre mageren Hüften zu streifen.

Lucy half ihm dabei. Innerhalb weniger Sekunden zog sie sich in dem engen Raum zwischen Couch und Tisch vollkommen aus. Ihr fleischloser Körper schimmerte im hellen Mittagslicht, und die elektrischen Kerzen auf dem Weihnachtsbaum ließen ihre Haut abwechselnd rot, grün und golden erstrahlen. Lucy hatte zwar den Körper eines mageren Kindes, aber sie war eine Frau. Die erste Frau, die Nicholas jemals vollkommen nackt sah. Heather hatte sich nie ganz ausziehen lassen. Wenn er ihren Büstenhalter aufmachte, behielt sie den Rock an, und wenn er ihr unter den Rock ging, blieb ihre Bluse geschlossen.

»Jetzt gehen wir zusammen ins Schlafzimmer«, sagte Lucy. Sie nahm seinen Arm und zog ihn von der Couch hoch. »Komm, Liebling.«

Im Nebenzimmer wurde das Licht durch helle Vorhänge ein wenig gedämpft, dafür wurden Lucys Forderungen immer deutlicher und ihre Sprache direkter. »Leg dich aufs Bett. Ich werde dich ausziehen. Ich werde jetzt deinen Schwanz in den Mund nehmen und daran saugen.« Sie übernahm das Kommando, und Nicholas gehorchte ihren Befehlen. »Dreh dich um. Steck deine Zunge hinein, so weit es nur geht. Weiter. Noch weiter. Jaaa, sooo.«

Er blieb drei Stunden bei ihr im Schlafzimmer und machte alles, was sie verlangte. Am Ende hatte er das Gefühl, Lucy alles gegeben zu haben, was er besaß. Oder besser: Sie hatte sich alles genommen.

Als sie schließlich zum Duschen ging, begann er zu schluchzen und bohrte sein Gesicht in die schweißnassen Kissen. Lucy kehrte erfrischt und lächelnd zurück. »Na, komm schon, mein Süßer. Hör auf zu weinen. Du hast gekriegt, was du wolltest. Du warst ein richtiger Mann. Verdirb jetzt nicht alles.« Sie zog ihren Morgenmantel an, setzte sich auf den Bettrand und zog ihm das Kissen weg. »Versteck dich nicht vor mir, Nicky. Willst du noch mehr? Das ist es wahrscheinlich. Ich wette, wenn ich dich ein bißchen streichle, geht es gleich weiter. Da schau her, jetzt steht er schon wieder. Du brauchst gar nicht zu weinen, dein Körper weiß, was er will. Ich wußte, was für ein Prachtkerl du bist, Nikky. Wie sagen die Leute? Der Apfel fällt nicht weit vom Stamm.«

Drittes Buch

Jane & Nicholas

❥ 11 ❦

FILMSTAR HOLT KINDER NACH LONDON
von Peter Hepwhite, New York. Die beiden Töchter
des Filmstars Nicholas Cobleigh wurden heute auf
dem John F. Kennedy Airport von einem Beamten der British Airways an Bord einer Concorde nach
Großbritannien gebracht. Victoria (18) und Elizabeth
Cobleigh (16), deren Mutter schwerverletzt in einem
Londoner Krankenhaus liegt, mußten die Hände vors
Gesicht halten, um dem Blitzlichtgewitter der Photographen zu entgehen, die ihnen in großer Zahl auflauerten ...
                                                                Daily Mail

Jane Heissenhuber und Nicholas Cobleigh nahmen sich gegenseitig zur Kenntnis, als sie im zweiten Studienjahr waren. Im Seminar für Geistesgeschichte der Vereinigten Staaten saßen sie zwei Reihen voneinander entfernt. Während der acht Stunden, die er sie musterte, kam Nicholas zu dem Schluß, daß Jane ein typisches Pembroke-Girl war: intellektuell aggressiv und total überspannt. Sie sah allerdings nicht wie ein Pembroke-Girl aus. Sie war groß und exotisch und hatte einen dicken schwarzen Zopf, der bis zu ihrer schlanken Taille herunterging. Ein bißchen sah sie aus wie eine Mädchengestalt von Gauguin, auch wenn sie einen Plisseerock und einen Pullover anhatte. Sie interessierte ihn überhaupt nicht.
Er hingegen interessierte sie sehr. Sein Aussehen war klassisch amerikanisch und sein Benehmen gefällig. Seine Stimme war tief und männlich, der nasale Tonfall, den viele Internatsschüler hatten, fehlte bei ihm. Sogar seine Hemden schienen besser gebügelt zu sein als die der anderen Studenten. Aber arrogant war er nicht. Er saß aufmerksam und gerade auf seinem Stuhl und verzichtete darauf, blasiert an die Decke zu starren oder gar die Augen zu schließen, als ob die Diskussionen alle weit unter seinem Niveau wären. Er meldete sich zwar nie, aber wenn er aufgerufen wurde, gab er stets brauchbare, oft so-

gar glänzende Antworten. Jane war nur deshalb nicht in ihn verliebt, weil sie zu vernünftig war, um das Unerreichbare haben zu wollen. Drei- oder viermal in diesem Semester starrte sie allerdings doch ziemlich nachdenklich auf seinen Hinterkopf, seinen Nacken und seine Schultern und überlegte, wie es wohl wäre.

Im folgenden Semester begegneten sie sich in der Wäscherei. Sie hatten beide ihre Wäsche abgeholt und wollten gerade das Geschäft wieder verlassen, als es plötzlich zu regnen begann. Es war jener kalte, freudlose Regen, der das Frühjahr in Rhode Island zu einer wenig attraktiven Jahreszeit macht und dafür sorgt, daß man gerne zu Hause bleibt. Sie kamen gleichzeitig zur Tür und wären beinahe aufeinandergeprallt; denn Jane trug ihren dicken Wäschesack in den Armen und hätte Nicholas fast nicht gesehen. Sie warfen sich einen Blick zu und zögerten einen Moment. Vielleicht hätten sie bald bei einer Tasse Kaffee zusammengesessen, wenn einer von ihnen etwas gesagt hätte – über das gräßliche Wetter zum Beispiel. Aber statt dessen wich Nicholas nur rasch ein wenig zurück und hielt ihr die Tür auf. Beide rannten sie durch den Regen davon: Jane zum Studentenwohnheim von Pembroke-College, Nicholas zum Haus der Alpha-Delta-Phi-Studentenverbindung.

Im dritten Studienjahr saßen sie einmal am selben Tisch in der Universitätsbibliothek. Sie entdeckten sich aber nicht gleichzeitig und senkten beide rasch wieder die Köpfe, um nicht darüber nachdenken zu müssen, ob sie sich nun zunicken sollten oder nicht.

Ein paarmal verfehlten sie sich nur knapp. Einmal war Jane mit einem älteren Studenten auf einer Party im Alpha-Delta-Phi-Haus gewesen und hatte nur wenige Zentimeter entfernt von Nicholas im halbdunklen Ballsaal getanzt, ohne daß sie einander bemerkten, und in der ersten Woche des letzten Studienjahres aßen sie zur gleichen Zeit Chicken Chow-mein in Toy Sun's Restaurant, aber Jane schwatzte aufgeregt mit ihren Kommilitoninnen von der Pembroke/Brown-Theatergruppe, die allgemein »Sock & Buskin« genannt wurde, und Nicholas hielt Händchen mit Diana Howard, seiner Couleurdame, so daß sie sich nicht bemerkten.

Wahrscheinlich wäre es ohnehin ohne Bedeutung gewesen. Wahrscheinlich gehorchten sie einfach nur einem mathematischen Gesetz, wonach jeder Brown-Student und jede Pembroke-Studentin während ihrer vier Studienjahre in Providence durchschnittlich 28,92 mal gemeinsam in einem Raum sind. Es konnte natürlich auch die Vorsehung sein, die mit Jane und Nicholas etwas vorhatte, aber wenn dem so war, dann brauchte die Vorsehung ziemlich lange, um die Dinge ins Rollen zu bringen.

Nicholas sah Jane einmal, als sie ihn nicht sah. Im November seines dritten Studienjahres besuchte er eine Aufführung des psychologischen Mississippi-Dramas »The Nights of Jason Weekes«. Neben einer Familie, die aus Alkoholikern, Schizophrenen, Wüstlingen und Lesbierinnen bestand, gab es in diesem Stück auch eine lüsterne Pächterstochter namens Delia. Sie trug ein gewagtes Kostüm mit einem geschlitzten Rock und einer tief ausgeschnittenen Bluse und benahm sich so aufreizend, daß Nicholas erst beim Verbeugen der Schauspieler merkte, daß die Darstellerin dieser schamlosen Person, der das schwarze Haar so üppig über die nackten Schultern floß, jenes überspannte, verklemmte und aggressive Pembroke-Girl aus dem Seminar für Geistesgeschichte war.

Königin Gertrude lag erschlafft auf dem Thronsessel und hatte die Augen geschlossen, wie es die Rolle ihr vorschrieb. Die Theatergruppe probte »Hamlet«, und Jane hatte soeben einen Becher mit Gift ausgeleert. Deshalb konnte sie auch nicht sehen, daß Nicholas auf den erhöhten Balkon im Bühnenhintergrund trat und über die Brüstung hinabspähte. Was sie hörte, war die Stimme des Regisseurs. Professor Ritter saß in der ersten Reihe. »Glauben Sie«, rief er, »Sie können es schaffen? Es sind über zwei Meter.«

»Einfach bloß runterspringen?« Die Stimme schien irgendwo von der Decke zu kommen. Jane schlug die Augen auf und verdrehte den Kopf, und im selben Moment landete eine menschliche Gestalt mit lautem Krachen neben ihr auf der Bühne. Eine Sekunde lang verharrte der Mann, wie er gelandet war: mit gebeugten Knien und gesenktem Kopf. Jane sprang auf, um ihm zu helfen. Hatte er sich womöglich das Rückgrat verletzt? Aber als sie neben ihm stand, richtete er sich auf, und sie stießen fast mit den Nasen zusammen. »Hallo«, sagte er.

Sie waren sich so nahe, daß ihr sein warmer Atem über den Mund strich, ein Kuß hing geradezu in der Luft. Jane errötete und trat zwei Schritte zurück. Das war ja der kühle, gutaussehende Bursche aus dem Seminar für Geistesgeschichte. »Ist alles in Ordnung?« fragte sie.

»Sicher«, erwiderte er und wippte auf den Zehenspitzen. Eine Sekunde lang streiften sie seine grün-blauen Augen, und als er sich mit einem höflichen Lächeln Professor Ritter zuwandte, hatte sie das Gefühl, etwas sehr Schönes verloren zu haben. »War das so, wie Sie es wollten?« fragte Nicholas den Regisseur.

Professor Ritter war ein riesiger Fleischkloß von einem Mann. Seine niedrige Stirn und seine vorspringenden Zähne standen in verblüffendem Gegensatz zu seinen gekünstelten Gesten und seiner nasalen Falsettstimme. Er wirkte – vermutlich ganz im Gegensatz zu seinen Intentionen – nicht wie ein sensibler Theaterfachmann, sondern eher wie ein Neandertaler, der einen Schwulen nachmacht. Seine Kinnspitze ruhte auf seinen gefalteten Händen. »Perfekt«, sagte er. »Absolut perfekt. Nur eine Kleinigkeit fehlt noch. Sie haben vergessen zu rufen: ›Wo ist dies Schauspiel?‹, ehe Sie vom Balkon gesprungen sind. Sie sind Fortinbras! Sie sind gerade erst am Ort des Geschehens eingetroffen. Der dänische Hof ist ein Schlachthaus, und Sie sagen: ›Was ist eigentlich los?‹, und dann springen Sie runter in diese wahnsinnig gewordene Welt. Und mit dieser körperlichen Leistung geben Sie der Handlung die letzte entscheidende Wendung. Plötzlich gibt es da wieder einen gesunden, vernünftigen Menschen, der von allen Verbrechen ganz unbefleckt ist.« Die Nase des Regisseurs saß völlig schief im Gesicht, und sein rechtes Nasenloch war doppelt so groß wie das linke.

»Professor Ritter, ich fürchte, ich bin kein richtiger Schauspieler. Ich bin eigentlich nur gekommen, weil meine Freunde gesagt haben, Sie brauchten jemand, der springen kann, ohne sich dabei die Knochen zu brechen –«

»Ich brauche diesen wagemutigen Sprung in den Abgrund. Verstehen Sie? Der tatkräftige, muskulöse Fortinbras! Das sind

Sie!« Professor Ritter stand auf. Der blaue Flanell umspannte seinen gewaltigen Hintern wie eine Wurstpelle. »Verstehen Sie ...? Wie war doch Ihr Name?«

»Nicholas Cobleigh.«

»Hören Sie, Nicholas. Ich erkläre es noch einmal genauer: Hamlet, der Mann des Geistes, liegt tot auf dem Boden, und jetzt kommen Sie! Sie springen mit entblößtem Oberkörper und gezücktem Schwert auf die Bühne wie die Lebenskraft selbst. Sie sind die Verkörperung des Lebens inmitten all dieser schrecklichen Verneinung.«

»Ich würde wirklich gern helfen«, sagte Nicholas. »Aber ich kann mir Verse nicht merken.« Er schob die Hände in die hinteren Taschen seiner Jeans. Jane fragte sich, ob er feuchte Hände hatte nach dem Sprung, den niemand aus dem regulären Ensemble gewagt hätte. Aber dann wurde ihr klar, daß es ihn einfach nervös machte, im Rampenlicht der Bühne zu stehen. Seine Augen irrten von Professor Ritter zu den Scheinwerfern hinauf und von dort zu Laertes und Hamlet, die immer noch auf dem Boden im Staub lagen. »Tut mir wirklich leid.« Seine Stimme klang voll und verlockend, gerade weil sie ein klein wenig rauh war. Aber Nicholas hatte so leise gesprochen, daß nur Jane ihn gehört hatte.

»Sie werden ein großartiger Fortinbras sein!« rief Professor Ritter begeistert. »Kraftvoll und muskulös. Ziehen Sie mal Ihr Hemd aus. Ich möchte gern wissen, ob Sie mit nacktem Oberkörper auch noch so überzeugend aussehen.«

Nicholas trat etwas zurück. Seine rechte Hand strich verlegen über seine Hemdknöpfe. »Ist es nicht ein bißchen zu kalt in Dänemark, um ohne Hemd durch die Gegend zu laufen? Ich glaube, ich bin sowieso nicht der Richtige für Sie, Herr Professor. Ich würde dauernd vergessen, was ich zu sagen habe, und mitten im Text steckenbleiben. Ich finde es ausgesprochen liebenswürdig, daß Sie –«

»Jane!« brüllte der Regisseur. »Heben Sie bitte die Hand! Sehen Sie, Nicholas? Dieses Mädchen wird Ihnen helfen, Ihre Rolle zu lernen. Sie werden ganz großartig sein. Ein Kriegerkönig par excellence. Und jetzt ziehen Sie endlich Ihr Hemd aus.«

»Woher soll ich das Entsetzen denn nehmen?« fragte Nicholas verzweifelt. »Ich weiß doch, daß ihr nicht tot seid.«

»Natürlich sind wir nicht tot«, erwiderte Jane. »Obwohl Professor Ritter das wahrscheinlich viel richtiger fände. Er schwärmt für Naturalismus. Anfangs hat er von uns verlangt, wir sollten uns auf der Bühne erbrechen, nachdem wir das Gift geschluckt haben. Das haben wir ihm mit Mühe und Not wieder ausgeredet. Wie soll man Shakespeare deklamieren, wenn man den Mund voller Haferflocken hat? Er möchte immer noch, daß wir die entsprechenden gräßlichen Geräusche machen, aber das ist natürlich ein fauler Kompromiß. Am Schluß wird es wohl dabei bleiben, daß wir uns an die Kehle fassen und ein paarmal schrecklich würgen. Was war noch mal deine Frage?«

Sie war völlig anders, als Nicholas erwartet hatte. Auf Drängen Professor Ritters hatte er sich schließlich mit Jane verabredet, aber sehr wohl war ihm dabei nicht gewesen. Sie trug zwar keine schwarzen Strümpfe und hatte sich auch die Lippen nicht weißgeschminkt, aber ihre energischen Gesichtszüge ließen doch eine sehr dominierende Persönlichkeit erwarten. Wahrscheinlich war sie so eine herablassende Intellektuelle mit lauter Stimme und theatralischen Gesten, die ihn in aller Öffentlichkeit bloßstellen würde. Oder sie würde ihm mit einer Zigarettenspitze unter der Nase herumwedeln.

Statt dessen war sie ein freundliches, offenes Mädchen. Sie hatte ihm als erstes gesagt, wie froh das Ensemble von Sock & Buskin über seine Mitwirkung war. »Ritter hätte sonst unweigerlich einen seiner psychotischen Schübe gekriegt«, sagte sie.

Ihre Freundlichkeit wurde allerdings durch Schüchternheit oder Unbeholfenheit in Grenzen gehalten. Sie waren über den Campus geschlendert und hatten sich unter eine große Eiche gesetzt, deren Blätter sich an den Spitzen schon gelb färbten, und Jane starrte die meiste Zeit in die Zweige hinauf oder zum Sportplatz hinüber, wo das Football-Training im Gang war. Sie blätterte nervös in ihrer zerfledderten »Hamlet«-Ausgabe, schlug die Beine übereinander, die für ihre Bermudashorts viel zu lang waren, und kitzelte sich mit ihrem Zopf im Gesicht. Jedesmal, wenn sie mehr als drei Sätze gesagt hatte, glitten ihre Finger zum Mund, als ob sie sich hindern wollte, zuviel zu reden.

»Meine Frage war, wie ich Entsetzen empfinden soll, wenn ihr auf der Bühne herumliegt, obwohl ich doch weiß, daß ihr gar nicht wirklich tot seid.«

»Du mußt dir den Tod eben vorstellen.«

»Großartig.«

»Nein, ganz im Ernst. Du schaust herunter vom Balkon ... Hast du eigentlich keine Angst, wenn du da oben stehst?«

»So hoch ist es ja nicht.«

»Ich finde schon. Aber wie du meinst. Du schaust also hinunter, und was siehst du?«

»Ich weiß nicht. Einen Haufen Studenten, die so tun, als wären sie tot.«

»Falsch! Du siehst den König und die Königin – das bin ich, und schon deshalb ist es sehr tragisch – und Laertes und Hamlet in ihrem Blut liegen. Denk mal darüber nach. Dänemarks politische, intellektuelle und moralische Elite ist mit einem Schlag ausgerottet. Die Besten des Volkes sind tot, und du mußt jetzt den Thron übernehmen.«

»Na, prima«, sagte Nicholas grinsend.

»Nein, es ist nicht prima. Das ist nicht die richtige Einstellung. Du bist ein edler Charakter, und es ist absolut subaltern, sich darüber zu freuen, wenn die königliche Familie ins Gras beißt.«

»Bin ich denn gar nicht ambivalent?«

»Bist du verrückt?« Wenn sie lächelte, legte sie den Kopf auf die Seite, als wollte sie die Dinge aus einem anderen Blickwinkel sehen. Es war eine kindliche Geste, die nicht recht zu ihr paßte. Sie war fast so groß wie Nicholas selbst und hatte wahrscheinlich schon mit zwölf Jahren ausgesehen wie eine erwachsene Frau. Kein jugendliches Erröten vermochte den Olivton ihrer zarten Haut zu durchdringen. Und obwohl sie einen weiten Pullover trug, konnte er sehen, daß sie große, frauliche Brüste hatte. Er erinnerte sich wieder an das Stück, in dem sie halbnackt auf der Bühne gestanden hatte, und suchte in ihrer jetzigen Erscheinung nach der schamlosen Person, die sie damals gespielt hatte, aber alles, was er fand, war ein großes freundliches Collegemädchen in einem dunkelgrünen Pullover.

Obwohl sie angestrengt das Strickmuster ihrer Socken studiert hatte, mußte sie seinen Blick wohl bemerkt haben, denn ihr

Lächeln erlosch. »Wie kommst du auf die Idee, Fortinbras könnte ambivalent sein?« fragte sie.

»Ach, weißt du, meine Freundin studiert Englisch im Hauptfach, und ich habe den Eindruck, daß in der englischen Literatur alle Figuren irgendwie ambivalent sind, zumindest, wenn man Diana glauben darf, jedenfalls.«

»Ist sie in Pembroke?«

»Nein, Wheaton.«

»Nun ja, zurück zu ›Hamlet‹! Siehst du da dieses Stück Holz?« Jane zeigte auf eine knorrige Eichenwurzel, die neben ihr aus dem Rasen herausragte. Nicholas nickte. »Jetzt tu mal so, als wär' das die Leiche von Hamlet.«

»Das kann ich nicht.«

»Doch, kannst du.«

»Was werden die Leute bloß denken, wenn ich hier Gespräche mit einer Baumwurzel führe?«

»Das wird kein Mensch bemerken. Jetzt vergiß mal, daß du Nicholas Cobleigh bist. Du mußt Fortinbras werden. Du hast ›Hamlet‹ gelesen. Was ist dieser Fortinbras für ein Bursche?«

»Eine Hauptfigur jedenfalls nicht.«

»Den Hamlet darfst du nächstes Mal spielen. Vorläufig stellst du den Fortinbras dar. Beschreib ihn mal. Mit drei Adjektiven.«

»Ich finde ... na, schön: stark, tapfer und – ich weiß nicht. Unkompliziert.«

»Wie meinst du das: unkompliziert?«

»Gehst du immer so vor, wenn du eine Rolle studierst?«

»Ja.«

»Ist das nicht eine Art Spiel?«

»Ja, wenn man Schauspieler ist, muß man spielen.« Ein Sonnenstrahl bahnte sich einen Weg durch das Laub und warf einen hellen Lichtfleck auf Jane. »Ein Spiel ist es schon deshalb, weil es nicht Wirklichkeit ist. Man kann es auch bei Kindern beobachten, wenn sie herumlaufen und so tun, als ob sie Löwen oder Prinzessinnen wären. Dieses Spiel ist sehr sinnvoll. Es befriedigt das Bedürfnis, jemand anderer zu sein, als man sonst ist. Aber es geht noch darüber hinaus. Denn ich spiele meine Rolle ja nicht nur für mich, wie ein Kind, sondern ich spiele meine Rolle vor anderen. Das bedeutet, daß ich für diese Zuschauer nicht mehr Jane Heissenhuber bin – schon diesen Namen ablegen zu können, ist eine Wohltat –, sondern eine Person aus einer anderen Welt, aus der Welt des Theaterstücks, das wir spielen. Dieses Theaterstück aber ist mehr als ein Spiel. Es ist durchaus real; denn es bereichert das Leben der Zuschauer. Es fügt ihrem Leben etwas hinzu, was vorher nicht da war. Und ich bin integraler Bestandteil dieses Vorgangs.« Sie lehnte sich etwas zurück, und ihr Gesicht lag wieder im Schatten. »Verstehst du?«

»Nicht so ganz. Ich meine, ich verstehe, was du gesagt hast, aber ich glaube, für mich ist das nichts.« Er machte eine Pause und dachte nach. »Es tut mir leid, Jane.«

»Das macht doch nichts. Aber wie wäre es, wenn du es einfach aus Spaß machst? Ich meine, es macht doch Spaß, vom Balkon zu springen, ein Schwert zu schwenken und zu wissen, wie dankbar wir alle dir sind, weil du Professor Ritter vor einem schrecklichen Ende bewahrt hast, oder nicht?«

Ihr Lächeln war so ehrlich und nett, daß er nicht wagte, sie zu enttäuschen. »Okay«, sagte er.

»Fein. Und jetzt sprich mit dem Baum. Komm, du bist Fortinbras. Stark und tapfer und unkompliziert. Kopf hoch, Schultern zurück! Und jetzt schau hinunter auf Hamlet. Er ist tot. Es gibt ihn nicht mehr. Du bist sehr betroffen und traurig. Du spürst den Verlust. Und jetzt los: ›Die Niederlage hier schreit ...‹«

Nicholas leckte sich nervös die Lippen und starrte das Wurzelstück an. »›Die Niederlage hier schreit Mord.‹ Nein, ich komme mir wirklich zu blöd vor.«

»Ach, was. Du bist hervorragend.«

»Wo war ich? Ah, ja ... ›schreit Mord‹« Die Baumwurzel war immer noch kein dänischer Prinz geworden, aber die Sonnenkringel, die auf dem Holz tanzten, die dicke Rinde und die tiefen Furchen übten eine gewisse Anziehungskraft auf Nicholas aus. Es war, als ob ein anderer spräche: »O stolzer Tod, / Welch Fest geht vor in deiner ew'gen Zelle, / Daß du auf einen Schlag so viele Fürsten / So blutig trafst?« Verlegen hob er den Blick.

»Du bist ein Naturtalent«, sagte Jane.

Amelia Thring, mit der Jane das Zimmer teilte, war die einzige Pembroke-Studentin, die genauso groß war wie Jane. Sie war

Janes beste Freundin. Aber während Jane kraftvoll und stark wirkte, war Amelia elegant und ätherisch. Man konnte glauben, daß sie zu einer ganz anderen Gattung gehörte, halb Mensch und halb Schwan. (Ihr Vater war Polizeibeamter in Bar Harbor in Maine, ihre Mutter verkaufte Hummern und Muscheln.) Jetzt lag sie rücklings auf ihrem Bett, entzündete mit der Geste einer Priesterin, die den Göttern ein Rauchopfer darbringt, eine Zigarette und ließ das Streichholz mit großer Gebärde in den Aschenbecher fallen, der auf ihrem Unterleib ruhte. »Ich brauche dir wohl nicht zu sagen, daß ich dich noch niemals in solchem Zustand erlebt habe, oder? Du bist ein Wrack, Jane.«

»Ich weiß.« Jane saß im Schneidersitz auf ihrem Bett und lehnte den Kopf an die Wand. »So ging es mir bisher noch nie. Ich fühle mich, als wäre ich tot und müßte trotzdem noch leiden.«

»Jetzt hör aber auf, Jane.«

»Das ist das Dümmste, was mir jemals passiert ist.«

»Ach, du meine Güte! Jetzt weinst du auch noch.«

Jane wischte sich mit dem Handrücken über die Augen. Amelia stand auf und holte ihr ein Taschentuch. »Hier.« Sie setzte sich neben die Freundin.

»Weißt du, Amelia, es wäre alles nicht so schlimm, wenn ich einfach in ihn verliebt wäre. Du weißt schon, wenn ich ihn irgendwo gesehen hätte und aus der Ferne anhimmelte. Oder wenn wir eine Zeitlang miteinander gegangen wären und er mich dann abserviert hätte. Solche Sachen gehen immer irgendwann vorbei.«

»Jane, laß uns mal die ganze Geschichte vernünftig betrachten.«

»Bitte spiel jetzt nicht die Amateur-Psychologin.«

»Hör zu, Jane, du brauchst dir bloß klarzumachen, daß er eine feste Freundin hat, und damit hat's sich. Ganz einfach. Im Juni ist er wahrscheinlich verlobt, und im nächsten Jahr ist er verheiratet. Er hat dir das Mädchen doch vorgestellt, Jane! Also nimm endlich Vernunft an!«

»Wenn sie wenigstens schön wäre, könnte ich es viel leichter ertragen, aber sie ist bloß ganz durchschnittlich. Weißt du, Amelia, ich hatte mir dieses Mädchen als strahlende, unwiderstehliche Schönheit vorgestellt, und dann ...«

»Komm, ich hol dir ein frisches Taschentuch, Jane.«
»Sie hielt die ganze Zeit seine Hand, weißt du? Ganz cool und gelassen. Sie wirkte keineswegs besitzergreifend oder dergleichen. Warum auch, ihrer Ansicht nach war ich wohl keine Rivalin. ›Jane! Wie schön, daß wir uns endlich kennenlernen. Nick hat mir erzählt, daß er ohne deine Hilfe nie seine Rolle gelernt hätte. Ich kann es gar nicht erwarten, ihn heute abend auf der Bühne zu sehen. Und dich natürlich auch, Jane. Nick hat mir erzählt, welch eine tolle Schauspielerin du bist.‹ Und die ganze Zeit hielt sie seine Hand.«
»Jane, jetzt hör mir mal zu! Ich bin ein vernünftiger Mensch.«
»Ja, ich weiß. Und meine Gefühle sind nicht vernünftig.«
»Nein. Das sind sie auch nicht. Er mag dich. Du bist für ihn eine Freundin. Mehr nicht. Das hast du mir schließlich selbst immer wieder erzählt. Du mußt ihn einfach als Freund akzeptieren, und wenn du das nicht kannst, dann mußt du eben Schluß machen mit dieser Beziehung. Hör auf, dich mit ihm zu verabreden. ›Hamlet‹ ist ja gelaufen.«
»Das kann ich nicht. Nein, das bringe ich einfach nicht fertig.«
»Hör auf damit. Das kannst du durchaus.«
»Nein. Du hast deinen Matt. Du weißt, wie das ist, wenn man jemanden hat, der im Mittelpunkt aller Gefühle und Gedanken steht, Amelia.«
Amelia streichelte ihrer Freundin über das aufgelöste Haar, als ob sie ein verängstigtes Tier trösten müßte. »Nur ruhig, Jane. Es wird dir nicht gefallen, aber ich sage es trotzdem: Matt ist mein Verlobter. Aber dieser Junge da ist bestimmt nicht der Mittelpunkt deines Lebens.«
»Doch. Das ist er.«
»Nein, Jane. Du hast überhaupt keinen Mittelpunkt. Verstehst du? Seit drei Jahren warst du nicht mehr zu Hause bei deiner Familie. Du verbringst deine Ferien mit mir oder Peg oder Debby, und jeden Sommer suchst du dir einen Job. Aber jetzt sind wir im letzten Jahr hier in Pembroke, und die Dinge beginnen sich zu verändern. All deine Freundinnen sind inzwischen verlobt oder verheiratet oder wechseln die Universität, und jetzt hast du Angst. Mit Peter hat es nicht geklappt, letzten Sommer, deshalb hast du jetzt keinen Freund, und –«

»Er hat einen Monat darüber nachgedacht, wie er mich ins Bett kriegen könnte. Er hat es organisiert wie einen militärischen Feldzug, und dann –«

»... hat er sich dieses Mädchen von Wheaton geschnappt. Ich habe es nicht anders erwartet. Der Kerl war doch von Anfang an eine Niete. Aber das ist eine andere Geschichte. Du bist jetzt bald einundzwanzig, und plötzlich ist dir klargeworden, daß du bald nach New York oder Yale gehen wirst – und zwar allein. Ich weiß, es ist schrecklich. Aber es bleibt dir gar nichts anderes übrig. Verkriech dich nicht in diese Träumereien.« Amelia faßte Jane um die Schultern und wiegte sie in den Armen. »Dieser Bursche sieht gut aus. Er hat gute Manieren, und er ist unglaublich nett. Aber ich kann dir jetzt schon sagen: In dem Augenblick, wo du auch nur andeutest, welche Gefühle du für ihn hegst, wird diese ganze nette Art augenblicklich verschwinden, und er wird dich ansehen, als ob du ihm auf die Schuhe gekotzt hättest. Der Bursche wird ein Mädchen heiraten, das genauso nett und reich und cool ist wie er selbst. Sie werden nette, reiche Kinder haben und auf teure Privatschulen schicken, die so fein sind, daß wir nicht mal in der Küche arbeiten dürften. Du weißt doch, was diese Leute für eine Art haben.«

»Er ist anders als die anderen. Das schwöre ich dir.«

»Tu dir doch das nicht an, Jane. Das ist der Bursche nicht wert.«

»Doch, Amelia. Er ist es bestimmt wert.«

Nicholas und Diana Howard hatten oft darüber gewitzelt, daß sie eigentlich viel zu gut zueinander paßten, um sich echt mögen zu können. Sie waren wirklich das ideale Paar.

Beide stammten sie aus Manhattan, und ihre Mütter waren sogar zusammen zur Schule gegangen. Sie wußten die Annehmlichkeiten des Großstadtlebens zu schätzen, hätten aber lieber auf dem Lande gelebt. Drei Tage in der Woche, sagte Diana oft, würde sie gern in der Stadt leben und ins Museum, ins Kino, in die französischen Restaurants und ins Ballett gehen. »Aber am vierten Morgen müßte man in einem kleinen Haus in den Wäldern aufwachen, wo man in Ruhe lesen, im Garten arbeiten und lange Spaziergänge machen kann.«

»Keine schlechte Idee«, sagte Nicholas. »Aber die meisten Wall-Street-Rechtsanwälte können leider nicht zaubern. Ich fürchte, ich schaffe das auch nicht.«

»Du bist sogar ein großer Zauberer«, flüsterte sie. Und dann küßten sie sich.

Beide fanden die Oper nicht so schön wie Theater, Golf nicht so spannend wie Tennis und England eleganter als Frankreich oder Italien. Sie aßen lieber Pfannkuchen als Waffeln und bumsten lieber gleich als lange zu schnäbeln. Sie stimmten in allem so überein, daß ein jedes ihrer Gespräche zu ihrer Harmonie beitrug. Ihre erste ernsthafte Auseinandersetzung beunruhigte sie deshalb besonders.

»Du tust«, sagte Nicholas, »als wollte ich ein Verbrechen begehen.« Er stand auf und zog seine Unterhose wieder an. Er wollte nicht neben Diana liegen, und er konnte nicht reden, wenn er nichts anhatte. Diana saß aufrecht im Bett. Sie hatte sich mit dem Laken bedeckt und sah sehr unglücklich aus. Sie schmollte nicht nur, sondern war ehrlich verstört. Aber Nicholas war nicht bereit, sich davon einschüchtern zu lassen. »Ich habe lediglich die Absicht, eine Rolle in einem Theaterstück zu übernehmen.«

»Es ist nicht ›eine‹ Rolle, sondern die Hauptrolle.«

»Na und?«

»Jetzt tu nicht so, Nick. Einmal ist keinmal. Da macht es noch Spaß. Aber jetzt ...«

»Ich verstehe überhaupt nicht, warum du dich so aufregst!«

»Ich rege mich auf? Du solltest dich mal herumschreien hören, Nick! Du weckst ja das ganze Hotel auf.«

Es war ein Samstag Mitte Oktober. Sie hatten sich im Zug nach Providence getroffen, waren zusammen zum Football gegangen und hatten mit den anderen Studenten seiner Verbindung und deren Freundinnen lachend und biertrinkend auf der Tribüne gesessen. Die schwere Niederlage, die Brown gegen Harvard einstecken mußte, scherte sie wenig. Nach dem Spiel gingen die Pärchen in die Stadt. Die Mädchen von außerhalb ließen sich von ihren Begleitern ins Biltmore oder eins der anderen großen Hotels bringen, wo sie sich für den Ball am Abend umziehen konnten. Die meisten nutzten die Gelegenheit, um ihre Freunde mit aufs Zimmer zu nehmen und sich ein paar Stunden lang in aller luxuriöser Abgeschiedenheit bumsen zu lassen.

Dianas kurzes braunes Haar war im Bett durcheinandergeraten, aber ihr rundes Gesicht war nur wenig gerötet. Sie sah wie eine bemalte Porzellanpuppe aus. Rechts von ihr, auf dem Nachttisch, fiel Nicholas etwas ins Auge: sein gebrauchtes Kondom. Das zerknitterte, durchscheinende, weiße Gummihäutchen sah wie ein großer Wurm aus. Er brachte es ins Bad und spülte es in der Toilette hinunter. Dann kam er zurück und setzte sich auf die Bettkante. Diana senkte den Blick. Nicholas schob ihr seinen Zeigefinger unter das Kinn und hob ihren Kopf, bis sie gezwungen war, ihm in die Augen zu sehen. Er wußte, es war eine falsche, theatralische Geste, aber er wußte auch, daß sie ihre Wirkung nicht verfehlen würde. »Sei nicht böse«, sagte er.

»Ich bin nicht böse. Du solltest nur daran denken, daß dieses Semester für deine Zulassung zur juristischen Fakultät entscheidend sein wird. Von den Noten, die du erreichst, wird es abhängen, ob du zur Columbia-Universität gehen kannst, und ich finde es einfach sträflich, daß du deine Zukunft aufs Spiel setzen willst, bloß um in dieser lächerlichen College-Komödie mitspielen zu können. Wenn es wenigstens noch ein seriöses Stück wäre, aber diese Schlafzimmergeschichte!«

»Diana, ich setze damit doch nicht meine Zukunft aufs Spiel!«

»Oh, doch. Ich weiß noch genau, wieviel Zeit für ›Hamlet‹ draufgegangen ist.«

»Soll ich dir feierlich versprechen, daß meine Noten darunter nicht leiden?«

»Nick!«

»Es schadet bestimmt nichts, Diana. Wahrscheinlich kriege ich die Rolle ja sowieso nicht. Die schmeißen mich bestimmt gleich bei der ersten Probe hochkant raus.«

»Ich verstehe nicht, was dich an der Sache so reizt.«

»Es macht einfach Spaß.«

»Findest du denn die Leute so nett?«

»Ja, das sind sie.«

»Ich finde sie ziemlich affektiert.«

»Nicht wirklich. Ein paar von ihnen tun bloß ein bißchen

theatralisch. Dafür hält die Truppe großartig zusammen, und zu mir waren alle sehr offen und herzlich.«

»Du hattest ja auch einen Sponsor.«

»Was meinst du damit?«

»Dieses Mädchen.«

»Jane? Jane ist doch kein Sponsor. Sie hat mir geholfen, meine Rolle zu lernen.«

»Und ich bin sicher, sie wird dir nur allzu gerne behilflich sein, auch deine nächste Rolle zu lernen.« Diana hatte babyblaue Augen mit langen, geschwungenen Wimpern, und als sie blinzelte, merkte Nicholas, daß sie gleich losheulen würde.

»Das kann doch nicht dein Ernst sein, Diana. Glaubst du wirklich, ich würde bloß wegen Jane bei Sock & Buskin bleiben? Das ist doch ein Witz, Diana. Du hast sie doch kennengelernt! Sieht sie so aus?« Diana zuckte hilflos die Achseln. »Jane Heissenhuber, die Femme fatale!« Er streichelte ihr über den Hals und die Brust. »Hältst du sie für einen männermordenden Vamp?«

Diana lächelte. »Ach, Nick! Du bist doch ein Clown!«

»Hast du gehört, wie mein Herz klopfte, als wir Jane über den Weg liefen? Hast du gesehen, wie meine Knie zitterten?« Diana preßte ihre Wange an seine Brust. »Sie ist ein nettes, freundliches Mädchen«, sagte Nicholas und verwuschelte Dianas Haare. »Und das«, fügte er hinzu, »ist auch schon alles.«

Obwohl sie sich niemals wirklich verliebt hatte, war Jane doch seit ihrer Ankunft in Pembroke mit zahlreichen Studenten ausgegangen, um sich zu amüsieren. Nur drei von ihnen hatten ihr etwas bedeutet. Im zweiten Studienjahr hatte sie sich ein paarmal mit Bob Curtis getroffen, einem Studenten im letzten Semester, der zur selben Verbindung gehörte wie Nicholas. Bob war ein großer, höflicher Junge aus New Jersey mit dünnem Haar, der allzu elegante Anzüge trug und zuviel trank. Eine Zeitlang beeindruckte er Jane damit, daß er ihr rote Rosen ins Studentenheim schickte und die Umrisse ihrer Lippen mit dem Finger nachzeichnete. Aber viel mehr geschah eigentlich nicht, und als er im Juni sein Examen machte, kannte ihn Jane noch nicht besser als im November. Danach sah sie ihn nur noch ein einziges Mal. Er arbeitete bei einer großen Werbeagentur in New

York und kam zu einer Wochenendparty seiner Verbindung nach Providence, aber ihr Wiedersehen war kein Erfolg. Im Restaurant hatte Bob sich betrunken und vor allen Gästen erbrochen. Dann war er ins Alpha-Delta-Phi-Haus gegangen und auf einer Couch eingeschlafen. Jane mußte allein nach Pembroke zurückwandern. Er hatte sich nie wieder gemeldet, aber Jane war weder überrascht noch besonders unglücklich darüber gewesen.

Ihren zweiten Freund lernte sie ein paar Wochen danach kennen. Sein Name war Steve Breslau. Er arbeitete im selben Laboratorium wie Amelias Freund Matt. Steve war der netteste Junge, den Jane bis dahin kennengelernt hatte. Er rief sie immer an und fragte, wie es ihr ging, wenn er einmal keine Zeit hatte, um sie zu sehen. Er kam so oft wie möglich zu den Proben von Sock & Buskin und brachte sie mit seinem Beifall in Verlegenheit, so glücklich war sie darüber. Jede Woche kaufte er ihr die Sonntagszeitungen. Er sagte, das gehöre zum Rendezvous am Samstagabend dazu. Obwohl er natürlich mehr wollte, erhob er nie Einwände, wenn sie ihm an der Gürtellinie das Stoppzeichen gab. Vier Monate lang begnügte er sich damit, sie zu küssen und ihr die Brüste zu streicheln. Steve hatte etwas Melancholisches an sich, wußte aber den Humor der anderen durchaus zu schätzen. Vielleicht wäre die Sache auch weitergegangen, sie mochten sich, und einer Verlobung, ja, sogar einer späteren Ehe schien nicht viel im Wege zu stehen. Aber Steve war Jude, und seine Eltern hatten etwas dagegen, daß er mit einem protestantischen Mädchen herumlief. Sie bestanden darauf, daß er die Beziehung abbrach. Steve hatte geweint, als er Jane diese Mitteilung machte. Jane standen keine Tränen in den Augen, als sie sagte, sie hätte vollstes Verständnis dafür, obwohl sie überhaupt nichts verstand.

Peter Mackie hatte sie gleich im ersten Monat am College kennengelernt, aber erst viel später gingen sie miteinander aus. Er war ein Jahr älter als sie und eine der Leuchten von Sock & Buskin. Sie spielten zusammen in Cowards »Intimitäten«, er den Elyot und sie die Amanda, und der Flirt von der Bühne setzte sich bald in der Wirklichkeit fort. Wenn er sagte: »Sie sind wirklich fabelhaft, Amanda«, gab sie zurück: »Ich bete Sie an.« Und das entsprach völlig der Wahrheit. Im Sommer folgte sie ihm nach Williamstown, wo er eine Regieassistenz für »Endstation Sehnsucht« bekommen hatte. Sie selbst konnte es sich nicht leisten, am Theater zu arbeiten, sondern mußte sich einen bezahlten Job suchen, denn sie brauchte dringend Geld für Bücher und Kleidung – ihr Stipendium langte nur für das Nötigste. Seine Inszenierungsarbeit schien Peters Charakter von einem Tag auf den anderen zu verändern. Aus dem gebildeten, witzigen »Elyot« wurde ein brutaler »Stanley Kowalski«. Sie arbeitete als Zimmermädchen in einem Motel, und jeden Abend nach den Proben kam er zu ihr ins Zimmer, warf sie aufs Bett, riß ihr Bluse und Büstenhalter herunter, packte ihre Brüste und saugte an den Brustwarzen, als ob er jeden Widerstand aus ihr heraussaugen wollte. Sie ließ es sich gefallen und erlaubte ihm auch, seine Sachen auszuziehen und sich auf sie zu legen, aber es gab jedesmal ein heftiges Handgemenge, wenn er ihr die Hosen abstreifen wollte. Er drohte damit, sie zu verlassen, wenn sie nicht nachgeben würde, aber es dauerte einen vollen Monat, ehe sie sagte, er könne sie haben. Als es dann soweit war, riß er freilich so ungebärdig am Reißverschluß ihrer Hose, daß sie Angst bekam. Zitternd bat sie, er solle noch warten. Er war aus dem Zimmer gestürmt und hatte sich noch in derselben Nacht eine andere gesucht.

Jane war nachdenklich, aber nicht analytisch. Im Scherz hatte sie Steve Breslau gesagt, sie sei wahrscheinlich frigide, und er hatte gelächelt, aber sein Lächeln hatte sie durchaus nicht beruhigt. Die Annäherungsversuche von Männern hatten sie nie sehr berührt. Sie wußte, daß manche Mädchen all ihre Kräfte aufbieten mußten, um nein zu sagen, während es ihr immer leicht fiel. Sie geriet eigentlich nie in Versuchung. Aber sie hatte sich nie die Frage erlaubt, warum das so war. Es wäre ihr gar nicht in den Sinn gekommen, ihre Abwehr mit den plumpen Zärtlichkeiten ihres Vaters in Verbindung zu bringen, die sie vor Jahren in Panik versetzt hatten. Sie dachte überhaupt sehr wenig an ihren Vater. In ihrem ersten Studienjahr war sie zu Weihnachten noch einmal nach Hause gefahren, danach hatte sie ihn nicht mehr gesehen. Jane wäre auch nie auf die Idee gekommen, daß sie die ständige Nörgelei ihrer Stiefmutter so weit verinnerlicht haben könnte, daß sie ihre Unbefangenheit eingebüßt hatte. Sie war sich gar nicht bewußt, daß sie sich selbst mit den kritischen Augen der Stiefmutter sah. Aber insgeheim verachtete sie Bob, Steve und Peter dafür, daß sie mit ihren viel zu kräftigen Schultern, ihren breiten Hüften und ihren dicken Brüsten vorliebnahmen.

Aber in ihrem Inneren gab es auch noch eine andere Kraft. Jane hatte ihre Mutter inzwischen beinahe vergessen, aber die fröhliche, lebenslustige, leidenschaftliche Sally Tompkins war mehr als lebendig in ihr. Und diese Kräfte speisten das Feuer, das in Jane für Nicholas Cobleigh entbrannt war. Bei den Proben zu ihrem neuen Stück, »The Other Sister«, saß sie in der Pose einer gelangweilten Lady auf der Couch. Aber während Nicholas deklamierte: »Meine liebste Miß Whittleby« und ihre Fingerspitzen mit winzigen Küssen bedeckte, stellte Jane sich vor, die Scheinwerfer wären erloschen und er küßte sie auf den Mund.

Erst am Tag vor der Generalprobe fiel Nicholas auf, daß Jane außerhalb von Sock & Buskin auch ein Privatleben hatte. Er war auf dem Weg zum Sportplatz und ging über den Campus. Nicholas versuchte sich vorzustellen, wie seine Freunde wohl losbrüllen würden, wenn er im Jagdkostüm mit rotem Rock, weißen Reithosen und schwarzen Stiefeln auf die Bühne marschierte. Hoffentlich blieb er nicht stecken, wenn die Kerle losjohlten. Das wäre Diana bestimmt schrecklich peinlich, sie würde in der zweiten Reihe sitzen und fürchterlich leiden. Das konnte man ihr wirklich nicht zumuten. »Mathilda Whittleby ist gefallen«, deklamierte er leise, »vom Pferd direkt auf die Nase.«

Genau in diesem Augenblick entdeckte er Jane, die an der Hand des bestaussehenden Burschen, den er je gesehen hatte, an ihm vorbeiging. Sie lachte, und ihre Augen blitzten, als sie den Kopf zurückwarf. Sie war so angetan von ihrem Begleiter, daß sie Nicholas gar nicht bemerkte. Er blieb stehen und starrte ihr nach. Der Bursche mußte von außerhalb sein, denn eine solch auffällige Erscheinung hätte Nicholas bestimmt schon früher bemerkt. Er war ziemlich groß und hielt sich so gerade, daß seine markanten Gesichtszüge deutlich hervortraten. Dabei hatte er nichts von der falschen Eleganz eines Playboys an sich. Er war mit sich selbst völlig im Einklang. Spielerisch versetzte er Jane einen Faustschlag, und ohne seine Hand loszulassen, lenkte sie den Schlag zu seinem eigenen Gesicht um. Dann liefen sie weiter.

Zu seiner Verblüffung bemerkte Nicholas, daß er seinen Hockeyschläger umklammerte, als wäre es eine Streitaxt. Hastig lockerte er seinen Griff. Er war sich über seine Gefühle nicht ganz im klaren, aber wenn er sie hätte benennen müssen, hätte er vermutlich gesagt, daß er ärgerlich war. Seit er den Reginald probte, hatte er Jane praktisch jeden Tag einmal gesehen. Er fühlte sich in ihrer Gegenwart wohl und glaubte, in ihr eine zuverlässige Freundin zu haben. Der Gedanke gefiel ihm, denn Jane hatte alle Eigenschaften, die er schon bei Charlie Harrison bewundert hatte. Sie war klug, klüger vielleicht als er selbst, sie war gutmütig und lustig. Sie konnte auch ziemlich frech und direkt sein und zog ihn gern auf. So behauptete sie zum Beispiel, er ließe sich das Haar nur deshalb so dekorativ ins Gesicht fallen, damit er recht jungenhaft aussähe (das stimmte nicht). Sie sagte, er benutze seine Augen, um die Mädchen einzuschüchtern (Nicholas wußte nicht genau, ob sie recht hatte), und er habe unter anderem deshalb mit dem Theaterspielen begonnen, weil es die Leute in seiner Umgebung schockierte, die ihm nur das Allerkonventionellste zutrauten (was zutraf). »Ein bißchen ist es so, als ob du plötzlich Rock 'n' Roll tanzen würdest, statt Hockey zu spielen.«

»Aber ich spiele doch immer noch Hockey.«

»Ja, ja. Aber die Schauspielerei paßt nicht zu Leuten wie dir. Es ist das öffentliche Eingeständnis, daß du kein ernsthafter, verantwortungsbewußter amerikanischer Staatsbürger bist.«

»Aber genau das bin ich.«

»Oh, nein. Erst sagst du, du würdest Kennedy unterstützen –«

»Nixon trägt einen Windsorknoten!«

»Du bist wirklich unverantwortlich, Nicholas.«

»Keineswegs, Jane. Ein Windsorknoten ist ein Warnsignal, du kannst es mir glauben. Nixon ist schmierig.«

»Aber den Leuten in deiner Verbindung und deiner Familie zu sagen, du würdest den republikanischen Kandidaten nicht wählen – das grenzt doch an Hochverrat, Nicholas. Und jetzt spielst du auch noch Theater. Du gibst dir wirklich unglaubliche Blößen. Sie werden dich bei den oberen Zehntausend hinauswerfen, wenn du so weitermachst. Jetzt lachst du noch, Nicholas, aber wenn du auch nur einen Funken Verstand hättest, würdest du dir einen Decknamen zulegen. Glaubst du etwa, wenn man dich eines Tages auf deine Eignung als Bundesrichter der Vereinigten Staaten überprüft, würde man dir diese fragwürdige Tätigkeit als harmlose Jugendsünde durchgehen lassen?«

Aber trotz ihres Scharfsinns und ihrer ironischen Bemerkungen hatte er sie doch immer für vollkommen offen und ehrlich gehalten. Warum hatte sie ihm dann nicht erzählt, daß sie einen Freund hatte? Hatte er ihr zu sehr vertraut? War es klug gewesen, ihr von den Problemen mit Diana zu erzählen, die am liebsten schon im Sommer heiraten würde, während er sich noch etwas mehr Zeit lassen wollte? Sie hatten dieses Gespräch auf dem Heimweg nach einer besonders späten Probe geführt, und an dieser Stelle war Jane plötzlich gestolpert. »Entschuldige.«

»Was meinst du? Sollte ich nicht besser die ersten zwei, drei Semester Jura hinter mich bringen, ehe ich heirate?«

»Ach, Nicholas«, hatte Jane mit brüchiger Stimme gesagt. »Diana liebt dich, das mußt du doch wissen.«

Er hatte über ihre romantischen Vorstellungen gelacht und ihr gesagt, er hätte die schlimmsten Befürchtungen für ihre Zukunft; denn sie würde bestimmt schrecklich leiden, wenn sie sich einmal verliebte und dem Jungen ihre Gefühle so hemmungslos zeigte.

Nicholas war überzeugt gewesen, Jane gut zu kennen, aber als er sie jetzt an der Hand dieses Fremden herumhüpfen sah, war er doch überrascht. Er hätte nie gedacht, daß sie so ausgelassen sein könnte. Geradezu albern. Sie zog ihrem Begleiter die Hand weg und patschte ihm auf den Rücken. Dann schien sie wieder lauthals zu lachen.

Nicholas beobachtet die beiden, bis sie zwischen den Bäumen verschwanden. Ja, er war wütend. Es war, als hätte Jane ihn betrogen. Die freundliche, sensible Fassade, die sie ihm gezeigt hatte, war auch nur eine ihrer zahllosen Rollen. Er beschloß, sie bei der nächsten Probe recht kühl zu behandeln.

Nicholas lehnte an einer kahlen Wand hinter der Bühne und unterhielt sich angeregt mit einem jüngeren Studenten, der im Stück seinen Kammerdiener darstellte. Man probte den dritten Akt, und Nicholas trug einen leuchtend gelben Anzug zu einem plissierten Hemd. Der grau gekleidete Diener sah daneben wie ein überdimensionales Nagetier aus. Verzweifelt bemühte er sich, die Behauptung zu widerlegen, die gesamte Hintermannschaft der New York Giants bestünde schon seit Jahren nur noch aus brutalen Holzern und Lahmärschen. Aber je mehr Namen er nannte, desto verächtlicher winkte Nicholas ab.

Jane näherte sich, und noch ehe sie etwas sagen konnte, hob Nicholas die Hand. Die Geste lag irgendwo zwischen »eine Sekunde noch« und »laß mich in Ruhe«.

»Ich wollte nur einen Augenblick mit dir reden«, sagte sie. »Aber wenn du keine Zeit hast ...?« Der »Kammerdiener« hatte ohnehin längst die Nase voll von dem Gespräch und nutzte die Gelegenheit sich zu trollen und einen Kaffee zu holen. »Ich wollte nicht stören«, sagte Jane.

»Was ist denn?« fragte Nicholas ungeduldig. Abgesehen von einem kurzen Nicken zu Beginn der Probe hatte er Jane den ganzen Abend noch nicht zur Kenntnis genommen. Jetzt sah er über sie hinweg, als suchte er nach einem interessanteren Gesprächspartner. Seine arrogante Haltung paßte sehr gut zu seinem geckenhaften Kostüm und seinen glatt zurückgebürsteten Haaren.

»Können wir uns nicht einen Augenblick hinsetzen?« fragte Jane. Sie ging zu der Chaiselongue, die zu den Requisiten im ersten Akt gehörte, und setzte sich. Unwillig setzte sich Nicholas auf die andere Seite, seine Augen suchten immer noch nach einem anderen Gesprächspartner.

»Hast du Lampenfieber?« fragte Jane leise.

»Nein. Mir geht es gut.«

Er rückte etwas beiseite, als ob er sicher sein wollte, daß sie genug Platz auf der Couch hatte. Es gehörte zu den Prinzipien ihrer Beziehung, sich nicht zu berühren, aber sein Zurückweichen beunruhigte sie. Ahnte er womöglich, daß sie ihn liebte? Fand er ihre Gefühle abstoßend? Sie wußte, daß sie sich zurückhalten mußte, aber seine abweisende Haltung hatte sie so unvorbereitet getroffen, daß sie völlig verwirrt war. Eine schreckliche Leere breitete sich in ihrem Inneren aus. Sie wußte, sie würde ihn einmal verlieren, aber warum denn jetzt? Warum denn so plötzlich?

Seine schlanken Finger mit den kräftigen Knöcheln lagen neben ihr auf der Couch. Sie wußte, es war das Falscheste, was sie tun konnte, aber sie konnte nicht widerstehen. Sie streckte die Hand aus und streichelte ihm über den Handrücken. »Nick, was ist los?«

»Nichts.«

»Bitte, Nick. Ich weiß doch, es stimmt etwas nicht. Du bist mir den ganzen Abend ausgewichen und hast so getan, als wäre ich Luft.«

»Ich bin dir nicht ausgewichen, Jane. Ich habe mich bloß mit ein paar Leuten unterhalten. Darf ich das? Oder brauche ich dazu deine Erlaubnis?«

»Nick –«

»Hör mal zu, Jane. Mir wird das ganze hier sowieso schon zu viel. Es war idiotisch von mir, diese Rolle zu übernehmen. Die Proben kosten viel zuviel Zeit, und was hab ich davon? Überhaupt nichts. Ich bedaure es sehr, daß ich mich habe überreden lassen von dir.«

»Nick –«

»Ich muß noch zwei Referate schreiben in diesem Semester, und in Geschichte hinke ich dreihundert Seiten im Stoff hinterher. Es ist wirklich bescheuert, daß ich meine Zeit hier vertrödle und meinen Studienplatz an der Columbia-Universität aufs Spiel setze, bloß damit ich bei dieser Klamotte mitmachen kann.«

»Aber du hast doch gesagt –«

»Vergiß es, Jane.«

»Du hast gesagt, es mache dir unheimlich Spaß, so einen Gekken zu spielen, der deinem eigenen Charakter überhaupt nicht entspricht, und dabei immer noch glaubhaft zu bleiben.«

»Na, wenn schon«, knurrte er zornig.

»Und du hast auch gesagt, dir gefielen die Leute von Sock & Buskin so gut.«

»Ja, ja. Es sind prächtige Burschen.«

Jedes Wort von ihm traf sie wie eine Ohrfeige.

»Bist du wütend, weil ich gestern nicht mit dir geübt habe?« flüsterte sie.

»Also bitte, Jane, hör schon auf.«

»Es ist mir etwas dazwischengekommen.«

»Vergiß es.« Er kreuzte die Arme über der Brust, bis man die Hände fast nicht mehr sah.

»Mein Bruder hat mich besucht, und meine Zimmerkameradin und ich mußten ihn nach Boston zurückfahren. Wir sind so spät zurückgekommen, daß ich dich nicht mehr anrufen wollte.«

Nicholas wandte sich um und sah sie zum erstenmal richtig an. »Ich wußte gar nicht, daß du einen Bruder hast.«

»Er sucht gerade nach einem College.« Nicholas nickte und entspannte sich etwas. Jane hatte das Gefühl, von einem milden Richter in letzter Minute begnadigt worden zu sein. »Er ist im letzten Jahr auf der High-School. Seine Mutter – also meine Stiefmutter – wollte eigentlich mitkommen, aber sie hat sich nicht wohl gefühlt und mußte in ihrem Hotel bleiben. Deshalb ist er mit dem Bus gekommen. Ich habe ihn so lange nicht gesehen. Inzwischen ist er größer als ich –« Sie verhedderte sich in ihren eifrigen Erklärungen und hielt einen Augenblick inne, um wieder ruhiger zu werden. »Er hat mit den Leuten von Brown gesprochen, aber ich weiß nicht –«

»Reginald! Mathilda! Sofort auf die Bühne!« Professor Ritter winkte aus den Kulissen.

Nicholas stand auf, nahm Jane bei der Hand und zog sie hinter sich her. »Komm, wir müssen uns beeilen.«

»Nick, ich wollte nur sagen –«

»Hör mal, es tut mir leid, daß ich so ekelhaft war.« Nicholas grinste. »Aber als Schauspieler darf man doch launenhaft sein, oder?«

Nicholas fühlte sich äußerst unbehaglich in Professor Ritters Büro. Der Regisseur war so hoffnungslos häßlich, daß Nicholas fürchtete, man könnte ihm seinen Abscheu ansehen, wenn er seinen Blick nicht abwandte. »Ich glaube, Sie wissen, warum ich Sie hergebeten habe«, sagte Professor Ritter. Nicholas zwang sich, seinem Gegenüber direkt in die Augen zu sehen. Die Nase des Professors hätte eine Spezialanfertigung für Graf Dracula sein können.

Vorsichtig lehnte sich Nicholas zurück. Der Professor hatte bekanntermaßen eine sehr feuchte Aussprache, und Nicholas war bereits einmals naßgespritzt worden. Die Situation war ihm einigermaßen peinlich gewesen, denn er hatte partout nicht gewußt, ob er den Speichel nun aus seinem Gesicht wischen sollte (was den Professor vielleicht in Verlegenheit gebracht hätte), oder ob er einfach so tun sollte, als hätte er gar nichts gemerkt. Er hatte sich für letzteres entschieden, war jetzt aber fest entschlossen, eine Wiederholung der Dusche nicht zuzulassen.

»Nun, Nicholas?«

»Ich weiß nicht genau, Herr Professor.«

»Nun, Sie können es sicher erraten. Aber ich will es Ihnen selbst sagen, Nicholas. Sie waren gut als Fortinbras, obwohl – wie soll ich sagen – diese Rolle nicht unbedingt die härteste Probe für die Fähigkeiten eines Schauspielers ist.« Nicholas nickte und wartete ab. Professor Ritter war ganz unberechenbar. Er konnte stundenlang dozieren, aber es war auch nicht auszuschließen, daß er aufsprang und Nicholas voller Begeisterung an seine gewaltige Brust preßte. Aber nichts dergleichen geschah. Professor Ritter schlug vielmehr mit voller Kraft auf den Schreibtisch und schrie: »Reginald!« Dann räusperte er sich und fuhr ein wenig gemäßigter fort: »Reginald hingegen war eine durchaus ernstzunehmende Aufgabe, wenn auch im komischen Fach. Und ich freue mich, Ihnen sagen zu dürfen, daß Sie diese Aufgabe nicht nur gemeistert, sondern geradezu glänzend gelöst haben!« Nicholas hob den Blick. »Wirklich, Sie waren ganz ausgezeichnet!«

»Vielen Dank! Aus Ihrem Munde ist das wohl nicht nur ein Kompliment…?«

»In der Tat. Seit ich hier in Brown inszeniere, habe ich noch keinen Studenten gesehen, der auf der Bühne so glaubwürdig wäre wie Sie. Wohlgemerkt: glaubwürdig. Es gibt viele, die technisch sauberer arbeiten, die zum Beispiel nicht plötzlich ihren britischen Tonfall vergessen –«

»Ich weiß. Ich habe alles vergessen, was wir geübt hatten –«

»Nun, ja. Es gibt sicher auch Schauspieler, die nicht mitten in der Szene über die Bühne huschen wie Hürdenläufer, wenn sie vergessen haben, daß sie eigentlich am Tisch stehen müßten und nicht am Kamin. Aber so etwas kann man lernen. Das sollte Ihnen nicht schwerfallen. Dafür besitzen Sie etwas für die Schauspielerei viel Wichtigeres – absolute Glaubwürdigkeit. Sie sind auf die Bühne gekommen, und das Publikum war begeistert von Ihnen. Sie waren schlau und berechnend, aber man hat Ihnen alles verziehen, denn die Zuschauer wußten: Am Ende würden Sie doch der Stimme Ihres Herzens folgen und nicht Mathilda, sondern Eloise zur Frau nehmen. Sie sind nicht nur glaubwürdig, Sie sind geradezu charismatisch. Sie haben das Publikum bei der Stange gehalten.«

»Vielen Dank, Herr Professor, aber Jane und Penny –«

»Waren ganz ausgezeichnet. Es war eine sehr gute Besetzung. Aber jetzt reden wir über Sie: Nicholas Cobleigh. Ein sehr guter Name. Es wird nicht nötig sein, ihn zu ändern.«

»Herr Professor –«

»Jetzt geht es weiter. Jetzt müssen Sie zu den Grundlagen vorstoßen. Als nächstes spielen wir ›Agamemnon‹. Sie werden sich den Orestes vornehmen.«

»Das geht nicht. Ich würde schrecklich gern mitmachen, aber ich liege in allen Fächern zurück und muß auch mal wegen des Studiums an meine Noten denken.

»Sie wollen Jura studieren, richtig?«

»Ja.«

»Ich hatte gehofft, Sie hätten das überwunden. Warum wollen Sie denn Jurist werden?«

»Mein Vater ist Rechtsanwalt.«

»Schön. Aber wollen Sie Ihre wahren Talente vergeuden?«

»Ich könnte ja immer noch –«

»Wo denn? Bei irgendeiner Laienspielgruppe, wo Ihnen ein aufgeregter Regisseur ›Hals- und Beinbruch‹ zuflüstert, ehe Sie die Bühne betreten? Dafür sind Sie zu schade, Nicholas.« Jedesmal, wenn er »Nicholas« sagte, spritzte Professor Ritter Speichel über den Tisch. Sämtliche Papiere, die vor ihm lagen, waren schon feucht. »Man könnte Sie dort gar nicht gebrauchen, weil Sie die anderen völlig an die Wand spielen würden.«

»Ich bin Ihnen wirklich sehr dankbar für alles, was Sie für mich getan haben, Herr Professor, aber ich bin nun einmal kein Schauspieler.«

»Sagen Sie, wie haben Sie sich auf der Bühne gefühlt?«

»Ganz okay. Am Anfang war ich ein bißchen nervös.«

»Und später?«

»Später hat es mir sehr gut gefallen.«

»Es war phantastisch, Nicholas, oder?«

»Ja. Ja, es war phantastisch. Aber ich habe Verpflichtungen –«

»Versuchen Sie es bitte mit dem Orestes. Hören Sie! Gönnen Sie sich doch diese Erfahrung, ehe Sie sich für immer verschließen! Es dauert nur bis Anfang Dezember, und außerdem kann Jane Ihnen helfen. Sie ist die einzige, die genügend Persönlichkeit hat, um die Klytämnestra zu spielen. Nur noch den Orestes, ich bitte Sie. Danach werde ich Sie nicht mehr bedrängen, das verspreche ich Ihnen. Wenn Sie sich dann endgültig für Jura entscheiden, werde ich auf Ihrem Examensball tanzen und Ihnen ein schwarzes Aktenköfferchen schenken. Sie dürfen sogar meinen letzten Willen aufsetzen ... Gut. Ich freue mich, daß Sie mir zustimmen. Haben Sie den ›Agamemnon‹ gelesen?«

»Ja.«

»Dann lesen Sie ihn bitte noch einmal.«

Unter dem Vorwand, sie müßte sich dringend auf ihre Prüfungen vorbereiten, verzichtete Jane darauf, ihre Weihnachtsferien bei Amelias Eltern in Bar Harbor zu verbringen, und schlug auch zwei andere Einladungen nach Philadelphia und Brooklyn aus. Wenn sie einen oder zwei Tage erübrigen könne, sagte sie, müßte sie unbedingt ihre Familie in Cincinnati besuchen. Davon konnte natürlich in Wirklichkeit keine Rede sein. Dorothy wollte sie bestimmt nicht im Hause haben, und daß ihr Vater an ihr interessiert sein könnte, war Jane eher unheimlich.

Sie wußte inzwischen, wie einsam sie war. Sie war überall gern gesehen, auch zu Weihnachten, aber es vermißte sie niemand, wenn sie nicht da war. Sie gehörte nirgendwo hin, und nach dem Examen, im Juni, würden sich ihre Freunde und Bekannten in alle Winde zerstreuen. Sie versuchte sich mit dem Gedanken zu trösten, daß sie ja mit dem Abgangszeugnis eines der besten Colleges in ganz Amerika ausgestattet sein würde, daß sie frei und ungebunden war, daß ihr die ganze Welt offenstand. Aber das beruhigte sie nicht. Sie hatte kein Geld, keinen Job, ja nicht einmal eine Bleibe. Und der einzige Mensch, von dem sie wußte, daß er gelegentlich an sie dachte, war ihr Bruder.

Ein fröhliches Weihnachtsfest bei einer ihrer Freundinnen hätte sie nur noch unglücklicher gemacht. Sie blieb in Providence, in ihrem Studentenwohnheim, und konzentrierte sich auf die Einsamkeit. Eine volle Woche lang blieb sie in ihrem Zimmer. Die schwere Holztür schien ihre Verlassenheit zu besiegeln und schützte sie vor der Welt, jedenfalls solange sie nicht auf die Toilette gehen mußte. Der lange Flur lag so schrecklich verlassen da, daß es sie jedesmal grauste, wenn sie hinaus mußte. Das Schlimmste aber war die große Treppe, die ins untere Stockwerk führte. Sie rannte mit abgewandtem Blick an der obersten Stufe vorbei, um nicht hinunter ins Dunkel gezogen zu werden. Wenn sie wieder in ihrem Zimmer war und die Tür hinter sich schließen konnte, war sie ungeheuer erleichtert. Um nicht die Treppe hinuntergehen zu müssen, ernährte sie sich eine Woche lang von den Keksen und Pfefferminzplätzchen, die Amelia ihr dagelassen hatte. Pulverkaffee, den sie mit heißen Leitungswasser anrührte, ergänzte diese dürftigen Mahlzeiten.

Am Weihnachtsabend setzte sie sich in ihrem alten roten Pyjama aufs Bett und öffnete ihre Weihnachtsgeschenke. Dorothy und ihr Vater hatten ihr einen gelben Twinset gekauft, der ohne weiteres einem Grisly-Weibchen gepaßt hätte. Auf der beiliegenden Karte stand ein Gedicht:

Hoho, haha, hoho.
Hörst Du es draußen lachen?
Der Weichnachtsmann ist da
Mit vielen schönen Sachen.

Unterschrieben war der gedruckte Text mit: »Ein gesegnetes Weihnachtsfest wünschen Dir Vater und Mutter« in Dorothys steifer Schrift. Rhodes hatte ein Buch ausgesucht: »Sechzehn berühmte amerikanische Stücke«. Er schrieb dazu:

Liebe Jane,
ich hoffe, du findest die ideale Rolle für Dich. Vermisse dich sehr. Schade, daß Du nicht kommen konntest. Recht fröhliche Weihnachten!!! Viel Liebe und andere Laster wünscht Dir

Dein R.

Amelia hatte ihr einen gläsernen Briefbeschwerer geschenkt und Peg O'Shea einen in Kunstleder gebundenen Taschenkalender für das Jahr 1961. Jane legte sich ins Bett, weinte ein paar Minuten und schlief dann ein. In der folgenden Woche las sie erst ihre eigenen und dann Amelias Bücher, aber sie konnte sich nicht genug konzentrieren, um die drei Referate zu schreiben, die sie noch abliefern mußte.

Als am Silvesterabend um zwölf Uhr die Kirchenglocken zu läuten begannen, saß sie fest in ihre Decken gewickelt im Bett. Ihr Mund war schrecklich trocken, aber sie mochte nicht aufstehen, um sich die Zähne zu putzen. Sie dachte daran, daß sie jetzt keinen Neujahrskuß kriegte, und dann fiel ihr Nicholas ein. Er hatte ihr erzählt, daß er mit Diana zu einer Silvesterparty eingeladen sei, bei der es »eine gute Band und ein erstklassiges kaltes Buffet« geben werde. Diana sei schon Anfang Dezember in New York gewesen, um sich ein neues Kleid für die Party zu kaufen. Er selbst hätte keine Probleme, hatte Nicholas fröhlich gesagt, er könne jedes Jahr denselben Smoking anziehen. Jane streichelte über den abgetragenen roten Flanell, der ihre Arme bedeckte, schloß die Augen und stellte sich vor, wie sich Nicholas mit Diana im Tanz drehte.

»Guten Tag, Mutter«, sagte Nicholas. Die Krankenschwester hatte das Kopfende des Bettes, in dem Winifred lag, so weit aufgerichtet, daß sie fast senkrecht im Bett saß. Sie sah so schwach aus, daß man ständig befürchten mußte, sie könnte umkippen und auf das Tablett stürzen, das auf dem Nachtisch neben ihr stand. Die Weißbrothäppchen mit Thunfisch- oder Geflügelsalat, die man ihr schon vor Stunden hingestellt haben mußte, sahen vertrocknet und braun aus.

Winifred blickte ihn an, reagierte aber sonst nicht weiter auf seine Gegenwart. Er setzte sich zu ihr aufs Bett und ergriff ihre Hand, die so kalt und so weich war, daß man glauben konnte, es wäre die Hand eines Kindes. »Mami«, sagte er leise. »Ich bin es, Nicholas. Ich bin nach Hause gekommen, ich habe jetzt Ferien.«

Winifreds graue Augen waren dunkel geworden, tiefe Schatten lagen auf ihrem Gesicht, aber Nicholas hätte nicht zu sagen gewußt, ob das eine Folge der Elektroschock-Behandlung war oder nur an der schlechten Zimmerbeleuchtung lag. »Ich dachte mir, ich besuche dich mal, Mami. Es ist alles in Ordnung.«

»Nicholas«, sagte Winifred schließlich.

»Ja. Wie geht es dir, Mami?« Irgend jemand hatte Winifreds widerspenstige rote Haare, die längst von grauen Strähnen durchsetzt waren, mit einer großen grünen Schleife zusammengebunden, die aber schief auf dem Kopf saß.

»Ich glaube, es geht mir ganz gut. Ich bin nur schrecklich müde und könnte immerzu nur schlafen.«

»Soll ich lieber gehen und später noch einmal wiederkommen?«

»Nein, nein. Ich habe dich lange nicht gesehen, oder?«

»Seit September nicht mehr. Jetzt ist bald Weihnachten.«

»Das weiß ich, Nicholas. Ich bin nicht verrückt.«

»Entschuldige.« Das letzte Mal, als er ihre Hand gehalten hatte, war er noch ein kleiner Junge gewesen, und jetzt war ihre Hand so viel kleiner als seine. Sonst hatte seine Mutter immer schön geschnittene, ovale Fingernägel gehabt, jetzt waren sie gelb geworden. Irgend jemand hatte sie geradegeschnitten.

»Wie geht es im College? Gefällt es dir dort?«

»Ja. Es ist sehr schön dort.«

»Ich habe den Namen vergessen.«

»Brown.«

»Brown. Seit diese Elektrobehandlung gemacht wird, vergesse ich immer so viel. Den ganzen Tag habe ich darüber nachgedacht, wie der kleine Beagle mit dem steifen Bein heißt, den wir draußen auf der Farm haben.«

»Flippy.«

»Ja, richtig. Flippy. Das ist schön, daß du dich an solche Dinge erinnerst. Ich habe immer Angst, daß ich irgendwann alles vergesse. Jeden Abend sage ich eure Namen und eure Geburtstage auf. Aber was wird mir das nützen, wenn ich eines Tages von der Behandlung zurückkomme und euch nicht mehr wiedererkenne? Was ist, wenn ich Edward oder Abby einfach vergesse? Ich könnte natürlich so tun, als ob ich sie kenne, wenn sie hereinkommen. Ich könnte auch so tun, als ob ich sie liebte. Aber es wäre doch nicht mehr dasselbe, nicht wahr?«

»Ich glaube, du sollst nur die bösen Dinge vergessen, die daran schuld sind, daß du jetzt so kaputt bist.«

»Ich bin nicht kaputt. Ich habe Depressionen. Ich habe meine ganz eigene, private Depression.«

»Ja, Mutter.«

»Hast du jemals von der echten Depression gehört? Als die Leute alle arbeitslos waren?«

»Ja, Mutter. Kannst du dich daran erinnern? Es war bestimmt schrecklich —«

»Nicholas, ich kann nicht nach Hause kommen zu Weihnachten.«

»Ich weiß. Aber im neuen Jahr bist du wieder da, und dann geht es dir bestimmt besser.«

»Das glaube ich nicht.«

»Der Arzt hat eine sehr günstige Prognose gestellt.«

»Das hat er letztes und vorletztes Mal auch schon getan. Ich war doch schon zweimal hier, oder?« Nicholas nickte. »Wenn es mir eine Zeitlang besser geht, schicken mich die Ärzte nach Hause, deine Großmutter lädt alle meine Freundinnen ein, und dein Vater ... Ich bin ja so müde.«

»Ich weiß«, sagte Nicholas. »Ich komme dich morgen wieder besuchen. Brauchst du irgendwas?« Winifred gab keine Antwort. Nicholas küßte sie zum Abschied zart auf die Wange.

In den nächsten Tagen brach ein Wirbel hektischer Aktivitäten über Nicholas herein. Alle seine Geschwister kamen nach Hause. Thomas von seinem College in Connecticut, Michael und Edward aus Trowbridge und seine beiden Schwestern, Olivia und Abigail, aus ihrem Internat in New Hampshire. Nicholas nahm sie in Empfang und gab der Haushälterin die entsprechenden Anweisungen. Zu sechst besuchten sie ihr altes Kindermädchen, Nanny Stewart, in einem Altersheim in New Jersey. Alle sechs wurden sie von ihrer Großmutter Maisie zum

Abendessen eingeladen, bei dem die Achtzigjährige so königlich wie eh und je präsidierte. Alle sechs gingen zusammen Eislaufen im Central Park. Zu einem Kinobesuch mit seinen Schwestern konnte Nicholas auch Diana mitnehmen. Seinen Bruder Michael, der ein Biologie-Referat schreiben mußte, fuhr er in den Botanischen Garten, und einen Nachmittag lang übte er mit Edward Trigonometrie. Er rief eine seiner Tanten an, um einen zuverlässigen Friseur für Olivia zu finden, und erlaubte seiner Schwester Abigail trotz ihres hysterischen Gezeters nicht, zu einem Rendezvous mit einem Jungen zu gehen, den sie im Museum of Modern Art kennengelernt hatte. Zusammen mit Diana lud er Thomas in einen Dixieland-Nachtclub ein, um den neunzehnten Geburtstag seines Bruders zu feiern.

Mit einem Wort, Nicholas benahm sich nicht nur wie der älteste Bruder, sondern wie der eigentliche Haushaltsvorstand, was insofern sehr gut war, als sein Vater sich für diese Rolle nicht im mindesten interessierte. Schon beim Frühstück saß er seinen sechs nahezu ausgewachsenen Kindern wie gelähmt gegenüber und starrte schweigend auf die Lücke zwischen dem Honigglas und dem Salzstreuer, während Nicholas den Tagesablauf organisierte. Wenn er überhaupt etwas sagte, dann klang es, als ob ein Rechtsanwalt mit seinen Mandanten Konversation machte. Er verwechselte ständig die Namen der jüngeren Geschwister und ließ immer wieder erkennen, daß er so gut wie gar nichts von ihnen wußte. »Bist du immer noch in der ... äh ... Mannschaft, Michael?«

»Ja. Fußball. Ich spiele als Linksaußen.«

»Schön. Und ... Edward? Was machst du?«

»Ich habe mal ein bißchen Basketball trainiert, bin aber nicht in die Mannschaft gekommen.«

»Schade. Na, vielleicht klappt's nächstes Jahr.«

»Glaube ich nicht. Dazu bin ich ein zu lausiger Sportler.«

James schien seine Kinder genauso einzuteilen, wie er sein Leben einteilte: Es gab eine Vorkriegs- und eine Nachkriegsperiode. Es gab Kinder der Hoffnung und Kinder des Mißvergnügens und der Enttäuschung. Vor allem die jüngsten Kinder wurden von James so behandelt, als habe Winifred sie ohne sein Zutun gewissermaßen durch Parthenogenese erzeugt.

Nicholas wußte, daß ihn sein Vater am meisten liebte, aber er vermochte sich darüber nicht mehr so innig zu freuen wie früher. Als ihm sein Vater am Weihnachtsmorgen die Hand auf die Schulter legte und sagte: »Komm, wir gehen ein bißchen ins Arbeitszimmer und reden«, war er über diese Auszeichnung nicht glücklich. Er sah seine Geschwister im Wohnzimmer sitzen und wußte, daß fünf Augenpaare sie verfolgten, als sie aus dem Zimmer gingen.

»Nun«, sagte sein Vater, »wie geht es dir denn so, Nicholas? Möchtest du eine Zigarre?«

»Nein, danke.«

»Rauchst du überhaupt welche?«

»Gelegentlich.«

»Pfeife rauchst du auch nicht? Oder Zigaretten?«

»Nein.«

»Weißt du denn schon etwas Näheres über dein Jurastudium?« James wählte eine Zigarre für sich, entzündete sie mit dem schweren goldenen Tischfeuerzeug, das Winifred ihm vor Jahren geschenkt hatte, und stieß eine bläuliche Rauchwolke aus. Jede seiner Bewegungen war lässig und elegant. Diana war begeistert von ihm. Jeden Tag verglich sie ihn mit einem anderen Filmstar. Mal war er ein besonders energischer Cary Grant und mal ein blonder Rock Hudson. Natürlich hinkten alle diese Vergleiche. Nachdenklich versuchte Nicholas, die Züge seines Vaters zu enträtseln, die so fest und entschlossen und zugleich so unerklärlich und fremd waren.

Seinen eigentümlichen Glanz hatte das Gesicht seines Vaters verloren. Vermutlich trank er zuviel. Aber trotz der zahlreichen Falten und Fältchen hatte James noch immer eine kraftvolle Ausstrahlung. Ob dieser gutaussehende Mann seine Mutter jemals geliebt hatte?

»Nun?« fragte James.

»Ich habe mich an der Columbia- und der New Yorker Universität beworben.«

»Und wo noch?«

»Nur da.«

»Nicht in Harvard? Jedes Jahr spende ich denen ein paar hundert Dollar, und du hast dich nicht mal beworben?«

»Meine Noten sind nicht entsprechend.«

»Du hast mit dieser verdammten Schauspielerei soviel Zeit vertrödelt, daß du jetzt keinen Studienplatz in Harvard kriegst.«

»Ich hab meine Zeit nicht vertrödelt.«

»Was hast du denn dann getan? Hast du dich künstlerisch weitergebildet oder wie man das nennt?«

»Reden wir nicht mehr darüber, okay? Es hat mir Spaß gemacht. Und vielleicht hättest du auch Gefallen daran gefunden, wenn du mich mal auf der Bühne gesehen hättest – bloß bist du nie gekommen.«

»Ich hatte alle Hände voll zu tun.«

»Das kann ich mir vorstellen«, sagte Nicholas. Er war plötzlich so wütend, daß ihm das Blut in den Kopf schoß. Sein Vater preßte die Lippen zusammen und schluckte.

»Was soll das heißen?«

»Was glaubst du denn?« Nicholas wollte aufstehen.

»Bleib sitzen! Was bildest du dir eigentlich ein, wer du bist?« fragte James.

Nicholas setzte sich wieder, aber sein Zorn war noch größer geworden. »Du hast ständig so schrecklich viel zu tun, daß du Mutter noch nicht *einmal* besucht hast!«

»Es gibt Dinge, die verstehst du nicht, mein Junge.«

»So? Bildest du dir ein, sie wüßte nicht, warum du sie nicht besucht hast? Machst du dir denn nicht klar, wie sehr du sie damit beleidigst?«

»Sie denkt, ich wäre verreist.«

»Ist dir Mutter denn völlig egal?« fragte Nicholas heiser. »Sie ist doch deine Frau. Kannst du dir nicht wenigstens eine glaubhaftere Ausrede ausdenken?«

»Das geht dich überhaupt nichts an, Nicholas!«

»Verdammt noch mal, Vater! Sie liegt im Krankenhaus, wird mit Elektroschocks behandelt und ist völlig erledigt, und du gibst ihr noch den Rest mit deinen jämmerlichen Ausreden.«

»Halt den Mund, Nick. Gleich platzt mir der Kragen!«

»Was hat sie dir nur getan, daß du sie so beschissen behandelst?« Nick stand auf und ballte die Fäuste. Seine Knie zitterten vor Wut. »Sag mir, was hat sie dir getan? Mußt du sie auch noch merken lassen, daß du mit Huren herumläufst? Mußt du jeden

Abend besoffen nach Hause kommen, wenn du überhaupt kommst?«

»Halt den Mund!« wiederholte James. »Halt dein verdammtes, stinkendes Maul!«

Nicholas hatte seinen Vater noch nie so reden hören. Es verletzte und ernüchterte ihn. »Sie braucht dich«, sagte er leise.

»Schert euch beide zum Teufel!«

»Vater!«

»Ich habe es satt. Ich haue hier ab.« James stand auf.

»Es ist Weihnachten, Vater.«

»Ich muß ins Büro.«

»Das gibt es doch gar nicht! Was ist denn so wichtig, daß du uns ausgerechnet zu Weihnachten allein lassen mußt? Du bist schließlich unser Vater!«

James ging, ohne seinen Sohn anzusehen, zur Tür. Erst als er die Klinke schon fast in der Hand hatte, drehte er sich noch einmal um und rammte Nicholas seine Faust in den Magen.

Sein Sohn ging vor Schmerz in die Knie.

»Fröhliche Weihnachten, du Tugendbold, du Versager, du Bastard«, sagte James mit haßverzerrtem Gesicht.

Mühsam hob Nicholas seinen Kopf. »Du hast da draußen fünf Kinder«, keuchte er mühsam. »Benimm dich entsprechend.«

»Ihr könnt mich alle am Arsch lecken«, gab sein Vater zurück.

»Hast du schöne Ferien gehabt?« fragte Nicholas.

»Ja, sehr«, sagte Jane. »Wie waren denn deine?«

»Großartig.«

»Das freut mich«, sagte Jane. »Doch um ganz ehrlich zu sein: So schön sind meine gar nicht gewesen.«

»Nein?«

»Nein. Eigentlich waren sie schrecklich.«

»Meine auch.«

»Wirklich?«

»Ja.«

»Möchtest du darüber reden?«

»Nein. Lieber nicht«, sagte Nicholas. »Möchtest du mir erzählen, was du gemacht hast?«

»Ich glaube schon. Das heißt, eigentlich nicht. Es ist alles so trübsinnig und langweilig. Wahrscheinlich schläfst du schon ein, ehe ich fertig bin.«

»Bitte, Jane.«

»Erzähl du erst!«

»Ladies first.«

»Und was ist, wenn ich dir erst alles erzähle, und dann überlegst du es dir anders und erzählst mir nichts von dem, was du erlebt hast?«

»Dann habe ich dich hereingelegt. Dann werde ich allen Leuten sagen, daß ich was von dir weiß. Ich werde allen Typen in meiner Verbindung erzählen, was du für Geheimnisse hast. Und wenn du dich dann immer noch auf den Campus hinauswagst, werde ich einen Bericht für den ›Daily Herald‹ verfassen. Unter der Schlagzeile: ›Was Jane in den Weihnachtsferien gemacht hat. Geständnisse einer Pembroke-Studentin‹.«

»Nick –«

»Was ist denn passiert?«

In den ersten Frühlingstagen waren zwei Briefe gekommen. Einer von der New York University, der besagte, Nicholas sei in die juristische Fakultät aufgenommen, und einer von der Columbia-Universität, die ihn auf die Warteliste gesetzt hatte. Beide Briefe steckten in den hinteren Taschen seiner Blue jeans. Der Rasen, auf dem er sich ausgestreckt hatte, war leicht feucht. Auf dem nahen Seekonk River trainierte der Universitätsachter.

Nicholas blinzelte gegen die Sonne, um Jane besser sehen zu können. Sie saß auf ihrem Regenmantel im Schneidersitz und versuchte auf einem Grashalm zu fiepen, den sie zwischen ihre Daumen gespannt hatte. Ihr blauschimmerndes Haar fiel auf den grünen Pullover, spannte sich über den Brüsten und fiel dann in lockeren Wellen auf ihren Schoß. Jane konzentrierte sich ganz auf den Grashalm, aber Nicholas wußte, daß sie ihn im nächsten Augenblick wegwerfen und mit ihrem Haar spielen würde. Geistesabwesend starrte er auf die Stelle, wo unter den lockeren Maschen des Pullovers ein Stück helle Haut schimmerte. Dann schloß er die Augen und merkte zu seinem Entsetzen, daß er eine Erektion hatte und seine Hose sich spannte. Verlegen drehte er sich auf den Bauch. Hatte Jane was gemerkt? In ihrer Gegenwart hatte er solche Gefühle bisher nie gehabt. Es paßte auch gar nicht zu ihrer Beziehung. Nicholas legte seinen Kopf auf die Arme und betrachtete den ausgebleichten Stoff seines Sporthemdes. Immer noch hörte man die Rufe des Rudertrainers und das Klatschen der ins Wasser tauchenden Riemen. Aber es schien jetzt weiter weg als zuvor.

»Nun?« fragte er. »Was meinst du?«

Jane hatte sich den Pferdeschwanz ums Handgelenk geschlungen wie eine Bandage. »Wahrscheinlich bist du verrückt.«

»Warum?«

»He, du hast den ganzen Hintern voll Grasflecken!«

»Jane, hör auf, dumme Witze zu machen!«

»Aber dein Hintern ist wirklich ganz grün!«

»Jane!«

»Du bist wahrscheinlich verrückt. Jeder vernünftige Mensch würde seine Chancen abwägen und sehr schnell dahinterkommen, daß man als Rechtsanwalt einen soliden Beruf hat –«

»Jane, du hast immer noch deinen Cincinnati-Akzent.«

»Versuch nicht, das Thema zu wechseln.«

Nicholas schwieg einen Moment. Er setzte sich auf und stützte den Kopf auf die Knie. »Von dir hätte ich am allerwenigsten erwartet, daß du mir abrätst«, sagte er.

»Aber ich rate dir ja nicht ab. Ich finde, du solltest es ruhig versuchen. Du hast ein enormes Talent, Nick. Das würde ich dir nicht sagen, wenn es nicht wahr wäre. Um als Schauspieler Karriere zu machen, muß man sehr viel einstecken können, und wer mittelmäßig ist, sollte es ja nicht versuchen. Wenn ich im geringsten an dir zweifeln würde, hätte ich dir ganz klar gesagt: Nick, laß die Finger davon! Es wäre grausam, jemanden zu ermutigen, der am Schluß womöglich versagt.«

»Warum sagst du dann, ich wäre verrückt?«

»Weil du auf eine ruhige, sichere Karriere verzichtest. Statt eines angesehenen, gutbezahlten, vielleicht sogar interessanten Berufs wirst du am Ende womöglich nicht viel mehr als die Erinnerung daran haben, daß du einmal drei Wochen lang eine Rolle in einem Off-Broadway-Stück und einen glänzenden Auftritt als guter Onkel in der Waschmittelwerbung gehabt hast. Du bist verrückt, weil du auf Sicherheit verzichtest und ein ungeheures Risiko eingehst. Wenn du Jurist wirst, zahlt dir deine reiche Familie das Studium –«

»Wir sind nicht reich.«

»Was denn sonst?«

»Das weiß ich auch nicht genau. Aber reich sind wir jedenfalls nicht.«

»Ich hatte den Eindruck, ihr wäret einigermaßen betucht. Aber wenn du Schauspieler wirst, spielt das ohnehin keine Rolle. Deine Familie wird dir keinen Pfennig mehr schicken. Was fängst du dann an? Du hast noch nie in deinem Leben gearbeitet.«

»Ich habe schon mal in einem Sommerlager als Hockeytrainer gearbeitet.«

»Prima. Ich vermute, in Manhattan sind das die gefragtesten Leute auf dem Arbeitsmarkt.«

»Deine Ironie kannst du dir schenken. Du willst es doch auch versuchen.«

»Bloß mit dem kleinen Unterschied, daß ich schon immer nebenher gearbeitet habe. Die Ferien habe ich damit verbracht, Toiletten zu putzen und Betten zu machen. Ich habe als Bibliothekarin gejobbt und als Bedienung. Ich werde weder das Ballett vermissen noch die französischen Restaurants. Europa wird mir nicht fehlen, denn ich war sowieso noch nie da. Und ich habe auch keine Probleme mit meiner Familie, da der es völlig egal ist, ob ich Schauspielerin, Englischlehrerin oder Hausmädchen werde. Ich bin völlig ungebunden und frei. Ich bin auch nicht mit jemand verlobt, der sich in einem Theater allenfalls in der Loge aufhalten würde.«

»Das ist nicht fair«, sagte Nicholas. Jane zuckte zusammen und sah so unglücklich aus, daß sie ihm gleich wieder leid tat.

»Schon gut, Jane. So schlimm war das nun auch wieder nicht. Diana wird sich schon an den Gedanken gewöhnen.«

»Bist du sicher?«

»Sie hat sich sehr aufgeregt. Weniger wegen der Schauspielerei ... ach, ich weiß auch nicht. Ich glaube, sie hält mich für einen sehr geradlinigen, ausgeglichenen Menschen.«

»Aber das bist du doch auch.«

»Aber Schauspieler sind das nicht – jedenfalls ist das Dianas

Meinung. Außerdem hast du selbst gerade gesagt, ich wäre verrückt.«

»Aber du bist aus gutem Grund verrückt. Du bist ungeheuer begabt.«

»Vielleicht habe ich wirklich ein bißchen Talent. Sonst hätte ich mich nie so weit vorgewagt.«

»Du hast viel mehr als nur ein bißchen Talent. Du wirst schon sehen.«

»Vielleicht hast du recht.« Nicholas grinste. »Bitte besuch mich in meiner Garderobe, wenn ich erst weltberühmt bin. Ich werde meinen Kammerdiener bitten, dich hereinzulassen, damit du den Waschmittelonkel einmal in natura sehen kannst. Mach dir keine Sorgen, ich werde die arme kleine Jane Heissenhuber bis dahin bestimmt nicht vergessen haben. Ich werde dir sogar ein Autogramm geben und ein Paket Waschpulver dazu schenken.«

»Du bist ein toller Typ.«
»Vielen Dank.«
»Auch wenn du nicht reich bist.«
»Jane –«
»Nick, hör mir mal zu. Wenn es eine Gerechtigkeit gibt, dann wirst du es schaffen.«
»Und wenn es keine Gerechtigkeit gibt?«
Jane legte den Kopf auf die Seite und grinste. »Dann wirst du der älteste Jurastudent der Vereinigten Staaten.«

Sie wußte, daß sie zum letzten Mal mit ihm allein war. Morgen abend war die letzte Aufführung, und im Anschluß daran würde eine Party stattfinden, aber aus diesem Anlaß würde Diana aus Wheaton herüberkommen. Danach standen nur noch die mündlichen Prüfungen aus, und dann hieß es Abschied nehmen von Pembroke. In den vergangenen Wochen hatte Jane sich immer wieder neue Situationen ausgedacht, in denen Nicholas ihr schließlich gestehen würde, daß er sie liebte. Anfangs hatte sie sich vorgestellt, Nicholas würde sie eines Tages, wenn sie mit ihm in der Garderobe allein war, zu sich auf den Schoß ziehen und sie ebenso leidenschaftlich wie fachmännisch küssen. Sie hatte nur schreckliche Angst, er könnte dabei vielleicht ihre Größe und ihr Gewicht unterschätzen und vor Schreck eine dumme Bemerkung machen wie: »Bist du aber schwer« oder so. Sie hatte so etwas schon einmal erlebt. Deshalb änderte sie ihre Phantasie etwas ab. Bei der zweiten Variante saß sie mit Nicholas im Auto. Sie waren auf den Weg nach Newport, wo sie zusammen Eis essen wollten, aber statt dessen parkte Nicholas plötzlich in einer dunklen Seitenstraße, stellte den Motor ab und sah sie aufmerksam an. »Was ist denn?« würde sie unschuldig fragen, und Nicholas würde sich über sie beugen und vorsichtig küssen, daß ihre Lippen sich gerade so öffneten.

Doch dann waren ihre Phantasien unter dem Ansturm der Realität zusammengebrochen. Nicholas hatte ihr ganz unbefangen berichtet, Diana und er hätten jetzt beschlossen, noch zwei Jahre mit der Ehe zu warten. Zunächst sollte Diana ihr Studium am College beenden und sich dann, wenn sie offiziell verlobt waren, einen Job suchen und die Hochzeitsvorbereitungen treffen. Wenn er, Nicholas, bis dahin nicht in der Lage sei, ihren Lebensunterhalt zu bestreiten, würde er die Schauspielerei aufgeben und sich an der juristischen Fakultät der New York University einschreiben. Bei dieser Gelegenheit hatte Nicholas auch noch durchblicken lassen, daß er ein paar Tage mit Diana im Ferienhaus ihrer Eltern auf Long Island verbracht hatte, und Jane hatte zu ihrem Entsetzen begriffen, daß er offenbar schon seit Jahren ziemlich regelmäßig mit seiner Freundin geschlafen hatte. Damit brach auch Janes verzweifelte Hoffnung zusammen, Nicholas könnte sich vielleicht in einem Zustand völliger sexueller Frustration auf sie stürzen und bei dieser Gelegenheit merken, daß er sie liebte. Aber sie brauchte offenbar nicht zu befürchten, daß er sie plötzlich irgendwo zu Boden schleuderte und ihr die Kleider vom Leib riß. Das hatte er gar nicht nötig.

Dennoch hatte sie vor, diesen letzten Abend irgendwie erinnerungswert zu gestalten. Nicholas schien sich allerdings gegen ihre kleine Inszenierung zu wehren. Als sie anfangen wollte, über die Stücke zu reden, in denen sie zusammen gespielt hatten, unterbrach er sie mit der Bitte, ihm statt dessen die Stichworte seines Rollentextes zu geben. Das Stück war ein Kriegsdrama, in dem es keine Frauenrolle gab. Schauplatz der Handlung war die Wüstenfestung Tobruk, in der drei britische Soldaten auf Rommels entscheidenden Angriff und den eigenen Tod warteten.

»... und was ist der Sinn?« las Jane. »Besteht der Sinn darin, daß es keinen Sinn gibt?«

»Der Sinn besteht darin«, sagte Nicholas mit sehr überzeugendem englischen Tonfall, »daß wir geboren wurden und sterben werden, und zwischen diesen beiden Punkten ... Was zwischen diesen beiden Punkten liegt, ist der Sinn, Alfred.«

»Sehr gut«, sagte Jane.

»Aber du findest das Stück nach wie vor blöde?«

»Es ist eine halbgare Mischung aus Samuel Beckett und diesen dummen, heroischen Filmen der vierziger Jahre mit ihrem britischen Hurrapatriotismus. Prätentiös und sentimental und im Gehalt so irgendwo bei drei minus.«

»Nun, ja. Vielen Dank jedenfalls für deine Hilfe. Ich wollte den Text doch noch einmal durchgehen, damit ich morgen nicht steckenbleibe. Darf ich dich nach Hause bringen?«

»Wollen wir nicht noch irgendwo einen Kaffee trinken?«

»Ist es schlimm, wenn wir darauf verzichten? Ich muß mein Referat für das Roosevelt-Seminar noch einmal abschreiben. Wir sehen uns ja morgen bei der Party nach der Aufführung.«

Eigentlich hatte Jane vorgehabt, noch irgend etwas zu sagen, zum Beispiel: Nick, heute sind wir zum letzten Mal allein zusammen, und ich möchte dir gern sagen, wieviel mir unsere Freundschaft bedeutet hat. Wenn er darauf positiv reagierte, könnte sie vielleicht noch hinzufügen: Es wäre doch lustig, wenn wir uns mal in New York träfen. Dann würde er bestimmt ganz verblüfft fragen, ob das nicht selbstverständlich sei, und dann würden sie sich verabreden: für ein Rendezvous am Times Square oder am Empire State Building.

Doch statt dessen hielt ihr Nicholas die Tür der kleinen Garderobe auf, in der sie den Text geprobt hatten. Als sie an ihm vorbeiging, roch sie sein teures Rasierwasser. Er trug die Uniform der Söhne aus reichen Familien: kariertes Hemd, Khakihosen und Mokassins, und als sie ihn ansah, fand Jane auch das kühle, nichtssagende Lächeln der Söhne aus reichen Familien in seinem Gesicht. In wenigen Minuten war er endgültig für sie verloren. Tränen stauten sich in ihr auf. Als sie in die warme

Nacht hinaustraten, hielt er größeren Abstand als sonst zu ihr. Seine Hände waren tief in den Taschen vergraben. Daß er sie überhaupt nach Hause brachte, war wohl nur seiner guten Erziehung zu danken.

»Hast du Lampenfieber wegen morgen?« fragte sie, als sie schon fast vor ihrem Studentenheim standen.

»Ein bißchen.«

»Es wird schon alles klappen«, sagte sie. Es war kurz vor Beginn der Sperrstunde, und in der Nähe des Eingangs stand ein Liebespaar und knutschte. Jane wandte hastig den Blick ab.

»Bis morgen dann«, sagte Nicholas.

Sie drehte sich zu ihm um und bemerkte, daß er ebenfalls das Liebespaar anstarrte. Der Junge hielt mit der einen Hand den Kopf des Mädchens und massierte mit der anderen ihre Lendenwirbel und ihr Gesäß. »Nick«, sagte Jane, und er fuhr herum, als ob er verblüfft wäre, daß sie noch da war.

»Heute ist der letzte Abend, an dem wir allein sind, und ich wollte dir nur sagen, wie –«

»Ist schon gut, Jane«, sagte er. »Ich sehe dich morgen.« Noch ehe sie fortfahren konnte, lief er davon. Jane sah ihn immer schneller die Straße zurücklaufen, bis er beinahe rannte.

Nicholas rannte fast drei Blocks weit, bevor er sich keuchend an einen geparkten Wagen lehnte. Er wußte nicht mehr, warum er gerannt war, und wußte auch nicht, wohin er eigentlich wollte. Eine Sekunde lang glaubte er, er habe in sein Zimmer zurücklaufen wollen, um mit Diana zu telefonieren, aber dieser Gedanke verschwand sofort wieder.

Die Nacht war angenehm warm, aber Nicholas fröstelte plötzlich. Er kreuzte die Arme und schob die Hände unter die Achseln. Er spürte kalten Schweiß auf der Haut. Ein paar Studenten kamen die Straße herauf und lachten, als sie ihn sahen. Offenbar hielten sie ihn für betrunken.

Panik bemächtigte sich seiner, und vor Hilflosigkeit und Verzweiflung klapperte er laut mit den Zähnen und vermochte keinen klaren Gedanken zu fassen. Dann plötzlich stand die Erinnerung an Jane vor seinen Augen. Jetzt erst hörte er, was sie gesagt hatte: »Heute ist der letzte Abend ...« Der letzte Abend, dachte er. Der letzte Abend. Plötzlich löste sich seine Erstarrung. Er stand einen Augenblick still und holte tief Luft. Dann rannte er zurück, so schnell er nur konnte.

Als sie in die Halle hinunterkam, sah Nicholas sofort, daß sie gerade geweint hatte. Ihre Wimpern waren feucht und verklebt.
»Jane«, sagte er.
»In fünf Minuten ist Sperrstunde«, sagte sie. Ihre Stimme klang normal, aber sie sprach so leise, daß er Mühe hatte, sie zu verstehen.
»Komm, wir gehen nach draußen.«
»Aber es ist schon so spät, Nick.« Ihre tiefblauen Augen hatten einen winzigen schwarzen Rand rings um die Iris, den er noch nie bemerkt hatte.
»Wir sehen uns morgen«, sagte sie. »Okay? Außerdem muß ich noch hundertfünfzig Seiten –«
»Willst du mich heiraten?«
»Das ist ein ziemlich blöder Witz, Nick.«
»Ich meine es ernst, Jane.«
»Hör auf damit!«
»Ich meine es wirklich ernst, Jane.«
»Du treibst ein sehr grausames Spiel, Nick. Du weißt doch, daß ich dich gern habe...« Sie blinzelte, konnte aber nicht verhindern, daß ihr die Tränen aus den Augen hervorstürzten. Ihre Stimme wurde noch leiser und weicher. »Ich verstehe nicht, warum du mich so grausam verspottest.«
»Jane –«
»Ich dachte, wir wären Freunde, Nick.« Er griff nach ihrer Schulter und zog sie zu sich heran. Sie ließ es geschehen, auch wenn sie flüsterte: »Ich habe Angst. Es ist alles so schrecklich.«
»Nein, es ist schön«, sagte er und küßte erst ihr Ohrläppchen und dann ihren Mund. Er hatte noch nie ein so großgewachsenes Mädchen in seinen Armen gehalten, und das Vergnügen, Mund an Mund, Brust an Brust, Schenkel an Schenkel mit ihr zu stehen, empfand er als ungeheuer lustvoll. Er schob ihr seine Hand unters Haar, bis er ihren Nacken in seiner Hand spürte, aber sie war nicht ruhig geworden. Sie zitterte, und ihr ganzer Körper befand sich in Aufruhr. Nicholas senkte die Arme.

»Jane«, hauchte er, »denkst du, ich würde ...« Er zögerte, suchte nach den richtigen Worten. »Denkst du, ich würde so mit dir sprechen, wenn ich dich nicht liebte? Sieh mich an.« Sie schüttelte den Kopf. »Hör mal. Als ich vorhin nach Hause ging, fiel mir plötzlich ein, wie schrecklich es wäre, dich nie wieder zu sehen.« Ein heftiges Schluchzen schüttelte Jane, und sie schlug die Hand vor den Mund, um die Kontrolle über sich zurückzugewinnen. »Und da wurde mir klar – Jane, verdammt noch mal, hilf mir doch, Jane!«

Sie nahm die Hand weg, aber die Tränen liefen ihr immer noch über das Gesicht. »Wenn du dir einen Spaß mit mir erlaubst, Nick, dann bring ich dich um.«

»Nein, Jane, heirate mich!«

»Und was ist, wenn ich nicht will?« Sie war völlig überdreht, und ihr war schwindlig. »Was ist, wenn ich dich nicht liebe? Daran hast du wohl überhaupt nicht gedacht, wie? Es ist dir gar nicht in den Sinn gekommen, daß ich –«

»Ich weiß, daß du mich auch liebst.« Und in diesem Augenblick wußte er, daß es stimmte. Er packte ihre Handgelenke und zog sie wieder zu sich heran. Sie küßten sich innig.

»Hast du es schon lange gewußt?« fragte sie schließlich.

»Nein. Ist es schon lange?«

»Ja.«

»Seit wann?«

»Von Anfang an.«

»Warum hast du denn nie etwas gesagt, Jane?« Sie gab keine Antwort. »Und was wirst du nun tun?« Sie hob ihre Hand so vorsichtig, als ob sie Angst hätte, daß er sie wegschlagen würde, dann berührte sie zum ersten Mal sein Gesicht.

»Wirst du mich heiraten, Jane?«

»Ich werde dich heiraten, Nick.«

»Ach, Jane.«

Noch ehe er sie erneut küssen konnte, fügte sie rasch hinzu: »Du bist verrückt, Nick. Du machst einen riesigen Fehler.«

»Nein, Jane.«

»Nick, das Semester geht seinem Ende entgegen. Bald werden wir alle das College verlassen. Da ist es kein Wunder, wenn man ein bißchen sentimental wird. Aber ich werde dich nicht darauf festnageln, Nick. Vielleicht möchtest du es dir lieber noch mal überlegen.«

»Nein, das brauche ich nicht.«

»Ich würde es sehr gut verstehen.«

»Jane«, sagte er und küßte sie zärtlich.

»Was?«

»Es ist kein Witz, Jane. Es ist alles ganz ernst. Wir bleiben für immer zusammen. Okay? Jetzt sag du es auch.«

»Was?«

»Was ich zu dir gesagt habe. Los!«

»Ach, Nick«, sagte sie. »Du wirst nie erfahren, wie sehr ich dich liebe.«

12

> ... ein sehr gegensätzliches Paar. Der gutaussehende Nicholas, der seine Wohlerzogenheit niemals abgelegt hat, ist so schweigsam und rätselhaft wie ein buddhistischer Mönch, während die dunkelhaarige, exotische Jane so offen und direkt wie Apfelkuchen ist ...
>
> Los Angeles Times

»Hör mal, ich verstehe ja –«, sagte James, mußte sich aber unterbrechen, um eine schwere Reisetasche in den Kofferraum seines Wagens zu hieven. Sie standen vor dem Verbindungshaus, in dem Nicholas in den letzten vier Jahren gewohnt hatte.

»Was verstehst du?« fragte Nicholas und wuchtete einen Koffer ins Auto.

»Nick, ich möchte ein vernünftiges Gespräch mit einem vernünftigen jungen Mann führen, der gerade sein College-Examen gemacht hat. Okay?«

»Könntest du bitte damit aufhören, mich zu begönnern?«

»Nick, sie ist ein sehr nettes Mädchen. Das gebe ich ohne weiteres zu. Sie ist ungeheuer auf Draht und viel intelligenter als die andere. Und ich bin auch nicht blind. Sie hat viel Sex-Appeal. Ich kann gut verstehen, daß du mit ihr ins Bett gehen möchtest –«

»Ich verbitte mir das!«

»– aber das bedeutet nicht, daß du sie deswegen gleich heiraten mußt. Sie ist doch ganz wild nach dir. Sie würde alles tun, was du willst. Deshalb brauchst du ihr keinen Ring an den Finger zu stecken.«

Nicholas nahm seinen Plattenspieler und knallte ihn rücksichtslos zwischen die Koffer. »Ich will dir mal etwas sagen: Ich liebe dieses Mädchen, und ich werde sie heiraten. Verstehst du das?«

»Du kannst sie doch später heiraten, falls du sie dann immer noch liebst.«

»Nein.«

»Du bist noch so jung und weißt ja gar nicht, worauf du dich einläßt.«

»Eben hast du gesagt, ich wäre ein vernünftiger junger Mann, der gerade sein Examen gemacht hat.«

James stieß ungeduldig die Luft aus. »Hör auf, dich wie ein Kind zu benehmen! Man heiratet nicht die erstbeste Möse!«

»Ich warne dich, Vater. Paß auf, was du sagst, ja?«

James senkte den Kopf. »Okay. Tut mir leid. Ich bin nur so wütend. Erst läßt du dein Jurastudium sausen, dann kommst du plötzlich mit einer Braut an, deren Eltern nicht mal einen Nachttopf zum Reinpissen haben!«

»Wie groß waren eigentlich bei deinen Eltern die Töpfe?«

»Wie bitte?«

»Wer warst du eigentlich, als du Mutter geheiratet hast? Du hast ein öffentliches Stipendium gehabt. Du hast mir zwar über deine Eltern nicht viel gesagt, aber nach allem, was ich gehört habe, waren sie nicht gerade die Crème von Rhode Island.«

»Meine Mutter war –«

»Deine Mutter war eine Alkoholikerin, hast du gesagt, die dich völlig vernachlässigt hat. Und dein Vater war ein Winkeladvokat in einer miesen Kleinstadt... Tut mir leid, Vater, ich will ja nicht mit dir streiten.«

»Ich auch nicht«, sagte James. Sein Blick blieb weiter gesenkt, sein Zeigefinger glitt über den Rahmen der Hecktür, als ob er dort etwas wegwischen wolle. »Du bist noch so jung, Nicholas. Du wirst dich ändern. In ein paar Jahren wirst du begreifen, daß du von einer Frau viel mehr verlangen mußt als heute: Du brauchst ein Mädchen aus guter Familie ...«

»Daddy, glaubst du nicht, daß dein Schwiegervater und deine Schwiegermutter dasselbe zu meiner Mutter gesagt haben?«

»Das war etwas anderes.«

»Ach ja?«

James' Gesicht begann sich zu röten, aber er beherrschte sich und sagte nur: »Nicholas, du kannst doch was Besseres kriegen.«

»Darauf kann ich verzichten.«

»Junge, sei nicht so stur! Wer ist denn schon dieses Mädchen?«

»Dieses Mädchen ist für mich die Frau fürs Leben.«

Das Gästezimmer auf der Tuttle-Farm in Connecticut war das schönste Zimmer, in dem Jane je geschlafen hatte. Das Himmelbett und die Eichendielen, der bunte Flickenteppich und der Backsteinkamin strömten soviel Wärme und Gemütlichkeit aus, daß Jane sich dreimal wieder umdrehte, um weiterzuschlafen. Draußen vor dem Sprossenfenster wölbte sich ein strahlender Morgenhimmel. Sie zog die Beine an und kuschelte sich tief in die Kissen.

Sie war so zufrieden und träge, daß sie kaum den Kopf heben mochte, als sich die Tür öffnete. Aber als sie sah, daß es Nicholas war, verbarg sie ihre Freude darüber hinter einem herzhaften Gähnen. »Ach, du bist es, Nick. Ich dachte, es wären Abigail oder Olivia.« Sie zog die Bettdecke bis zum Hals hoch. »Eigentlich dürftest du nicht in mein Schlafzimmer kommen, findest du nicht?«

»Die anderen schlafen noch alle.« Nicholas war barfuß. Er trug ein paar alte Khakihosen und ein T-Shirt, das er sich von einem seiner jüngeren Brüder geliehen haben mußte, denn es sah ziemlich eng aus. Er setzte sich auf die Bettkante. Jane schlug ihre Arme um ihn und sog den leichten Duft nach Rasierwasser, Seife und Zahnpasta ein, den er verströmte. Sie küßte ihn aufs Ohr und massierte seine Schultern.

Ihre eigene Kühnheit erstaunte sie immer wieder. Sie hätte nie gedacht, daß sie es einmal wagen könnte, Nicholas so zu berühren, wie sie sich das immer gewünscht hatte. Und sie konnte es noch immer nicht fassen, daß sie jetzt wirklich verlobt war. Vor dem Examen hatte sie immer wieder geträumt, daß Nicholas und Diana sie lachend fragten, ob sie wirklich so dumm sei zu glauben, ein Cobleigh wolle sie heiraten.

»Hast du gut geschlafen, mein Schatz?« fragte Nicholas.

»Sehr gut.« Sie ging ein bißchen auf Abstand, um ihn besser in Augenschein nehmen zu können. »Komm mir lieber nicht zu nahe, ich hatte noch keine Zeit, mir die Zähne zu putzen. Ich habe gut geschlafen, aber ich war auch sehr müde. Ich habe bis zwei Uhr morgens mit deinen Schwestern zusammengesessen. Olivia scheint sehr gern zu reden.«

»Sie plappert wie ein Wasserfall. Man braucht einen Klempner, um sie zu stoppen.«

»Abby hat gesagt, ich sähe aus wie eine indische Prinzessin.«
»Sicher hat sie eine indianische Häuptlingstochter gemeint.«
»Wie auch immer. Jedenfalls findet sie, ich wäre super. Das scheint das Modewort ihrer Schule zu sein. Ich bin super, und mein Haar ist sogar echt super. Und ...«
»Und was?«
»Und Diana ist längst nicht so super wie ich. Sagt deine Schwester.«
»Abby?«
»Ja. Und außerdem hat sie gesagt, ihr Zwillingsbruder ...«
»Mike.«
»Mike hat auch gesagt, ich wäre echt super. Damit bleiben nur noch Ed und Tom übrig. Olivia hat zwar nicht gesagt, ich sei super, aber sie hat auch nicht widersprochen. Ich hoffe also, sie findet mich einigermaßen erträglich.«
»Tja«, sagte Nicholas und zog seine Beine aufs Bett. »Tom findet, du wärest ganz großartig. Und Ed befindet sich in jenem Stadium der Pubertät, wo ihm alles gefällt, was einen dicken Busen hat ...«
»Dann müssen wir also bloß noch deine Eltern davon überzeugen, daß ich super oder wenigstens halbwegs okay bin.«
»Hör auf, Jane. Sie mögen dich doch.«
»Oh, nein. Sie sind höflich, aber nicht mehr.«
»Das hat mit dir nichts zu tun, Jane.«
»Natürlich hat das was mit mir zu tun.«
»Nein. Sie finden nur, ich wäre zu jung.«
»Das bist du ja auch. Warum schieben wir die ganze Sache nicht ein paar Jahre auf? Ruf mich doch an, wenn du dreißig bist, ja?«
Nicholas drehte sich zu ihr um, packte blitzschnell ihre Handgelenke und stieß sie in die Kissen. »Nimm das zurück!«
Jane versuchte nicht, sich aus seinem Griff zu befreien. »Unterdrückst du mit diesen brutalen Methoden auch deine Geschwister?« fragte sie unschuldig.
»Ja. Nimm das zurück!«
»Was krieg ich dafür?« fragte sie.
»Mich. Was denn sonst?«
»Na, wenn das so ist ... Dann nehm ich alles zurück.«

Nicholas ließ ihr Handgelenk los, und sie umarmte ihn wieder. »Warte nur«, sagte er.

»Worauf?« fragte sie lächelnd.

»Bis ich deinen Eltern vorgestellt werde.«

Jane erstarrte. »Mußt du mich daran erinnern?«

»Nun ja, in zwei Tagen fahren wir schließlich hin.«

»Nick, können wir uns das nicht ersparen? Es hat doch gar keinen Sinn.«

»Es muß sein. Den Sommer über arbeiten wir, und du hast selbst gesagt, daß sie zur Hochzeit womöglich nicht kommen werden.«

»Rhodes kommt bestimmt.«

»Aber deine Eltern nicht. Du hast selbst gesagt, daß sie sich wahrscheinlich irgendeine Ausrede ausdenken werden.«

»Genügt dir das nicht, Nick? Besagt das nicht schon alles?«

»Ja, aber das entbindet mich nicht von der Pflicht, meine Schwiegereltern kennenzulernen.«

»Meinen Vater und meine Stiefmutter.«

»Richard und Dorothy. Wen auch immer. Das gehört sich einfach so.«

»Sie wohnen in einem winzigen, schäbigen Haus. Du wirst dich keine Sekunde lang wohl fühlen. Dauernd wirst du das Gefühl haben, du müßtest ersticken. Ich bin zwar seit drei Jahren nicht mehr zu Hause gewesen, aber ich könnte schwören, daß sie den zerrissenen Badezimmervorhang bis heute noch nicht ersetzt haben.«

»Warte erst einmal ab, wie das möblierte Zimmer aussieht, in dem wir hausen werden! Als ich gestern abend noch einmal draußen war, um zu sehen, ob sich die Waschbären über die Mülltonnen hermachen, bin ich meinem Vater begegnet. Er hat mir klipp und klar erklärt, wir würden von ihm keinen lausigen Cent erhalten. Das waren übrigens seine ersten Worte, die er seit unserer Ankunft überhaupt an mich gerichtet hat.«

»War deine Mutter dabei?«

»Nein. Sie hat längst geschlafen. Aber ich glaube nicht, daß sie ihm widersprochen hätte.« Nicholas rieb sich die Schulter. »Wie findest du sie überhaupt?«

»Nicht übel.«

»Sag mir die Wahrheit.«

»Ja, ich weiß nicht so recht, aber irgendwie spürt man schon, daß etwas nicht stimmt.«

»Und das wäre?«

»Sie spielt die Rolle einer aristokratischen Lady. Ihre Haltung und ihr Akzent sind vollkommen, aber man hat den Eindruck, sie hat den Text erst vor zwei Minuten bekommen. Sie wirkt einfach nicht überzeugend.«

»Du hättest sie in guten Zeiten kennenlernen sollen. Sie war ständig unterwegs, aber sie war so voller Eifer und Energie. Selbst wenn ich sie nur fünf Minuten gesehen habe, war es ... Na ja, du weißt schon. Eine Mutter ist eben sehr wichtig.«

»Ja, Nick.«

»Aber jetzt nützt uns das alles nichts. Wir werden arm wie Kirchenmäuse sein.«

»Na wenn schon!«

»Darf ich ein bißchen zu dir unter die Decke?«

»Oh, nein. Bitte, hör mir mal zu!«

»Willst du tatsächlich warten, bis wir verheiratet sind?«

»Ja.«

»Und das hältst du aus?«

»Nein. Aber schließlich sind es nur noch drei Monate, und die meiste Zeit sind wir dreihundert Kilometer voneinander entfernt.«

»Ich kann immer noch nicht begreifen, warum es bis Mai gedauert hat, ehe ich gemerkt habe, daß ich dich liebe. Wenn es zwei Monate eher gefunkt hätte, wäre alles ganz anders gewesen. Dann hätten wir dafür sorgen können, daß wir im Sommer beim selben Theater engagiert werden.«

»Und jetzt willst du unsere letzten Tage mit einem Besuch in Cincinnati versauen.«

»Reg dich doch deshalb nicht auf. Du bist jetzt kein Kind mehr. Du bist nicht mehr abhängig von deinen Eltern. Du hast ein Phi-Beta-Kappa-Examen gemacht.«

»Das nützt mir auch nicht viel, sobald du meinen Vater und meine Stiefmutter siehst. Du wirst einen Blick auf sie werfen, und dann sagst du dir: Ach, du meine Güte. Das darf doch nicht wahr sein. Mieses Erbgut, miese Umgebung, miese Erziehung –«

»Hör auf, Jane.«

»– insgesamt eine miese Geschichte. Achte bloß darauf, daß dein Benzintank nicht leer ist, damit du schnell flüchten kannst und nicht zwischendrin anhalten mußt. Du denkst wahrscheinlich, ich mein' das nicht ernst, was?«

»Jane, wir verbringen ja nicht unser ganzes Leben bei ihnen. Wir werden achtundvierzig oder allenfalls zweiundsiebzig Stunden lang dort sein. Und dann sehen wir sie wahrscheinlich fünf Jahre lang nicht mehr, bis irgendein kleiner Cobleigh getauft werden muß. Mach dir keine Sorgen, ich werde Richard und Dorothy schon verkraften.«

»Wart's nur ab. Am Schluß rennst du doch weg, oder du heiratest mich bloß, weil ich dir so leid tue.« Sie versuchte, ironisch zu bleiben, aber ihre Stimme war nahe an der Grenze zur Panik.

Er nahm ihre Hände und legte sie auf seine Brust. Die Innigkeit seiner Berührungen überwältigte sie jedesmal. »Jane, es wird nichts Böses geschehen. Ich bin bei dir.«

»Möchten Sie ein klitzekleines Häppchen zu essen?« Es war so grauenhaft, daß Nicholas am liebsten gelacht hätte. Dorothy hielt ihm ein Gurkensandwich hin, das dick mit Butter beschmiert war. Sie wollte wohl zeigen, daß sie an nichts gespart hatte. Alle horizontalen Flächen im Wohnzimmer waren unter Papier-Spitzendecken verschwunden, und Dorothys Lächeln war so kunsthonigsüß, daß Nicholas am liebsten nach einer Zitrone verlangt hätte.

Er war überrascht gewesen, daß Dorothy so banal war. Er hatte eine richtige Hexe erwartet, mit großem, rotem Mund und langen Fingernägeln wie in »Schneewittchen«, aber Dorothy war bloß gewöhnlich und häßlich. Ihr Haar war so steif, als ob die Lockenwickler noch drin wären, und ihr schwarz-weißes Kostüm war unglaublich spießig. Sie sah allerdings auch nicht schlimmer aus als die Leute, die bei der Fernseh-Hitparade zuschauen dürfen und in die Kamera winken. Nicholas nahm sich das fettige Sandwich und knabberte höflich daran.

»Jane, mein Liebling, wie steht es mit dir?« Jane starrte in ihre Teetasse, als ob sie hineinspringen wollte, und schüttelte heftig den Kopf. Nicholas konnte es ihr nicht verdenken. Dorothy war zwar ungeheuer zuvorkommend, wenn sie mit ihrer Stieftochter sprach, aber es war nicht zu übersehen, daß sie Jane haßte. Sie war nicht in der Lage, ihr direkt in die Augen zu blicken, und wenn sie Jane gegenüberstand, preßte sie die Arme an den Leib, als ob sie einen Angriff abwehren müßte.

Der einzige, den Nicholas nicht ganz auszuloten vermochte, war Richard. Er wirkte verlegen und unsicher. Schon gestern abend schien er nicht recht zu wissen, wie er seine Tochter begrüßen sollte, und wurde schließlich nur dadurch gerettet, daß Rhodes kam, den Jane ohne Zögern umarmte. Richards fürsorgliche Fragen nach dem Wohlbefinden seiner Tochter wirkten gekünstelt, ja fast übertrieben. Gab es einen Grund, warum er Jane unbedingt seine Zeitung aufdrängen wollte? Warum sorgte er sich so, ob es in ihrem Zimmer auch kühl genug war? Seine unbeholfenen Versuche, sich mit ihnen zu unterhalten, wären rührend gewesen, wenn nicht so ein lauernder Unterton in seiner Stimme gelegen hätte. Es konnte kein Zweifel bestehen, daß Richard ein völlig unbedeutender Mann war, dennoch war Nicholas froh, daß er am Morgen ins Büro gegangen war und wohl so bald nicht zurückkehren würde.

Dorothy trat etwas zurück und hielt die Platte mit den Gurkensandwiches ihrem Sohn hin. »Rhodes, du mußt sie einfach probieren. Ich weiß doch, du ißt sie so gerne.« Es war offensichtlich, daß Rhodes einigermaßen überrascht von dieser Mitteilung war, aber als gehorsamer Sohn nahm er gleich zwei von den Häppchen und bedankte sich artig dafür. Dorothy strahlte zufrieden. Nicholas konnte das sehr gut verstehen.

Rhodes war von so klassischer Schönheit, daß es Nicholas peinlich war, ihn zu betrachten. Der junge Mann schien überhaupt nicht in diese graue Umgebung zu passen. Nicholas spürte eine starke Anziehungskraft, die von dieser reinen Stirn, diesen geschwungenen Lippen und diesen tiefblauen Augen ausging. Sein ganzes Leben lang hatten ihm die Leute gesagt, daß ihn sein gutes Aussehen für die Mädchen attraktiv mache und ihm auch sonst in jeder Weise den Weg ebne, aber es entging Nicholas nicht, daß Janes Bruder zu einer ganz anderen Kategorie zählte. Er war es offensichtlich gewöhnt, daß die Leute ihn anstarrten. Ein- oder zweimal hatte er Nicholas dabei erwischt, aber er hatte nur freundlich gelächelt, so als wollte er sagen: Es ist wohl unvermeidlich und keineswegs schlechtes Benehmen, wenn du mich so ansiehst.

Dorothy ging in die Küche, um noch einmal Sahne zu holen. Kaum war sie außer Hörweite, sagte Jane: »Oh, Gott! Ist das nicht furchtbar, dieser Heissenhubersche Five o'clock tea?«

»Sie versucht eben Eindruck zu schinden. Du solltest dankbar sein, Jane. Ohne Mutter würdest du bestimmt eine schlechte Figur bei Nicholas machen.« Rhodes grinste, und Nicholas wurde bewußt, daß Jane das Gift ihrer Stiefmutter wohl nur deshalb jahrelang überlebt hatte, weil ihr Rhodes immer noch rechtzeitig das richtige Gegengift verabreichte. »Stimmt's, Nicholas? Du bist ungeheuer beeindruckt von unserer kultivierten Lebensart, oder? Allein schon diese prächtige Kanne mit der abgeschlagenen Tülle ist doch ein echtes Juwel – ganz zu schweigen von den Ultrafix-Teebeuteln. Ich wette, in der Fifth Avenue geht es nicht vornehmer zu!«

»Ich bin völlig überwältigt«, sagte Nicholas freundlich.

»Man sieht es dir an«, sagte Rhodes. Nicholas gefiel Janes Bruder, obwohl er viel zu gut aussah, um ein richtiger Kumpel zu sein. Seine intelligente, spöttische Art sagte ihm sehr zu. Vor allem aber mochte er Rhodes, weil es so offensichtlich war, daß er Jane wirklich brüderlich liebte, auch wenn er sie ständig neckte und mit spitzen Bemerkungen eindeckte. »Hör mal zu, Schwesterherz, du kannst wirklich keine gastronomischen Spitzenleistungen von Mutter erwarten. Wir stehen schließlich alle noch unter Schock. Es konnte ja kein Mensch erwarten, daß ausgerechnet du so einen prachtvollen Schwiegersohn anbringst. Du solltest dankbar sein, daß Mutter versucht, einen guten Eindruck zu machen. Sonst läuft dir Nick womöglich noch vor dem Abendessen davon.« Rhodes strahlte vor Freude über den Besuch seiner Schwester, aber er schien es auch zu genießen, daß ihm Nicholas zuhörte. Bei allen Frotzeleien achtete er sorgfältig darauf, wie der Mann aus New York darauf reagierte, den er ganz offensichtlich für sehr kultiviert hielt. Leicht belustigt hatte Nicholas beobachtet, daß Rhodes am Morgen sogar sein Hemd wieder aufgeknöpft hatte, als er sah, daß Nicholas ganz zufällig mit drei offenen Knöpfen herumlief.

»Du mußt ihn gehörig unter Alkohol gesetzt haben, Jane«, stichelte Rhodes. »Oder hast du dir ein Baby andrehen lassen, damit er dich heiraten muß?«

»Wenn du seelisch nicht so verkrüppelt wärst, würde ich mich ja ärgern«, gab Jane zurück. »Aber so wie die psychiatrischen Gutachten aussehen, kann man dich nur bemitleiden.«

»Nick«, sagte Rhodes, »ich brauch' dir wohl kaum zu erklären, daß Jane keine standesgemäße Partie für dich ist, aber –«

Dorothy kam zurück, goß Rhodes etwas Milch in den Tee und stellte das Kännchen dann auf den Tisch. Alle schwiegen. Dorothy setzte sich und strich verlegen ihr Kleid glatt. »So gemütlich hatten wir's lange nicht mehr«, sagte sie. »Wie schön, daß Sie und Jane Zeit hatten, uns zu besuchen.« Sie nahm einen Schluck Tee. Nicholas folgte ihrem Beispiel und hatte Mühe, nicht das Gesicht zu verziehen: Der Tee war lauwarm. »Ist es nicht erstaunlich, daß Sie eine Cousine in Cincinnati haben?« fuhr Dorothy fort. Nicholas nickte freundlich, und Dorothy wandte sich voller Eifer an Rhodes: »Weißt du, ich habe den Namen Clarissa Gray schon oft in den Gesellschaftsspalten des ›Enquirer‹ gelesen. Die Grays gehören zu den besten Familien von Cincinnati. Sie sind mit den Harts eng befreundet.«

Clarissa Tuttle Robinson war New Yorks meisterwähnte Debütantin des Jahres 1939 gewesen. Ein Jahr später hatte sie einen der reichsten und flottesten Junggesellen östlich des Mississippi geheiratet: Philip Gray. Ihre Mutter war Samuel Tuttles Schwester, aber sie sah ihrer Cousine Winifred nicht im mindesten ähnlich. Sie war ein geschliffener Brillant von erschreckender Härte. Unter ihren vorstehenden Backenknochen lagen tiefe Höhlen, und ihre dunklen Augen, ihr kräftiges Make-up und ihre schweren schwarzen Lidstriche ließen sie fast wie Kleopatra aussehen, ein Eindruck, der durch energische Rougetöne auf ihren Wangen und die mit dunkelrotem Konturstift scharf herausgehobenen Lippen noch verstärkt wurde. Ihr kurzes braunes Haar war von silbernen und goldenen Strähnen durchzogen, die es sehr mondän aussehen ließen.

»Du mußt mir alles erzählen«, sagte sie gerade zu Nicholas. »Was macht die Familie?« Sie saß auf einem weißen Gartenstuhl, hinter ihr glitzerte das Wasser eines Swimmingpools, und dahinter erstreckte sich eine riesige Rasenfläche, die von schönen alten Eichen und Ahornbäumen begrenzt wurde.

Nicholas und Jane saßen ihr gegenüber auf der Natursteinterrasse. »Ich vermute, von Tante Polly und Onkel Jeremiah hast du gehört«, sagte Nicholas zögernd.

Clarissa nickte. »Daß er sie in seinem Alter noch verlassen hat, ist wirklich erschütternd!« Sie ließ ihren linken Fuß, der in einer winzigen Sandale steckte, nervös kreisen. Ihr erdbeerfarbenes Seidenhemd war etwas zu weit geöffnet und zeigte für Cincinnati viel zuviel braune Haut. »Ich weiß, er ist dein Onkel, aber er ist auch mein Vetter, und ich muß sagen, es hat mich sehr überrascht. Sein Lebtag ist er nie zu den Wahlen gegangen, und jetzt läuft er plötzlich mit diesem Mädchen aus der Kennedy-Mannschaft auf und davon. Was ist das eigentlich für eine Person?«

»Ich glaube, sie ist stellvertretende Empfangsdame oder Sekretärin. Meine Mutter und meine Großmutter haben kein Wort darüber verloren, und es ist auch erst eine Woche vor dem Examen passiert, deshalb hat mir auch sonst niemand etwas Genaues erzählt.«

»Wie geht es denn deiner Mutter?« Clarissa legte ihm die Hand auf den Arm.

»Bereits wieder viel besser«, sagte Nicholas. »Sie kam zur Abschlußfeier nach Providence, und danach sind wir alle auf die Farm nach Connecticut gefahren. Die einzige Methode, um Jane und die Familie zusammenzubringen, bestand darin, sie einfach ins kalte Wasser zu werfen. Sie hat es offenbar überlebt.« Nicholas lächelte.

Daß er mit der berühmten Clarissa Gray, der besten Freundin von Rebecca Hart, verwandt war, erfüllte Jane immer noch mit großem Respekt, und sie hatte seit der Begrüßung noch nicht viel gesagt.

»Sie müssen entschuldigen, Jane, daß ich Ihren Verlobten so mit Beschlag belege«, zwitscherte Clarissa, »aber ich habe Nicky nicht mehr gesehen, seit er – ja, seit er ein kleiner Junge war, nicht? Er war ein süßes Kind. Er hatte sich nur gerade etwas gebrochen. War es der Arm? Und jetzt ist er hier in Cincinnati und sieht besser denn je aus! Und er ist verlobt mit der Tochter von...« Sie zögerte »... von einem der wichtigsten Leute meines Freundes John Hart.«

Besonders wichtig sah Richard Heissenhuber allerdings nicht aus. Er stand mit Dorothy am anderen Ende der Terrasse und hielt sich an einem Drink fest, den ihm das Hausmädchen serviert hatte. Man hätte denken können, die beiden Heissenhubers wollten sich als Chauffeur und Köchin bewerben. Wie Gäste wirkten sie jedenfalls nicht.

Nicholas hatte zunächst gar nicht die Absicht gehabt, die Grays zu besuchen, aber seine Mutter und Maisie hatten darauf bestanden, und Clarissa wiederum hatte es sich nicht nehmen lassen, die Heissenhubers gleich mit einzuladen.

Richard hatte sich eine Zeitlang gesträubt, denn er wollte Mr. Gray nicht gern in die Verlegenheit bringen, einen kleinen Angestellten aus dem Büro von Mr. Hart bewirten zu müssen, aber in einer stillen Stunde hatte ihm Dorothy unmißverständlich bedeutet, daß sie nicht bereit war, auf den Besuch zu verzichten. Eine Einladung von den Grays, das sei wie eine Einladung ins Weiße Haus, hatte sie erklärt.

Sehr glücklich waren die Heissenhubers jetzt allerdings nicht. Dorothy trug ein blaugeblümtes, schlechtsitzendes Kleid, an dem sie ständig herumzupfen mußte; und ihre blauen Schuhe drückten fürchterlich.

Dorothy trank Ginger Ale, Richard hatte sich zu einem Orangensaft mit einem Schuß Wodka entschlossen, und beide schwatzten mit der eifrigen Begeisterung von Leuten, die genau wußten, daß sie eigentlich fehl am Platz waren. Richard versuchte so auszusehen, als ob er sich in seinem sportlichen Tweedsakko wohl fühlte, obwohl er am Hals kratzte.

Das Bewußtsein, nur Jane zuliebe in dieses herrschaftliche Haus eingeladen worden zu sein, schmerzte Dorothy nicht weniger als ihre malträtierten Füße. Dennoch war sie entschlossen, sich ja nichts entgehen zu lassen, und registrierte alles genau: die Art und Weise, wie Clarissa ihren Cousin zur Begrüßung geküßt hatte; die Anordnung der großen Terrakottagefäße mit blühenden Lorbeerbüschen auf der Veranda; die Tatsache, daß die Champagner- und die Likörgläser nicht das gleiche Muster aufwiesen, und die lässige Haltung des Gastgebers, der mit lang ausgestreckten, übereinandergeschlagenen Beinen auf seinem Stuhl saß. Bei Rhodes hatte sie diese Haltung stets korrigiert, aber vielleicht mußte Philip Gray aus medizinischen Gründen so sitzen. Nicholas hatte erzählt, daß ihm in der Schlacht von Anzio eine deutsche Kugel die Hüfte verletzt hatte.

Mit Befriedigung stellte Dorothy fest, daß Rhodes wenigstens heute einmal einigermaßen gerade auf seinem Stuhl saß. Dennoch benahm er sich ihrer Meinung nach viel zu lässig. Er redete viel zuviel, und wenn sie sein schiefes Lächeln nicht täuschte, machte er wieder diese schrecklichen ironischen Bemerkungen, die sie so haßte. Das war sicher der schlechte Einfluß von Jane. Dorothy hörte nicht, was er sagte, aber die Art und Weise, wie er die Hände hinter dem Kopf verschränkt und die Beine gespreizt hatte, war eindeutig viel zu salopp. Mr. Gray war schließlich kein Kumpel von der Country Day School, sondern einer der größten Wirtschaftsführer der Vereinigten Staaten. Er hatte mehr Einfluß als John Hart, und es hieß, daß er schon mindestens dreimal mit Vizepräsident Johnson telefoniert hatte. Dorothy biß sich nervös auf die Lippen. Sie war fest überzeugt, daß Rhodes' ganze Zukunft davon abhängen konnte, was er für einen Eindruck auf Mr. Gray machte.

Philip Gray warf den Kopf zurück und lachte lauthals über das, was Rhodes gerade gesagt hatte. Dann nahm er einen kleinen Schluck von seinem Gin Tonic. Seine Tochter Amanda, die neben ihm auf der Armlehne saß, lachte auch, aber sie war offensichtlich sehr schüchtern und hatte bisher noch nichts zur Konversation beigetragen. Sie hörte nur zu. Rhodes schien sie unglaublich zu faszinieren, doch der ignorierte das Mädchen vollkommen. Er konzentrierte sich ganz auf den Gastgeber.

Wenn er mit seinen dreiundvierzig Jahren nicht schon beinahe kahl gewesen wäre, hätte Philip Gray in jeder Hollywoodkomödie einen Bankier spielen können. Der Haarkranz rings um seinen Kopf war kurzgeschnitten und grau, seine dunklen Augenbrauen wirkten gepflegt und seriös, seine Gesichtszüge waren klar und vollkommen symmetrisch. Das Bemerkenswerteste an ihm aber war seine sonnengebräunte Haut, die sich so straff über Stirn und Kinn spannte, daß man glauben konnte, einen Cäsarenkopf vor sich zu haben.

Philip Gray war sehr schlank, und sein Körper wirkte genauso straff wie sein Gesicht. Obwohl er ebenso wie Nicholas einen blauen Blazer, ein weißes Hemd und eine gestreifte Krawatte trug, wirkte seine Kleidung viel eleganter. Seine Hosen waren nicht khakifarben, sondern schneeweiß. Er trug seine weißen italienischen Schuhe ohne Socken, und so konnte man sehen, daß seine Füße und Knöchel genauso braungebrannt waren wie sein Gesicht. So wie er aussah, hätte er auch auf einer Yacht an der Riviera herumbummeln können, aber er schien auch nach Cincinnati zu passen. Ja, er schien es sogar zu genießen, mit einem Gin Tonic auf seiner Terrasse zu sitzen und einem achtzehnjährigen Knaben seine Aufmerksamkeit zuzuwenden, dessen Vater eine offensichtliche Null und dessen Mutter absolut grauenhaft war.

Auch beim Abendessen stand Rhodes im Mittelpunkt der Aufmerksamkeit. Es schien, als ob der ganze Abend zu Ehren seines Debüts veranstaltet würde. Er trank vier Gläser Wein, denn Mr. Gray bestand darauf, daß immer alle Gläser gefüllt waren. Mit dem letzten Glas in der Hand erhob sich Rhodes, ergriff leicht schwankend die Rückenlehne des Sessels und brachte einen Toast aus: »Auf Nicholas und Jane! Ich hoffe, sie werden wie Lunt und Fontanne!« Dorothy war entsetzt und signalisierte ihm verzweifelt, er solle sich ruhig verhalten, aber zu ihrer Verblüffung schien Clarissa die kleine Anspielung auf das berühmte Schauspielerpaar zu goutieren. Dorothy hörte ganz deutlich, wie die Gastgeberin leise sagte: »Er ist wirklich göttlich, Philip.« Auch Amanda starrte Rhodes wieder voller Bewunderung an, und Dorothy seufzte vor Freude.

Nach dem Essen folgte für die Heissenhubers eine eher frustrierende Phase der Party, denn Clarissa holte eine Schachtel mit Familienfotos heraus und setzte sich mit Amanda, Nicholas und Jane auf den Teppich, um sie zu betrachten. Es fiel Dorothy auf, daß Jane sich so nahtlos in die kleine Gruppe einfügte, als wäre sie bereits eine Cobleigh. Philip Gray schienen die Fotos mehrerer Tuttle-Generationen eher zu langweilen. Er fragte Rhodes, ob er nicht Lust auf eine Partie Billard hätte.

Richard und Dorothy saßen unterdessen steif und stumm auf einer mit goldenem Samt bezogenen Couch. Richard verspeiste sämtliche Pfefferminzplätzchen, die in einem silbernen Schälchen auf dem chinesischen Lacktisch vor ihnen standen, und Dorothy befingerte den Stoff der französischen Seidenbrokatkissen.

Erst als Clarissa zu Jane und Nicholas sagte: »Den Flur hinunter, rechts um die Ecke, die erste Tür rechts«, wurde Dorothy klar, daß sie mindestens eine Stunde verdöst hatte und daß es allmählich Zeit war, nach Hause zu gehen. Eilig folgte sie Nicholas und Jane und erreichte die Tür des Billardzimmers im selben Moment, als sie Nicholas aufmachte. So wurde auch Dorothy Zeugin der Szene, die sich dort abspielte.

Drei helle Lampen beleuchteten den Billardtisch, der Rest des Raumes war dunkel. Ein Queue und die drei Billardkugeln lagen auf der hellerleuchteten Fläche, Rhodes Jacke hing über einem Stuhl, zwei leere Kognakschwenker standen auf einem Tablett. Ein weiteres Queue, ein umgestürzter Aschenbecher und zahlreiche Zigarettenkippen waren auf dem Teppich verstreut. Die Luft war von Zigarettenrauch und Kognakduft geschwängert, obwohl am anderen Ende des Raumes eine Tür offenstand.

Rhodes und Philip Gray standen sich im Dunkel vor der Terrassentür gegenüber. Mr. Gray schien mit Rhodes zu sprechen, aber sie waren so dicht beieinander, daß man unmöglich sagen konnte, von wem das gedämpfte Flüstern kam, das durch den Raum drang. Auch ihre Körper waren einander sehr nahe, fast wie bei einem tanzenden Paar. Die rechte Hand des Millionärs lag auf der Wange des jungen Mannes.

»Hallo!« rief Dorothy munter. »Habt ihr euch gut amüsiert?«

Rhodes zuckte zusammen. Philip Gray ließ seine Hand fallen, drehte sich zur Tür um und nickte. Dann kam er ins Zimmer zurück. Er ging sehr langsam, aber es war nicht zu übersehen, daß er leicht hinkte. »Hallo!« sagte er. »Rhodes hat sich mit dem Billardstock am Auge gestoßen. Aber soviel ich sehen konnte, ist es nichts Ernstes.«

Dorothy nickte. »Gut!« sagte sie. »Ist er ein brauchbarer Partner?«

»Er spielt nicht schlecht«, sagte Mr. Gray, ohne zu lächeln. »Dafür, daß es das erste Mal war.«

Rhodes stand immer noch auf der Terrasse. »Komm herein«, rief Mr. Gray. Rhodes setzte sich in Bewegung, als habe er auf diesen Befehl nur gewartet. »Nun, was macht das Auge?« fragte der Millionär. »Ist es jetzt besser?«

»Ja, vielen Dank.«

»Gut.«

Jane starrte ihren Bruder ungläubig an. Seine Augen waren vollkommen klar, wenn auch unnatürlich geweitet. Sein Blick hing am Gesicht Philip Grays. Er schien seine Krawatte gelockert zu haben, und sein Hemd war geöffnet. Seine Brust und sein Nacken waren von einem leichten Schweißfilm bedeckt. Jane suchte im Gesicht des älteren Mannes nach Zeichen der Anstrengung, aber dessen Züge waren so undurchdringlich wie eine Maske aus Bronze. Rhodes schien von innen zu leuchten, er war schöner denn je. Jane öffnete in plötzlicher Erkenntnis den Mund und warf Nicholas einen erschrockenen Blick zu. Mit einem energischen Händedruck brachte Nicholas sie zum Schweigen.

»Wir wollten uns gerade verabschieden«, sagte Dorothy laut. »Vielen Dank für den reizenden Abend.«

»Es ist mir ein Vergnügen gewesen.« Mr. Gray ging zu dem Stuhl in der Ecke und brachte Rhodes seine Jacke. »Hier ist deine Jacke, Rhodes«, sagte er.

»Sag schön auf Wiedersehen zu Mr. Gray«, sagte Dorothy.

»Auf Wiedersehen, Mr. Gray«, sagte Rhodes. »Vielen Dank für diesen Abend.« Seine Augen leuchteten stärker denn je.

Nicholas sprang die Treppe herunter. Er trug weiße Tennissachen, und Jane hatte wieder einmal den Eindruck, daß er überhaupt nicht in dieses Haus paßte. Er gehörte auf einen sonnenüberfluteten Tennisplatz in Forest Hills und nicht in die schäbige Atmosphäre von Edgemont. »Hallo«, sagte er und küßte sie auf den Scheitel. Ein starkes Glücksgefühl durchflutete sie. Sie wollte sich für alles entschuldigen, für den abgetretenen Teppich, für die häßliche Lampe aus buntem Glas und die billigen Stores. Statt dessen sagte Nicholas: »Es tut mir leid, Jane. Ich hätte mich vielleicht gar nicht einmischen sollen. Aber es könnte doch sein, daß du dich irrst, oder?«

»Nick, du warst doch selbst dabei. Er hat gesagt, Mr. Gray hätte ihn zum Essen eingeladen, weil er über einen Ferienjob mit ihm reden will. Er will sogar seinen Chauffeur schicken, um Rhodes abzuholen!«

»Es könnte doch sein, daß es stimmt.«

»Hör mal, Nick«, sagte Jane. »Rhodes ist achtzehn Jahre alt. Glaubst du im Ernst, ein Geschäftsmann wie Mr. Gray lädt jeden jungen Mann, der ein paar Wochen bei ihm arbeiten will, gleich zum Essen im Restaurant ein?« Nicholas zuckte die Achseln. »Nick, ich kenne meinen Bruder besser als jeder andere, und ich sage dir, ich habe ihn noch nie so erlebt. Er hat sich vollkommen verändert. Und du hast ja selbst gesehen, was sie auf der Terrasse gemacht haben.«

»Ich weiß nicht. Vielleicht war alles vollkommen harmlos.«

»Glaubst du das denn?«

»Nein«, gab Nicholas zu.

»Und jetzt telefoniert er schon wieder mit ihm. Wie oft muß man eigentlich telefonieren, um eine geschäftliche Besprechung zu arrangieren? Und die Art und Weise, wie er den Hörer mit den Händen zuhält! Nick, ich sage dir, er hat sich auf etwas eingelassen, über dessen Konsequenzen er sich nicht im mindesten klar ist.«

»Leise. Jetzt kommt er.«

Auf der Fahrt zur Tennisanlage war Rhodes zunächst ziemlich schweigsam, und es dauerte eine Weile, bis er zu seiner gewohnten Form auflief.

Jane reagierte nicht auf seine Spötteleien. Vor ihren Augen stand immer noch die Szene des gestrigen Abends. Mr. Gray, Rhodes, sein offenes Hemd und sein leuchtender Blick. Wenn sie nur wüßte, was sie tun sollte.

Nicholas stellte den Wagen auf dem Parkplatz ab, und sie gingen zusammen zum Tennisplatz. Es war ein warmer, trockener Tag. Eine leichte Brise trieb ein paar weiße Wolken über den Himmel.

»Wir spielen ein kanadisches Doppel«, schlug Nicholas vor. »Du und Rhodes gegen mich.«

Jane schüttelte den Kopf. »Spielt ihr nur ein Einzel. Ich schaue euch gern zu.«

»Ganz schön schlau von dir«, sagte Rhodes, den bereits beim Einschlagen die Spielstärke seines Partners beeindruckte.

Die anschließenden zwei Sätze gewann Nicholas glatt und ohne große Mühe.

»Nick ist schließlich unser Gast«, sagte Rhodes hinterher lässig zu seiner Schwester. »Und da habe ich mir gedacht, ich laß' ihn eben gewinnen.«

Jane ergriff seine Hand. »Rhodes, ich würde gern mit dir reden.«

»Laß mich in Ruhe.« Rhodes drängte sich an ihr vorbei und ging eilig zum Wagen.

Jane rannte hinter ihm her, obwohl Nicholas sie aufzuhalten versuchte. »Rhodes«, rief sie. »Bitte hör mir doch zu.«

Rhodes blieb stehen. »Ich will dich nicht in Verlegenheit bringen«, sagte Jane, »aber ich glaube, du weißt nicht, worauf du dich einläßt. Mr. Gray verlangt vielleicht Dinge von dir, die –«

»Er möchte, daß ich in den Ferien bei ihm arbeite. Er hält mich für einen hoffnungsvollen jungen Mann. Darüber wollen wir heute abend reden. Das ist alles.«

»Und warum hat er dich dann gestern abend und heute morgen noch mal angerufen? Ihr habt über eine Stunde lang telefoniert. Bitte, Rhodes, ich weiß, daß du dich für clever und souverän hältst, aber –«

»Da gibt es wirklich nichts zu diskutieren, Jane.«

»Ach, Rhodes.« Sie streichelte ihm über die Wange, aber Rhodes blickte an ihr vorbei. »Rhodes, verstehst du denn nicht, was für ein Mensch Mr. Gray ist?«

»Das weiß ich sehr wohl.«

»Nein, Rhodes. Das glaube ich nicht.«

Seine Haut war unnatürlich blaß, und zum ersten Mal sah Jane die feinen blauen Schatten unter seinen Augen. Ganz leicht fuhr sie mit den Fingern darüber hin, und jetzt endlich sah er sie an. »Jane«, sagte er leise, »wenn du glaubst, ich wüßte nicht, was *er* für ein Mensch ist, dann hast du keine Ahnung, was *ich* für ein Mensch bin.«

»Du bist widerlich, Jane. Aber von dir war dergleichen ja zu erwarten.«

»Du bist doch selbst dabeigewesen.«

»Du hast gehört, was Mr. Gray gesagt hat. Rhodes hat sich den Billardstock ins Auge gestoßen.« Dorothy stand am Küchentisch und raspelte Gemüse für einen Rohkostsalat. »Ich habe keinen Grund, an seinen Worten zu zweifeln.« Bei diesen Worten hob sie eine halbe Karotte und streckte sie ihrer Stieftochter anklagend entgegen. »Untersteh dich, meinen Sohn zu verleumden! Mit solchen Sachen hat Rhodes nichts zu tun!«

»Aber du hast es doch selbst gesehen. Er hat ihn doch praktisch umarmt –«

»Halt den Mund!«

»Begreifst du denn nicht? Rhodes ist dein Sohn. Er ist achtzehn Jahre alt, und du läßt ihn zu diesem Mann gehen ... Er schickt sogar seinen Chauffeur! Du hast doch gesehen –«

»Ich habe gar nichts gesehen!«

»Du hast gesehen, was er für ein Gesicht gemacht hat. Er wird da in etwas verwickelt, das sein ganzes Leben verändert. Er ruiniert sich womöglich. Ist dir nicht klar, daß er verloren ist, wenn du ihn zu Mr. Gray schickst? Wenn er zu diesem Chauffeur ins Auto steigt, ist vielleicht alles zu spät!«

»All die Jahre hindurch habe ich mit dir Nachsicht gehabt. Ich habe dich für eine arme, verwirrte Halbwaise gehalten, die einfach zu verkorkst war, um sich anständig benehmen zu können. Sogar deine dauernde Eifersucht habe ich dir verziehen. Aber jetzt ist Schluß, Jane. Ich werde nicht zulassen, daß du hierherkommst und mit deinen schmutzigen Verdächtigungen das Leben meines Sohnes kaputtzumachen versuchst.«

»Bitte, sag ihm, er soll nicht zu Mr. Gray fahren.«

»Mr. Gray hat die Absicht, im ›Maisonette‹ mit ihm essen zu gehen. Das ist zufällig das beste und teuerste Restaurant in der Stadt.«

»Und warum führt er junge Männer ins ›Maisonette‹ aus? Weißt du denn nicht, was er wirklich mit Rhodes vorhat? Weißt du nicht, was er will?«

Dorothy sah aus, als wollte sie die Karotte nach Jane werfen. »Er wird ihm eine anständige Ausbildung und eine leitende Stellung in seiner Firma verschaffen!« kreischte sie. »Rhodes steht am Anfang einer großen Karriere. Vielleicht wird er sogar Mr.

Grays Schwiegersohn. Ich habe gesehen, wie seine Tochter ihn angehimmelt hat.«

»Das glaubst du doch selbst nicht! Du hast doch gesehen, wie ihn Mr. Gray angefaßt hat. Der Mann ist homosexuell. Er will Rhodes. Aber nicht für sein Geschäft und erst recht nicht für seine Tochter, sondern ganz allein für sich selbst.«

Dorothy trat einen Schritt vor und schlug ihrer Stieftochter mit aller Kraft ins Gesicht. »Du wirst die Zukunft meines Sohnes nicht ruinieren, du eifersüchtige Hexe! Du verdammte, häßliche Hure! Denkst du, ich weiß nicht, was du mit deinem Vater gemacht hast, als du noch hier warst?«

»Ich habe überhaupt nichts gemacht.«

»So? Denkst du, ich wüßte nicht, daß du ihn nachts zu dir ins Zimmer gelockt hast? Richard hat es nicht besser gewußt. Er ist ein armer, schwacher Mann. Aber du hast genau gewußt, was du wolltest! Du bist so schamlos und schmutzig! Aber du hast dich getäuscht, meine Liebe! Du hast mich unterschätzt, du Flittchen! Denkst du, ich hätte nicht gehört, wie er sich Nacht für Nacht aus der Tür schlich und über den Flur ging? Denkst du, ich hätte vergessen, was du mit Rhodes versucht hast? Wie du in deinen knappen Höschen und deinem unverschämt engen BH in deinem Zimmer herumstolziert bist und darauf gewartet hast, daß er hereinkommt? Wie du nur darauf gewartet hast, daß er dich halbnackt herumlaufen sieht? Ich werde dir etwas sagen, Jane! Du wirst Cincinnati noch heute verlassen, und du wirst dieses Haus nie wieder betreten! Und wenn du auch nur den Versuch machst, dich in unsere Angelegenheiten einzumischen, dann werde ich dem feinen Mr. Cobleigh mal klarmachen, was für eine miese kleine Nutte er heiraten will.«

In Chillicothe stoppte Nicholas vor einem Drugstore, um Jane neue Papiertaschentücher zu kaufen. Seit der Abfahrt von Cincinnati hatte sie fast ununterbrochen geweint. Auf den nächsten hundertvierzig Meilen umklammerte sie zwar eins der Taschentücher, brauchte es aber nicht mehr zu benutzen. Sie hatte das Wagenfenster heruntergekurbelt und ließ sich vom Fahrtwind die Stirn kühlen. Eine kleine Stadt nach der anderen zog draußen vorbei. Jane sprach kein Wort.

In Clarksburg, West Virginia, nahm Nicholas im »Dew Drop Inn« ein Hotelzimmer. Jane war immer noch nicht wieder ansprechbar, deshalb ließ er sie in dem allzu geschmacklos mit grellbunten Plastikmöbeln ausgestatteten Zimmer zurück, um nach der langen Fahrt ein paar Schritte zu gehen. Ziellos irrte er durch die Straßen.

Als er ins Motel kam, kam es schon Viertel nach zehn. Jane saß immer noch völlig angezogen auf dem Bett. Ihre Augen waren geöffnet, aber sie hob nicht den Kopf, als er eintrat. Nicholas knipste das Licht aus, und die Horrorfarben des Zimmers verschwanden. Nur die blaue Neonreklame des Motels blinkte von draußen herein.

Nicholas zog seine Schuhe aus und legte sich aufs Bett. »Ich habe einen langen Spaziergang gemacht«, sagte er. Als sie keine Antwort gab, fragte er: »Wie geht's dir, Jane?« Sie zuckte die Achseln. »Und du hast gesagt, in Cincinnati wäre es langweilig!«

»Bitte, Nick, mir ist nicht nach Witzen zumute.«

»Es hat doch keinen Sinn, weiter Trübsal zu blasen.«

»Nick, ich habe über alles nachgedacht. Ich wollte dir sagen, ich nehme es dir nicht übel, wenn du mich lieber nicht heiraten willst. Nein, warte! Ich weiß, daß alles nicht so läuft, wie du es dir vorgestellt hast. Du verdienst etwas Besseres. Du verdienst etwas Normales.«

»Jetzt hör mal zu, Jane. Probleme gibt es in jeder Familie.«

»Aber nicht wie bei uns.«

»Jane, meine Mutter ist mehr im Krankenhaus als bei ihrer Familie, mein Vater ist entweder betrunken oder steigt den Krankenschwestern meiner Mutter nach, und meine Brüder und Schwestern wurden genauso wie ich ins Internat abgeschoben, sobald wir einen Koffer packen konnten. Beschwere ich mich darüber? Nein. Warum auch? Jane, ich möchte jetzt, daß du diese trübe Stimmung abschüttelst. Ich mag das nicht. Du kannst deinem Bruder nicht helfen. Finde dich damit ab, dann geht es dir bestimmt wieder besser. Niemand hält deinem Bruder ein Messer an die Kehle, und was er tut, geschieht vollkommen freiwillig.«

»Es geht ja nicht nur um Rhodes. Es geht genauso um meinen Vater, um Dorothy und das alles.«

»Was war denn mit deinem Vater?«

»Nichts. Er wollte mir nicht einmal zuhören. Ich habe noch versucht, mit ihm zu reden, aber er hat sich buchstäblich die Ohren zugehalten.«

»Nun ja. Bloß, was hast du erwartet? Daß er plötzlich energisch und stark wird?«

Jane wandte ihm den Rücken zu. »Nein.«

»Dein Vater wird sich nie ändern. Ich kapiere nicht, warum du dir solche Sorgen um den machst. Aber was hat eigentlich deine Stiefmutter zu dir gesagt? Das interessiert mich viel mehr.«

»Nichts weiter.«

»Bitte, sag es mir, Jane.«

»Daß ich eine schmutzige Phantasie hätte. Und dann –«

»Reg dich nicht auf.«

»Nick, sie ist sogar losgegangen mit Rhodes und hat ihm ein neues Hemd gekauft, damit er hübsch aussieht, wenn Mr. Gray ihn ... Stell dir das vor! Rhodes hört das Wort ›Paris‹, und schon bildet er sich ein, man würde ihn dorthin mitnehmen, ohne daß er irgendwas dafür tun muß. Sie ist so ekelhaft gierig, so unersättlich geld- und machtgierig, daß sie ihren eigenen Sohn verkaufen würde –«

»Jane, du kannst nichts daran ändern. Vielleicht ist er wirklich ein Lamm, das zur Schlachtbank geführt wird –«

»Oh Gott!«

»– aber vielleicht entspricht es auch seinem Wesen!«

»Nein! Sag so etwas nicht. Du kennst ihn doch gar nicht.«

»Na gut. Beruhige dich. Laß uns jetzt schlafen.«

Mitten in der Nacht wachte Jane zitternd auf. Ihr Körper wurde von Krämpfen geschüttelt. Nicholas hielt sie eine halbe Stunde lang im Arm, ehe er, beinahe instinktiv, ihre Bluse aufknöpfte. Er dachte gar nicht an Sex, sondern wollte sie nur ungehindert streicheln, um sie zu trösten. Aber Jane, die bisher immer so spröde gewesen war, reagierte auf seine Zärtlichkeit mit einer aggressiven Wildheit, die Nicholas überraschte.

Sie kniete sich über ihm hin, riß sich die Bluse und den Büstenhalter herunter, packte seine Hände und preßte sie so rücksichtslos auf ihre Brüste, daß er sich kaum zu bewegen vermochte. »Nick, laß uns nicht länger warten. Ich brauche dich,

Nick. Jetzt sofort«, stöhnte sie, öffnete den Verschluß ihres Gürtels und legte ihren Wickelrock ab. Durch den dünnen Stoff ihres Nylonhöschens spürte Nick feuchte Wärme. Er ließ seine Hand unter den Nylonsaum gleiten und schob einen Finger in sie hinein, bis er an den unwiderlegbaren Beweis ihrer Jungfräulichkeit stieß. »Weiter, Nick«, stöhnte sie. Er zog seinen Finger zurück und massierte sie mit der flachen Hand zwischen den Schenkeln. Ihre Schreie wurden so laut, daß er versuchte, ihr den Mund zuzuhalten, aber sie ließ es nicht zu. »Zieh dich aus«, bettelte sie. »Ich will es heute nacht. Jetzt sofort, Nick! Bitte!«

Mehrfach versuchte sie, sein Hemd aufzuknöpfen oder den Reißverschluß seiner Hose zu öffnen, aber er schob ihre Hand immer wieder beiseite, und als sie nicht nachgeben wollte, hielt er sie fest. »Nein«, flüsterte er. »Nicht heute nacht.« Ihre Gesichter lagen dicht beieinander, und er konnte an der Feuchtigkeit auf ihrer Haut spüren, daß sie weinte.

»Bitte, Nick. Ich will nicht länger warten.«

»Du wirst schwanger.«

»Das ist mir egal.«

»Nein. Das geht nicht. Das ist zu riskant«, sagte er, obwohl er sich kaum noch beherrschen konnte. Er ließ ihre Hände los und umarmte sie, preßte sich an sie und bewegte seine Hüften in rhythmischen Stößen. »Jane«, flüsterte er. »Ich halte das nicht aus.« Sekunden später stieß er ein lautes Stöhnen aus, als sich sein Sperma ergoß. Er hielt sie lange Zeit in den Armen, ehe er sich auf seine Hälfte des Bettes zurückzog. »Es tut mir so leid«, sagte er.

»Das macht doch nichts, Liebling.«

Seine Hand glitt zwischen ihren Brüsten hindurch. »Eins verspreche ich dir. Morgen wird es viel besser für dich.«

Am nächsten Tag heirateten sie. Der Friedensrichter verlangte zehn Dollar mehr als sonst üblich. Er sei gern bereit, das ganze Brimborium aus dem Gebetbuch mit vorzulesen, aber da er nun einmal Friedensrichter des Staates Maryland und kein Pfarrer sei, koste das extra. »Es ist ja alles für die gute Sache, nicht wahr? Wenn wir hier nicht in Maryland wären, hätten Sie gar keine Chance, junger Mann. Sie sind schließlich erst zwanzig, und in allen anderen Staaten hier in der Gegend brauchten Sie die Zustimmung Ihrer Eltern, um überhaupt heiraten zu dürfen. Und außerdem noch eine Blutuntersuchung und einen Aufenthaltsnachweis über zwei bis vier Tage. Die ›Abkühlungszeit‹ sagen die Leute. Haben Sie Ringe? Ja? Sehr gut. Wie ich sehe, sind sie von Sherwoods. Das ist ein sehr guter Laden. Bei Ringen von Sherwoods kann Ihre kleine Braut sicher sein, daß sie wirklich aus Gold sind. Ich könnte Ihnen Geschichten erzählen ... Die Ringe aus manchen Läden hier in der Stadt werden schon grün, noch ehe die Flitterwochen vorbei sind. Kann's losgehen, ja? Wollen Sie wirklich den ganzen Schmus mit ›allen anderen entsagen‹, ›lieben, ehren und gehorchen‹? Na, gut! Wenn's denn sein soll. Wie man sich bettet, so liegt man. Dann wollen wir mal das unauflösliche Band knüpfen ...«

→ 13 ←

... einen wunderschönen guten Morgen, Leute. Das wichtigste Thema in Kalifornien ist immer noch Jane Cobleighs schrecklicher Autounfall. In ihrem Befinden ist leider immer noch keine Besserung eingetreten, und sie schwebt weiterhin in Lebensgefahr. Aus sehr zuverlässiger Quelle haben wir allerdings in Erfahrung gebracht, daß Nicholas Cobleigh zwei der besten amerikanischen Neurochirurgen nach London geholt hat: Dr. Ronald Fischetti vom Massachusetts General Hospital in Boston und Dr. Martin Perschetz vom Mt. Sinai Hospital in New York werden die britischen Ärzte unterstützen, die seit gestern um das Leben seiner Frau kämpfen. Jane, unsere Gedanken sind bei dir. Wir beten um deine Genesung. Im übrigen wird gemeldet ...

Barbara K. Halper in der Sendung
»Good Morning America«

Appetit hatten sie eigentlich keinen, und sie hatten in Howard Johnson's Raststätte am New Jersey Turnpike auch nur deshalb etwas bestellt, um die aufdringliche Kellnerin loszuwerden, die Nicholas geradezu lüstern angestarrt hatte und jetzt mit wiegenden Hüften davonschlenderte.

»Na«, fragte Jane, »willst du ihr nicht hinterherlaufen und ihre Süßigkeiten probieren?«

»Tja, es ist schon ein Jammer, sich solche Köstlichkeiten entgehen zu lassen«, sagte Nicholas ernsthaft, »aber ich bin nun mal ein verheirateter Mann.«

»Und ich bin deine Frau. Und weißt du, was das Beste daran ist?«

»Ich bin sicher, du bist eine absolute Ehe-Expertin, bei deiner Erfahrung.« Nicholas warf einen Blick auf die Uhr. »Du bist jetzt genau seit sechsundzwanzig Stunden verheiratet.«

»Stimmt. Du brauchst also nicht zu befürchten, daß ich dir irgendwelche oberflächlichen Dinge erzähle. Meine Ansichten über die Ehe stehen in der großen humanistischen Tradition. Sie sind wohlüberlegt und mindestens genauso tiefschürfend wie –«

»Wußtest du eigentlich, daß man Ehefrauen zwar sehen soll, aber nicht hören?«

»Das gilt nur für Kinder.«

»Ach, wie schade.«

»Das Beste an der Ehe ist, daß ich in alle Zukunft Jane Cobleigh sein werde. Ganz egal was geschieht. Du kannst in die Fremdenlegion gehen oder mit einer Striptease-Tänzerin durchbrennen, aber ich werde nie wieder als Jane Anna Heissenhuber herumlaufen müssen.«

»Und das war der Grund, weshalb du mich geheiratet hast? Wegen meines Namens?«

»Natürlich. Weshalb denn sonst?«

»Wegen meiner strahlenden Persönlichkeit!«

»Machst du Witze?«

»Auch nicht, weil ich so gut aussehe?« Sie schüttelte den Kopf. »Und mein göttlicher Körper? Hat der auch keinen Eindruck gemacht?«

»Nein. Der ist so vollendet, daß es einen schon wieder langweilt.«

»Das interessiert mich. Welche Teile magst du am liebsten? Jetzt werd doch nicht rot! Na, so was! Du siehst ja aus wie eine Tomate! Du bist doch eine Frau von Welt, Jane, und außerdem verheiratet –«

»Ihre Muscheln, Sir«, schnurrte die Kellnerin schmelzend und stellte Nicholas den Teller hin. »Und der Thunfisch.« Jane mußte auf das freundliche Lächeln verzichten.

Plötzlich wußten sie beide nichts mehr zu sagen. Schweigend sahen sie sich an. Nicholas schob seine Muscheln unschlüssig auf dem Teller herum, während Jane den Thunfisch gänzlich unberührt liegen ließ.

Es war ihr vorerst letzter gemeinsamer Abend. Am nächsten Morgen würde Nicholas sie zum Westport Country Playhouse in Connecticut bringen, anschließend mußte er selbst zum Guilderland Summer Theater nach Albany fahren. Mindestens zweieinhalb Monate würden sie sich dann nicht mehr sehen.

»Jane«, sagte Nicholas schließlich, »ich will nicht nach Albany ohne dich.«

»Es wird dir nichts anderes übrigbleiben.«

»Nicht unbedingt. Ich habe noch mal genau darüber nachgedacht. Ich kann mir genausogut in Connecticut einen Job suchen. Die Farm meiner Großeltern ist nur eine knappe halbe Autostunde von Westport entfernt. Da könnten wir öfter mal hinfahren –«

»Aber in Westport gibt es keinen Job für dich, Nick.«

»Vielleicht nicht beim Theater, aber ich kann ja auch etwas anderes machen.«

»Nein, das kommt nicht in Frage. Du brauchst Theatererfahrung. Bisher hast du nicht mehr als zwei Semester College-Theater vorzuweisen.«

»Aber als wir noch Freunde waren, hast du gesagt –«

»Wir sind doch jetzt keine Feinde.«

»Ich meine, bevor ich gemerkt habe, daß ich dich liebe. Als wir beide noch vernünftig und objektiv waren, hast du gesagt, das Guilderland Theater sei allenfalls drittklassig. Dort würden nur die schlechtesten Broadway-Stücke gespielt und die Hauptdarsteller seien alles abgewrackte Größen.«

»Aber ich habe dir auch gesagt, daß du ein Mordsglück hättest, wenn sie dich überhaupt dort nähmen. Erinnerst du dich?«

»Ich will aber bei dir bleiben.«

»Denkst du, ich möchte mich von dir trennen? Es ist schließlich erst einen Monat her, daß du mich zum ersten Mal geküßt hast.«

»Fünf Wochen.«

»Ich hab dich so lieb, Nick.«

»Ich fahre einfach nicht, und damit basta.«

»Es war eine blöde Idee, jetzt zu heiraten. Wir hätten noch warten sollen. Du hast es nur getan, um mich wegen meiner Familie zu trösten, und jetzt fällt uns die Trennung noch schwerer. Aber du mußt unbedingt nach Albany gehen. Wenn du nach New York kommst, kannst du nicht sagen, du hättest bei vier College-Aufführungen mitgewirkt und in Westport einen Lastwagen durch die Gegend kutschiert, um dich auf deine Laufbahn als Schauspieler vorzubereiten. Das genügt einfach nicht.«

Nicholas nahm ihre Hand und drehte an dem schmalen goldenen Ring, den er ihr vor zwei Tagen an den Finger gesteckt hatte. »Weißt du, Jane, ohne dich schaffe ich es einfach nicht. Du hast mich auf alle meine Rollen vorbereitet. Ohne dich bringe ich es zu nichts.«

»Das stimmt nicht. Du bist ein glänzender Schauspieler. Ich bin vier Jahre bei Sock & Buskin gewesen, aber ich habe niemand gesehen, der so überzeugend auf der Bühne gewesen wäre wie du. Du bist ein ungeheures Talent.«

»Aber ich brauche deine Hilfe und deine Kritik. Es hat für mich gar keinen Sinn, allein zum Guilderland Theater zu gehen.«

»Aber du mußt diesen Sommer schon beim Theater anfangen.«

»Ich geh' aber nicht von dir weg.«

Jane hob den Kopf. Es war einer jener Momente, in denen sie Nicholas noch einmal vollkommen neu sah, als wäre er gerade erst von jenem Balkon in ihr Leben gesprungen. Sie sah ihn an, und sie spürte, was die Kellnerin und alle anderen Frauen so anziehend fanden: seine kühle, männliche Ausstrahlung. »Dann werde ich eben mit dir nach Albany gehen«, sagte sie.

»Ausgeschlossen. Du darfst diese Chance in Westport nicht ungenutzt lassen.«

»Nick, wenn einer von uns beiden momentan ein Engagement sausen lassen kann, dann bin ich es. Ich habe immerhin vier Jahre Erfahrung am College-Theater gesammelt. Das wird sich schon auszahlen.«

»Nein, das kommt nicht in Frage, und damit Schluß.«

»Hör mal, Nick, du hast selbst gesagt, daß du mich brauchst. Und in diesem Sommer ist das vielleicht zutreffend, und zwar aus dem einzigen Grund, daß du nämlich merkst, daß du es auch allein schaffen kannst. Ich werde dir überhaupt nicht helfen. Ich werde bloß dasein, damit du siehst, daß es auch ohne mich geht.«

»Ich werde nicht zulassen, daß du deine Chancen in Westport für mich opferst.«

»Es werden sich auch noch ganz andere für mich ergeben. Wir müssen bloß zusammenbleiben, Nick. Bitte, Nick, ich will bei dir bleiben, sonst nichts. Du hast recht, wir können uns einfach nicht trennen.«

Aus der Entfernung sah André Shaws Guilderland Summer Theater wie die klassische amerikanische Provinzbühne aus. Es war eine große, freistehende, rotgestrichene Scheune, die sich herrlich in die grünen Hügel einfügte und so unschuldig und ehrwürdig im hellen Sonnenschein lag, daß sie alle Urlauber und Ausflügler unweigerlich anzog. Von diesem ländlich-sittlichen Gebäude durfte man sich ein echtes amerikanisches Vergnügen erwarten: Sommertheater in bäuerlicher Umgebung.

Aber in Wirklichkeit war das Guilderland Theater keineswegs eine Scheune. Es stammte auch nicht aus dem letzten Jahrhundert, sondern war 1957 erbaut worden. Die rotgestrichenen Bretter erwiesen sich bei näherem Hinsehen als Aluminiumverkleidung eines durchaus modernen Theatergebäudes. Das Kleid, das Helen Mencken 1933 als Maria Stuart getragen hatte, und das Plakat für eine Aufführung von »Poor Little Rich Girl« im Jahre 1913 waren – auch wenn sie jetzt in einer Vitrine im Foyer des Guilderland ausgestellt wurden – keineswegs Zeugnisse einer großen Vergangenheit, sondern stammten aus einem Antiquitätengeschäft in der 48. Straße, das sich auf Theaterrequisiten spezialisiert hatte.

Auch die künstlerischen Qualitäten des Guilderland ließen durchaus zu wünschen übrig. »André Shaw versteht überhaupt nichts von guten Schauspielern«, sagte Carla Brandon, die Pressechefin, zu Jane. »Er umgibt sich mit Arschkriechern, und ich habe nichts dagegen, wenn Sie das wörtlich verstehen. Geld ist das einzige, wofür er sich interessiert. Das ist auch der Grund, weshalb der alte Geizhals Sie engagiert hat. Er wußte, daß Sie angewiesen sind auf den Job und daß er Sie billig einkaufen konnte. Er ist schon ein mieses Stück Scheiße. Ich hoffe, ich schockiere Sie nicht mit meiner Ausdrucksweise, mein Kindchen?«

»Nein, nein«, sagte Jane. Gleich an ihrem ersten zehnstündigen Arbeitstag als Carla Brandons Assistentin hatte sie sich schlimmere Flüche anhören müssen als in ihrem ganzen bisherigen Leben.

Wenn sie abends aus dem Theater in ihre schäbige kleine Pension gingen, ließ sich Nicholas von Jane immer die neuesten Aussprüche ihrer Chefin berichten.

»Tut mir leid«, sagte Jane, »aber das kann ich nicht wiederholen.«

»Doch natürlich. Du referierst diese Dinge doch nur. Ganz akademisch.«

»Sie hat gesagt, Randy Dale, dieser Tänzer, der wie Zwerg Nase aussieht und in sämtlichen Musicals mitgespielt hat –«

»Ja, ja, ich weiß schon. Was ist mit ihm?«

»Nein, es ist wirklich unmöglich. Sie hat gesagt, er wäre zwar nicht sehr groß, aber er hätte ...«

»Na, was denn?«

Jane wurde rot. »... einen Hammer, so dick wie ein Nilpferd.« Nicholas lachte. »Möchtest du meinen Hammer mal fühlen?«

»Nein.«

»Hör mal, das ist aber nicht nett. Ich finde, ich hab' einen sehr schönen Hammer.«

»Psst. Wir sind nicht allein auf der Straße.«

»Na und?«

»Wer hat das verdammte Obst da hingestellt?« brüllte der Star. »Was war das für ein Idiot?«

Nicholas wäre am liebsten im Boden versunken. Seit er betrunken im Internat erwischt worden war, hatte er sich nicht mehr so geschämt. Er hatte bei seiner ersten Aufgabe am Theater versagt. Es war kein großer Fehler, daß wußte er. Und es war auch nur eine Probe. Ein anderer Schauspieler hätte den kleinen Irrtum vielleicht übersehen. Aber nicht der große Ron Lipscomb.

»Wie stellen Sie sich das vor?« fragte er wütend. »Soll ich auf dem Höhepunkt der dramatischen Spannung anfangen, das Obst wegzuschieben?«

Lipscomb hatte Schwierigkeiten, seinen Text auswendig zu lernen. Deshalb waren überall auf der Bühne Spickzettel verteilt, damit er rasch nachlesen konnte, wenn ihm etwas nicht einfiel. Teile des Textes waren auf die Rückseiten der Möbel und auf die Sessellehnen geklebt, andere steckten in den Büchern, die er

– in der Rolle eines College-Professors – durchblättern mußte. Auch unter dem Glastisch, auf dem jetzt die Obstschale stand, befand sich eine Seite mit Text für Lipscomb. Nur war Nicholas, der als Hilfsrequisiteur eingestellt worden war, beim Aufbau des Bühnenbildes gestört worden und hatte die Schale nicht in die Mitte des Tisches gestellt, sondern an den Rand, so daß sie einen Teil des Lipscombschen Textes verdeckte.

Der Schauspieler tobte. »Soll ich etwa jede einzelne Zeile auswendig lernen? Es ist wirklich unglaublich!« Er schüttelte seine Mähne und fletschte die Zähne wie ein hungriger Löwe.

Nicholas sah sich um. Lipscombs Raserei war so völlig übertrieben, daß Nicholas überzeugt war, alle müßten mittlerweile lächeln. Es machte dem Schauspieler offenbar Spaß, zu toben und mit den Füßen zu stampfen. Seine Ausbrüche waren so theatralisch, daß sie gar nicht ernst gemeint sein konnten. Aber als er die Gesichter des Regisseurs, des Inspizienten und der anderen Hospitanten sah, packte ihn wieder die Angst. Die Schauspielschüler sahen sich erschrocken an, nur seinen Blicken wichen sie aus. Der Regisseur, der Lipscomb seit langem kannte, sah zunächst besorgt, dann gelangweilt und schließlich nervös aus. Aber niemand im ganzen Theater wagte zu lächeln.

Die Leute nahmen Lipscomb ernst. Als Quizmaster der Samstagabend-Show »Climb to the Top« hatte er sich ein gewisses intellektuelles Image erworben. Wenn er seine komplizierten Fragen über Xenophon oder die fauvistische Malerei abfeuerte, mußte bei den Zuschauern unweigerlich der Eindruck entstehen, die Antworten seien ihm selbstverständlich seit vielen Jahren bekannt. Er sprach, als sei er nur aus einer Laune heraus nicht als Professor in Cambridge, sondern beim Fernsehen gelandet.

»Ist das hier ein Theater?« brüllte er. »Oder was?« Sein Gesicht war so rot wie ein Kinderballon. Seine Fans würden ihn vermutlich nicht wiedererkannt haben, denn im Fernsehen gab er sich stets außerordentlich gelassen und ruhig. Selbst wenn ein Bewerber die Siebzigtausend-Dollar-Frage erreichte, nahm Lipscomb allenfalls seine Brille ab und wartete etwas gespannter auf die Antwort als sonst. »Welcher Idiot ist schuld an diesem Debakel?«

Nicholas vermochte nicht, sich zu rühren. In seinem ganzen Leben hatte er noch niemanden so hemmungslos herumschreien hören.

»Entschuldigen Sie sich bei ihm!« flüsterte der Regisseur aus dem Mundwinkel Nicholas zu.

Nicholas schüttelte beinahe unmerklich den Kopf. Der Regisseur rückte noch etwas näher heran. »Entschuldigen Sie sich!« sagte er. »Der Mann da ist kein kleiner Schmierenschauspieler, sondern Ron Lipscomb. Was bilden Sie sich ein, wer Sie sind?«

Nicholas seufzte und faßte einen Entschluß. Mit zwei Schritten stand er neben dem Schauspieler auf der Bühne. »Es tut mir sehr leid, Mr. Lipscomb!«

»Das hätte ich mir denken können«, sagte der Star. »Sie sind doch derselbe Idiot, der gestern mein ganzes Gepäck zerkratzt hat, nicht wahr? Zu blöd, um zwei Koffer zu tragen! Nicht wahr? Antworten Sie, oder sind Sie taub?«

»Es tut mir sehr leid«, würgte Nicholas heraus. Die Entschuldigung fiel ihm so schwer, daß seine Kinnbacken schmerzten.

»Wie bitte?«

Das Schlimmste war, daß alles auf Jane zurückfallen würde. Sollte er sich wirklich nicht wehren? Nein, er war feige. Nicholas zwang sich, den Kopf zu heben, und rief so laut, daß ihn jedermann hörte: »Es tut mir sehr leid, Mr. Lipscomb.«

»Hat Ihre Mutter Ihnen gesagt, was Sie für ein Idiot sind? Ja? Ich warte auf eine Antwort!«

»Nein.«

»›Nein, Mr. Lipscomb‹, heißt das. Es ist mir ein besonderes Vergnügen, Ihnen als erster zu sagen, was für ein unfähiger Trottel Sie sind. Sie sind ein armseliger Traumtänzer. Wahrscheinlich können Sie nicht einmal gerade über die Bühne gehen, aber natürlich sind Sie gehässig genug, um jeden zu sabotieren, der etwas kann. Nicht mit mir! Dafür werde ich sorgen! Milo!« Der Regisseur kam auf die Bühne gestürzt. »Milo, wenn mir dieser Bubi noch ein einziges Mal irgendwo über den Weg läuft, auf der Bühne, hinter der Bühne, in der Garderobe oder sonst irgendwo, dann reise ich ab! Ist das klar? Ich werde mir doch kein Magengeschwür holen, bloß weil ich mich mit irgendwelchen schwachsinnigen Anfängern herumschlagen muß. Schafft mir den Kerl aus den Augen! Und dann möchte ich einen Tee mit Milch und Honig haben für meine Kehle.«

»Wohin wollen Sie denn?« Carla Brandon packte Nicholas am Arm und zog ihn ins Pressebüro. »Wollen Sie zu André? Sind Sie bekloppt? Der schmeißt Sie raus, ohne mit der Wimper zu zucken. Den können Sie vergessen. Der denkt bloß, er wäre wichtig. So, und jetzt lassen Sie mich überlegen, ehe Jane wieder da ist. Sie ist weggegangen, um Sie zu suchen. Ja, natürlich hat sie von der Sache gehört. Jeder hat von der Sache gehört. Der Armleuchter Lipscomb braucht doch für jeden Furz, den er läßt, Zuhörer und Zuschauer. Der Mann ist gegrillte Scheiße auf Toast. Setzen Sie sich. Wir haben nicht viel Zeit, und wie sich die Sache aus Ihrer Sicht darstellt, interessiert mich auch nicht besonders. Es hat keinen Sinn, daß Sie mir Ihre Lebensgeschichte erzählen. Ich will Ihnen helfen. Ich mag Ihre Frau, und wenn Sie hier abhauen, dann geht Ihre Frau mit, und ich sitze den ganzen Sommer über allein mit dieser beschissenen Bande herum. Vergessen Sie André. Der kann sowieso keinen Scheißhaufen von einem heißen Stein unterscheiden. Wenn hier jemand durchblickt, dann bin ich es, mein Süßer. Ich weiß, daß Lipscomb verrückt ist. Sie sind alle verrückt. Wahrscheinlich sind Sie selbst auch verrückt, und wenn Sie jetzt noch nicht verrückt sind, dann sind Sie es vielleicht in zwei Jahren. Aber Lipscomb ist nicht nur verrückt, sondern auch prominent. Er wird aber bloß eine Woche lang hier sein, es genügt also völlig, daß Sie sich in nächster Zeit etwas rar machen. Haben Sie verstanden? Ja? Dann nicken Sie einfach. Zeigen Sie mir, daß Sie noch einen Funken Verstand haben. Sie können nicht einfach wegbleiben? Sie brauchen das Geld? Okay. Dann müssen Sie sich an Dizzy wenden. Dizzy ist hier der Hausmeister. Den kennt jeder. Halten Sie sich an Dizzy, und kommen Sie in den nächsten Tagen bloß tagsüber her. Dizzy gibt Ihnen schon etwas zu tun. Vielleicht können Sie die Toiletten putzen. Das macht Dizzy nicht gern. Die Damentoilette sieht aus wie eine Kloake. Die Fußböden putzt er auch nicht gern, aber er ist Spitze unter den Sitzen. Einer der wenigen, die wirklich sämtliche Kaugummis abkratzen. Hören Sie, Nick, Sie brauchen sich nicht zu bedanken. Ich tu das für Jane, nicht für Sie. Außerdem ist es ja nicht etwa Shakespeare, sondern die Klos, was ich Ihnen beschaffe. Aber was soll's? In zwanzig Jahren sind Sie mir vielleicht dankbar.«

Ihre erste Wohnung in New York lag an der westlichen 46. Straße, in einem Einwandererviertel namens Hell's Kitchen, das im Jahre 1961 allerdings schon viel von seinem brodelnden Leben eingebüßt hatte und dessen Häuser allmählich verfielen. Die Wohnung bestand aus einer Küche, einer anderthalb Quadratmeter großen Toilette und einem Zimmer.

Das Bett war eine billige, aber ziemlich breite Matratze, die allerdings durch die blaßblauen Laken und Bettbezüge mit dem Monogramm JCN erheblich verschönt wurde, die ihnen Maisie Tuttle geschickt hatte, als sie von ihrer Tochter Winifred hörte, daß die Heissenhubers Jane keinerlei Aussteuer mitgeben wollten. Abgesehen von sechs blaßblauen Handtüchern mit dem gleichen Monogramm, die ebenfalls von Maisie stammten, hatten Jane und Nicholas nur noch ein weiteres Hochzeitsgeschenk behalten: eine gläserne Bowle mit eingraviertem Monogramm, die Bryan Kendall Devereaux, Nicholas' Großonkel, geschickt hatte. Sie stand originalverpackt in einer Ecke.

Von allen anderen Geschenken hatten sie sich getrennt. Die zahllosen Salatschüsseln, Sahnekännchen, Zuckerdosen, Blumenvasen, Teekannen und Mokkalöffel von Freunden und Verwandten der Cobleighs erbrachten knapp tausend Dollar. Von einem Teil dieses Geldes hatten sie die Matratze, den Küchentisch, vier Stühle und ein paar Küchengeräte gekauft. Der Rest lag als eiserne Reserve auf der Bank. Bar besaßen sie genau achtundsiebzig Dollar, als der Herbst kam.

Jane hatte gewußt, daß sie kein Geld haben würden, aber für Nicholas war es doch ein ziemlicher Schock, als er merkte, daß es tatsächlich ernst wurde. Einmal waren sie mit der U-Bahn zum Yankee-Stadion gefahren. Jane hatte sich nichts dabei gedacht, daß sie auf Stehplätzen standen und sich ein Bier teilen mußten. Aber dann hatte sie gesehen, wie Nicholas zu den Logenplätzen auf der Tribüne hinaufstarrte.

Nicholas' Ansprüche waren keineswegs extravagant, aber er

hatte in seinem ganzen Leben noch nie echt auf etwas verzichten müssen. Schon ein Blick auf die beiden gegenüberliegenden Seiten des Schlafzimmers zeigte deutlich, wo der Unterschied lag.

Janes Seite des Zimmers war spärlich bestückt: ein paar Bücher und ein paar Kleider, die sie sich in Pembroke vom Mund abgespart hatte. Sie hatte zwei Röcke, zwei Blusen, zwei Pullover und zwei Paar Schuhe. Der einzige Hinweis auf die Zeit vor dem College war ein ungerahmtes Foto von Rhodes, das von ihrem »Lehrbuch der Theatergeschichte« gestützt wurde.

Nicholas besaß eine passende Garderobe für alle Gelegenheiten, Klimazonen und Orte. Er hatte Pullover und Hemden in allen Farben des Spektrums, darunter drei völlig identische gelbe Rollkragenpullover, deren Anschaffung er nicht zu erklären vermochte, er hatte ein Dutzend Anzüge, einen Frack und Jacketts und Blazer aus so herrlichen Stoffen, daß Jane jedesmal die Ärmel anfassen mußte, wenn sie daran vorbeiging. Er besaß drei Bademäntel, von denen sich Jane einen aneignete. Mit seinen Schuhen hätte er eine Privatarmee ausrüsten können.

Als Jane in die Küche kam, stand Nicholas nackt vor der Spüle. Er hatte sich gerade vor dem kleinen Spiegel rasiert, der über dem Wasserhahn hing, und ließ den Rasierapparat unnötig laut auf die Ablaufplatte fallen, als Jane hereinkam. Zwei große Wasserkessel standen auf dem Herd. Nicholas wippte nervös auf den Zehen, denn es dauerte ihm wieder einmal zu lange, bis das Badewasser kochte.

In den anderthalb Wochen, die sie in der 46. Straße verbracht hatten, war er ständig übelster Laune gewesen, obwohl er allenfalls zugeben wollte, daß er ein bißchen nervös sei. Aber schon in der zweiten Nacht in ihrer eigenen Wohnung hatte Nicholas nicht mehr die Hand nach Jane ausgestreckt, als sie zu Bett gingen, und das hatte sich in der vierten und fünften Nacht wiederholt. Statt dessen hatte er sie in der Nacht mehrfach dadurch geweckt, daß er ihr die gemeinsame Bettdecke wegzog. Am Morgen war er stets mürrisch gewesen. Er könne in dem neuen Bett nicht gut schlafen, hatte er später erklärt, und er habe sich auch an die Geräusche aus der Nachbarschaft noch nicht gewöhnt.

Seine schlechte Laune trübte ihre Freude über die eigene Wohnung. Sie fand das kleine Apartment sehr romantisch. Sie hatte das Gefühl, jetzt eine echte New Yorkerin zu sein, was in Nicholas' Augen natürlich nichts Besonderes war. Im Grunde war sie ganz froh, daß sie keine konventionellere Wohnung gekriegt hatten.

Jane wußte aber, daß sich Nicholas vor ihrem Liebesnest ziemlich ekelte, auch wenn er das vor ihr zu kaschieren versuchte. Er fand die angeschlagenen, verfärbten Porzellanarmaturen über dem Waschbecken genauso widerlich wie die Wände, von denen die Farbe abblätterte, die unausrottbaren Kakerlaken und die endlosen Marschkolonnen der Ameisen. Er haßte es, sein Bad in der alten Zinkwanne in der Küche nehmen zu müssen; im Gegensatz zu Jane konnte er sich nie mit geschlossenen Augen entspannen, die Füße über den Rand hängen und dem Brausen und Rauschen der großen Stadt lauschen.

Jane goß sich einen Orangensaft ein. »Ist das Wasser warm genug?« fragte sie.

»Wunderbar.« Sein Lächeln wirkte gezwungen.

»Bist du nervös?«

»Nein.« Er schien selbst zu merken, daß er noch etwas mehr bieten mußte, und lächelte abermals. »Vielleicht klingt es verrückt«, sagte er, »aber ich habe mehr Lampenfieber wegen des Taxifahrens als wegen der Sprechprobe. Ich habe eine Riesenangst, daß ich plötzlich durchdrehe, wenn ich im Stau stecke, oder daß ich vergesse, wo Coney Island liegt; oder daß jemand zu mir in den Wagen steigt, der mich von der Schule her kennt, und sagt: ›Bist du das, Nick?‹« Er legte ein dramatisches Tremolo in seine Stimme, und es wurde überdeutlich, daß er sich die fiktive Demütigung im Taxi nur deshalb so detailliert ausmalte, weil sie ihm Gelegenheit bot, der schäbigen Realität der Badewanne und der Küche für einen Moment zu entkommen.

»Was ist denn passiert, Nick?«

»Kannst du mir netterweise das Handtuch reichen, Jane?«

»Steh auf«, sagte Jane. »Ich trockne dich ab. Du wirst sehen, ich bin eine ausgezeichnete Geisha.« Als sie ihm den Rücken abrubbelte, fragte sie: »Meinst du, daß die Leute, die dich kennen, dir mehr Trinkgeld geben?«

»Von denen würde ich sowieso keine Trinkgelder annehmen.«

»Wieso?«

»So etwas macht man nicht.«

»Was?«

»Man nimmt kein Geld von Freunden.«

»Hör mal, du fährst doch nicht Taxi zu deinem Vergnügen. Es ist dein Job. Du fährst Taxi, um Geld zu verdienen, damit du die Miete bezahlen kannst, den Schauspielunterricht, das Essen.« Allmählich wurde sie wütend. »Weißt du, das muß man nämlich alles *bezahlen*. Das fällt nicht vom Himmel –«

»Spar dir deine Ironie, Jane.« Er marschierte ins Schlafzimmer und hinterließ dabei feuchte Fußabdrücke auf dem Linoleum.

Zwei Sekunden lang versuchte sie, einfach ihren Orangensaft zu trinken und sich nicht weiter zu ärgern, aber dann folgte sie ihm. Er stand in Unterhosen vor seinem Regal und überlegte, welches Hemd er anziehen sollte. Es war zwar nur ein unbedeutendes, kleines Off-Broadway-Theater, aber es war seine erste Sprechprobe. »Nick«, sagte sie, »das war gar nicht ironisch gemeint. Wir haben wirklich kein Geld, wenn wir unsere eiserne Reserve mal außer acht lassen. Wir brauchen jeden Cent! Du hast gesagt, ich sollte auf keinen Fall arbeiten, aber ich weiß nicht recht, wie wir mit deiner Einstellung durchhalten sollen.«

»Das ist kein Grund, sich in eine keifende Furie zu verwandeln.«

»Ich habe nicht gekeift. Ich möchte nur, daß du mal einen Haushaltsplan mit mir aufstellst. Wenn du das tun würdest, wäre dir nämlich sehr schnell klar, daß wir unseren Lebensunterhalt und den Schauspielunterricht nur dann bestreiten können, wenn ich einen Full-time-Job annehme. Nick, hör mir gefälligst mal zu! Du hast noch nie über Geld nachdenken müssen, aber ich weiß –«

»Danke, Jane! Das ist wirklich sehr nett, wie du hier herumschreist. Ich soll heute nachmittag vorsprechen, und du machst einen Terror, daß einem alles vergeht! Wie oft willst du mir eigentlich noch erzählen, ich wartete nur darauf, daß meine Eltern mir Geld schicken? Hmm?« Er zerrte einen dunkelgrünen Sweater aus dem Regal und streifte ihn über. Sorgfältig zupfte er den Kragen und die Ärmel zurecht. »Sei doch ehrlich Jane, in Wirklichkeit bist du fest überzeugt, ich wollte gar kein Schauspieler werden und hätte Angst vor der Sprechprobe. Du glaubst doch, ich wollte so schnell wie möglich Jura studieren, nicht wahr? Jedenfalls im Unterbewußtsein. Möchtest du nicht noch einmal rasch meine Psyche analysieren? Du hast doch sicher alles schon fix und fertig, oder? Du hast doch nicht umsonst eine Psychologiestudentin als Zimmerkameradin gehabt, oder?«

Jane setzte sich auf das Fußende des Bettes. »Ich habe doch nur gesagt, wir sollten –« Sie mußte sich unterbrechen, um die aufsteigenden Tränen hinunterzuwürgen. Sie bemühte sich, ihre Fassung zurückzugewinnen, aber zugleich wartete sie auch darauf, daß sie Nicholas in den Arm nahm.

»Okay, heul nur los, Jane, damit ich mich so richtig mies fühle! Sehr gut! Drück noch mal richtig auf die Tränendrüsen! Los, lauter! Noch etwas mehr schluchzen, bitte! Du kannst das wunderbar, Jane! Laß dein Zwerchfell arbeiten!« Sie weinte viel zu sehr, um noch etwas zu sehen, und konnte ihre Hand nur blindlings ins Leere ausstrecken. Aber Nicholas griff nicht danach. Er stand vor ihrem Regal und fegte ihre Bücher auf den Boden. »Du bist bis obenhin mit diesen Lebensweisheiten voll!« schrie er. »Miß Maturity persönlich! Wir-planen-unser-Leben! Und wenn ich mal nicht mitspiele, heulst du gleich los. Los, flenn schon! Laß sie aufs Bett tropfen, die salzigen Tränchen! Das ist eine richtige Begabung, dieses Heulen aufs Stichwort.«

»Nick –«

»Laß nur! Du bist wirklich eine tolle Psychologin! Du weißt, was im Seelenleben der anderen vorgeht. Nimm mich nur auseinander. Sag mir nur, daß ich ein Schwächling bin. Daß mir alles zu leicht gemacht worden ist. Du hast es zwar schon gestern abend gesagt, aber sag es ruhig noch einmal! Ich höre es so gern.«

»Aber Nick, ich wollte doch nicht –« brachte sie mühsam heraus, dann versagte ihr wieder die Stimme.

Nicholas riß ein Paar Hosen vom Bügel. »Du bist diejenige, die es ihr Leben lang schwergehabt hat. Du hast seit Jahren gelitten. Du kennst dich mit Geld aus. Du bist die große Schauspielerin. Meine Mutter ist bloß eine oberflächliche Dame, ein Abfallprodukt der New Yorker Gesellschaft, aber deine Mutter war eine begnadete Schauspielerin, neben der Sarah Bernhardt wie eine blutige Anfängerin aussah. Und angesichts der Tatsache, daß du dein Talent von der großen Sally Tompkins geerbt hast – auch wenn du nicht einmal weißt, wie sie aussah –, ist es schon eine unglaubliche Unverschämtheit von mir, daß ich nicht alles genauso machen will, wie du es mir sagst. Wie konnte ich es nur wagen, mich deinen Plänen zu widersetzen, Jane? Du bist doch die große Expertin! Dir liegt das Theater im Blut. Komm, Jane, warum sagst du nicht, was du denkst? Sag mir die Wahrheit! Du denkst, ich schaffe es nicht, hab ich recht? Dauernd sagst du, mein gutes Aussehen würde alles leichter machen für mich. Aber in Wirklichkeit bist du fest überzeugt, das wäre das einzige, was ich zu bieten habe, nicht wahr?«

»Das ist nicht wahr, Nick. Hör auf!«

»Dabei sollte man nicht vergessen, daß es Männer gibt, die noch viel besser aussehen. Rhodes Heissenhuber, zum Beispiel. Sag mir nur, was du denkst, Jane. Meine Familie denkt, alle Schauspieler sind Spinner, und im Grunde meines Herzens glaube ich das auch, oder? Deshalb sabotiere ich alles, nicht wahr? Aber dafür gibt es ja dich! Die große Jane Heissenhuber, die an mir arbeitet. Die ihre Pläne mit dem schönen Nicholas hat, die etwas aus dem kleinen Nick macht. Du hast dir eingebildet, du könntest mich nach deinen Wünschen zurechtkneten. Aber da wird nichts draus, Jane. Ich hab meine eigenen Vorstellungen.«

»Nick, ich schwöre, ich –«

»Da hast du ganz schön dran zu knabbern, nicht wahr? Da wird sogar eine geniale Managerin wie du ein bißchen nervös, was? Ich will dir was sagen: Ich werde nicht bei diesem bescheuerten mittelalterlichen Mysterienspiel mitmachen, das an der Uni geprobt wird, und ich werde auch nicht zu diesem abgewrackten Typen zum Schauspielunterricht gehen, den ihr für mich ausgesucht habt, Professor Ritter und du. ›Stellen Sie sich vor, Sie wären eine Kerze, die schmilzt...‹ So ein Blödsinn! Ich werde auch nicht zulassen, daß du arbeiten gehst und dich für mich aufopferst! Das kommt überhaupt nicht in Frage. Ich werde nichts von alledem tun, was ihr euch gedacht habt. Zu schade, stimmt's? Du hast eben doch nicht gekriegt, was du wolltest. Du hättest gern Regie geführt, nicht wahr? Du wolltest die Hosen anhaben, aber das kannst du vergessen. Ich bestimme selbst, was ich tue. Okay?«

An diesem Tag ging alles schief. Der Regisseur und der Autor hatten sich den ganzen Vormittag über gestritten, und so fing das Vorsprechen erst gegen zwei Uhr nachmittags an. Das Taxiunternehmen hatte Nicholas in der ersten Woche für die Nachmittagsschicht eingeteilt, und er mußte die Probe verlassen, ohne drangekommen zu sein. Nach der letzten Fuhre war er draußen in Queens und brauchte fast bis um ein Uhr morgens, ehe er das Taxi in die Garage zurückbringen konnte. Dann mußte er zwanzig Minuten auf eine U-Bahn warten und kam erst um halb zwei nach Hause.

Er wünschte sich den ganzen Tag, er könnte Jane wenigstens anrufen, aber das ging nicht, denn einen Telefonanschluß hatten sie noch nicht.

Als er im Theater darauf wartete, vorsprechen zu dürfen, konnte er sich nicht auf den Text konzentrieren. Er wollte nicht darüber nachdenken, was im Kopf eines Boxchampions vorging. Statt dessen stand ihm dauernd vor Augen, daß er Jane gekränkt hatte. Er dachte an das trostlose Haus der Heissenhubers in Cincinnati und fragte sich, warum *er* sie jetzt auch noch enttäuscht hatte. Er wußte doch, wie wenig Selbstvertrauen sie hatte. Er hatte sie rücksichtslos fertiggemacht, dabei war er doch alles, was sie besaß. Sie hatte keine Familie, kein Geld, keinen Job. Alles, was ihr gehörte, paßte in einen winzigen Koffer. Sie war völlig allein in dieser riesigen Stadt und hatte nur ihn.

In der Garage hatten ihm die anderen Fahrer geraten, er sollte mit den Passagieren plaudern, die dazu bereit waren, dann fielen die Trinkgelder größer aus. Aber er war sehr schweigsam gewesen und konnte nur daran denken, wieviel glücklicher sein Leben geworden war, seit er Jane kannte. Sie hatte seinem Leben eine Richtung gegeben. Ihn hatten schon andere Mädchen geliebt, aber nicht so wie Jane. Andere hatten ihn wegen seines Aussehens, wegen seiner vornehmen Abstammung, wegen seiner Freunde, seiner Selbstsicherheit oder seines Körpers geliebt. Jane liebte ihn um seiner selbst willen.

In der U-Bahn wurde seine Sehnsucht fast unerträglich. Er dachte daran, wie sehr er sie begehrte und liebte, auch wenn sie ungeschickter im Bett war, als jede andere Frau, die er kannte. Sie war so mädchenhaft schüchtern und so voller Angst, sie könnte etwas falsch machen. Ehe sie sich auszog, bestand sie darauf, das Licht auszumachen, und obwohl sie voller Leidenschaft sein konnte, ließ sie sich doch nie völlig gehen. Und doch war sie die begehrenswerteste Frau auf der Welt. Er liebte ihren Körper, ihre Haare, ihre samtweiche Haut. Er war unendlich in sie verliebt.

Die fünf Blocks von der U-Bahnstation zur 46. Straße legte er im Dauerlauf zurück und stürzte die Treppen hinauf wie ein Wahnsinniger. Als er vor der Tür stand, wußte er, daß er Jane mindestens genauso brauchte wie sie ihn.

Sie hatte ihn kommen hören, riß die Tür auf und sagte: »Es tut mir so leid, Nick!« Aber ihr Gesicht war so niedergeschlagen, als ob sie keine Vergebung erhoffte. Ein Stein fiel Nicholas vom Herzen. Er umarmte sie und führte sie in die Wohnung. »Es tut mir so leid«, murmelte sie. »Bitte, verzeih mir.«

»Jane, es war doch mein Fehler, ich –«

»Bitte, Nick.«

»Ich verzeihe dir.«

In der folgenden Woche fand sich Nicholas zu dem Eingeständnis bereit, daß er unmöglich fünf Tage in der Woche Taxi fahren und gleichzeitig noch Schauspielunterricht nehmen, vorsprechen und womöglich noch auf der Bühne auftreten konnte. Er erklärte sich damit einverstanden, daß sich Jane einen Job suchte. Für sechs Monate oder »höchstens ein Jahr«, bis er genug verdiente, um sie allein durchzubringen.

Nach einigem Herumsuchen fand sie eine Stelle in der Leserbriefabteilung des Mädchenmagazins »Carol«. Dort mußte sie Anfragen aller Art beantworten. Zum Beispiel: »Liebe Carol, ich brauche unbedingt Hilfe. Vielleicht bin ich schwanger! Wie stellt man das fest?« Oder: »Liebe Carol, warum schreibst du eigentlich nie etwas über die allerbeste Rockband der Vereinigten Staaten? Anthony Monte and the Starshines!!! Tony ist der Größte!!! Echt!!!«

Jane merkte rasch, daß Dina und Marge, ihre beiden Kolleginnen in der Leserbriefredaktion, aber auch die übrigen zwanzig Redakteurinnen, Layouterinnen und Reporterinnen von »Carol« weit überqualifiziert waren. Sie hatten alle akademische Grade der besten Universitäten, und womit mußten sie sich beschäftigen? Mit der Vergabe von Abdruckrechten einer Serie wie: »Die schönste Kunst: Briefeschreiben an einen Mann.«

Andererseits war der Job nicht unangenehm. Jane fühlte sich bei »Carol« genauso wohl wie in Pembroke, und daß viele ihrer Kolleginnen das magere Gehalt durch üppige Schecks ihrer wohlhabenden Eltern aufbessern konnten, war auch nichts Neues für sie. Sie hatte auch in Pembroke zu den Mädchen gehört, die sich mit einem Stipendium durchschlagen mußten. Und so, wie die wohlhabenderen Studentinnen in Pembroke sie wegen ihrer exotischen Ferienjobs als Zimmermädchen fast zu beneiden schienen, zeigten sich auch die höheren Töchter bei »Carol« von Janes heroischen Berichten über die Kälte in ihrer schäbigen Wohnung fasziniert und begeistert.

Das Interesse an Jane erreichte einen Höhepunkt, als sie eines Tages nach der Arbeit von Nicholas abgeholt wurde. Solange Nicholas sich in den Verlagsräumen aufhielt, sagte Dina beinahe gar nichts, doch am nächsten Morgen stellte sie fest: »Paß nur gut auf, Jane. Ab sofort werden die Mädchen alle anfangen, spitze Nadeln in Puppen mit schwarzen Haaren zu stecken.« Und Marge sagte: »Ich glaube, wenn er meine Hand hielte, würde sie abbrechen.«

»Du warst ein Riesenerfolg«, erzählte Jane ihrem Mann. »Sogar unsere Kosmetik-Redakteurin, Charlotte, war äußerst beeindruckt. Du wärst ein unglaublicher Mannskerl, hat sie gesagt. Und als die Chefredakteurin von dir hörte, schlug sie gleich vor, ich sollte dich doch das nächste Mal in ihr Büro bringen. Vielleicht mache ich das in ein paar Wochen tatsächlich. Ich bringe dich in ihr Büro, und während sie dich noch anstarrt, verlange ich mehr Gehalt. Wie findest du das?«

»Großartig. Aber sieh dir mal die Anzeige an, die ich im ›Backstage‹ gefunden habe.«

»Laß sehen: ›Gutaussehender junger Rechtsanwalt, Ivy League Typ, gesucht.‹ Nicht schlecht. Wann willst du denn vorsprechen? Du meine Güte, morgen schon. Ich hoffe nur ... Na, egal.«

»Sag schon, was denkst du? Es macht nichts, wenn du dich irrst.«

»Es klingt irgendwie gut, Nick. Ich weiß nicht warum, aber ich glaube, das ist der Anfang.«

Der Brief, auf den Jane schon seit langem wartete, kam am nächsten Morgen, kurz nachdem Nicholas zum Vorsprechen gegangen war.

Liebe Jane,
habt Ihr den Broadway schon im Sturm erobert? Wenn nicht, worauf wartet Ihr noch?

Ich bin froh, daß Du mich aufgespürst hast. Die beiden Briefe, die ich nach Westport geschrieben habe, kamen zurück, und ich hatte keine Ahnung, wo du wohl steckst. Allzu viele Sorgen habe ich mir allerdings nicht gemacht; denn es ist ja kaum zu befürchten, daß jemand von Deiner Größe einfach verschwindet.

Deine Freundin Lynn ist allerdings nicht besonders subtil vorgegangen. Als ich gestern aus dem Haus kam, stand da ein schreiend roter MG mit einer Lady am Steuer, die so aussah, als wäre sie schwanger im vierzehnten Monat. Sie sah aus, als ob sie eingefettet werden müßte, damit sie in den Wagen hineinpaßt. Sie hatte sich für ihren Geheimauftrag mit einem gewaltig flatternden Chiffon-Schal à la Isadora Duncan und einer großen Sonnenbrille ausgerüstet und drückte dann so lange auf die Hupe, bis ganz Hamilton County aufmerksam wurde, von Mutter ganz zu schweigen. Außerdem schrie sie noch wie eine Wahnsinnige: »Rhodes! Rhodes! Komm mal her!« Sie hat behauptet, »ganz verzweifelt« darüber zu sein, daß Ihr Euch im Sommer nicht gesehen habt, aber sie war wohl mit ihrem Mann bei einem Ärztekongreß in Europa ... Im übrigen wollte Sie wissen, ob Nick auch gut genug für Dich wäre, und ich habe gesagt, er wäre weit mehr, als Du je verdient hättest.

Sie hat mir erzählt, Du hättest ungefähr tausend Briefe an

mich geschrieben, und da ich nicht geantwortet hätte, seiest Du zu dem Ergebnis gelangt, daß Mutter sie wohl verbrannt haben müsse. Dann hat sie mir den Zettel mit Deiner Adresse gegeben.

Was ich ja schier unglaublich finde, ist die Tatsache, daß Nick Dich offenbar tatsächlich geheiratet hat!!! Armer Kerl! Falls er wider Erwarten immer noch in der Nähe sein sollte, grüße ihn bitte herzlich von mir! Ich leide mit ihm!!!

So, nun muß ich Dir aber endlich von meiner Europa-Reise erzählen! In der zweiten Juliwoche sind wir losgefahren. Wir, das sind Mr. & Mrs. Gray, Amanda und ich. Amanda war spritziger denn je. Sie hat ungefähr zwei Sätze pro Land von sich gegeben.

Wir verbrachten eine Woche in London und fünf Tage in Paris. Dann ging es aufs Land nach Südfrankreich, wo wir eine Menge reicher Leute in kleinen Dörfern besuchten, die so *chic* sind, daß Du bestimmt noch nie davon gehört hast. Dann bin ich mit Mr. Gray allein weitergefahren, um Weinberge in der Gascogne zu besichtigen. Er will in der Branche investieren. Die meiste Zeit haben wir in einem prächtigen alten Schloß gewohnt.

Nach Lafayette werde ich nicht gehen. Okay, Du kannst Dich wieder beruhigen! Ich kriege einen Spitzenjob bei Mr. Gray samt einer Menge Management-Training. Nebenbei werde ich noch Betriebswirtschaft an der Universität Cincinnati studieren. Natürlich werde ich auch ein paar Vorlesungen und Seminare an der philosophischen Fakultät besuchen. Wenn ich in Cincinnati bleibe, bezahlt mir Mr. Gray das Studium, denn ich beziehe ja ein Gehalt von der Firma.

Briefe kannst Du mir über das Postfach von Mr. Gray schicken (siehe oben). Er wird dafür sorgen, daß ich sie auch tatsächlich kriege. Mit meinem Gehalt könnte ich mir wahrscheinlich ein Apartment leisten, und vielleicht werde ich mir auch etwas suchen, aber Mr. Gray meint, es könnte die Alten beunruhigen. Schließlich bin ich erst achtzehn. Andererseits wäre es natürlich nicht übel, wenn man seine Ruhe hätte, anstatt jeden Abend ausgefragt zu werden, was man den ganzen Tag über gemacht hat, wo man gegessen hat und was es für eine Sauce zum Fleisch gab.

Fröhliche Weihnachten und ein schönes Neues Jahr und herzliche Grüße an Nick! Wegen Deines Weihnachtsgeschenks mach Dir bitte keine Sorgen, Du Gierlappen, das kommt mit getrennter Post! Wir werden vielleicht bald mal bei euch in New York vorbeischauen! Ich sage noch rechtzeitig Bescheid, damit Ihr ein Kalb schlachten könnt.

Bitte, sei mir nicht böse! Ich weiß, daß Du nicht alles akzeptieren kannst, was ich tue, aber ich bin in meinem ganzen Leben nie glücklicher gewesen als jetzt. Das mußt Du mir glauben.

Alles Liebe Rhodes

»Nick, du riechst wie ein frisch gepudertes Baby!«

»Tut mir leid, meine Dame. Ich heiße Harding Claybourne, und ich bin Mitglied der Juristischen Fakultät Yale. Im übrigen bin ich durch und durch korrupt und böse.«

»Ich liebe korrupte Rechtsanwälte, Mr. Harding.«

»Hör auf, Jane. Ich komme aus dem Konzept, wenn du mir deine eiskalten Füße auf die Beine legst. Kannst du sie nicht in die Decke einwickeln? Nein, nein, nicht wegrücken. Bleib hier! Ich will alles von dir, bloß nicht die Füße. Wo war ich stehengeblieben?«

»Du warst gerade völlig korrupt.«

»Ja, richtig. Ich habe eine Affäre mit einer Witwe und gleichzeitig mit ihrer Tochter, die das Vermögen erben wird. Das Drama dreht sich eigentlich mehr um die Frauen, um den Niedergang von Vertrauen und Liebe zwischen Mutter und Tochter. Ich bin nur die Schlange.«

»Nur die Schlange? Das ist ja die reine Tiefstapelei! Du bist der große Bösewicht! So wie Jago.«

»Nein, Jane. Es ist wirklich nur eine Nebenrolle. Und eine ganz bescheidene Inszenierung, weit weg vom Broadway.«

»Hör schon auf, Nick. Die waren doch ganz begeistert von dir.«

»Das stimmt. Ich hatte kaum zwei Sätze gesagt, da brüllte auch schon einer: ›Das ist genau mein Harding!‹ Ich glaube, das ist der Autor gewesen. Der Regisseur hat gesagt, er brauchte einen richtigen Upper-class-Akzent und eiskalte Sinnlichkeit. Bitte, nimm deine Füße da weg, das ist nicht die Sorte Eis, um die es hier geht. Ich muß zum Beispiel sagen: ›Ich kann auf die bürgerliche Moral nicht völlig verzichten, Lorraine‹, und gleichzeitig meine Hände zwischen ihren Schenkeln hochschieben. Und wenn ich die Mutter soweit habe, daß sie das Testament anficht, stelle ich mich hinter die Tochter und fange an, ihren Nacken zu küssen.«

»Kannst du dich nicht mit einem Händedruck begnügen?«
»Jane, ich bin die personifizierte Sünde!«
»Ich weiß, Harding.«
»Ich bin die Lust, ich vergifte die Liebe. Ich bin die Geldgier, vielleicht sogar der Teufel persönlich. Das wird der Regisseur vermutlich am Montag entscheiden.«
»Das wäre nicht schlecht. Dann könntest du für ein bißchen höllisches Feuer sorgen, wenn die Heizung mal wieder kaputt ist.«
»Ist es nicht alles phantastisch? Eine richtige Rolle in einem richtigen Stück? Für vierzig Dollar die Woche?«
»Nick –«
»Harding.«
»Harding, ich liebe dich. Oh, was soll das?«
»Ganz ruhig, meine Liebe. Ich probe nur meine Rolle. Du *weißt* doch: das mit den Händen zwischen den Schenkeln. Ganz langsam. Ist es so richtig? Ja? Bitte, sag mir, ob ich überzeugend bin. Wirkt es noch wie Theater? Oder bin ich authentisch?«

↠ 14 ↞

Darf ich sie selbst zitieren? »Wenn mein Mann niest«, hat sie einmal gesagt, »dann steht in der Zeitung, er hätte eine doppelseitige Lungenentzündung. Die ›New York Times‹ bringt sofort ihren vorfabrizierten Nachruf auf den neuesten Stand, die ›Village Voice‹ erörtert die Frage, ob Niesen ein politisches oder ein ästhetisches Phänomen sei, und die Boulevardblätter bieten Höchstpreise für seine Papiertaschentücher, um sie heimlich auf Kokainspuren untersuchen zu lassen.« Ich frage mich nur, was Jane Cobleigh wohl sagen würde, wenn sie wüßte, welche Aufmerksamkeit die Presse jetzt ihrer eigenen Person widmet.

Professor Edmond Coller,
Columbia School of Journalism,
in einem Interview mit dem National Public Radio

Die einzigen Sitzgelegenheiten in ihrer Wohnung waren vier harte Küchenstühle, deshalb verbrachten sie die meiste Zeit auf ihrem blauen Bett. Bei ernsthaften Diskussionen saßen sie nebeneinander am Fußende. Aber wenn sie sich entspannten und von den Ereignissen des Tages berichteten, ließen sie sich zurücksinken und lagen nebeneinander.

Als er Jane von den Liebschaften seines Vaters erzählte, bildeten ihre Körper ein T: Nicholas legte seinen Kopf in Janes Schoß und schloß die Augen, als er davon erzählte, wie er von Lucy Bogard, der Mätresse seines Vaters, verführt worden war.

Über ihre eigene Kindheit konnte Jane nur sprechen, wenn sie dicht bei ihm lag, den Kopf an seine Schulter gekuschelt.

Nicht selten hockte Jane auch im Schneidersitz auf dem Bett, während Nicholas alle viere von sich streckte oder herumturnte.

Als er eines Tages lang ausgestreckt und mit gefalteten Händen auf dem Bett lag, war Jane beunruhigt.

»Muß ich dir deinen dunkelblauen Anzug anziehen und eine weiße Lilie auf deine Brust legen?« fragte sie.

»Ich habe gerade über Harding Claybourne nachgedacht. Ich frage mich, warum er eigentlich so böse ist.«

»Ich verstehe kein Wort.«

»Im Ernst. Ich kriege diesen Harding nicht in den Griff. Jedesmal, wenn ich den Regisseur frage, sagt er mir, Harding müsse ganz kalt und gefühllos sein, aber er kann mir nicht sagen, warum der Bursche so ein mieser Typ ist. Er sagt, Harding sei eben ein Angehöriger der Oberschicht, völlig degeneriert. Alle menschlichen Eigenschaften seien ihm von klein auf abgewöhnt worden. Übriggeblieben sei nur der Instinkt, über andere herrschen zu wollen.«

Jane hätte ihn am liebsten umarmt und getröstet. Es machte sie regelrecht unruhig, daß er so unglücklich war. Ähnliche Regungen hatte sie auch schon bei anderen Menschen beobachtet. Niemand schien es ertragen zu können, wenn Nicholas unglücklich war. Jane war sich nicht sicher, ob es sein Aussehen, sein Verhalten oder sein rätselhaftes Charisma war, was diese Hilfsbereitschaft und Fürsorge bei allen auslöste, die Nicholas über den Weg liefen.

Sein Aussehen allein konnte es nicht sein, was Nicholas attraktiv machte. Rhodes sah besser aus und zog auch sehr viel Aufmerksamkeit auf sich, aber wenn er für irgendein Amt kandidiert hätte, wäre er bestimmt nicht gewählt worden. Und der andere gutaussehende Mann, den Jane kannte, ihr Schwiegervater, war so kalt und unnahbar, daß er niemanden anzog. Nur die Mutigsten oder Bedürftigsten hätten James Cobleigh um etwas gebeten.

Nicholas besaß außer seinem guten Aussehen noch etwas anderes. Eine Aura der Zuversicht und Kraft, die wie ein Magnet wirkte. Schon die kleinste Unzufriedenheit, die sich in seinem Gesicht zeigte, löste bei anderen das Bedürfnis aus, ihm zu Willen zu sein. Die Menschen waren bereit, diese Ausstrahlung anzuerkennen, und strebten nach seiner Zustimmung. Jane war sich bewußt, daß ihre eigene Beziehung zu Nicholas von diesem Bedürfnis bestimmt war, hatte die gleichen Gefühle aber auch bei seinen Geschwistern und sogar bei wildfremden Menschen beobachtet. Nur allzu gut erinnerte sich Jane, wie sich einmal im Supermarkt nicht weniger als drei andere Kundinnen und Kunden gleichzeitig um Nicholas bemüht hatten, als nicht gleich eine Verkäuferin kam, um ihm zu helfen.

»Kannst du mir nicht etwas genauer sagen, wo du das Problem siehst?« fragte Jane.

»Es geht über Harding Claybourne hinaus. Es betrifft nicht nur ihn, sondern das ganze Stück. Ich dachte wirklich, es wäre sehr gut. Ich meine, da ist zum Beispiel diese schöne, saftige Szene am Schluß, in der Harding nur noch dasitzt und zusieht, wie Mutter und Tochter sich gegenseitig zerfleischen. Erinnerst du dich? Am Ende haben sie weder Geld noch Liebe, keine Selbstachtung mehr und auch keinen Mann. Als Harding hinausgehen will, hält ihn die Mutter am Jackett fest und bettelt: ›Kannst du mir den Sinn des Lebens nicht nennen?‹ Aber Harding sieht sie nur an oder, besser gesagt, durch sie hindurch und sagt einfach: ›Nein.‹ Und dann geht er weg. Am Anfang habe ich gedacht, das ist unglaublich gut. Eine großartige Schurkenrolle. Aber ich hatte das Stück noch nicht richtig gelesen. Ich hatte nicht gemerkt, daß über diesen Harding Claybourne gar nichts drinsteht. *Warum* will er diese beiden Menschen zerstören? Woher kommt er? Wie hat er bis dahin gelebt? Ich weiß bloß, daß er Harding Claybourne heißt und in Yale war. Und daß er Squash spielt. Im ersten Akt sagt er einmal: ›Ich gehe jetzt Squash spielen.‹ Der Autor ist der Ansicht, das wäre typisch für die oberen Zehntausend.«

»Ist es das nicht?«

»Jane, bitte laß deine Witze. Ich kann doch die Bühne nicht als Verkörperung einer Gesellschaftsklasse betreten. Das ist jämmerlich.«

»Es ist langweilig.«

»Dann hilf mir doch. Sei meine mitfühlende Ehefrau und hilf mir.«

»Da gehe ich lieber Squash spielen.«

»Das wird wohl noch etwas dauern, bis du mit Squash anfängst...«

»Soll das heißen, daß ich in deinen Augen keine große Sportlerin bin?«

»Jane, sei nett und hilf mir ein bißchen.«

»Okay.« Ohne daß es ihnen bewußt wurde, rutschten sie ans

Fußende des Bettes und stellten die Füße auf den Boden. Ein ernstes Gespräch stand bevor. »Du bist vermutlich der einzige, der Harding für eine völlige Null hält, nicht wahr?«

»Nun ja, Gina findet auch, er sei ziemlich undurchsichtig, aber ich glaube nicht, daß sie schlaflose Nächte deswegen hat. Und die anderen sagen bloß immer, ich soll so tun, als hätte ich alle berühmten Schulen besucht und sei durch und durch verkommen und böse.«

»Ein Klischee. Komm, jetzt schau nicht gleich so bedripst. Machen wir uns an die Arbeit. Geben wir diesem Harding ein bißchen Seele. Er ist also ein ganz aristokratischer Typ. Wo ist er geboren?«

»In Cincinnati wohl nicht.«

Zwei Stunden später hatten sie eine komplette Biographie für Harding Claybourne entworfen, und Nicholas machte sich daran, seine Frau auf ein anderes Thema zu bringen. Er drehte sie auf den Bauch und küßte sie in den Kniekehlen. Dann ließ er seine Zunge ganz langsam über ihre Schenkel, ihr Rückgrat und ihre Schultern hinaufgleiten. Lustvoll leckte er die winzigen Schweißtröpfchen weg, die unter ihren Armen entstanden. Als er schließlich in sie eindrang, lag er auf ihrem Rücken und biß sie ins Ohrläppchen. Er hatte noch nie zuvor dergleichen getan, aber Jane war sich am Ende auch gar nicht mehr sicher, ob da Nicholas Cobleigh oder Harding Claybourne in sie hineinstieß.

Janes Kochkünste waren ein Witz, und es wäre auch wirklich zum Lachen gewesen, wenn Nicholas nicht hätte essen müssen, was sie hervorbrachte. So versuchte sie zum Beispiel das billige Fleisch, mit dem sie vorliebnehmen mußten, durch eine Sauce aufzuwerten, die aus Campbells unverdünnter Spargelcremesuppe mit ein paar Pfefferkörnern bestand. Der Geschmack war so penetrant, das ihn Nicholas auch mit Hilfe des viel zu süßen Schokoladenpuddings nicht loswerden konnte, den Jane nur mit der Hälfte der angegebenen Milchmenge angerührt hatte. Nicholas hatte sowohl in Trowbridge als auch in Brown Kantinenessen kennengelernt, das absolut grauenhaft war; aber es war »normaler« Fraß gewesen: verkochtes Gemüse, zähes Fleisch und Rührei aus Eipulver.

Aber Jane konnte es nicht lassen, mit den Essen zu experimentieren. Hot dogs mußten mit Käse gefüllt und in Schinken gewickelt, Obstsalat aus der Büchse mußte mit Sahnequark und Zucker vermengt, überbacken und heiß serviert werden. Nichts blieb so, wie es war.

Nicholas mußte allerdings zugeben, daß Jane außerordentlich attraktiv aussah, wenn sie kochte. Wenn sie von der Arbeit kam, zog sie sich nämlich als erstes ihr Kleid aus und streifte einen seiner Bademäntel über. Auf diese Weise spare sie Tausende von Dollars, die sonst in die chemische Reinigung wanderten, sagte sie. Spätestens um sechs fiel dann auch der Büstenhalter, dessen Träger angeblich ins Fleisch schnitten. Von da an konnte Nicholas seinen Blick nicht mehr von Janes großzügigem V-Ausschnitt lassen, während er den Tisch deckte. Er wurde fast immer belohnt, wenn schon nicht mit einem Blick auf ihre schwingenden Brüste, so doch mit dem Anblick ihrer goldenen Haut.

»Bist du dir eigentlich darüber im klaren«, sagte sie, »daß in einer Woche ein neuer Abschnitt der amerikanischen Theatergeschichte beginnt? Wenn später einmal deine Biographie geschrieben wird, ist ›Der letzte Wille‹ das erste Stück, das genannt wird, und die Leute werden Hunderte für den Programmzettel zahlen. Ich werde mir einen ganzen Stapel mitnehmen und eine steinreiche Frau werden.« Nicholas liebte ihren Ohio-Akzent, der allem, was sie sagte, eine mildere Note verlieh. Wenn sie eine dieser trockenen New Yorker Champagner-Stimmen gehabt hätte, wäre er vor ihren kleinen Spitzen vermutlich geflüchtet. Daß er überhaupt Sinn für Humor hatte, wußte Nicholas ohnehin erst, seit er Jane kannte.

Als das Telefon – ihre neueste Errungenschaft – klingelte, schälte Jane gerade die gekochten Eier. »Gehst du gleich selbst dran?« fragte sie. »Es ist sowieso Hollywood.«

Nicholas verschwand im Schlafzimmer. Als er zurückkam, setzte er sich stumm an den Tisch und starrte auf seinen Teller. Die Eier waren halbiert und heftig mit Paprika und Nelkenpfeffer bestreut worden. »Nick? Wer war denn dran?«

»Mein Vater.«

»Ist alles in Ordnung?«

»Er hat uns zum Essen eingeladen. Heute in einer Woche.«
»Du machst Witze!«
»Nein, er will ein vorzeitiges Weihnachtsessen mit uns veranstalten.«
»Aber in einer Woche ist doch erst Anfang Dezember.«
»Er wird über Weihnachten in Paris sein.«
»Nein! Das kann er doch deiner Mutter unmöglich antun!«
»Er hat gesagt ...«
»Was? Sag schon, Nick, was hat er gesagt?«
»Daß sie ihn vor die Tür gesetzt hat.«

James Cobleigh bestellte zu den Austern Champagner, aber noch ehe das erste Glas eingeschenkt war, merkte Jane, daß ihr Schwiegervater angetrunken war. Seine Augen schienen in einem blutunterlaufenen Tümpel zu schwimmen, und sein Blick schwankte unstet zwischen ihr und Nicholas hin und her.
»Ein Prosit auf deine liebende Mutter!« rief er, als ob er einen Saal mit dreihundert Gästen vor sich hätte. Amüsiert sahen die Leute von den Nachbartischen herüber, wandten den Blick aber rasch wieder ab, denn Janes Schwiegervater sah keineswegs glücklich, sondern geradezu bösartig aus.
»Fröhliche Weihnachten, Dad«, sagte Nicholas.
»Fröhliche Weihnachten«, sagte Jane. Im Gegensatz zu seiner Frau, die von vornherein darum gebeten hatte, Winifred genannt zu werden, hatte sich James nie zu diesem Thema geäußert, und so hatte Jane auf jede Anrede verzichtet. Wenn sie ihn »Mr. Cobleigh« nannte, würde er womöglich vergessen zu sagen: »Nenn mich doch Jim«, und sie wäre ein für allemal die Außenseiterin in der Familie.
James führte eine der Austern an den Mund und schlürfte sie aus. Jane folgerte, daß dies die klassische Methode sein müsse, und war schon im Begriff, nach einer der Austern zu greifen, als sie bemerkte, daß sich Nicholas der kleinen silbernen Gabel bediente, die bei dem Besteck lag. Ihr Schwiegervater war mit seinen Austern rasch fertig und betrachtete dann erstaunt die sechs leeren Schalen, als ob sich jemand daran vergriffen habe. Jane hätte schwören mögen, daß er vor seiner Hochzeit genausowenig wie sie gewußt hatte, wie Austern überhaupt aussehen.

»Nun«, fragte sie freundlich, »wie geht es denn jetzt?«

»Wie soll es mir schon gehen?« brüllte James. Die Gäste an den anderen Tischen zuckten genauso zusammen wie Jane. »Eines Abends sagt sie mir, sie hätte genug, und als ich am nächsten Tag nach Hause komme, stehen fünf Koffer und der Fahrer ihrer Mutter im Flur, so ein dämlicher Nigger, zwei Meter groß. ›Möchten Sie ins Plaza, Mr. Cobleigh?‹ Sie selbst war gar nicht zu Hause, sondern bei ihrer Mutter. Meine Koffer hatte das Dienstmädchen gepackt.«

»Bitte, Vater«, sagte Nicholas leise, »hör auf.«

»Halt den Mund!« brüllte James. Der Oberkellner eilte herbei, überlegte es sich dann aber anders und zog sich wieder zurück. »Du bedauerst sie noch, hab ich recht? Ich will dir etwas sagen: Sie hat immer gekriegt, was sie wollte. Sechs Kinder? Ich wollte sie nicht. Eine neue Wohnung? Selbstverständlich, Win. Hast du gedacht, ich hätte all diese Juwelen bezahlt? Hast du gedacht, ich würde mich auch nur im geringsten für chinesische Teppiche interessieren? Denkst du, ich wüßte auch nur, was sie alles besitzt? Alle Rechnungen gingen immer direkt an das Büro ihres Vaters. Ich wurde nur jeden Abend irgendwo im Frack vorgezeigt.«

»Wohnst du immer noch in der Wohnung dieser Mandantin in den Waldorf Towers?« fragte Nicholas ruhig.

Jane blickte sich nervös um. Der Kellner verharrte in einiger Entfernung und wagte offenbar nicht, sich zu nähern.

»Wenn der alte Tuttle nicht gewesen wäre«, sagte James bitter, »könnte ich heute einer der führenden Männer in der CIA sein. Hast du das gewußt, Nick? Der alte Bastard hat getan, was er konnte, um meine Karriere zu vereiteln. Er hat mich gehaßt und war überzeugt, ich hätte sie wegen ihres Geldes geheiratet, und nach dem Krieg, als ich aus Frankreich zurückkam –«

»Dad«, sagte Nicholas, »du mußt Jane wirklich mal von den Abenteuern erzählen, die du beim OSS erlebt hast.« Jane wäre lieber geflüchtet, aber Nicholas fuhr ungerührt fort. »Weißt du, er ist Geheimagent gewesen und hat mit der Résistance zusammengearbeitet. Er spricht so gut Französisch, daß er als französischer Bäckerbursche herumlaufen konnte. Die meiste Zeit war er in der Normandie und im Pas-de-Calais.«

»Schuld an allem ist dieser Psychiater. Er nutzt ihre Schwächen aus. In Wirklichkeit braucht sie gar keinen Psychiater.«

»Ich weiß nicht«, unterbrach Jane. »Nach allem, was Nick mir erzählt hat –« Mit einem scharfen Fußtritt unterbrach Nicholas ihre Intervention. Er sah seinem Vater so aufmerksam ins Gesicht, als erzähle dieser eine amüsante Familiengeschichte. In Wirklichkeit hatte James inzwischen die Aufmerksamkeit des gesamten Lokals auf sich und seine Begleitung gezogen. Sogar das Küchenpersonal spähte schon durch die halbgeöffnete Tür. Jane wäre am liebsten im Boden versunken.

»Der Psychiater und ihre Mutter. Alle beide bearbeiten sie, bis sie vollkommen wirr im Kopf ist. Und vorher ihr Vater. Seit wir uns kennen, ist sie von ihrer Familie in die Mangel genommen worden. ›Das ist ein übler Bursche. Der ist nicht gut genug für dich, und so weiter.‹ Kein Wunder, daß sie nie ganz sicher war, ob die Familien-Mafia nicht doch recht hatte.« Er lehnte sich zurück und sah plötzlich so geistesabwesend aus, als ob er in seinem Inneren eine lange Zahlenkolonne addiere. Der Kellner nutzte die Gelegenheit, um sich der Austernteller zu bemächtigen. James schien ihn nicht zu bemerken. Verzweifelt signalisierte Jane, daß sie gern aufbrechen wollte, aber Nicholas ignorierte sie völlig. In aller Ruhe nahm er sich eine Scheibe Weißbrot und bestrich sie mit Butter.

Der Kellner servierte den nächsten Gang. »Vorsicht, die Teller sind heiß«, sagte er und rannte wieder davon. Schweigend brütete James vor sich hin. Nicholas nahm sein Besteck und begann wortlos zu essen. Mit Blicken signalisierte er Jane, sie solle ebenfalls anfangen. Jane wußte, daß ihr Schwiegervater irgend etwas mit Kalbfleisch für sie bestellt hatte, aber die Speisen auf ihrem Teller erschienen ihr vollkommen geschmacklos. Ein paar Tische weiter verlangte jemand mit stummen Gesten die Rechnung. Andere Gäste hatten das Restaurant schon verlassen.

»Tja«, sagte Jane, um das Schweigen zu brechen, aber ihre Stimme klang schrill, obwohl sie flüsterte. »Das ist ein wichtiger Monat. Bald ist Weihnachten, Nicholas hat seinen ersten wichtigen Auftritt, und das Stück ist sogar schon in der Zeitung erwähnt worden –« Nicholas schüttelte unmerklich den Kopf, aber es war schon zu spät.

James beugte sich vor. »Der hier wird Schauspieler, der andere Pfarrer. Die beiden einzigen, die überhaupt ein bißchen Gehirn haben. Zwei Söhne mit Verstand – und beide ohne Saft und Kraft!« Er schlug mit der Faust auf den Tisch. »Richtige Männer würden doch keine so läppischen Berufe ergreifen!«

»Weißt du, woran ich vor einigen Tagen gedacht habe?« fragte Nicholas. »Ich mußte daran denken, wie wir einmal zusammen in dieser Hütte in den Berkshires waren –«

»Olivia hat immer noch keinen Studienplatz. Und die anderen ...« James lehnte sich zurück und verzog verächtlich die Mundwinkel. Jane stopfte verzweifelt das Essen in sich hinein, obwohl ihr jetzt schon fast schlecht war. Nicholas hatte zwar ununterbrochen mit Messer und Gabel hantiert, aber so gut wie gar nichts gegessen, wie sie jetzt feststellte. Er drehte sein Wasserglas in der Hand. Seine Gelassenheit war verschwunden, er sah so bleich und erschöpft aus wie jemand, der eine schmerzhafte Krankheit durchmacht.

James saß plötzlich sehr gerade auf seinem Stuhl. Er starrte seinen Sohn so verzweifelt an, als wollte er sein Gesicht, seine ganze Erscheinung mit den Augen verschlingen. Als er schließlich den Mund aufmachte, sprach er so leise, daß Jane sich anstrengen mußte, um ihn zu verstehen. »Ich habe sie alle angerufen«, sagte er. Tränen fielen ihm aus den Augen, und James ließ sie sich ungehindert übers Gesicht strömen. »Ich habe sie gebeten, heute abend zu kommen, aber du bist der einzige –« Er räusperte sich, aber das schien nicht zu helfen. Seine Stimme war vollkommen tonlos. Er zuckte die Achseln. »*C'est la vie*«, sagte er.

Lampenfieber konnte das nicht sein. Es war viel schlimmer, als er es sich vorgestellt hatte. Die üblichen Symptome wie Herzklopfen, Schweißausbrüche und Übelkeit fehlten vollkommen.

Nicholas schwebte zwischen zwei Welten. Er war ein Astronaut, der den falschen Knopf gedrückt hatte und nun in völliger Isolation im Weltraum kreiste. Von seiner warmen, bunten Umgebung trennten ihn gewaltige Mauern aus Eis. Er war gleichzeitig Schauspieler und Zuschauer, stand sich fremd gegenüber.

»Mr. Claybourne, wie liebenswürdig von Ihnen ...« Wie bei allen fünfzig Proben hörte er Gina Hollanders Stimme ersterben, als er die Bühne betrat. Sie führte die Fingerspitzen ihrer rechten Hand an die Lippen, räusperte sich delikat und brachte genau den vorgeschriebenen Eindruck hervor: Sie war eine vornehme, kaum vierzigjährige Witwe, die nach jahrzehntelanger Wohlerzogenheit plötzlich sexuelles Verlangen verspürt. Sie berührte ihre toupierten Haare und versuchte ihre wahren Gefühle hinter oberflächlicher Herzlichkeit zu verbergen, aber ihre Lippen zitterten leicht, als sie sagte: »Ich bin Ihnen so dankbar, daß Sie sich herbemüht haben. Ich fürchte – ich war – ich hätte einen Besuch in Ihrer Kanzlei jetzt nicht verkraftet.«

Er hatte es alles schon so oft getan. Er stellte seinen Aktenkoffer auf dem Tisch ab und knöpfte mit der Beiläufigkeit eines Callgirls seinen Pelzmantel auf. Genauso wie sie es geübt hatten, stürzte Gina herbei und fing den Mantel auf, ehe er von seinen Schultern herabglitt. »Entschuldigen Sie meine schlechten Manieren«, flötete sie. »Darf ich Ihren Mantel aufhängen?« Wie schon so viele Male zuvor legte sie sich den Mantel scheinbar gedankenlos über den Arm und streichelte zärtlich den Pelz. Jetzt kam die zweite Schauspielerin aus der gegenüberliegenden Tür, schwebte über die Bühne und stellte sich dicht vor ihn hin. Ihre jugendliche Schönheit wurde nur dadurch getrübt, daß ihr Make-up rings um das rechte Auge ein wenig verschmiert war. »Julie«, sagte Gina, »das ist Mr. Claybourne, den dein Vater zum Testamentsvollstrecker bestimmt hat.«

Nicholas hatte das Gefühl, gar nicht mit auf der Bühne zu stehen, sondern Kritiker zu sein. Die Mutter war ausgezeichnet. Aber die Tochter mit ihrem verschmierten Auge sah ziemlich gespenstisch aus, und ihren Südstaaten-Akzent hatte sie trotz der wochenlangen Proben noch immer nicht ablegen können. »Sie heißen Harding, nicht wahr?« nuschelte sie. Nicholas schrieb innerlich bereits an seiner Kritik: Jennifer Bowman, die als Julie Donaldson auftrat, machte den Eindruck, von der letzten Tennessee-Williams-Inszenierung übriggeblieben zu sein.

Nicholas nickte, wie es die Regieanweisung ihm vorschrieb. Er wußte, daß er gar nichts anderes tun konnte. Er wußte, daß er noch ihren nächsten Satz abwarten mußte, ehe er selbst den

Mund aufmachen durfte – falls er überhaupt in der Lage war, etwas zu sagen. Die Worte würden ihm sicherlich einfallen, aber er glaubte nicht, daß er sie aussprechen könnte. Er gehörte gar nicht hierher. Er sah an der jungen Schauspielerin vorbei in den Zuschauerraum und entdeckte in der dritten Reihe Jane, seine Mutter und seine Großmutter. »Als ich Ihren Namen im Briefkopf der Kanzlei las, Mr. Claybourne, stellte ich mir vor, Sie wären weißhaarig und ein wenig beleibt.« Ihr Pfefferminz-Atem traf ihn voll ins Gesicht.

Neben seiner Großmutter saß Thomas, Maisie umklammerte seine Hand, als ob sie der Vereidigung des Präsidenten oder einer Hinrichtung beiwohnte. Neben Thomas saß Onkel Jeremiah, den er schon seit Jahren nicht mehr gesehen hatte. Er leckte sich vor Aufregung die Lippen, wie es schien. Nicholas ließ seine Blicke unauffällig über den Zuschauerraum des kleinen Theaters hingleiten. Sein Vater war nirgends zu sehen.

Nein, er gehörte wirklich nicht auf die Bühne. Er sollte bei den anderen da unten in der dritten Reihe sitzen und darauf warten, daß hier oben etwas Interessantes geschah. Was für ein Irrsinn, Schauspieler werden zu wollen! Plötzlich wußte er, warum sich seine Eltern so aufgeregt hatten. Scham überflutete ihn. Dieser Fehlstart in seiner Karriere würde ihm noch jahrelang anhängen, auch wenn er längst ein angesehener Rechtsanwalt war.

Die beiden Schauspielerinnen berührten ihn beiläufig und fuhren dann erschrocken zurück, als sie merkten, was die jeweils andere getan hatte. Sobald sie zurückzuckten, mußte Nicholas etwas sagen. Irgend etwas, das ihre Eifersucht anstachelte. Was das war, hatte er völlig vergessen. Er konnte den beiden Frauen nicht helfen, er war kein Schauspieler. Selbst wenn ihm der Satz noch einfallen sollte, würde er ihn sicher nicht aussprechen können. Seine Zunge war wie gelähmt, er konnte sie keinen Millimeter bewegen. Wie ein Knebel steckte sie ihm in der Kehle. Sein Mund flog auf, um den schrecklichen Durst loszuwerden.

»Könnte ich bitte ein Glas Wasser haben?« Die Worte strömten flüssig heraus. Sofort ließen die beiden Frauen ihn los und liefen quer über die Bühne zur Bar, wo sie zusammenstießen, wie sie es etliche Dutzende Male geprobt hatten. Ganz automatisch erschien das kleine Lächeln auf seinem Gesicht. Er atmete tief ein und ließ sich viel Zeit. »Julie«, sagte er schließlich mit kräftiger, eiskalter Stimme, »warum geben Sie mir nicht das Wasser, während ich mit Ihrer Mutter spreche?« Gina kam wieder zu ihm zurück, ergriff seinen Arm und führte ihn über die Bühne zu einer samtbezogenen Couch. Als sie an der jüngeren Schauspielerin vorbeikamen, zitterten deren Hände, und die Eiswürfel in der Karaffe begannen zu klirren. Nicholas legte den Arm um die ältere Schauspielerin und zog sie zu sich heran, gleichzeitig warf er über ihren Kopf hinweg der jüngeren einen hintergründigen Blick zu.

»Ich fürchte, das Testament ist in einigen Punkten ziemlich verwirrend«, sagte die ältere Schauspielerin, als sie sich endlich gesetzt hatten.

»Es wird mir ein Vergnügen sein, Ihnen« – hier zögerte er den genau abgemessenen Bruchteil einer Sekunde – »beiden zu helfen.« Er spürte die feuchte Hand, mit der ihn Gina zu halten versuchte, und er spürte, wie die Jüngere sich zu nähern versuchte. Er hatte sie beide im Griff. Und das Publikum auch. »Ich werde mein Möglichstes tun, um Ihnen die Sache zu erleichtern.«

»Bitte nicht noch einmal, Jane. Du hast es schon hundertmal vorgelesen.«

»Ich brauche noch etwas Übung, Nick. Beim hundertsten Mal ist es immer am besten.« Sie griff nach der Zeitung.

»Aber bitte nicht die ganze Kritik.«

»Nein, nur den wichtigsten Teil.« Jane hob die »New York Times« mit der flachen Hand hoch, als wäre das zerknitterte Zeitungsblatt der heilige Gral. »Die Gestalt des aalglatten Rechtsanwalts Harding Claybourne, um den die beiden Frauen sich streiten, ist zwar recht oberflächlich entworfen, aber Nicholas Cobleigh machte das Beste daraus. Als der gutaussehende, kaltblütige Bösewicht ist er sehr überzeugend.‹ Das ist doch toll!«

»Lies es lieber noch mal etwas genauer. Nein, bitte nicht laut.«

»Es ist schon eine tolle Kritik, Nick – wenn man von dem kleinen Druckfehler absieht. Natürlich muß es heißen ›brillant‹ und nicht ›sehr überzeugend‹. Ich lese es dir noch einmal richtig vor, ja?«

Die Kette und das schwere Vorhängeschloß konnten die Burschen nicht stoppen. Jeden Abend um fünf kletterten sie über den drei Meter hohen Maschendrahtzaun, der den Sportplatz der St. Catherine School an der 48. Straße West von der Außenwelt abschloß, um beim Licht der Straßenlaternen eine Runde Basketball zu spielen. Abgesehen von Nicholas stammten sie alle aus der Nachbarschaft und hatten die St. Catherine's School besucht. Vor einem Freiwurf schlugen sie häufig das Kreuz.

Nicholas hatte seit seinem sechzehnten Lebensjahr nicht mehr Basketball gespielt, aber wenn er acht Stunden zusammengekrümmt in seinem Taxi gesessen oder beim Schauspielunterricht den ganzen Nachmittag Trauerposen geübt hatte, kletterte er noch schneller über den Zaun als die anderen.

»Hey, Nicky, hier!«

Er spielte den Ball ab. Er wechselte häufig die Mannschaft, je nachdem ob mehr Iren oder mehr Italiener und Puertoricaner auf dem Platz waren. In den Augen der anderen fehlte ihm die klare Identität. »Was bist du für einer?« hatten sie ihn gefragt, als er zum erstenmal am Zaun gestanden und zugeschaut hatte. »Was für eine Art Amerikaner?«

Der Ball knallte gegen das Korbbrett und prallte ins Spielfeld zurück. »Unser Ball«, schrie Nicholas.

»Er ist aus, du Arsch!« schrie einer von der Gegenpartei.

»Du hast ja Tomaten auf den Augen, Parisi!«

»Und du hast den Kopf bei deiner Mutter im Loch!«

»Halt's Maul, du Pottsau!«

»Nicky!«

Er fing den Ball und duckte sich, aber als er hochspringen wollte, um den Ball in den Korb zu befördern, nahmen zwei Gegenspieler ihn in die Zange. Der kleinere von ihnen trat Nicholas auf den Fuß. Nicholas stieß ihn mit dem Ellenbogen beiseite, konnte aber nicht verhindern, daß dem anderen dabei der Ball in die Hände fiel. »Saubande«, sagte er wütend.

Nicholas liebte dieses wilde Herumtoben im Halbdunkel. Sogar im Januar spielten sie oft nur in T-Shirts, auch wenn vom Hudson her ein eiskalter Wind zwischen den Brownstone-Mietskasernen wehte und den Straßenschmutz über den Platz wirbelte. Die Spielregeln ignorierten sie genauso wie den Zaun, die Kette und das Vorhängeschloß. Es ging nicht um Eleganz oder Technik, sondern ganz allein ums Gewinnen. Nicholas blieb immer nur eine Stunde, dann griff er schmutzig, verschwitzt und zugleich halb erfroren nach seiner Jacke, kletterte über den Zaun und ging nach Hause. Zwei Stunden später stand er dann auf der Bühne, strahlend und sauber, in einem dreiteiligen grauen Nadelstreifenanzug.

Einer seiner Teamkameraden, ein bulliger Ire mit einem Hals wie ein Mastbaum, wollte ihm den Ball gerade zuspielen, als ein Pfiff ertönte. Spielunterbrechung. Sie blieben stehen und drehten sich nach einer jungen Frau um, die draußen am Zaun stand.

»Was ist, Lady?« fragte einer.

»Schon gut«, sagte Nicholas. »Das ist meine Frau.«

»Oh. Wußte gar nicht, daß du verheiratet bist.«

»Jetzt weißt du es.« Er holte sich seine Jacke und kletterte über den Zaun. »Bis morgen.«

»*So long*, Nick.«

»Tut mir leid, daß ich dich störe«, sagte Jane und schlug den Mantelkragen hoch. Ihre Ohren waren gerötet vom Frost.

»Grüß dich«, sagte er, und sobald sie außer Sicht des Sportplatzes waren, küßte er sie auf die Nase. »Ist alles okay?«

»Ja, ich glaube schon.«

»Was soll das heißen?«

Jane zuckte die Achseln.

»Ist das Stück abgesetzt worden, und sie haben vergessen, es mir zu sagen?«

»Nein, Nick. Das wäre ja schrecklich.«

»Ganz so schrecklich ist es also nicht?«

»Vielleicht ist es sogar ... ein bißchen schön.«

»Ich weiß: Deine Stiefmutter ist gestorben. Nein, es war nur ein Witz. Komm, sag schon.«

»Ja, weißt du –«

»Jane, du hast mich von einem prima Spiel weggeholt.«

»Und du hast mich geschwängert.«

Rhodes Heissenhuber machte Jane die Tür seiner Suite auf. »Herzlichen Glückwunsch, Schwesterlein«, sagte er, umarmte sie und ließ sich einen Kuß geben.

»Du siehst blendend aus«, sagte Jane. »Sogar noch besser als gestern abend. Entweder hast du über Nacht abgenommen, oder du bist menschlich gereift. Dein Gesicht ist jedenfalls nicht mehr so rund.«

»Mein Gesicht ist nie rund gewesen.«

»Ein bißchen schon.«

»Nein, du Knalltüte, es ist nie rund gewesen. Ich habe nur mein Haar etwas wachsen lassen. Apropos rund! Zieh doch mal deinen Mantel aus. Ich möchte dich ansehen. Oh, diesen Sack da hast du doch gestern abend schon angehabt.« Es war ein weißes Strickkleid mit Rollkragen und weitem Rock. Sie hatte es sich zu Weihnachten gekauft, und es paßte ihr zum Glück immer noch. »Du siehst gar nicht so schwanger aus«, sagte Rhodes prüfend.

»Bin ich aber. Ich bin jetzt im vierten Monat.« Sie saß in einem tiefen Sessel und überlegte jetzt schon, wie sie daraus wieder hochkommen sollte, wenn sie essen gingen.

»Andererseits siehst du aber auch nicht so aus, als wärst du nicht schwanger. Aber das ist ja nichts Neues, nicht wahr? Du hast schon immer so ausgesehen, als wärst du im vierten Monat.«

»Das ist überhaupt nicht witzig, Rhodes. Bloß weil du in New York bist, brauchst du nicht gleich blöde Bemerkungen loszulassen.«

»Du hattest doch mit elf schon diese gewaltigen Möpse unter der Bluse. Warte nur, wenn du im neunten Monat bist, wirst du sie in der Schlinge tragen müssen, damit sie nicht auf dem Boden hinter dir herschleifen.«

»Rhodes, wenn du nicht sofort aufhörst, gehe ich wieder. Ich sehe überhaupt nicht ein, warum ich mir deine dummen Sprüche anhören soll, wenn ich statt dessen mit meinen Kolleginnen gemütlich im Büro sitzen und einen Gemüsequark essen könnte.«

»Vergiß es, Schwesterlein. Ich habe beim Zimmerkellner Kaviar und Champagner bestellt.«

»Wirklich?«

»Ja.« Rhodes setzte sich auf die Lehne der Couch, gegenüber von Jane. Unwillkürlich nahm er eine elegante Pose mit geradem Rücken und übereinandergeschlagenen Beinen ein, als ob er damit rechnen müßte, daß man ihn fotografierte.« »Und als Hauptgericht Lachs Imperial. Davon hast du bestimmt noch nie was gehört, oder?«

»Woher willst du das wissen?«

»Weil man es dir am Gesicht ablesen kann.«

»Nun ja, Champagner habe ich schon einmal getrunken.«

»Wo denn?«

»Nicks Vater hat uns vor Weihnachten zum Essen in ein französisches Restaurant eingeladen.«

»War das *danach*? Nachdem sie ihn rausgesetzt hat?«

»Wo hast du denn das schon wieder gehört?«

»Clarissa Gray ist eine Tuttle, hast du das schon vergessen? Offensichtlich ist die ganze Familie der Ansicht, Nicks Mutter hätte ihren Mann schon vor Jahren hinauswerfen sollen. Er hätte ständig Affären gehabt, und das sei auch die eigentliche Ursache für ihre Depressionen gewesen. Zum Teil waren es regelrechte Skandale mit allen möglichen –«

»Hat dir Mrs. Gray das erzählt?«

»Beruhige dich.«

»Sag schon!«

»Nein. Sie redet mit mir nicht über solche Dinge.«

»Wo hast du es dann gehört?«

»Rate mal.«

»Ach so.«

»Hör mal, er bezahlt deinen Kaviar. Mach bitte nicht so ein Gesicht.«

»Ich mache doch gar kein Gesicht.«

Es klopfte, und als Rhodes »herein« sagte, rollte der Zimmerkellner einen Serviertisch durch die Tür. »Ich mache das selbst«, sagte Rhodes, als der Kellner aufdecken wollte. Dann unterschrieb er die Rechnung. Der Kellner ging, und Rhodes stellte zwei Stühle heran, klappte das Serviertischchen auf und nahm die Deckel von den Schüsseln. Der Champagnerkorken knallte nur leise.

»Weiß Mr. Gray eigentlich, was du hier treibst?«

Sie bemühte sich, aus dem Sessel aufzustehen, und Rhodes half ihr. »Was meinst du?« fragte er.

»Daß du unser Essen bei ihm auf die Rechnung setzt.«

»Ach, Jane, du bist doch ein süßes Dummerchen. Hast du immer noch nicht begriffen, daß ich für ihn arbeite? Ich habe ein eigenes Spesenkonto, was dachtest du denn?«

»Du bist doch gerade erst neunzehn.«

»Na und?« Er häufte einen Löffel Kaviar auf eine Toastscheibe, biß ab und kaute genüßlich. »Willst du nicht auch mal probieren?«

»Nein danke.« Sie wandte den Blick ab.

»Bitte, Jane! Fang damit nicht wieder an! Okay?«

»Wohin fahrt ihr von hier aus?« fragte sie leise.

»Ein paar Tage in die Schweiz. Dann will er nach Italien zum Skifahren.«

»In Italien?«

»Das ist sehr schick.« Er goß ihr ein Glas Champagner ein. »Es wäre natürlich noch schicker, wenn ich auch Skilaufen könnte. Wie er das überhaupt durchstehen will mit seinem gräßlichen Hinkebein, ist mir schleierhaft. Aber vielleicht gibt es ja Spezial-Ski für Krüppel. Apropos Krüppel, er würde dich und Nicholas gern morgen noch sehen. Übermorgen reisen wir ab.«

»Wir wohnen im fünften Stock. Meinst du, er schafft das?«

»Warum sollte er? Er möchte Nick auf der Bühne sehen und dann mit uns in ein anständiges Restaurant gehen. Du könntest ihm ja wohl kaum sehr viel anbieten in eurem Luxusapartment, oder? Dachtest du an ein gemütliches Souper bei euch in der Küche, bei dem wir zu viert um die Badewanne herumsitzen? Wolltest du Decken verteilen für den Fall, daß die Heizung ausfällt? Ein Märchenschloß ist es ja nicht gerade. Ich weiß, ich war gestern nur kurz bei euch in der Wohnung, aber ich bin mir nicht sicher, ob Philip Gray eure kleinen runden Ameisen auf dem Küchenfußboden für den Gipfel der Innendekoration hält. Aber ich kann mich ja irren.« Rhodes unterbrach sich. »Warum ißt du denn keinen Lachs?«

»Ich mag keinen Fisch.«

»Oh, Mann, du bist ganz schön bescheuert. Das hier sind nicht Dorothys gräßliche Fischkroketten.« Er zog die Augenbrauen in die Höhe und schüttelte übertrieben den Kopf. »Sag mal, wieso bist du eigentlich schwanger geworden? Hast du noch nie was von Empfängnisverhütung gehört?«

»Es geht dich zwar nichts an, aber weil du so ein reizender Mensch bist, kann ich's dir anvertrauen: Es war eine Panne.«

»Eine Panne! Großartig. Du hast es schon immer verstanden, dich ordentlich in die Tinte zu setzen. Es muß eine erfreuliche Aussicht sein, dein Baby in eurem Rattenloch großzuziehen, du mußt ihm unbedingt eine Kakerlake zähmen, damit er ein nettes Haustierchen hat. Und wenn du nachts aufwachst, vergiß nicht, das Licht anzuknipsen, damit du siehst, ob dein Baby schon blaugefroren ist. Oh, Jane, fang bitte nicht an zu weinen. Bitte.«

»Ich weine ja gar nicht.« Jane bedeckte ihr Gesicht mit den Händen und rieb sich mit kalten Fingern die Lider. Sie war müde, schrecklich müde. Ständige Erschöpfung war bisher das hervorstechendste Symptom ihrer Schwangerschaft, aber diese Erschöpfung bestimmte ihr ganzes Leben. Selbst wenn sie zehn Stunden geschlafen hatte, war sie noch müde.

Rhodes war aufgestanden. Er legte den Arm um seine Schwester und führte sie zu einer Couch in der Ecke des Zimmers. Sie streckte sich darauf aus und schloß wieder die Augen. Lange Zeit hielt Rhodes ihre Hand.

»Ist es so schlimm?« fragte er schließlich.

Sie zog ihre Hand zurück und setzte sich auf. »Ja«, sagte sie.

»Seid ihr pleite?«

»Wir haben noch genug auf der Bank, um das Krankenhaus zu bezahlen, aber das ist auch alles. In der Redaktion haben sie mir gesagt, ich müßte mit der Arbeit aufhören, wenn ich zu rund würde. Es wäre nun mal ein Magazin für Teenager und kein Informationsblatt für werdende Mütter.«

»So was Blödes! Wie konntest du nur zu so einem blöden Verein gehen?«

»Es war ja alles ganz anders geplant.«

»Okay. Tut mir leid. Was ist denn mit Nick?«

»Er hat den Schauspielunterricht aufgegeben. Ich habe ihn angefleht weiterzumachen, aber er behauptet, er brauche den Unterricht nicht. Jetzt fährt er wieder den ganzen Tag Taxi, wenn er nicht gerade irgendwo vorsprechen muß. Das Stück, in dem er mitspielt, läuft nur noch zwei Wochen, dann will er wieder nachts taxifahren. Wir brauchen eine neue Wohnung. In der 46. Straße können wir mit dem Baby nicht bleiben.«

»Ich weiß.«

»Wir haben keine Möbel. Wir haben kein Geld, um die Kaution für eine neue Wohnung zu zahlen. Bei der Telefongesellschaft sind wir im Rückstand, ich muß dringend zum Zahnarzt, und ein Kinderbett haben wir auch nicht. Es nimmt überhaupt kein Ende, Rhodes.«

»Was ist denn mit deinen wohlhabenden Schwiegereltern? Haben die sich zu etwas entschlossen? Oder ist Armut etwas so Peinliches, daß sie nicht in der Lage sind, darüber zu reden?«

Jane wischte sich über die Augen. »Nein, das ist es nicht. Nicht die Armut, sondern die Schauspielerei ist ihnen peinlich. Jedenfalls bei einem der ihren, bei mir wäre es ihnen völlig egal. Aber der großartige Nicholas Tuttle Cobleigh ein Schauspieler? Niemals. Öffentlich seine Gefühle herzeigen? Undenkbar.«

»Hat er sie nicht um Hilfe gebeten?«

»Doch. Es war schrecklich für ihn. Sie sind so ... Ich hasse sie richtig. Nein, das stimmt nicht. Aber sie sind so schrecklich selbstgefällig, finde ich. Sein Vater hat gesagt, er wolle nicht auch noch dazu beitragen, daß Nick sein Leben verpfuscht. Ist das nicht großartig? Er selbst hat sein ganzes Leben in einer Anwaltskanzlei zugebracht, die er nicht ausstehen kann, und jetzt verlangt er, daß sein Sohn denselben Weg geht. Es ist wirklich ein Witz. Ach, ja. Weißt du, was er Nick in die Hand gedrückt hat? Einen Zettel mit der Adresse eines Arztes, der Abtreibungen macht.«

»Ist seine Mutter eigentlich noch in der Klapsmühle?«

»Nein. Aber wegen ihrer psychischen Probleme haben ihre Brüder die Verwaltung ihres Erbteils übernommen. Nicks Großmutter liebt ihren Enkel zwar innig, aber sie ist schon über achtzig und blickt nicht mehr durch.«

»Hat er es denn bei ihr versucht?«

»Das schon. Aber er ist wohl so behutsam vorgegangen, daß sie überhaupt nicht verstanden hat, was er wollte. Sie hat gar keine Vorstellung mehr von der Bedeutung des Geldes. Sie hat seit sechzig Jahren keine Rechnung mehr bezahlt. Wir waren zum Kaffeetrinken bei ihr, und als Nicholas durchblicken ließ, daß wir etwas knapp dran wären, schenkte sie uns dieses reizende, durch und durch freundliche Lächeln und sagte, wir brauchten uns gar keine Sorgen zu machen, sie würde die Babyausstattung kaufen. Wir werden die Eltern mit dem bestgekleideten Baby der 46. Straße sein, Rhodes. Sie ist eine wunderbare alte Dame, aber obwohl sie immer wieder erzählt, daß sie in ihrer Jugend ganz arm war, hat sie keine Vorstellung, wie es ist, wenn man kein Geld hat. Am Schluß hat sie Nick beiseite genommen und ihm gesagt, sie hätte ihn in ihrem Testament erwähnt. Ist das nicht lieb?«

»Vielleicht kann er ein bißchen nachhelfen, damit sie schneller in den Himmel kommt?«

»Rhodes!« Sie faßte nach der Hand ihres Bruders. »Es ist wirklich ganz lausig. Sonntags fährt Nick jetzt zwei Schichten, und er ist vollkommen fertig. Ich fürchte, wenn ich erst richtig schwanger aussehe, kriegt er es mit der Angst zu tun und gibt auf. Aber ich will keinen Rechtsanwalt. Ich will einen Schauspieler. Er ist wirklich ungeheuer begabt. Warte nur, bis du ihn siehst! Er darf sein Talent nicht vergeuden. Nicht wegen mir.« Sie zögerte einen Moment. »Ich habe schon daran gedacht, ob ich es mir wegmachen lassen soll«, sagte sie schließlich.

»Eine Abtreibung? Könntest du das?«

»Nein. Ich mache mir nur solche Sorgen wegen Nick. Für ihn ist das alles zuviel.«

»Warum denn?«

»Du kennst ihn doch. Er ist immer ein Liebling des Schicksals gewesen. Wenn er auf die Straße geht, hört es sofort auf zu regnen, und die Sonne kommt hinter den Wolken hervor. Die Leute drängeln sich nur so, um ihm zu helfen. Bis jetzt jedenfalls, bis ich aufgetaucht bin. Seitdem ist alles viel schwerer geworden. Seine Familie ist wütend auf ihn, weil er nicht Jura studiert, und wahrscheinlich sind sie auch schrecklich enttäuscht, daß er nicht dieses maßgeschneiderte Mädchen geheiratet hat. Du brauchst gar nicht zu lachen, Rhodes. Er ist von allen Seiten verwöhnt worden, und jetzt wohnt er in einem Rattenloch, wie du ganz richtig gesagt hast, und er ist todunglücklich dort, das weiß ich genau. Nick ist gerade erst einundzwanzig. Alle seine Freunde fliegen auf die Bahamas, gehen mit reichen Mädchen aus, treiben sich in Nachtklubs herum ... Und er sitzt mit einer schwangeren Frau da.«

»Na und? Denkst du, er läuft dir davon?«

»Nein, natürlich nicht. Ich könnte nur zu gut verstehen, wenn er seine Freiheit zurückhaben wollte. Er hat sich bestimmt nicht vorgestellt, daß es so hart werden würde.«

»Du bist wirklich ein Schatz, Jane.« Rhodes ließ ihre Schultern los. »Ist das alles, was du von Nick erwartest? Daß er seine schwangere Frau sitzenläßt und sich mit einer reichen Erbin an jedem Arm in den Nachtklubs herumtreibt?«

»Nein. Aber du weißt doch, wo er herkommt, Rhodes. Er ist die Armut nicht gewohnt.«

»Noch ein paar Monate mit dir und deinen Minderwertigkeitskomplexen, dann ist er ein echter Sozialfall. Warum hast du so wenig Vertrauen zu deinem Mann, Jane?«

»Rhodes –«

»Hast du Vertrauen zu ihm?«

»Ja.«

»Na also. Dann ist ja alles in Ordnung.«

Der Brief kam zwei Tage, nachdem Rhodes und Mr. Gray in die Schweiz abgereist waren. Er war kurz und bündig:

Liebe Jane,
zum Geburtstag herzliche Glückwünsche! Falls wir uns in den nächsten Wochen nicht sehen sollten, möchte ich Dir auch für die Geburt Deines Babys viel Glück wünschen. Es war sehr schön, Dich und Nick hier zu sehen. Clarissa und ich hoffen sehr, daß Du für unser neuestes Familienmitglied ein hübsches Geschenk findest. Herzlich, Philip Gray.

Beigefügt war ein Scheck über dreitausend Dollar.

→ 15 ←

> Männliche Stimme: Zu Gast im Studio ist heute Professor Ritter vom Englischen Seminar der Brown University. Professor Ritter war jahrelang der Leiter von ›Sock & Buskin‹, der Theatergruppe des Colleges, in der Jane Heissenhuber und Nicholas Cobleigh sich kennengelernt haben. Herr Professor, erinnern Sie sich noch an die erste Begegnung der beiden? Professor Ritter: Ja. Es war, wenn mich nicht alles täuscht, im Wintersemester 1960/61 ...
>
> WPRO Radio, Providence

Nicholas wiegte seine Tochter sacht in den Armen und kitzelte sie mit der Nase. »Hallo, Baby«, flüsterte er.

Jane knöpfte ungeschickt die kleinen Knöpfe ihres Nachthemds auf und griff nach dem Kind. Zögernd legte es Nicholas in die Arme der Mutter. Er hätte gern weiter mit seiner kleinen Tochter gespielt. Obwohl es gegen die Vorschriften des Krankenhauses verstieß, setzte er sich neben Jane auf die Bettkante. Ein weißer Vorhang schirmte sie von der Außenwelt ab.

Das Baby fand die Brust ohne Hilfe und begann sofort heftig zu saugen. »Ist das nicht toll?« fragte Jane. »Es funktioniert offenbar.« Plötzlich verdüsterte sich ihr Gesicht. »Meinst du, sie kriegt auch was raus?«

Nicholas grinste, streckte die Hand aus und stützte damit die Brust, an der seine Tochter gestillt wurde. »Na, hör mal, da ist doch ganz schön was drin«, sagte er.

Jane drehte sich weg. »Das kitzelt!« sagte sie. »Bitte nicht.«

Das Baby war noch nicht einmal einen Tag alt, aber Nicholas wünschte jetzt schon, Jane wäre wieder zu Hause. Länger als eine Stunde durfte er nicht auf der Wöchnerinnenstation bleiben, und er hatte schon eine Viertelstunde damit vertrödelt, den anderen Frauen im Zimmer guten Tag zu sagen; dann hatte er Jane zur Toilette begleitet. Sie behauptete zwar, es ginge ihr gut, aber sie blinzelte dauernd, und einmal mußte er sie auffangen, als ihr die Knie einknickten. Er hatte den Verdacht, daß die Anästhesie immer noch nachwirkte.

Während sie das Baby stillte, senkte Jane die Lider, bis sie fast geschlossen waren. Wären sie zu Hause in ihrer neuen Wohnung gewesen, hätte sich Nicholas zu ihr ins Bett legen, ihr Nachthemd noch weiter aufknöpfen und ihre andere Brust streicheln können. Eigentlich hätte er am liebsten selbst an ihrer Brust gesaugt. Aber er hütete sich, dergleichen zu äußern. Er wußte inzwischen, daß sie sich über alles, was über einfachen Geschlechtsverkehr hinausging, ziemlich aufregte.

Im zweiten Monat ihrer Ehe hatte er sie einmal zur Fellatio zu überreden versucht, als sie wegen ihrer Monatsblutung Krämpfe im Unterleib hatte. Aber Jane hatte sich losgerissen und so laut »Nein!« geschrien, daß er fürchten mußte, die Zimmernachbarn könnten sie hören.

Er hatte behauptet, es wäre überhaupt nichts dabei, aber in Wirklichkeit waren bisher nur zwei Mädchen bereit gewesen, seinen Schwanz in den Mund zu nehmen. Die eine hatte Angst um ihre Jungfernschaft gehabt und jedes Rendezvous damit beendet, daß sie sich auf dem Vordersitz seines Autos ausstreckte und seinen Schoß bearbeitete. Bei ihren Bemühungen stieß sie fast jedesmal mit dem Hinterkopf gegen das Lenkrad. Diana war zunächst weniger bereitwillig gewesen, hatte aber genügend Erfahrung, um ihn soweit zu bringen, daß er es ihr gleichzeitig auch machte.

Jane zu überreden, wurde zu einer Prinzipienfrage für ihn, aber es sollte noch Monate dauern, bis sie es akzeptierte. Er mußte bitten und betteln, schmollen und zuletzt schreien, bis sie es tat. Erst als er sie anbrüllte, gab sie nach. Er schämte sich deswegen. Aber als er ihren Kopf in den Händen hielt und in ihren Mund hineinstieß, bis sie beinahe erstickte, war sein Triumphgefühl fast stärker als seine sexuelle Erregung. Er hatte deswegen freilich kein allzu schlechtes Gewissen; denn er verlangte es nicht sehr oft, und Jane schien von Mal zu Mal eher bereit, ihm zu Willen zu sein.

Im neunten Monat, als ihnen der Geschlechtsverkehr untersagt war, hatte er das Gefühl, daß sie seine Zärtlichkeiten nur noch ungeduldig ertrug. Meist hatte sie ihn mit der Hand zu befriedigen versucht, und es war deutlich zu merken, daß sie es nur als eine Pflichtübung vor dem Einschlafen ansah.

Sie war nicht frigide. Obwohl sie sehr zurückhaltend war, wußte er längst, daß sie es gern sah, wenn er nackt in der Wohnung herumlief. Sie keuchte, wenn er sie streichelte, ihre Brustwarzen richteten sich auf, und sie wurde auch feucht zwischen den Schenkeln. Aber ihre Orgasmen waren nicht überzeugend. Sie hatte offensichtlich noch nie einen erlebt, sonst hätte sie besser geschauspielert. Nicholas wußte, worauf er wartete; er hatte die heftigen Zuckungen Dianas erlebt, mit denen ihr Körper ihn in sich hineinzog und den Erguß herbeiführte. Wenn sich Jane danach an ihn klammerte, dann war das nicht die Schwäche der befriedigten Lust, sondern die Schwäche der Angst.

Manchmal ärgerte er sich über ihre Prüderie, manchmal hatte er Schuldgefühle, weil er so egoistisch war, sie immer wieder besitzen zu wollen. Aber er liebte und begehrte sie, und es gefiel ihm, daß ihm die Ehe nicht nur eine gute Kameradin, sondern auch eine jederzeit verfügbare Frau eingebracht hatte.

Jetzt wäre er froh gewesen, ihr überhaupt etwas näherkommen zu dürfen. Die letzte Nacht war erstaunlich unbefriedigend verlaufen. Das Baby war um zehn Uhr geboren worden, und die nächste halbe Stunde hatte er in einer Telefonzelle verbracht, um die Familie zu informieren. Zwei Minuten lang hatte er das Baby durch die Trennscheibe gesehen, dann hatte ihn die Schwester nach Hause geschickt. Die neue Wohnung wirkte verlassen und tot. Nicholas war ins Kinderzimmer gegangen und hatte etwas ratlos die kleinen Wölkchen betrachtet, die Jane rings um die Tür gemalt hatte. Am Fenster stand das spitzengeschmückte Körbchen, in dem er selbst als Baby geschlafen hatte. Das hatte seine Mutter geschickt. Die Wickelkommode aus zweiter Hand, die er frisch gestrichen hatte, stand noch auf den alten Zeitungen, mit denen er den Fußboden abgedeckt hatte. Das Baby war zwei Wochen zu früh gekommen. Die Möbel standen wie Bühnenkulissen herum.

Auch der Rest der Wohnung wirkte gespenstisch. Vor der Hochzeit in Providence hätte er vermutlich zu der Annahme tendiert, Jane gäbe keine penible Hausfrau ab. Aber das Gegenteil war der Fall. In der Küche standen die Tassen im Regal wie Soldaten bei einer Parade – alle Henkel nach rechts, und trotz ihrer Schwangerschaft hatte Jane auch die Betten sorgfältig aufgeschüttelt und die Laken gespannt.

Nicholas hatte zu schlafen versucht, aber ohne Janes Atemzüge war der Raum wie tot gewesen. Er vermißte ihr gemurmeltes »Gute Nacht«, ehe er einschlief, und das kaum noch verständliche »Hast du auch den Herd ausgestellt?«

Er berührte ihre Hand. »Jane?«

»Ach, entschuldige. Ich habe nicht geschlafen. Aber das Stillen macht einen so ruhig. Weißt du noch, nach wieviel Minuten das Kind an die andere Brust soll?«

»Ich weiß auch nicht mehr, was die Schwester gesagt hat. Du mußt sie noch einmal fragen. Bitte, mach die Augen nicht wieder zu. Wir müssen uns einen Namen für unsere Tochter ausdenken.«

»John geht ja nun wohl nicht mehr?«

»Ich glaube kaum.«

»Über die Mädchennamen wollten wir doch erst in dieser Woche nachdenken, und nun ist das Kleine schon da.«

»Wir haben noch genau dreißig Minuten. Dann ist die Besuchszeit vorbei. Ich habe meiner Großmutter versprochen, sie spätestens um neun anzurufen und ihr den Namen durchzusagen. Ich glaube, sie möchte uns irgend etwas mit einem Monogramm schenken.«

»Aber sicher nur, wenn das Kind mehr als dreitausend Gramm wiegt, oder nicht?« Jane streichelte den bräunlichen Flaum auf dem Kopf ihrer Tochter. »Wie sieht sie denn deiner Meinung nach aus? Ich finde, sie ist eine Miranda.«

»Nein.«

»Samantha? Christiana?«

»Bitte keine exotischen Namen.«

»Die sind doch überhaupt nicht exotisch. Was ist mit Gwendolyn?«

»Und wie findest du Mary?«

»Das kann doch nicht dein Ernst sein, Nick! Mary Cobleigh? Das klingt wie ein Barmädchen. ›Noch ein Bier, Mary Cobleigh‹. Könnten wir nicht Maria draus machen?«

»Das ist zu katholisch.«

»Hast du Angst, sie läuft von zu Hause weg, um Nonne zu werden? Ich finde Maria sehr nett.«

Das Baby war eingeschlafen. Nicholas beugte sich vor und kitzelte es am Mund.

»Wie wäre es denn mit Tuttle?« fragte Jane. »Dann paßt sie besser auf die Schule deiner Schwestern.«

»Gräßlich«, sagte Nicholas. »Ich kenne Dutzende von Mädchen, die Heywood oder Lockhart getauft worden sind und jetzt mit irgendwelchen albernen Kosenamen herumlaufen müssen. Obwohl –«

»Was?«

»Was mir irgendwie gefällt, ist Heissenhuber Cobleigh. Es klingt so vornehm. Sehr vornehm.«

»Wenn du nicht aufhörst, schreibe ich Daisy auf die Geburtsurkunde.«

»Jetzt weiß ich was, Jane!«

»So? Sprich dich nur aus!«

»Dorothy.«

»Da wäre ja John besser.« Janes Blick wanderte von ihrer Tochter zu Nicholas. »Sag mal ganz ehrlich: Bist du eigentlich enttäuscht, daß es kein Sohn ist?«

»Nein. Wirklich nicht. Ich habe dir doch schon vorher gesagt, daß mir beides lieb ist. So, und jetzt brauchen wir endlich einen netten, schlichten Namen für unser Kind. Caroline.«

»Das klingt, als wollten wir die Kennedys kopieren.«

»Na gut. Ann.«

»Ann Cobleigh. Das ist fast ein bißchen zu schlicht.«

»Elizabeth.«

»Das gefällt mir«, sagte Jane. »Aber sieht sie denn wie eine Elizabeth aus?«

»Wenn du sie Zelda nennst, wird sie wie eine Zelda aussehen.«

»Nein, das stimmt nicht. Laß sehen. Du magst also schlichte, englische Vornamen.«

Nicholas nickte. »Wirklich schade, daß Jane schon besetzt ist«, sagte er. »Das ist ein richtig brauchbarer Name.«

»Laß mich mal nachdenken«, sagte sie. »Olivia und Abigail kommen für uns nicht in Frage. Das gleiche gilt für Winifred.«

Nicholas sah sein Kind prüfend an. Die Nase, die in der Nacht noch ziemlich platt gewesen war, nahm allmählich Gestalt an. Das kleine Mädchen hatte das runde Tuttle-Gesicht, die klare Haut der Cobleighs und Janes vollen, kräftigen Mund. »Ich weiß«, sagte Jane. »Victoria.«

»Victoria?«

»Victoria Cobleigh. Es klingt ein bißchen feudal, aber das macht nichts. Sie kommt ja aus gutem Hause. Also, was meinst du?«

»Du versprichst, sie nicht ›Tory‹ zu nennen?«

»Nein! Vielleicht ›Vicky‹, wenn sie so energisch und sportlich wie du wird. Aber sonst ist sie unsere süße, elegante, bewundernswerte –«

»Victoria.«

Das Gewitter am frühen Morgen hatte der Hitze nichts anzuhaben vermocht. An diesem Samstag Anfang September ließ die Sonne die Luft in der Stadt kochen. Jane fühlte sich so schwach, als ob sie schweres Fieber gehabt hätte. Mit zitternden Knien schob sie den Kinderwagen zum Central Park. Solange kein Schneesturm oder Hurrikan über New York hereinbricht, muß das Baby jeden Tag an die frische Luft, hatte der Kinderarzt gesagt, und Jane hielt sich daran. Victoria war jetzt einen Monat alt, sie lag mit nackten Beinchen in ihrem Wagen und schlief.

Die drei britischen Kindermädchen, die auf den Bänken am Rand des Spielplatzes saßen, waren hochrot im Gesicht. Sie mußten die Nachhut der New Yorker Oberschicht sein; denn alle, die es sich irgendwie leisten konnten, waren längst vor der Hitzewelle geflüchtet. Wahrscheinlich ist Nicholas auch in einem dieser eleganten Gefährte herumkutschiert worden, dachte Jane. Aber mit den Kindern, die jetzt darin lagen, würde Victoria wahrscheinlich nie spielen dürfen. Die Kinder mit englischen Nannies durften nie mit den Kindern spielen, die von farbigen Kindermädchen oder gar von ihren eigenen Müttern in den Park gebracht wurden. Die Klassenunterschiede mußten auch auf dem Spielplatz gewahrt bleiben.

Jane setzte sich abseits auf eine Bank. Alle paar Minuten lief ihr ein Schweißtropfen den Rücken hinunter, ihr Baumwollkleid klebte ihr an den Schenkeln. Jane trug immer noch Umstandskleider. Sie hatte zwar sehr abgenommen seit der Geburt und wog nicht viel mehr als zu Beginn ihrer Schwangerschaft, aber ihre Figur war noch längst nicht wieder so straff wie zuvor, und weil sie stillte, waren ihr sämtliche Blusen zu eng. Sie fürchtete, daß ihr auch die Wintersachen nicht mehr passen würden. Das wäre katastrophal, denn sie konnte sich keine neuen leisten. Womöglich mußte sie bis zu ihrer nächsten Schwangerschaft in Umstandskleidern herumlaufen.

Jane bedauerte, daß heute keine der Mütter im Park war, mit denen sie sonst über Milchschorf, Zellstoffwindeln und die postnatale Depression hatte plaudern können. Nur hier am Spielplatz traf sie mit Frauen zusammen, denen sie sich ganz gleichgestellt fühlte. Sonst verkehrten sie nur mit Freunden und Verwandten von Nicholas. Jane seufzte und suchte in Victorias Kinderwagen nach Papiertüchern, um sich den Schweiß von der Stirn und vom Nacken zu wischen.

Nicholas schien sich bei Jurastudenten und Börsenmaklern wohler zu fühlen als in der Gesellschaft von Schauspielern. Obwohl er seine eigenen Rollen tagelang analysierte, interessierten ihn Grundsatzdiskussionen über die Schauspielkunst genausowenig wie der Klatsch am Theater. Nicholas war gern mit Jane zusammen und ging nicht oft aus, aber wenn er es doch einmal tat, saß er nicht etwa bei Downey's oder Sardi's mit anderen jungen Schauspielern, sondern traf sich mit wohlerzogenen, sportlichen jungen Männern wie denen aus seiner Studentenverbindung in Brown. Jane fand diese Burschen genauso uninteressant wie ihre Frauen, die immer nur über Ferienhäuser und Schuhsalons sprachen. Selbst die intelligenteren konsumierten Romane, Theaterstücke und Konzerte wie Gummibonbons: Sie kauten ein bißchen darauf herum und schoben sich dann gleich das nächste zwischen die Zähne. Diese Frauen hatten von klein auf ein sehr behütetes Leben gehabt, wohlverpackt in der Watte des Wohlstands. Keine von ihnen hatte jemals auch nur eine Sekunde über die Kosten nachgedacht, ehe sie ein Ferngespräch führte.

Jane musterte ihr Kleid. Es war vollkommen durchgeschwitzt, und auf der linken Brust erschien ein dunkler Fleck. Es war etwas Milch durchgesickert. Obwohl das Baby friedlich schlief, wäre Jane gern nach Hause gegangen und hätte sich vor den Ventilator gesetzt, aber sie fühlte sich zu schwach, um von der Bank aufzustehen.

Wenigstens fuhr Nicholas nicht mehr Taxi. Einen Teil des Geldes von Philip Gray hatten sie als Kaution für eine Wohnung an der 92. Straße hinterlegt, zwischen der Madison Avenue und der Park Avenue. Der Immobilienmakler hatte von einer Zweieinhalb-Zimmer-Wohnung gesprochen, aber das Kinderzimmer war nicht viel mehr als eine größere Nische. Das Haus wirkte unfreundlich, im Treppenhaus roch es modrig, und der Lack an den Türen blätterte ab.

Seit fünf Monaten verdiente Nicholas ihren Lebensunterhalt jetzt als Schauspieler. Er hatte Rollen in zwei Off-Broadway-Stücken gehabt, von denen eins bereits nach zwei Aufführungen wieder abgesetzt werden mußte. Das andere Stück, in dem er einen jungen irischen Priester spielte, lief zwei Monate lang. Außerdem hatte Nicholas in einem Werbespot für Kräuterdrops mitgewirkt. Er war den ganzen Tag mit einem anderen Schauspieler in Cowboykluft auf einem unbebauten Grundstück in Brooklyn hin und her geritten. Ab und zu hatten sie ihre Pferde gezügelt, und Nicholas mußte dem anderen eine Rolle Drops zuwerfen. Der hatte ihn mit einem anerkennenden Blick anzusehen und zu sagen: »Ah, Kräuterzucker! Besten Dank!«

Ein üppiges Leben war es nicht gerade. Sie hatten immer noch keinen Kleiderschrank, und für neue Kleider, eine Couch oder einen Restaurantbesuch fehlte das Geld. Aber es langte immerhin für die Miete und einen gelegentlichen Kinobesuch. Außerdem hatte Nicholas eine Krankenversicherung für die ganze Familie und eine Lebensversicherung für sich selbst abgeschlossen, und als Jane aus dem Krankenhaus kam, hatte er sie mit einem Transistorradio und einem Zwanzig-Dollar-Bücherscheck überrascht. »Ich möchte doch nicht, daß du dich jetzt langweilst«, sagte er.

»Langweilen werde ich mich bestimmt nicht«, versicherte sie und sah lächelnd zu, wie er Victoria auf den Arm nahm.

Sie hatte sich tatsächlich keine Minute gelangweilt. Aber gestern war etwas anderes, viel Schrecklicheres passiert. Sie hatte im Kinderzimmer gestanden, die frischgewaschene Babywäsche zusammengelegt und dabei über die neue Rolle nachgedacht, für die Nicholas demnächst vorsprechen sollte. Es war der Part eines Armeehauptmanns aus Alabama, und Nicholas war in die Bibliothek in der 42. Straße gegangen, um sich Schallplattenaufnahmen mit Schriftstellern aus den Südstaaten anzuhören, die aus ihren Werken lasen, damit er den Akzent üben konnte. Jane hatte sich vorzustellen versucht, wie er mit geschlossenen Augen dasaß, die Kopfhörer an die Ohren preßte, um sich ganz auf die Sprechweise der Südstaatler zu konzentrieren, als eine jähe Erkenntnis sie streifte: Sie würde niemals Schauspielerin werden. Nie. Die Erkenntnis ließ sich nicht einfach wegwischen, auch jetzt nicht, als sie im Central Park saß. Es war niederschmetternd, und Jane wurde geradezu schwindlig davon. Sie hatte ihre Chance verspielt. Sie hatte ihren großen Traum, das Ziel ihres Lebens – in die Fußstapfen ihrer Mutter zu treten und Schaupielerin zu werden – aufgegeben, ohne sich dessen richtig bewußt zu sein. Je länger sie darüber nachdachte, um so klarer wurde ihr, daß Nicholas dies in dem Augenblick gewußt haben mußte, als das Ergebnis des Schwangerschaftstestes vorlag. Er hatte aufgehört, ihr die Anzeigen in »Backstage« vorzulesen, mit denen Schauspielerinnen zum Vorsprechen eingeladen wurden; wenn sie ins Theater oder ins Kino gingen, sagte er nicht mehr zu ihr, daß diese oder jene Rolle von ihr viel besser gespielt worden wäre. Es gab keine Rollen mehr, die für sie ideal waren. Nur noch zwei: Hausfrau und Mutter.

Jane vertrug die Hitze nicht gut. Auch in Cincinnati war es oft schwül gewesen, aber die drückende Atmosphäre von Manhattan war ganz unerträglich. In den Straßenschluchten fing sich die Hitze, auf den Bürgersteigen schmolz der Asphalt, und aus den Abwässerschächten stiegen faulige Gase.

Jane hatte schreckliche Kopfschmerzen, ihr Gehirn schien sein Gehäuse sprengen zu wollen. Sie preßte ihre Fäuste gegen den Schädel. Wenn es nur nicht so grauenhaft heiß gewesen wäre! Nach Hause, sie mußte nach Hause! Sie legte die Hände auf den Griff des Kinderwagens und hob ihren Kopf. Mühsam zog sie sich von der Bank hoch. Der Boden unter ihr schien zu schwanken, und ihr Herz raste. Es gelang ihr nicht, den Körper unter Kontrolle zu bringen. Gleich würde sie stürzen und dabei den Kinderwagen umkippen. Victoria würde herausfallen. Erschrocken ließ sie den Griff los und sank in sich zusammen. Sie durfte nicht auf den Hinterkopf fallen. Auf allen vieren kniete sie neben der Bank. Sie wußte nicht mehr, wo oben und unten war. Ihr Herz schlug wie ein Dampfhammer. Warum half ihr denn keiner? Sie wimmerte leise. Die Angst und die Schande überwältigten sie. Ob die englischen Kindermädchen sahen, was vorging, und darüber redeten? Ob wohl ein Polizist kam und Victoria mitnahm, wenn sie jetzt ohnmächtig wurde? Oder würde jemand ihr Baby entführen? Wie lange es wohl dauerte, bis jemand kam? Würde ihr Baby womöglich verdursten? Sie versuchte sich zu erheben, hockte sich eine Sekunde lang hin, dann versagten ihr endgültig die Beine, und sie fiel flach auf den Rücken. An ihren Oberschenkeln spürte sie einen scharfen Schmerz, als ob sich dort ein Ast oder ein Stück Metall in ihr Fleisch bohrte. Sie faßte hin, und als sie die Hand wieder unter ihrem Kleid hervorzog, waren die Finger voll Blut.

Eins der Kindermädchen näherte sich. Jane zog sich an der Bank hoch. Was sollte sie sagen? Noch ehe die andere sie ansprechen konnte, packte Jane den Griff des Kinderwagens und rannte davon. Weg vom Spielplatz, hinaus aus dem Park. Das blutende Bein wurde steif. Sie mußte langsamer gehen. Als sie an der Fifth Avenue war, röchelte sie wie ein verwundetes Tier. Die Leute drehten sich schon nach ihr um. Wahrscheinlich hatte sie auf ihrem Kleid einen Blutfleck. Mühsam brachte sie ihren Atem unter Kontrolle.

Ihr Herz pochte immer noch gegen die Rippen, aber es war nicht mehr so schlimm. Ihre Kopfschmerzen hatten sich in ein dumpfes Pulsieren verwandelt.

Ganz langsam und stets in Sorge, der Anfall könnte von neuem beginnen, humpelte sie zurück in die Wohnung. Als sie es endlich geschafft hatte, ließ sie das immer noch schlafende Baby im Wagen, stellte den Ventilator an und öffnete sämtliche Fenster. Dann zog sie ihr Kleid aus. Es war völlig durchgeschwitzt, und hinten zeichnete sich ein großer Blutfleck ab. Jane streifte ihren Büstenhalter ab und zog ihr Höschen aus, das ebenfalls voller Blut war.

Jane legte sich aufs Bett und schloß die Augen. Das Baby fing an zu wimmern, und in Sekundenschnelle wurde daraus energisches Schreien. Jane stand auf und humpelte zum Wagen, nahm Victoria heraus und setzte sich nackt auf einen Küchenstuhl, um das Baby zu stillen.

Plötzlich stand Nicholas in der Küche, der sie unverschämt angrinste. »Fabelhaft siehst du aus«, sagte er und schnalzte leicht mit der Zunge.

Nicholas' neue Rolle war gar nicht so übel, aber sie hatte auch zwei entscheidende Nachteile. Zum ersten mußte er mit einem Bürstenhaarschnitt herumlaufen, und zum anderen war »Goodbye Cousin Willy« ein außerordentlich langweiliges Stück.

Der Bürstenhaarschnitt wäre vielleicht noch ganz lustig gewesen, aber Nicholas sah sich gar nicht mehr ähnlich damit. Als er morgens das erste Mal vor dem Spiegel stand mit der neuen Frisur, hatte er das Gefühl, einen fremden jungen Mann zu rasieren. Jane mußte jedesmal lachen, wenn sie ihn sah, auch nachdem er sie wütend aufgefordert hatte, das »blöde Gekicher« jetzt endlich zu lassen. Bevor das Stück auf Tournee ging, waren sie noch bei Nicholas' Mutter zum Essen eingeladen. Winifred war ihm mit der flachen Hand über die weichen Borsten gefahren und hatte erklärt, er sähe sehr jung damit aus.

»Goodbye Cousin Willy« war von der gleichen Einfallslosigkeit wie die meisten anderen Stücke am Broadway: Aus nah und fern kommen die Mitglieder einer großen Familie zusammen – in diesem Falle aus Anlaß der Beerdigung eines jungen Schriftstellers. Die Vergangenheit wird analysiert, es kommt zu heftigem Streit, und am Schluß werden einige mehr oder weniger häßliche Wahrheiten ausgesprochen.

Die Rolle, die Nicholas spielte, war nicht sehr groß, aber für die Handlung entscheidend. Der Berufsoffizier Bryan Thompson war genauso alt wie sein Vetter Willy und hatte den sensiblen jungen Schriftsteller, wie sich im Laufe des Stücks herausstellte, so lange terrorisiert und als Feigling verspottet, bis dieser nicht mehr wagte, dem einzigen Mädchen, das ihn hätte retten können, seine Liebe zu gestehen. Bryan war ein brutaler Schläger, der natürlich in seiner Seele die schlimmsten Zweifel an seiner eigenen Männlichkeit hegte. Die Rolle stellte keine große Herausforderung dar. Nicholas orientierte sich einfach an seinem ehemaligen Hockeytrainer in Trowbridge, der ganze Schülergenerationen schikaniert hatte, weil er sie für verwöhnte Muttersöhnchen hielt. Er imitierte die Art und Weise, wie der Trainer besonders die schwächeren und verletzten Spieler herumgehetzt hatte und ihnen so dicht auf den Leib gerückt war, daß sie ständig zurückweichen mußten, fügte einen Südstaaten-Akzent hinzu und wirkte auf diese Weise sehr glaubwürdig.

»Sie sind ein großartiger Bryce«, vertraute ihm Beatrice Drew, der Star des Stücks, nach der Premiere in Philadelphia an. Sie hatten sich im Aufzug getroffen, und Beatrice hatte ihn eingeladen, mit ihr zu frühstücken. Nicholas war gern darauf eingegangen. Beatrice, die Willys Mutter spielte, war eine gute Schauspielerin, und er hatte sie schon bewundert, als er noch gar nicht daran dachte, selbst jemals auf der Bühne zu stehen.

»Vielen Dank.«

»Mir hat gefallen, wie sie hinter dem militärischen Auftreten immer die Aggressivität und Wut dieses Kerls spüren ließen.« Beatrice langte beim Frühstück herzhaft zu. Im Nu hatte sie sämtliche Brötchen und selbst die Petersilie, mit der ihr spanisches Omelett garniert war, verputzt. »Sich aufzuregen und einen Wutausbruch nach dem anderen zu inszenieren, ist relativ einfach«, fuhr sie fort. »Aber still vor sich hinzubrodeln, ist etwas ganz anderes. Sie beherrschen diese Kunst wirklich vollendet. Brodeln Sie oft?«

»Nein«, sagte Nicholas. Er wußte nicht recht, ob sie sich über ihn lustigmachen wollte, ob sie mit ihm zu flirten versuchte oder ob sie einfach bloß Konversation machte. Er war immer wieder erstaunt, wie gelassen viele Frauen erst seinen Ehering ansahen und ihm dann, ohne mit der Wimper zu zucken, mehr oder weniger deutliche Anträge machten. Er sah, daß Beatrice Drew seinen Ehering anstarrte.

»Kommt Ihre Frau auch her?« fragte sie.

»Nein. Wir haben eine zwei Monate alte Tochter zu Hause.«

»Wie schön!« Er wußte nicht, ob sie es wirklich schön fand. Wie so viele Theaterleute war sie liebenswürdig und charmant, aber schwer zu durchschauen. »Wie heißt sie denn?«

»Victoria.«

»Was für ein hübscher Name! Aber Sie sehen selbst noch so jung aus. Darf ich fragen, wie alt Sie sind, Nicholas?«

»Zweiundzwanzig.«

»Du meine Güte! Sie sind ja noch ein richtiges Küken! Dafür haben Sie es aber schon sehr weit gebracht! Zweiundzwanzig und auf dem besten Weg, den Broadway für sich zu erobern.«

»Ich habe Glück gehabt.«

»Nicht nur. Sie sind auch sehr gut. Wollen Sie den Toast noch essen? Nein? Vielen Dank. Meine Mutter hat gesagt: ›Die Sahne schwimmt immer oben.‹ Das stimmt auch. Sie sind ein guter Schauspieler, Sie sehen blendend aus, und Sie haben eine reizende Art. Die Leute mögen Sie, und das ist die Hauptsache. Das sind fünfundzwanzig Prozent des Erfolgs. Wenn einer ein Stück auf die Bühne bringen oder einen Film drehen will, wird er sagen: Wir brauchen einen gutaussehenden Burschen, der sowohl achtzehn als auch vierzig sein könnte ... Ich hab's! Wir nehmen den netten Nicholas Cobleigh. Das ist ein richtiger Profi. Keine Wutanfälle und keine Nervenzusammenbrüche. Läßt sich leicht dirigieren. Und er ist ungeheuer begabt.«

»Vielen Dank, Beatrice. Möchten Sie noch etwas Kaffee?«

»Ja, bitte.« Nicholas winkte der Kellnerin. »Wissen Sie, Nicholas, viele Schauspieler, die auf Dauer Erfolg haben, wären auch auf jedem anderen Gebiet erfolgreich gewesen: als Journalisten, Zahnärzte oder was auch immer. Und warum? Weil sie Verstand haben. Sie verstehen ihre Rollen, sie wissen, daß sie ihre Eitelkeit zurückhalten müssen, und sie lassen sich von den richtigen Leuten vertreten. Ich bin jetzt seit dreißig Jahren im Geschäft, und abgesehen von den ersten beiden Jahren, als ich bei Macy's nebenher Socken verkaufte, habe ich immer ganz gut davon gelebt. Wissen Sie, warum?«

»Weil Sie eine großartige Schauspielerin sind.« Die Kellnerin, die gerade ihre Tassen nachfüllte, warf Beatrice einen prüfenden Blick zu und verzog das Gesicht. Dann rannte sie eilig davon.

»Ich bin eine gute Schauspielerin, aber ich bin auch nicht dumm. Ich glaube, ich habe mir nirgendwo Feinde gemacht. Jedenfalls nicht für längere Zeit. Spätestens, wenn das Stück auslief, war ich wieder mit allen gut Freund. Außerdem habe ich einen guten Agenten, und ich kann ein gutes Stück von einem schlechten unterscheiden.«

»Glauben Sie, daß ›Cousin Willy‹ ein gutes Stück ist?« fragte Nicholas.

»Welcher Ansicht sind Sie denn? Nein, nein, bitte, das ist keine Falle. Ich will Sie nicht provozieren. Ich verspreche, es bleibt unser Geheimnis.«

»Ich weiß nicht recht. Es ist ...«

»Es ist was?«

»Langweilig. Es ist genauso wie hundert andere Stücke.«

»Es ist genauso wie hundert andere Stücke, die Sie gesehen haben, Nicholas. Es ist genau die Sorte Theater, die sich lange hält. So ein Stück läuft nicht ewig, aber doch mindestens eine und eine halbe Saison. Es hat genügend dramatische Effekte und gruselige Szenen, um den Leuten das Gefühl zu geben, sie bekämen für ihr Geld auch was geboten. Ich bin genau wie Sie der Ansicht, daß es kein besonders gutes Stück ist, aber schlecht ist es auch nicht. Und für Sie ist es eine hervorragende Gelegenheit, sich zu zeigen und etwas bekannter zu werden. Von der Gage ganz abgesehen. Sie müssen schließlich an Victoria denken. Wie heißt Ihre Frau?«

»Jane.«

»Sagen Sie ihr, daß sie ein Mordsglück hat mit Ihnen. Wenn wir wieder in New York sind ... Sagen Sie, wer ist eigentlich Ihr Agent?«

»Ich habe noch keinen. Es haben sich zwar schon ein paar bei mir gemeldet, aber ich wußte nicht recht, wie ich mich verhalten soll und wer der richtige Mann für mich ist.«

»Wenn wir wieder in New York sind, werde ich Sie mit Murray King bekannt machen. Er ist seit vielen Jahren mein Agent und ein sehr guter Freund außerdem.«

»Natürlich kenne ich Murray King. Dem Namen nach, meine ich. Das wäre phantastisch, wenn Sie mich vostellen würden. Vielen Dank, Beatrice. Ich weiß gar nicht recht, was ich sagen soll ...«

»Sie brauchen gar nichts zu sagen, Nicholas. Heben Sie sich das alles für Murray King auf.«

Murray King hatte der Sekretärin gesagt, er wolle in der nächsten halben Stunde ungestört bleiben, aber jedesmal, wenn das Telefon im Vorzimmer klingelte, zuckte er heftig zusammen, so als ob jeder nicht von ihm persönlich beantwortete Anruf ein milder Elektroschock für ihn wäre. Dennoch konzentrierte er sich auf seinen Besucher. »Dafür, daß Sie erst vierzehn Monate im Geschäft sind, haben Sie ja schon eine Menge erreicht«, sagte er. Er ließ seinen Blick über den kurzen Lebenslauf gleiten, den Nicholas mitgebracht hatte, und als er zu den Engagements kam, las er die Titel der Stücke laut vor. »Hmm, lassen Sie sehen! ›Der letzte Wille‹, ›Stu-‹« Er warf Nicholas einen kritischen Blick zu. »Da geben sie einem Stück so einen dämlichen Titel und wundern sich dann, wenn die Kritiker sie damit aufziehen! Wie lange ist denn ›Stupor‹ gelaufen?«

»Zwei Tage«, sagte Nicholas. Er saß ebenso wie der berühmte Theateragent in einem bequemen Armsessel. Einen Schreibtisch gab es nicht in diesem Büro. Statt dessen waren sämtliche horizontalen Flächen mit Manuskripten bedeckt, an den Wänden standen vier wandhohe Regale, die von unten bis oben mit Büchern, Schnellheftern und weiteren Manuskripten vollgestopft waren. Murray hatte offenbar sämtliche Stücke gelesen, die in den letzen vierhundert Jahren verfaßt worden waren. Es war nicht sehr hell, denn Murray hatte die Rolläden heruntergelassen und ließ kein Tageslicht ein. Neben seiner rechten Hand standen zwei Telefone auf einem kleinen Rauchtisch. Die Schale mit Weintrauben dazwischen sah ziemlich verstaubt aus. Vermutlich waren die Früchte aus Wachs.

Ein bißchen sah Murray selbst wie eine Wachsfigur aus. Er erinnerte Nicholas an die Schneider bei Brooks Brothers, die immer kreidige Finger und ein Bandmaß um den Hals hatten umd immer etwas gebückt gingen, weil sie ständig irgendwelche Hosenbeine, die gekürzt werden mußten, absteckten. Murray sah weder glücklich noch unglücklich aus. Dennoch überlegte Nicholas dauernd, ob er ihn nicht irgendwie aufheitern könnte. Es wollte ihm zwar nichts einfallen, aber als der Agent von seinem Lebenslauf aufsah, lächelte ihn Nicholas freundlich an. Murray sah ziemlich überrascht aus, dann überzog ein Lächeln seine Züge, daß so eilig wieder verschwand, als wäre es ein Gespenst. »Beatrice hat gesagt, Sie wären ein netter Kerl«, murmelte Murray.

»Vielen Dank.«

Murray wandte seine Aufmerksamkeit wieder dem Lebenslauf zu. »Kräuterdrops?« murmelte er.

»Wie bitte?« fragte Nicholas. Der Mann tat ihm irgendwie leid. Am liebsten hätte er ihm auf die Schulter geklopft und gesagt, es würde schon alles gut werden. Immer wieder mußte er sich daran erinnern, daß er vor einem der mächtigsten Theateragenten New Yorks saß. »Entschuldigen Sie, ich habe nicht verstanden, was Sie gesagt haben.«

»Ich weiß, ich nuschle. Das sagen sie alle. Aber am Telefon bin ich gut zu verstehen. Am Telefon bin ich überhaupt klasse. Welcher Kräuterzucker-Spot ist das gewesen?«

»Der Western. Wir haben aber alles in Brooklyn gedreht. Ich mußte direkt auf die Kamera zureiten und dem anderen Schauspieler eine Rolle Kräuterzucker zuwerfen.«

»Können Sie reiten?«

»Ja.«

»Gut?«

»Ganz gut. Besondere Tricks kann ich nicht.«

»Es geht ja nicht darum, daß Sie kopfstehen im Sattel. Aber können Sie wie ein englischer Gentleman reiten? Mit Stiefeln? Über Zäune springen und durchs Gebüsch?«

»Ich haben nicht mehr viel Übung, aber so etwas müßte ich hinkriegen.«

»Ich habe da einen Rasierwasser-Spot für J. Walter Thompson. Sie wollen die Rolle am Montag oder Dienstag besetzen. Draußen in Westchester. Sie wollen alle erst auf einem Pferd sehen, ehe sie sich entscheiden. Sind Sie daran interessiert?« Nicholas nickte. Er wußte nicht recht, was er sagen sollte. »Was können Sie sonst noch?« fragte Murray.

»Ich kann weder singen noch tanzen«, sagte Nicholas.

»Das macht nichts. Tanzstunden haben sie alle genommen. Auch Steppen ist nichts Besonderes mehr. Das brauchen Sie nicht. Können Sie fechten?«

»Nein, aber ich bin ein guter Sportler gewesen. Ich kann –«

»Haben Sie Muskeln?«

»Nicht wie ein Bodybuilder.«

»Wenn die Leute Herkules wollen, müssen sie einen anderen Agenten anrufen. Hören Sie, wenn Sie diese Pferdesache wollen, wird Ihnen das Mädchen draußen – sie heißt Toni – einen Zettel mit der Adresse geben.« Murray stützte sich auf seine Sessellehnen und stand so vorsichtig auf, als hätte er Muskelkater oder Arthritis. »Rufen Sie mich an, wenn Sie die Rolle gekriegt haben.«

Nicholas stand ebenfalls auf. Er hatte mit Jane ein paar konkrete Fragen erörtert, die er dem Agenten hatte stellen wollen, aber Murrays zwanglose Art hatte ihn völlig entwaffnet. »Soll ich irgend einen Vertrag unterschreiben?« fragte er unsicher. Hoffentlich hatte er jetzt nicht gegen irgendeine elementare Verhaltensregel unter Theaterleuten verstoßen ...

»Ach, ja, richtig. Nein, kein Vertrag. Aber gut, daß Sie fragen, sonst hätte ich Ihnen womöglich noch bis zum Aufzug nachlaufen müssen. Kein Vertrag. Ich arbeite nur per Handschlag. Sie treten mir zehn Prozent von dem ab, was Sie verdienen. Wenn ich etwas höre, rufe ich Sie an. Bestimmt! Sie können sich darauf verlassen. Machen Sie doch kein so enttäuschtes Gesicht! Ich habe ›Cousin Willy‹ drei- oder viermal gesehen. Ich weiß, daß Sie nicht bloß ein netter junger Mann, sondern ein sehr brauchbarer Schauspieler sind. Wenn ich von einem guten Stück höre, rufe ich Sie sofort an.«

Nicholas streckte die Hand aus. »Ich wünschte, mir würde irgendwas Originelles einfallen. Vielen Dank, Mr. Murray.«

»Das ist originell genug. Ach, ja, und noch etwas, Nicky. Wenn Sie nach Westchester fahren, setzen Sie doch einen Hut auf oder dergleichen. Die Leute von Thompson brauchen ja nicht als erstes diesen schrecklichen Bürstenhaarschnitt zu sehen. Und vergessen Sie nicht, Toni Ihre Adresse und Telefonnummer zu hinterlassen. Wenn Sie mich anrufen wollen, tun Sie das. Ansonsten melde ich mich bei Ihnen.«

»Vielen Dank.«

»Ganz meinerseits. Ich hoffe, Sie machen uns reich.«

→ 16 ←

> ... die Schwester des Schauspielers, Olivia Cobleigh-Gold aus Chevy Chase, teilte mit, sie habe gestern mit ihrem Bruder telefoniert und er habe ihr versichert, die Ärzte hätten die Hoffnung keineswegs aufgegeben, daß Jane Cobleigh völlig wiederhergestellt werden könne. Mrs. Cobleigh-Gold ist die Frau von Mitchell Gold, dem stellvertretenden Staatssekretär für Lateinamerika ...
> Washington Post

Winifred besuchte sie mindestens einmal die Woche. Jedesmal trug sie ein anderes Kostüm, nur die Schuhe schienen immer dieselben zu bleiben: Ziegenleder-Pumps im Herbst und im Winter, Sandaletten im Frühling und im Sommer. Allerdings hatte Jane den Verdacht, daß Winifred mindestens so viele Paar Schuhe hatte wie Kostüme und Kleider, denn sie sahen immer so blank und neu aus, daß sie das New Yorker Pflaster kaum berührt haben konnten.

»Ich trau mich gar nicht, mich zu bewegen«, sagte Winifred. Eine halbe Stunde lang war ihre Enkelin Victoria mit einer klappernden Holzente durchs Zimmer gerannt, ehe sie sich zu Winifred auf den Schoß locken ließ, wo sie jetzt schlief. Seit einer Woche hatte sie einen bösen Schnupfen, ihre Nase war verstopft, und sie röchelte leise. »Holst du bitte mal meine Handtasche, Jane? Danke. Da müßte ein blauer Zettel mit einer Liste drin sein, vielleicht ist er auch lila. Hast du ihn? Ja, genau. Ach, er war also doch rosa? Ich habe ein Gedächtnis wie ein Sieb. Wahrscheinlich müssen sie mich bald wieder einsperren. Am besten für immer.«

»Unsinn, Winifred. Dir geht es doch gut.«

»Ja, denn du siehst gut aus.« Zumindest war Winifred in sehr viel besserer Verfassung als bei ihrer ersten Begegnung. Wenn sie lächelte, konnte man sicher sein, daß es nicht nur Höflichkeit war. Ihre Geduld mit ihrem Enkelkind war erstaunlich. Victoria lag mit dem Kopf auf ihrem Arm und hatte ihr bereits die ganze Bluse vollgesabbert, aber Winifred betrachtete die Kleine so erfreut, als überschüttete das Kind sie mit Diamanten und Perlen. In Anbetracht der Tatsache, daß sie ihre eigenen Kinder von Nannies hatte aufziehen lassen, war das in der Tat eine sehr verblüffende Entwicklung.

Seit ihrer Trennung von James vor zwei Jahren hatte Winifred nur noch einmal ganz leichte Depressionen gehabt. Als Jane sie im Juni 1961 kennengelernt hatte, war Winifred so blaß gewesen, daß ihre Sommersprossen wie ein bräunlicher Hautausschlag aussahen, und unter den Augen hatte sie nachtschwarze Ringe gehabt. Jetzt hatte sie eine viel gesündere Gesichtsfarbe, die dunklen Ringe waren verschwunden, und obwohl ihre Augen oft so trüb waren wie die eines Menschen, der viele Medikamente einnehmen muß, hätte jeder unvoreingenommene Beobachter sie ohne weiteres für eine völlig normale Fünfzigjährige gehalten.

»Könntest du mir die Liste bitte vorlesen?« bat Winifred. »Ich habe meine Brille nicht auf.« Ihre Finger spielten mit Victorias braunen Locken.

»Pem«, las Jane von dem rosa Papier ab.

»Ach, ja. Cully Daniels hat angerufen und gefragt, ob du denen in Pembroke schon geschrieben hast. Du weißt schon, dieses Empfehlungsschreiben für Ihre Tochter.«

»Natürlich habe ich geschrieben«, erwiderte Jane. »Vor einem Monat schon. Ich habe dem Mädchen doch eine Kopie geschickt.«

»Gut. Vielen Dank. Du weißt sicher, wie ... unklar die Auskünfte solcher Schulmädchen oft sind. Wahrscheinlich hat sie einfach vergessen, es ihrer Mutter zu sagen. Entschuldige, daß ich dich überhaupt mit dieser Geschichte belästigt habe.«

»Das ist schon in Ordnung.«

»Du kennst das Mädchen ja nicht einmal. Aber sie ist wirklich sehr nett. Ein Botticelli-Gesicht mit einer Rubens-Figur. Sie wird bei den Jungens bestimmt viel Erfolg haben. Ich glaube, Edward ist ziemlich scharf auf sie, aber sie will wohl nichts von ihm wissen.«

»Karten«, las Jane weiter vor. »Meinst du für ›Key to the City‹?«

»Ja. Ein paar französische Mandanten von James sind in der Stadt. Er braucht insgesamt sechs Karten. Findest du das nicht merkwürdig?«

»Warum? Meinst du, sie können kein Englisch?«

»Das meine ich nicht. Ich finde es nur ein bißchen merkwürdig, daß James nicht einfach das Telefon nimmt und Nicholas direkt anruft – oder dich. Statt dessen läßt er seine Sekretärin bei mir anrufen. ›Hier ist das Büro von James Cobleigh‹, sagt sie mit ihrer piepsigen Stimme. ›Ist Mrs. Cobleigh zu Hause?‹ Dabei weiß sie ganz genau, daß ich selbst am Apparat bin. Jedesmal denke ich: Jetzt verlangt er die Scheidung, damit er dieses Glamourgirl, dieses Fotomodell, heiraten kann, mit dem er sich herumtreibt. Wenn er die Scheidung haben will, kann er sie haben, sage ich mir, und mir zittern die Fingern. Dann ist er endlich am Apparat, und was sagt er? ›Win, diese Franzosen besuchen mich wieder. Ich brauche sechs Karten für das Stück, in dem Nicholas mitspielt. Aber schick sie mir ins Büro, nicht nach Hause.‹ Und dann sagt er auf Wiedersehen. Ist das nicht verrückt?«

»Nun, ja. Vielleicht versucht er ... Ich weiß nicht. Wahrscheinlich widerstrebt es ihm, dich um eine Aussprache zu bitten.«

»Das glaube ich nicht. Er ist doch sonst nicht so schüchtern ...«

»Er ist vielleicht einsam.«

»Ich bitte dich, Jane. Er hat eine einundzwanzigjährige Schwedin, die ihm Gesellschaft leistet. Er ist schon mehrfach gesehen worden mit ihr.«

»Ich kann mir nicht vorstellen, daß er einer einundzwanzigjährigen Schwedin sehr viel zu sagen hat, Winifred. Ich glaube, er vermißt die Familie.«

»Aber er war doch fast nie zu Hause. Und wenn er da war ... ach herrjeh.« Winifreds Gesicht war gerötet. »Jedesmal, wenn er anruft, kommt es mir vor, als wäre ich eben erst achtzehn geworden. Wenn er mich bitten würde, wieder mit ihm ... ich weiß nicht, was ich antworten würde. Aber ich weiß genau, daß ich hart bleiben muß. Ich weiß, daß es schlecht für mich wäre. Der Arzt hat mir oft genug gesagt, ich würde mich kaputtmachen in dieser Beziehung. Er will über gar nichts anderes reden mit mir.«

Winifred zerrte am Verschluß ihrer Bluse, öffnete die Schleife an ihrem Hals, knüpfte sie neu und zog sie gleich wieder auf. Der

Knoten wurde jedesmal enger. Jane schien sie völlig vergessen zu haben, und sie schien auch nicht mehr zu wissen, daß sie ihr Enkelkind auf dem Schoß hatte.

Jane versuchte gelassen zu bleiben. Winifred tat ihr leid, aber vor allem hatte sie Angst, daß ihre Schwiegermutter durchdrehen könnte. Was, wenn sie diesmal nicht einfach einschlief oder still vor sich hinweinte, sondern zu schreien anfing und Victoria auf den Fußboden warf? Wenn sie sich auf Jane stürzte und ihr mit diesen großen, knochigen Fingern den Hals zuzudrücken versuchte?

»Zerstörerische Beziehungen. Jedesmal, wenn ich über etwas anderes sprechen möchte, zwingt mich der Doktor, über meinen Masochismus zu reden, wie er es nennt«, sagte Winifred. »Und über meine Mutter. Für meinen Vater scheint er sich nicht zu interessieren.« Sie ließ die Hände sinken und merkte plötzlich, daß Victoria immer noch auf ihrem Schoß lag. Erschrocken nahm sie das Kind in die Arme. »Entschuldige, Jane. Wo waren wir stehengeblieben?«

»Bei den Theaterkarten.«

»Ja, richtig. Kannst du bitte sechs besorgen?«

»Für welchen Tag?« fragte Jane.

»Steht das nicht auf der Liste? Oh, wie dumm. Das steht auf einem anderen Zettel, und der liegt zu Hause. Kannst du mich bitte heute nachmittag noch einmal anrufen? Ich bin so schrecklich vergeßlich.«

»Ja. Natürlich. Als nächstes lese ich ›Mutter‹.«

»Mutter? Ach, ja.« Winifred hob die Hand zum Verschluß ihrer Bluse, verzichtete diesmal aber darauf, die Schleife noch einmal zu lösen. »Würde es dir etwas ausmachen, noch einmal zu meiner Mutter zu gehen und ihr etwas vorzulesen? Sie genießt es so sehr. Niemand könnte so gut vorlesen wie du, sagt sie immer.«

»Ja, gern«, sagte Jane und hoffte, daß ihre Begeisterung nicht übertrieben klang.

»Das ist sicher sehr lästig für dich, oder? Ständig wollen wir etwas von dir.«

»Aber nein, das macht doch nichts, Winifred.«

»Doch, doch. Michael und Abigail lassen dich praktisch ihre

Aufsätze für die Aufnahmeprüfung an der Universität schreiben, ich komme ständig mit irgendwelchen Listen und rede und rede, und keiner denkt daran, daß du selbst noch ein junges Mädchen bist und deine eigenen Pläne verwirklichen willst.«

»Es ist wirklich okay.«

»Ich glaube, wir sollten ... Du mußt uns vergeben, Jane.« Winifreds Blick wanderte in den Flur hinaus. Sie versuchte zu lächeln, als sie sich Jane wieder zuwandte. »Ich hoffe nur, Nicholas macht dir nicht auch soviel Arbeit.«

»Er ist ein guter Ehemann, Winifred.«

»Hoffentlich.«

»Da bin ich ganz sicher.«

»Am Anfang hatte ich Zweifel«, sagte Winifred und begann ihre Haarnadeln herauszuziehen, um den Knoten noch fester zu stecken. Sofort lösten sich einzelne Strähnen aus ihrer Frisur und standen wie gekräuselte Sonnenstrahlen von ihrem Kopf weg. Sie sah wie ein Clown aus. »Er war schließlich erst zwanzig, als ihr geheiratet habt. Ich habe mich gefragt, ob er ... Er sieht seinem Vater so ähnlich, und die Mädchen waren immer hinter ihm her, schon als er vierzehn war, und ich hatte Angst, daß er ...«

»Nicholas ist okay«, sagte Jane. Ihr Herz pochte.

»Ich weiß. Ich sage das ja auch nur, weil er so schrecklich gut aussieht. Er hat genau dieselben Augen wie James. Wahrscheinlich warten jeden Abend am Bühnenausgang irgendwelche Verehrerinnen auf ihn, nicht?«

»Ja. Das gehört dazu, Winifred. Er ist Schauspieler. Das hat nichts zu bedeuten. Das verkraftet Nicholas schon.«

»Am Anfang war James auch okay.«

»Winifred –«

»Er war immer so aufmerksam. Nachmittags rief er mich an und sagte, er müßte eigentlich länger arbeiten, aber er käme jetzt einfach nach Hause und würde mich ... Das war vor dem Krieg. Danach ...«

»Ja?«

»Als er aus Frankreich zurückkam ... Du darfst Nicholas nicht mit diesem Stück auf Tournee gehen lassen. Du bist noch zu jung, du verstehst wahrscheinlich nicht, was ich meine. Es sind ja nicht nur die Mädchen am Bühnenausgang. Du weißt doch, wie er mit der Schauspielerin umgeht. Überleg dir das mal. Jeden Abend nimmt er sie in den Arm.«

»Winifred, das ist seine Rolle. Das ist sein Job!«

»Ein schöner Job! Dieses Mädchen sitzt auf seinem Schoß und fingert überall an ihm herum.«

»Das ist völlig okay.«

»Bitte denk doch wenigstens an euer Baby!«

»Jessica ist mit uns befreundet. Für sie gehört es genauso zu ihrem Job. Ich weiß, es klingt komisch, aber sie wird dafür bezahlt, daß sie bei Nick auf dem Schoß sitzt. Privat bedeutet beiden das gar nichts. Übrigens ist sie glücklich verheiratet.«

»Aber jung und schön ist sie auch.«

»Sie ist dreißig, Winifred.« Jane mußte sich zwingen, gelassen zu bleiben. »Und ich kenne Nicholas, ich weiß, er würde nie –«

»Jane, bitte hör mir mal zu!« Winifred griff nach dem Arm ihrer Schwiegertochter. Durch die abrupte Bewegung wachte das Kind auf und begann lauthals zu schreien.

»Entschuldige mich einen Moment«, sagte Jane. »Ich muß ihr rasch eine frische Windel verpassen.« Sie sprang auf, nahm Victoria von Winifreds Schoß. »Es dauert nur eine Minute.« Victorias Windel war vollkommen durchgeweicht, und dort, wo sie gelegen hatte, war ein dunkler Fleck auf dem Rock ihrer Großmutter. Jane rannte ins Kinderzimmer mit ihr. Winifreds Absätze klapperten hinter ihr her.

An der Wickelkommode drängte sich Winifred so dicht an sie, daß Jane den Eindruck hatte, sie stünde in einer überfüllten U-Bahn während der Rush-hour. Weder Victorias lautes Gebrüll noch der durchdringende Geruch der Windel schien Winifred abzuschrecken. »James und Nicholas waren sich immer so ähnlich. Sie haben immer zusammengesteckt. Sogar ihre Haltung, wenn sie am Tisch sitzen und Kaffee trinken, ist völlig identisch. Sie sind –«

»Winifred!« rief Jane. Ihre Hände zitterten. »Könntest du bitte diese Sicherheitsnadel hier öffnen?«

Winifred reagierte nicht. Ihre großen roten Hände bedeckten ihr Gesicht, aber erst ein gedämpftes, würgendes Schluchzen machte Jane klar, daß Winifred weinte.

Nicholas fand es widerlich, sich tagsüber in einer Bar aufzuhalten. Die schale, rauchige Atmosphäre war nachts vielleicht noch erträglich, aber da er nie sehr viel trank, erinnerte ihn die düstere Umgebung nur daran, daß er seine Zeit vertrödelte. »Terry's Tiki« war noch schlimmer als andere Bars. Sie lag außerhalb des Theaterdistrikts, so daß es nicht mal einen Bekannten gab, dem er hätte guten Tag sagen können. An der Theke und an den wenigen Tischen saßen schweigsame, einsame Männer in billigen Anzügen, die wahrscheinlich irgendwo aus der Provinz kamen. Nicholas mußte an den »Tod eines Handlungsreisenden« und an seinen Schwiegervater Richard Heissenhuber denken.

Der Kellner brachte die Bloody Mary, die Nicholas bestellt hatte, und in diesem Augenblick wurde Murray King sichtbar. Er trat durch die Schwingtür, begrüßte den Barkeeper und einen der Gäste an der Theke, indem er mit zwei Fingern an seinen altmodischen Hut tippte, und sah sich suchend nach Nicholas um. Noch immer fragte sich Nicholas, warum ihn der Theateragent ausgerechnet in dieses finstere Loch an der Penn Station bestellt hatte.

»Hast du was zu trinken?« fragte Murray. Er hielt eine Schale mit Salzgebäck in der Hand, die er von der Theke mitgebracht hatte. »Ah, ja. Ist der Drink in Ordnung? Willst du lieber was anderes, Nicky?«

»Nein, danke.« Nicholas war aufgestanden, nahm seinem Agenten die Schale mit den Salzbrezeln ab und wartete, bis sich Murray gesetzt hatte.

Murray stemmte beide Ellenbogen auf den kleien Tisch und beugte sich zu Nicholas hinüber. »Ich wollte mich mit dir nicht irgendwo treffen, wo tausend Leute zuhören, die mich kennen. Deshalb dieser obskure Treff hier. Und jetzt sag mir die Wahrheit, Nicky. Macht dir ›Key to the City‹ noch Spaß?«

»Ja, natürlich.«

»Ach.« Es entstand eine Pause.

»Ist das schon das Ende dieser Unterhaltung?«

»Natürlich nicht. Ich lasse dich doch nicht durch die halbe Stadt fahren, bloß um dich zu fragen, ob du mit deiner Rolle zufrieden bist. Ich weiß, daß du zufrieden bist. Ich möchte nur wissen, *wie* zufrieden du bist.«

»Key to the City« war ein durchaus erfolgreiches Broadway-Stück. Gleich bei der Premiere vor zehn Monaten hatte es ausgezeichnete Kritiken erhalten. Es ging darin um den Konkurrenzkampf zweier junger Reporter. Der eine war ein eiskalter, zynischer Bursche, der sich aus den Slums hochgeboxt hatte, der andere war ein verträumter Idealist aus dem Mittleren Westen. Dem Träumer gingen zwar die große Story und der berufliche Erfolg durch die Lappen, aber am Schluß errang er zumindest das Mädchen, in das sie beide verliebt waren. Doch auch das stellte sich freilich als Pyrrhussieg dar, denn unmittelbar vor dem großen Finale schilderte ihm sein Rivale in allen Details, wie er das Mädchen verführt hatte.

»Es ist eine schöne Rolle für mich«, sagte Nicholas. »Ich bin ganz froh, daß ich mal den Tugendbold spielen darf. Eine Zeitlang sah es so aus, als wäre ich immer der Bösewicht vom Dienst. Und die Figur hat durchaus eine gewisse Tiefe. Der junge Mann ist kein Trottel, er kann nur nicht glauben, daß jemand so durch und durch böse sein kann wie dieser New Yorker.«

»So, so«, murmelte Murray.

Nicholas lächelte. »Gibt es denn eine Alternative?«

»Ja.«

»Und?«

»Sie bedeutet vor allem viel weniger Gage.«

»Wieviel weniger? Müßte mein Vermieter sich Sorgen machen deswegen?«

»Vermieter machen sich keine Sorgen. Vermieter schicken Mahnungsbescheide und Räumungsbefehle. Darüber brauchst du dir keine Gedanken zu machen. Jane und Vicky können bei mir wohnen. Für dich müssen wir was anderes finden.«

»Murray, ehe wir ins Detail gehen: Sie wissen, was ich für Verpflichtungen habe. Brotlose Künste kann ich mir nicht leisten. Und darum geht es doch, oder?«

»Es geht um ›Romeo und Julia‹.«

»Romeo und Julia? Was soll ich dabei?«

»Na, was meinst du? Der Weihnachtsmann kommt bei Shakespeare nicht vor. Rate mal, welcher bekannte Regisseur, der vor kurzem erst ›Maß für Maß‹ inszeniert hat, mich angerufen und gefragt hat, ob du den Romeo spielen würdest?«

»Lester Green? Ist das Ihr Ernst?«

»Natürlich. Und ich wette um hundert Dollar mit dir, daß er mich als ersten angerufen hat. Nicky, er glaubt, du wärst genau richtig. Er hat gesagt, es gäbe in der ganzen Stadt nur drei Leute, die überhaupt in Frage kommen. Du wirst dich einlesen müssen, weil du bisher nur zeitgenössische Rollen gespielt hast, aber wenn du bei den fünffüßigen Jamben nicht völlig ins Stolpern gerätst, dann hast du die Rolle. Das einzige Problem besteht darin, daß es Off-Broadway sein wird, du verdienst also nicht mal die Hälfte von dem, was du jetzt kriegst.«

»Ich weiß nicht, wie wir mit weniger auskommen sollen.«

»Tu nicht so. Dann eßt ihr eben ein paar Monate nichts. Jane wäre bestimmt einverstanden.«

»Jane wäre auch damit einverstanden, wenn ich den Rest meines Lebens ohne Gage Tschechow spielen würde, Murray. Das besagt gar nichts. Sie ist mehr oder weniger fest davon überzeugt, wenn man nicht in irgendeinem finsteren Verschlag wohnt, könne man kein ernsthafter Schauspieler sein. Glücklicherweise sorge ich für das Familieneinkommen.«

»Denkst du, ich wollte dich dazu überreden, weil ich Geldverdienen für primitiv halte, oder dergleichen? Ich muß schließlich auch an meine Einkünfte denken, und zehn Prozent von wenig ist beinahe gar nichts. Denkst du, ich wäre Theateragent, weil ich das Drama als Kunstform so liebe?«

»Ja.«

»Ach was, du solltest mich besser kennen, Nicky. Ich bin ein Geschäftsmann, und eine Hauptrolle in einer Lester-Green-Inszenierung ist eine erstklassige Investition.«

Nicholas nippte an seinem Drink. Das Eis in seinem Glas war inzwischen geschmolzen, und seine Bloody Mary schmeckte wie verdünntes Tomatenpüree. »Ich weiß nicht.«

»Aber ich. Du hast Gelegenheit, ein paar Monate lang mit dem angesehensten Regisseur der Vereinigten Staaten zu arbeiten, und ich garantiere dir, daß nicht nur die Julia, sondern auch alle anderen Rollen erstklassig besetzt werden. Das ist eine sehr wichtige Entscheidung für deine weitere Laufbahn. Ich behaupte nicht, daß sie einfach ist. Aber wenn du einem Mann wie Lester Green sagst, du könntest es dir nicht leisten, für ein paar

Dollar weniger auf der Bühne zu stehen, dann meldet er sich bestimmt nicht so schnell wieder bei dir. Stimmt was nicht mit dem Drink?«

»Nein, er ist völlig in Ordnung. Ich bin nur nicht in der rechten Stimmung dafür.«

»Nimm ein paar Brezeln. ›Romeo und Julia‹ ist seit Jahren nicht mehr auf die Bühne gebracht worden und wird bestimmt sehr lange laufen. Aber was viel wichtiger ist: Du bekommst ganz große Kritiken.«

»Und was ist, wenn ich nicht gut bin?«

»Was soll das heißen? Wenn du nicht gut bist, gibt dir Lester Green einen kurzen, satten Tritt in den Arsch, und das war's dann. Aber jetzt laß dir mal etwas sagen, Nicky. Du hast dir in sehr kurzer Zeit einen guten Namen gemacht. Du bist noch sehr jung und kannst doch schon damit rechnen, als Schauspieler immer dein Auskommen zu haben. Theater, Werbespots, vielleicht auch Fernsehen. Du wirst immer einigermaßen verdienen, und wer kann das schon von sich sagen? Wer von denen, die noch so jung sind wie du? Das Problem ist, daß du keinerlei Risiko eingehen willst. Wenn du immer nur ganz bombensichere Sachen anpacken willst, hättest du auch gleich Rechtsanwalt werden können. Da wäre wenigstens deine Familie zufrieden gewesen, obwohl es wirklich schon viel zu viele Advokaten auf dieser Welt gibt. Nicky, du bist Schauspieler, ein Künstler und kein Buchhalter.«

»Oh, nein, Murray. Ich bin kein Künstler. Schauspieler zu sein ist genauso ein Beruf wie jeder andere. Es ist genauso, als ob man Rechtsanwalt – oder Agent wäre.«

»Nicky, was redest du dir ein? Warum willst du unbedingt ein Geschäft daraus machen? Damit gewisse Leute dich ernst nehmen? Die Leute nehmen dich ernst, Nicky! Ich weiß, du kommst aus einer Familie, in der –«

»Ich weiß schon, jetzt reden Sie wieder von meinem Talent, und ich will auch nicht bestreiten, daß man seine Gaben nutzen soll, aber Talent braucht man für jeden Beruf. Ich habe vielleicht Talent zur Schauspielerei, und als Schauspieler bin ich vermutlich viel besser, als ich als Rechtsanwalt wäre, aber gerade Sie sollten doch am besten wissen, daß es nur zum Teil um Talent geht. Es ist harte Arbeit, Murray, es ist nicht bloß Berufung, sondern auch ein Beruf.«

»Okay. Dann betrachten wir die Sache eben mal unter dem beruflichen Aspekt. Du willst doch Karriere machen, nicht wahr? Bei Lester Green hast du Gelegenheit, als Spitzenmann aufzutreten. Vielleicht ist es nicht deine einzige Chance, vielleicht kommt morgen schon eine andere. Vielleicht in zehn Jahren. Aber vielleicht auch nie wieder.«

»Jetzt arbeiten Sie aber wirklich mit unfairen Mitteln, Murray.«

»Wenn du die Miete nicht zahlen kannst, helfe ich dir, Nicky.«

»Danke. Aber falls ich es mache, dann schaffen wir es auch finanziell.«

»*Falls* du es machst?«

»Ich möchte gern eine Nacht darüber schlafen.«

»Der Vertrag enthält eine Rücktrittsklausel, Nicky. Und Lester Green hat gewiß nicht die Absicht, die Hände in den Schoß zu legen, während du darüber nachdenkst, ob du nun willst oder nicht.«

»Es sind doch nur vierundzwanzig Stunden, Murray.«

»Denk doch mal dran, wie sich Jane freuen wird, wenn sie davon hört, daß du Shakespeare spielst. Ich wäre so gern dabei, wenn du es ihr sagst.«

»Darf ich Sie morgen anrufen?«

»Ja, natürlich. Ich werde Lester Green einfach sagen, dein Telefon wäre gerade kaputt, ich hätte dir ein Telegramm schicken müssen, aber du wärst gerade nicht zu Hause gewesen, weil du auf der Bank nach deinem Kontostand fragen mußtest.«

»Murray...«

»Nicky...«

»Okay. Ich unterschreibe.«

Das zweite Kind der Cobleighs wurde am 13. März 1964, drei Tage vor Janes vierundzwanzigsten Geburtstag, gezeugt.

Jane hatte schon Wochen vorher gespürt, daß Nicholas' neue Rolle keine behagliche Sache sein würde. Nach zweimaligem Lesen hatte er eine Interpretation, und von der ersten Probe an verschmolz er mit seiner Rolle.

Er küßte sie, zwängte ihr fast gewaltsam seine Zunge zwischen die Lippen und zerrte gleichzeitig an ihrem Nachthemd. Jane wußte gar nicht mehr, warum sie sich darüber gefreut hatte, daß er den Romeo spielte. Sie mußte geglaubt haben, er würde sich in einen gefühlvollen jungen Edelmann aus Verona verwandeln, der sie zärtlich und voller Innigkeit liebte, der sie womöglich mit Shakespeares Versen begrüßte: »Dein Aug' / aus luft'gen Höhn wird sich so hell ergießen, / daß Vögel singen, froh den Tag zu grüßen...« Nun ja, immerhin sagte er ab und zu, was für schöne Augen sie hätte. Aber ansonsten war er wüst und brutal.

Er stülpte ihr das Nachthemd über den Kopf, und während sie sich abstrampelte, um ihre Arme daraus zu befreien, grapschte er nach ihren Brüsten. Seine Zähne gruben sich in ihre Schulter. Er war jetzt noch keine Minute dabei und hatte schon jegliche Selbstkontrolle verloren.

Sie hätte es wissen sollen. Auf die Sprache kam es ihm weniger an als auf die lebendige Verkörperung einer Figur. Er preßte ihre Brüste zwischen den Fingern und ließ die Nippel heraustreten, um sie noch mehr zu erregen. Sein Romeo war ein überdrehter Teenager, der nichts als Sex im Kopf hatte. Durchaus romantisch, aber mehr von seinem Schwanz beherrscht als von seinem Gehirn, wie es Nicholas formuliert hatte.

Seit Wochen hatte er sich in einen pubertären Burschen verwandelt, dem es gefiel, vulgär daherzureden und mit sexuellen Taten zu protzen. Einmal hatte er einen ganzen Vormittag lang mit Jeff zusammen die Zweideutigkeiten des Stücks diskutiert. Jeff spielte den Mercutio, er lag gemütlich auf dem Teppich im Wohnzimmer und grinste über das ganze Gesicht, als Nicholas seiner Frau völlig unnötigerweise erläuterte, daß Romeo ganz beiläufig damit prahlt, wie er Julia »seinen Schwanz ganz tief in die Möse gesteckt« habe. Jane war empört darüber gewesen, daß Nicholas in Gegenwart von Dritten so mit ihr sprach. »Ihr redet wie zwei dumme Jungen daher«, hatte sie gesagt, und Nicholas hatte häßlich gelacht.

Jetzt senkte er den Kopf auf ihre Brust und begann heftig zu saugen. Er drückte ihre Schenkel auseinander und machte sich daran, sie zu besteigen. Seine Küsse waren heiß und heftig, und sie drehte den Kopf weg, versuchte ihre Abwehr aber sogleich zu verbergen, indem sie an seinem Ohrläppchen knabberte. Sie packte seine Schultern und ließ ihre Hände über seinen muskulösen Rücken hinabgleiten. Das zumindest machte sie gern.

Körperlich war er in Hochform. Seit er die Rolle übernommen hatte, war er jeden Tag zwei Stunden beim Training gewesen. Dreimal die Woche ging er zum Fechten. Ein paar Tage zuvor hatte er Victoria durchs Zimmer getragen, und als er sah, daß Jane seine schwellenden Muskeln anstarrte, hatte er das Kind in sein Zimmer gebracht und Jane in der Ecke zwischen der Wand und dem Kühlschrank den Rock hochgehoben.

Aber all diese grobe Männlichkeit war Jane nicht geheuer. Es war, als ob all seine Zärtlichkeit und Süße im Theater bei Julia bliebe, während er in der Wohnung nur als großmäuliger junger Wüstling herumtobte. »Ich liebe dich«, hatte er gestern plötzlich geschrien, als sie gerade das Bett machte, und ihr dann die Finger zwischen die Schenkel gesteckt.

Vor einer Woche war die Premiere gewesen, und die Kritiker hatten sich vor Begeisterung fast überschlagen. Diese Jugend und Frische! Diese Leidenschaft, diese Kraft! Romeo, Mercutio und Benvolio sprangen wie junge Böcke über die Bühne, sie rauften und fochten wie übermütige Knaben. Romeo und Julia waren kein säuselndes Liebespaar, sondern natürliche, leidenschaftliche Kinder. Ihre Liebesgeschichte war voller Begehren und Lust. Endlich! Endlich eine Julia ohne Rouge auf den Wangen! Ein Romeo in der ersten Blüte männlicher Kraft! Wenn sie sich auf der Bühne die Hemden vom Leib rissen, war er genauso eine Schönheit wie sie! Nicholas packte Janes Hand und zwang sie, nach seinem Penis zu greifen.

Jane hatte die Inszenierung abscheulich gefunden. Schon bei den Proben hatte sie voller Ekel beobachtet, daß der Regisseur geradezu gierig zugesehen hatte, wie Nicholas und seine Partnerin sich gegenseitig auszogen. Die Tatsache, daß »Romeo und Julia« Off-Broadway gespielt wurde, hatte er ausgenutzt, um seine Schauspieler zu schamlosem Exhibitionismus zu treiben. Auf dem Höhepunkt mußte Nicholas sogar die nackten Brüste seiner Partnerin streicheln. Bei der Premiere hatte das Publikum buchstäblich mit offenem Mund dagesessen. Charlie Harrison,

Nicholas' früherer Spießgeselle aus Trowbridge, hatte sich erschrocken umgedreht, um zu sehen, wie Jane darauf reagierte. Sie hatte ihm zugenickt, damit er sah, daß ihr das nichts ausmachte, aber sie hatte sich wegen der Inszenierung geschämt. Für jeden, der Shakespeares Sprache so liebte wie sie, war das ein Greuel, was da auf der Bühne geschah. Nicholas sprang herum wie ein Wilder, schlug Purzelbäume und nuschelte seine Verse so beiläufig herunter, als redete er mit seinen Freunden vom College. Es gab keine Schönheit und keine Poesie mehr in dieser Sprache. Jane war sicher gewesen, die Kritiker würden die Inszenierung zerreißen und Nicholas dazu. Die ganze letzte Szene hindurch überlegte Jane, was sie sagen könnte, um Nicholas ein bißchen zu trösten, und wurde dann plötzlich aus ihren Gedanken gerissen, als das Publikum von den Sitzen sprang und donnernd Applaus spendete. Nicholas griff noch einmal nach ihrer Hand, damit sie sein geschwollenes Glied noch fester umfaßte.

Solange er noch in »Key to the City« den Jungen vom Lande gespielt hatte, war er so behutsam und höflich gewesen. Er hatte sie berührt, als wäre es ein ganz besonderes Privileg, das sie ihm gewährte. Er hatte immer gefragt, ob sie bereit für ihn sei. Das Merkwürdige war, daß Nicholas ihr nicht glauben wollte, daß er sich mit seinen Rollen veränderte. Als sie zu ihm sagte, sie sei recht froh, daß er sich während der Proben zu »Stupor« nicht in einen psychopathischen Lustmörder verwandelt habe, war er nicht nur erstaunt, sondern ärgerlich gewesen.

Er schob ihr seine Finger zwischen die Schenkel und massierte die empfindliche Zone unter dem Schamhügel. Sie streckte ihm die Hüften entgegen, um es ihm leichter zu machen. Jetzt rieb er sie mit der Spitze seines Geschlechts, und sie wußte, gleich würde er in sie eindringen. Sie stieß einen Schrei aus und suchte nach seinen Lippen. Er nahm ihren Kuß als Einladung und fuhr mit einem Ruck in sie ein.

Seine Stöße waren hart und heftig, er bohrte sich in voller Länge in sie hinein, wie es Mercutios Maßstab entsprach. Immer schneller und schneller, wie ein Junge, der noch nie eine Frau gehabt hat und die Gelegenheit unbedingt ausnutzen will. Immer wieder knallte er ihr seine Hüften zwischen die Schenkel, dann warf er den Kopf hoch und schrie seine Lust heraus, so laut er nur konnte. Viel zu spät versuchte sie, ihm den Mund zuzuhalten. Sein Körper wurde ganz steif, dann sank er mit einem befriedigten Ton auf ihr zusammen. Er zog sein Glied aus ihrem Körper und rollte zur Seite.

Oft fiel es ihr leicht einzuschlafen. Aber diesmal war Jane viel zu erregt. Ihre Brüste waren immer noch heiß und geschwollen. Es war viel zu schnell gegangen, sie stand offen wie eine aufgerissene Furche. Nach den endlosen Liebesspielen, die sie während der Proben für den »Letzten Willen« kennengelernt hatte, war es Jane immer leichtgefallen, sich zu entspannen. Aber jetzt war das unmöglich. Sie wälzte sich auf den Bauch und rieb sich unbewußt an den Laken, aber die Erleichterung war nur geringfügig.

Sie hatte keinen Orgasmus gehabt. Diesmal nicht und niemals zuvor. Die drei Jahre ihrer Ehe waren ohne sexuelle Erfüllung geblieben. Manchmal hatte sie geglaubt, es könnte passieren. Manchmal hatte sie geglaubt, alle Frauen, die von ihren Orgasmen erzählten, seien schamlose Lügnerinnen. Sie wollte einen Orgasmus. Manchmal sagte sie Nicholas, sie hätte einen gehabt: Es wäre wunderbar gewesen, phantastisch. Sie gab ihm fabelhafte Kritiken. Vier- oder fünfmal in der Woche hoffte sie, daß es endlich geschehen würde, aber es war immer umsonst. Nicht einmal Romeo konnte ihr geben, wonach es sie so dringend verlangte.

→ 17 ←

> Jane Cobleigh im Krankenhaus: Ihre Augen sind fest
> geschlossen, ihr Kopf ist mit Drähten gespickt, die
> den Meßgeräten den Druck in ihrem Gehirn melden.
> Seit Tagen liegt sie im Koma.
>
> Bildunterschrift auf der Titelseite des »Standard«

Vielleicht lag es daran, daß ihre Mutter so plötzlich gestorben war. Eben sagt einem der Mensch, den man am meisten liebt, noch: »Schlaf gut! Träum was Schönes!« Und im nächsten Moment ist er tot. So etwas hinterläßt seine Spuren. Jedenfalls haßte es Jane, sich von jemandem trennen zu müssen.

Von allen Müttern, die ihre Kinder zur Burnham-Arnold-School brachten, war sie jeden Morgen die letzte, die noch hinter dem Gitterzaun stand und in der Masse der blauen Schuluniformen, die durch den Haupteingang strömten, die Gestalt ihrer Tochter auszumachen versuchte.

Wenn es um Elizabeth ging, war es noch schlimmer. Sobald sie das wohlbekannte Klagelied aller Dreijährigen anstimmte: »Mami, Mami, geh doch nicht weg«, war Jane vollkommen hilflos. In der Regel mußte Nicholas sie mit sanfter Gewalt aus der Tür ziehen, während der Babysitter Elizabeth abzulenken versuchte. Oft hatte Jane während einer Party die schlimmsten Visionen. Sie stellte sich vor, daß Elizabeth verzweifelt in ihrem Bett schluchzte, während sie sich irgendwo amüsierte. Sie ließ sich auch nicht dadurch beruhigen, daß sowohl der Babysitter als auch Victoria immer wieder beteuerten, daß Elizabeth sofort ganz normal wurde, wenn ihre Mutter erst einmal weg war.

Von Nicholas Abschied zu nehmen, fiel Jane fast noch schwerer. Jedesmal, wenn er mit einem Stück auf Tournee ging, fing sie systematisch an, ihre Zeit zu verplanen, um nicht dauernd an irgendwelche Katastrophen denken zu müssen. Dennoch standen ihr Autounfälle, entgleiste Züge und brennende Kulissen beinahe täglich vor Augen. Wenn Nicholas durch die Tür ging, dann hieß das für Jane, daß er womöglich niemals zurückkehren würde.

Sie litt denn auch sehr darunter, als Maisie Tuttle im Februar 1968 an Herzversagen starb. Sie hatte sich der alten Dame zwar niemals weiter genähert, als deren routinierter Charme es erlaubte, aber sie hatte doch stets das Bewußtsein gehabt, von Maisie akzeptiert worden zu sein.

»Nicholas«, hatte sie immer zu ihrem Enkel gesagt, »du weißt ja hoffentlich, daß du das bessere Geschäft gemacht hast. Du verdienst Jane eigentlich gar nicht.« Nicholas hatte das lächelnd bestätigt, aber Maisie ließ keineswegs locker. »Nein, nein«, sagte sie. »Du behauptest zwar, du wüßtest, wovon ich rede, aber in Wirklichkeit bist du ein ganz eingebildeter Bursche, den alle von klein auf verwöhnt haben. Deine Geschwister haben dich alle bewundert, und die Mädchen haben dich angeschwärmt, daß es nur so eine Art war. Aber ich sage dir, du hast eine prachtvolle Frau. Sie ist intelligent, sie hat eine herrliche Stimme, und sie wird viel länger schön sein als du. Wenn du vierzig bist, wirst du teigig. Alle blonden Männer werden teigig mit vierzig. Aber Jane wird dann erst richtig aufblühen. Die Männer werden ihr zu Füßen liegen und um ihre Gunst betteln. Sieh nur zu, daß du sie richtig behandelst, sonst rächt sich das bitter.«

Von 1963 an hatte Maisie am grauen Star gelitten, und ihr Augenlicht war zunehmend schlechter geworden. Jane hatte sie zweimal wöchentlich zu Hause besucht und ihr vorgelesen. Ihr literarischer Geschmack war der gleiche, und so hatten sich die beiden Frauen fast fünf Jahre lang mit der Lektüre von »Stolz und Vorurteil« und »Jane Eyre« vergnügt, wobei sie stets mit dem einen wieder anfingen, wenn sie das andere erschöpft hatten. Für den Fall, daß es ihnen langweilig würde, hatten sie sich vorgenommen, »Anna Karenina« zu lesen, aber dieser Fall trat nie ein.

Maisie wurde in mancherlei Hinsicht Janes Ziehmutter. Ihr gelang es schließlich auch, Janes gespanntes Verhältnis zu Nicholas' früheren Freunden zu lockern. Sie diktierte ihr den Text für die Essenseinladungen und stellte die Speisen mit ihr zusammen, sie sagte ihr, was sie anziehen und was sie sagen sollte, wenn sie sich mit den Ehefrauen dieser angehenden Börsenmakler und Rechtsanwälte unterhielt. »Sag, was du willst, Jane. Das Schlimmste, was passieren kann, ist, daß sie nichts mehr mit dir zu tun haben wollen. Und das schadet auch nichts. Versuch um Himmels willen nicht, so zu sein wie diese Frauen! Das wäre genauso, als wenn du dir vornimmst: ›Ich will den Rest meines Lebens dumm und langweilig sein.‹ Das soll nicht heißen, daß du in den sogenannten besseren Kreisen nicht die eine oder andere nette Frau findest. Aber wenn Nicholas eine langweilige Frau gewollt hätte, dann hätte er ja diese überaus angenehme Person heiraten können – wie hieß sie doch gleich? Männer wie unsere wissen schon, warum sie Frauen wie uns heiraten.«

Maisie verhinderte auch, daß sich Jane ihre hüftlangen Haare abschneiden ließ. »Kurze Haare sind etwas für Jungens, meine Liebe. Männer finden es schön, wenn eine Frau das Haar für sie löst.«

Vor allem aber verschaffte Maisie der jungen Familie immer wieder herrliche Ferien auf der Tuttle-Farm in Connecticut. »Mach dir bloß keine Sorgen wegen der Möbel«, sagte sie zu Jane. »Antik heißt bloß alt. Das meiste ist sehr solides Kiefern- und Ahornholz. Wenn die Sachen hundertfünfzig Jahre oder noch älter sind, werden sie wohl auch Elizabeth und Victoria überstehen. Bitte, fahrt bald wieder hinaus. Ich weiß doch, wie glücklich ihr in der freien Natur seid.«

Es war also nicht weiter erstaunlich, daß Jane über den Tod der alten Dame sehr unglücklich war. Als Nicholas zwei Wochen nach dem Begräbnis von einem Mittagessen mit den beiden Brüdern seiner Mutter nach Hause kam, fand er seine Frau in der Küche: Sie schlug Eischnee und weinte. Er nahm ein Küchenhandtuch und wischte ihr damit das Gesicht. »Geht die Sache dir immer noch so nahe?«

»Ja«, sagte Jane. »Sie war wie meine eigene Großmutter.« Sie stellte die Schüssel mit dem Schneebesen auf den Tisch und wischte sich über die Schürze.

»Ich weiß.«

»Sie war sogar besser. Meine eigene Großmutter war nicht sehr nett. Als sie gestorben ist, habe ich in einem ihrer Schränke eine pornographische Postkarte gefunden.«

»Mmmh. Hast du sie aufgehoben?«

»Nein. Natürlich nicht. Nick, ich vermisse sie so. Ich vermisse das Vorlesen. Ich fühle mich so alleingelassen ohne sie. Als ich mich für die Beerdigung zurechtmachte, dachte ich ständig daran, daß sie mir am besten hätte sagen können, was ich anziehen soll.« Nicholas nahm seine Frau in den Arm, und sie küßte ihn auf den Hals. »Du wirst der Trost meines Alters«, flüsterte Jane ihm ins Ohr.

»Und jetzt? Darf ich dich jetzt schon ein bißchen trösten?«

»Mal sehen.« Jane wollte sich gerade noch dichter an ihren Mann kuscheln, als plötzlich ein lautes Kichern ertönte. Victoria und Elizabeth standen in der Küchentür und beobachteten sie. Erschrocken fuhren Jane und Nicholas auseinander. »Schon gut, Mädchen«, sagte Jane. »Beruhigt euch wieder.«

Sie griff nach dem Schneebesen. »Wie war denn das Essen mit deinen Onkeln?« fragte sie Nicholas.

»Okay. Es hat sich herausgestellt, daß sie als Testamentsvollstrecker eingesetzt worden sind.«

»Aha«, sagte Jane. »Hat das etwas zu bedeuten?«

»Ja«, sagte Nicholas. »Deshalb die Essenseinladung.«

»Ich verstehe«, sagte Jane, aber sie verstand überhaupt nichts. »Könntest du etwas deutlicher werden? Oder sind das Dinge, die du als Tuttle-Cobleigh mit einer Heissenhuber-Cobleigh nicht erörtern kannst?«

»Wofür ist denn der Eischnee?«

»Es gibt Käse-Soufflé. Und das war wohl auch die Anwort auf meine Frage, oder?«

»Nein. Ich wollte nur, daß du erst eimal aufhörst, mit dem Schneebesen herumzufuhrwerken. Vicky und Liz, würdet ihr bitte ins Kinderzimmer gehen und Candyland spielen? Ich möchte mich in Ruhe mit eurer Mutter unterhalten. In fünf Minuten komme ich nach.«

Jane stellte die Schüssel wieder auf den Tisch. »So, jetzt bin ich fertig.«

»Soll das ein Soufflé sein? Wo ist denn der Käse?«

»Nick, sag mir jetzt sofort, was mit dir los ist! Du bist ja dermaßen überdreht und hochnäsig, daß es gar nicht zum Aushalten ist.«

Nicholas grinste. »All meine Brüder und Schwestern und alle Cousins haben sehr hübsche Legate erhalten. Mir hat sie kein Geld hinterlassen.«

»Nick, das kann nicht dein Ernst sein. Weshalb sollte sie denn so etwas tun?«

»Das werde ich dir gleich sagen. Willst du es wissen?«

Jane nickte. Nicholas griff in die Tasche und zog mehrere eng gefaltete Blätter heraus. »Das ist eine Abschrift des Testaments. ›Meinem geliebten Enkelsohn Nicholas Tuttle Cobleigh ...‹«

»Ich dachte, sie hätte dir nichts vermacht ...?«

»Hör doch mal zu! ›... hinterlasse ich all meine Ansprüche auf die sogenannte Tuttle-Farm in Connecticut ...‹«

Jane hatte wieder zu weinen begonnen.

»... dann werden in allen Einzelheiten die Lage und die Grenzen des Grundstücks beschrieben. ›... einschließlich aller Gebäude, des gesamten Viehbestands, aller Gerätschaften, technischen Einrichtungen und Maschinen sowie des gesamten Mobiliars.‹ Hast du eine Ahnung, was das wert ist? Eine Farm mit dermaßen viel Land in Fairfield Country, anderthalb Autostunden entfernt von Manhattan? Wir können dort wohnen, Jane. Es gehört alles uns. Das Haus, die Stallungen, die Pferde. Ich kann jeden Morgen ausreiten. Es wird fabelhaft werden.«

»Es ist zuviel.«

»Nein.«

»Nick, bitte hör mir mal zu. Ich finde, das ist nicht gerecht, wir haben das nicht verdient. Ich weiß, was du sagen wirst, aber —«

»Psst. Es wird dir bestimmt gut gefallen da draußen. Ich weiß dieser plötzliche Aufstieg zur Gutsbesitzerin kommt sehr überraschend. Und es ist auch recht lästig, schon wieder umziehen zu müssen. Aber wenn es nach dir ginge, säßen wir immer noch in dieser Anderthalb-Zimmer-Wohnung in der 46. Straße mit der Badewanne in der Küche.«

»Wir verdienen doch nicht —«

»Jane, dich haben sie immer nur terrorisiert, und du hast wirklich keine Ahnung, was du wert bist. Es tut mir leid, aber so ist es. Laß bitte mich entscheiden, was du verdienst und was nicht, okay? Wir werden sehr glücklich sein auf der Farm. Anstatt uns hier in dieser engen Küche drängeln zu müssen, können wir in

Zukunft gemütlich am Frühstückstisch sitzen, während im Kamin die Holzscheite prasseln. Im Sommer können wir im Teich baden und auf dem Hügel mit der großen Blumenwiese picknicken. Stell dir mal vor, was Vicky und Liz sagen werden! Es wird fabelhaft werden. Das verspreche ich dir!«

Drei Monate später, nach der letzten Vorstellung von »House on Fire«, packte Iris Betts, die schon seit sechs Monaten versuchte, Nicholas in ihre Garderobe zu locken, ihn energisch am Arm und rieb ihre Brüste an ihm. »Jetzt reiß dich nicht wieder los«, sagte sie. »Ich beiße doch nicht. Du bist wirklich unmöglich, Nicky. Du bist der hartnäckigste Ehemann, den ich kenne. Womit hält sie dich bei der Stange, Nicky? Tupft sie sich etwas hinter die Ohren? Das Komische ist, daß du überhaupt nicht so aussiehst, als wärst du so treu. Im Gegenteil, du siehst aus wie ein richtiger Stromer. Ein geborener Herzensbrecher. Eiskalt und sexy. Dabei könntest du als Ehemann des Jahres prämiert werden. Was rede ich? Als Ehemann des Jahrhunderts!«

»Jane«, sagte Nicholas. Sie stand mit dem Rücken zu ihm vor dem Eingang des Wohnhauses und wienerte gerade zum drittenmal den Messingadler, der den Türklopfer zierte. Das alte Hemd, das sie als Arbeitskittel über den Shorts trug, war mit dem Putzmittel bekleckert.

»Wenn mir vor sieben Jahren beim Examen jemand gesagt hätte, ich würde meine Tage damit verbringen, einem alten Messingadler die Klauen zu putzen, dann hätte ich ihn für verrückt erklärt«, sagte sie.

Nicholas lag auf dem Rasen. Seine alten Jeans, sein zerrissenes Unterhemd und sein Gesicht waren mit der grünen Farbe verschmiert, mit der er die Fensterläden und -rahmen gestrichen hatte. »Mach mal Pause«, rief er. Jane drehte sich um. »Komm her.«

Als Jane neben ihm stand, packte er sie am Knöchel. »Wie wäre es mit ein bißchen Liebe am Nachmittag?« fragte er.

»Kommt gar nicht in Frage.«

»Ach. Und wieso nicht?«

»Ich muß den Klopfer fertig machen. Und du mußt noch die

Fensterläden im ersten Stock streichen. Der Mann aus dem Heimwerkerladen will die Kacheln für das Bad und die Tapete für das Wohnzimmer liefern, und die Kinder kommen auch jeden Augenblick wieder. Reicht das fürs erste?«

»Nein.«

»Außerdem stinkst du nach Terpentin, und deine Haare sind grün.«

»Magst du grünes Haar nicht?«

»Doch, sehr. Bloß dir steht so etwas gar nicht.« Sie ließ sich neben ihm ins Gras fallen. Es war zwar erst Ende Juni, aber ihre Beine waren schon tiefbraun. »Du bist so ein blonder Typ, weißt du. Blond und fad.« Sie küßte ihn auf die Stirn. »Blond, fad und langweilig. Echt zum Vergessen.«

»Oh, vielen Dank. Ach, was ich noch fragen wollte. Findest du, daß ich kalt wirke?«

»Nein. Warum?«

»Iris Betts hat gesagt, ich sähe eiskalt aus.«

»Iris Betts ist erst glücklich, wenn alle Männer in ihrer Umgebung in Dampfwolken eingehüllt sind.«

»Ich hatte ganz vergessen, wie sehr du sie schätzt.«

»Hör mal, was soll man von einer Frau halten, die sich zu einem hinstellt und sagt: ›Das ist aber ein strammer Bursche, den Sie da als Mann haben‹? Diese ganzen engen Kleider und Stökkelschuhe. Sie sieht aus wie eine 1958er Prostituierte.«

»Woher weißt du denn, wie die 1958er Prostituierten aussahen, hmm?« Er faßte nach ihren Waden. »Du hast mir die Jungfrau aus Cincinnati bloß vorgespielt, stimmt's? In Wirklichkeit bist du selbst an der Woodward High School in Stöckelschuhen herumstolziert. Du warst sicher sehr fleißig, hast den Angriffsgeist des Football-Teams beflügelt und nebenbei ganz gut verdient. Wenn du irgendwo aufgetaucht bist, haben die Jungens gesagt: ›Hoppla, da kommt ja die heiße Jane‹, und dann haben sie nach ihren Brieftaschen gegriffen und die Hosen heruntergelassen –«

»Nick.«

»Ich weiß alles über dich. Auch, daß du an der Fünfzig-Yard-Linie stundenlang auf dem Rücken gelegen hast, bis alle dran waren.«

»Ach, und ich hatte so gehofft, du würdest es niemals erfahren.«

»Vor mir kannst du gar nichts verbergen. Spätestens nach drei, vier Jahren weiß ich, ob ich ein billiges Flittchen geheiratet habe.«

»Nick, diese Frau ist unmöglich. Bei dieser Party damals hat sie so getan, als brauchte sie bloß mit dem Finger zu winken, damit du mich in die Ecke schiebst und mit ihr durchbrennst.«

»Es lohnt sich gar nicht, sich über sie aufzuregen.«

»Oh, doch. Du bist schließlich mein Mann.«

»Du kannst sie ruhig vergessen, Jane. Sie ist eine richtige Hure. Hinter der Bühne wird sie nur der Grand Canyon genannt.«

»Nick!«

»Aber sie ist eine gute Schauspielerin.«

»Ach, was! Sie wackelte bloß mit dem Hintern.«

»Sie war ziemlich gut.«

»Das einzige, was sie spielen kann, sind Flittchen. Wenn sie eine Nonne spielen müßte, würde das Publikum vor Lachen davonlaufen. Warum hat sie gesagt, du sähest eiskalt aus?«

»Dreimal darfst du raten. Ich hatte eben schlechte Laune. Bei dem Werbespot für den Deo-Stift bin ich abgelehnt worden, weil der Typ von der Agentur meinte, ich sähe aus wie ein Nazi – und das nach den gescheiterten Probeaufnahmen in Kalifornien.«

»Die waren doch von vornherein albern. Ich habe ohnehin nicht begriffen, warum du wegen so eines dämlichen Cowboyfilms überhaupt da hingeflogen bist.«

»Und das Geld?«

»Du verdienst beim Theater genug.«

»Nein, keineswegs.«

»Verglichen mit anderen knapp achtundzwanzigjährigen Männern –«

»Jane, wenn es um das Wohlergehen meiner Familie geht, muß ich andere Maßstäbe anlegen. Du bist ein ausgezeichneter künstlerischer Berater, aber das Finanzgenie der Familie bin ich. Es könnte nichts schaden, noch ein paar Dollar mehr auf dem Konto zu haben. Und es schadet auch nichts, wenn man mal in ein paar Filmen mitgespielt hat.«

»Tja, Nick, dann mußt du dir eben deine Nase geradebiegen lassen, oder was immer diese Filmleute wollen.«

»Ist das nicht eine Frechheit gewesen? Meine Nase sei zu gebogen, deshalb könne ich keinen Texas-Rancher spielen!« Er rieb seine Nase. »Ach, ja: Meine unteren Schneidezähne sind übrigens auch schief, und außerdem stehen meine Augen ein paar Millimeter zu dicht beieinander. Wußtest du das?«

»Ich habe es schon vor Jahren bemerkt, aber ich hatte immer Angst, ich könnte dich kränken, wenn ich was sage.«

»Jane, wenn meine Augen vier Millimeter weiter auseinanderstünden, dann hätte ich jetzt das Geld für Vickys Collegestudium auf dem Konto.«

»Mach dir deswegen keine Gedanken, Nick. Du siehst großartig aus. Denk doch bloß mal dran, was passiert, wenn du eins der Restaurants am Broadway besuchst: Jedesmal sitzt da eine deiner Verehrerinnen, die ihrem Mann den Zeigefinger in die Rippen stößt und sagt: ›Schau mal, das ist Nicholas Cobleigh! Ist er nicht traumhaft?‹«

»Ich bin nicht traumhaft. Traumhaft bist du.«

»Du bist viel traumhafter«, sagte sie. »Das weißt du genau.«

»Leg dich hin«, sagte er. »Ich will doch nur ein bißchen schmusen. Wenn wirklich ein Auto kommt, dann hören wir es doch schon von weitem. Siehst du? Das ist schön.«

»Ich finde dich gar nicht eiskalt.«

»Das bin ich auch nicht.«

»Um es genau zu sagen: Ich finde, du bist ein ganz heißer Typ.« Sie kuschelte sich noch enger an ihn.

»Ist es nicht wunderschön hier?« fragte er. »Unsere eigene Wiese. Unser eigenes Haus. Unser eigener Messingtürklopfer.« Er küßte ihre rauhen Fingerspitzen, die von den wochenlangen Renovierungsarbeiten arg strapaziert waren. »Das ist das Paradies.«

»Beinahe«, erwiderte Jane. »Das Paradies ist es erst, wenn die Badezimmer alle gekachelt sind.«

Vielleicht war er wirklich der Ehemann des Jahrhunderts. Er liebte Jane. Es wäre idiotisch gewesen, sich mit Iris Betts oder mit irgendeiner anderen Frau einzulassen.

Was wollten sie eigentlich von ihm, diese Frauen? Eine

schnelle Nummer irgendwo hinter der Bühne? Hielt die Frau des Produzenten von »Romeo und Julia« es wirklich für die ideale Verführung, wenn sie ihm rasch die Zunge ins Ohr steckte, während er in den Kulissen darauf wartete, daß sein Stichwort fiel, und drei oder vier andere Leute herumstanden? Was wollte sie damit erreichen? War es ihr egal, daß sie Zuschauer hatte? Oder diese andere Person, die nach der Anti-Vietnamkriegs-Demo den Schauspieler vor ihm stand und nicht etwa sagte: »Guten Tag, ich heiße Mary Smith«, sondern ihm einen verzehrenden Blick zuwarf und erklärte: »Ich möchte dich auslutschen!« Er hatte die Frau niemals vorher gesehen. Sie trug flache Schuhe und einen dicken Pullover und sah eigentlich mehr wie eine Sozialarbeiterin als wie eine Schauspielerin aus. Er glaubte zunächst, sich verhört zu haben, aber sie fügte trotz seiner entgeisterten Miene entschlossen hinzu: »Ich will jeden Tropfen von deinem Saft schlucken.« Sollte er deswegen seine Ehe riskieren? Oder wegen dieser schamlosen Iris Betts, die einfach zu ihm in die Garderobe kam, ihm den Rücken zukehrte und sagte: »Kannst du mir mal den Reißverschluß aufmachen?« Und die dann sehr empört war, als er ihr sagte, sie hätte doch selbst eine Garderobe und eine Garderobiere dazu?

Oder erwarten sie, daß er sich für eine lange, seelenvolle Affäre Zeit nahm? Wie jene Kostümschneiderin, die sich so eindringlich nach Vicky und Liz erkundigte, sogar die Fotos von Jane und der Farm sehen wollte und schließlich ihre Hand auf seine legte und sagte: »Bist du nicht schrecklich allein auf Tournee?«

Er wußte natürlich, daß die große Mehrheit der Frauen sehr vernünftig war und allenfalls sagte: »Guten Tag, wie geht's, ist das Wetter nicht wieder mal scheußlich?« Aber er hatte auch das Gefühl, daß ihm die aggressive Minderheit täglich mehr zusetzte. In der Schule und auf dem College hatten die Mädchen natürlich auch schon mit ihm geflirtet, aber wenn er nicht reagierte, hatten sie sich jemand anderen gesucht. Jetzt jedoch waren seine Verehrerinnen hartnäckiger, ließen nicht locker, verfolgten ihn nach jeder Ablehnung nur noch dreister. Und sie begnügten sich auch nicht mehr damit, mit den Wimpern zu klimpern, sondern griffen gleich mit beiden Händen zu.

Manche waren sehr nett. Bitsy Kagan zum Beispiel, die ebenfalls bei Sock & Buskin mitgespielt hatte und sich jetzt in New York als Bühnenarchitektin durchzuschlagen versuchte. Sie unternahm nie irgend etwas Offenes oder Eindeutiges, aber sie schaffte es irgendwie immer, wenigstens einmal in der Woche hinter der Bühne zu sein, wenn er irgendwo auftrat. Manchmal rief sie auch Jane an und sagte, es ginge ihr wieder mal dreckig. Und dann verlangte Jane von ihm, daß er Bitsy ausführte und etwas aufheiterte. Bitsy unternahm nie irgendwelche ernsthaften Attacken, aber wenn sie neben ihm in Joe Allen's Bar stand und ihn so eifrig anstrahlte, daß an ihren Gefühlen kein Zweifel bestehen konnte, tat sie ihm schrecklich leid.

Sie wollten alle so viel. Er las es in ihren Augen. Sie schienen alle so genau zu wissen, was er nicht wußte: Was er eigentlich für sie tun sollte.

Manchmal las er auch zwischen den Zeilen. So hatte man ihm einen Brief ins Theater gebracht, der in erhabenen Lettern den Namen *Mrs. Floyd Childers III* trug. Neben diesem pompösen Briefkopf befand sich ein handgezeichnetes Sternchen, und am unteren Ende der Seite stand als Erklärung: »alias Diana Howard«. Sie bestätigte ihm, er sei fabelhaft als Algeron Montcrieff gewesen, und teilte ihm mit, sie und Floyd würden sich schrecklich freuen, wenn er und Jane Zeit hätten, sie einmal zu besuchen. »Wir wohnen in Darien, kaum ein Augenzwinkern entfernt von Euch, liebe Leute.« Falls er und Jane aber keine Zeit für einen Besuch hätten, würde sie, Diana, sich »als eingefleischte Theaterbesucherin« freuen, wenn er mittwochs einmal Zeit hätte, sich vor oder nach der Nachmittagsvorstellung mit ihr allein zu treffen, »um die Erinnerung an die gute, alte Zeit aufzufrischen«. Es war ihm kaum noch begreiflich, daß er diese Person einmal beinahe geheiratet hätte. Wie konnte man nur einen so widersprüchlichen Brief schreiben? Erst wollte Nicholas den Brief Jane zeigen, aber dann wurde ihm klar, daß sie ihn wahrscheinlich weniger komisch finden würde als er. Statt dessen schickte er Diana eine kurze Nachricht, in der es hieß, er habe gegenwärtig zuviel mit Probenarbeiten zu tun, er und Jane würden sich aber sehr darauf freuen, sie und Floyd irgendwann später einmal zu sehen.

Aber was wollten die Fremden? Sie schrieben ihm ins Theater, wie sehr ihnen sein Auftritt gefallen habe und was für ein großartiger Schauspieler er sei. Und dann ging es weiter: »Erinnern Sie sich? Ich habe am Donnerstag in der vierten Reihe gesessen, und Sie haben mich dauernd angesehen (glaube ich!?!). Ich habe schulterlanges silberblondes Haar und trug ein lila Kleid mit weitem Kragen.« Oder sie schrieben ihm, sie würden gern seine Interpretation des Algeron Montcrieff mit ihm diskutieren: »Vielleicht haben Sie ihn ein bißchen zu ironisch gespielt, Mr. Cobleigh. Aber vielleicht auch nicht.« Erwarten diese Frauen etwa, daß er sie anrief und sagte: Guten Tag, hier spricht Nicholas Cobleigh. Können wir uns irgendwo auf einen Drink treffen und meine Interpretation des Algeron Montcrieff erörtern?

Wollten die Frauen, die an der Bühnentür warteten, mehr als ein Autogramm und ein Lächeln? Was wollte zum Beispiel die mit der Kamera? Sie stand fast jeden Abend da, mit Kamera und Blitzlicht. Sie machte jedesmal nur ein einziges Foto und verschwand dann die Ninth Avenue hinunter. Sie hatte so dünnes Haar, daß man einen Teil der Kopfhaut durchschimmern sah. Ihre Augen sah Nicholas nie. Sie sah ihn immer nur durch die Kamera an. Einmal versuchte er ihr zu entkommen, indem er das Theater eine halbe Stunde später als sonst üblich verließ. Aber sie war auch dieses Mal dagewesen. Sie hatte ganz allein im Dunkeln gewartet und sein Foto geschossen, als er schließlich herauskam.

Lag es daran, daß er Schauspieler war? Er wollte nicht zu häufig über das Thema »andere Frauen« mit Jane diskutieren, aber bei den wenigen Gelegenheiten, wo es sich doch ergab, hatte sie die Ansicht vertreten, daß er als Schauspieler eben nicht nur die Rollen spielen müsse, die seine Stücke ihm vorschrieben. Als Schauspieler hielten ihn die Leute wohl unbewußt auch für prädestiniert, in ihren Wunschvorstellungen und Phantasien bestimmte Rollen zu übernehmen. »Du kannst dich also sicher fühlen«, hatte Jane gesagt. »Du stellst für sie keine reale Person dar. Du stehst für sie auf der Bühne.« Das hieß aber nicht, daß Jane wegen seiner Fans nicht beunruhigt war. Für Iris Betts war Nicholas sicher durchaus real.

Wenn er kein Schauspieler, sondern ein Rechtsanwalt geworden wäre, hätten sich die Frauen sicher anders verhalten. Nicholas konnte sich jedenfalls nicht vorstellen, daß eine Sekretärin oder eine Kollegin plötzlich in sein Büro kam, die Tür hinter sich abschloß und sagte: »Machst du meinen BH auf?« Dabei waren Juristen sicher genauso an Sex interessiert wie andere Leute. Er brauchte da ja nur an seinen Vater zu denken. James Cobleigh hatte früher noch besser als er selbst ausgesehen, aber Nicholas glaubte nicht, daß er von den Frauen auf ähnliche Weise verfolgt worden war. Sie kamen ihm vor wie hungrige Vögel, die Stücke aus ihm herauspicken wollten.

Was sie im einzelnen wollten, wußte er trotzdem nicht, und er hatte den Verdacht, wenn er versuchen würde, sie zu befriedigen, würde er das gar nicht schaffen. Zu Beginn der Proben hatte Iris Betts zum Beispiel einmal sein Gesicht in beide Hände genommen und gesagt: »Wie dieses Gesicht und diese prachtvollen Haare wohl auf einem schwarzen Satinkissen aussehen würden? Im Licht von dreihundert flackernden Kerzen?« Er war erschrocken zurückgefahren. Mit Schwarzen Messen oder dergleichen wollte er nichts zu tun haben. Aber später wurde ihm klar, daß es Iris Betts völlig egal war, was er dachte. Das einzige, was zählte, war die Vorstellung, die sie sich von ihm machte. Sie hatte sich bestimmt alles so genau ausgemalt, daß es mit Sicherheit eine Enttäuschung für sie geworden wäre, wenn er tatsächlich mit ihr ins Bett gegangen wäre.

Nicholas wies sie alle zurück, meist behutsam, gelegentlich grob, und er hatte sie für gewöhnlich sogleich auch wieder vergessen. Ab und zu war eine darunter, die einen stärkeren Eindruck bei ihm hinterließ. Er erinnerte sich noch an die Reporterin des »Washington Star«, die während der Proben zu »House on Fire« ein Interview mit ihm machte. Sie hatte ein rosa Minikleid getragen und ihm in seinem Hotelzimmer direkt gegenübergesessen. Das Kleid war während des Interviews immer weiter nach oben gerutscht, so daß er bald freien Ausblick auf ihr weißes Spitzenhöschen gehabt hatte. Ihre Beine, die sie alle drei Minuten übereinanderschlug und dann wieder nebeneinander stellte, waren äußerst wohl geformt. Zu seinem Entsetzen hatte Nicholas festgestellt, daß er eine Erektion hatte, und eilig die Hände im Schoß gefaltet. Die Reporterin schien allerdings genau zu wissen, was mit ihm los war: Sie hatte die Beine weit auseinandergespreizt und lächelnd zugesehen, wie er auf die Stelle unter ihrem Kleid starrte, wo ihre Schenkel sich trafen. Er konnte sich kaum noch auf ihre Fragen konzentrieren und hatte das Interview sobald wie möglich beendet. Als sie aufstand, ließ die Reporterin ihren Stenoblock fallen und bückte sich so langsam danach, daß er viel Zeit hatte, ihr entblößtes Gesäß zu betrachten. Wollte sie, daß er sie aufs Bett warf? Wollte sie umgelegt werden? Oder wollte sie ihn bloß scharfmachen? Wollte sie sehen, wie weit er wohl gehen würde, wenn sie ihn reizte? Er hatte sie an die Tür gebracht, und als er gute Nacht sagte, hatte sie den Bleistift zwischen ihren Lippen geschoben und ihn mit der Zunge von einem Mundwinkel in den anderen gerollt. Er hatte die Tür hinter ihr geschlossen und ins Waschbecken onaniert. Der Erguß war nach wenigen Sekunden erfolgt, aber er hatte fast dreißig Minuten gebraucht, ehe er wieder so ruhig war, daß er Jane anrufen konnte.

Es war sein gutes Recht, ein treubleibender Ehemann zu sein. Jane war eine wunderbare Frau und eine sehr gute Mutter. Er hatte sich deswegen zunächst etwas Sorgen gemacht, denn sie hatte als Vorbild ja nur ihre schreckliche Stiefmutter, aber Jane war als Mutter genauso warmherzig und witzig, wie sie auch sonst war – aber auch genauso unsicher. Ständig mußte er ihr versichern, daß sie alles richtig machte: »Natürlich hast du ganz recht gehabt, Vicky anzuschreien. Sie hat sich unmöglich benommen. Laß sie nur heulen. Sie kommt schon darüber hinweg.«

Weil sie so grauenhaft kochte, hatte er ihr zum Valentinstag ein französisches Kochbuch geschenkt, und innerhalb weniger Monate hatte sie sich zu einer fähigen Köchin gemausert. Wenn er sie nicht daran hinderte, konnte sie Stunden damit zubringen, eine Sauce zu komponieren. Ehe sie hinaus auf die Farm zogen, kam sogar Nicholas' Vater gelegentlich vorbei, angeblich um die Kinder zu sehen, aber in Wirklichkeit, weil er Janes Küche mochte – und Jane.

Alle mochten Jane. Murray King hatte eine Fülle jiddischer Kosenamen für sie. Wenn er ein neues Stück für Nicholas hatte, zeigte er es zuerst seiner Frau, denn Janes Urteil war ihm wichtiger als das des Schauspielers selbst. »Nicky«, sagte er oft, »sie hat den richtigen Riecher. Wenn alle sagen, wir hätten eine duftende Blume, und sie sagt, es stinkt, dann kann man sicher sein, daß man eine Sumpfblüte erwischt hat.«

Sein Bruder Tom hatte in seinen ersten Jahren als Geistlicher regelmäßig seine Predigten geschickt, damit Jane sie für ihn redigierte.

Die Schauspieler, mit denen er sich anfreundete, riefen oft bei Jane an. Nicht nur, weil sie hören wollten, was sie über ihre neuen Rollen dachte, sondern auch um zu plaudern. Sie schätzten ihre Geradlinigkeit und hielten sie für einen Ausbund an Normalität.

Nicholas' Freunde vom College waren über Janes unkonventionelle Direktheit meist eher schockiert, fanden sie aber auch durchaus witzig und originell.

Selbst Charlie Harrison, dessen Freundinnen stets so wirkten, als ob ein herzhaftes Lachen bei ihnen bereits schwere innere Blutungen auslösen könnte, fand Jane offenbar anziehend. Wenn er von Boston herunterkam, ließ er seine Begleiterinnen oft in der Obhut von Nicholas zurück und setzte sich stundenlang zu Jane in die Küche.

Nicholas legte seinen Arm um Jane und küßte sie auf den Hals. Charlie wußte, was gut war. Jane war ein Schatz. Sie besaß eine innere Schönheit, die man nicht auf den ersten Blick sah. Er begann ihre Brüste zu streicheln. Sie hatte so strahlend veilchenblaue Augen. Ihre Brüste waren durch das Stillen schwerer geworden und die Höfe rings um die Brustwarzen dunkler. Aber das hatte sie für Nicholas nur anziehender gemacht, er hatte das Gefühl, daß sie ihm seither noch mehr gehörte. Er öffnete den obersten Knopf ihrer Bluse.

»He, laß das bleiben!« rief Jane und sprang auf.

»Was ist los?«

»Ein Auto, Nick. Hörst du nicht? Es ist entweder der Mann aus dem Heimwerkerladen mit den Kacheln, oder es sind unsere Kinder. In jedem Fall ist es wohl nicht angezeigt, daß wir hier vor dem Haus auf dem Rasen herumliegen und beim Knutschen erwischt werden, oder?«

»Jane«.
»Was ist?«
»Liebst du mich eigentlich?«
»Hast du Komplexe wegen deiner Nase?«
»Nein. Ich möchte es nur wissen.«
»Natürlich liebe ich dich. Was denn sonst?«
»Und warum?«
»Warum ich dich liebe? Keine Ahnung. Wahrscheinlich so eine Laune von mir. Entweder du oder der Mann aus dem Heimwerkerladen. Denk bloß nicht, es mangelt hier auf dem Land an Versuchungen. Ich wage gar nicht, dir zu erzählen, was sich Tag für Tag in dem kleinen Nebenraum abspielt, wo die Rasenmäher aufbewahrt werden. Ein Sündenpfuhl, sage ich dir!«
»Jane –«
»He, das ist gar nicht der Mann aus dem Heimwerkerladen. Das ist ein Taxi!« Jane blinzelte gegen die Sonne. »Ach, du meine Güte! Steh auf Nick! Sieh mal, wer uns besucht!«

Um neun war Jane mit dem Abspülen fertig, aber sie brauchte noch eine weitere halbe Stunde, um die Kinder endlich zur Ruhe zu bringen. Die beiden Mädchen waren völlig überdreht. Der Besuch ihres Onkels war ein willkommener Anlaß gewesen, sich ordentlich zu produzieren. Victoria weigerte sich sogar, ihren Pyjama anzuziehen, und bestand darauf, mit dem winzigen gelben Bikini ins Bett zu gehen, den Rhodes ihr von der Côte d'Azur mitgebracht hatte. Im Grunde handelte es sich nur um ein paar winzige gelbe Stoffetzen mit etwas Schnur dazwischen. »Genau das Richtige für ein siebenjähriges Mädchen vom Land«, sagte Jane. »Ich weiß, ich bin ihre einzige Hoffnung«, erwiderte Rhodes. Elizabeth, die sonst mehr zum Schmusen neigte und immer recht brav war, sprang zehn Minuten lang in ihrem Bett auf und ab und krähte dazu: »*Bon soir, ma douce*«, bis Jane drauf und dran war, ohne Gutenachtgeschichte aus dem Kinderzimmer zu gehen und die Tür hinter sich zuzuknallen.

Als sie endlich ins Wohnzimmer kam, grinste Rhodes und hob das Brandyglas, das er in der Hand hielt.

»Cheers«, sagte Jane.

»Jetzt weiß ich, daß ich wieder zu Hause in Amerika bin«, sagte Rhodes. »Cheers«. Ich nehme an, das ist der offizielle Toast bei der Jahrestagung des Elternbeirats, oder?«

Er saß mit seinen französischen Leinenhosen und dem dünnen Seidenhemd wie ein Fremdkörper in dem Hepplewhite-Sessel vor dem Kamin.

»Wenn du es hier zu spießig findest, kannst du dich gern an die Landstraße stellen und den Daumen heben«, knurrte Jane. »Du bist in anderthalb Stunden in New York, vorausgesetzt, daß dich überhaupt jemand mitnimmt, so wie du aussiehst.«

»Jeder würde mich mitnehmen, das weißt du genau«, grinste Rhodes zufrieden. »Im Gegensatz zu dir, Schwesterlein. Was meinst du, wie lange wird es unser junger Broadway-Star noch bei dir aushalten? Fünf Minuten? Oder volle zwei Wochen?«

Nicholas lächelte. Er lag der Länge lang auf der Couch und wirkte mit seinem zerknitterten Polohemd und den ausgebeulten Cordhosen ziemlich provinziell. Aber – so tröstete Jane sich – neben ihrem Bruder würden wohl sämtliche Beaus von Paris recht bieder und häuslich aussehen. Sie ging zur Couch und hob die Beine ihres Gemahls etwas an, um sich setzen zu können.

»Habe ich irgendwelche amüsanten Gespräche verpaßt?« fragte sie.

»Wir sprachen gerade über Vermögensanlagen«, sagte Nicholas.

»Genauer gesagt, über die Vorzüge von offenen und geschlossenen Immobilienfonds«, erläuterte Rhodes. »Dein Mann ist ein faszinierender Bursche. Er ist der neueste Star des Theaters und wird als ›Schauspieler des Jahres‹ in ›Vogue‹ vorgestellt, aber was ihn wirklich glücklich macht, ist die gute Geschäftsentwicklung des Einkaufszentrums, in das er sein Geld investiert hat. Jetzt werden seine Einlagen vorzeitig zur Rückzahlung fällig, und er überlegt, ob er lieber bei einem Apartmenthaus in Houston oder bei einem Supermarkt in Tucson einsteigen soll. Hast du eigentlich gewußt, daß du mit einem Kapitalisten verheiratet bist?«

»Na klar«, sagte Jane. Rhodes war der erste, dem aufgefallen war, was sie selbst erst vor einigen Monaten festgestellt hatte: Nicholas war ein Geschäftsmann und telefonierte mehr mit seinem Onkel Caleb, dem Bankier, mit seinem Börsenmakler und seinem Vater als mit seinem Agenten. Er blätterte zwar gern in »Variety«, aber das Finanzmagazin »Barron's« las er von vorne bis hinten. Es war eine verblüffende Erkenntnis für Jane gewesen, aber als sie darüber nachdachte, erschien es ihr durchaus logisch, daß Nicholas gern spekulierte: Er setzte einfach eine Familientradition fort. Geld zu haben gehörte bei den Tuttles einfach dazu.

»Jane interessiert sich nicht für Geschäfte. Sie ist fest überzeugt, daß unsere Bankkonten über Nacht von den Heinzelmännchen aufgefüllt werden«, sagte Nicholas.

»Ich finde es sehr anregend, über Geld zu reden«, sagte Rhodes. »Den Immobilienmarkt finde ich absolut faszinierend, wenn man von Warentermingeschäften und Aktien einmal absieht. Philip hat jetzt einen neuen Spezialisten für Schweinebäuche und Sojabohnen, und mit dem telefoniert er täglich acht Stunden. Die restlichen acht Stunden verbringt er damit, mir den Inhalt der Gespräche in allen Details zu berichten, damit auch ich von diesem Genie profitiere.«

Jane massierte inzwischen Nicholas' nackte Füße. »Nick behält seine Weisheiten glücklicherweise für sich«, sagte sie. »Ab und zu redet er über irgendwelche triumphalen Abschreibungsgeschäfte in der Ölbranche, aber in der Regel spielt er den starken, schweigsamen Tycoon.«

»Machst du immer solche widerlichen Dinge mit seinen Füßen?« fragte Rhodes plötzlich.

»Er ist unheimlich scharf darauf.«

»Es ist ungemein erfrischend«, bestätigte Nicholas.

»Wenn man euch so beobachtet, könnte man die Ehe wirklich für eine tolle Idee halten«, sagte Rhodes und rümpfte die Nase. »Apropos Schweinkram: Philip hat jetzt angefangen, Filme zu finanzieren. Ich habe ihn gebeten, bei dem schielenden Schuhfetischisten, den er als Produzenten beschäftigt, ein gutes Wort für Nick einzulegen. Ihr wißt schon, welchen ich meine. Den, der ›Blackwell‹ und ›Close to Rome‹ gedreht hat.«

»Vielen Dank«, sagte Nicholas.

»Wie geht es ihm denn?« fragte Jane. »Philip meine ich, nicht den Schuhfetischisten.«

»Philip? In den zwei Wochen, die wir in Antibes verbracht haben, hat er dreizehn Tage am Telefon gehangen und mit seinem Warentermingenie in Chicago und einem Edelmetallspezialisten in Bern gesprochen. Als wir aus Cincinnati abgereist sind, war er nicht so bleich wie jetzt.«

»Dafür siehst du um so besser erholt aus«, sagte Jane.

»Sollte ich vielleicht als Quasimodo zurückkommen?«

»Ich meine, du bist schön braungebrannt, Rhodes.«

»So dunkel wie du bin ich allerdings nicht. Aber ich habe ja auch keinen so undurchsichtigen Stammbaum wie du.«

»Die Mutter meiner Mutter war Spanierin.«

»Das behaupten sie alle.«

»Hör auf, Rhodes!« Jane warf einen raschen Blick auf Nicholas und stellte fest, daß er sich über ihren Dialog amüsierte.

»Weißt du«, sagte Rhodes, »du könntest vielleicht auch ganz passabel aussehen, wenn du dir nicht in den Kopf gesetzt hättest, wie eine englische Gutsbesitzerin rumzulaufen. Du hast nun einmal nicht die angelsächsische Haut wie Milch und Blut.«

»Der Vater meiner Mutter war Engländer.«

»Davon sieht man allerdings wenig. Bist du sicher, daß er kein Indianer war?«

»Ist das Hôtel du Cap eigentlich wirklich so gut, wie die Leute behaupten?« fragte Nicholas plötzlich.

»Phantastisch. Es lohnt sich schon, wenn man für Philip Gray arbeitet. Aber warum versuchst du, das Thema zu wechseln?«

»Weil deine Schwester sonst vielleicht aufsteht und dir eine knallt.«

»Ach, was. Jane würde mich nie schlagen. Sie betet mich an. Seit Jahren hegt sie eine wilde inzestuöse Leidenschaft für mich. Wirklich zu schade, daß ich mich so wenig für rasende Amazonen begeistern kann, selbst wenn sie geblümte Hemdblusen tragen. Wirklich süß. Setzt du eigentlich auch kleine bunte Kapotthüte auf, wenn du in die Kirche gehst, Jane?«

»Kapotthüte werden auch in Connecticut nur noch selten getragen«, erwiderte Jane. »Aber wenn du Lust hast, morgen mit in die Kirche zu gehen, kannst du dich ja selbst überzeugen.«

»Ah, wie reizend! Wirst du Vicky und Liz weiße Söckchen und Handschuhe anziehen?«

»Hör auf damit, Rhodes!«

»Bist du je in die Kirche gegangen, als du noch klein warst?« fragte Nicholas.

»Nein.« Rhodes zuckte die Achseln.

Jane war nachdenklich geworden. »Kannst du dich überhaupt daran erinnern, daß zu Hause je von religiösen Dingen die Rede war? Hat dir Dorothy beigebracht, ein Nachtgebet zu sprechen oder dergleichen?«

»Nennst du sie jetzt Dorothy?«

»Ja. Warum nicht?«

»Nein. Dorothy hat mich keine Gebete gelehrt. Und ich kann mich auch nicht erinnern, das Wort ›Gott‹ je in unserem Hause gehört zu haben. Du?«

»Nein. Ich habe zwar unbestimmte Erinnerungen, daß mich die Großeltern mal mitgenommen haben zum Gottesdienst, und ich weiß, daß ich getauft worden bin, aber das war vermutlich der Einfluß meiner Mutter.«

»Geht ihr jeden Sonntag?«

»Ja.«

»Gefällt es euch?«

Jane warf Nicholas einen Blick zu.

»Es ist eine Gelegenheit, bei der man über Dinge nachdenken kann, für die man sonst keine Zeit hat«, sagte Nicholas. »Und irgendwie ist es auch nett, jede Woche dieselben Leute zu treffen. Jane erwartet, glaube ich, mehr so eine Art Offenbarung. Stimmt's? Du hoffst immer, das Dach würde sich öffnen, der Heilige Geist hereinströmen und dir das Wesen des Universums erhellen. Aber so ist es wohl nicht.«

»Ich glaube, du spinnst!« sagte Jane. »Wenn ich wirklich einen religiösen Tick hätte, wäre ich katholisch geworden. Natürlich nur, solange die Messe noch auf lateinisch gelesen wurde. Die vielen Ave Marias, die Kerzen, das Niederknien und Sich-Bekreuzigen – das ist doch was anderes. Im ersten Jahr in Pembroke bin ich immer mit meiner Zimmerkameradin Amelia zur Messe gegangen. Habe ich dir das nie erzählt? Das ist noch eine richtige Religion. Allein schon die Beichte. Irgendwie gefällt mir das.«

»Was willst du denn beichten?« fragte Nicholas.

Rhodes trank seinen Brandy aus und stellte das Glas ab. »Was glaubst du denn, Nick, was die kleine Jane hier draußen treibt, wenn du dich in New York auf den Brettern tummelst, die angeblich die Welt bedeuten? Denkst du, sie liest in der Bibel oder häkelt Kissenbezüge?«

»Das behauptet sie immer.«

»Von wegen. Wahrscheinlich läuft sie draußen im Stall rum und treibt widernatürliche Unzucht mit den Pferden.«

Nicholas lachte. »Wir haben nur eins, und das ist zufällig eine Stute.«

»Du hast keine Ahnung, wozu sie fähig ist, Nick.«

»Du bist widerlich, Rhodes«, sagte Jane.

»Wie geht es eigentlich deinen Eltern?« fragte Nicholas.

Rhodes griff nach der Brandyflasche und schenkte sich noch einen Schluck ein. »Ich denke, es geht ihnen gut.«

Nicholas nahm seine Beine vom Schoß seiner Frau und setzte sich auf. »Hast du gewußt, daß ich sie sowohl nach der Geburt von Vicky als auch nach der Geburt von Liz sofort angerufen habe? Aber sie haben darauf überhaupt nicht reagiert. Sie haben Jane weder im Krankenhaus angerufen, noch wollten sie ihre Enkelkinder sehen; nicht mal eine Glückwunschkarte haben sie geschickt. Ich verstehe das nicht.«

»Bitte verlangt nicht von mir, daß ich das Verhalten meiner Eltern erkläre«, sagte Rhodes. »Ich bin dazu nicht in der Lage. Bei meiner Mutter und Jane ... nun ja, die Atmosphäre war nicht gerade die beste, aber es lag zumindest eine klassische Konfliktsituation vor: Es war die Spannung zwischen Stiefmutter und Stieftochter. Aber meine Mutter war nicht mal halb so schlimm, wie Jane es gern darstellt. Sie hat ihr keineswegs jeden Morgen brennende Streichhölzer unter die Fußsohlen gehalten oder dergleichen. Mutter hat sich viel Mühe mit ihr gegeben.«

»Du hast doch gar nicht begriffen, was vorging!« schrie Jane plötzlich. Nicholas und Rhodes fuhren verblüfft zusammen.

»Okay«, sagte Nicholas leise. »Reden wir von etwas anderem.«

»Ich denke nicht daran«, fauchte Jane. »Du bist ständig von irgendwelchen Kindermädchen verhätschelt worden und hast dich mit deinen Eltern nicht abgeben müssen. Deine Eltern waren überhaupt nie zu Hause. Du hast selbst gesagt –«

»Jane, bitte beruhige dich.«

»Beruhige dich doch selbst! Kannst du dir überhaupt vorstellen, was ich durchgemacht habe? Kannst du dir vorstellen, wie das ist, wenn dich der eine Elternteil haßt und der andere sich vollkommen gleichgültig verhält?«

»Vater war gar nicht so gleichgültig«, sagte Rhodes. »Du solltest das nicht so herunterspielen, was er dir angetan hat. Er ist ein Scheusal gewesen. Erinnere dich doch bloß, wie er dich regelmäßig ins obere Stockwerk gebracht und geschlagen hat, Jane.«

»Halt den Mund, Rhodes!«

»Es ist doch wahr, Jane. Verdammt noch mal, es ist scheußlich gewesen. Ich mußte immer in der Küche bleiben, aber ich konnte dich schreien hören. Mein Gott, du hast immer so schrecklich geschrien. Ich vergesse das nie. Ich habe ihn gehaßt.«

»Er hat dich *geschlagen*?« fragte Nicholas. »Davon hast du ja nie etwas gesagt. Warum hast du nicht –«

»Es war nicht so wichtig«, zischte Jane wütend.

»Bist du verrückt?« fragte Rhodes. »Es ist doch jede Woche einmal passiert. Jahrelang! Bis ich neun oder zehn Jahre alt war. Wie kannst du behaupten, es sei nicht so wichtig gewesen? Wie kannst du meine Mutter bis zum heutigen Tag schlechter machen und dabei so tun, als wäre dein Vater ein harmloser Trottel gewesen? Nach allem, was er dir angetan hat? Erinnerst du dich denn nicht? Komm, Jane, du weißt doch genau, was für ein perverser –«

Jane ging quer durchs Zimmer, stellte sich vor ihren Bruder hin und schrie, so laut sie nur konnte. »Laß mich in Ruhe! Laß mich in Ruhe oder verschwinde aus diesem Haus! Hörst du, Rhodes? Hörst du? Jedesmal, wenn wir uns treffen, hackst du auf mir herum. Ich habe das satt, ich habe das satt, satt, satt!«

Nicholas legte seiner Frau den Arm um die Schulter. »Nicht doch, Jane. Er hat doch gar nichts gegen dich gesagt.«

»Ich bin auf deiner Seite, Jane«, sagte Rhodes. Seine Stimme flatterte. »Jane, du weißt doch genau, was mit unserem Vater los war. Dieser langweilige Mann mit seinen Opernarien auf Platte und seinen Managerzeitschriften war ein sadistischer alter –«

Jane hob die Hand und schlug ihrem Bruder ins Gesicht. »Hör auf«, kreischte sie. »Hör auf! Hör sofort auf! Hör damit auf!«

18

> FRAUENSTIMME: Wir wollen heute abend nicht darüber diskutieren, wie es ihr geht und ob ihr die Gehirnchirurgen werden helfen können. Ich möchte vielmehr vorschlagen, daß wir einmal ... über das Wesen des Starruhms nachdenken. Ich meine, wir hätten doch von Jane nie gehört, wenn ihr Mann nicht ein Superstar wäre. Aber was hat ihn eigentlich zum Symbol der Männlichkeit gemacht? Und vor allem, was bedeuten uns Jane und Nicholas *als Paar*? Gestern abend war ich im Kino und habe mir »Wyoming« noch einmal angesehen, seinen einzigen Western, und irgend jemand stellte plötzlich die Frage, warum man eigentlich Nicholas immer gleich umarmen oder zum Präsidenten machen möchte, wenn man ihn sieht ...
>
> S.W. Zises, WBAI Radio, New York

Fast jeder, mit dem er in Kalifornien sprach, hatte gefragt: »Spielen Sie Tennis?« Und jedesmal, wenn er ja gesagt hatte, hieß es: »Fabelhaft! Wir müssen unbedingt mal ein Spiel machen!« Nach einigen Tagen wurde ihm klar, daß diese Floskel nicht viel zu bedeuten hatte. Sie war genauso unverbindlich wie das ewige »Wir müssen mal zusammen essen gehen«, mit dem praktisch jede New Yorker Unterhaltung garniert wurde. Es blieb ihm also nichts anderes übrig, als jeden Abend seine Tennisschuhe anzuziehen und einen langen Dauerlauf zu machen.

Sein Hotel war alles andere als modern, aber es ließ sich darin aushalten. Das Klima in Kalifornien sagte Nicholas sehr zu. Er fand es angenehm, im Oktober noch auf der Terrasse sitzen und Kaffee trinken zu können. Auch die lässige Art, wie die Leute hier miteinander verkehrten, gefiel ihm. Die Menschen waren natürlicher und entspannter, fröhlicher und unkomplizierter als in New York.

Nicholas allerdings tat es leid, daß er seinen ersten Herbst auf der Farm verpaßte. Er vermißte seine Familie, er vermißte Murray. Es war auch ganz anders als auf einer Tournee, wo er stets die Kollegen seines Ensembles um sich herum hatte, um mit ihnen zu frühstücken oder essen zu gehen. Hier in Hollywood war er einfach ein New Yorker Schauspieler mit einer kleinen Rolle. Von zwei mäßig energischen Verführungsversuchen abgesehen, interessierte sich niemand dafür, was er an seinen Abenden machte. Er studierte seine Rolle, las eine Biographie von Theodore Roosevelt und mehrere Kriminalromane von John Dickson Carr und telefonierte häufig mit Jane.

Das Laufen war das einzige, was ihm körperlich Befriedigung verschaffte, aber sehr viel Spaß machte es auch nicht. Es fehlte das spielerische Element, aber es machte wenigstens müde, obwohl er jeden Tag länger laufen mußte, um die erstrebte Wirkung zu erzielen.

Rhodes Gespräch mit Philip Gray hatte sich offensichtlich als wirksam erwiesen, denn schon wenige Tage nach dem Besuch seines Schwagers erhielt Nicholas die Einladung, zu Probeaufnahmen nach Kalifornien zu kommen, und noch ehe die Probeaufnahmen überhaupt entwickelt waren (so kam es ihm jedenfalls vor), bot man ihm eine kleine, aber durchaus interessante Filmrolle an. Der Filmproduzent selbst hatte ihn in die Polo Lounge des Beverly Hills Hotels zu einem Drink eingeladen und Nicholas erklärt, er habe ihn am Broadway gesehen und hätte sich gerade nach seinem Agenten erkundigen wollen, als Philip Gray angerufen und ihm die Adresse verschafft habe. »Philip Gray ist Ihr Schwager, nicht wahr?« fragte der Filmproduzent.

»Nein.« In der Hotelbar flatterten Frauen von überirdischer Schönheit herum. Eine Brünette mit einem nabelfreien Sarong und einem Büstenhalter aus Silberkettchen begegnete gerade einer Rothaarigen, die unter einem weißen Minikleid goldene Sandalen trug, die bis zum Oberschenkel geschnürt waren. Die beiden Frauen warfen sich einen kühlen, prüfenden Blick zu und eilten dann weiter. Handelte es sich nun um Filmschauspielerinnen oder Prostituierte? Manche trugen ein kleines erwartungsvolles Lächeln im Gesicht, als ob sie jederzeit damit rechnen müßten, daß ihnen etwas Angenehmes mitgeteilt würde. »Mein Schwager arbeitet für Philip Gray«, fügte Nicholas hinzu. Er fragte sich, ob der Produzent wohl gemerkt hatte, daß seine Aufmerksamkeit abgeschweift war.

»Ah, so. Ich wußte nicht mehr genau, wie die Verhältnisse lagen.« Der Produzent sah an ihm vorbei und begann nach der Rechnung zu winken.

»Es handelt sich um einen ganz amüsanten Zufall«, sagte Nicholas. »Philips Frau ist meine Cousine.«

»Darf ich Ihnen noch etwas bestellen?«

Die herrschende Meinung über Hollywood war bei allen Theaterleuten, mit denen Nicholas gesprochen hatte, die gleiche: Man nimmt das Geld mit und geht seiner Wege.

Das eigentlich Anstrengende an der Filmarbeit war die Warterei. Man hatte immer nur drei oder vier Zeilen Text zu sprechen, und dann mußte man unter Umständen halbe Ewigkeiten auf die nächste Einstellung warten. Die Leute entwickelten spezielle Hobbys, um die Zeit totzuschlagen. Jeff Barault zum Beispiel, der in »Romeo und Julia« den Mercutio gespielt hatte, war zwei Monate lang zu Außenaufnahmen auf den Philippinen gewesen und hatte bei dieser Gelegenheit einen Sessel aus exotischen Hölzern geschnitzt. Der Rücktransport in die Vereinigten Staaten hatte ihn fünfhundert Dollar gekostet. Und eine andere Kollegin, die eigentlich sehr nett aussah, aber immer die alten Jungfern spielen mußte, weil sie ihre Lippen besonders grämlich herunterzuziehen verstand, strickte Schals. Beinahe jeder, der schon einmal mit ihr gedreht hatte, besaß eines dieser fast zwei Meter langen Ungetüme aus grellbunter Wolle. Wenn sich zwei Schauspieler im bitterkalten New Yorker Winter an der 45. Straße begegneten, gab es Gelegenheit, die Trophäen zu bewundern. »Sagen Sie, ist das ein ›Sommernachts‹-Schal?« »Nein, ›Judith Lane‹. Die ›Sommernachts‹-Schals waren beige-braun.«

Die beiden häufigsten Methoden, die Zeit totzuschlagen, bildeten allerdings der Kampf um die nächste Rolle – dazu mußte man Drehbücher lesen, mit Agenten telefonieren und alle möglichen einflußreichen Leute umwerben – und Techtelmechtel.

Andererseits war die Filmerei weniger strapaziös als die Arbeit fürs Werbefernsehen.

Mit Schrecken erinnerte er sich an den Werbespot für die Genossenschaft der kalifornischen Artischocken-Anbauer, bei dem er, durch die Haustür kommend, seinen Attachékoffer fallenlassen und eine sechzig Kilo schwere Schauspielerin auffangen und quer durchs Wohnzimmer tragen mußte, die ihm lauthals entgegenkrähte: »Rate mal, was wir heute essen! Es ist absolut neu, irrsinnig grün und unglaublich lecker!« Er hatte sich bei dieser Gelegenheit eine scheußliche Zerrung eingehandelt, die ganz gemein wehtat. Zu allem Überfluß hatte der Werbespot den Auftraggebern dann überhaupt nicht gefallen und wurde deshalb auch niemals gesendet.

Hier in Hollywood hatte er dagegen eine richtige Charakterrolle zu spielen. Er hatte zwar wieder einmal einen kaltblütigen Schurken darzustellen, aber das war ihm egal. Wenn ihn jemand mit zehntausend Dollar dafür honorierte, daß er sich einen Monat lang in Kalifornien langweilte, dann war er bereit, den schlimmsten Schurken der Welt zu mimen.

Das Drehbuch war zugegebenermaßen nicht gerade überragend, aber Nicholas war auch am Broadway schon in Stücken aufgetreten, die eher mäßig waren. Dafür waren die Hauptdarsteller nicht schlecht. Julie Spahr wirkte als Sozialarbeiterin zwar etwas zu schick, aber sie gab sich redliche Mühe, so gefühlvoll, opferwillig und naiv zu sein, wie die Rolle es vorschrieb. David Whitman, der Star, war erstklassig.

Nicholas stellte den korrupten Bürgermeister einer neuenglischen Kleinstadt dar, an den sich die beiden Helden des Films wenden, um ein Viertel mit viktorianischen Reihenhäusern vor dem Abbruch zu retten. Whitman spielte einen Architekten und Julie Spahr seine junge Frau, eine Sozialarbeiterin. Sie verfolgen den Plan, das Viertel zu renovieren und in eine Künstlerkolonie umzuwandeln. Nicholas war der aalglatte Schurke, an dessen Niedertracht und Käuflichkeit diese beiden hochgesinnten Idealisten zerbrechen.

Der Regisseur sagte Nicholas, er solle den Bürgermeister zu einer möglichst attraktiven Figur machen, zu einem hemdsärmeligen Kennedy-Typ, dem es mit seinem jungenhaften Charme ohne weiteres gelingt, das Vertrauen des Architekten und seiner jungen Frau zu gewinnen. Das Ehepaar dürfe gar nicht auf die Idee kommen, dieser sympathische Mann könne von dem Bauunternehmer bestochen sein, der die alten Häuser abreißen will, um für ein Industriegelände Platz zu schaffen. Den Schluß des Films solle eine stumme, dreiminütige Sequenz von Zusammenschnitten bilden, in der die Bulldozer gezeigt wurden, die langsam und unerbittlich durch die verlassenen Straßen des alten Stadtviertels fahren; dann das strahlende Gesicht des idealistischen Architekten, der sich in der irrigen Annahme auf dem Weg in die Hauptstadt befindet, der Bürgermeister werde seine Pläne befürworten; im Anschluß daran die Frau des Architekten, die bei einem »Arbeitsessen« im Büro des Bürgermeisters verführt wird, und dann wieder die Bulldozer und ihr Zerstörungswerk.

»Ich finde, ein bißchen mißtrauisch sollte ich schon sein«, sagte Julie Spahr. »Nur eine winzige Spur, damit die Figur mehr Profil kriegt.«

»Nein, Julie«, sagte der Regisseur, »Sie haben keine Ahnung, was Nick in Wirklichkeit vorhat. Sie wissen nur, daß Sie irgendwie... nervös sind. Sie sind scharf auf Nick, aber das wollen Sie sich nicht eingestehen, weil Ihr Mann so ein guter, ehrlicher Mensch ist. Andererseits sind Sie aber auch ganz entspannt und beinahe schwindelig vor Glück, weil Sie glauben, das alte Stadtviertel wäre gerettet. Sie befinden sich also in einem Aufruhr gemischter Gefühle. Okay?« Julie nickte so andächtig, als habe sie gerade den Aufbewahrungsort des Heiligen Grals in Erfahrung gebracht.

Hank Giordano, der Regisseur, führte Nick am Arm um den Schreibtisch herum hinter den Besuchersessel, auf dem Julie saß. »Schön langsam«, sagte er, als ob Nicholas ein kleiner Junge wäre, der hinfallen könnte, wenn er zu schnell ging. Sicherheitshalber war der gesamte Weg auch noch mit blauem Klebeband auf dem Boden markiert (Julies Farbe war Rot). »Sehr gut«, sagte Giordano, als sie hinter dem Sessel angelangt waren. »Und jetzt pressen Sie sich mit dem Körper gegen die Rückenlehne, als ob das Julie wäre. Ja, genau so. Sie lassen Ihre ganze sexuelle Ausstrahlung auf die junge Frau wirken. Gut, sehr gut, Nick. Jetzt gehen Sie bitte wieder hinter Ihren Schreibtisch zurück, und wir versuchen es einmal. Sind sie fertig, Julie?«

»Hank, ich finde, mein Haar sitzt nicht richtig.«

Nicholas kehrte zu dem breiten Sessel aus Chromstahl und

Leder hinter dem Schreibtisch des Bürgermeisters zurück und unterdrückte mit Mühe ein Seufzen. Julie Spahr hatte den halben Vormittag damit zugebracht, die Gefühle der jungen Sozialarbeiterin zu analysieren, obwohl sie, Nicholas und Giordano schon gestern drei Stunden lang darüber diskutiert hatten. Die andere Hälfte des Vormittags hatte sie sich mit der Frage beschäftigt, was sie in dieser Szene für ein Make-up tragen sollte. Auch darüber hatten sie gestern schon ausführlich gesprochen. Julie war der Ansicht gewesen, sie müsse »ganz natürlich« aussehen, während der Regisseur sie zu überzeugen versuchte, daß ein bißchen blauer Lidschatten der unbewußte Versuch der jungen Frau sei, sich schön zu machen für das Gespräch mit dem Bürgermeister.

»Julie, Ihr Haar sitzt sehr gut. Sie sind eine Sozialarbeiterin, Julie. Sie tragen Jeans und Flanellhemden, da darf doch Ihre Frisur nicht so aussehen, als ob Sie gerade von Madame Fifi kämen.«

»Und warum muß ich dann den Lidschatten tragen?«

»Weil Sie keine Modepuppe sind, aber auch nicht in Sack und Asche daherkommen wollen. Sie möchten sich ein bißchen hübsch machen für diesen Burschen.«

»Sie haben doch gerade gesagt, ich wüßte noch nicht, daß ich scharf auf ihn bin.«

Das sagte sie, ohne Nicholas auch nur eines Blickes zu würdigen. Aber sie hatte ihn auch in den vergangenen siebzehn Drehtagen keines Blickes gewürdigt. Wenn er guten Tag sagte, ließ sie ihn jedesmal deutlich spüren, daß jede Reaktion auf seine Anwesenheit eine unzumutbare Verschwendung ihrer Lebensenergie war. Er war schließlich nur so ein New Yorker Schauspieler, der seine erste kleine Filmrolle spielte.

»Sie sind *unbewußt* auf ihn scharf, Julie.«

»Ich finde, der Lidschatten macht die Szene irgendwie billig.«

»Julie –«

»Ich würde mich in dieser Frage bestimmt nicht so engagieren, wenn es mir nicht um die künstlerische Qualität ginge, Hank.«

Hank Giordano faltete die Hände vor der Brust. Er sah aus wie ein Faß mit Armen und Beinen. »Ich mache Ihnen einen Vorschlag, Julie. Wir drehen die Szene zweimal, einmal mit und einmal ohne Lidschatten. Wenn es mit dem Lidschatten nicht gut ist, dann nehmen wir die Fassung ohne Lidschatten. Das verspreche ich Ihnen, Julie.«

»Na schön. Aber mit der Frisur ist es genauso. Wir müssen es auch einmal ordentlich durchgekämmt machen.«

»Nein.«

»Hank –«

»Jetzt machen wir erst einmal das mit dem Lidschatten. Über die Haare sprechen wir später.«

Julie Spahr verzog den Mund wie eine schmollende Fünfjährige. »Hank, ich sage das nicht gerne, aber ich traue Ihnen nicht ganz. Ich habe den Verdacht, Sie wollen die Sache mit dem Haar ganz einfach unter den Tisch fallen lassen.« Obwohl sie Anfang dreißig war, hatte sie ein ganzes Repertoire von »kindlichen« Gesten: Sie konnte Leute mit großen Augen anstarren, und wenn sie zeigen wollte, daß sie nachdachte, steckte sie sogar ihren Daumen in den Mund.

»Das finde ich nicht fair, was Sie mir da unterstellen«, sagte Giordano.

Nicholas fing seinen Blick auf und sah zu seiner Verblüffung, daß der Regisseur lautlos fluchte.

»Tut mir leid, Hank. Ich wollte Sie nicht kränken. Lassen wir die Haare halt so, wie sie sind. Aber ich mache es wirklich nur Ihnen zuliebe.«

»Sie werden es nicht bedauern, Julie.« Die Schauspielerin legte zwei Finger auf die Lippen und warf dem Regisseur ein Kußhändchen zu. »Okay«, sagte Giordano. »Fangen wir an. Nick, sind Sie fertig? Gehen Sie um Himmels willen ganz langsam. Sie haben unendlich viel Zeit. Sie müssen die junge Frau so lange wie möglich beschäftigen, damit sie das Büro erst wieder verläßt, wenn die Häuser alle abgerissen sind. Okay?«

»Ruhe bitte«, rief jemand. »Achtung Aufnahme!«

Nachdem Nick dreimal um seinen Schreibtisch herumgegangen war und sich dreimal hinter den Sessel der jungen Frau gestellt hatte, war Giordano zufrieden. Danach mußte Nicholas dies allerdings noch weitere fünfmal wiederholen, wobei die Kamera ausschließlich auf Julie gerichtet war und deren Reaktionen einfing.

Eine halbe Stunde später waren sie endlich beim Höhepunkt der Szene angelangt. Nicholas packte die Rückenlehne des Sessels, und Julie erstarrte. Ihre Kopfhaut sah trocken und irgendwie krank aus. Wahrscheinlich hatte sie sich zu oft die Haare gefärbt. Nicholas kräuselte seine Lippen zu einem winzigen Lächeln. Er brauchte seinen Mund dabei kaum zu verziehen. Die Kamera hielt auch noch die feinsten Regungen seines Mienenspiels fest. Der Verzicht auf die großen, dramatischen Gesten der Bühne war allerdings außerordentlich anstrengend. Nach jedem Drehtag im Atelier schien sein Körper zu schmerzen, weil er so viele Gebärden hatte unterdrücken müssen.

Ruhig nahm er Julie die Kaffeetasse aus der Hand und stellte sie auf den Tisch. Dann wartete er zwei Sekunden, damit sich auf Julies Gesicht Erschrecken und Panik ausbreiten konnten. Ihr Mund öffnete sich, und ihre Augen suchten nach einem Ausweg. Aber jetzt war es zu spät. Ganz behutsam faßte Nicholas nach ihrem Kinn und zog es nach hinten, so daß sie ihm ins Gesicht sehen mußte. Vier Sekunden lang blickte er auf sie herunter und zählte innerlich dabei mit: eine Banane, noch eine Banane, drei Bananen und ... vier. Dann griff er mit der linken Hand nach ihrer Kehle und streichelte sie. Dabei glitten seine Finger allmählich immer tiefer in den Kragen ihrer Bauernbluse hinein. Ihre Haut war voller Schweiß und Make-up. Die Scheinwerfer waren unglaublich heiß. Wahrscheinlich leuchteten seine Ohren glutrot. Nur der Sessel und die Gesichter waren beleuchtet, der Hintergrund blieb dunkel.

Nicholas starrte seinem Opfer direkt in die Augen, und als Julie den Kopf wegdrehen wollte, hielt er sie fest und zog ihr Kinn noch ein paar Zentimeter weiter zurück. Seine Lippen öffneten sich zu einem Lächeln voll amüsierter Verachtung. Er wußte, daß der jungen Frau der Hals wehtun mußte, aber das war ihm völlig egal. Julies Kinn begann in seinen Händen zu zittern, und ihr Körper schien zu erschlaffen. Dann bäumte sie sich noch einmal auf und wollte den Kopf schütteln. Nein, nein, sie wollte doch nicht ... Ihre Augen waren getrübt und ängstlich geweitet, seine waren sachlich und klar. Er hätte ein Wissenschaftler sein können, der einen gefangenen Schmetterling beobachtet. Er hielt ihren Kopf so fest, daß sie sich nicht bewegen und auch nicht mehr losreißen konnte, und legte seine Hand auf ihren mageren Busen. Dann lächelte er, ohne den Blick von ihren angstvollen Augen zu wenden, in kaltem Triumph.

»Schnitt!« rief der Regisseur.

Alle atmeten auf. »Donnerwetter!« sagte Giordano. »Sie waren unglaublich!«

»Vielen Dank«, sagte Julie.

Der Regisseur nickte, und ohne daß Julie es bemerkte, warf er Nicholas einen anerkennenden Blick zu.

»Wieviel Uhr ist es jetzt in Kalifornien, Vicky?« fragte Elizabeth.

»Wir haben jetzt kurz nach sechs«, sagte Jane. »In Kalifornien ist es drei Stunden früher. Na, Vicky, wieviel ist sechs minus drei?«

»Drei«, sagte Victoria. »Drei Uhr nachmittags.«

Elizabeth nickte. »Und was macht Daddy gerade?«

»Er macht einen Film.«

»Macht er einen richtigen Film?« fragte Elizabeth.

»Logo«, sagte Victoria.

»Tom und Jerry?« wollte ihre vierjährige Schwester wissen.

»Nein. Daddy sieht im Film wie ein richtiger Mensch aus.«

Jane hob mahnend die Hand. »Wenn ihr nicht in fünf Minuten alles aufgegessen habt, fällt der Nachtisch aus.«

»Was gibt's denn?«

»Eine Überraschung.«

»Wahrscheinlich frisches Obst mit braunen Flecken.«

»Oh, nein. Es ist etwas ganz Besonderes. Aber jetzt sage ich kein Wort mehr, bis ich nicht zwei leere Teller sehe.«

»Müssen wir denn die Knochen vom Kotelett auch essen?«

»Ruhe jetzt! Hört auf zu schwatzen und eßt lieber!«

Die Mädchen griffen gehorsam nach ihren Gabeln und aßen. Jane beobachtete sie. Es war wirklich bedauerlich, daß die Vorzüge von Nicholas und Rhodes, den gutaussehenden Männern in der Familie, sich nicht auf die beiden Mädchen vererbt hatten. Victoria und Elizabeth waren ganz gewöhnliche, nette Mädchen.

Victoria hatte glattes braunes Haar. Mit ihren blauen Augen und ihrem ernsthaften, blassen Gesicht sah sie so feierlich aus, als warte sie nur auf eine Gelegenheit, die Menschheit zu retten. Während sie ihr Fleisch aß, behielt sie ständig ihre jüngere Schwester im Auge. Plötzlich hörte sie auf zu kauen und räusperte sich.

»Was ist?« fragte Jane.

»Liz macht wieder solchen Unsinn.«

»Du sollst nicht petzen.«

»Tu ich ja nicht. Ich sag dir doch nur, wo du hingucken sollst.«

Elizabeth war mit ihren vier Jahren geschickt genug, um alles, was sie nicht mochte, unbemerkt mit der Gabel vom Teller zu stupsen. Rings um ihren Stuhl war der Boden mit Broccoliknospen bedeckt.

»Bitte, Liz, iß deinen guten Broccolli! Und wehe, wenn ich dich erwische ...«

»Der ist nur aus Versehen runtergefallen.«

Jane holte tief Luft. »Dann paß besser auf!« sagte sie.

»Ich geb mir ja Mühe, aber manchmal –«

»Elizabeth!« Elizabeth sah aus, als hätte sie eine Dauerwelle. Sie hatte das gleiche braune Haar wie Victoria, aber ihres war nicht glatt; tausend kleine Korkenzieherlöckchen umrahmten ihr Gesicht.

»Du schwindelst«, rief Victoria dazwischen. »Du hast das absichtlich gemacht.«

»Du blöde Petzliese!«

»Du bist selbst blöd!«

»Vicky! Liz! Hört jetzt auf!«

»Du doofe –«

»So. Jetzt hab' ich genug. Eigentlich wollte ich ja mit euch zu Winkie's zum Eisessen gehen, aber –«

»Ach, bitte, Mami.«

»Bitte, bitte. Wir wollen auch ganz brav sein.«

»Ich kann mich auch bei Liz entschuldigen. Es tut mir leid, Liz. So, nun mußt du es auch sagen.«

»Es tut mir leid, Vicky.«

»Gehen wir jetzt Eis essen?«

Es war Oktober und bereits empfindlich kühl. Als sie im Wagen saßen, stellte Jane die Heizung und das Gebläse an. »Ist euch die Temperatur so recht?« fragte sie mit einem Blick in den

Rückspiegel. Die beiden Mädchen, die auf den Rücksitzen saßen und sich angeschnallt hatten, nickten nur. Sie waren offenbar entschlossen, ihr Eis durch keinerlei Aufsässigkeit zu gefährden.

In einer Woche ist er wieder zu Hause, dachte Jane. Nicholas war früher schon gelegentlich drei Wochen lang fort gewesen, wenn er auf Tournee war, und sie hatte es auch überstanden. Aber diesmal war er nicht in Philadelphia oder New Haven, sondern weit entfernt in Kalifornien. Und es war durchaus nicht ausgeschlossen, daß dieser Trennung weitere folgten. Falls der Film gut wurde – was Jane allerdings nicht glaubte –, würde Nicholas womöglich bald wieder in Hollywood arbeiten wollen. Womöglich akzeptierte er auch eine Rolle, bei der ihn die Dreharbeiten für Monate ins Ausland führten. Ihr eigenes Leben bestand nur aus Warten. Sie kümmerte sich um das Haus und die Kinder, sie las, kochte, nähte, aber vor allem wartete sie darauf, daß Nicholas wieder nach Hause kam.

Ihr Eis aßen sie an einem kleinen runden Marmortisch. Winkie's Eissalon an der Main Street von Farcroft war schon seit Generationen ein Anziehungspunkt für die ganze Umgebung. Für Eltern war der Eissalon eine pädagogische Superwaffe: Wenn man den Kindern einen Besuch bei Winkie's in Aussicht stellte, waren sie praktisch zu allem bereit. Jane konnte Winkie's nicht ausstehen. Der Besitzer, ein dürrer alter Connecticut-Yankee, hockte gleich beim Eingang hinter seiner verchromten Registrierkasse und musterte sie immer so mißtrauisch, als wollte sie ihm Falschgeld andrehen. Die Spiegel an den Wänden waren voller Stockflecken, und es hing ständig ein säuerlicher Geruch in der Luft, als hätte vor fünfzig Jahren jemand vergessen, die verschüttete Milch aufzuwischen.

»Kommt, Kinder, wir müssen wieder gehen«, sagte Jane.

»Bitte, bitte noch ein Eis!«

»Kommt nicht in Frage. Ich möchte zu Hause sein, wenn Daddy anruft.«

Die Nacht war stockfinster. Dunkle Wolken hingen über den Hügeln, und kein Stern war zu sehen. Von Farcroft aus ging es zunächst nach Süden. Jane graute jetzt schon vor der Ankunft auf der Farm und davor, den Wagen in dem alten Geräteschuppen zu parken, den sie als Garage benutzten. Auch der Weg zum Haus war ihr bei Nacht nicht ganz geheuer. Hoffentlich hatte sie das Außenlicht angelassen. Einmal hatte sie es vergessen und hatte sich im Garten den Knöchel verstaucht.

Die völlige Dunkelheit auf dem Land war entsetzlich. In jedem Zimmer hatte Jane einen Kerzenvorrat versteckt, da sie eine panische Angst vor einem eventuellen Stromausfall hatte. Allein in diesem großen, dunklen Haus zu sein und die Hand nicht vor den Augen sehen zu können, wäre furchtbar gewesen.

»Bist du okay, Mami?«

»Ja.«

Am Nachmittag hatte Jane die letzten Arbeiten im Garten erledigt. Sie hätte sich dazu vielleicht besser eine Strickjacke anziehen sollen, denn jetzt hatte sie ein steifes Genick. Hatte sie wirklich das Fernlicht eingeschaltet? Sie hatte das Gefühl, durch einen endlosen Tunnel zu fahren. Es war nicht bloß ein steifes Genick, sie hatte auch Halsschmerzen. Ob eins der Kinder sie angesteckt hatte?

Sie riß den Wagen etwas zu heftig herum, als sie nach Osten abbog, und sie gerieten einen Moment lang ins Schleudern.

»Mami, ist was?«

Jane schüttelte stumm den Kopf und starrte weiter ins Dunkel hinaus. Plötzlich wurde ihr heiß. Es roch nach feuchter Wolle im Wagen. Jane zerrte am Kragen ihres Pullovers, ihr Hals brannte wie Feuer. Wahrscheinlich hatte sie Fieber. Sollte sie nicht lieber umkehren und ins Krankenhaus fahren? Was, wenn sie während der Nacht Hilfe brauchte? Sie spürte, wie die Schmerzen ihr die Kehle zuschnürten.

Plötzlich wurde ihr schwindelig. Oh, Gott, dachte sie. Ich habe wieder einen dieser Anfälle. Genau wie damals im Central Park. Sie kriegte kaum Luft mehr, und ihr Herz begann wie rasend zu schlagen. Hoffentlich wurde sie nicht gleich ohnmächtig. Sie mußte den Wagen unbedingt zum Stehen bringen, denn von allen Seiten drängten sich riesige Bäume heran und blockierten den Weg. Sie mußte anhalten, bevor sie... Oh, Gott, ihr Herz schlug so schnell.

Wenn sie jetzt einen tödlichen Infarkt erlitt, würden die beiden Mädchen mit ihrer Leiche mutterseelenallein im Wagen sitzen und in der schrecklichen Dunkelheit schreien und wimmern. Vergeblich würden sie versuchen, sie zu wecken. Sie würden sie schütteln und rütteln, bis sie mit dem Kopf aufs Lenkrad fiel und die Hupe geisterhaft durch die Nacht heulte.

»Mami! Mami! Du bist ja an unserer Einfahrt vorbeigefahren!«

Irgendwie schaffte sie es anzuhalten, zurückzusetzen und die lange, kiesbestreute Auffahrt zu finden. Sie hielt vor der Vordertür an.

»Fährst du denn nicht in die Garage?«

»Mami?«

Ihre ganze linke Seite verkrampfte sich unter den wütenden Schlägen ihres Herzens: der Hals, die Brust, der Arm. Sie mußte die Fahrertür mit der rechten Hand aufmachen und fiel dabei fast aus dem Wagen. Sie taumelte ins Haus und überließ es Victoria, den Sicherheitsgurt ihrer Schwester zu lösen. »Ich fühle mich etwas unwohl«, flüsterte sie.

»Mami? Was ist, Mami?«

Sie hatte das Licht angelassen. Der Lichtschein des großen Messingkronleuchters erfüllte den Flur und das Treppenhaus mit einladender Helligkeit. Jane lehnte sich an die Wand und atmete schwer.

Victoria faßte ihre Mutter am Arm. »Mami? Soll ich den Rettungsdienst anrufen?« Jane sah geistesabwesend auf ihre Tochter herunter. Zum ersten Mal sah sie, daß Victorias Haare kleine rote Glanzlichter hatten. »Soll ich die Null wählen?«

»Nein, nein. Es geht mir schon besser.«

»Bist du sicher?«

»Ja. Vielen Dank. Es ist alles gut.«

➜ 19 ↢

MÄNNLICHE STIMME: ... obwohl sein Agent, Murray King, ausdrücklich erklärte (und ich zitiere): »Es ist mir egal, was die Leute von der Filmgesellschaft gesagt haben. Sie können sich auf den Kopf stellen und Silberdollars ausspucken, aber Nicholas Cobleigh wird nicht zu den Dreharbeiten von ›William the Conqueror‹ zurückkehren, solange er nicht weiß, was mit seiner Frau ist, und damit basta.« Ende des Zitats. Ich glaube, deutlicher kann man sich wohl kaum ausdrücken. Hier spricht Bob Morvillo. Ich gebe zurück an ›Today‹ in New York.
NBC Today

»Hör mal, Nicky«, sagte Murray King. »Der Film ist vor acht Monaten abgedreht worden, oder waren es neun? Und seit sieben Monaten bist du wieder am Broadway und zwar im Renner der Saison. Du hast doch kaum Zeit gehabt, deinen Koffer richtig auszupacken. Acht Vorstellungen in der Woche, und kein Ende in Sicht. Soll ich dir erzählen, was andere Schauspieler darum geben würden, so eine Rolle zu haben? Ich weiß, das willst du nicht hören, aber du solltest Gott danken, daß er es so gut mit dir meint. Dieses Stück ist ein Segen ... Wo hast du denn gelernt, so fabelhaft mit Stäbchen zu essen?«

»Jane kocht in letzter Zeit öfters chinesisch.«

Von der Einrichtung her wirkte das Restaurant, in dem sie saßen, zwar wenig chinesisch, war aber dennoch recht gemütlich. Da das Essen zudem gut war, hatte sich das Lokal zu einem beliebten Treffpunkt der Theaterleute und Journalisten am Broadway entwickelt.

»Und warum ist ausgerechnet ›Das Gutachten‹ ein Segen?«

»Warum denn nicht?«

»Murray, ich kann gar nicht sagen, wie ich dieses Stück hasse. Ich habe es satt, halbnackt und nur mit einem Handtuch bekleidet über die Bühne zu rennen. Jedesmal, wenn ich auftrete, begrüßt mich irgend so ein Idiot mit einem Pfiff. Ich habe es satt, als erstes zu stottern: ›Aber ich dachte ... Hast du nicht gesagt, daß du mich liebst, Lois?‹, und das Publikum vor Vergnügen kreischen zu hören. Es ist so ein bescheuerter Auftritt.«

»Nicky –«

»Es ist überhaupt ein bescheuertes Stück.«

»Es ist ein Riesenerfolg!«

»Trotzdem ist es bescheuert.«

»Oh, nein. Hör mir mal zu, Nicky.« Murray nahm seine Brille ab und legte sie auf den Tisch. Mit Zeigefinger und Daumen massierte er die Druckstellen auf seiner Nase. Ursprünglich hatte Nicholas seinen Agenten, der wegen seiner Brille sehr zu leiden schien, bedauert. Inzwischen war Nicholas überzeugt, daß der Agent seine Brille in erster Linie als Requisit brauchte, um in schwierigen Situationen Zeit zu gewinnen. Geduldig wartete er, bis Murray sein Brillenritual beendet hatte.

»Nicky«, sagte der Agent schließlich, »ich wäre ein Lügner, wenn ich dir einreden wollte, daß dieses Stück ein Meisterwerk der dramatischen Literatur sei. Das ist es nicht. Es liegt dicht an der Grenze zum Kitsch. Aber die Leute mögen es alle. Es ist heiter und leicht. Nichts Tolles, aber die Zuschauer lachen und gehen zufrieden nach Hause. Und du bist der Star in dieser Komödie: Ein großer, gutaussehender Bursche, der die Hosen verliert. Ein Bursche, mit dem die Mädchen Schlitten fahren, weil er so ein lieber Kerl ist. Das ganze Publikum sympathisiert mit dir und hält dir den Daumen, und wenn du schließlich zu dieser Psychoanalytikerin gehst –«

»Dann weiß auch der letzte Trottel im Zuschauerraum, was kommt.«

»Darum geht es nicht. Es geht auch nicht um ›Das Gutachten‹. Viel wichtiger ist, daß die Filmleute gerade gemerkt haben, was für ein toller Filmschauspieler du bist. Bei den Insidern giltst du schon jetzt als Geheimtip, und wenn der Film in die Kinos kommt, ist die Sensation perfekt.«

»Aber wenn ich jetzt aus dem ›Gutachten‹ aussteige, stehe ich schon mit dem ›Lear‹ auf der Bühne, wenn der Film anläuft. Vielleicht wird es sogar eine Doppelpremiere geben.«

»Und das ist genau das, was ich nicht möchte.«

Nicholas lehnte sich zurück. »Warum denn nicht?« Erst als er sah, daß Murray auf seine Hand starrte, wurde ihm bewußt, daß er mit den Fingern auf den Tisch trommelte.

»Bist du in Eile, Nick?«

»Entschuldigen Sie.«

»Was hast du denn davon, wenn du im ›Lear‹ spielst? Wenn alles klappt, und die Chancen stehen ungefähr eins zu hundert, dann ist die ›Lear‹-Premiere Mitte September, und ungefähr um dieselbe Zeit kommt der Film in die Kinos. Und wenn du Glück hast, kriegt die Aufführung gute Kritiken. Aber wofür? Du spielst ja nicht etwa den Lear, sondern den Edmund.«

»Na und? Das ist doch eine gute Rolle.«

»Für jemand anderen schon. Aber sag doch mal ehrlich: Wer ist denn dieser Edmund? Was ist das für ein Typ? Ich werde es dir sagen: Edmund ist schon wieder ein Schurke. Diesmal ein Shakespearescher Schurke, aber trotzdem ein Schurke ... Und darauf kommt es an. Du spielst im Film einen Schurken – sie ändern übrigens gerade wieder den Titel –, und du hast auf der Bühne schon so viele Schurken gespielt, daß ich glatt an deinem Charakter zweifeln würde, wenn ich nicht wüßte, was für ein netter Bursche du bist. Das ist soweit ganz okay. Aber wenn du jetzt als Filmbösewicht ganz groß rauskommst und gleichzeitig auf der Bühne den Theaterbösewicht mimst, dann ist das einfach zuviel. Dein Spektrum ist doch viel breiter, Nick, und du darfst dich nicht auf diesen einen Typ festlegen lassen.«

»Und wenn der Film durchfällt?«

»Dann fällt er halt durch. So was kommt vor. Viel wichtiger ist, daß die Leute dich jetzt schon sensationell finden. Aufgrund der Flüsterpropaganda in der Filmbranche kriege ich so viele Anrufe aus Kalifornien, daß ich eigentlich ein weiteres Telefon haben müßte. Apropos: Ich bin der Ansicht, daß du einen Agenten in Hollywood brauchst für die Filmrollen.«

»Nein.«

»Aber ich bin ein New Yorker Theateragent, Nicky. Ich kann dir in Kalifornien nicht –«

»Reden wir ein andermal darüber, Murray.«

Nicholas trank seinen Tee. Murray hatte ihm schon seit Wochen zugesetzt, er solle sich noch einen weiteren Agenten suchen, aber Nicholas hatte sich immer dagegen gesträubt. Er *wußte* ja gar nicht, wann er den nächsten Film machen würde, und Murray hatte schließlich den ersten Vertrag zu seiner vollsten Zufriedenheit ausgehandelt. Er hatte bei den Dreharbeiten ein paar Hollywood-Agenten kennengelernt, aber sie hatten ihm nicht sonderlich zugesagt. Je häufiger Murray das Thema anschnitt, desto ärgerlicher war Nicholas geworden. »Du bist beleidigt«, hatte Jane ihm erklärt. »Murray ist für dich eine Vaterfigur, und jetzt fühlst du dich von ihm verstoßen.« Das hatte ihn noch mehr geärgert. Vor allem, weil sie diese Weisheit zwei Tage nach einem Besuch von ihrer ehemaligen Zimmerkameradin Amelia von sich gegeben hatte, der dämlichsten Psychologin der Welt. Anstatt ihn zu belehren, solle sich Jane doch lieber mal an die eigene Nase fassen, hatte Nicholas ihr gesagt. Amelia sei jedenfalls ein ziemlich dürftiger Mutter-Ersatz.

Erst am Abend im Bett hatten sie sich wieder versöhnt.

»Hör mal, Nick, du kriegst neunzig Prozent, ich kriege bloß zehn. Ich bin fest überzeugt, daß deine neunzig Prozent sehr viel mehr sein könnten, wenn du einen Agenten in Hollywood hättest. Jetzt sieh mich bitte nicht so mordlustig an, Nicky... Oh, doch, Nick. Du machst gerade deine übelsten Finsterlingsaugen.«

»Nein, Murray, das stimmt nicht. Ich sehe Sie aufmerksam und interessiert an.«

»Gut. Du willst nicht über den Agenten in Hollywood reden, also lassen wir das. Aber was den ›Lear‹ angeht, bist du wenigstens da meiner Meinung? Du trittst mir immerhin zehn Prozent deiner Gage dafür ab! Ich empfehle dir, im ›Gutachten‹ zu bleiben, weil es bares Geld ist. Und wenn der Film im September herauskommt, sehen alle Leute, daß du nicht nur Finsterlinge und Schurken spielen kannst, sondern daß du auch ein sehr verletzlicher, liebenswerter Komiker bist. Wenn du halbnackt mit all deinen prächtigen Muskeln über die Bühne rennst, werden sowohl die Theater- als auch die Filmleute sagen: Das ist genau der richtige Mann für die nächste Hauptrolle.«

»Sie haben mich überzeugt, Murray.«

»Wollen wir noch einen Nachtisch bestellen?«

Cecily van Doorn war Janes erste richtige Freundin in Connecticut, aber Jane war schon seit zwei oder drei Monaten nicht mehr bei ihr gewesen. Die großen Kissen auf dem Fußboden mußten neu sein. Mit ihren farbigen, üppigen Blumenmustern gaben sie dem Raum eine sehr weibliche, sinnliche Note.

Sie hatte keine Bedenken gehabt, Cecily zu besuchen. »Ich komme gern«, hatte sie gesagt. Und bislang war auch alles gutgegangen. Obwohl es ihr nicht gefiel, im Wintergarten alleingelassen zu werden, während Cecily oben im Schlafzimmer telefonierte, fühlte sie sich insgesamt doch recht wohl. Es war ein wunderschöner, sonniger Tag, und sie war bei ihrer Freundin zum Essen.

Juni 1969. Sie wohnten jetzt seit einem Jahr auf der Farm. Jane hatte das Haus inzwischen gut kennengelernt. Fast zu gut, denn sie ging selten aus, vor allem nicht, wenn Nicholas abwesend war.

Während Nicholas in Kalifornien weilte, hatte sie insgesamt drei Anfälle gehabt: zwei im Auto und einen an der Kasse im Supermarkt. Dieser dritte Anfall war besonders schlimm für sie gewesen: Während sie in der Schlange wartete, hatte sie eine Zeitschrift durchgeblättert, bis ihr Auge auf eine Anzeige für eine neue Salatsauce fiel. Sie erinnerte sich noch an alle Details, die grünen Salatblätter, die bläulichen Rotkohlschnitzel, die gewürfelten Karotten und den großen schleimigen gelben Salatsaucenklecks obendrauf. Von einem Augenblick zum andern war ihr so schwindlig geworden, daß ihr die Beine wegknickten. Sie hatte die Illustrierte fallen gelassen und sich verzweifelt an den vollbeladenen Einkaufswagen geklammert.

Es war ein schrecklicher Anfall, bei dem sie völlig die Herrschaft über sich selbst verlor. Der Supermarkt schoß wie eine Rakete durchs Weltall, und sie taumelte schwerelos hin und her. Aus den Schwindelgefühlen wurde Übelkeit. Sie mußte sich unbedingt wieder aufrichten, sonst würde sie sich womöglich über den vollen Einkaufswagen mit allen Lebensmitteln erbrechen.

Ihr Stöhnen erregte Aufmerksamkeit bei den Verkäuferinnen und den anderen Kundinnen, und sogar die Kassiererin streckte den Kopf hinter ihrer Kasse hervor, um zu sehen, was los war.

Jane spürte die nahende Ohnmacht. Um nicht rücklings zu Boden zu stürzen und sich zu verletzen, hielt sie sich am Zeitungsständer fest, als sie in die Knie ging. Schließlich hockte sie auf allen vieren am Boden, und die Leute standen um sie herum. Die meisten wußten genau, wer sie war, und würden diesen Anblick niemals vergessen. Sie würden natürlich ihren Freunden und Nachbarn genüßlich von dem Vorfall berichten. Ihr selbst gegenüber würden selbstverständlich später alle so tun, als hätten sie nie von der Sache gehört. Allerdings würden sie ihre Kinder nicht mehr ohne weiteres auf die Tuttle-Farm schicken.

Es war ungeheuer beschämend. Helfende Hände streckten sich ihr entgegen, aber sie vermochte nicht, sie zu ergreifen. »Was ist geschehen?« wurde gefragt. »Können Sie mich verstehen? Sind Sie okay?« Und im Hintergrund wurden die ersten Spekulationen über die Ursachen dieses Zusammenbruchs laut.

»Anfälle?« hatte der Arzt gefragt. Dann hatte er sie auf Herz und Nieren untersuchen lassen. »Es sind nervöse Störungen«, sagte er schließlich, als die Befunde vorlagen.

»Aber ich bin nicht nervös«, erwiderte sie.

»Nehmen Sie sich mehr Zeit für sich selbst«, riet er. »Lesen Sie ein Buch, halten Sie mal tagsüber ein Schläfchen. Wenn Sie wirklich wollen, haben Sie auch Zeit dafür.«

»Aber es war keine psychische Sache, es war eine körperliche Schwäche... Herzklopfen, Übelkeit, Schwindelgefühle, Brechreiz. Mir war grauenhaft schlecht.«

»All diese Dinge können seelische Ursachen haben. Versuchen Sie, sich zu entspannen. Und bei der Gelegenheit« – er schloß den Aktendeckel mit den Untersuchungsergebnissen – »kann es nichts schaden, wenn Sie fünf Kilo abnehmen.«

Jane glaubte nicht, daß die Anfälle psychosomatische Ursachen hatten. Dennoch war sie fest überzeugt, daß die Anfälle nicht wieder auftreten würden, wenn Nicholas erst wieder aus Kalifornien zurück wäre. Aber da irrte sie sich. Kaum drei Wochen nach seiner Rückkehr hatte sie einen weiteren Anfall. Nicholas war in New York, bei einer Probe für ›Das Gutachten‹, und sie war mit den Kindern in die Bibliothek gefahren. Während sie nach einem Kriminalroman für Nicholas suchte, traten plötzlich wieder die ihr nun schon bekannten Symptome auf. Erst das Schwindelgefühl, dann die Übelkeit und das schreckliche Herzklopfen.

Was ist bloß los mit mir? fragte sie sich. Nach einiger Zeit ging der Anfall vorüber, aber Jane zitterte immer noch vor Schwäche, als sie zum Auto hinausgingen. Es gelang ihr, die Kinder nach Hause zu fahren, und sie war froh und glücklich darüber, daß sie die Kraft dazu hatte. Aber danach war sie nie wieder Auto gefahren.

Cecily kam zurück in den Wintergarten. »Entschuldige, Jane. Aber da war jemand am Apparat, den ich nicht gleich abwimmeln wollte.«

»Der Chirurg?«

»Nein, der Verleger.«

»Und wie ist er so?«

»Sehr betucht und fast ein Meter neunzig groß.«

»Ist er nett?«

»Schwer zu sagen, denn ich war erst zwei- oder dreimal mit ihm aus. Aber wahrscheinlich ist er es nicht.«

Cecily van Doorn war zehn Jahre älter als Jane. Ihr rundes Gesicht war ganz hübsch, vor allem wegen ihrer großen braunen Augen, aber die kleinen Lachfältchen in den Augenwinkeln saßen schon ziemlich tief. Was ihr an körperlichen Reizen fehlte, wurde mehr als wettgemacht durch ihre Intelligenz, ihren Humor und ihre selbstsichere Art. Diese Mischung war, wie Jane bereits festgestellt hatte, hochbrisant. Cecily hatte eine starke Ausstrahlung, und erstaunliche viele Männer erlagen ihrer Anziehungskraft.

»Aber wenn er nicht nett ist, warum gehst du dann mit ihm aus?« fragte Jane.

»Nun ja, er ist jedenfalls außerordentlich höflich und ein guter Gesellschafter. Eigentlich verstehe ich gar nicht, warum er überhaupt frei herumläuft. Wahrscheinlich stimmt irgendwas nicht mit ihm. Er ist schon seit zehn Jahren geschieden, und ich kann mir nicht vorstellen, daß ihm die ständigen Rendezvous Spaß machen. Es muß doch grauenhaft langweilig sein, immer wieder neue Frauen aufzureißen.«

Cecily – ihr Mädchenname war Stettin – hatte mit achtzehn zum ersten Mal geheiratet. Sie verließ die University of Connecticut nach einem halben Semester, um die Frau von Chip van Doorn zu werden. Cecilys Vater war der Besitzer des einzigen Taxis in Farcroft, Chip hingegen der Sohn von Chuck van Doorn, der nicht nur der Vorstandsvorsitzende der Connecticut Sand and Stone Company war, sondern auch der reichste Bürger von Farcroft. Allgemein wurde angenommen, daß sich Cecily von Chip hatte schwängern lassen, um ihn sich so zu angeln. Als Cecily und Chip ein Jahr später ihren ersten Hochzeitstag feierten, beäugten die Honoratioren von Farcroft und ihre Frauen Cecilys immer noch völlig flachen Bauch und verbreiteten nunmehr die These, daß sie eine Fehlgeburt gehabt haben müßte. Der Vorsitzende der örtlichen Schulbehörde hingegen vertraute dem führenden Zahnarzt der Stadt an, er habe aus sicherer Quelle gehört, daß Cecily im Bett zu »unglaublichen Dingen« bereit sei, auch wenn man ihr das gar nicht ansehe. »Glauben Sie mir, deswegen hat Chip sie geheiratet!« Der Zahnarzt war interessiert und wollte gern Genaueres wissen, aber der Pädagoge zuckte nur mit den Achseln. Man schrieb das Jahr 1949, und ihm fehlten ganz einfach die Worte.

Die Ehe hielt länger, als die Leute dachten. Sie endete erst nach neun Jahren, als Chip tödlich verunglückte.

Im Frühjahr 1957 war Cecily eine kinderlose, aber recht wohlhabende siebenundzwanzigjährige Witwe. Chip hatte nicht nur einiges von dem auf die hohe Kante gelegt, was ihm für seine Vorstandstätigkeit bei der Connecticut Sand and Stone Company gezahlt worden war, sondern darüber hinaus noch mehrere Lebensversicherungen abgeschlossen, um ein paar Freunden von der Universität einen Gefallen zu erweisen, die sich als Versicherungsmakler durchschlagen mußten.

Nach Chips Begräbnis warteten die Leute in Farcroft, wiederum einschließlich ihrer eigenen Eltern, gespannt, was Cecily nun mit ihrem weiteren Leben anfangen würde. Manche tippten darauf, sie würde eine Weltreise machen, andere meinten, sie würde einen Liebhaber nehmen, wieder andere waren der Ansicht, sie würde vielleicht noch studieren, und eine Minderheit hoffte, sie würde vielleicht Alkoholikerin werden.

Aber nichts dergleichen geschah. Etwa anderthalb Jahre lang tat Cecily überhaupt nichts. Sie blieb ganz die alte. Vielleicht war sie etwas stiller geworden, aber schon ihr federnder Gang zeigte, daß sie nichts von ihrem Unternehmungsgeist eingebüßt hatte. Die Tatsache, daß sie eine Witwe war, hieß noch lange nicht, daß sie sich plötzlich als alte Frau gefühlt hätte.

Allen Spekulationen zum Trotz blieb Cecily in der Stadt. Sie wohnte auch weiterhin in ihrem zauberhaften kleinen Haus an der Old Mill Road, einer Seitenstraße der Main Street, ging mit ihrem Jagdhund spazieren und kaufte jede Woche Bücher beim einzigen Buchhändler von Farcorft, der sonst etwa dreimal so viele Gartenbücher wie Romane verkaufte. Ab und zu wurde sie einmal aufsässig und fragte zum Beispiel Mr. Krinski im örtlichen Feinkostgeschäft, ob er für den Schimmel auf der Leberwurst einen Aufpreis verlange, aber das war bei ihr ja nichts Neues. Jeden Sonntag kamen ihre Eltern zum Essen, und außerdem mußte sie ihre alte Waschmaschine ersetzen. Ihr Leben war so langweilig, daß selbst die Leute in Farcroft das Interesse an Cecily verloren.

Am zweiten Todestag ihres Mannes jedoch rückte sie plötzlich wieder in den Mittelpunkt der Aufmerksamkeit, denn sie ehelichte ihren ebenfalls verwitweten Schwiegervater, Chuck van Doorn.

Sie war jetzt neunundzwanzig, und Chuck war neununddreißig Jahre älter. Er verkaufte seine Firma an einen Konzern aus New York und zog sich mit Cecily ins Privatleben zurück. Einmal in der Woche verließ er die schöne Villa auf dem Hügel, die sie gemeinsam bewohnten, und spielte zwei Runden Golf. Hinter seinem Rücken zerrissen sich die anderen Clubmitglieder die Mäuler über sein blühendes Aussehen und darüber, daß er zum ersten Mal achtzehn Bahnen nur drei über Par spielte, und ganz Farcroft stellte sich zwei Fragen: Was für geheimnisvolle Fähigkeiten besitzt diese Cecily van Doorn? Und: Was um Himmels willen tun die beiden den ganzen Tag in ihrer prächtigen Villa? Mrs. Green, die Haushälterin, war nicht bereit, über ihre Arbeitgeber zu reden, und bald wurde behauptet, ihr Schweigen werde mit fürstlichen Summen erkauft. Die Theorien über die Vorgänge in der Villa waren phantastisch.

1967 starb Chuck an einem Gehirnschlag, der ihn im Schlaf überraschte, und mit ihm starb die Antwort auf all die Fragen in Farcroft.

Cecily blieb in ihrem Haus auf dem Hügel und gab keinerlei Auskünfte. Die einzige Veränderung bemerkte der Lebensmittellieferant: Cecily bestellte kein Ovomaltine mehr. Das war zwar eine ziemlich magere Information, aber sie mußte genügen. Ehe Jane im Jahr 1968 nach Connecticut kam, hatte Cecily keine engeren Freunde in Farcroft gehabt.

»Wo hast du denn diesen Verleger aufgegabelt?« fragte Jane.

»Er hat ein paarmal mit Chuck Golf gespielt. Sein Onkel gehört dem hiesigen Club an. Als Chuck gestorben ist, hat er mir einen sehr netten Brief geschrieben, und ich habe mich mit ein paar freundlichen Zeilen dafür bei ihm bedankt; und dann hat er vor zwei Wochen plötzlich angerufen und gesagt, er wäre im Golfclub und ob er vielleicht mal vorbeischauen dürfe. Und dann hat eben eins zum anderen geführt.«

»Cecily«, sagte Jane. »Ich weiß schon, warum die Leute dauernd über dich reden: Du drückst dich immer so ungenau aus, daß sie ganz automatisch zu phantasieren beginnen. ›Dann hat eins zum anderen geführt.‹ Das klingt, als hättet ihr euch die Hände geschüttelt, guten Tag gesagt, die Kleider ausgezogen und euch auf dem Teppich gewälzt.«

»Wir nahmen zuvor ein paar Drinks zur Brust.«

»Oh, entschuldige. Ich wußte ja nicht –«

»Das macht nichts. Glaubst du wirklich, meine Diskretion wäre der Grund, warum die Leute über mich reden? Glaubst du, sie würden etwa nicht tratschen, wenn ich mich präziser ausdrückte? Vergiß nicht, Jane, ich bin hier geboren und kenne die Leute.«

»Wie heißt denn dieser Verleger?«

»Ted Treadwell. Er hat eine sehr tiefe Stimme, und wenn er anruft, sagte er immer: ›Hallo! Hier spricht Ted Treadwell.‹ Ich glaube, er hört sich gern reden. Wo er nur kann, fügt er noch ein paar Worte extra hinzu. ›Vielen herzlichen Dank‹, sagt er. Oder: ›Du siehst wirklich sehr, sehr gut aus heute abend.‹«

»Cecily, warum mäkelst du denn dauernd an diesem Treadwell herum?«

»Ach, weißt du, ich glaube einfach nicht, daß diese Verbindung den himmlischen Segen genießt.« Cecily setzte sich bequemer. Sie trug Jeans und einen weißen Baumwollpullover. »Apropos himmlischer Segen«, sagte sie. »Was macht deine Ehe?«
»Alles in Ordnung.«
Irgendwo unterhalb des Hauses mähte der Gärtner den Rasen, man hörte das an- und abschwellende Geräusch des Motors, und in der Luft lag der Geruch des geschnittenen Grases. In Cecilys Gesellschaft fühlte Jane sich fast so wohl wie in der ihres Mannes: Sie fühlte sich frei. Sie wußte, solange Nicholas oder Cecily bei ihr waren, würden keine Anfälle auftreten. Sie wußte nicht, warum sie sich dessen so sicher war, aber sie war froh darüber, daß es so war. Mit Cecily wäre sie lieber bei sich zu Hause gewesen, aber sie war den Einladungen der Freundin schon viel zu lange ausgewichen.
»Also, Jane, nun sei doch mal ehrlich.« Cecily nahm sich eine Zigarette, zündete sie an und stieß ungeduldig den Rauch aus. »Du fährst nicht mehr Auto. Du fährst nicht mehr nach New York. Nick kommt aus Kalifornien zurück und findet eine Frau vor, die von einem Arzt zum anderen rennt –«
»Er hat nichts dagegen.«
»Und dann hast du plötzlich aufgehört, zum Arzt zu gehen, weil du nicht mehr Auto fahren konntest. Komm, Jane, du kannst mir doch nicht erzählen, daß er das gut findet.«
»Ich bin nicht mehr hingegangen, weil sie mir alle dasselbe erzählt haben. Und Nick war sehr –« Am liebsten hätte sie Cecily gebeten, sie sofort nach Hause zu fahren.
»Was war Nick?«
»– sehr verständnisvoll.«
»Es macht ihm nichts aus, dich herumzukutschieren?«
»Nick sitzt immer am Steuer, wenn wir irgendwo hinfahren. Ich glaube übrigens, daß ich noch nie gefahren bin, wenn er dabei war.«
»Und es macht ihm auch nichts aus, eure Töchter überall hinfahren zu müssen?«
»Nein.«
»Kommt es ihm denn nicht merkwürdig vor, daß du nicht Auto fahren kannst?«

»Aber ich *kann* doch. Ich habe nur keine Lust.«

Janes Hände waren mit einem Male ganz feucht, und sie war sich plötzlich gar nicht mehr sicher, ob ihr nicht doch wieder ein Anfall bevorstand. Cecily drückte ihre Zigarette aus, und ein beißender Gestank stieg vom Aschenbecher auf. Jane rieb die linke Hand an der rechten.

»Ist alles okay?« fragte Cecily. »Wollen wir von etwas anderem reden?«

»Es ist alles in Ordnung. Sprich nur weiter.«

»Ist sich Nicholas eigentlich darüber im klaren, daß du nicht mehr nach New York fahren kannst?«

»Wir waren doch gestern erst da. Wir waren zusammen im Kino.«

»Genau, da wart ihr zusammen. Aber weiß Nicholas, daß du allein nirgends mehr hinfährst?«

Jane stand auf. »Das ist nicht wahr!« sagte sie. »Das ist nicht wahr!«

»Es ist wahr! Wo fährst du denn hin, Jane? Ich war doch schon oft genug bei dir, Jane. Ich habe doch gesehen, daß du dir alles ins Haus liefern läßt, Lebensmittel, Getränke und so weiter. Die Versandhauskataloge stapeln sich bei dir im Wohnzimmer, und der Fahrer vom Paketdienst findet den Weg zu dir mit verbundenen Augen. Du bestellst alles per Telefon, weil du nicht in der Lage bist –«

»Ich bin sehr wohl in der Lage. Ich habe bloß keine Lust.«

»Ach, Jane.«

»Doch, bestimmt. In den beiden letzten Wochen ist es mir schon wieder viel besser gegangen, nur will ich mich momentan einfach noch nicht überanstrengen.«

»Und wie sieht Nicholas das Ganze?«

»Er sieht jedenfalls ein, daß es praktischer ist, die Dinge im Versandhaus zu bestellen, als selbst in die Stadt zu fahren und eine Menge Zeit und Geld dabei zu vergeuden.«

»Ich finde, du solltest mit einem Fachmann darüber reden.«

»Cecily, ich bin bei vier verschiedenen Ärzten gewesen. Sie haben alle gesagt, es wären die Nerven oder der Streß, und mir Beruhigungsmittel verschrieben. Aber ich weiß genau, daß ich solches Dreckzeug nicht brauche. Im Grunde geht es mir gut.«

»Jane –«

»Ich bin eben ein häuslicher Typ. Das ist alles. Ich bin völlig zufrieden, wenn ich mich ans Fenster setzen und ein Buch lesen kann. Ich bin deshalb soviel zu Hause, weil mir das am besten gefällt.«

Der New Yorker Vorführraum der Filmgesellschaft lag im neunzehnten Stock eines Hochhauses. Der Raum sah aus wie ein Studiokino, aber die Sitze waren weitaus bequemer als üblich.

»Gibt's hier kein Popcorn?« fragte Winifred. Der Mann, der vor ihr saß, drehte sich mit dem verächtlichen Lächeln eines Insiders nach ihr um.

»Das ist doch gar kein richtiges Kino«, sagte Nicholas trübsinnig.

Der Mann zuckte beinahe zusammen. In Anbetracht seiner zwanglosen Kleidung – er trug zwar ein Hemd mit Krawatte, aber keine Jacke – und seiner betont gelangweilten Haltung mußte man davon ausgehen, daß er regelmäßig bei diesen Vorführungen anwesend war. Wahrscheinlich handelte es sich um einen Angestellten der Filmgesellschaft. Er drehte sich noch einmal um, aber der vernichtende Blick, den er Nicholas zuwerfen wollte, mißglückte ein wenig, als er sah, *wer* da solche respektlosen Bemerkungen machte. Anstatt die Mundwinkel hämisch herunterzuziehen, ließ der Mann die Kinnlade sinken und glotzte Nicholas an wie ein Kalb mit zwei Köpfen. Nicholas wehrte sich gegen die Versuchung, den Blick abzuwenden, und starrte den Mann genauso unverschämt an wie der ihn. Nach drei Sekunden gab der andere auf, hob den Blick und tat so, als habe er schon die ganze Zeit nur den Projektionsraum gesucht.

Immer noch trafen Leute ein, suchten in den Sitzreihen nach bekannten Gesichtern und mimten Überraschung, wenn sie jemanden entdeckten, den sie vielleicht gerade vorgestern auf einer Party gesehen hatten. Es war die erste Vorführung von »Urban Affairs« in New York, und die meisten Leute im Zuschauerraum hatten etwas mit der Produktion des Films zu tun. Nicholas und der Mann, der einen Hippie-Maler verkörpert hatte, waren die beiden einzigen Schauspieler. Der Chef der

Presseabteilung, ein Mann mit einem satanischen Spitzbart, hatte mit heftigen Gesten gewinkt und ihm aus der ersten Reihe einen laut zirpenden Kuß zugeworfen. Den Mann, der vor Jane saß, hatte er allerdings noch nie gesehen.

»Ach du meine Güte«, sagte Winifred, die rechts von Nicholas saß. »Ich bin ganz nervös vor Aufregung. Es ist alles so merkwürdig.«

»Na hör mal, Mutter. Du hast mich doch in jedem Stück auf der Bühne gesehen, in dem ich je mitgespielt habe. Selbst den schlimmsten Schund hast du nicht ausgelassen.«

»Aber Film ist eben doch etwas anderes, Nicholas.«

Jane befand sich inzwischen in einem Zustand, der jenseits aller Nervosität lag. Sie starrte auf die verdunkelte Leinwand wie hypnotisiert. Es war, als hätte sie soeben erst erfahren, daß Nicholas in einem Film mitgewirkt hatte.

Sein Vater saß links neben Jane und war auf diese Weise hinreichend gegen Winifred abgeschirmt. Er drehte den Kopf hin und her und betrachtete die Wände, als wären sie in einem römischen Festsaal oder einer barocken Kirche mit prächtiger Architektur. Nicholas war sich nicht sicher, ob die bevorstehende Filmpremiere seines Ältesten oder die Gegenwart seiner Frau die Ursache für diese Unruhe waren. James und Winifred lebten jetzt schon seit acht Jahren getrennt und hatten sich nur bei Thomas' und Olivias Hochzeit und anderen Familienfesten getroffen, aber weder der eine noch der andere hatte sich je um eine Scheidung bemüht.

Die Lichter gingen aus, die Musik setzte ein, und auf der Leinwand erschien eine Straße mit schönen viktorianischen Häusern. Als im Vorspann sein Name auftauchte, packte ihn seine Mutter am Arm. NICHOLAS COBLEIGH. Alles in Großbuchstaben. Es war richtig unheimlich, im Zuschauerraum zu sitzen und auf den eigenen Auftritt zu warten.

Dann ging es los. Julie Spahr und David Whitman kamen die Straße herunter. Sie rannten, lachten, rissen hier und da ein paar Pusteblumen aus, die an den Rändern des Bürgersteigs wuchsen. Die hellen Flaumhärchen der Löwenzahnsamen glitzerten im Sonnenschein. Dann folgte eine Szene mit einer Gruppe von Künstlern. Die nächste Einstellung zeigte die schlafende Julie

Spahr zu Hause im Sessel, die David Whitman vom Zeichentisch aus mit einem liebevollen Blick ansah. Vom Dialog bekam Nicholas überhaupt nichts mit. Er hatte das Gefühl, alles ginge durcheinander. Er tippte Jane auf die Schulter. »Psst!« machte sie.

Dann kam sein Auftritt. Er trug ein blaues Oxfordhemd, dessen oberster Knopf offen war. Seine Krawatte war gelockert, und die Haare hingen ihm leicht in die Stirn. Er stand von seinem Bürosessel auf, lächelte, ging um seinen Schreibtisch herum und begrüßte das Ehepaar Whitman/Spahr. »Schön, daß Sie kommen konnten«, sagte er. Er setzte sich lässig auf die Kante des Schreibtischs, und die Kamera schwenkte erst zu David Whitman und dann weiter zu seiner Frau. Dann war er selbst plötzlich wieder im Bild. Aus dem Off hörte man Whitmans Stimme, während er selbst nachdenklich nickte. Nicholas staunte. War er wirklich so ein gutaussehender Bursche?

Dann die Szene nach dem großen Bankett. Er stand im Smoking in der Herrentoilette, als ihm heimlich der Briefumschlag mit dem Bestechungsgeld in die Hand gedrückt wurde. Im Publikum entstand Unruhe. Nicholas hatte das Gefühl, daß die Leute ehrlich überrascht waren.

Dann war er mit Whitman am Wochenende in seinem Büro. Sie waren beide leger gekleidet: Whitman trug derbe Cordhosen und ein rotes Hemd, während er selbst in gutsitzenden Edel-Jeans und einem weißen Kaschmirpullover herumlief. Sie beugten sich über die Entwürfe für die Künstlerkolonie und tranken Bier aus der Flasche. Whitman war ernsthaft, engagiert und ehrlich begeistert, während man dem Bürgermeister ansah, daß er sich langweilte. Nicholas beobachtete sein eigenes Gesicht, als ob er es zum erstenmal sähe: Er war ein richtiges Ekel. Jetzt kam die Szene, wo er seine feuchte, beschlagene Bierflasche auf die Blaupausen stellte. In dieser Geste lag seine ganze Verachtung für die Arbeit des anderen. Sie hatten diese Szene mehr als zwanzigmal aufgenommen. Whitman hatte darauf bestanden, daß man ihnen echtes Bier gab, und sie hatten eine Flasche nach der anderen geleert. Als der Regisseur endlich zufrieden war, hatte Nicholas einige Mühe gehabt, gerade zu gehen, während sein Partner von zwei Helfern in seine Garderobe geführt werden mußte.

Nicholas warf einen Blick auf seine Frau, um zu sehen, wie sie auf den Film reagierte. Ihre Augen schienen der Handlung zu folgen, aber sie saß vollkommen still und atmete so tief und ruhig, als ob sie in Trance wäre.

Dann kam der Schluß. Er stand hinter Julie, zog ihren Kopf zurück, faßte ihr in die Bluse. Die Szene war unglaublich kraftvoll. Aber vielleicht wirkte alles, was man überlebensgroß ins Bild setzte, monumental und bedeutend. Dennoch spürte er geradezu die Wucht seiner mimischen Darstellung: die Grausamkeit, den Triumph, die Gemeinheit und schließlich die Abgestorbenheit dieses hübschen Gesichts, das unglaublicherweise seins war.

Und dann war es vorbei. Die Leute standen auf und reckten die Arme. Die Lichter gingen wieder an. Jane drückte seine Hand, seine Mutter sagte etwas zu ihm. Janes Händedruck war kräftig, aber je heller die Lichter wurden, um so deutlicher sah er, daß sie so bleich war wie niemals zuvor. Sein Vater hatte die Lippen zu einem schiefen, albernen Lächeln verzogen und klopfte ihm fahrig auf die Schulter.

Es war, als ob er immer noch im Film wäre. Die anderen drei redeten jetzt durcheinander, aber er konnte ihren Worten nicht folgen. Er war sich nicht sicher, ob ihre Gesichter Stolz oder Verlegenheit oder einfach Höflichkeit ausdrückten. Er wünschte, er wäre mit sich und seinen Gefühlen allein.

Einen Augenblick war er das tatsächlich. Jane und seine Eltern wurden beiseite gedrängt, und er stand ganz allein da. Dann stürzte sich das Publikum auf ihn. »Brillant!« »Donnerwetter, ausgezeichnete Sache!« »Erstklassig, Nick!« »Entschuldigen Sie, ich bin Mindy, die Assistentin von Mr. Rosenthal, und ich –« »Ein Traum! Wirklich!« »Mr. Cobleigh! Mr. Cobleigh!«

Vielleicht gehörte das einfach dazu: Händeschütteln, Schulterklopfen, Umarmungen. Später würden die Leute dann möglicherweise sagen: »Na, ja.« »Ich weiß nicht recht. Ich hatte mir mehr erhofft.«

Es dauerte eine ganze Weile, bis er sich losreißen und hinausgehen konnte. Der Chef der Presseabteilung allerdings hielt ihn noch immer umschlungen, und Nicholas schleifte ihn mit hinaus ins Foyer. Seine Eltern und Jane standen an der Garderobe und sahen ihn aufgeregt an. Nicholas stellte ihnen den Pressechef vor, der gleich wieder losjubelte: »Na, war das nicht Dynamit? Sie sind sicher unglaublich stolz auf Nicky, nicht wahr?« Und an Nicholas gewandt: »Gleich morgen früh kommen Sie zu mir! Pünktlich um neun! Großes Treffen, hier im Büro. Ganz wichtige Leute! Ist neun Uhr Ihnen recht?« Nicholas nickte.

»Okay, bis morgen dann.« Endlich ließ er Nicholas los und rannte zum Aufzug.

Nicholas, Jane und seine Eltern blieben steif und verlegen zurück. Schließlich machte Jane einen Schritt auf Nicholas zu. Es schien, als ob sie Angst vor ihm hätte.

»Nun, wie war es?« fragte er zögernd.

»Ganz außergewöhnlich«, sagte sie. Ihre sonst so klare Stimme wirkte belegt.

»Wirklich?«

»Ja.« Ihre Augen waren verschleiert. Nicholas nahm seine Frau in den Arm.

»Nick«, sagte sein Vater und strich sich das Haar glatt. »Das hast du gut gemacht, Nick.«

Nicholas wandte sich seiner Mutter zu.

»Ich habe dich richtig gehaßt«, sagte Winifred mit weit aufgerissenen Augen. Sie umklammerte ihre Handtasche. »Ihn, meine ich. Diesen Schurken. Immer wieder habe ich mir eingeredet, daß du das bist und daß du eigentlich sehr nett bist. Aber der Kerl blieb ein Schurke. So ein teuflischer, gutaussehender Schurke! Ich mußte immer wieder daran denken, wie es war, als du auf die Welt kamst. Ich wachte aus der Narkose auf, und dann wurde mir dieses Baby in seiner winzigen blauen Decke in die Arme gedrückt, und da war dieses kleine Gesicht und diese leuchtend blauen Augen. Dieselben blauen Augen wie vorhin auf der Leinwand. Nicholas –«

»Ja?«

»Du bist ein sehr guter Schauspieler.«

»Vielen Dank.« Immer noch umarmte er Jane. Ihr Kopf ruhte auf seiner Brust. Er wußte nicht, ob sie immer noch so aufgeregt war.

»Nur eins habe ich nicht verstanden«, sagte Winifred.

»Was, Mutter?«

»Ich habe nicht verstanden, wie sie dich dazu gebracht haben, dieses gräßliche, billige Mädchen zu küssen! Wie konntest du so etwas tun?«

20

> Ein weiterer Hinweis darauf, daß ihr Zustand unverändert ernst sein muß, ist die Tatsache, daß heute auch ihr Bruder, Rhodes Heissenhuber, in London eingetroffen ist. Mr. Heissenhuber kam direkt aus dem Urlaub von den griechischen Inseln. Auf Fragen von Reportern mußte er zugeben, daß er wegen seiner Schwester »außerordentlich beunruhigt« sei.
>
> Cleveland Plain Dealer

»Fühlst du dich nicht wie der Papst?« fragte Jane, die emsig in der Küche werkelte.

»Wie kommst du denn darauf?« fragte Nicholas.

»Weil die Leute dich alle um eine Audienz bitten. Dabei kannst du sie nicht einmal segnen.«

Nicholas fand es verrückt, daß sie sich so abplagte. Er hatte ihr angeboten, das geplante Abendessen für fünfzig Leute von einem Partyservice ausrichten zu lassen, aber Jane war dagegen gewesen. »Hast du eine Ahnung, was so etwas kostet?« hatte sie ihn gefragt. Dabei hatte er mit seinen letzten beiden Filmen soviel verdient, daß sie in aller Ruhe hätte zusehen können, wie eine ganze Armee von Köchen das Büfett für fünfhundert oder seinetwegen auch fünftausend Gäste zusammengestellt hätte. Aber Jane hatte davon nichts hören wollen.

»Auf der Welt gibt es zwei Sorten Leute«, sagte sie.

»Gute und böse«, erwiderte er.

»Nein. Kannst du mir bitte mal den großen Topf aus dem rechten unteren Schrank reichen?« Jane sah fabelhaft aus. Er mochte es, wenn sie in Hemd und Jeans herumlief. »Es gibt zwei Sorten Leute«, sagte sie. »Die einen wollen mit dir reden, um damit vor Freunden und Bekannten großtun zu können. ›Gestern war ich bei Nicholas Cobleigh, und er hat mir verraten, daß er unbedingt einen Science-Fiction-Film machen möchte, in dem er einen Roboter spielt, der eine Wissenschaftlerin vernascht!‹«

»Mach dich über dieses Drehbuch nicht lustig. Irgendein armer Schriftsteller hat Monate damit verbracht, es zu schreiben.«

»Dann sollten sie ihn erschießen, damit er sich nicht länger quält. Aber die andere Sorte, die ist viel schlimmer. Die wollen nicht mit dir reden, sondern starren dich bloß die ganze Zeit an, und dann schleichen sie sich irgendwann bei uns ins Bad und sehen nach, was im Toilettenschrank steht. Ich möchte nur wissen, was die Kerle so daran interessiert herauszufinden, welches Deodorant der große Nicholas Cobleigh benutzt und ob sein Rasierpinsel haart.«

Nicholas stellte den Topf auf den Tisch und legte die Arme um sie.

»Du schuldest mir einen Kuß«, sagte er. Sie küßte ihn sacht auf den Mund. Er faßte ihr mit der Hand in den Nacken und zog sie näher zu sich heran. Ihre Haut war immer noch samtweich. Er schob ihr die Zunge zwischen die Lippen, und Jane machte den Mund auf. Nicholas nahm einen unverkennbaren Schokoladengeschmack wahr. Offiziell machte sie wieder einmal eine ihrer Diäten, aber sie hatte offensichtlich geschummelt. Alle paar Monate nahm sie die gleichen drei Kilo ab, die sie in den nächsten Monaten wieder zulegte. Nicholas konnte nie einen Unterschied feststellen, was sie sehr kränkte. »Was soll das heißen?« hatte sie verbittert gesagt. »Ich habe mein absolutes Minimalgewicht. Siehst du das nicht?« Nicholas hatte den Kopf geschüttelt.

Vorsichtig zog Jane seine Unterlippe zwischen ihre Zähne. Sie hatte offensichtlich eins dieser Bücher über die Kunst der Verführung und das sexuelle Glück in der Ehe gelesen. Als er das letzte Mal nach Hause gekommen war – nach drei Monaten in Wyoming, wo sie die Außenaufnahmen für einen Western gedreht hatten – hatte er sie am ersten Abend ein bißchen stürmisch angefaßt, ihr versehentlich das Nachthemd zerrissen und, während er sich noch dafür entschuldigte, so heftig nach ihren Brüsten gegriffen, daß sie vor Schmerz zusammengezuckt war. Sie hatte ihn mit ihren Armen umfangen. »Nick!« hatte sie gesagt. »Nick!« Und als er einen Augenblick still blieb, hatte sie gefragt: »Möchtest du irgendwas Besonderes machen?« Er mußte sie einigermaßen verblüfft angestarrt haben, denn sie hatte hastig gesagt: »Ich meine irgendwelchen besonderen Sex. Im Mund oder so ...« Dann war sie verstummt und hatte ihre Verlegenheit damit zu überspielen versucht, daß sie sich mit einem hektischen Lachen auf ihn draufsetzte und die Haare über das Gesicht fallen ließ. »Weißt du, ich mache alles für dich.«

Nicholas war so entsetzt gewesen, daß er beinahe geweint hätte. Es war ihm nie zu Bewußtsein gekommen, daß sie solche Angst haben könnte, ihn zu verlieren. Wahrscheinlich hatte sie während seiner Abwesenheit einen ganzen Stapel Bücher bestellt: »Wie mache ich meinen Mann glücklich und halte meine Ehe lebendig«; »Tausend Tips für die moderne Eva«; »Öfter mal was Neues im Bett« und so weiter. Er hatte sie fest umarmt und gesagt: »Ich liebe dich Jane. Wir brauchen doch keine Tricks.« Sie hatte sich keineswegs gleich beruhigen lassen: »Bitte, Nick, sag nur, wenn du irgendwas möchtest, ich ...« Er konnte es ihr nicht einmal übelnehmen. Wenn *sie* der Star gewesen wäre, hätte *er* vielleicht Ehehandbücher gelesen.

Im Jahr zuvor, 1970, als Jane noch bereit gewesen war, gelegentlich die Farm zu verlassen, waren sie zur Premierenparty von »Jenny und Joe«, seinem zweiten Film, nach Manhattan gefahren. Es war eine Katastrophe gewesen. Schon auf der Hinfahrt hatten ihn zwei Mädchen in einem offenen Wagen entdeckt und sie buchstäblich von Connecticut bis in die Bronx hinunter verfolgt. Sie hatten ihm zugewinkt, Kußhändchen geworfen und laut seinen Namen gerufen, als ob sie verrückt wären. Immer hatten sie versucht, ihn zu stoppen, und Nicholas hatte alle Mühe gehabt, einen Zusammenstoß zu vermeiden. Als sie schließlich abbogen, war Jane vor Wut wachsbleich gewesen.

Die Party hatte in einem herrlichen Penthouse stattgefunden, das nicht nur exquisit möbliert war, sondern auch eine kostbare Sammlung impressionistischer Maler beherbergte. Aber Nicholas hatte nicht einmal eine Minute Zeit gehabt, das alles zu genießen. Die Leute hatten sich auf ihn gestürzt wie die Geier und immer wieder dieselben Fragen gestellt. »Wie fühlt man sich, wenn man für den Oscar nominiert wird?« »Wie fühlt man sich als Sex-Idol?« »Wie fühlt man sich als Mann der Stunde?«

»Was haben Sie als nächstes vor?«

Die Leute schoben sich gegenseitig mit den Ellenbogen beiseite, um in seiner Nähe zu bleiben, und hielten keinerlei Abstand. Was wollten die Leute? Wollten sie sehen, was für eine Stoffqualität sein Anzug hatte? Wollten sie wissen, ob er Plomben im Mund hatte?

Jane war schon nach dreißig Sekunden beiseite gedrängt worden. Unglücklicherweise war sie in einer Ecke gelandet, wo zwei Frauen über ihn sprachen. »Hast du schon mit ihm geschlafen?« fragte die eine. »Mit Nicky? Dreimal darfst du raten!« sagte die andere. »Und wie ist er gewesen?« fragte die erste. »Dreimal darfst du raten.« Die erste rollte bewundernd die Augen. »Er hat so einen phantastischen Körper. Erinnerst du dich an die Szene im Wasser? Ich bin fast gestorben, als ich die das erste Mal gesehen habe. Trefft ihr euch immer noch?« – »Dreimal darfst du raten.«

Als sie endlich gehen konnten und wieder im Auto saßen, hatte Jane ihm schluchzend erzählt, was sie erlebt hatte. »Hör mal«, hatte Nicholas gesagt und ihr die Tränen abgewischt. »So etwas mache ich nicht. Und wenn du anfängst, auf das beschissene Geschwätz solcher Weiber zu hören, dann sind wir verloren. Glaub mir Jane. Du mußt mir vertrauen. Es wird sonst alles noch schlimmer.«

Eine Juni-Brise kam durch das offene Küchenfenster herein, kühl und unglaublich frisch. Die Leute, die ihn unbedingt in Hollywood haben wollten, versuchten ihm dauernd einzureden, er werde auf das warme kalifornische Klima nicht mehr verzichten können, wenn er sich einmal daran gewöhnt hätte. Aber Nicholas liebte Neuengland.

Er küßte Janes Ohrläppchen. »Du riechst nach Zitronen«, sagte er.

»Ich habe fünfundsiebzig Stück für die Limonade ausgepreßt. Ich hoffe, es reicht.« Sie seufzte.

»Was ist?«

»Ach, ich dachte gerade, ich hätte lieber mit einem kalten Büfett aufwarten sollen. Grillen ist vielleicht ein bißchen zu gewollt rustikal.«

»Du spinnst, Liebling.«

»Vielleicht sollten wir bei Lambert's anrufen und uns rasch ein kaltes Büfett schicken lassen –«
»Jane, die Grillparty ist absolut super. Außerdem: Was sollten wir mit den zwanzig Eimern Sauerkraut und diesen riesigen Senftöpfen anfangen?«
»Hoffentlich sind alle zufrieden.«
»Es wird fabelhaft, Jane. Wann hättest du jemals ein mißglücktes Essen serviert?«
»An das erste Jahr unserer Ehe scheinst du dich nicht mehr recht zu erinnern...«
»Ah, ja. Das hatte ich wohl ein bißchen verdrängt. Da hast du wirklich grauenhafte Sachen gemacht.«
»Wenn ich heute dran denke, wird mir immer ganz heiß.«
»Du hast immer Marshmallows ans Essen getan.«
»Nein, das stimmt nicht«, protestierte Jane lachend. »An meiner Schmelzkäse-Paprika-Eischnee-Kreation waren keine Marshmallows dran. Erinnerst du dich noch an diese Delikatesse? Da konntest sogar du nicht mehr heucheln. Dein Gesicht war aschfahl, und du hast keinen Bissen heruntergebracht.«
»Das tut mir leid.«
»Dir tut es leid? Wirklich lieb von dir. Eigentlich müßte ich mich entschuldigen. Das muß ein schreckliches Jahr gewesen sein für dich, Nick. Aber du hast es mannhaft ertragen.« Sie löste sich aus seinen Armen. »Es tut mir leid, Nick, wenn ich mich jetzt nicht langsam beeile, dann haben unsere Gäste heute abend doch nicht die Wahl zwischen Vanille- und Schokoladensoße für den Nachtisch. Sie werden vermuten, ich sei nicht in der Lage, eine Schokoladensoße zu machen, und das kann ich mir nicht leisten. Das würde meinem Ruf schaden. Kannst du mir bitte mal die Sahne geben? Sie steht oben im Kühlschrank.«
»Jane.«
»Ja, was ist?«
Nicholas stand neben dem Kühlschrank und prostete ihr mit einem Sahnebecher zu. »Herzlichen Glückwunsch zum Hochzeitstag, Jane.« Sie lächelte. »Auf die nächsten zehn Jahre. Und dann noch einmal zehn!«
»Was, nur dreißig Jahre?«
»Oh, nein, dann geht es erst richtig los, Jane!«

»Ich kann dir zwar keine Vorschriften machen«, sagte Murray, »aber du solltest unbedingt auch mal wieder auf der Bühne auftreten.« Er hauchte seine Brillengläser an und polierte sie sorgfältig. Dann hielt er sie gegen das Licht. Die Bogenlampe mit dem Marmorfuß war das einzige neue Stück, das er in seinem Büro hatte. Seit Jahren verdiente er monatlich -zigtausend Dollar an Nicholas' Gagen, aber die Lampe war der einzige sichtbare Luxus in seinem Leben. Er wurde nie müde, Nicholas zu erläutern, was man mit dem Schwenkarm alles anstellen konnte, um das Licht zum Boden, an die Decke oder auf den Couchtisch zu lenken.

»Nun ja, ich bin ja gekommen, um deinen Rat einzuholen, Murray.« Nicholas strich den Schnurrbart glatt, den er sich für seine neue Filmrolle hatte wachsen lassen.

»Nick, du bestehst aus zwei verschiedenen Persönlichkeiten«, fuhr Murray fort. »Du bist Nicholas Cobleigh, der Schauspieler, und du bist Nicholas Cobleigh, der Filmstar. Der eine ist ein großartiger Komödiant, ein Schuft, ein jugendlicher Liebhaber, ein schwerer Held, was auch immer. Du kannst praktisch jede Rolle spielen, die dir gefällt. Nicht wahr? Aber der Filmstar bleibt immer derselbe: Du bist immer der eiskalte Bursche, bei dem ganz selten mal etwas von seinem guten Kern sichtbar wird. Hab ich recht?«

»Ich glaube nicht, daß das stimmt.«

»Hör mal, wenn sie dir keinen gutmütigen Freund und kein besonders warmherziges Mädchen an die Seite stellen, bist du doch von der ersten bis zur letzten Szene ein Eisklotz, wobei die Mädchen den Vorteil haben, daß du dann öfter ohne Hemd herumlaufen kannst.«

»Du bist ungerecht, Murray. Ich könnte auch andere Filmrollen spielen. Diese Roosevelt-Sache finde ich sehr attraktiv.«

»Hör mal, Nick. Wenn du wirklich als der junge Franklin Delano Roosevelt auftreten willst, dann tu das doch auf der Bühne. Das ist doch eine ganz komplizierte psychologische Studie: Am Anfang ist er ein freundlicher, warmherziger junger Mann, und am Ende ist er das äußerlich immer noch, aber in seinem Herzen ist nur noch Eis. Das kannst du auf der Bühne darstellen, Nick.«

»Es könnte doch eine sehr reizvolle *tour de force* sein!«

»Auf der Bühne, Nicky, nur auf der Bühne. Als Film ist das todlangweilig. Es sei denn, du hättest die Absicht, ihn am Schluß im Rollstuhl mit Eleanor auf dem Schoß in den Sonnenuntergang fahren zu lassen. Wenn du es als Stück machst, bin ich hundertprozentig dabei. Nimm dir sechs oder acht Monate frei, vielleicht auch ein Jahr. Bleib mal zu Hause. Das würde euch allen sehr gut tun.«

»Das kann ich mir nicht leisten.«

»Komm, Nicky, du redest hier nicht mit irgendeinem Trottel. Ich kenne doch deine Verträge.«

»Ein Jahr ohne Film kann ich mir nicht leisten, Murray. Ich bin jetzt einunddreißig, und die Konjunktur hält nicht ewig an.«

»Hast du Angst, daß du mit vierzig aussiehst wie das Bildnis des Dorian Gray?«

»Nicht unbedingt, aber ich darf den Schwung nicht verlieren.«

»Nicky, das Publikum frißt dir doch aus der Hand. Du kannst dir quasi alles erlauben. He, wo rennst du denn hin?«

»Ich erlaube mir, mal auf die Toilette zu gehen. Gibst du mir bitte den Schlüssel?«

Das Gebäude, in dem Murrays Büro sich befand, gehörte wahrlich nicht zu den feinsten. Die Herrentoilette allerdings war frisch renoviert worden, und aus irgendwelchen Gründen hatte sich die Hausverwaltung zu einem grellen Rot für die Kabine entschlossen, während die Wände zitronengelb waren. Man hätte glauben können, sich im Wartezimmer eines Kinderarztes zu befinden, wäre da nicht der penetrante Fichtennadelduft gewesen und die beiden weißen Urinale.

Nicholas öffnete den Reißverschluß seiner Hose, als die Tür aufging und ein kleiner Mann in einem billigen Anzug eintrat. Aus den Augenwinkeln sah Nicholas, daß die Hosen des Mannes mindestens zehn Zentimeter zu kurz waren.

Plötzlich ertönte ein Schrei. »Oh, Gott! Ich weiß, wer Sie sind!« Der kleine Mann stand neben ihm und starrte ihn an. Erschrocken schwenkte Nicholas zur Seite und spritzte sein Wasser neben das Becken. »Sie sind Nicholas Cobleigh!« Er hatte offenbar Zwiebeln zu Mittag gegessen. »Wenn ich das meiner Frau erzähle –« Jetzt wurde es auch in der Kabine lebendig. Man hörte Kleider rascheln, und die Spülung wurde betätigt. Hastig beendete Nicholas seine Verrichtung, zerrte den Reißverschluß hoch und wollte ans Waschbecken treten, stieß aber dabei nur mit dem zweiten Fremden zusammen, der hastig die Kabine verließ, um ihn zu sehen. »Oh, Nick«, schrie der Mann mit den Hochwasserhosen, »können Sie mir nicht bitte ein Autogramm geben?«

Murray nahm eine Flasche Scotch vom Regal und goß Nicholas eine halbe Kaffeetasse voll ein. »Hier Nicky, nimm erstmal einen kräftigen Schluck auf den Schreck!« Nicholas nippte an der Tasse und schüttelte sich. Scotch hatte er noch nie gemocht. Dann nahm er noch einen Schluck. »Es tut mir leid, Nick!«

»Es ist doch nicht deine Schuld.«

»Ich werde eine eigene Toilette für dich einbauen lassen.«

»Schon gut, Murray.« Nicholas trank die Tasse leer und goß sich gleich noch einmal drei Finger hoch ein. »Ich weiß auch nicht, warum mich ausgerechnet dieser kümmerliche Wicht so aufregt.«

»Das ist doch ganz klar, Nicky. Du bist als Gentleman erzogen worden. Wo du herkommst, gibt es Grenzen, da sind pinkelnde Männer tabu.«

Nicholas mußte lachen.

»Ganz im Ernst, Nicholas. Das ist eben der Unterschied zwischen Theater und Kino. Die Leute im Theater können dir nicht viel tun. Sie stellen sich vielleicht vor dich hin und sagen: ›Ihr Julius Cäsar hat mich kaltgelassen.‹ Das kann dir egal sein. Aber wenn du auf der Leinwand erscheinst, ist das anders... Jetzt ist jede miese kleine Ratte im ganzen Land auf dich scharf. Das macht mich ganz fertig.«

»So schlimm ist es nun auch wieder nicht.«

»Natürlich ist es schlimm, wenn sich die Leute so hysterisch aufführen.«

Im Vorzimmer von Murrays Büro gab es inzwischen einen Sachbearbeiter, der sich ausschließlich mit Nicholas beschäftigte. Unter anderem mußte er Berge von Fan-Post beantworten, die Nicholas schon seit langer Zeit nicht mehr las.

Cobleigh, Du dreckige Sau,
ich möchte Dich an deiner eigenen Scheiße
ersticken lassen,
Ich möchte Dich bei uns im Keller ganz
langsam abmurksen ...

Ich weiß, daß es die andere gibt,
Die bei Dir liegt,
Die Nacht für Nacht Dich zärtlich liebt
Mit flinken Fingern, zarten Lippen,
Wenn mich Einsamkeit umgibt ...

Lieber Nicky,
soll ich Dir sagen, wie ich meine Muschi so richtig schön saftig und feucht mache? Ich könnte wetten, daß Dir auch ganz heiß dabei wird! Ich möchte, daß Du mich auf dem Bett festbindest. Du mußt die Riemen eng anziehen, damit sie richtig ins Fleisch schneiden, bis es blutet. Ich schreie natürlich, Du sollst es nicht machen, aber Du lächelst bloß und schlägst mich ins Gesicht, bis ich überall Blutergüsse und blaue Flecken habe. Dann holst Du ein weißglühendes Brandeisen mit den Initialen NC, und ich ...

Was Nicholas am meisten beunruhigte, war die Tatsache, daß viele von diesen Briefen nicht etwa anonym waren, sondern genaue Absenderadressen enthielten. Überall da draußen gab es Menschen, die ungeduldig auf eine Rückantwort von ihm warteten.

Als Victoria Cobleigh am 2. August 1972 zehn Jahre alt wurde, befand sich ihr Vater in Jugoslawien. Die Dreharbeiten für seinen neuen Film sollten noch drei Wochen dauern, und er schaffte es einfach nicht, zu ihrer Geburtstagsparty zu kommen.
»Laß dich anschauen«, sagte Jane zu ihrer Tochter.
»Es ist alles in Ordnung.« Victoria hatte den gleichen Körperbau wie ihre Großmutter, aber im Gegensatz zu Winifred, die ihr damenhaftes Lächeln inzwischen schon gar nicht mehr ablegen konnte, sah das Mädchen stets so ernst und konzentriert aus, als müßte es eine Abhandlung über ein schrecklich wichti-

ges Thema schreien. Die Tennis-Shorts und das ärmellose Hemd betonten Vickys schlanke, sehnige Figur.

»Ich habe mir die Haare doch schon gebürstet«, protestierte sie, als Jane ihr über das Haar strich.

»Vicky –«

»Es kann jeden Augenblick klingeln.« Victorias Zimmer war mit Schlittschuhen, Hockey- und Tennisschlägern, Baseballhandschuhen, mit zahllosen Siegerurkunden, Pokalen und anderen Trophäen gefüllt. Sie holte drei von ihren Tennisschlägern und rannte zur Tür.

»He, warte mal, Vicky, Mrs. Platt kann doch aufmachen. Ich möchte jetzt mit dir reden –«

»Was ist denn noch, Mami?«

»Ich möchte alles noch einmal mit dir durchgehen.«

»Was soll der Terror? Ist doch alles ganz einfach: Erst spielen wir Tennis, dann geht es zum Schwimmen, dann gibt es Dinner, dann sehen wir uns im Vorführraum einen Film an, dann erzählen wir uns Gespenstergeschichten, und dann gehen wir schlafen. Und wenn wir bei Tisch sind, komm bitte nicht wieder ins Zimmer und erkundige dich, ob alles okay ist!«

»Ich habe keineswegs die Absicht, dich vor deinen Freundinnen in Verlegenheit zu bringen, aber angesichts des nicht ganz unbeträchtlichen Aufwands, den ich –«

»Es hat dich keiner darum gebeten! Ich wollte sowieso keine von diesen blöden Kindergeburtstagspartys mehr haben! Das hab ich dir auch tausendmal gesagt!«

»Und ich sage dir, wenn du weiter in diesem Ton mit mir redest, gibt es überhaupt keine Party!«

Victoria ließ ihre Tennisschläger mit häßlichem Knirschen gegen den Bettpfosten krachen. »Ist mir doch egal! Du kannst gleich runtergehen und alle wieder nach Hause schicken. Ich will auch keine Geschenke! Alles, was ich wollte, war, daß wir alle zu Winkie's Eissalon gehen dürfen und den Laden für einen Tag übernehmen –«

»Das ist aber nicht die Sorte Party, die Daddy und ich geplant haben.«

»Der einzige Grund, warum es nicht geht, ist der, daß *du* nicht zu Winkie's fahren willst. Das ist alles.«

»Vicky!«

»Du traust dich ja nicht aus dem Haus!«

»Vicky, natürlich könnte ich mit euch zu Winkie's fahren, wenn ich wollte. Aber ich mag den Laden nun mal nicht.«

»Es ist abscheulich. Wir sind die einzigen Kinder in unserer Fahrgemeinschaft, die von einem Chauffeur herumkutschiert werden. Bei allen anderen fahren die Mütter. Und wenn Daddy irgendwo dreht, sind wir Vollwaisen. Du bist nicht zu unserem Theaterstück gekommen, und beim Sportfest warst du auch nicht zugegen.«

»Aber die Kinder waren doch alle hier! Wir haben einen Bus gemietet, ein großes Zelt aufgestellt und eine herrliche Party veranstaltet! Sogar eine Band hat gespielt! Weißt du, viele Leute würden dich vermutlich für sehr verwöhnt halten –«

»Und genauso viele halten *dich* für verrückt!«

»Was soll das heißen?«

Victorias zarte Haut war scharlachrot vor Erregung. »Du gehst doch überhaupt nicht mehr vor die Tür, Mami! Du versuchst es nicht mal! Denkst du, wir merken das nicht? Du wolltest ja nicht einmal zum Tennisplatz mitkommen, als Liz mit den Stunden anfing. Es ist nur zwei Minuten über die Straße, aber du hast es nicht mal versucht! Ich habe selbst gehört, wie Daddy dich zu überreden versuchte! Er ist extra zurückgekommen, um dich zu holen. Er hat dich an der Hand gefaßt, aber du wolltest nicht mal mit ihm gehen!«

»Vicky, verlaß sofort dieses Zimmer!«

»Erst gestern hast du Mrs. Platt mit den Würsten nach draußen geschickt, weil du dich nicht in den Garten getraut hast zum Grillen. Wovor hast du eigentlich Angst, Mami? Du bist doch nicht krank, oder? Alle Leute sagen –«

»Vicky, verschwinde!«

»Warum hast du mich nicht mit Daddy nach Jugoslawien gelassen? Es hätte mir bestimmt gefallen. Außerdem hätte ich meinen Freundinnen nicht vorflunkern müssen, du hättest Heuschnupfen und könntest deshalb nicht mit zum See kommen! Es war so schauderhaft, mit einem von dir angeheuerten Bademeister schwimmen zu gehen! Verstehst du das eigentlich nicht? Ich wünschte, ich wäre bei Daddy in Jugoslawien.«

»In deinem Alter fährt man nicht einfach nach Jugoslawien.«
»Und ob! Daddy ist ein berühmter Filmstar, der hätte das schon hingekriegt. Er wollte, daß Liz und ich ihn besuchen, aber du hast es verhindert, weil du Angst hattest, du müßtest uns zum Flughafen bringen. Dabei wäre das überhaupt nicht nötig gewesen. Onkel Murray oder Onkel Ed hätten das genauso machen können, und du hättest hierbleiben und in aller Ruhe hunderttausend Bücher lesen können, während wir weg sind. Ach, es ist so beschissen, daß ich ausgerechnet an meinem zehnten Geburtstag hier mit dir in diesem blöden Connecticut festsitze.«

Was diesen Film anbetraf, hatte Nicholas alles durchsetzen können, woran ihm lag, und es war nicht einmal schwierig gewesen. Die Filmgesellschaft hatte zwar erst gemeutert, als er seinen Bruder Edward, der erst dreiundzwanzig war, als stellvertretenden Regisseur haben wollte, aber sie hatten sofort eingelenkt, als Murray anfing, die Vertragsunterlagen wieder in die Aktentasche zu stopfen. Seinen Kameramann, der ihn damals in »Urban Affairs« so glänzend ins Bild zu setzen wußte, hatten sie ebenso akzeptiert wie seinen Kostümassistenten, den er bei den Dreharbeiten zu »Wyoming« kennengelernt hatte und als Tennispartner schätzte. Als er mit dem Drehbuch nicht ganz einverstanden gewesen war, hatten ihm die Filmleute nicht nur sofort den Regisseur und den Autor ins Haus geschickt, damit er ihnen seine Änderungswünsche im Detail kundtun konnte. Auch Ernie, seinen Chauffeur und Leibwächter, hatte die Filmgesellschaft sofort auf ihre Gehaltsliste gesetzt.

Als Quartier stand ihm eine geräumige Villa mit eigenem Tennisplatz zur Verfügung, die hoch über der Adria in einem herrlichen Park lag.

Es war Sommer, und es wäre so schön gewesen, ihn mit Jane und den Kindern in dieser herrlichen Villa verbringen zu können. Weshalb nur hatte er Jane nicht dazu überreden können? Er wußte, daß sie unglücklich war. »Warum kann ich nicht sein wie andere Menschen?« hatte sie ihn verzweifelt gefragt. »Warum kann ich nicht aus dem Haus zu unserem Buchhändler gehen oder ins Kino?« »Du *kannst* doch«, hatte er gesagt, aber das hatte zu nichts geführt. Er hatte sich sogar die Adresse eines Psychotherapeuten besorgt, doch der hatte ihm erklärt, Jane müßte zur Behandlung zu ihm in die Praxis kommen. Zu Hause sei eine Behandlung nicht möglich. »Sie muß den ersten Schritt selbst tun«, hatte er gesagt. Bloß Jane wollte nicht. »Bitte, zwing mich nicht«, bettelte sie jedesmal, wenn er davon anfing.

Zu Hause war alles in Ordnung. »Nein, was haben Sie für eine reizende Frau, Nick! Warum verstecken Sie dieses Juwel vor der Welt?« Jane war großartig. Eine hervorragende Gastgeberin. Eine charmante Unterhalterin. Belesen und witzig, stets auf dem laufenden über alles, was mit Kultur zusammenhing. Die Presse war begeistert von ihr. »So ein freundlicher, intelligenter Mensch. Eine echte Seltenheit: die souveräne Ehefrau eines Stars.«

»Ich könnte wetten, irgend jemand hat diese Reporterin dafür bezahlt, daß sie das schreibt«, hatte Janes spöttischer Kommentar dazu gelautet.

Er hatte sie angefleht, mit nach Europa zu kommen. »Es ist doch nur ein Sieben-Stunden-Flug. Wir können den Firmen-Jet der Filmgesellschaft benutzen. *Bitte!* Du kannst eine Tablette nehmen und die ganze Zeit durchschlafen, und wenn du wach wirst, sind wir in Jugoslawien.« Es täte ihr so leid, hatte sie immer wieder beteuert.

Die Filmgesellschaft hatte wirklich alles versucht, um ihn zufriedenzustellen. Der geräumige Wohnwagen, in dem er sich während der Dreharbeiten aufhalten konnte, war nach seinen Vorstellungen eingerichtet worden. Jeden Tag trafen die neuesten Zeitungen aus New York ein, und in den Bücherregalen an den Wänden standen englische Kriminalromane und mehrere historische Bücher über den Zweiten Weltkrieg. Es war ihm schleierhaft, woher sie seine Lesegewohnheiten so genau kannten. Das einzige, was nicht ganz paßte, war das große, etwas überladene Bett. Er hatte es wochenlang überhaupt nicht benutzt. Erst als in den letzten Tagen die Langeweile übermächtig geworden war, hatte er gelegentlich ein bißchen gedöst.

Einige Dinge hatten auch die allgewaltigen Manager der Filmgesellschaft nicht regeln können. In der letzten Woche hatte sich das Wetter plötzlich verschlechtert, und die Dreharbeiten waren völlig zum Erliegen gekommen. Es regnete ununterbrochen, und wenn es einmal nicht regnete, herrschte Nebel. Sie hatten nur noch zwei Szenen zu drehen, aber dafür brauchten sie unbedingt eine sternklare Nacht. Und so hieß es denn warten.

Lang ausgestreckt, mit einer Decke über den Beinen, lag Nicholas auf dem Bett. In seinem Wohnwagen war es kühl. Das weiße Smokingjackett hatte er über den Stuhl gehängt. Sie warteten darauf, die große Liebesszene drehen zu können, bei der Nicholas seine junge Partnerin, Laurel Blake, aus dem Meer retten mußte. Aber solange es wie aus Kübeln schüttete, war daran gar nicht zu denken. Nicholas gähnte. Es war schon nach zehn, und draußen war es stockdunkel. Er hatte versprochen, bis Mitternacht auszuharren – für den Fall, daß es aufklarte. Er wollte es endlich hinter sich bringen. Der Wetterbericht hatte nicht schlecht geklungen, und der Regisseur war optimistisch gewesen. Sein Bruder hatte sich schon vor einer Stunde verabschiedet.

Anfänglich hatte er, was Edward anbetraf, Zweifel gehabt, aber es war alles gutgegangen. Mit seinem kümmerlichen roten Bart, seinen schmalen Schultern und dem verwaschenen Overall sah er wie ein Wanderarbeiter aus, aber er war zuvorkommend und freundlich und arbeitete (zu Nicholas' Überraschung) sehr hart. Angesichts der Tatsache, daß er an drei Colleges rausgeflogen war und beinahe unehrenhaft aus der Armee entlassen worden wäre (er hatte in Vietnam einem Spitzel der Militärpolizei für zwanzig Dollar Haschisch verkauft), mußte man zugeben, daß sich Edward wie ein sehr solider Bürger benahm.

Wegen des hernieder prasselnden Regens vernahm Nicholas das Klopfen an seiner Tür erst ziemlich spät. Er sprang vom Bett und machte die Tür auf. Im ersten Moment erkannte er die Gestalt in der Dunkelheit nicht, aber dann sah er, daß es Laurel Blake war. Die junge Schauspielerin trug einen durchweichten Trenchcoat und hatte sich eine grüne Plastiktüte über die Haare gestülpt. Ihre hochhackigen goldenen Pumps waren über und über mit Schlamm bespritzt. »Entschuldigen Sie, daß ich störe«, sagte sie.

»Aber das macht doch nichts. Kommen Sie ruhig herein.«

Lästig war ihm Laurel in den vergangenen drei Monaten nicht geworden. In der ersten Woche hatte sie einmal durchblicken lassen, daß sie gern seine Villa besichtigen würde. Sie könnten ja ihre Liebesszenen mal ganz privat durchspielen, hatte sie gesagt, aber das war wirklich nur als Scherz gemeint gewesen. Im allgemeinen gab Laurel sich in seiner Gegenwart recht schüchtern.

Laurel war jung und schön und nicht sehr kompliziert. Man hatte sie quasi in letzter Minute als Partnerin vorgeschlagen, nachdem die ursprünglich vorgesehene Schauspielerin kurz vor Drehbeginn ganz überraschend abgesagt hatte. Nicholas hatte sich daraufhin Laurels ersten Film angesehen, in dem sie genau das spielte, was sie tatsächlich war: ein hochbezahltes Mannequin. Sie sah sehr gut auf der Leinwand aus, was keineswegs bei allen Mannequins der Fall ist, wie Nicholas wußte. Ihre Stimme und Artikulation waren ganz passabel und ihre Mimik und Gestik durchaus überzeugend.

Vorsichtig zog Laurel die Plastiktüte vom Kopf. Ihre kastanienbraunen Haare waren zu einem komplizierten Lockengebirge aufgetürmt und wurden von juwelenbestückten Spangen gehalten. Sowohl die Haarpracht als auch die Juwelen waren nicht echt. Ehe Nicholas sie retten durfte, mußte Laurel ein paar Minuten lang im Wasser herumplanschen, und deshalb wurde ihr nach jeder Aufnahme ein trockenes Haarteil aufgesetzt.

»Na, wie geht's denn so?« fragte Nicholas freundlich.

Laurel sah sich ungeniert in seinem Wohnwagen um. Wollte sie feststellen, ob er luxuriöser untergebracht war als sie?

»Was haben Sie gesagt?«

»Ich habe gefragt, was Sie so machen.«

»Ich langweile mich.«

»Möchten Sie sich vielleicht ein Buch leihen?«

»Nein, vielen Dank.« Sie war eine außergewöhnlich sinnliche Schönheit. Ihre großen dunklen Augen gaben ihrem Gesicht einen exotischen Anstrich. Der Gesamteindruck war ungemein reizvoll. »Was machen Sie denn, wenn Sie sich langweilen?« fragte sie.

»Ich arbeite an meinem nächsten Filmprojekt, bei dem ich erstmals selbst Regie führen werde. Ansonsten lese ich oder telefoniere mit meinen Kindern und meiner Frau oder mit meinem Börsenmakler.«

»Glauben Sie, wir können heute nacht noch drehen?«

»Nein, aber trotzdem sollen wir für den Fall der Fälle bis Mitternacht die Stellung halten.«

»Für welchen Fall der Fälle?«

Nicholas hatte nicht das Gefühl, daß sie sich über ihn lustig machen wollte. Sie war wirklich ein bißchen dämlich. »Für den Fall, daß es aufklart.«

»Oh«, sagte sie und legte die Hand auf den Gürtel ihres Trenchcoats. »Darf ich das nasse Ding ausziehen?«

»Ja, natürlich. Entschuldigen Sie. Darf ich Ihnen helfen?«

»Aber ja.« Sie schlüpfte aus dem Mantel. Darunter war sie vollkommen nackt.

»Oh, verdammt!«

Sie hatte einen prachtvollen Körper. Er hatte dergleichen noch nie gesehen, nicht einmal bei den Fotomodellen in den Illustrierten. Sie war überall schlank und weich und verlockend. Ihre Brüste waren klein und rund, und die Spitzen standen genauso nach oben wir ihre Stupsnase. Ihr Schamhaar war ein flammendes Dreieck glänzender Härchen.

»Ziehen Sie Ihren Mantel an und verschwinden Sie«, sagte er.

Sie ließ den Mantel endgültig fallen und ging auf ihn zu. Die hochhackigen goldenen Schuhe ließen ihre schlanken Beine ganz besonders lang erscheinen. Dann blieb sie stehen, ließ ihre Arme bewegungslos an sich herabhängen. Die Spangen in ihrem Haar glitzerten. Ihr Blick war gesenkt. Nicholas wartete darauf, daß sie etwas unternahm, daß sie ihn zu umarmen oder zu küssen versuchte, daß sie an seinem Gürtel herumzerrte. Dann hätte er sie wegstoßen und hinauswerfen können. Aber Laurel rührte sich nicht von der Stelle. Ihre Schultern waren glatt und schimmerten so zart wie das Innere einer Muschel. Wenn sie nur einen halben Schritt nähergekommen wäre, hätten ihn ihre Brüste berührt. Aber sie stand vollkommen still.

Ich will das nicht, dachte Nicholas. Ich darf mich nicht darauf einlassen.

Er hob die Hand und umfing ihre Brust. Sie war fest. Ihre Haut glühte. Er griff nach der anderen Brust, rollte die zierliche rosa Brustwarze zwischen den Fingern und ließ seine Hand dann zu dem flaumigen Dreieck zwischen ihren Schenkeln wandern. Sie blieb einfach regungslos stehen und ließ ihn gewähren. Was sie da machte, ging einfach zu weit. Er wollte sich das Hemd vom Leib reißen, er wollte diese rosigen Brustwarzen auf seiner Haut spüren. Er mußte sie sofort hinauswerfen. Er mußte sie unbedingt loswerden, sonst ...

Seine Finger gruben sich tiefer zwischen die Schenkel des Mädchens, teilten die feuchten Härchen und suchten die Hitze. »Küß mich«, sagte er. »Komm, küß mich.« Sie hob den Kopf. Es war ihre erste Bewegung. »Küß mich, verdammt noch mal«, sagte er. Ihr Mund wartete auf seine Berührung. »Hast du nicht gehört, was ich gesagt habe? Küß mich!«

Dann packte er sie. Er hielt ihren Nacken mit eiserner Faust und preßte seinen Mund auf ihren. Ihre Brüste stießen gegen sein Hemd, und plötzlich ergab sie sich völlig. Ihre Arme legten sich um seinen Nacken. Ihre Lippen öffneten sich und saugten seine Zunge tief in den Mund. Er packte ihren Hintern und preßte sie an sich. Sie quietschte vor Lust und Erwartung. »Jetzt«, sagte er und warf sie aufs Bett, »jetzt verpasse ich dir, was du willst, du verdammte Möse, du blöde.«

21

> ... ein Sprecher des Krankenhauses teilte anschließend mit, die Entscheidung, ob der chirurgische Eingriff durchgeführt werden solle, falle innerhalb der nächsten zwei Stunden.
>
> WTOP Radio, Washington, D.C.

Jane stellte die abgeschabte alte Reisetasche, die Rhodes statt eines Koffers benutzte, in einem der Gästezimmer auf die Kommode. »Warum rufst du eigentlich nie vorher an?« fragte sie. »Immer überfällst du uns einfach. Ist das besonders schick, oder ist das deine persönliche Note?«

»Beides.« Rhodes zog den Reißverschluß der Tasche auf und drückte seiner Schwester ein kleines Paket in die Hand. »Wozu sollte ich anrufen? Du bist doch immer zu Hause.«

»Hör auf zu stänkern.«

»Ich habe bloß eine Tatsache festgestellt.«

»Und was wäre gewesen, wenn ich andere Gäste gehabt hätte? Wir haben ständig Leute hier, die mit Nicholas arbeiten, wenn er nicht dreht.«

»Erstens ist Nick in Europa, und zweitens ist Blut, wenn es hart auf hart kommt, immer noch dicker als Wasser. Im Zweifelsfall würdest du eben den kleinen italienischen Regisseur aus dem Bett schubsen und ihm mitteilen müssen, daß du die Laken wechseln mußt, weil dein Bruder da ist.« Rhodes fing an, seine Tasche auszupacken. »Könntest du jetzt bitte dein Geschenk auspacken, Jane? Vielleicht mildert es deine Bösartigkeit, und du bist ein bißchen netter zu mir ... Ich hoffe jedenfalls, du weißt es zu schätzen.«

»Oh, das ist ja wunderschön, Rhodes!« Es war ein klassisches Tuch aus Brüsseler Spitze. »Das muß ja schrecklich teuer gewesen sein.«

»Stimmt. Aber das ließ sich leider nicht vermeiden. Es könnte sein, daß ich längere Zeit von deiner Gastfreundschaft Gebrauch machen muß.« Seine Stimme klang unnatürlich. Jane spürte, daß seine zur Schau getragene Lässigkeit nicht ganz echt war. Er war in Shorts oder, besser gesagt, abgeschnittenen Jeans und einem ausgebleichten T-Shirt vom Flughafen gekommen, aber seine Hemden und seine Wäsche lagen in mustergültiger Ordnung in der schäbigen Tasche.

»Hey«, sagte Jane, »das ist schön, wenn du ein bißchen hierbleibst. Hat Philip in New York viel zu tun? Oder kommt er mal ... Hey, Rhodes, was ist los?«

Rhodes schob die Kommodenschublade zu und drehte sich zu ihr um. Mit starrem Lächeln setzte er sich aufs Bett und zog mit übertriebener Gelassenheit seine Turnschuhe aus.

»Was ist los, Rhodes?«

»Ich habe Philip verlassen.«

»Was?«

»Ich sagte: Ich habe Philip verlassen.« Seine Stimme war heiser, und er konnte seine Schwester nicht ansehen. Statt dessen ließ er seinen Kopf plötzlich sinken und lehnte sich mit der Stirn an die Wand.

»Mensch, Rhodes, das gibt's doch nicht.« Jane war aufgesprungen und wollte ihren Bruder umarmen, aber dann sah sie, wie er sich steif machte, und blieb abrupt stehen. »Was ist denn geschehen?« fragte sie.

»Nichts.«

»Bitte, Rhodes.«

Seine Augen schienen mit einem Male nach innen gerichtet, als ob ihn eine tödliche Krankheit gepackt hätte. »Ich bin fast dreißig«, sagte er. »Hast du eine Ahnung, was das bedeutet?«

»Ja. Ich habe es vor einiger Zeit selbst durchgemacht. Aber deswegen habe ich Nick nicht verlassen.«

»Ach, hör auf! Mir ist nicht nach Späßen zumute. Du könntest Nick sowieso nicht verlassen. Nach allem, was ich gehört habe, traust du dich ja nicht mal zur Tür raus.«

»Rhodes –«

»Ich weiß Bescheid, Jane, du brauchst gar nichts zu sagen. Ich war noch nicht ganz aus dem Taxi heraus, da hatte mir Vicky schon alles erzählt. Was ist denn mit dir, Jane? Wovor hast du Angst?«

»Du bist gerade dabei, das Thema zu wechseln, Rhodes, oder?«

»Ich habe nur eine Frage gestellt. Wovor hast du Angst? Oder hast du Angst, meine Frage zu beantworten?«

»Keineswegs. Ich habe überhaupt keine Angst.«

»Hast du vor Wespen Angst? Hast du Angst, du hast die gleiche Allergie wie deine Mutter?« Seine Stimme war aggressiv.

»Nein! Und jetzt hör damit auf!«

»Ein kleiner Stich, und dann ist es vorbei. Ade, Sally, guten Tag, Dorothy.« Jane packte einen Stapel Unterhemden und schleuderte sie Rhodes ins Gesicht.

»Danke«, sagte Rhodes, legte die Wäschestücke wieder zusammen und steckte sie in die oberste Schublade.

»Apropos vorbei«, zischte Jane. »Zahlst du immer noch Miete für eine Siebenzimmerwohnung am Eden Park? Ich meine, kommt Philip Gray immer noch für die Miete auf, oder hat er damit aufgehört und dich ...«

»Was?«

»... und dich gefeuert?«

Seine Augen weiteten sich. Er war offenbar nicht über ihre Worte, sondern auch über ihre Wut überrascht. Jane sah sofort, daß er viel tiefer verletzt war, als sie gedacht hatte. »Wie kannst du über den Tod meiner Mutter so sprechen?« fragte sie in milderem Ton. »Was ist denn los mit dir, Rhodes?« Er hielt sich an der Kommode fest, als ob er sonst umfallen müßte. »Komm her«, sagte Jane und setzte sich auf die Bettkante. Rhodes zögerte eine Sekunde, dann folgte er ihrer Aufforderung. Es war wie früher, wenn er mit einem Märchenbuch in ihr Zimmer kam, damit sie ihm daraus vorlas. »Erzähl es mir, Rhodes.«

»Du weißt ja, wie lange es mit uns gutging. Elf Jahre!«

»Ja. Es fing an, kurz bevor Nick und ich geheiratet haben.«

»Seitdem habe ich jeden Tag mindestens ein paar Stunden oder Minuten mit ihm verbracht, Jane. Jeden Tag. Selbst wenn er mit seiner Frau zusammen irgendwo hinfuhr, habe ich ihn heimlich getroffen. Ich wohnte einfach in einem anderen Hotel. Und er war vollkommen... Ich muß einfach mit jemandem darüber reden, Jane. Du weißt doch, was mit uns los war, mit Philip und mir, oder?«

»Du meinst, daß er dein Liebhaber war?«

»Ja. Meine Mutter denkt zwar, daß ich für ihn arbeite, aber ich war immer fest überzeugt, daß du Bescheid wußtest. Ich dachte, es wäre nicht nötig, darüber zu reden.«

»Glaubst du im Ernst, Dorothy hält eure Beziehung immer noch für ein Angestelltenverhältnis?«

»Jane, bitte laß Mutter aus dem Spiel. Darum geht es doch gar nicht.«

Sein kläglicher Tonfall irritierte sie. In den letzten Jahren war sie so abhängig davon geworden, von anderen versorgt zu werden, daß sie sich gar nicht mehr vorstellen konnte, jemand sei von ihrem Trost und ihrer Hilfe abhängig. »Entschuldige«, sagte sie. »Bitte, sprich weiter.«

»Elf Jahre. Wenn wir allein unterwegs sind, nur Philip und ich, ist alles phantastisch. Wir haben uns auch nie miteinander gelangweilt, und damit meine ich gar nicht den Sex.«

»Ich weiß.«

»Es gibt so viele Gemeinsamkeiten: Bücher, Filme, Leute, Kunst, Musik. Was auch immer, wir haben alles geteilt. Schon als ich noch ein Teenager war, mit achtzehn, haben wir uns phantastisch verstanden – und im Lauf der Zeit immer noch mehr.«

»Warum hast du ihn dann verlassen?« fragte Jane.

Er holte tief Atem. »Wenn wir unterwegs sind, ist es der Himmel. Und wir sind viel unterwegs. Aber in Cincinnati ... Wir müssen so vorsichtig sein. Am Anfang sind wir zusammen ausgegangen, aber die Leute fingen an zu reden, und wir mußten es seinlassen. Philip geht natürlich sehr viel aus. Mit ihr.«

»Lebt er immer noch mit ihr zusammen?«

»Sie sind *Mr. und Mrs. Gray*, und sie werden *überall* eingeladen. Aber wenn sie ihre Besuche hinter sich haben, kommt er meistens zu mir. Manchmal allerdings bleibt er bei ihr.«

»Glaubst du, daß sie immer noch ...«

»Ja. Die meiste Zeit geht jeder von ihnen seine eigenen Wege, und ich bin dann mit Philip zusammen, aber immer nur bei mir in der Wohnung oder bei zwei oder drei sehr guten Freunden. Das ist mein ganzer Lebensbereich. Etwas anderes gibt es für mich nicht.«

»Was ist denn mit deiner Arbeit?«
»Hör mal, daran hast du doch wohl nicht geglaubt, oder?«
»Wie meinst du das?«
»Hast du etwa im Ernst gedacht, er würde mich in seine Geschäfte einweihen? Hast du angenommen, diese Dinge würden mich interessieren?«
»Ich weiß nicht ...«
»Ich gehe gelegentlich ins Büro, setze mich an meinen Schreibtisch und telefoniere ein bißchen herum, reserviere Hotels, halte Kontakt mit ein paar Freunden in Frankreich oder rufe den Schneider an. Ich bin jetzt neunundzwanzig Jahre alt und habe noch nie etwas anderes getan. Ich bin nicht auf dem College gewesen, ich habe noch nie einen Job gehabt, ich habe nie Geld verdient. Philip hat alles bezahlt. Ich bin sein ständiger Begleiter. Das ist alles. Ein toller Lebenslauf, nicht wahr?«
»Hat er dich weggeschickt, Rhodes?«
Rhodes lachte höhnisch. »Ach, was! Vor heute abend wird er nicht mal merken, daß ich überhaupt weg bin. Er und Clarissa haben zwanzig Opernsänger und andere Kulturbestien im Haus, und er kommt sicher nicht vor Mitternacht ... Ach, vergiß es!«
»Du hast ihm gar nicht gesagt, daß du gehst?«
»Ich habe ihm einen Brief hinterlassen.«
»Warum bist du denn gegangen?«
»Ach, Jane!« Er sah seine Schwester verzweifelt an. »Verstehst du denn nicht? Er wird sie niemals verlassen. *Nie.* Und ich werde den Rest meines Lebens damit verbringen, neun Monate im Jahr in Cincinnati herumzusitzen und darauf zu warten, daß er mich in die Ferien mitnimmt. Ich kann mir keine Freunde suchen; denn wir müssen ja ›absolut sicher‹ sein, daß all unsere Freunde ›diskret‹ sind. Insgesamt gibt es fünf Leute, die ich besuchen darf. *Fünf!* Er kontrolliert genau, was ich tue und lasse. Er weiß jeden Augenblick, wo ich mich aufhalte. Einmal hat er mich sogar beschatten lassen.«
»Von Detektiven?« Rhodes nickte. »Warum denn?«
»Dreimal darfst du raten, Jane. Anschließend hat er dann die zehn Gebote geschickt: Ich darf keine Drogen nehmen, ich darf keine Bar besuchen, ich darf überhaupt nichts. Als ob er mein

Vater wäre und mich vor schlechter Gesellschaft bewahren müßte. Ich bin doch kein Schuljunge mehr!« Rhodes massierte seine Schläfen. »Ach, Scheiße! Ich bin überhaupt nichts. Ich habe nicht mal Geld. Er hat mir bloß ein paar Kreditkarten ausgehändigt, die er jederzeit sperren kann. Ich fahre mit einem Vierzigtausend-Dollar-Lamborghini herum, trage sündhaft teure maßgeschneiderte Schuhe und habe lumpige zwei Dollar zwanzig in bar in der Tasche.«

Jane legte ihm den Arm um die Schultern. »Er hat eben Angst, daß du ihn verläßt, Rhodes. Er weiß, daß du andere Möglichkeiten hättest.«

»Was für Möglichkeiten, Jane? Ich *gehöre* ihm doch. Weißt du, wie ich mir das Geld für den Spitzenschal und das Flugticket beschafft habe? Ich habe ihm letzte Nacht dreihundert Dollar aus der Brieftasche gestohlen. Ist das nicht prachtvoll? Ich war richtig stolz auf mich, Jane.« Rhodes hatte zu weinen begonnen. Tränen stürzten ihm aus den Augen, aber sein Gesicht und sein Körper blieben vollkommen unbewegt. Es war, als ob ein anderer weinte.

»Es wird bestimmt wieder gut«, sagte sie und küßte ihn auf die Wange.

»Nein, wird es nicht. Was soll ich denn tun? Soll ich mir jemand anderen suchen, der mich aushält? Und dann wieder einen anderen, bis ich so alt bin, daß ich mich nur noch umbringen kann?«

»Rede doch mit ihm. Sag ihm, was du mir gerade gesagt hast.«

»Denkst du, das hätte ich nicht versucht? Das wischt er doch einfach beiseite. ›Ach, Liebling, willst du wirklich eine Bilanz lesen lernen? Ich kann es dir gerne beibringen, aber ich sage dir gleich: Du wirst dich grauenhaft dabei langweilen.‹ Und er hat sogar recht. Ich habe auf diese Sachen wirklich null Bock. Ach, ja, und dann sagt er immer: ›Du brauchst doch kein Geld, Liebling. Du weißt doch, daß ich immer für dich sorge.‹«

»Sag ihm doch, du wärst dir keineswegs sicher, daß er immer für dich sorgt und daß du das gar nicht möchtest. Erklär ihm, du seist ein Mensch und kein Sklave. Sag ihm, daß dir daran liegt, für deinen eigenen Lebensunterhalt aufzukommen.«

»Wir wollen doch nicht übermütig werden.«

»Rhodes, du wirst seinen Respekt und sein Vertrauen niemals erringen, wenn er nicht sieht, daß du auf deinen eigenen Beinen stehst und trotzdem bei ihm bleibst. Er muß sehen, daß du aus freien Stücken bei ihm bleibst und nicht, weil du mußt. Du bist schließlich bei ihm, weil er dir etwas bedeutet.« Sie schluckte. »Weil du ihn liebst.« Rhodes zuckte die Achseln. »Solange er spürt, daß du vollkommen abhängig von ihm bist, kann es keine gleichberechtigte Partnerschaft zwischen euch geben.«

»Du redest daher, als hättest du die Weisheit mit Löffeln gefressen«, sagte Rhodes. Seine Stimme war wieder schärfer geworden, und Jane wollte schon von ihm abrücken, aber er hielt ihre Hand fest. »Du sagst sehr vernünftige Sachen. Aber hältst du dich denn selber daran? Was ist denn mit dir?«

»Was meinst du damit? Versuch bloß nicht wieder das Thema zu wechseln. Wir reden jetzt über dich. Mir geht es gut. Meine Ehe –«

»Wir haben uns ganz gut geschlagen, Jane, oder nicht? Du hast genauso eine gute Partie gemacht wie ich, Schwesterherz. Nicholas und Philip: intelligent, reich, dynamisch und mächtig. Zwei Typen, die immer den Ton angeben. Zwei richtige Vaterfiguren. Das springt einem richtig ins Auge.«

»Ich glaube nicht, daß man meine Ehe vergleichen kann mit –«

»Zehn Minuspunkte, Schwesterherz. Du bist kleinkariert.«

»Das ist mein voller Ernst, Rhodes.«

»Dann eben zwanzig Minuspunkte, Jane. Sieh dir doch mal an, wo Nicholas und Philip stehen und wo wir stehen! Fällt dir nichts auf?« Sie riß sich los und sprang auf. »Hör mal zu, kleine Idiotin. Wir tun doch genau, was die wollen«, rief er hinter ihr her. »Wir sind beide vollkommen abhängig. Verstehst du, was ich meine? Die beiden sind zwar keineswegs Götter, die ab und zu einen goldenen Lichtstrahl auf uns herabwerfen, sondern auch sehr sterbliche Menschen, die jedes bißchen Liebe brauchen, das wir zu geben vermögen, doch sie sind schlau und mächtig genug, um unsere Liebe gegen uns zu verwenden und uns auf diese Weise unter Kontrolle zu halten. Nicholas und Philip sind zwei vom selben Schlag, Jane, genauso wie wir.«

Er war ein Schwein, das sich schamlos im Schlamm suhlte. Jeden Morgen faßte Nicholas den Entschluß, der Affäre ein Ende zu setzen. Und jeden Abend war Laurel wieder in seinem Bett.

Alle wußten Bescheid. Am dritten Tag war die Kostümbildnerin überraschend in seinen Wohnwagen gekommen, als Laurel ihm gerade die Hose aufgemacht hatte und ohne Schlüpfer auf seinem Schoß saß. »Oh, Verzeihung!« hatte die Frau verlegen gestammelt und war eilig geflohen. Aber Laurel hatte sich gar nicht stören lassen. Sie hatte ihren nackten Hintern weiter auf ihm hin- und herbewegt, und nach einer Schrecksekunde hatte auch Nicholas seine Augen wieder geschlossen.

Als sie ein paar Minuten später aus dem Wohnwagen kamen, hatte die Sache bereits wie ein Lauffeuer die Runde gemacht.

Bis dahin hatten alle Leute kleine Scherze darüber gemacht, daß er so brav war. »Der Schlimme Nick« war sein Spitzname. Immer wieder wurden ihm angebliche Damenbesuche angekündigt, und jeden zweiten Morgen hing an seinem Spiegel eine pornographische Postkarte mit der Aufschrift: »Vielen Dank für alles, Nick!« Mit diesen Frotzeleien war jetzt Schluß. Jetzt waren alle Leute plötzlich sehr höflich und ungeheuer diskret. Sie schienen gar nicht zu sehen, daß Laurel jeden Nachmittag zu ihm in den Wagen stieg.

Eigentlich hatte Murray aus New York kommen wollen, aber er rief bloß an. »Tut mir leid, Nick. Kann leider nicht kommen. Wahnsinnig hektisch hier. Stört dich doch nicht, oder?« Murrays Stimme war voller Fröhlichkeit, und die Worte flitzten so hastig über das transatlantische Kabel, als könne er sie gar nicht schnell genug loswerden. »Unheimlicher Druck. Der reinste Irrsinn hier, Nick.« Murrays Fröhlichkeit war künstlich. Er wußte Bescheid. Vor Scham war Nicholas wie gelähmt, als er den Hörer auf die Gabel zurücklegte.

Laurel war so dumm. Er hatte sich mit ihr zu unterhalten versucht, aber das gehörte nicht zu ihrem Repertoire. Sex war ihre einzige Spezialität. Jedesmal, wenn sie etwas Neues mit ihm machte – und ihr schien unglaublich viel einzufallen –, fragte er sich, mit wie vielen anderen sie das schon getrieben hatte, wie viele Fotografen, Illustriertenherausgeber, Modemanager, Filmproduzenten und Journalisten sie wohl schon abgeleckt hatte.

Ihre Zunge war ungeheuer geschickt. Sie war absolut professionell. Aber das zu wissen nutzte ihm gar nichts. Er war ihr trotzdem verfallen. Jedesmal, wenn er sich seiner tierischen Lust zu entziehen trachtete, zog sie ihn mit einem neuen Trick zurück in den Schmutz.

Er benahm sich ihr gegenüber ziemlich grob. Es schien ihr völlig egal zu sein, wie er sich benahm. Ihre Indifferenz veranlaßte ihn nur dazu, immer brutaler mit ihr umzuspringen, doch es kam nie zu irgendwelchen Protesten ihrerseits. »Hat dir schon mal jemand gesagt, daß du ein ganz blödes Loch bist?« hatte er sie gefragt. So hatte er noch nie mit jemand gesprochen, aber Laurel hatte bloß fröhlich gekichert.

Das Schlimmste war, daß er, nachdem er Hunderten von Frauen die kalte Schulter gezeigt hatte, nachdem er in den meisten Fällen nicht einmal die leiseste Versuchung gespürt hatte, es sich jetzt von diesem billigen kleinen Flittchen machen ließ, so oft sie nur wollte. »Komm, ich will es dir noch einmal machen«, sagte sie immer, und er hatte gar nichts dagegen.

Alle wußten Bescheid. Der Präsident der Filmgesellschaft rief an, und hinter all seiner Freundlichkeit spürte Nicholas die Befriedigung darüber, daß sie jetzt endlich einen schwachen Punkt an ihm entdeckt hatten. »Wie macht sich denn Laurel Blake?« fragte der Mann gezielt beiläufig.

Auch sein Bruder wußte Bescheid. Er verlor zwar kein Wort darüber, aber die Art und Weise, wie er Nicholas jeden Tag über seine Pläne informierte (»Ich gehe mit Rosie zum Essen. Hast du etwas dagegen, wenn ich schon in die Stadt fahre?«), zeigte deutlich, daß er seinem Bruder ersparen wollte, irgendwelche Ausreden dafür zu suchen, daß er den Abend nicht mit ihnen verbrachte.

Nicholas schämte sich entsetzlich, daß er sich vor einem Mitglied seiner Familie so gehenließ. Daß er seinen Bruder zum Komplizen seines Ehebruchs machte. Es erinnerte ihn an jene schrecklichen Zeiten, als sein Vater jeden Abend betrunken nach Hause kam, mit dem Geruch einer fremden Frau in den Kleidern.

Niemand sagte: »Hör damit auf!« Murray nicht, und auch nicht sein Bruder. Niemand fragte: »Bist du verrückt? Siehst du denn nicht, daß sie dich in ein Stück Scheiße verwandelt?« Niemand erinnerte ihn an seine Verpflichtungen Jane und sich selbst gegenüber. Nicholas Cobleigh stand außerhalb von Gesetz und Moral, jeder bemühte sich, ihm jeden Wunsch zu erfüllen. Koste es, was es wolle.

Auch die Journalisten wußten Bescheid. In den Klatschkolumnen tauchten mehr oder weniger versteckte Hinweise auf seine Liaison auf. Es erschienen Fotos in englischen und italienischen Zeitungen. Fotos, die auf den ersten Blick völlig harmlos aussahen, und Bildunterschriften, die schon weniger unschuldig waren.

Immer noch rief er Jane jeden Tag an. »Hallo!« sagte sie eines Tages. »Heute bist du aber früh dran.«

»Wie geht es dir, Jane?«

»Stimmt was nicht?«

»Doch, doch, alles okay.«

»Du hörst dich so komisch an, Nick.«

»Ich weiß auch nicht recht. Die Leute ärgern mich.«

»Wieso?«

»Die verbreiten Gerüchte über mich.«

»Was für Gerüchte?«

»Wegen Laurel Blake und so weiter.«

»Mach dir nichts draus. Solange du Filme machst, gibt es Gerüchte. Hast du schon mal einen Film gedreht, wo man dir keine Affäre anzuhängen versuchte?« Er sah geradezu vor sich, wie sie lächelnd zurückdachte. Manchmal lag er nachts wach, wenn Laurel längst schlief, und fragte sich, ob Jane womöglich auch schon Bescheid wußte und ebenfalls zu den Komplizen seiner Affäre gehörte. Die fröhliche, verständnisvolle, liebende Jane Cobleigh, die Hüterin des bestvermarkteten Haushalts in den Vereinigten Staaten. Er fragte sich, ob sie wohl in all den vergangenen Jahren, als er ihr Vertrauen ja durchaus verdient hatte, wirklich an seine Treue geglaubt hatte. »Denkst du, ich würde jetzt, nach all den Jahren, plötzlich anfangen, solche Dinge zu glauben?« fragte sie.

»Aber diesmal ist es schlimmer als sonst. Es sind wirklich häßliche Dinge, die da in den Zeitungen stehen.«

»Mach dir keine Sorgen deswegen. So etwas glaubt doch

kein intelligenter Mensch. Du weißt genau, daß ich es nicht glaube.«

»Ich fühle mich aber so mies.«

»Das brauchst du nicht, Liebling. Erzähl mir von Laurel. Ist sie eine richtige Schönheit? Eine Supersexbombe? Muß ich alle Hoffnungen fahrenlassen und einen Scheidungsanwalt anrufen?«

»Sie ist ziemlich dumm.«

»Gut! So was gefällt dir doch, oder? Komm schon, jetzt lach mal! Du klingst so trübsinnig. Ach, warte mal! Ich habe was Schönes für dich. Ich muß dir den Brief von Elizabeth vorlesen. Aber krieg bitte nicht gleich einen Anfall.«

»Warum sollte ich?«

»Ich glaube, sie hat sich verliebt. Sie schreibt anderthalb Seiten über einen jungen Mann namens Chris, der angeblich ›ganz süß‹ ist.«

»Ich liebe dich, Jane«, sagte er. »Das weißt du doch, oder?«

»Natürlich weiß ich das, Nick«, sagte sie, und ihre Augen strahlten. »Ich liebe dich auch.«

Es gab in diesem Jahr keinen Spätsommer. Mitte September hatte der Herbst schon begonnen. Das Feinkostgeschäft in Manhattan, das den Cobleighs dreimal in der Woche zu Wucherpreisen frisches Gemüse und Obst auf die Farm lieferte, hatte diesmal auch zwei große Krüge mit dem ersten frischgepreßten Apfelmost geschickt. Jeder Krug kostete, wie Jane schließlich zugeben mußte, mehr als zehn Dollar.

»Wenn du noch eine Woche gewartet hättest, hättest du den bei Gil auf der Farm den Most für einen Dollar kaufen können. Er hat einen Verkaufsstand direkt an der Straße«, sagte Cecily van Doorn. »Allerdings verkauft Gil das Zeug nicht in großen braunen Krügen, sondern in Plastikkanistern.«

Jane ignorierte den Spott. Schweigend schmierte sie sich eine Scheibe selbstgebackenes Brot. Ihre Essenseinladungen waren berühmt. Ihr Rezepte standen überall auf der Welt in den Frauenzeitschriften: »*Jane and Nicholas Cobleigh Give a Clambake!*« »*Signora Cobleigh Prepara Spiedini di Gamberi.*« »Ein Höhepunkt amerikanischer Gastlichkeit: Das Osterfrühstück auf der Tuttle-Farm.« Jane bewegte sich im Mantel von Nicholas' Ruhm, und niemand fragte jemals, warum sie niemals Gast, sondern immer nur Gastgeberin war.

»Aber wenn sie den Most bei Gil gekauft hätte, hätte sie nicht diese zauberhaften braunen Krüge gekriegt«, sagte Rhodes. »Und solch rustikaler Kitsch ist nun einmal das Schönste am Landleben. Wenn der gute alte Gil – er ist doch so ein urwüchsiger amerikanischer Farmer, nicht wahr?«

»Nein«, sagte Cecily, »er ist ungefähr fünfundzwanzig und sieht aus, als ob er zur Mafia gehört. Er hat besonders lange Arme, und seine Augen stehen zu weit auseinander.«

»Na ja, trotzdem. Selbst wenn sie den guten alten Gil dazu kriegen würde, den Apfelmost zu liefern ... Was soll sie denn machen, wenn er plötzlich vor der Tür steht und fragt, ob sie ihm nicht helfen könnte, die schweren Kanister zu tragen? Dann müßte sie ja womöglich zehn Schritte aus dem Haus gehen, und das schafft mein Schwesterherz nun mal nicht. Stimmt's, Jane?«

»Hör auf, Rhodes! Das genügt«, sagte Jane und schob ärgerlich die Ärmel ihres Pullovers zurück.

»Einfach aus der Tür gehen? So etwas würde meine Schwester nie tun.«

Jane legte ihre Gabel beiseite. »Ich sagte, es wäre genug, Rhodes.«

»Ach, entschuldige, das muß ich wohl überhört haben«, sagte Rhodes, konzentrierte sich aber weiterhin ganz auf Cecily. »Natürlich wissen wir alle, daß sie ohne weiteres hinausgehen könnte, wenn sie nur *wollte*. Das hat sie uns allen ja schon tausendmal gesagt, und wenn sie es sagt, dann ist es auch wahr. Aber sie hat leider keine Zeit, weil sie immer so fleißig ist. Sie ist eine voll emanzipierte, unglaubliche fleißige Hausfrau. Und deshalb kann sie nicht aus dem Haus gehen. Wahrscheinlich hat sie ihren Wintermantel verschenkt und will nicht hinaus in die Kälte. Es lohnt ja nicht, sich eine Lungenentzündung zu holen, bloß um einem primitiven Farmer von zweifelhafter Abstammung seinen billigen Apfelmost abzukaufen.«

Alle dachten sie, es wäre so einfach. Einfach bloß aus der Tür gehen. Sich einfach bloß in den Wagen setzen und bei irgendeinem Farmer Butter und Apfelmost kaufen. Komm schon. Tu's doch einfach. Alles, was ihr im Weg stand, war eine kleine Phobie. Ein Mangel an Selbstdisziplin. Ihre Angst. Wie viele Bekannte hatten sie schon beiseite genommen und ihr im Brustton der Überzeugung erklärt: »Das Schlimmste an der Angst ist die Angst vor der Angst«?

Alle waren sie davon überzeugt, Jane müsse sich bloß etwas mehr anstrengen – allein schon ihrem mustergültigen Gatten zuliebe. Nick hatte einen Fachmann nach dem anderen konsultiert, bis er endlich einen Psychoanalytiker gefunden hatte, der bereit war, Hausbesuche zu machen. Nicholas hatte dem Mann den fünffachen Honorarsatz bezahlt und ihm einen Wagen mit Chauffeur zur Verfügung gestellt, damit er viermal in der Woche eine Analyse mit Jane machte. Sie hatten im Wohnzimmer gearbeitet. Jane lag dabei auf der Couch, der Analytiker saß hinter ihr auf einem Sessel. Alles, was sie von ihm sehen konnte, war ein Stück Bein zwischen den Hosenaufschlägen und den herabhängenden Socken gewesen. Sie hatte ständig Angst gehabt, sie könnte irgendwelche Gefühle für ihn entwickeln und etwas schrecklich Entlarvendes sagen: »Darf ich bitte Ihren Penis ansehen?« Oder (noch peinlicher): »Könnten Sie bitte längere Socken anziehen?« Aber es war nichts dergleichen geschehen. Sie hatte ihm von ihrer Mutter und ihrer Stiefmutter erzählt, und die ganze Zeit spürte sie, daß er darauf wartete, etwas über ihren Vater zu hören, als ob er genau wüßte, was sie nicht sagen wollte. Er hatte es anderthalb Jahre versucht. Aber als er schließlich aufgab, war sie einer Heilung keinen Schritt näher als anderthalb Jahre zuvor. Sie war immer noch unfähig, das Haus zu verlassen. Danach waren noch zwei weitere Psychotherapeuten gekommen. Aber all ihre Bemühungen hatten zu nichts geführt. Komm, Jane, sagten die Leute, wenn du es nicht für dich selbst tust, dann tu es für deinen Mann. Er soll doch wieder stolz auf dich sein!

Als ob sie nicht dringend gewünscht hätte, daß er stolz auf sie war! »Ich kann leider nicht mit nach Los Angeles fliegen, Nicholas, auch wenn du wieder einen Oscar erhältst.« Während er im Wohnzimmer stand, fluchte und mit beiden Fäusten auf das Klavier schlug. Zusehen, wie er einmal mit Vicky und einmal mit Liz nach Kalifornien flog. »Paß gut auf dich auf, Jane. Ich rufe dich an.« Der müde Abschiedskuß. Zu Hause vor dem Fernseher sitzen und zusehen, wie ein Schauspieler nach dem anderen seinen Oscar abholte und sich dann voller Stolz wieder zu seiner Frau oder Freundin hinsetzte, während Nicholas nur ein kleines Mädchen als Begleiterin hatte, das ihm die Hand halten mußte, während er in die Kamera strahlte.

Dachten die Leute vielleicht, es machte ihr Spaß, wenn sie nicht schlafen konnte, weil sie Angst vor einer neuen Schwangerschaft hatte? Wenn sie sich vorstellte, wie man sie in letzter Minute auf eine Trage geschnallt aus dem Haus schleppte? Wenn sie überlegte, ob sie nicht irgendwelche Tabletten nehmen müßte, weil ihre Periode nicht kam?

Dachten die Leute, sie litte nicht darunter, eine Mutter zu sein, über die ihre Kinder ständig enttäuscht waren? Eine Ehefrau, die sich abends nicht zu ihrem Mann auf die Veranda setzen konnte, um den Sonnenuntergang zu genießen?

Sie besaßen ein Acht-Zimmer-Apartment in Manhattan, das sie noch nie gesehen hatte und wahrscheinlich auch nie zu Gesicht kriegen würde. »Ich kann nicht ständig im Hotel wohnen«, hatte ihr Nicholas erklärt. »Da klopfen die Leute mitten in der Nacht an die Tür – in der Hoffnung, ich würde ihnen ein Autogramm geben oder sonst irgendwas.« Sie hatte ihn gebeten, sich eine eigene Wohnung zuzulegen. »Aber doch nicht ohne dich«, hatte Nicholas gesagt. Er hatte sie angefleht, mit ihm zu kommen. Es war alles umsonst.

Wußten die Leute, wie einsam sie war? Wußten die Leute, wie oft sie sich die Einsamkeit ihres Mannes ausgemalt hatte, und all die Tricks, mit denen ihn andere Frauen zu trösten versuchten? Konnten die Leute sich eigentlich vorstellen, was es hieß, all die Dinge nicht tun zu können, über die sie selber nie nachdenken mußten? Wußten sie, wie gern sie einmal wieder in einem Restaurant gegessen oder ein Kino besucht hätte?

Wußten sie, was es bedeutete, Nicholas abzuweisen, wenn er sie anflehte, ihm zu vertrauen und mit ihm zu gehen? »Ich liebe dich, Jane. Ich werde dich führen. Nur den ersten Schritt, Jane. Bitte, Jane, bitte nur einen Schritt.« Wußten sie, was es bedeutete, nein zu sagen? »Nein, ich kann nicht. Nein, ich kann wirklich nicht, glaub mir, Nick!«

Cecily trank ihren Apfelmost aus und warf Jane einen bewundernden Blick zu. »Dieses Kleid steht dir wirklich phantastisch, Jane. Es wird Nicholas bestimmt –«

»Sie versuchen das Thema zu wechseln, Cecily«, unterbrach Rhodes.

»Er kommt morgen doch zurück, oder?« fuhr Cecily fort, ohne sich stören zu lassen.

»Nein, er hat gerade aus Paris angerufen. Er muß noch ein paar Drehorte für seinen nächsten Film besichtigen, und das möchte er lieber hinter sich bringen, solange er noch in Europa ist und den Autor des Drehbuchs dabei hat. Dann braucht er im nächsten Monat nicht schon wieder über den großen Teich zu fliegen«, sagte Jane.

»Anstatt hier in diesem formlosen grünen Sack herumzulaufen, solltest du lieber bei ihm in Paris sein«, sagte Rhodes. »Du könntest dir bei Yves Saint-Laurent ein paar nette Modelle aussuchen.«

»Hören Sie auf«, sagte Cecily. »Ihre Schwester sieht sehr schön und gepflegt aus.«

»Das liegt nur daran, daß Nicks Make-up-Berater vor seiner Abreise hier war. Er hat sie auf den Boden geworfen und geschworen, er würde sie nicht wieder aufstehen lassen, ehe sie sich nicht wie eine Erwachsene schminkt.«

»Davon ist kein Wort wahr«, sagte Jane.

»Ich weiß«, sagte Cecily, »mittlerweile kenne ich deinen Bruder ein bißchen.«

»Wissen Sie«, sagte Rhodes, »ich finde es ja nicht schlimm, daß ›Newsweek‹ die beiden ›Das goldene Paar‹ nennt. Aber ist es nicht ein bißchen übertrieben, daß meine Schwester deswegen gleich quittegelb herumläuft, bloß weil sie nie an die frische Luft kommt? Oder hast du Gelbsucht, Schwesterherz?«

»Rhodes, ich werde nicht zulassen, daß du mich ärgerst«, sagte Jane und strich ihre Serviette glatt. »Du wirst mich nicht mehr in Wut bringen.«

»Du weißt doch schon lange nicht mehr, was Wut ist«, spottete Rhodes. »Du schluckst soviel Valium, daß du allenfalls eine milde Verstimmung hinkriegst.«

»Das ist nicht wahr, ich nehme bloß –«

»Vielleicht kommt deine Gesichtsfarbe ja auch von der gelben Farbe in den Valiumpillen.«

»Vielleicht solltest du einfach den Mund halten«, erwiderte Jane. Sie stand auf und ging zum Kamin. »Meint ihr, wir sollten ein Feuer anmachen?«

»Wegen mir nicht«, sagte Cecily und wandte sich an Rhodes: »Ich habe gehört, Sie wollen uns demnächst verlassen? Haben Sie schon genug von Connecticut?«

»Im Vergleich zu Connecticut ist Ohio geradezu aufregend. Aber das ist nicht der Grund für meine Abreise. Der Mann, bei dem ich arbeite, hat jeden Tag zehnmal angerufen. Ich hätte natürlich das Telefon aus der Wand reißen können, aber ich habe mir gesagt, es ist einfacher, wenn ich nach Cincinnati zurückgehe. Anscheinend bricht im Büro ohne mich alles zusammen. Außerdem war es nicht sehr amüsant, vier Wochen lang in der Gefangenenfürsorge zu arbeiten.«

»Bitte«, sagte Cecily, »hören Sie auf, Ihre Schwester zu ärgern.«

»Ich hatte gedacht, daß es lustiger wäre«, fuhr Rhodes ungerührt fort, »aber sie hat nur einen einzigen Anfall gehabt, und der war eigentlich harmlos. Sie hat nur ein bißchen geschwitzt, und dann ist sie nach oben gerannt.«

»Schluß jetzt!« rief Cecily. »Ihre Schwester hat es nicht verdient, daß Sie so über sie reden! Das ist mein voller Ernst! Haben Sie denn gar kein Mitgefühl?«

»Doch, durchaus.«

»Dann zeigen Sie es endlich.«

Jane kniete immer noch vor dem Kamin. Unschlüssig stocherte sie mit dem Schürhaken in der Feuerstelle herum. Ihre Hände waren voll Ruß. Plötzlich stand Rhodes neben ihr. »Bitte, Rhodes, laß mich in Ruhe«, sagte sie leise. »Ich habe wirklich genug.« Er legte den Arm auf den Kaminsims. Eigentlich müßte er der Filmstar sein, dachte Jane. Sein Gesicht war noch schöner und männlicher als früher geworden. Er lächelte strahlend, und sie versuchte vergeblich, genauso strahlend zu lächeln wie er.

Sein Gesicht verdüsterte sich. »Jane, du brauchst Hilfe.«

»Man hat schon alles versucht.«

»Jane, bitte hör mir mal zu. Bevor ich abfahre, möchte ich sicher sein, daß du –«

»Rhodes, wir sind unhöflich«, zwitscherte Jane und huschte eilig zurück an den Tisch. Rhodes folgte ihr, blieb aber stehen.

»Entschuldige, Cecily«, sagte Jane. »Mein Bruder und ich sind wirklich gräßliche Streithähne. Aber wie es scheint, müssen wir unsere gute alte geschwisterliche Rivalität immer wieder von neuem erproben.«

»Jane«, sagte Rhodes, »du kannst nicht so weitermachen. Das ist doch kein Leben.«

»Gib dir keine Mühe, Rhodes. Wir können uns dieses Theater ersparen.«

»Nein, Jane. Laß uns endlich darüber reden. Du stirbst, Jane, und dieses Haus ist dein Sarg. Begreifst du das nicht?«

»Bitte vergiß nicht, daß ich Besuch habe, Rhodes.« Jane warf ihrer Freundin einen bedeutsamen Blick zu. »Bitte entschuldige, Cecily. Ich hatte gedacht, es wäre gemütlich, wenn wir noch einmal zusammen essen, ehe Rhodes wieder abreist.«

»*Jane*«, sagte Rhodes, »ich –«

»Jetzt nicht.«

»Du kannst doch nicht –«

»Jetzt nicht!«

Cecily sah erst Rhodes und dann Jane an. Dann sagte sie mit gesenktem Kopf: »Du solltest auf ihn hören, Jane. Er hat recht.«

»Ich dachte, das wäre kein Thema für uns, Cecily.«

»Nein, Jane. Du hast gesagt, das wäre kein Thema, und ich habe mitgespielt, weil ich dachte, das wäre der Preis für unsere Freundschaft. Aber inzwischen glaube ich, dieser Preis ist zu hoch.«

»Warum glaubt ihr mir nicht? Ich habe euch doch tausendmal gesagt, daß es mir gutgeht. Ich habe hier alles, was ich brauche. Ich habe gar keinen *Grund*, das Haus zu verlassen. Aber du wirst mich wohl nie in Ruhe lassen, Rhodes, oder?«

Cecily griff über den Tisch und legte ihre Hand auf die ihrer Freundin. »Dein Bruder liebt dich doch, Jane. Das weißt du genau. Es tut ihm weh, daß du so elend dahinvegetierst. Bitte, jetzt lauf nicht gleich weg. Glaub uns, Jane, du brauchst ärztlichen Beistand.«

»Nein! Keine Psychoanalytiker mehr! Die können mir auch nicht helfen.«

»Weißt du, was der größte Witz bei alledem ist?« fragte Rhodes. »Daß neunundneunzig Prozent aller Frauen sofort mit dir tauschen würden, Jane. Du hast alles, wovon sie träumen und was sie sich wünschen.«

»So ist es! Ich habe alles, was sich eine Frau wünschen kann. Also laßt mich doch bitte in Ruhe! Warum wollt ihr denn dauernd, daß ich anders lebe, als ich will?«

»Weil du krank bist!«

»*Ich* bin krank? Was ist denn mit dir, Rhodes?«

Rhodes schlug mit der Faust auf den Tisch, und die Gläser begannen zu tanzen. »Jetzt hör mir mal zu, Jane. Ich kann tun, was ich will. Ich habe keinerlei Verpflichtungen. Aber du brauchst Hilfe, Jane. Deine Welt wird kleiner und kleiner. Wenn das so weitergeht, mußt du am Schluß auf der Spitze einer Stecknadel leben!«

»Rhodes, du weißt ja nicht, was du redest.«

»Nein, er hat recht, Jane«, fiel Cecily ein. »Glaub mir, dein Bruder hat recht. Das Leben ist so kurz, Jane. Du darfst es nicht wegwerfen.«

In ihrem eleganten Himmelbett lag Laurel Blake auf dem Rücken. Bis auf einen lavendelfarbenen Slip war sie nackt.

Das Telefon schrillte. »Wenn das meine Frau ist, verzieh dich gefälligst!« sagte Nicholas.

»Du kannst doch nach nebenan gehen.«

»Verdammte Weiber!« fluchte Nicholas, stand aber gehorsam auf und ging in den Wohnraum der Suite.

»Bonjour, Nick! Wie steht's in Paris?«

»Bist du das, Jack?«

»Ja, natürlich! Wer denn sonst? Hast du erwartet, daß dich Louis B. Mayer anruft? Der ist seit über zwanzig Jahren tot.« Jack Crowley hatte die törichte Angewohnheit, am Telefon seine Stimme zu verstellen, wenn er mit Nicholas telefonierte. Besonders gern imitierte er, was er für den typischen Hollywood-Sound hielt: ein schwules Gesäusel mit europäischem Akzent. In Wirklichkeit war Jack Crowley, sein Anlagen- und Steuerberater, ein langweiliger Rechtsanwalt von der Wall Street. »Oh, Mann, du treibst es ja schlimm, Nick! Seit Tagen versuche ich schon, dich zu erreichen. Aber was soll's. Bist du noch dran, Nick?«

»Ja, sicher. Was gibt's?«

Laurel Blake war aus dem Schlafzimmer gekommen und stand jetzt wartend im Türrahmen. Als er sie nicht wegschickte, kam sie herein.

»Ich kann dir eine Beteiligung an einer sehr interessanten Ölgeschichte anbieten, Nick. Es handelt sich um Bohrungen im Anadarko Bassin.«

»Wo liegt das?«

Laurel drängte sich hinter ihn und legte ihm die Hand auf die Lenden. Er schob sie mit einer heftigen Handbewegung beiseite.

»In Oklahoma.«

Laurel ließ sich nicht abschütteln. Sie kniete sich hin und nahm sein Geschlecht in den Mund. Er hob die Hand und wollte sie wegschieben, aber dann ließ er es bleiben. Eine Welle der Lust überflutete ihn, und innerhalb von Sekunden hatte er eine mächtige Erektion. Vergeblich versuchte er, sich Laurels roten Lippen zu entziehen. Schließlich schloß er einfach die Augen.

»Natürlich birgt die Sache ein gewisses Risiko«, sagte Crowley. »Das ist bei diesen Ölgeschäften ganz unvermeidlich.«

»Ja, sicher«, sagte Nicholas mühsam.

Laurels Hände umfingen jetzt sein Gesäß, und während Crowley ihm die Einzelheiten der Ölgeschichte erklärte, zog sie ihn in sich hinein. Ihre Fingernägel bohrten sich schmerzhaft ins Fleisch, und Nicholas ließ sich tiefer in ihren Mund gleiten, um diesem Druck zu entgehen.

»Natürlich kannst du alles im ersten Jahr abschreiben«, sagte Crowley.

»Das ist gut«, erwiderte Nicholas. »Das ist gut.«

»Natürlich ist das gut. Aber ich rechne damit, daß auch sehr bald ein fetter Gewinn dabei herausspringt.«

»Gut«, stöhnte Nicholas.

Geschickt schob ihm Laurel einen schlanken Finger in den Anus und bewegte ihn sacht hin und her. Nicholas riß erschrocken den Mund auf. Ein Keuchen entfuhr ihm, und er hätte beinahe den Hörer fallengelassen. Immer tiefer drang Laurels Finger vor, zärtlich und prüfend.

»... natürlich nur, wenn sie fündig werden«, lachte Crowley.

»Natürlich«, preßte Nicholas mühsam heraus.

»Ich finde, die Sache klingt ausgezeichnet. Deshalb wollte ich unbedingt, daß du da einsteigst.«

»Vielen Dank«, sagte Nicholas. »Ich weiß das zu schätzen.«

Laurel saugte immer heftiger. Nicholas spürte kaum noch, wie sie ihren Finger in seinem After bewegte. Er wußte nur, daß er sie noch weiter in sich drin haben und noch weiter in sie hinein wollte.

»Jeder Anteil kostet hundertfünfzigtausend Dollar.«

Laurels Augen waren geschlossen, sie war ganz konzentriert.

»Soll ich dich eintragen lassen?«

»Ja, bitte.«

»Wie viele Anteile willst du? ... Hallo, Nick, bist du noch dran?«

»Ja. Ich muß nachdenken.«

»Das ist eine schlechte Angewohnheit.«

»Gib mir noch ... eine ... Minute.«

Jetzt ging alles sehr schnell. Er hatte das Gefühl, ihm werde der Brustkasten springen, denn stießen seine Hüften nach vorn, und er spürte, wie er sich in Laurels Mund ergoß.

»Manche Leute sagen, Öl sei in den Siebzigern das, was Immobilien in den Sechzigern waren. Was meinst du, Nick?«

Laurel zog ihren Finger zurück. Nicholas öffnete die Augen und sah, wie sie seinen Samen ausspuckte. Sie hatte ihm schon bei anderer Gelegenheit gesagt, daß jeder Erguß mindestens zweihundert Kalorien enthalte, die sie lieber in Form von Sekt zu sich nähme.

»Ich glaube, es genügt, wenn du zwei Anteile für mich zeichnest, Jack. Aber frag bitte noch meinen Vater. Wenn der meint, ich sollte lieber drei nehmen, dann ist mir das auch recht.«

»Gut. Ich habe übrigens gestern deine Töchter gesehen.«

»Vicky und Liz?«

Laurel hatte sich auf den Teppich gelegt und den Slip abgestreift. Sie packte seinen Fuß so plötzlich, daß er beinahe gestürzt wäre. Er mußte sich auf den Tisch stützen. Ganz vorsichtig schob sie sich seinen großen Zeh in die Vulva und berührte damit ihren Kitzler.

»Ja. Sie kamen ins Büro, um sich mit deinem Vater zu treffen. Er hat jeder einen Notizblock und ein paar Stifte gegeben, und sie haben etwas gemalt, während er telefonierte. Dann sind sie zusammen zum Essen gegangen. Er macht sich wirklich phantastisch als Großvater.«

Nicholas zog seinen Fuß zurück und ließ Laurel unter dem Tisch liegen. Sie massierte sich jetzt mit der Hand.

»Vielen Dank, Jack.«

»Kannst du dir das vorstellen? Den alten James Cobleigh mit seinen Enkeltöchtern im Kino?«

Nicholas legte auf. Ihm war plötzlich eiskalt. Er blickte zur Decke, um zu sehen, ob er unter einem Lüftungsschlitz stand. Gänsehaut überzog seine Oberarme und Schenkel. Beinahe hätte er mit den Zähnen geklappert. Laurel griff nach seinem Knöchel, aber er rannte eilig ins Schlafzimmer.

Er nahm sich nicht einmal Zeit, um zu duschen. »Ich muß mich beeilen«, sagte er, als Laurel ihm folgte.

Sie lächelte und ließ sich aufs Bett nieder. »Was hast du denn vor?«

»Ich muß nach New York«, sagte er und zog seinen Slip an.

Laurel nahm sein Hemd und zog es sich durch die Beine. Er griff danach und riß es ihr aus den Händen. Dann warf er es wütend beiseite und zog ein anderes an. Er schob den Schrank auf. Laurel sprang auf und versteckte sich zwischen den Anzügen. »Laß den Quatsch!« sagte er.

»Nicky, du fährst ja doch nicht«, flüsterte sie. »Komm zu mir. Ich mach' es dir im Schrank. Im Dunkeln, Nicky, es wird dir gefallen.« Er nahm einen grauen Anzug heraus, zog sich an und steckte das Hemd in die Hose.

»Ich habe dir gesagt, ich muß nach New York. Es ist was dazwischengekommen.«

»Einfach so?«

»Einfach so.« Er suchte nach einer Krawatte. Das Gepäck konnte Ernie mitbringen. Er würde zwei Plätze in der Ersten Klasse buchen, damit niemand neben ihm saß. Murray konnte dafür sorgen, daß er in New York abgeholt und rasch durch den Zoll geschleust wurde.

Laurel trat aus dem Schrank, und als er den Blick hob, sah er zu seiner Überraschung, daß ihr Gesicht rot vor Wut war. »Du willst mich also hier sitzenlassen, seh ich das richtig? Bye-bye, Laurel, ich brauch dich jetzt nicht mehr?« Ihre angenehme Stimme war rauh und dunkel geworden. Nicholas trat einen Schritt zurück. Sie hatte bisher noch nie irgendwelche Gefühle gezeigt, aber jetzt war sie so wütend, daß ihr die Adern an der Stirn schwollen.

»Es tut mir leid«, sagte er unsicher.

»Ohne jede Warnung. Friß, Vogel, oder stirb. Ich kehr zurück zu Weib und Kind, Liebling.«

»Laurel, ich bitte dich. Du hast doch gewußt –«

Sie stemmte die Fäuste in die Hüften.

»Komm, sei nicht so wütend. Wir hatten schließlich doch eine schöne Zeit –«

»*Du* hattest eine schöne Zeit, du geiler Bock, du konntest jeden Tag dreimal abspritzen!«

»Das hab ich ja gar nicht bestritten, Laurel.«

»Du hast dich gut amüsiert, was? Hast du dich eigentlich jemals gefragt, ob ich mich auch amüsiert habe? Nein. Du warst viel zu beschäftigt, dir das Hirn aus dem Schädel zu vögeln.«

»Hör mal –«

»Vielleicht sollte ich die liebe Jane mal anrufen und ihr erzählen, was für eine schöne Zeit du hattest. *Du,* Nicky, *du.* Ich glaube, es wird Zeit, dir zu sagen, daß ich mindestens hundert Männer kenne, die es viel besser machen als du. Dein Schwanz ist so weich wie eine geschälte Banane. Du wirst alt, du –«

Jetzt wußte er, was er sagen mußte. Er zwang sich dazu. »Laurel, was willst du haben?«

»Was soll das heißen? Denkst du, du könntest mich mit ein paar dicken Scheinen abspeisen, weil du der große Star bist? Der Gesellschaftslöwe vom Broadway? Denkst du, ich wäre ein billiges Flittchen, daß du einfach so abstreifen kannst wie ein schmutziges Hemd? Ich bin eine Schauspielerin.«

Er hatte in seinem ganzen Leben noch nichts so derartig Schreckliches erlebt. Mit Mühe zwang er sich zu einem kleinen, verletzten, ernsthaften Lächeln. »Ich weiß, ich bin ein Schuft, Laurel, aber ich muß rasch zurück nach New York.« Innerlich bebte er, und er hatte furchtbare Angst, seine Hände könnten zu zittern beginnen. Er hatte große Mühe, seinen Körper unter Kontrolle zu halten. »Laurel, du weißt doch: Wenn es nicht wirklich dringend wäre, würde ich nicht fliegen.« Seine Stimme klang noch zu sachlich, er mußte mehr Wärme in diesen Abschied hineinlegen. »Bitte, Laurel, du kannst ruhig noch hierbleiben. Bleib doch noch eine Woche. Ich werde dafür sorgen, daß es dir an nichts fehlt.«

»Was soll ich denn allein in Paris? Soll ich mich allein ins Restaurant setzen, während du zu Hause deine Frau vögelst?«

Nicholas holte tief Atem und trat auf sie zu. »Du könntest doch beispielsweise noch ein paar Einkaufsbummel machen«, sagte er leise. »Laurel, mein Schatz, kauf dir etwas ganz besonders Hübsches.« Er legte seine Wange an ihre. Wenn er sie nun einfach mit beiden Händen am Hals packte, ihren Kehlkopf unter den Daumen zerdrückte und wartete, bis sie blau im Gesicht wurde? »Laurel, du weißt, daß du etwas ganz Außergewöhnliches bist. Du kennst meinen Ruf. So etwas wie mit dir habe ich noch nie erlebt. Laurel, du wirst ein berühmter Star werden.«

»Das sagst du doch nur, um mich zu trösten.«

»Nein. Du bist wirklich einzigartig, Laurel. Du kannst Filmgeschichte machen. Das weißt du doch, oder? Und jetzt hör zu, ich möchte, daß du dir etwas Schönes kaufst, das dich an die schönen Tage erinnert, die wir zusammen verbracht haben.«

Laurel sagte lange Zeit nichts, blieb aber stehen. »Wieviel soll ich denn ausgeben?« fragte sie schließlich.

»Ich glaube«, sagte er langsam, »für zehntausend wirst du bestimmt etwas finden.«

»Zehn?«

»Fünfundzwanzig«, sagte er rasch.

»Ach, Liebling«, hauchte sie und gab ihm einen kleinen Kuß auf die Wange. »Das ist nett.« Sie gab ihm zwei weitere Küßchen. »Vielen Dank.«

→ 22 ←

> Der Verwaltungsdirektor des Krankenhauses hat Nicholas Cobleigh sein Büro überlassen, so daß der Filmstar jetzt kaum noch Kontakt mit der Presse hat. Mehrere Reporter jedoch, die ihn heute aus der Intensivstation kommen sahen, teilten uns mit, er sei bleich und übernächtigt gewesen und habe alle Fragen abgewehrt ...
> WPIX Action News, New York

Nicholas zog das alte Sweatshirt von der Brown University aus und kratzte sich ausgiebig die Brust. Gestern abend hatte er zwei neue Oscars nach Hause gebracht, er war nicht nur als bester Schauspieler, sondern auch als bester Regisseur des Jahres ausgezeichnet worden. Jane sah lächelnd zu, wie er die Arme über den Kopf reckte, gähnte und ins Badezimmer ging.

Er war jetzt sechsunddreißig Jahre alt und hatte eines der berühmtesten Gesichter der Welt. Außerdem war er reich. Jane hatte gerade ihre gemeinsame Steuererklärung unterschrieben.

»Weißt du, was?« rief sie.

Aus dem Badezimmer kam ein unklares Brummeln. Offenbar putzte sich Nicholas die Zähne. Ein paar Sekunden später erschien er im Türrahmen. »Was soll ich wissen?«

»Daß du der reichste Mann bist, den ich kenne.«

»Du bist allerdings auch nicht gerade arm«, erwiderte er. »Dir gehört schließlich die Hälfte unseres nicht ganz kleinen Immobilienbesitzes. Wenn ich ins Gras beiße, kannst du eine sehr lustige Witwe spielen.« Die neuen Vorhänge, die Jane bestellt hatte, sollten erst am nächsten Tag geliefert werde. Die Fenster waren kahl, und das kalte Licht der blau-weißen Neonlampen, die zusammen mit der Alarmanlage installiert worden waren, drang durch die Scheiben. Nicholas sah wie ein Gespenst aus.

»Nick, sag doch nicht so etwas. Das bringt Unglück.«

»Ach, ja?«

»Bestimmt.«

»Na, schön. Sagen wir, wenn du mit jemandem durchbrennst, wärst du auch nicht gerade bankrott.«

»Wenn ich mit jemandem durchbrennen wollte, würde ich nicht weiter kommen als bis zur Küche, und ich glaube nicht, daß ich dort eine wirklich erfolgreiche Affäre haben könnte, wenn die Kinder dabeisitzen und ätzende Kommentare über meine Lustschreie abgeben.« Sie lächelte, und Nicholas grinste. Jane hatte das Haus seit sechs Jahren nicht mehr verlassen.

»Du könntest dir ja jemanden ins Haus liefern lassen, direkt ins Schlafzimmer«, sagte er und legte sich zu ihr ins Bett.

»Ich finde das gar nicht komisch.«

»Ich hatte auch gar nicht die Absicht, dich zu erheitern«, sagte er und zog ihr die Bettdecke weg. »Vergiß bitte nicht, daß ich zwei Monate weg sein werde. Vielleicht solltest du doch mal über einen Hausfreund nachdenken. Hör mal, Jane, du gibst doch genug Geld bei den Lieferanten aus. Ich bin sicher, sie würden alles tun, um dich auch in dieser Beziehung völlig zufriedenzustellen.«

»Du kannst zum Teufel gehen, Nicholas Cobleigh«, sagte sie verächtlich und wollte ihm den Rücken zudrehen, aber Nicholas hielt sie fest. »Laß mich in Ruhe«, fauchte sie.

»Ich will mich doch nicht mit dir streiten«, sagte er besänftigend.

»Ich hab auch nicht damit angefangen. Aber seit du aus Los Angeles zurück bist, hast du eine abscheuliche Laune. Mich behandelst du wie einen Putzlappen, und an den Kindern nörgelst du auch dauernd herum. Der neuen Haushälterin hast du nicht einmal guten Tag gesagt, sogar das kleinste Kopfnicken war dir zuviel.«

»Weil sie mit offenem Maul dastand und die Zunge heraushängen ließ. Wo hast du die überhaupt her? Die sieht aus, als wäre sie geistesgestört.«

»Nick, reiß dich bitte zusammen! Sie war eben ein bißchen nervös, als sie dich zum ersten Mal sah. Was ist denn bloß mit dir los?«

»Mit mir? Gar nichts.«

»Nichts? Du führst dich auf, als wärst du Gottvater persönlich. Du scheinst zu erwarten, daß alle Welt auf die Knie fällt, wenn sie deiner ansichtig wird. Wenn ich nur daran denke, wie du Murray gestern am Telefon angeschnauzt hast. Als ob er dein Laufbursche wäre!«

»Er hat bei einem der wichtigsten Verträge die Rücktrittsklausel vergessen!«

»Ist das ein Grund, so ins Telefon zu schreien, wie du das getan hast?«

»Ach, hör auf, Jane.« Nicholas hatte sein Bein zwischen ihre Schenkel gedrängt und schob mit dem Knie ihr Nachthemd nach oben. Jane rückte beiseite und zog das Nachthemd wieder herunter.

»Warum machst du das?« fragte er und zerrte ihr den dünnen Stoff mit beiden Händen bis über die Hüften hinauf.

»Denkst du vielleicht, ich hätte jetzt Lust, mit dir zu schlafen? Bildest du dir ein, ich krieg weiche Knie, wenn du hier den starken Mann spielst? Die Superstar-Masche kannst du vergessen, die zieht bei mir nicht mehr.«

»Denkst du vielleicht, es hätte mir Spaß gemacht, schon wieder zwei Oscars in Empfang zu nehmen und vor allen Leuten zu sagen: ›Jane, das verdanke ich dir!‹ Zum fünften Mal bin ich jetzt schon allein in Los Angeles gewesen. Ohne meine Frau. Denkst du, die Leute nehmen das einfach hin? Oder ist dir das völlig egal, was sie über uns denken? Interessierst du dich nur noch für deine eigene Probleme? Ach, verdammt! Jetzt fang nicht an zu heulen!«

Jane konnte sich dagegen nicht wehren. Sie schluchzte hemmungslos und vermochte nicht einmal Atem zu holen. Es dauerte fast zwei Minuten, ehe sie herauspressen konnte: »Ich dachte, du hättest es ehrlich gemeint.«

Nicholas starrte die Wandlampe an. »Was?«

»Was du bei der Oscarverleihung gesagt hast.«

»Ach so. Ja, natürlich hab ich das ehrlich gemeint, okay?« Er hob die Stimme. »Ich habe gesagt, ich hätte es ehrlich gemeint. Bitte, hör auf zu heulen!« Jane schluckte und holte tief Atem. Nicholas wartete ab. Er kannte sie. Er wußte, wann sie sich wieder beruhigt hatte. Und im selben Augenblick begann er, ihr Nachthemd erneut nach oben zu schieben.

Jane wußte, was jetzt kam. Er würde sie fünfzehn Sekunden

lang küssen, dann würde er ihre Brüste berühren und mit den Lippen an ihren Brustwarzen saugen. Das würde zwei Minuten lang dauern. Sobald er eine brauchbare Erektion hatte, würde er sich wieder nach oben bewegen und sie noch einmal küssen. Gleichzeitig würde er sich auf ihren Bauch legen und sie solange streicheln und massieren, bis er überzeugt war, daß sie zum Geschlechtsverkehr bereit war. Manchmal legte er sich dann auf den Rücken, um sie über sich zu ziehen. Gelegentlich schob er sie auch ein Stück die Matratze hinunter, was darauf hindeutete, daß er felliert werden wollte, oder er kniete sich über sie und bemühte sich, zwischen ihren Brüsten zu ejakulieren. Aber die meisten Nächte verliefen vorhersehbar und normal.

Der Körper, den alle Welt wollte, lag also auf ihr. Ein prachtvoller Körper. Aber sie wollte nicht diesen Körper. Sie hatte nicht diesen Körper geheiratet. Nicholas war kein realer Mensch mehr, er war ein Adonis, ein Kunstwerk.

An diesem Kunstwerk wurde freilich auch unermüdlich gearbeitet. Seit er dreißig war, machte Nicholas jeden Tag mindestens eine halbe Stunde Gymnastik, danach trainierte er eine weitere halbe Stunde mit Hanteln. Früher hatte er sich morgens nach dem Aufwachen an Jane gekuschelt und noch ein bißchen gedöst, seit ein paar Jahren sprang er statt dessen sofort aus dem Bett und absolvierte zweihundert Kniebeugen.

Wie viele Frauen wohl davon träumten, diesen Körper an sich zu drücken?

Jane träumte manchmal von Charlie Harrison. Er hatte letztes Jahr ein Wochenende bei ihnen verbracht, und Jane konnte sich noch gut an die unförmigen Badehosen erinnern, mit denen er vom Schwimmen im Teich zurückgekommen war. Er hatte immer noch die wuchtigen Schultern eines Football-Spielers, und seine Brust war völlig mit dunklen Haaren bedeckt. Es hatte Jane überhaupt nicht gestört, daß sein Bauch nicht makellos flach war. Charlie hatte eine Minute mit ihr an der Treppe gestanden, ehe er hinaufgegangen war, um sich umzuziehen, und Jane konnte sich noch gut an die Wassertropfen auf seiner Haut und die feuchten Haare unter seinen Achseln erinnern.

Seither hatte sie sich schon mehrfach vorgestellt, wie es wohl gewesen wäre, wenn sie diesen massigen Körper mit einem

Handtuch trockengerieben und Charlie dazu gebracht hätte, daß er sie umarmte. Ob sie bei Charlie wohl einen Orgasmus gehabt hätte?

»Bist du soweit?« fragte Nicholas.

»Ja.«

Für den durchtrainierten, muskulösen Nicholas war Sex keine Anstrengung. Sein Atem ging ruhig, er schwitzte nicht, und seine Stöße kamen so schnell, regelmäßig und locker wie von einem Roboter.

Charlie würde sicher darauf bestehen, daß sie sich unter ihm krümmte und schrie. Er würde hören wollen, daß sie die Kontrolle verlor, um selbst die Kontrolle verlieren zu können. Er würde dumpfe, erdbebenhafte Geräusche ausstoßen.

Bei Nicholas schrie Jane schon lange nicht mehr. Sie täuschte auch keine Orgasmen mehr vor. Eines Nachts war sie einfach stumm geblieben, und Nicholas hatte weitergemacht, bis er seinen Erguß hatte. Er schien nichts zu vermissen.

Endlich schlief sie ein. Nicholas hätte auch in Zukunft auf jegliche Vorhänge verzichten können. Jane sah im blassen Licht der Außenlampen so friedlich und schön aus.

Es war ein schrecklicher Gedanke, aber ihre selbstauferlegte Gefangenschaft schien ihr gut zu bekommen. »Sie ist eine Treibhauspflanze«, hatte Charlie im letzten Sommer gesagt, und er hatte damit nicht Unrecht. Nach beinahe siebzehn Ehejahren stand Jane mit ihren siebenunddreißig Jahren in voller Blüte.

Aber je begehrenswerter sie aussah, desto weniger schien sie von ihm zu erwarten.

So viele Frauen erwarteten alles von ihm, aber seit der Katastrophe mit Laurel Blake hatte er sich gehütet, sich auf irgendeine neue Affäre einzulassen. Gelegentlich hatten ihn die Einsamkeit und der Wunsch, sich in irgendeinem Schoß zu begraben, in Versuchung geführt, doch jedesmal, wenn er mit einem Händedruck oder eine Geste signalisierte, daß er Zärtlichkeit brauchte, hatten die jeweiligen Frauen mit solcher Heftigkeit reagiert, daß er sich erschrocken zurückzog. Und so war er noch heute dort, wohin er gehörte: bei seiner eigenen Frau, der einzigen, die nicht mehr an ihm interessiert war.

Sobald er sich von ihr gelöst hatte, suchte Jane auf dem Fußboden nach ihrem Nachthemd. Sie wickelte sich so fest in die Bettdecke ein, als ob sie Angst davor hätte, seine nackte Haut könnte sie in der Nacht streifen.

Daß er in zwei Wochen zu Außenaufnahmen nach Alaska abreisen mußte, schien sie nicht sonderlich zu beunruhigen. Sie hatte zwar das Drehbuch gelesen und sorgfältig kommentiert, aber für seine Berichte über die Auseinandersetzungen mit der Filmgesellschaft schien sie sich ebensowenig zu interessieren wie für seine detaillierten Beschreibungen der Kostüme und Kulissen. Sie hatte bisher auch noch keinerlei Vorbereitungen für das traditionelle Abschiedsessen mit Murray und der Familie getroffen, das jedesmal stattfand, ehe er zu Außenaufnahmen abreiste. Sie benahm sich, als stünde keine zweimonatige Trennung bevor, sondern eine halbstündige Probefahrt mit einem neuen Auto.

Sie schien ihn nicht mehr zu brauchen. Jedenfalls nicht mehr so wie in den vergangenen Jahren. Ihre Abhängigkeit von ihm war immer sehr stark und so offensichtlich gewesen, daß sie ihm deswegen oft sogar leid getan hatte. Jetzt täuschte sie große Gefühle schon gar nicht mehr vor und so benahm sie sich die meiste Zeit, als ob ihr alles egal wäre.

Der Gärtner hatte im Herbst Hunderte von Blumenzwiebeln in die Erde gesteckt, und jetzt bildeten die weißen, roten und blauen Hyazinthen entlang des Weges zum Teich einen riesigen Blütenteppich.

In der einen Hand hielt Jane den Telefonhörer, in der anderen jenen Zeitungsausschnitt, den ihr Cecily gestern morgen gebracht hatte. Beide Hände zitterten leicht. Wie lange das dauerte.

Endlich meldete sich jemand. »Hier Fullerton. Guten Tag.«

Richtig, das war der Name aus dem Artikel: »Dr. Judson Fullerton, der Gründer der Fairfield Klinik für Verhaltenstherapie –« Der Name klang irgendwie künstlich, wie das Pseudonym eines jungen Schauspielers, der Nicholas Cobleighs Karriere nachahmen wollte. Ein bißchen zu vollmundig.

Wahrscheinlich war Judson Fullerton bloß die anglisierte

Form von Josiah Feigenbaum. Obwohl sie inzwischen wußte, daß es nicht stimmte, stellte sie sich die meisten Psychiater immer noch als bärtige Juden in Tweedanzügen vor, die den größten Teil ihres Lebens in Europa verbracht hatten. Sie wußte nicht recht, ob sie sich jemandem anvertrauen durfte, der es nötig hatte, seinen Namen zu ändern, um reputierlich zu werden. Ihr Herz schlug unruhig, und sie überlegte bereits, ob sie einfach auflegen sollte.

»Mein Name ist Jane Cobleigh.« Sie sprach absichtlich so undeutlich, daß der Nachname wie Coe-bee herauskam. Auf diese Weise würde sie immer noch einhängen können, ohne daß Fullerton bei der nächsten Party erzählte: »Ich hatte da neulich einen Anruf von einer Neurotikerin ... Sie war offensichtlich völlig verstört und hängte gleich wieder ein, aber ich hatte den Eindruck, daß es die Frau von diesem Schauspieler war, diesem Nicholas Cobleigh ...«

»Entschuldigen Sie bitte, aber ich habe Ihren Namen nicht richtig verstanden.«

»Cobleigh«, sagte sie. »C-o-b-l-e-i-g-h.«

»Und was kann ich für Sie tun?«

»Ich habe von der Methode gelesen, mit der Sie Phobien behandeln.«

»Ja.«

Diese Psychiater warteten immer darauf, daß man selbst irgendwas sagte und sich dabei zum Narren machte. Wahrscheinlich würde sie gleich bei irgendeiner schrecklichen Freudschen Fehlleistung ertappt werden. Wahrscheinlich würde sie »mein Vater«, statt »mein Mann« sagen oder dergleichen, und dann würde Fullerton fragen: Möchten Sie darüber sprechen? Nein, würde sie sagen, das möchte ich nicht.

Jane wußte nicht, wie sie es ausdrücken sollte. »Ich meine diese Frauen, die nicht mehr aus dem Haus gehen können.«

»Ja, das ist richtig.«

»Ich habe gehört, Sie hätten auch in solchen Fällen Erfolg zu verzeichnen gehabt, bei denen eine traditionelle Analyse oder Therapie zu nichts geführt hat.«

»Das ist richtig. Haben Sie denn Schwierigkeiten, Ihr Haus zu verlassen?«

»In gewisser Weise. Ja.«

»Ich verstehe.«

Sie wußte genau, daß er nur darauf wartete, daß sie zusammenbrach und ihm alles erzählte. Wahrscheinlich passierte ihm das zehnmal am Tag. *Man muß sie an der langen Leine laufen lassen*, war vermutlich sein Motto. Vermutlich hatte ihm das seine Frau schon auf die Sofakissen gestickt. »Ich habe das Haus jetzt seit sechs Jahren nicht mehr verlassen.«

»Das ist eine lange Zeit«, sagte er.

»Ich weiß nicht, wie die Schule meiner Töchter aussieht.«

»Aber Sie würden gern einmal hingehen.«

»Ja«, sagte sie.

»Möchten Sie, daß jemand zu Ihnen ins Haus kommt und mit Ihnen redet?«

»Und wenn ich nicht will? Was ist, wenn ich –«

»Es wird Sie niemand zu irgend etwas zwingen, was Sie nicht wollen. Wann würde es Ihnen denn passen?«

»Jederzeit!«

»Wie wäre es mit heute nachmittag?«

»Ja, bitte.«

Nicholas stand in seinen grauen Jogging-Hosen im Türrahmen, ein Handtuch lag um seine Schultern. Es war eine Stunde vergangen, aber Jane saß immer noch am Küchentisch und starrte das Telefon an. »Ich behaupte ja keineswegs, daß es nicht okay wäre«, sagte Nicholas, »aber so etwas muß sehr vorsichtig und diskret ablaufen. Was weißt du denn über diesen Psychiater und seinen Ruf?«

»Er leitet die erste Klinik für Verhaltenstherapie in ganz Connecticut.«

»Und woher kommt er?«

Jane zuckte die Achseln.

»Findest du nicht, wir sollten erst einmal ein paar Erkundigungen über ihn einholen?«

»Cecily ist schon in die Stadt gefahren, um zu sehen, ob Fullertons Bücher in der Bibliothek stehen. Sie wird jeden Augenblick anrufen.«

»Und Cecily van Doorn ist natürlich eine Expertin in allen Bereichen der Psychotherapie. Erst heiratet sie den Sohn, dann den Vater, und jetzt will sie einen städtischen Kanalarbeiter ehelichen, der im Winter mit dem Schneepflug herumkurvt und –«

»Er ist kein Kanalarbeiter, sondern Schriftsteller.«

»Ein Dichter, sieh an! Vor allem ist er zwanzig Jahre jünger als Cecily. Und ausgerechnet diese Frau soll für dich etwas über einen Psychiater herausfinden? Ist das dein Ernst?« Nicholas zog einen Stuhl heran und setzte sich an den Tisch. Er hatte beim Laufen geschwitzt, und sein Körper roch so, als müßte er duschen. »Jane, ich kann dir gar nicht sagen, wie froh ich bin, daß du es noch einmal versuchen willst. Aber du hast dieses Problem schon seit Jahren. Ist es da zuviel verlangt, wenn du noch ein oder zwei Tage wartest, bis ich diesen Dr. Fullerton und seine Klinik überprüft habe?«

»Ich glaube, ich werde schon heute nachmittag Bescheid wissen. Ich habe Menschenkenntnis genug, um die Leute zu beurteilen, die hier durch die Tür kommen.«

»Das bestreite ich gar nicht. Ich finde nur, daß du dich in einer sehr schwierigen und exponierten Situation befindest, und ich möchte nicht, daß irgendein raffinierter Quacksalber –«

»Er ist kein raffinierter Quacksalber.«

»Woher willst du das wissen?«

Sie schob ihm den Zeitungsausschnitt über den Tisch. »Lies doch mal den Artikel und was die Leute gesagt haben, denen er geholfen hat.«

»Jane, es gibt auch Menschen, die behaupten, ein indianischer Medizinmann hätte ihr schweres Rheuma geheilt. Ich will dich doch nur vor einer Enttäuschung bewahren. Du bist nun mal keine gewöhnliche amerikanische Hausfrau, nicht wahr?« Jane nahm den Zeitungsartikel wieder an sich, faltete ihn sorgfältig und steckte ihn ein. »Du bist meine Frau, und ich kann es mir einfach nicht leisten, wildfremde Menschen im meinem Privatleben herumwühlen zu lassen.«

»Hier geht es um *mein* Leben.«

»Um *unser* Leben. Das weißt du genau. Er hört deinen Nachnamen, und schon geht ihm ein riesengroßes Neonlicht auf. Du verstehst doch, was er für einen Schaden anrichten kann, wenn er nicht völlig integer ist, oder?«

»Bitte, Nick!«

»In den letzten Jahren habe ich getan, was ich nur konnte, um nicht in die Schlagzeilen zu geraten. Ich habe aus gutem Grund seit achtzehn Monaten kein Interview mehr gegeben. Wir waren uns doch beide einig, daß unsere Privatsphäre –«

»Er ist kein Reporter, Nicholas, sondern Psychiater.«

»Diese Typen sind doch alle Voyeure. Wenn sie das nicht wären, würden sie nicht den ganzen Tag dasitzen und sich die Geheimnisse anderer Leute anhören. Glaubst du nicht auch, daß sich jeder drittklassige Psychiater in diesem Land alle Finger danach lecken würde, etwas über den berühmten Nicholas Cobleigh zu erfahren? Er könnte ein Vermögen verdienen, wenn er das Zeug an die Presse verkauft. Und er hätte auf jeden Fall genügend Gesprächsstoff für die nächsten zweihundert Partys.«

Jane stand auf, beugte sich vor und stemmte die Handflächen auf die Tischplatte. »Ist das alles, was du dazu zu sagen hast? Denkst du immer nur an dein kostbares Image?«

»Nein, ich –«

»Nicholas Cobleigh. Der große Nicholas Cobleigh. Der große, einmalige, unübertreffliche Nicholas Cobleigh«, säuselte sie und verdrehte die Augen.

Nicholas sprang auf. »Halt den Mund!« rief er wütend.

»Der große, einmalige, unübertreffliche, rätselhafte Nicholas Cobleigh. *Ich* kann ja ruhig weitere sechs Jahre hier auf der Farm hocken, das ist dir doch egal. Hauptsache, ich stelle dich nicht bloß. Schick mir doch weiter deine privaten Psychiater, die dir über alles persönlich Bericht erstatten und dir jeden Tag erzählen, wie widerspenstig ich bin.«

»Das ist nur ein einziges Mal vorgekommen, und der Mann hat gesagt, er hätte deine Einwilligung dazu.«

»Willst du wissen, was der eigentliche Grund für deine Bedenken ist? Ich weiß genau, warum du mit aller Gewalt zu verhindern suchst, daß ich diesen Dr. Fullerton treffe. Du fliegst übermorgen nach Alaska, und du möchtest, daß ich deine Sachen packe, deinen Tiraden zuhöre und auf der ganzen Linie das liebende Frauchen des großen Stars spiele. ›Ach, Nick, du bist so ein großartiger Schauspieler, so ein phantastischer Regisseur, und das wird dein bester Film, ein Klassiker der amerikanischen Filmkunst, und ich bin so stolz, daß ich ein winziges bißchen mithelfen darf.‹ Das ist es doch, was du gern möchtest, nicht wahr, Nickilein?«

»Scheiße, Jane, wie kannst du so was behaupten?«

»Weil es einfach die Wahrheit ist.«

»Eis« sollte für Nicholas der absolute Triumph werden. Er war sofort fasziniert gewesen, als er zum ersten Mal etwas von der in Buchform erschienenen Biographie des Missionares Sheldon Jackson gehört hatte, der 1877 nach Alaska gegangen und zu einem Freund der Eskimos geworden war. Jackson war ein außergewöhnlicher Mann gewesen. An den Raubzügen der Trapper und Goldgräber, die das Land rücksichtslos ausplünderten, hatte er sich niemals beteiligt. Statt dessen hatte er seine Aufmerksamkeit den hungernden Eskimos zugewandt, die kurz vor dem Aussterben standen, weil die Pelzrobben von den weißen Robbenschlägern fast ausgerottet worden waren. Gegen den Widerstand des weißen Establishments hatte er 1892 in Alaska die bis dahin unbekannte Rentierzucht eingeführt und damit das weitere Überleben der Eskimostämme gesichert. Wie die Schlußszene aussehen mußte, hatte Nicholas sofort gewußt: Jackson und seine Eskimos stehen verzweifelt auf einem riesigen weißen Ödfeld, und plötzlich tauchen aus einer Senke Hunderte von Rentieren auf. Die Menschen fallen sich in die Arme, lachen und weinen und laufen den Tieren begeistert entgegen.

Nicholas hatte alles genau geplant. Obwohl Jackson ja eine historische Figur war, hatte Nicholas die Rechte an der Biographie erworben, weil er von vornherein ausschließen wollte, daß der Glanz seines Films durch irgendeinen Rechtsstreit getrübt werden könnte. Er hatte mit drei verschiedenen Autoren über acht Monate lang am Drehbuch gearbeitet, denn »Eis« sollte in jeder Hinsicht absolut top werden. Er hatte sich den besten Produzenten, den besten Kostümbildner, den besten Kameramann und die besten Schauspieler geholt, die auf dem Markt zu haben waren. Er hatte die besten Metereologen, Fährtensucher und Survialexperten angeheuert, die ihm genannt worden waren. Bei einer Firma für wissenschaftlichen Gerätebau hatte er sich schnee- und frostsichere Gehäuse für die Kameras, Scheinwerfer und Mikrofone bestellt. Für die Außenaufnahmen wollte er sich volle zwei Monate Zeit nehmen, den Rest der Szenen wollte er in den Astoria-Studios in Queens abdrehen, damit er jeden Abend zu Jane nach Hause fahren konnte. Es war das erste Mal, daß er die Filmgesellschaft dazu gebracht hatte, auf die Benutzung der Studios in Hollywood zu verzichten.

Auch als Schauspieler wollte Nick in diesem Film etwas Außergewöhnliches leisten. Er wollte alle Kritiker Lügen strafen, die behaupteten, er wäre immer »zu kühl« vor der Kamera. Diesmal sollten sie sehen, daß er genug Wut, Angst, Lust, Trauer und Zärtlichkeit für Dutzende von Filmen besaß. Auch Jane, die immer noch darüber klagte, daß er nicht mehr auf der Bühne auftrat, würde sehen, was für ein ernsthafter Schauspieler er war. Er würde einen Film machen, neben dem alles verblaßte, was in den letzten zehn Jahren am Broadway produziert worden war. In hundert, nein, in zweihundert Jahren würden die Leute noch über »Eis« staunen.

Aber leider entwickelten sich die Dinge vollkommen anders. Die Metereologen hatten alle verfügbaren Daten ihren Computern eingefüttert und waren zu dem Ergebnis gelangt, daß die Monate April und Mai die beste Zeit für Außenaufnahmen waren. Dies erwies sich als Irrtum, denn das Wetter machte nicht mit. Es schneite fast jeden Tag, und ein eisiger Wind fegte den Schnee fast waagerecht durch die Luft. Sie konnten ihr Hotel fünf Tage lang nicht verlassen, und als sie nach zwei Wochen ihr Gerät überprüften, stellten sie fest, daß die Reflektoren der Scheinwerfer gesplittert und zwei Mikrofongalgen so verzogen waren, daß sie nicht mehr repariert werden konnten. Nicholas forderte natürlich sofort Ersatz an, aber inzwischen hatte es wieder zu schneien begonnen, und der Flugverkehr mußte eingestellt werden.

Die Untätigkeit war nicht gut für die Truppe. Nicholas mußte bald feststellen, daß praktisch alle Schauspieler und ein großer Teil der Techniker Drogen nahmen. Er selbst trank inzwischen sechs oder sieben Bourbons am Tag. Etwas anderes gab es nicht mehr an der Hotelbar, und es war nicht abzusehen, wann Nachschub eintreffen würde. Eingeschneit in dem häßlichen, modernen Hotel mit seinen grellbunten Plastikmöbeln, wußten die

Leute nichts mit sich anzufangen. Es gab jeden Tag Streit und ein paar oberflächliche Sexgeschichten, aber die meiste Zeit liefen die Leute nur durch die Gänge wie Tiere im Käfig.

Nicholas steigerte seinen Alkoholkonsum, wurde aber nie richtig betrunken. Er blieb den ganzen Tag in seinem Zimmer, der sogenannten »Präsidentensuite«, die in den Farben Rot, Weiß und Blau gehalten war. Auf dem Bett lag eine Eisbärenfellimitation. Obwohl er die Heizung voll aufgedreht hatte, war ihm ständig kalt. Er hatte niemanden, mit dem er reden konnte, und er konnte nirgendwo hingehen. Murray hatte angeboten, nach Alaska zu kommen, doch das wäre idiotisch gewesen. Er paßte genausowenig dahin wie ein Pinguin in die Sahara. Andererseits gehörte es zu Nicholas' geheiligten Traditionen, bei Dreharbeiten jeden Tag einmal mit Murray zu reden, und er war sehr frustriert darüber, daß die schlechte Telefonverbindung nur den Austausch einiger weniger gebrüllter Ermunterungen zuließ.

»Mach's gut, Murray.«

»Frier dir nicht die Eier ab, Nicky.«

Auch wenn er mit Jane telefonierte, mußten sie schreien.

»Wie geht's?«

»Gut!«

Aber die Begeisterung ihrer Gespräche stand in keinem Verhältnis zur Lautstärke. Nicholas hatte das Gefühl, daß er keinerlei echten Kontakt mehr zur Außenwelt hatte. Als die Telefonverbindungen besser wurden und sie nicht mehr zu schreien brauchten, waren ihre Unterhaltungen merkwürdig leblos und kalt. »Hast du diesen Psychiater inzwischen getroffen?« fragte Nicholas schließlich. »Nein, aber ein paarmal war jemand hier auf der Farm. Ich erzähl's dir, wenn du wieder zurück bist.« Früher hatten ihre Telefongespräche immer eine Stunde oder noch länger gedauert, jetzt waren sie so knapp und präzis, als wären sie Partner einer gutorganisierten Firma, die gewissermaßen von selbst lief.

Er hatte seine Töchter im Internat angerufen, aber auch diese Gespräche waren nicht sehr befriedigend verlaufen. Vicky hatte immer nur gefragt, ob er auch bestimmt zum »Father-Daughter-Weekend« im Juni zurück sein werde, und Elizabeth war zwar sehr munter, aber nicht sehr selbstbewußt gewesen. Sie schien sich nie sicher zu sein, ob ihr Vater sie wirklich gern hatte. »Daddy, soll ich dir einen Witz erzählen? Aber nur, wenn du wirklich willst ...«

Das verheerende Wetter hatte den Finanzplan für den Film völlig über den Haufen geworfen. Nicholas litt physisch darunter. Nachts plagten ihn heftige Magenschmerzen, und er hatte die quälende Vorstellung, daß ihm scharfkantige Steine in die Eingeweide gepreßt würden. Wenn er trank, schien ihm der Whisky im ersten Augenblick zu helfen, aber dann wurden die Schmerzen noch stärker. Die einzige Methode, um der quälenden Schlaflosigkeit zu entgehen, waren Tabletten gewesen. Nachdem er sich eine Woche lang das Abendessen hatte aufs Zimmer bringen lassen und jedesmal mehr Tabletten geschluckt hatte, bekam er es mit der Angst zu tun. Er warf die Tabletten ins Klo, lag die ganze Nacht zusammengekrümmt im Bett und malte sich aus, welche Konzessionen die Filmgesellschaft von ihm verlangen würde, wenn sie weitere finanzielle Mittel bereitstellen mußte.

Als sie endlich mit den Dreharbeiten beginnen konnte, wurde ihm schnell klar, daß »Eis« ein schlechter Film werden würde. Die emotional entscheidenden Szenen wirkten völlig hysterisch, die empfindsamen Dialoge waren salbungsvoll, langweilig und schwerfällig. Er selbst konnte sich mit Sheldon Jackson nicht glaubhaft identifizieren, und es gelang ihm auch nicht, so zu tun als ob. »Ich werde dich niemals im Stich lassen, mein Freund, um keinen Preis der Welt.« In Connecticut hatte das schön und edel geklungen, und jetzt kam es so falsch und hölzern heraus wie in einem billigen Western.

Die Magenschmerzen wurden täglich schlimmer. Fast jede Nacht erbrach Nicholas das wenige wieder, was er tagsüber zu essen vermocht hatte. Zu erschöpft, um wenigstens den Kopf hochzuhalten, saß er in der Dunkelheit auf dem Fußboden der Toilette und würgte, bis ihm nur noch Galle im Mund blieb. In der fünften Woche ließ er das Trinken sein, aber der Brechreiz hörte nicht auf. Sein Gesicht war eingefallen, sein Teint färbte sich grau, und es gelang dem Maskenbildner nicht mehr, diese Tatsache völlig vor der Kamera zu verbergen. Nicholas Cobleigh sah alt aus. Und er fühlte sich auch so. Er hatte das Projekt nicht im Griff. Die Filmgesellschaft schickte jemanden, der ihm »helfen« sollte und der ihm die Kontrolle über den Film mit einigen diplomatischen Schachzügen aus der Hand nahm. Wenn er sich die täglichen Muster abends im Hotel vorführen ließ, versank Nicholas in tiefe Depressionen. Von den Kostümen bis zur Kameraführung wirkte alles billig.

Jeden Abend suchte Nicholas bei den anderen nach Trost, hoffte immer noch, er sei vielleicht der einzige, der beunruhigt war. Aber das stimmte nicht. Die Wahrheit stand allen ins Gesicht geschrieben. »Eis« war noch nicht einmal zur Hälfte fertig, und doch wußte schon jeder der Beteiligten, was er selbst wußte: Nicholas Cobleigh hatte versagt.

23

> In diesem Haus leben die Menschen, die Jane Cobleigh geformt haben: Dorothy und Richard Heissenhuber, ihre Eltern. Was mag wohl heute in den Herzen dieser beiden Menschen vorgehen, da die Tochter, die sie aufgezogen haben, in einem Londoner Krankenhaus ...
>
> Lou Unterman, WLB-TV News, Cincinnati

Ellie Matteo sah aus, als wäre sie der Fernsehwerbung für Pizza oder Spaghettisoße entsprungen. Auf ihrem hübschen italienischen Gesicht lag stets eine leichte Skepsis, so als müßte sie erst noch überzeugt werden, daß die Zutaten wirklich frisch und keine Konservierungsmittel benutzt worden waren. Wie eine Frau, die zwanzig Jahre lang nicht gewagt hatte, eine Straße zu überqueren, sah sie jedenfalls nicht aus.

Jetzt stand sie mit Jane unter dem großen Kronleuchter in der Eingangshalle der Farm. »Okay«, sagte sie. »Heute versuchen wir, in der offenen Haustür zu stehen. Ist Ihnen das recht?«

»Und was ist, wenn ich nicht kann?« fragte Jane.

»Dann jage ich Sie mit dem Revolver hinaus«, sagte Ellie. »Nein, im Ernst. Wenn es nicht geht, setzen wir uns in die Küche und trinken noch eine Tasse Kaffee, und ich komme in ein paar Tagen wieder. So, können wir jetzt?« Jane nickte. Die Vordertür war geschlossen, aber durch die Fenster strömte helles Sonnenlicht herein. »Okay«, sagte Ellie. »Stellen Sie sich vor, die Tür wäre offen und Sie könnten hinaussehen.«

»Wollen Sie die Tür denn nicht aufmachen?«

»Nicht, wenn Sie es mir nicht sagen. Stellen Sie sich die Situation erst einmal vor: Sie stehen in der Tür und sehen hinaus.«

Jane schloß die Augen für einen Moment. Es entstand kein klares Bild vor ihrem inneren Auge, aber sie glaubte einen Hauch kühler Morgenluft auf ihren nackten Armen zu spüren.

»So«, sagte Ellie. »Wie fühlen Sie sich jetzt? Wir benutzen eine

Skala von eins bis zehn. Eins bedeutet, Sie sind völlig entspannt. Zehn ist ein Zustand von panischer Angst.«

»Drei.«

»Okay, was würden Sie davon halten, wenn ich jetzt die Türe öffne?«

»Können wir noch etwas warten?«

»Sicher. Heute werden wir nur in der offenen Tür stehen, ja? Vielleicht haben Sie gleich das Gefühl: Hurra, das klappt ja phantastisch, und möchten einen Spaziergang über die Hauptstraße machen –«

»Das glaube ich nicht.«

»Okay. Nur für den Fall eines Falles: Wir haben viel Zeit, wir machen einen Schritt nach dem anderen. Wie viele Jahre haben Sie jetzt in diesem Haus zugebracht? Sechs?«

»Ja. Aber ich konnte viele Dinge schon davor nicht mehr tun. Ich konnte nicht mehr nach New York, ich konnte nicht mehr Auto fahren, ich war darauf angewiesen, daß mein Mann oder eine Freundin mich begleiteten... Machen Sie jetzt die Tür auf?«

»Wollen Sie das?«

»Noch nicht«, sagte Jane. Ihre Lippen waren so trocken, daß sie den Mund nicht zu schließen vermochte. »Wie war das bei Ihnen«, fragte sie, »als Sie es zum ersten Mal wieder versuchten?«

»Sie meinen, als ich beschlossen hatte, meine Phobie zu bekämpfen? Ich habe eine Dreiviertelstunde lang mit einer Frau aus Dr. Fullertons Klinik an einer Straßenkreuzung in Stamford gestanden – dann ging ich unverrichteter Dinge wieder nach Hause. Das nächste Mal habe ich dann einen Fuß auf die Straße gesetzt.«

»Und dann?«

»Dann kam ein Schritt nach dem anderen. Genau wie bei uns heute. Sie fahren heute nicht nach New York. Sie werden keine von diesen großen Partys besuchen, wo sich die Leute um Ihren Ehemann drängen. Sie fliegen auch nicht nach Los Angeles, um Ihren Mann in die Filmakademie zu begleiten. Sie werden nur auf der Schwelle Ihres Hauses stehen und ins Freie hinaussehen. Und auch nur, wenn Sie wollen.«

»Machen Sie jetzt bitte die Tür auf.«

Ellie ging zur Tür und machte sie auf. Dann kam sie wieder

zurück. Der Tag war wärmer, als Jane gedacht hatte. Sie erinnerte sich plötzlich an einen Frühlingstag, kurz nachdem sie das Haus geerbt hatten. Die Sonne hatte geschienen, und die Luft war warm gewesen, und sie hatte mit den Mädchen Petunien und Rittersporn gepflanzt. Sie erinnerte sich noch genau an Elizabeths begeistertes Kreischen, als sie in der aufgebrochenen Erde zwei Regenwürmer entdeckt hatte.

»Was macht unsere Skala von eins bis zehn?« fragte Ellie.

»Oh. Ich glaube, immer noch drei. Nein, doch eher vier, denn jetzt muß ich ja –«

»Sie müssen überhaupt nichts, Jane.«

Jane machte einen Schritt auf die Tür zu. Ellie blieb dicht an ihrer Seite. »Immer noch vier«, sagte Jane. »Was ist, wenn ich plötzlich schreiend ins Schlafzimmer flüchte?«

»Dann flüchten Sie schreiend ins Schlafzimmer.«

»Gehört das zu Ihrer Ausbildung, daß Sie das sagen?«

»Mehr oder weniger.«

»Oh. Sie sind aber ehrlich.«

»Es bleibt mir gar nichts anderes übrig. Sie müssen schließlich Vertrauen zu mir haben können.«

»Was hat denn Ihr Mann gesagt, als Sie ihm erzählten, Sie hätten Ihren Fuß auf die Straße gesetzt?«

»Er hat gesagt: ›Go, Ellie, go!‹ Er ist zwar Mathematiklehrer, aber er trainiert auch den Schwimmclub der Schule.«

»Go, Jane, go!« sagte Jane nachdenklich. Dann ging sie mit drei raschen Schritten zur Tür, so als ob sie das jeden Tag machte, aber einen halben Meter vor der Schwelle blieb sie abrupt stehen.

»Was macht unsere Skala?«

»Fünf.« Ihr Herz pochte. Die frische Luft war so nahe. Eigentlich sollte sie den Kopf heben und den Frühlingsduft einsaugen. An der Auffahrt entdeckte sie zwei große Beete mit weißen Geranien. Sie hatte gar nicht gewußt, daß der Gärtner welche gepflanzt hatte. »Vier.«

»Versuchen Sie noch einen Schritt?«

Jane wollte gerade nein sagen, als sich ihr Körper gegen ihren Willen vorwärts bewegte. In dem Moment, in dem ihre Füße die Schwelle betraten, riß sie die Arme hoch und packte mit beiden

Händen den Türrahmen. »Sieben!« schrie sie. »Ich kriege keine Luft mehr, mein Herz – acht! Ich kann nicht, ich kann nicht, ich –«

»Wollen Sie einen Schritt zurück machen?« fragte Ellie dicht hinter ihr.

»Sieben.«

»Gut.«

»Jetzt kann ich auch wieder atmen.« Jane schluckte. »Aber mein Herz –« Es pochte immer noch stark und setzte in unregelmäßigen Abständen aus. Das Kupferblech, mit dem der Türrahmen außen beschlagen war, schnitt ihr in die Handballen, aber sie vermochte nicht, ihre Hände zu senken. Sie war fest überzeugt, sie würde hinausfallen, wenn sie jetzt losließ. »Jetzt sind es wieder acht. Es steigt. Es steigt. Acht.«

»Acht«, wiederholte Ellie.

»Oh, Gott. Es ist so ein schöner Tag, und ich kann nichts damit anfangen. Ich sollte mich darüber freuen, daß die Sonne scheint und –«

»Einen Schritt nach dem anderen.«

» – die Blumen duften.«

»Was macht die Skala?«

»Wie bitte? Sechs. Aber ich kann trotzdem nicht weiter. Ich kann nicht, ich kann nicht. Oh, Gott. Sieben.«

»Jane, Sie stehen doch schon in der Tür.«

»Was?« Ihr war schwindlig. Aus Angst, das Gleichgewicht zu verlieren, wagte sie nicht, sich zu Ellie umzuwenden.

»Sie stehen jetzt schon zwei Minuten in der offenen Tür. Sie haben es geschafft.«

»Wirklich?«

Murray King stützte sich auf den Zaun und sah auf die Weide hinaus. Er trug einen braunen Sportanzug, ein offenes weißes Hemd und ein Paar knöchelhohe Lederstiefel, die er angeblich im Jahre 1957 in Erwartung eines Blizzards gekauft hatte, der dann doch nicht kam. »Wer kümmert sich denn um die Pferde?« fragte er.

»Wir haben einen Stallburschen«, sagte Nicholas.

Murray war alt geworden. Seine Hände waren knotig und

voller bräunlicher Flecken. »Ich finde es phantastisch, wie sich Jane gemacht hat«, sagte er.

Nicholas schlug seine Stiefel gegeneinander, um den getrockneten Schlamm abzustreifen. »Ja, sie macht Fortschritte.«

»All die Jahre, die sie im Haus verbracht hat, und jetzt, in zwei Monaten... Ich wäre vor Schreck fast umgefallen, als sie mir bis zum Wagen entgegenkam und mich mit einem Kuß begrüßte, als wäre es das Selbstverständlichste von der Welt. Das muß ein toller Arzt sein, den sie da hat.«

»Es ist eine Klinik für Verhaltenstherapie. Die Betreuung der Patienten erfolgt durch Leute, die früher selbst an Phobien gelitten haben. Die Ergebnisse dieser Behandlungsmethode sind wirklich beachtlich. Für die Ursachen der Störung interessieren die Verhaltenstherapeuten sich allerdings überhaupt nicht.«

»Die Ursachen sind doch ganz unwichtig. Jane geht wieder nach draußen, und sie fährt sogar mit dem Auto. Das zählt.«

»Allerdings muß sie zweimal in der Woche in die Klinik zur Therapie.«

»Es ist trotzdem ein Wunder.« Nicholas nickte und kratzte sich die Stiefelsohlen am Zaun ab. »Stimmt was nicht, Nicky?«

»Nein, nein.«

»Heißt das: Nein, es ist alles in Ordnung? Oder: Das geht niemand was an?«

»Murray, bitte.«

»Okay. Ich sage ja nur, daß Jane viel glücklicher aussieht als früher. Du siehst übrigens auch besser aus, Nicky.«

»Das ist ein sehr vorübergehender Zustand. Morgen beginnen wir mit dem Schnitt von ›Eis‹. Mary Rooney, die Cutterin, meint, der Streifen werde ein Riesenerfolg.«

»Ja?«

»Aber nur bei den Schneefetischisten. Die meiste Zeit kann man nichts sehen, weil Schnee und Sonne so blenden. Die Zuschauer müssen im Kino Sonnenbrillen aufsetzen.«

»Komm, Junge, mach dir nichts draus. Jeder hat mal Pech und erwischt ein faules Ei. Du bist nicht der liebe Gott, Nicky.«

»Dieser Mißerfolg wird jedes meiner künftigen Projekte beeinträchtigen.«

»Nicky, sie werden dir vielleicht nicht mehr alle Freiheiten zu-

gestehen, aber das ist auch schon alles. Wegen eines verkorksten Films bist du schließlich nicht gleich weg vom Fenster.«
Murray richtete sich auf. »Hast du übrigens schon das Drehbuch gelesen, das dir Steve Greenlick geschickt hat?«
»Ja, aber ich will es nicht haben.«
»Und warum nicht? Ich finde es gut.«
»Er will Regie führen.«
»Na und? Du kannst doch nicht bei jedem Film selbst Regie führen. Außerdem wären die Leute von der Filmgesellschaft sehr froh, wenn du den Greenlick-Film machen würdest. Er wird garantiert ein Riesenerfolg.«
»Ist Greenlick beim Schneiden letzte Instanz?«
»Er ist der Regisseur, Nick.«
»Aber ich bin der Star.«
»Nicky, sei doch mal realistisch. Du bist doch kein Junge aus den Slums, der gerade seine erste Million gemacht hat und schreckliche Angst haben muß, er könnte alles wieder verlieren. Betrachte die Dinge ein bißchen gelassener. Die Rolle liegt dir, und du kannst drei Monate lang in New York vor der Kamera stehen und dein Leben genießen.«
»Und was ist, wenn ich ablehne?«
»Ich glaube, alle wären sehr glücklich, wenn du sie annimmst. Hör mal, Nick. Ein lausiger Film ist keine Katastrophe. Darüber sieht man hinweg. Aber jetzt brauchst du einen Erfolg.«
»Ich *brauche* einen Erfolg?«
»Sagen wir es so: Noch ein Mißerfolg wäre ungut, und es kann sicher nicht schaden, wenn du zur Abwechslung mal ein bißchen auf die Vorschläge der anderen eingehen würdest. Verstehst du?«
»Und wenn ich das nicht tue?«
»Dann gehst du ein gewisses Risiko ein. Wenn du das willst, soll es mir recht sein. Du bist immer der vorsichtigere Geschäftsmann gewesen. Wenn du jetzt ein Risiko eingehst, dann werden dich alle Leute genau beobachten. Und wenn du flach auf die Schnauze fällst, dann werden sie Beifall klatschen. Und wenn du danach noch einmal strauchelst, dann werden sie dich treten und dafür sorgen, daß du nie wieder hochkommst.«

Der Briefkasten der Tuttle-Farm befand sich ungefähr eine halbe Meile vom Haus entfernt an der Straße. Das Gelände war leicht geneigt und bewaldet, so daß man nur noch die beiden Schornsteine sah, wenn man am Ende der Auffahrt angelangt war.

Der Briefkasten wurde schon seit Jahren nicht mehr benutzt, denn irgendwelche Fans hatten daraus regelmäßig alle Postkarten, Bankauszüge und sonstigen Schriftstücke gestohlen, auf denen sich der Name »Nicholas Cobleigh« befand. Deshalb mußte jetzt der Mann der Haushälterin jeden Tag auf dem Postamt vorbeifahren.

Dennoch stand stand Jane neben dem leeren Briefkasten und sah die Straße hinunter, als wartete sie auf die wichtigste Benachrichtigung ihres Lebens. Das war die Aufgabe, die sie sich gestellt hatte. Die Auffahrt hinunterzugehen und volle fünf Minuten neben dem Briefkasten zu stehen. Sie hatte eine alte Uhr von Nicholas mitgenommen, um die Zeit kontrollieren zu können. Fünfunddreißig Sekunden waren schon vergangen.

Ihre Knie zitterten. Nein, es sind nicht die Nerven, sagte sie sich, du hast bloß keine Kondition mehr nach sechs Jahres des Eingesperrtseins auf der Farm. Ihr rechtes Bein schien sie nicht länger tragen zu wollen, und sie umklammerte den Briefkasten, um nicht zu fallen.

Ihre Schuhe drückten, und wahrscheinlich hatte sie sich eine Blase gelaufen. Eine Minute und fünfundvierzig Sekunden waren bereits um. Ein leichtes Schwindelgefühl bemächtigte sich ihrer. »Von ein bißchen Panik ist noch niemand gestorben«, hatte Dr. Fullerton ihr gesagt. Sie vertraute ihm völlig. »Stehen Sie es durch. Messen Sie jeden Anfall auf unserer kleinen Skala. Das hilft.« Was sie jetzt erlebte, war eine Fünf.

Fünf war ziemlich viel, aber sie war auch ziemlich matt. Der lange Weg von der Farm hier herunter hatte sie doch sehr geschlaucht. Sie mußte sich immer noch am Briefkasten festhalten. Hoffentlich hinterließ das rostige Blech keine Flecken auf ihrem Pullover. Sie hatte ihn sich erst letzte Woche aus Frankreich kommen lassen. Er hatte fünfhundert Dollar gekostet. Sie hatte ihn bei der Frau des Besitzers der größten Kinokette in den Vereinigten Staaten gesehen.

Beim Dinner hatte sie Jane von ihrem Job erzählt. Sie spielte so eine Art Fremdenführerin für die Frauen wohlhabender Geschäftsleute und ausländischer Diplomaten, die nach New York kamen. Sie zeigte ihnen die feinsten Läden der Stadt – natürlich ohne ein Honorar dafür zu verlangen, wie sie betonte. Was dabei herausspringe, sei allenfalls ein hübsches kleines Taschengeld, das gerade für die Strümpfe reiche. Sie schwärme nämlich für schöne, französische Strümpfe, weil die Strumpfhose nun mal eine Geißel der Menschheit sei. Jane hatte darauf gewartet, daß Nicholas eine spitze Bemerkung über dieses alberne Geschwätz machte, aber sie sah sich getäuscht. Nicholas hatte fröhlich gelacht und der aufgeblasenen Gans mit dem dritten Glas Burgunder zugeprostet.

Alle hatten sie einen Job. Cecily hatte die einzige Buchhandlung des Ortes gekauft und erheblich erweitert. Sie arbeitete an sechs Tagen der Woche. Janes Schwägerin Abby war stellvertretende Staatsanwältin in Boston. Ihre ehemalige Zimmerkameradin Amelia hatte inzwischen in Psychologie promoviert und einen Lehrauftrag an der Northeastern University. Ihre Freundin Lynn aus der High-School, die jahrelang eine glückliche Hausfrau gewesen war, hatte in Cincinnati eine Boutique eröffnet, die sich »Der elegante Tisch« nannte. Sie verkaufte Tischdecken, Sets, Kerzenleuchter, Serviettenringe und exquisites Porzellan. Sogar Olivia arbeitete. Sie hatte sich einen Webstuhl ins Wohnzimmer gestellt und produzierte Wollteppiche, die sie für sechshundert bis tausend Dollar an den Mann brachte.

Zwei Minuten und zwanzig Sekunden waren geschafft.

Ihre Schwiegermutter arbeitete als freiwillige Helferin in der Bibliothek eines Krebskrankenhauses. »Ich kriege zwar nichts dafür bezahlt«, sagte Winifred, »aber ich betrachte es trotzdem als richtigen Job. Schließlich bin ich an vier Tagen in der Woche pünktlich um neun Uhr morgens im Krankenhaus und gehe erst um vier Uhr nach Hause. Die ewige Rennerei von einem Komitee zum anderen ist jetzt vorbei.«

Zu Hause war offenbar überhaupt niemand mehr. Wenn sie abends bei Cecily anrief, war oft ihr neuer Ehemann am Apparat. Cecily ging früh zu Bett. Wahrscheinlich war sie nicht nur von der Liebe ihres zwanzig Jahre jüngeren Mannes erschöpft, der ihr einen ganzen Gedichtband gewidmet hatte, sondern auch von der Arbeit in ihrer Buchhandlung. »Soll ich sie wecken?« fragte der neue Ehemann.

»Nein, lassen Sie nur«, sagte Jane meistens. »Ich rufe sie morgen in der Buchhandlung an.« Aber wenn sie dort anrief, sagte Cecily immer häufiger: »Ich rufe zurück.« Was sie dann meistens vergaß.

Von all den Gästen, die sie in den letzten Jahren bewirtet hatte, hatte sie keiner gefragt: Was haben Sie für einen Beruf? Es war allzu offensichtlich, daß sie ausschließlich Hausfrau und Gastgeberin war.

Drei Minuten und fünfzehn Sekunden.

Sie hatte sich selbst von der Welt ausgeschlossen. Und jetzt? Was würde geschehen, wenn sie zurückkehrte? Es gab für sie keinen Platz. Sie konnte Kuchen backen, die niemand essen wollte, oder sie konnte Nicholas von Film zu Film folgen. Sie konnte die Rollen übernehmen, von denen sich die anderen Frauen befreiten. Neben dem Heimchen am Herde konnte sie zusätzlich noch die ständige Begleiterin ihres Mannes sein.

Ihre Beine zitterten stärker. Plötzlich knickte das linke Knie ein, und sie fiel seitlich zu Boden, wobei sie den Briefkasten fast aus seiner Verankerung riß. Erschrocken saß sie auf dem Boden und starrte ihr Bein an. Ihre Strümpfe waren zerrissen und ihre blauen Schuhe voll Lehm. Mechanisch begann sie die Kieselsteinchen von ihren Schenkeln zu streifen. Jedes einzelne hatte einen kleinen schmerzhaften Bluterguß hinterlassen. Eine Welle von Übelkeit überfiel sie. Rote Punkte flimmerten vor ihren Augen. Sie senkte den Kopf. Wenn ihr nur nicht so schwindelig gewesen wäre! »Versuchen Sie, den Anfall auf unserer Skala zu messen!« Sie vermochte es nicht. Ihr Herz pochte wie verrückt. Mühsam zog sie sich hoch. Ihr Herzschlag schien plötzlich zum Stillstand gekommen zu sein. Sie hörte sich wimmern – es war ein kläglicher Laut, und er schien aus großer Entfernung zu kommen. Dann stürmte sie hastig die Auffahrt hinauf, humpelnd, heulend, immer wieder stolpernd. »Ich kann nicht!« blökte sie hilflos. »Ich kann nicht!«

»Sie haben doch früher schon Rückschläge erlebt«, sagte Fullerton ruhig. »Erinnern Sie sich noch? Damals am Briefkasten? Das jetzt ist auch nur ein zeitweiliger Rückschlag.«

»Ja, wahrscheinlich«, sagte Jane. Ihre Arme ruhten locker auf den lederüberzogenen Chromstahllehnen des Sessels. Sie mußte mit aller Gewalt den Instinkt unterdrücken, sie mit beiden Händen fest zu umklammern. Sie haßte dieses Büro mit den kalten Leder- und Chromsesseln, mit dem riesigen Schreibtisch, der nur aus einer dicken Glasplatte und einem Chromstahlgestell bestand, das wie das Modell eines DNA-Moleküls aussah. Auf der Glasplatte lag nur ihre Akte, daneben stand ein Telefon, eine Federschale aus Rosenholz und ein Bilderrahmen aus Chromstahl. Um das Foto zu betrachten, hätte Jane um den Tisch herumgehen und Fullerton über die Schulter blicken müssen, was natürlich nicht in Frage kam. Sie vermutete, es müsse wohl ein Bild seiner Frau sein, aber manchmal fragte sie sich, ob ihn da nicht eine junge, schlanke, braungebrannte Bikinischönheit anlächelte.

»Es ist nicht der erste Rückschlag, und es wird nicht der letzte sein, das wissen Sie selbst«, sagte Fullerton gerade. »Wie kam es denn zu dem Anfall?«

»Nun ja, ich war in der Stadt. Meine Aufgabe bestand darin, von einem Ende der Main Street zum anderen zu gehen und dabei vor mindestens vier Schaufenstern jeweils zwei Minuten lang stehenzubleiben. Ellie Matteo setzte mich ab und fuhr dann zum anderen Ende der Straße, um auf mich zu warten. Am Anfang war alles in Ordnung. Ich sah mir die Auslagen des Schuhladens an, und dann ging ich weiter, bis ich zu dieser neuen Konditorei kam. Als ich diese Mengen von Sahnetorten sah, wurde mir plötzlich ganz schlecht.«

»Mögen Sie keine Torten?«

»Nein, das war es nicht. Mir war ganz einfach unbehaglich. Ich hatte das Gefühl, daß die Leute mich anstarrten. Ich weiß, jetzt werden Sie mich für paranoid halten. Aber die Leute haben mich wirklich ganz komisch angeschaut.«

»Ich glaube nicht, daß Sie paranoid sind. Sie sind die Frau eines weltbekannten Schauspielers, und da ist es nicht weiter erstaunlich, daß man sich für Sie interessiert. Wie haben Sie denn darauf reagiert, als Sie merkten, daß Sie beobachtet wurden?«

»Wie üblich«, sagte Jane.

Judson Fullerton wartete ab.

»Ich habe keine Luft mehr gekriegt. Dann kamen die Schwindelgefühle, und ich mußte mich an einem Laternenpfahl festhalten.«

»Was haben Sie unternommen, um damit fertigzuwerden?«

»Ach, wissen Sie, ich habe einfach lauthals gelacht und so getan, als wäre alles in Ordnung«, witzelte Jane, doch Fullerton lächelte nicht. Immer noch wußte Jane nicht, ob er einfach keinen Humor hatte oder ob sein Gleichmut Bestandteil der Therapie war. Während der vier Monate, in denen sie ihn jetzt regelmäßig aufsuchte, hatte sie auch noch nicht herausgefunden, ob ihre Gegenwart ihm lästig oder angenehm war. »Ich habe gar nichts unternommen, um mit diesen Gefühlen fertigzuwerden«, mußte Jane schließlich zugeben. »Ich habe alles vergessen, was ich gelernt habe. Ich habe einfach vor der Angst kapituliert.«

Fullerton sah sie prüfend an, und Jane senkte den Blick. Es gab nichts an ihm, was sie hätte verlegen machen können.

Als Nicholas von den Dreharbeiten in Alaska zurückkehrte, hatte er gefragt: »Wie sieht er denn aus?«

»Durchschnittlich«, hatte Jane geantwortet. »Er ist ungefähr fünfzig, normal groß, normal schwer und hat ein normales Gesicht, Geheimratsecken und eine etwas zu kleine Brille mit Goldrand.«

»Sie haben Ihren Gefühlen nicht erlaubt, sich zu entfalten?«

»Nein, ich habe dagegen gekämpft. Ich wollte weglaufen. Alle alten Fehler. Sobald ich konnte, rannte ich die Main Street hinunter zum Auto. Die Leute müssen mich für verrückt halten.«

»Vielleicht haben sie einfach gedacht, Sie hätten es eilig.«

»Das glaube ich nicht.«

»Ich finde, Sie sind zu selbstkritisch, Jane.« Was sollte das bedeuten? Erwartete Fullerton von ihr, daß sie ihn Judson nannte? Oder gleich Jud? »Haben Sie noch nie gesehen, daß jemand über die Straße rannte?«

»Dr. Fullerton, ich glaube, Sie vergessen, daß ich mich vorher an den Laternenpfahl geklammert habe wie eine Schiffbrüchige.«

»Wie eine Schiffbrüchige?«

»Na ja, ich habe die Stange schon ziemlich festgehalten.«

»Mit einer Hand oder mit beiden?«

»Mit einer.«

»Also, wenn ich zugebe, daß die Leute Sie vielleicht wirklich etwas neugierig angestarrt haben, weil sie dachten, Ihr Verhalten sei merkwürdig, sind Sie dann bereit zuzugeben, daß die Passanten vielleicht nur gedacht haben, Sie stützten sich ab, um zu Atem zu kommen?«

Jane überlegte einen Moment lang. »Vielleicht haben Sie recht, Doktor.«

Dr. Fullerton sah sie immer so direkt an, und auch die Reflexe des Lichts auf seiner Brille schienen sie zu durchbohren. Jane senkte die Augen, um seinem Blick auszuweichen. Er trug eine englische Krawatte mit Blumenmuster. Nicholas besaß mehrere solcher Krawatten. Das einzige, was im Zusammenhang mit Fullertons Person auffiel, war seine Kleidung. Er kleidete sich konservativ, aber elegant. Darin war er Nicholas ähnlich, obwohl der beigefarbene Leinenanzug, den er heute trug, vermutlich nicht von einem der ganz sündteuren Maßschneider stammte, bei denen ihr Mann arbeiten ließ.

»Sie machen sehr schöne Fortschritte«, sagte Fullerton. »Aber Rückschläge lassen sich einfach nicht ausschließen. Das passiert jedem. Lassen Sie sich dadurch nicht aus der Bahn werfen.« Nie bewegte er sich. Nie nahm er einen Bleistift vom Tisch. Nie schob er die Blätter in ihrer Akte zurecht. »War das eigentlich kurz vor Ihrer Periode?«

Jane dachte einen Augenblick nach. »Ungefähr eine Woche davor.«

»Waren Sie irgendwelchen besonderen Belastungen ausgesetzt?«

»Warten Sie – es war am Dienstag. Ja, am Abend zuvor hatte ich einen kleinen Streit mit meinem Mann. Nichts weiter Ernstes.«

»Wollen Sie darüber sprechen?«

»Es ging um Sex.« Noch nie hatte sie dieses Thema bisher

angeschnitten; auch Fullerton nicht. Jane vermutete, daß er gern mehr darüber hören würde. Schließlich war er Psychiater. Aber er ließ sich nicht anmerken, ob sein Interesse geweckt war. Ihr dritter Therapeut hatte sich immer möglichst bequem hingesetzt, wenn irgendwelche Enthüllungen bevorstanden. Fullerton sah sie einfach nur an. Aber sie fragte sich, ob er nicht innerlich darauf brannte, etwas über das Geschlechtsleben von Nicholas Cobleigh und ihr zu hören. »Mein Mann hat gemeint, ich schiene mich nicht mehr dafür zu interessieren.«

»Sind Sie denn daran interessiert?«

Jane zuckte mit den Schultern. »Ich weiß nicht, wieviel ich Ihnen erzählen soll«, sagte sie. Den anderen Psychiatern gegenüber hatte sie Sex zwar gelegentlich schon erwähnt, aber nie bekannt, daß sie nicht in der Lage war, einen Orgasmus zu erleben. Das hatte sie genauso verschwiegen wie die Erlebnisse mit ihrem Vater. Sie dachte normalerweise kaum noch an ihren Vater, aber die Gegenwart eines Psychiaters erinnerte sie meistens daran. Ihre Blicke glitten über die Wand mit Dr. Fullertons Diplomen. Plötzlich fiel ihr wieder ein, daß ihr Vater, ehe er zu ihr ins Bett kam, immer die Decke hochgehalten hatte, um zu sehen, wie sie sich zusammenkrümmte und ihre Brüste mit den Händen bedeckte.

Jane hatte den Kopf gesenkt. Sie war aufgeregt und nervös und hätte beinahe angefangen zu kichern. Statt dessen strich sie sich verlegen über den blauen Leinenrock. Als sie in die Sprechstunde kam, hatte sie sagen wollen: He, wir sind ja Zwillinge heute, beide sind wir in Leinen. Sie hatte es nicht getan.

»Wir führen hier keine Psychotherapie durch, wie Sie sie bisher kennengelernt haben«, sagte Fullerton ruhig. »Wenn der Streit mit Ihrem Mann etwas mit Ihrer Phobie zu tun hat, müssen wir uns darum kümmern. Sonst nicht. Das bedeutet natürlich nicht, daß Sie nicht später eine zusätzliche Therapie machen könnten. Wenn Sie es wünschen, kann ich Ihnen gern einen geeigneten Kollegen nennen.«

Jane zwang sich, genau in seine Brillengläser zu sehen. Ihre Arme waren genauso kalt wie das Chromstahlgestell ihres Sessels. »Ich habe nicht viel vom Geschlechtsverkehr«, sagte sie. »Jedenfalls in letzter Zeit nicht.« Sie wartete darauf, daß er fragte, was sie damit meinte. Aber Fullerton fragte nicht. Er bewegte sich nicht einmal. »Ich habe noch nie einen Orgasmus gehabt«, sagte sie schließlich.

»Noch nie?« Er klang so unbeteiligt, als hätte sie gerade verkündet, ihre Lieblingsfarbe sei Rot.

»Nein.«

»Haben Sie beim Masturbieren schon mal einen Orgasmus gehabt?«

»Nein.«

Fullerton griff nicht nach ihrer Akte. Er machte sich keinen Vermerk. »Vielleicht sollten Sie tatsächlich noch eine zusätzliche Therapie machen«, sagte er.

Nicholas war schockiert. »Willst du wirklich in diesem Kleid gehen?«

»Warum nicht?« fragte Jane. »Ist irgendwas nicht in Ordnung?« Sie klemmte ihre Ohrringe fest und drehte sich zu ihm um. Diamanten mit Rubinen. Er hatte sie ihr vor drei Wochen geschenkt, um ihren ersten gemeinsamen Ausflug nach Manhattan seit über acht Jahren zu feiern.

»Ach, nichts. Vergiß es.«

Von hinten sah das Cocktailkleid aus roter Seide elegant, aber völlig normal aus. Der vordere Ausschnitt allerdings reichte fast bis zur Taille.

Jane betrachtete sich im Spiegel. »Ich finde es eigentlich ganz hübsch«, sagte sie. Sie drückte ihre Ohrläppchen mit den Daumen nach vorn, um zu sehen, ob die Ohrringe richtig saßen.

»Schon gut«, sagte Nicholas. Das Kleid zeigte beide Brüste fast zur Hälfte. »Was hast du denn für einen BH an?«

»Sieht es so aus, als hätte ich einen an?«

»Wenn man weiß, was du für Dinger unter dem Kleid hängen hast, dann weiß man auch, daß du einen BH trägst.«

Wütend drehte Jane sich um. »Wenn du nicht willst, daß ich mitkomme, brauchst du es nur zu sagen. Deshalb brauchst du nicht ausfallend zu werden.«

»Hör auf, Jane. Das war bloß ein Scherz.« Er durchquerte das große Schlafzimmer ihrer New Yorker Wohnung und schob ihr seine Hände tief in den Ausschnitt. »Du weißt doch, daß ich deinen dicken Busen liebe.« Er umfaßte ihre Brüste und streichelte sie.

»Findest du nicht, daß sie zu weich und zu schwer sind?« fragte sie.

»Nein. Natürlich nicht«, beteuerte er, aber das stimmte nicht. Ihr Fleisch fühlte sich an wie eine überreife Frucht. Jahrelang hatte er sie für die Quintessenz alles Weiblichen gehalten und sie ungeheuer begehrt, aber neuerdings hatte Nicholas oft das Gefühl, als ob er sich das alles nur eingeredet hätte. Seit sie häufiger aus dem schützenden, schmeichelhaften Zwielicht der Tuttle-Farm ins helle Tageslicht kam und in New York mit ihm ins Scheinwerferlicht trat, seit sie sich nicht mehr nur um seine Wünsche, sondern auch um sich selbst kümmerte, hatte er häufiger Gelegenheit, sie zu beobachten. Sein Blick wurde kritischer, und die Distanz wurde größer. Wenn sie zusammen im Bett waren, vermied er es, ihren Bauch zu berühren, der ihm zu wabbelig war.

Er haßte ihre neue Frisur, mit der sie ihn vor einer Woche überrascht hatte. Sie hatte sich von ihrem Chauffeur nach New York fahren lassen und war sechs Stunden später völlig verändert zurückgekehrt. Statt der wunderbaren, hüftlangen schwarzen Haare hatte sie plötzlich nur noch eine gewöhnliche, schulterlange Frisur wie hunderttausend andere Frauen. »Ich weiß, daß es ein Schock ist«, hatte sie grinsend gesagt. »Aber es mußte einfach sein. Du wirst dich daran gewöhnen.«

»Ist mein Make-up in Ordnung?« fragte sie.

Nicholas starrte in den Spiegel. »Ja, ja.«

»Dann kann es ja losgehen.«

»Willst du nicht noch irgendwas anziehen? Eine Stola oder ein Jäckchen?«

»Nick.« Sie stieß so heftig die Luft aus, als ob sie sich mit einem schwierigen Kind herumstreiten müsse. »Du hast mich gefragt, wozu ich Lust hätte, und ich habe dir gesagt, ich würde gern mit dir ausgehen. Wenn du jetzt –«

»Wie möchtest du feiern?« hatte er gefragt. »Fünf Monate bist du jetzt in Behandlung, und du bist eine ganz neue Frau. Willst du nach Europa fliegen?«

»Nein, ich kann nicht fliegen, zumindest noch nicht«, hatte sie geantwortet. »Einen Schritt nach dem anderen, mehr kann ich nicht tun.«

»Na, schön, Jane. Was dann? Eine große Party? Eine Kreuzfahrt? Soll ich eine Yacht chartern?«

»Weißt du, was ich wirklich gern tun würde?« hatte sie gefragt. »Ich möchte an deinem Arm in das beste Restaurant in Manhattan marschieren. Ich möchte, daß den Leuten die Augen aus dem Kopf fallen. Ich möchte ein tief ausgeschnittenes Kleid und meinen besten Schmuck tragen. Ich möchte, daß sie hinter uns die Köpfe zusammenstecken und fragen: Wer ist denn dieser Bursche mit der phantastischen Frau?«

»Weißt du«, hatte Nicholas geantwortet, »wahrscheinlich wäre es einfacher, wenn wir uns durch die Küche ins Restaurant schleichen. Der Kellner könnte dafür sorgen, daß ich mit dem Rücken zum Saal sitze, damit mich die Leute nicht die ganze Zeit anstarren oder anfangen, um Autogramme zu bitten ... Okay, Jane, wenn das wirklich dein größter Wunsch ist, dann machen wir das.«

»Ja, bitte«, hatte Jane gesagt. »Ich werde die neuen Ohrringe, das Diamanthalsband von deiner Großmutter und ein tiefausgeschnittenes Kleid tragen. Mit einem Dekolleté bis zum Bauchnabel. Es wird das erste Kleid seit Jahren sein, daß ich mir selbst im Laden aussuche. Und wenn ich nicht das richtige finde, lasse ich mir eins nähen.«

»Gut«, hatte er schließlich gesagt. »Wunderbar.«

»Es ist alles so aufregend«, sagte Jane. »Ich bin ein bißchen nervös, aber ich fühle mich phantastisch.«

»Fein.« Er gab ihr die kleine Abendtasche. »Dann können wir uns ja auf den Weg machen.«

»Nick?«

»Was ist?« fragte er. Sie sah schrecklich aufgedonnert und ordinär aus. Die Leute würden erst sie und dann ihn anstarren. Es würde grauenhaft werden. Wie hatte er sich nur darauf einlassen können? Innerlich seufzend lächelte er und nahm ihren Arm. Sie gingen zur Tür.

»Ach«, sagte Jane, »heute beginnt mein Leben erst richtig!«

24

> Beinahe jeder hat etwas zu erzählen, und alle sprechen gern über die Cobleighs. Natürlich gibt es die eine oder andere spitze Bemerkung, das ist wohl unvermeidlich im Showbusiness. Aber die weit überwiegende Mehrzahl der Schauspieler, Journalisten und Filmleute, die wir befragt haben, schildert das Ehepaar Cobleigh in den glühendsten Farben. Immer wieder tauchen Formulierungen auf wie: »Ein faszinierendes, sehr harmonisches Paar«, »So intelligent und so angenehm« und »Wirklich reizend«. Worauf dieser positive Eindruck allerdings im einzelnen beruht, wissen die wenigsten zu sagen. Es scheint, daß Jane und Nicholas Cobleigh einander äußerst wirkungsvoll ergänzen ...
>
> Boston Globe

»Möchten Sie vielleicht lieber hier auf der Couch sitzen?« fragte Dr. Fullerton. Sie hatte ihn seit einigen Monaten nicht mehr gesehen, er sah größer aus, als sie ihn in Erinnerung hatte.

»Ja, vielen Dank.« Jane erhob sich von dem Patientensessel, auf den sie sich ganz automatisch gesetzt hatte, und nahm auf der Couch Platz. Gemütlicher war es hier nicht. Auch die Sitzecke war ganz in Glas, Leder und Chromstahl gehalten.

Dr. Fullerton setzte sich ihr gegenüber, kaum einen Meter entfernt. Jane fühlte sich unbehaglich. Auf dem Schreibtisch des Arztes stapelten sich Krankenbögen und Akten. Ein Brieföffner in Form eines Schwertes steckte wie Excalibur in einer großen Kristallkugel. »Ich wollte gerade ein bißchen Papierkram erledigen«, sagte Fullerton. »Am Wochenende ist dazu immer noch am ehesten Zeit.« Es war Samstagnachmittag, und der Arzt trug Cordhosen, Hemd und Pullover. Er hatte ihr persönlich die Tür geöffnet, und im ersten Augenblick hatte Jane seine legere Kleidung als schockierend empfunden. »Ich hoffe, es stört Sie nicht«, sagte Fullerton, »wenn wir einmal nicht Arzt und Patient spielen.«

»Aber nein«, sagte Jane. »Schließlich war das ganze ja keine Analyse oder dergleichen. Und Ihre freiwilligen Helfer waren alle früher selbst Patienten, wie Ellie etwa.«

»Ja.« Dr. Fullerton hatte seine Brille abgenommen und sah zehn Jahre jünger und weniger streng aus. Seine Augen waren hellbraun und freundlich. »Ich möchte mich für Ihre Spende bedanken«, sagte er. »Sie waren sehr großzügig.«

Für die fünftausend Dollar hatte er sich allerdings schon schriftlich bedankt. Bei »Mr. und Mrs. Cobleigh«. Jane hatte ihm ursprünglich zehntausend schicken wollen, aber Nicholas hatte ihr widersprochen. »Zehn? Das soll wohl ein Witz sein? Fünf sind schon sehr großzügig. Er hat doch kaum Unkosten, und die ganze Arbeit wird von fünfzig freiwilligen Helferinnen geleistet, die selbst genug Geld haben. Wer hat dir denn wirklich geholfen? Dieser Dr. Fullerton oder die kleine Italienerin, die fast jeden Tag hier war?«

»Oh, nichts zu danken«, sagte Jane. »Ich würde gern noch etwas mehr zu Ihrer Arbeit beitragen. Deshalb wollte ich Sie bitten, mich in das nächste Schulungsprogramm aufzunehmen. Ich würde gern eine Ihrer Freiwilligen werden, zumal ich das Hausfrauendasein endgültig satt habe. Wir haben jetzt 1978, und ich bin achtunddreißig. Draußen macht die Frauenbewegung riesige Fortschritte, und ich sitze immer noch auf der Farm. Ich glaube, ich bin die letzte, die noch keine vernünftige Beschäftigung hat.« Dr. Fullerton hatte sich bequem hingesetzt. Sein rechter Knöchel lag auf seinem linken Knie, und Jane mußte sich zwingen, ihm direkt ins Gesicht zu sehen, um sich nicht ablenken zu lassen. »Ich bin zwar Hausfrau und Mutter, aber meine Kinder sind im Internat, und den Haushalt erledigt das Hauspersonal. Ich bin nicht direkt überlastet.«

»Ich würde mich sehr freuen, wenn Sie bei unserem Programm mitmachen würden.«

»Oh, vielen Dank«, sagte Jane. »Ich dachte gar nicht, daß es so einfach sein würde.« Fullerton schwieg. »Ich war fest überzeugt, ich müßte mindestens acht verschiedene Persönlichkeitstests ablegen und zehntausend Kilometer unfallfrei fahren. Dabei setze ich mich immer noch nicht gern allein ans Steuer, vor allem nicht in New York.«

»Einen Schritt nach dem anderen.«

»Der Haken bei der Sache ist: Ich brauche gar nicht zu fahren. Die...« Sie suchte nach dem richtigen Wort. »Die Position meines Mannes erspart es mir, mich den konkreten Problemen zu stellen. Früher wäre das anders gewesen. Aber heute habe ich für alles Personal.« Plötzlich merkte sie, daß sie wieder sprach wie eine Patientin. Sie errötete und unterbrach sich abrupt. »Vielen Dank jedenfalls, daß Sie mich mitmachen lassen. Ich freue mich, daß Sie mir vertrauen.«

»Ich will noch mehr von Ihnen«, sagte Dr. Fullerton plötzlich.

»Was denn?« Jane konnte ihm nicht ins Gesicht sehen. Statt dessen studierte sie das braun-blaue Muster auf seinem Pullover.

»Wissen Sie, die Arbeit der Freiwilligen ist nur ein Teil des Problems. Fast noch wichtiger ist, daß die Kranken, die an einer Phobie leiden, überhaupt erfahren, daß es eine Möglichkeit gibt, ihnen zu helfen, und daß sie nicht dazu verurteilt sind, ihr Leben lang in ihren Häusern zu bleiben oder Autos, Katzen, Aufzüge, Straßen und Eisenbahnen meiden; daß es eine relativ einfache, harmlose Methode gibt, ihnen zu helfen, eine Methode, bei der sie nicht sämtliche Traumata ihrer Kindheit vor einem Psychiater ausbreiten müssen, um Heilung zu finden.«

Jane nickte. Sie hatte Dr. Fullerton noch nie soviel reden hören. Er hatte einen typischen Neuengland-Akzent, wahrscheinlich kam er aus Maine oder New Hampshire.

»Und wie kann man die Leute am besten erreichen?«

»Ich nehme an, Sie denken an regelrechte Öffentlichkeitsarbeit? Rundfunk, Fernsehen, Zeitungen?«

»Genau.«

Jane wußte nicht recht, was sie dazu sagen sollte. »Ja, das wäre sicher das beste«, sagte sie. Wenn nur ihre Hose nicht so eng gewesen wäre! Sie hatte eine Diät gemacht, und es war ihr gelungen, sich in eine Hose Größe 38 zu zwängen. Aber jetzt bedauerte sie diese Entscheidung. Hoffentlich merkte Fullerton nicht, daß sie kaum Luft holen konnte. Aber diese Psychiater wußten ja immer genau, was in ihren Patientinnen vorging. Wahrscheinlich wartete er nur darauf, daß sie endlich aufhörte, über ihn nachzudenken, und etwas Vernünftiges sagte. »Auch ich habe ja durch die Presse überhaupt erst von der Existenz Ihrer Klinik erfahren. Es war ein Artikel im ›Record‹.«

»Ja, aber das ist nur ein kleines Lokalblatt. Wir müßten ganz Fairfield County und Westchester erreichen. Auch die Leute in New York sollen erfahren, was wir hier machen. Auf Long Island und in Manhattan gibt es eigene Kliniken. Worauf es ankommt, ist der Nachrichtenwert unserer Arbeit. Sind wir interessant genug, Jane?«

»Ja, natürlich«, stammelte sie. »Sehen Sie doch nur, wie mein Leben sich verändert hat, Dr. Fullerton.« Sein gelassener Psychiaterblick war ohne die Brille noch schwerer zu ertragen als sonst. »Oh«, sagte sie. »Jetzt verstehe ich. Sie wollen, daß ich an die Öffentlichkeit gehe mit meiner Geschichte. Sie glauben, daß Sie auf diese Weise die nötige Publicity kriegen könnten ...«

»Ich würde mich freuen, wenn Sie mitmachen würden«, sagte er und beugte sich vor. »Ich weiß sehr wohl, was ich damit von Ihnen verlange. Bitte glauben Sie mir, wenn Sie ablehnen, hätte ich volles Verständnis.«

»Darf ich es mir überlegen?«

»Natürlich, Jane. Ich kann mir vorstellen, daß es nicht einfach ist, an der Seite eines so prominenten Mannes zu leben. Ich kann es gut verstehen, daß Sie Ihr Privatleben vor der Außenwelt abschirmen möchten.« Er schien erregter als sonst. Sein Gesicht war ihr jetzt so nahe, daß sie kleine Narben auf seinen Wangen erkennen konnte. Er war ihr noch nie so menschlich erschienen. »Vor allem möchte ich nicht haben, daß Sie sich mißbraucht fühlen.«

»Das weiß ich zu schätzen.«

»Es gibt so schrecklich viele kranke Menschen da draußen. Und Sie könnten uns helfen, diese Menschen zu heilen. Bitte, denken Sie darüber nach, Jane.«

»Ich möchte Ihnen so schrecklich gern helfen, Dr. Fullerton.«

»Das weiß ich, Jane.«

»Laß meinen Arm los!« schrie Jane.

»Wie konntest du so etwas machen?« brüllte Nicholas. »Was hast du dir bloß dabei gedacht?«

Jane riß sich los und lehnte sich gegen das Waschbecken im

Bad. Auf ihrem Oberarm waren vier brandrote Fingerabdrücke zu sehen, und auf der Innenseite, wo ihr Nicholas seinen Daumen ins Fleisch gedrückt hatte, fand sie einen weiteren feurigen Fleck. Vorsichtig berührte sie ihn mit dem Finger.

»Verdammt noch mal«, knurrte Nicholas wütend. »Stell dich bloß nicht so an. Ich hab dir weiß Gott nichts getan.«

»Von wegen nichts getan. Ich kriege bestimmt blaue Flecken.«

Die Zeitung steckte immer noch in der Tasche seines Morgenmantels. »Sieh her!« sagte er und breitete das Blatt auf dem Bett aus. »Sieh dir das an!« Der Artikel stand ziemlich weit vorn.

Jane hatte ihm den Rücken zugekehrt und kramte im Medizinschrank. »Du sollst es lesen«, brüllte Nicholas. Mit drei Schritten stand er neben ihr. »Die gottverdammte ›New York Times‹! Soll ich dir's vorlesen, ja? ›Im Jahr 1969 begann die kometenhafte Karriere des Filmstars Nicholas Cobleigh. Im gleichen Jahr begann für Jane Cobleigh‹ – seine bescheuerte Frau – ›der Abstieg in ihre *persönliche Hölle*, wie sie es nennt‹!«

Jane versuchte, ihm die Zeitung aus den Händen zu reißen. »Hör auf, Nick! Ich bitte dich. Es war doch nichts weiter. Es war doch nur –«

»Achtzehn Jahre sind wir verheiratet!« brüllte er wütend. »Aber dir bedeutet das gar nichts! Du machst alles kaputt, bloß um etwas über dich in der Zeitung zu lesen. Auf der Frauenseite der ›New York Times‹!«

»Nein!«

Nicholas schleuderte die Fetzen der Zeitung, die er noch in der Hand hielt, zu Boden. »Du hattest mir versprochen, auf keinen Fall mit einem Reporter zu reden, ehe wir uns nicht darüber im klaren sind, was du ihm sagst. Du wußtest genau, daß ich diesen verdammten Psychiater im Verdacht hatte, daß er dich ausbeuten will.«

»Er hat nichts dergleichen getan, Nick. Er hat mich nicht ausgebeutet.« Sie versuchte sich an ihm vorbeizudrängen. »Er ist ein völlig uneigennütziger Arzt. Er versucht, Kranke zu heilen, und ich habe ihm geholfen, indem ich mit meinem Fall an die Öffentlichkeit getreten bin.« Außer einem schwarzen Slip war Jane vollkommen nackt. Mit ihrem roten Lippenstift sah sie wie ein überreifes Starlet aus den fünfziger Jahren aus. »Nicky, bitte beruhige dich doch. Lies den Artikel einfach in Ruhe durch, und du wirst feststellen, daß nichts Negatives über dich drinsteht. Alles, was sich auf dich bezieht, ist positiv! Es ist ausdrücklich die Rede davon, wie rührend du mich versorgt hast –«

»Halt dein dummes Maul, Jane!«

»Hör auf, mich so anzuschreien!«

»Verdammt noch mal, du sollst dein Maul halten!« Seine Stimme schnappte über.

»Du solltest dich hören!« sagte Jane. »Hör bloß mal, wie du brüllst.«

»Du hast mich angelogen«, fauchte Nicholas. »Du hast mich hintergangen. Du hast gesagt, du würdest nichts unternehmen, ehe –«

»Bei der New York Times wurde gerade eine längere Serie über Phobien geplant.«

»Dann hätten sie dich doch gar nicht gebraucht! Haben sie dich gebraucht oder nicht? Sag's mir!«

»Ich war der Aufhänger.«

Er hätte sie am liebsten geohrfeigt. Wütend schlug er mit der rechten Faust in die linke Handfläche. »Warum hast du mich bloß nicht gefragt?«

»Du warst doch in Kalifornien.«

»Na und? Es gibt doch Telefon, oder? Sonst rufst du mich wegen jedem Scheiß an. ›Nick, in welcher Farbe soll ich die Quasten für die Vorhangschnüre im Wohnzimmer nehmen? Nick, Lizzy sagt, alle ihre Freunde fahren im Sommer nach Schottland, was meinst du? Nick, ich muß mal Pipi, soll ich aufs Klo gehen?‹«

Jane schlug ihm mit voller Wucht ins Gesicht und rannte zurück ins Schlafzimmer. Ehe ihr Nicholas folgen konnte, spuckte er einen Mundvoll Blut ins Waschbecken.

»Ich brauche mich doch vor dir nicht zu rechtfertigen!« kreischte Jane, als er ins Schlafzimmer kam. Sie hatte dafür gesorgt, daß als Barriere zwischen ihnen das Bett war. »Ich bin ein erwachsener Mensch! Ich habe ein Recht, meine Meinung zu sagen und meine Geschichte zu erzählen, wenn ich das will.«

Nicholas hielt sich am Bettpfosten fest, um das Gleichgewicht nicht zu verlieren. Sein Mund war vom salzigen Geschmack seines Blutes erfüllt. »Und daß du mir damit alles kaputtmachst«, fragte er, »zählt das nicht?« Blutiger Speichel lief ihm über das Kinn, und er wischte ihn mit der Hand ab.

»Ich mache doch dir nichts kaputt«, sagte sie. Sie beobachtete ihn, wie man ein gefährliches Raubtier beobachtet.

»Was ist los?« brüllte er. »Denkst du, ich springe dich an?« Sie trat an den Schrank, nahm ein Kleid heraus und bedeckte damit ihre Brüste. Die Geste erschien ihm unglaublich verlogen. »Wo willst du hin?« fragte er.

»Ich habe eine Verabredung in der Stadt.«

»Und mit wem, wenn ich fragen darf?«

»Mit Dr. Fullerton und jemand von … ›Newsweek‹.« Sie wandte sich ab, streifte ihr Kleid über und drehte sich dann wieder um. »Mach dir keine Sorgen. Du wirst auch diesmal als Mustergatte erscheinen, genauso wie in der ›Times‹. Viel besser also, als du es verdient hast.«

»Was soll das heißen?« Jane gab keine Antwort, sondern knöpfte ihr Kleid zu. »Was soll das heißen?« wiederholte Nicholas. »Besser, als ich es verdient habe?«

»Das soll heißen, daß du gar nicht gewollt hast, daß ich wieder gesund werde.«

»Wie bitte?«

Jane hob das Kinn, um die Kragenknöpfe zu schließen. »Ich habe inzwischen manches begriffen, Nicholas. Du hattest mich genau da, wo du mich hinhaben wolltest. Ich war deine Gefangene, deine demütige Dienerin. Du hattest meine ungeteilte Aufmerksamkeit. Nichts lenkte mich davon ab, die perfekte Hausfrau für dich zu spielen.«

Der Knoten in seinem Magen zog sich noch enger zusammen. »Das stimmt nicht, und das weißt du auch, Jane.«

»So? Wenn ich rausgekonnt hätte, ein selbständiger Mensch hätte sein können –«

»Gottverdammtnochmal! Wer hat dich daran gehindert?«

»Wenn ich einen Job gehabt und gearbeitet hätte, denkst du, dann hätte ich Zeit gehabt, die perfekte Mutter zu spielen? Wolkenkratzer aus Bauklötzen mit deinen Töchtern zu bauen, ihnen Halloweenkostüme zu schneidern, ihre Hausaufsätze zu lesen, als wären sie die Werke von James Joyce, und jedes Jahr acht

Millionen Weihnachtsplätzchen zu backen? Du konntest immer mit gutem Gewissen in der Welt herumgondeln, du wußtest ja, daß ich mich um alles kümmere. Du hattest doch nichts dagegen, daß du jederzeit deine zehntausend Geschäftsfreunde zum Essen einladen konntest, oder? Und daß ich deine Familie zusammenhalten mußte, weil deine Mutter einen Nervenzusammenbruch kriegt, wenn sie drei Teetassen hinstellen soll, hast du hoffentlich auch nicht vergessen? Von den zahllosen Freundinnen deines Vaters zu schweigen, die er mir auf die Farm schleppte. ›Ach, Dad, wie nett, daß du wieder einmal hereinschaust.‹ ›Grüß dich, Jane, darf ich dir Prissy vorstellen. Ach, entschuldige, Missy, ich weiß, du heißt Sissy. Es war nur ein Scherz.‹ Und dann durfte ich sagen: ›Ach, Dad, bitte bleibt doch über das Wochenende.‹ Wenn ich mein eigenes Leben geführt hätte, denkst du, dann hätte ich Zeit gehabt, jedes Stück und jedes verdammte Drehbuch zu lesen, das dir ins Haus geschickt wurde? Denkst du, ich hätte Zeit gehabt, deine Rollen zu diskutieren mit dir? Denkst du –«

»Aber du hast es doch so *gewollt*, Jane!«

»Ich hatte ja gar keine andere Wahl mehr.«

»Und du glaubst wirklich, in all den Nächten, wo ich dich angefleht habe, noch einen Versuch mit einem anderen Therapeuten zu machen, dir helfen zu lassen ... du glaubst, das wäre nicht ehrlich gewesen? Ich habe dich angefleht, Jane, ich habe gebeten und gebettelt, ich habe dir gesagt, wie sehr ich dich liebe, daß ich dir helfen, daß ich dich bei mir haben will ...«

Jane trat wieder vor den Schrank und zupfte ihr Kleid im Spiegel zurecht. »Ich behaupte ja nicht, daß du dir deiner Handlungsweise und deiner Gefühle bewußt warst. Aber *unbewußt* war es dir sehr recht, daß ich mich zu deiner Sklavin gemacht habe.«

Sie zog ein paar auffällige rot-schwarze Sandalen mit Pfennigabsätzen aus dem Schrank, mit denen sie wie ein teures Callgirl aussah. »Dr. Fullerton sagt – hörst du mir eigentlich zu? Dr. Fullerton sagt, die Angehörigen von psychisch Kranken hätten oft ein starkes Interesse an deren Phobien. Die Abhängigkeit der Kranken befriedige sie geradezu.«

»Du bist wohl verrückt? Wie kann man die Dinge bloß so auf

den Kopf stellen? Sag mir das, Jane! Was hat er mit dir gemacht?«

»Er hat dafür gesorgt, daß es mir besser geht. Nicht mehr und nicht weniger. Er hat mich aus meinem Gefängnis geholt, und das kannst du nicht ertragen, stimmt's? Ich brauche jetzt nicht mehr in unseren vier Wänden zu hocken. Ich brauche jetzt nicht mehr geduldig darauf zu warten, daß du nach drei oder vier Monaten von irgendwelchen Dreharbeiten zurückkommst, um dir dann bei den Vorbereitungen für den nächsten Film zu helfen. Ich brauche dir nicht mehr den Inhalt sämtlicher Romane zu erzählen, die ich im Hinblick auf eine Verfilmung geprüft habe. Ich brauche mir nicht mehr gefallen zu lassen, daß du sie einfach beiseite schiebst und mir sagst, du kümmerst dich später darum, vielen Dank. *Tausende* von beschissenen Büchern habe ich gelesen, um interessante Rollen für dich zu finden. Die Drehbücher habe ich zwanzig-, dreißigmal geprüft, um ganz sicher zu sein, daß alles so war, wie du es brauchst.« Sie setzte sich auf die Bettkante, um ihre Sandalen zuzumachen.

»Kein Mensch hat dich dazu gezwungen.«

»Nein? Und wie hätte ich meine Fähigkeiten sonst einsetzen sollen?«

»Ich verstehe nicht, was du meinst.«

»Das merke ich. Aber das ist ja nichts Neues. Außer dir selbst nimmst du ja gar nichts anderes mehr wahr. Du hast wohl vergessen, daß ich mich schon für das Theater interessiert habe, als du noch mit dem Hockeyschläger über den Rasen gerannt bist und Rechtsanwalt werden wolltest?«

»Und was hat das damit zu tun?«

»Einiges. Aber du bist ja so völlig in dein beschissenes Ego verliebt, daß du nichts mehr begreifst.«

Nicholas musterte sie verwirrt. Schwere rote Kämme hielten ihre schwarzen Haare zurück, in ihren Ohrläppchen hingen schwarze Ohrringe. Der Mund leuchtete rot. »Ich weiß nicht, wovon du redest«, sagte er. Er wußte es wirklich nicht. Jane sah so hart aus. Ihr Kostüm wirkte viel zu dramatisch: Warum mußte sie wie ein aufgedonnertes Flittchen herumlaufen? Alle Männer würden hinter ihr herstarren.

»Ich wollte damit nur sagen«, säuselte sie mit übertriebenem

Langmut, »daß du heute in irgendeiner staubigen Kanzlei sitzen würdest, wenn ich nicht gewesen wäre. Ich habe dich geschult. Ich habe dich geführt. Jeden einzelnen Schritt.«

Nicholas stand wie versteinert. Er vermochte nichts zu sagen, und er hätte kein Glied rühren können. Jane schlenderte zu ihrer Kommode hinüber, öffnete eine Flasche Parfüm und tupfte sich winzige Tröpfchen auf den Hals, hinter die Ohren und in die Kniekehlen.

»Ich habe meine Karriere für dich geopfert«, sagte sie.

»Jane! Du warst doch diejenige –«

»Ich sage ja nicht, daß ich etwas bereue. Ich habe es freiwillig getan. Aber das ändert nichts an der Tatsache, daß ich es getan habe und nicht weiß, ob ich es heute noch einmal tun würde. Ich sehe die Dinge inzwischen etwas anders als damals. Damals wollte ich unbedingt, daß du glücklich wirst und daß du mich auch liebst. Ich habe dich für ein höheres Wesen gehalten –«

»Jane, ich habe dich doch gebeten, weiterzumachen und nicht aufzugeben. Ich hätte jederzeit Taxi fahren können oder sonstwas. Erinnerst du dich nicht mehr? Ich habe dich so gebeten, Unterricht zu nehmen und weiterzumachen.«

»Aber letzten Endes war es besser, daß ich nicht weitergemacht habe, oder? Das wolltest du doch eigentlich, nicht wahr? Auf diese Weise hatte ich dann genug Zeit, mich um dein Talent zu kümmern. Du hattest deine ganz persönliche Ausbilderin, Nick, und das Geschirr hat sie auch noch gespült und dir sonst alle Wünsche erfüllt. Nicht schlecht für den Preis.«

Nicholas schwieg zu diesen Vorwürfen.

»Wenn du nur einmal gekommen wärst«, sagte Jane, »nur ein einziges Mal. Zum Beispiel nach Vickys Geburt. Warum bist du nicht gekommen und hast gesagt: ›Okay, ich verdiene jetzt Geld. Warum gehst du nicht mal zum Vorsprechen? Wir können uns ja einen Babysitter nehmen, falls du die Rolle dann kriegst.‹«

»Soll ich dir sagen, warum ich das nicht getan habe?« fragte Nicholas. »Soll ich dir's wirklich sagen?

»Ja«, sagte Jane. »Bitte, sag es mir.«

»Ich wollte nicht, daß du zum Vorsprechen gehst, weil ich nicht wollte, daß man dir weh tut.« Janes Augen öffneten sich weit. »Ich wollte dir das nie sagen, Jane, aber du hast einfach keine Begabung.«

Jane wusch die Heidelbeeren unter dem Wasserhahn. »Weißt du, was die Leute sagen? Essen schmeckt nur, wenn es mit Liebe gekocht wird.«

»Ja, und?« fragte Cecily.

»Der Spruch ist vollkommen falsch. Ich bin verbittert und wütend, aber meine Sauce für das *Vitello tonnato* ist mal wieder phantastisch. Und die *Pasta* wird genauso perfekt wie der Blaubeerkuchen zum Nachtisch. Nicks Geburtstagsdinner wird schöner denn je.«

»Vielleicht bist du gar nicht so haßerfüllt, wie du denkst«, sagte Cecily und malte ihre Initialen auf das beschlagene Glas mit Eiskaffee, das vor ihr auf dem Tisch stand. »Unbewußt bist du wahrscheinlich rasend in ihn verliebt.«

»Nun ja«, sagte Jane, »er ist schließlich mein Mann.« Sie fischte zwei unreife, grüne Beeren aus dem Sieb. »Aber das heißt noch lange nicht, daß ich ihn *liebe*.«

Sie konnte wirklich nicht mehr sagen, ob sie Nicholas noch liebte oder nicht. Sie fühlte sich vollkommen leer. Sie vermied es, ihn anzusehen, und wenn sie es doch tat, sah sie das Gesicht eines bekannten Schauspielers, das ihr aus vielen, vielen Filmen vertraut war. Sie wußte, daß Nicholas ähnliche Gefühle wie sie hegte. Sein Verhalten war höflich, aber er blieb auf Distanz, so, als wären sie Reisende in einem fremden Land, die zufällig ein Hotelzimmer teilen müssen, weil das Reisebüro sich geirrt hat. Sie waren beide ganz an die Ränder des Bettes gerückt, und es war wohl nur eine Frage der Zeit, wann einer von ihnen im Schlaf auf den Fußboden fiel. Nur zweimal hatte er in den letzten sechs Wochen die Hand nach ihr ausgestreckt. Beim erstenmal hatte er sie nicht einmal geküßt, und beim zweitenmal war seine Erektion nach einer Minute wieder verschwunden. »Mach dir nichts draus«, hatte er bloß gesagt.

Die nötigen Informationen wurden sachlich und kühl ausgetauscht: »Vickys Studienberater hat gesagt, wir sollten sie vorzeitig bei der Uni anmelden.« – »Murray hat angerufen, er fragt, ob wir am American Film Institute Dinner teilnehmen.«

Als der ›Newsweek‹-Artikel erschien, sprach Nicholas eine Woche lang nicht mehr mit ihr: Der Bericht über Verhaltenstherapie war die Titelgeschichte, und Janes Bild zierte die Titelseite des Magazins.

Nicholas sprach nicht mit ihr, aber eines Tages fand sie den Artikel auf ihrer Kommode. Folgende Zeilen hatte Nicholas rot unterstrichen:

»Ich war völlig verzweifelt«, sagte Jane Cobleigh. ›Es gab niemanden, an den ich mich hätte wenden können... Mein Mann war oft monatelang weg...‹ Ihren ersten schweren Anfall hatte sie 1968, als Nicholas in Hollywood seinen ersten Film drehte – ›Urban Affairs‹... Es war nicht nur das klassische Hausfrauensyndrom, das Jane Cobleigh zum Opfer ihrer Phobie machte. Als Frau eines bekannten Filmschauspielers war sie ganz besonders massivem Druck ausgesetzt. Nicholas Cobleigh ist einer der begehrtesten Männer der Welt, Gegenstand der intensivsten und eigenartigsten Wünsche. Er hat den Ruf, ein kühler, unnahbarer Charakter zu sein, ein Aristokrat unter den Schauspielern. Darüberhinaus ist er aber auch ein äußerst erfolgreicher Geschäftsmann, dessen ökonomischer Sachverstand nicht hinter dem der größten Wall-Street-Broker zurücksteht. Seine Partner sagen, er wende genausoviel Zeit für die Verwaltung seines Vermögens auf wie für seine Filmarbeit.«

»Jane, du kannst doch diesen Spannungszustand auf Dauer nicht aufrechterhalten«, sagte Cecily.

»Wollen wir wetten?«

»Hör auf, schnippisch zu sein, ja? Ich habe dreimal geheiratet, und Streit gab es immer. Ernsthaften Streit. Ich bin eine echte Expertin. Chip war immer sehr unsicher und nicht in der Lage, eine Entscheidung zu fällen. Chuck war ein regelrechter Tyrann, und jedesmal, wenn ich nein gesagt habe, rannte er türenschlagend davon. Und Steve ist launisch und depressiv. Nicht nur, wenn eines seiner Gedichte abgelehnt wird, sondern auch, wenn beim Auto der Keilriemen reißt. Jedesmal, wenn so etwas passiert, ist er drei Tage lang nicht zu gebrauchen. Aber wir haben diese Krisen immer wieder rasch überwunden. Nach einiger Zeit habe ich mich noch mit jedem der drei wieder versöhnt und vertragen. Aber bei deinem Streit mit Nick ist ja gar nicht abzusehen, wann ihr euch wieder vertragt. Euer Streit eskaliert immer mehr, und das macht ihn allmählich gefährlich.«

Jane wischte sich die Hand an einem Papierhandtuch ab und setzte sich zu Cecily an den Tisch. »Was meinst du denn, was ich tun soll?«

»Da bin ich überfragt, Jane.«

»Bisher dreht sich alles immer nur um ihn. Habe ich nicht auch das Recht, ein bißchen zu leben?«

»Natürlich. Aber was du bisher gemacht hast, ist das genaue Gegenteil von dem, was Nicholas anstrebt. Du weißt doch, wie wichtig ihm seine Privatsphäre ist.«

»Ich rede doch nie über ihn. Natürlich gibt es eine Menge Leute, die mich dazu veranlassen wollen, in der Öffentlichkeit unsere schmutzige Wäsche zu waschen. Vier verschiedene Verleger haben mich angerufen und gefragt, ob ich nicht ein Buch über Agoraphobie schreiben will, aber ich weiß genau, daß sie vor allem ein paar saftige Anekdoten über Nick hören wollen. Ich bin ja nicht dumm. Ich weiß, daß sie sich zwar auch für meine Geschichte interessieren, in erster Linie aber Nicholas im Visier haben. Dazu würde ich mich nie hergeben, und das habe ich Nick auch erklärt.«

»Was hat er denn dazu gesagt?«

Jane kaute einen Augenblick auf ihrer Unterlippe, ehe sie antwortete. »Nick behauptet, das Interesse für meine Person wäre lediglich ein Ablenkungsmanöver. Alles, was die Leute wissen wollen, sind Einzelheiten aus seinem Privatleben, und weil er niemandem etwas erzähle, hielten sich die Journalisten eben an mich. Er ist der Meinung, ›People‹ hätte nur deshalb einen Artikel über mich gebracht, weil durch das Interview die Reporter Zutritt auf die Tuttle-Farm bekamen, was er zuvor immer striktest abgelehnt hatte. Er denkt, alles müsse sich um ihn drehen. Nicholas Cobleigh ist das Zentrum des Universums. Und ich habe ihn verraten in meiner Undankbarkeit. Es sei krankhaft, wie ich die lebende Märtyrerin spiele, hat er gesagt, und Judson sei an nichts weniger gelegen als daran, daß ich wirklich völlig gesund werde.«

»Du nennst ihn Judson?«

»Jetzt sieh mich bloß nicht so an! Wir haben in letzter Zeit bei diesen Sachen sehr viel zusammengearbeitet, und er hat gesagt, es wäre einfacher, wenn wir uns mit den Vornamen anredeten.« Cecily starrte in ihr Glas, als enthielte es eine rätselhafte orientalische Medizin. »Cecily!«

»Ich habe den Eindruck, daß du ziemlich starke Gefühle für deinen Psychiater entwickelst.«

»Ach was!«

»Ist er verheiratet?«

»Ja.«

»Woher weißt du das?«

»Er hat es mir gesagt.«

»Er hat es dir *gesagt*?«

»Du meine Güte, Cecily. Er hat zufällig erwähnt, daß er im August mit seiner Frau zum Cape Cod fährt. Zufrieden?«

»Ich weiß nur, daß bei dir in den letzten Monaten jedes zweite Wort Dr. Fullerton war. Man könnte meinen, er sei der Erlöser und wandele über das Wasser.«

»Hör schon auf, Cecily.«

»Ich glaube, du solltest dich weniger um Dr. Fullerton kümmern als vielmehr um deine Ehe.«

»Vielen Dank für deine Bemühungen.«

»Nichts zu danken. Jane, bitte schalte nicht ab, sondern hör mir mal zu. Es ist ganz normal, daß man sich in seinen Psychiater verknallt, aber –«

»Ich bin nicht in Judson verknallt. Und er ist auch nicht mehr mein Psychiater. Wir arbeiten zusammen, das ist alles. Ich respektiere ihn, und er respektiert mich.«

»Na, schön. Er ist also dein Kollege. Großartig. Aber was ist mit deinem Mann?«

»Mein Mann hat mich gestern abend angeschrien, weil ich gewagt habe, zu seinem Geburtstag seine Familie einzuladen, ohne ihn vorher zu fragen. Dabei halten wir das jedes Jahr so.«

Cecily trank einen Schluck Eiskaffee. »Hast du schon einmal darüber nachgedacht, daß sich dein Mann in einer emotionalen Krise befindet? Sein ganzes Leben hat sich mit einem Schlage verändert. Du bist plötzlich aus der Versenkung erschienen und stellst zum ersten Mal eine echte Herausforderung für ihn dar.

Das ganze Gleichgewicht eurer Ehe hat sich verändert. Es dauert vielleicht eine Zeitlang, bis er sich den neuen Verhältnissen angepaßt hat.«

»Cecily, er gibt sich doch gar keine Mühe. Er spricht ja nicht einmal mit mir. Wenn ich ihn beim Vorbeigehen streife, zuckt er zurück. Ich sage: ›Bitte, laß uns doch miteinander reden.‹ Und er sagt: ›Worüber denn? Alles, was du zu sagen hast, erzählst du doch den Reportern.‹«

»Er ist gekränkt.«

»Er ist egozentrisch. Du glaubst mir kein Wort, wenn ich dir erzähle, wie er sich aufführt. Alle Welt umschmeichelt ihn, alle geben sich Mühe, ihm zu Gefallen zu sein. Ich bin die einzige, die nicht mehr mitspielt, und deshalb bin ich angeblich krank.«

»Hat er das wirklich gesagt?«

»Ja. Und als wir zu diesem Wohltätigkeitsball gegangen sind und ich dieses blaue Kleid mit dem tiefen Rückenausschnitt anhatte, da hat er gesagt, ich sähe wie eine Nutte aus. Nein, entschuldige. Nicht wie eine Nutte, sondern wie eine *abgetakelte* Nutte! Ich bin ihm zu alt. Er läßt sich jeden Tag eine neue Gesichtscreme verschreiben und rennt von einem Dermatologen zum anderen, weil er ein winziges Fältchen auf seiner Stirn entdeckt hat, aber ich bin ihm zu alt! Hast du schon mal mit einem Mann im Bett gelegen, der die ganze Nacht Cold Cream auf dem Gesicht hat? Das macht einen unheimlich scharf.«

Cecily streckte ihre Hand aus und legte sie Jane auf den Arm. »Jane, ich –« Wütend schüttelte Jane ihren Arm.

»Außerdem ist er so herrlich sensibel. Jedesmal, wenn er eine Frau sieht, knipst er dieses berühmte untertriebene Lächeln an. Er kann schon gar nicht mehr anders. Die Frauen sind geradezu süchtig danach. Man sieht ihnen richtig an, wie sie dieses Lächeln genießen. Weißt du, woher ich das weiß? Weil er es mir dauernd vorführt. Wir stehen direkt nebeneinander, und er macht jede Frau an, die zufällig vorbeikommt. Er legt ihnen den Arm um die Schulter, hält ihren Kopf in der Hand und sieht ihnen tief in die Augen. Mich rührt er nicht an. Und wenn ich ihm sage, daß mich seine ständige Flirterei ärgert und daß ich mich gedemütigt fühle, dann sagt er: ›Liebling, warum diskutierst du deine Ängste nicht mit Dr. Fullerton?‹«

→ 25 ←

> ... wissen wohl die wenigsten, daß einige Vorfahren
> von Nicholas Cobleigh auf Long Island gelebt haben.
> So ist vermutlich der Tuttle Pond, westlich des Locust
> Valley, nach seinem Ururgroßvater benannt ...
>
> Newsday, Long Island

Judson Fullerton saß auf einem rosa Drehstuhl, der aussah, als stammte er noch aus den fünfziger Jahren. »Mir ist das nicht sehr behaglich«, sagte er. Ein Papierhandtuch bedeckte seine Brust wie ein Lätzchen.

»Doc«, sagte der Maskenbildner, »normalerweise zwinge ich niemanden zu einem Make-up – und Männer schon gar nicht. Aber Sie sitzen direkt zwischen Mrs. Cobleigh ...« Er schenkte Jane ein strahlendes Lächeln; offenbar hoffte er, sich geradewegs in die Garderobe von Nicholas Cobleigh lächeln zu können, »... und Gary. Mrs. Cobleigh hat einen sehr dunklen Teint, und Gary ist ein mediterraner Typ. Da würden Sie wie ein Kadaver aussehen ohne ein bißchen Schminke.« Der Maskenbildner drehte den Stuhl so herum, daß Jane sein Werk begutachten konnte. »Was meinen Sie, Mrs. Cobleigh?«

»Wie wäre es denn mit noch ein bißchen blauem Lidschatten?« sagte sie.

Fullerton wurde rot und riß das Papierhandtuch weg. Der Maskenbildner runzelte die Stirn, dann begann er sehr viel herzlicher zu lachen als nötig. Fullerton lächelte mühsam.

»Lassen Sie sich bloß nie zu blauem Lidschatten überreden, Mrs. Cobleigh«, sagte der Maskenbildner. »Alles, was Sie brauchen, um Ihre herrlichen Augen maximal zur Geltung zu bringen, ist ein Hauch Wimperntusche. Sagen Sie, wer hat Ihnen eigentlich diesen scheußlichen Eyeliner angedreht? Irgendeine Verkäuferin bei Bloomingdale's?«

»Nein, der Maskenbildner meines Mannes.«

»Jane – ich darf Sie doch Jane nennen?« Er wartete kaum auf

ihr Nicken. »Eine Spur Eyeliner ist okay, aber nur bei Blondinen. Er trennt die helle Gesichtshaut vom weißen Teil des Augapfels. Wenn Sie den gleichen Teint wie Ihr Mann besäßen, würde ich auch sofort den mittelbraunen Lidstift verlangen. Aber bei Ihrem Teint und vor allem bei Ihren herrlichen Augen ist Eyeliner einfach zuviel. Sie tragen ja Kohlen nach Newcastle, wenn Sie verstehen, was ich meine.« Jane nickte gehorsam. »Ist das Ihr erster Fernsehauftritt?« fragte der Mann.

»Ja.«

»Sie werden fabelhaft sein. Die Kamera wird sich in Sie verlieben.« Er tätschelte Jane die Wange. »Sie sind doch nicht etwa aufgeregt? Ich bitte Sie!«

Ein Mädchen, das einen Notizblock und zwei Bleistifte in der Hand schwenkte, führte sie auf die Bühne. »Bleiben Sie hinter den Kulissen«, flüsterte sie. »In der Pause bringe ich Sie auf Ihre Plätze.«

»Wie fühlen Sie sich?« fragte Fullerton.

Es irritierte Jane, daß sie so dicht neben ihm stehen mußte. »Sind Sie etwa nicht nervös?« fragte sie, aber kaum hatte sie es gesagt, war es ihr peinlich. Sie hatte ihn noch nie nach seinen Gefühlen gefragt.

»Ein bißchen.«

Anstatt es dabei bewenden zu lassen, hakte sie gleich noch einmal nach. »Und wovor fürchten Sie sich?«

»Sind Sie jetzt der Psychiater?«

Jane errötete. »Sie weichen mir aus«, sagte sie. Jane, du bist vorlaut, hätte ihre Stiefmutter gesagt.

In Wirklichkeit hatte sie Angst. Wahrscheinlich hatte Judson das längst bemerkt. Was würde wohl passieren, wenn sie da draußen einen Anfall bekam?

Fullerton tätschelte ihr den Arm, und Jane mußte sich sehr beherrschen, um ihn nicht spüren zu lassen, wie sehr sie diese Berührung erschreckte. »Ich weiche Ihnen aus, in der Tat. Ich habe ein paarmal bei Radiosendungen mitgemacht, und da hat alles ganz gut geklappt. Aber das Fernsehen mit seinem ganzen Drumherum schüchtert einen viel mehr ein.« Er warf einen Blick zur Decke, wo die Scheinwerfer und die Mikrofongalgen hingen. »Ich glaube, ich habe Angst, daß mir plötzlich die Stimme versagt. Ich trete in einer landesweiten Fernsehshow auf, und plötzlich quäke ich wie ein Pennäler im Stimmbruch.«

»Das ganze Land hört Ihre Piepsstimme, und es nimmt Sie niemand mehr ernst? Davor haben Sie Angst?«

Wieder berührte Fullerton ihren Arm. »Ich bin sicher, wir sind beide ganz ausgezeichnet.«

Jane fragte sich, was er wohl für eine Frau haben mochte. Ihrer Ansicht nach gab es zwei Möglichkeiten. Entweder war Mrs. Fullerton eine ältere, hagere Frau mit eingefallenen Wangen und kurzem grauen Haar, oder – und diese Möglichkeit beunruhigte Jane wesentlich mehr – es handelte sich um eine sehr sportliche Endzwanzigerin, die immer in Tennissachen herumlief. Eine junge, dynamische Frau, die Fullerton eine zweite Jugend geschenkt hatte.

»Es geht los«, sagte plötzlich das Mädchen mit dem Notizblock. Jane fuhr erschrocken zusammen. »Gehen Sie lächelnd auf Ihre Plätze und stolpern Sie möglichst nicht über die Kabel.«

»Vielen Dank, Dr. Fullerton«, sagte Gary Clifford, »ich glaube, unsere Zuschauer sind von Ihrem Einsatz für die Kranken genauso beeindruckt wie ich.« Seine Stimme war so voller Timbre, daß Jane während des Interviews mit Fullerton ständig erwartet hatte, Clifford werde plötzlich zu singen anfangen. Er sah aus wie ein italienischer Bariton. Seine klassischen Gesichtszüge, seine pechschwarzen Locken, seine blendend weißen Zähne und seine feurigen Augen machten ihn zu einem sehr attraktiven Showmaster, und »Talk« war eine äußerst beliebte Sendung.

»Nun zu Ihnen, Mrs. Cobleigh«, sagte er. »Sind Sie bereit, über Ihre Erfahrungen mit dieser tückischen Krankheit zu sprechen?«

»Wenn ich nicht plötzlich einen Anfall habe und schreiend hinausrennen muß...«, sagte Jane und sah ihm direkt in die Augen.

»Ha-ha-ha!« Gary Clifford schien sich vor Lachen zu schütteln.

»... aber dann können Sie es immer noch in den Sechs-Uhr-Nachrichten bringen.«

»Ha-ha-ha!«

»Die Publicity würde Ihnen doch sicher gefallen, nicht wahr?«

Jane lächelte vergnügt. Nicholas hatte ihr geraten, sich ganz auf ihren Interviewpartner zu konzentrieren und nie in die Kamera zu blicken oder sonstiges Gerät anzustarren. Ansonsten war er nicht bereit gewesen, über ihren Fernsehauftritt mit ihr zu reden. Als sie ihn bat, ihr probehalber ein paar Fragen zu stellen, hatte er einfach das Zimmer verlassen.

»Sind Sie zum Beispiel jetzt sehr nervös?« fragte Clifford.

»Ja. Natürlich. Aber das hat nichts mit meiner Phobie zu tun. Die wenigsten Hausfrauen verbringen ihre Nachmittage damit, sich von Gary Clifford interviewen zu lassen.«

Clifford strahlte zufrieden. Jane mußte sich zwingen, ihre Blicke nicht zum Monitor schweifen zu lassen. Aus den Augenwinkeln konnte sie den Ärmel von Judsons Jackett sehen.

»Phobien sind etwas ganz anderes als normale, vernünftige Ängste oder Befürchtungen«, sagte Jane. »Lampenfieber ist dagegen etwas völlig Normales.«

Clifford streckte die Hand aus und tätschelte ihr den Arm. Heute mußte allgemeiner Tätscheltag sein. Nur Nicholas hatte sie nicht getätschelt. Ganz im Gegenteil. Er war am frühen Morgen mit seinem Vater und seinem Bruder Michael zum Fischen nach Kanada gefahren. Er wolle seine Ruhe haben, hatte er nicht ohne Betonung gesagt, kein Telefon, kein Radio, und vor allem kein Fernsehen.

»Phobien sind eine völlig irrationale, unverständliche Reaktion auf den Alltag. Es gab überhaupt keinen erkennbaren Grund, warum ich zum Beispiel zwei Jahre lang unfähig war, mich in ein Auto zu setzen. Warum ich nicht gern in die Stadt ging. Wir leben ja nicht einmal in New York, sondern in einem kleinen Ort in Connecticut, der ganz friedlich und still ist. Danach habe ich sechs Jahre lang unser Haus nicht verlassen. Ich war buchstäblich nicht in der Lage, die Schwelle nach draußen zu überschreiten.«

»Ist es eine Geisteskrankheit?« fragte Clifford vorsichtig.

»Nein. Absolut nicht. Aber wenn Sie mich vor achtzehn Monaten gefragt hätten, hätte ich Ihnen gesagt: Ja, ich bin eine schwerkranke Frau. Ich kann die einfachsten Dinge nicht tun. Ich kann nicht in den Garten gehen, um ein paar Blumen zu holen. Ich kann keine Freundin besuchen, und ich kann mit meinem Mann keine Spaziergänge machen.« Plötzlich schwammen ihre Augen in Tränen. Wie hatte sie ihren Gefühlen nur so freien Lauf lassen können? Es war grauenhaft. Jedenfalls teilweise. Die Hausfrau Jane fühlte sich öffentlich gedemütigt. Die Schauspielerin aber führte die Finger zu ihrem Gesicht und wischte eine Träne beiseite. »Als meine Tochter in der vierten Klasse in einem Theaterstück mitspielte, mußte ich ihr sagen, ich könnte zur Premiere nicht kommen.« Sie staunte über ihre eigene Kühnheit: Meine Tochter sagte: ›Bitte, Mami, versuch es doch – mir zuliebe.‹ Aber ich *konnte* nicht.« Eine Sekunde lang bedeckte Jane ihr Gesicht mit den Händen, dann hatte sie sich wieder gefaßt. »Bitte entschuldigen Sie«, sagte sie.

Cliffords große braune Augen waren von einem Schleier des Mitgefühls überzogen. »Bitte, Jane«, sagte er freundlich, »erzählen Sie weiter.«

»Nein, nein«, sagte Jane, »das war nur die branchenübliche Übertreibung. Wenn die Leute vom Showbusiness *super* sagen, dann meinen sie, es war erträglich. Wenn sie *brillant* sagen, dann war es ganz gut. Glücklicherweise haben sie nicht gesagt: ›Ich bin sprachlos.‹ Das bedeutet, daß man so grauenhaft schlecht war, daß alle wünschen, man wäre schon als Säugling auf einem Berggipfel ausgesetzt worden.«

Jane und Fullerton standen auf einer kleinen Marmorinsel zwischen vier Fahrstuhltüren. Rechts und links von ihnen zogen sich die endlosen Korridore der Fernsehanstalt hin, die mit grundsoliden braunen Kokosläufern bedeckt waren.

»Sie waren aber wirklich gut, Jane«, sagte Fullerton. Sein Gesicht strahlte. Direkt nach der Show war er auf die Toilette gegangen und hatte das Make-up abgewaschen, aber er hatte seine Oberlippe vergessen, und deshalb hatte er jetzt einen aprikosenfarbenen Schnurrbart.

»Sie auch«, sagte Jane. Zum drittenmal innerhalb einer Minute drückte sie auf den Liftknopf. »Das Ding braucht ja ewig. Wenn es nicht innerhalb der nächsten dreißig Sekunden erscheint, werde ich eine Fahrstuhlphobie kriegen.« Sie warf Fullerton ein Lächeln und einen prüfenden Blick zu. Sein Gesichtsausdruck änderte sich beinahe nie. Er schien sich so auf das zu konzentrieren, was gerade gesagt wurde, daß er keine Gelegenheit hatte, darauf zu reagieren. »Das wäre natürlich praktisch, wenn ich meine Phobie kriegte, solange Sie neben mir stehen. Dann können Sie mich gleich auf dem Weg zum Erdgeschoß heilen.«

Offensichtlich hielt er keine Antwort für nötig. Sie warteten weiter. Schließlich kündigte ein Glockenton die Ankunft des Lifts an. Die Kabine war schon mit mehreren Personen besetzt, stellte Jane fest, sie würde also nicht in Gefahr geraten, weitere Gesprächsversuche zu machen. Wenn sie einmal angefangen hatte, mit ihm zu reden, konnte sie sich vor Nervosität gar nicht mehr bremsen. Wahrscheinlich haßte er solche Schwatzhaftigkeit. An ihm war immer alles so kontrolliert.

Trotz der sommerlichen Jahreszeit war die Luft vor dem Rockefeller Center trocken und kühl, so als hätte die NBC als besonderes Entgegenkommen für ihre Gäste ein spezielles Airconditioning arrangiert. Fullerton allerdings zerrte plötzlich an seinem Hemdkragen, als befände er sich immer noch unter den heißen Scheinwerfern im Studio.

»Wohin werden Sie jetzt gehen, Jane?« fragte er.

»Meinen Sie heute abend?«

»Ja.«

»Ich war mir nicht sicher, ob Sie eine praktische oder eine kosmische Frage gestellt haben, die mein ganzes weiteres Schicksal umfaßt.« Schon wieder plapperte sie einfach drauflos! Fullerton sah sie nicht einmal an. Er drapierte gerade das Tuch in seiner Brusttasche neu. »Heute abend. Tja, wir haben eine Wohnung an der Fifth Avenue, Ecke 75. Straße.« Sie gab ihm viel zu viele Informationen. »Ich nehme an, ich werde einfach nach Hause gehen, die Schuhe abstreifen und eine kleine Depression haben, nach all dem Lampenfieber wegen der Show. Während ich vor der Kamera saß, war ich gar nicht nervös, aber davor und danach war es schlimm.«

»Hat Ihr Mann eigentlich zugesehen?«

»Nein. Er ist in Kanada zum Fischen.« Jane schob den Riemen ihrer Handtasche noch etwas höher und steckte die Hände in ihre weiten Rocktaschen. »Er wollte mich auf keinen Fall in der Show sehen.«

»Er ist immer noch nicht damit einverstanden, daß Sie über Ihre Phobie reden?«

»Nein. Jedesmal, wenn ich den Mund aufmache, wird er noch wütender. Er ist der Ansicht, was ich bei den Interviews von mir gebe, sei schrecklich geschmacklos. Er behauptet, ich benehme mich wie eine dieser drittklassigen Schauspielerinnen, die in der Johnny-Carson-Show ihre kümmerlichen Liebesgeschichten erzählen, damit sich ihre Autobiographie besser verkauft.«

»Und was denken Sie selber?«

»Ich glaube, daß er sich irrt.«

Ohne weitere Diskussion gingen sie gemeinsam die Fifth Avenue hinauf. Fullerton sah starr geradeaus, so als erfordere die Fortbewegung seine gesamte Konzentration. Er hatte eine helle Haut, mittelblondes Haar und einen starken Bartwuchs. Jane fragte sich, ob der leichte Kiefernnadelduft von seinem Aftershave oder von den Bäumen des Central Parks ausging. Wenn er nur etwas gesagt hätte! Jane hätte zu gern gewußt, ob er sie aus Höflichkeit nach Hause bringen wollte oder ob er eine Verabredung in der Stadt hatte.

»Hätten Sie Lust, etwas mit mir zu trinken?« fragte er plötzlich.

Jane mußte sich zwingen, im gleichen Schritt weiterzugehen. Gleich würde sie stolpern und mit fliegenden Röcken auf den Bürgersteig fallen! »Ja«, sagte sie. »Gern!« Das »gern« war überflüssig gewesen. Bloß nicht gleich losjubeln! Sonst sagte sie womöglich gleich: »Prima! Au, fein!« und »Hurrah!«

Der Witz war, daß sie eigentlich ganz gut mit anderen Menschen umgehen konnte. Die achtzehn Jahre an der Seite von Nicholas waren nicht ohne Wirkung geblieben. Hunderte von Männern hatten ihren Charme an ihr erprobt, und sie wußte, wie man darauf reagiert. Aber das alles zählte jetzt nicht. An der Seite von Judson Fullerton fühlte sie sich so unsicher, als wäre sie wieder ein High-School-Teenager.

»Ich habe ein Apartment im East End.«

»Ach«, sagte sie verwirrt. »Wohnen Sie nicht in Connecticut? Ich dachte immer ...«

»Ich wohne in Westport. Aber ich habe einen Lehrauftrag an der Cornell Medical School, wo ich einmal in der Woche Vorlesung halte. Deshalb brauche ich eine Stadtwohnung.«

»Was lehren Sie denn?« fragte Jane.

Er sah sie an, als ob sie verrückt wäre. »Psychiatrie«, sagte er.

»Weißwein«, rief Jane. »falls Sie welchen haben.« Fullerton verschwand in der Küche.

Das Apartment war schrecklich phantasielos möbliert: Eine Schlafcouch, zwei Sessel und eine Art Ottomane, die alle mit demselben goldbraunen Stoff bespannt waren. Auf den beiden Tischen lagen medizinische Zeitschriften.

»Ich hätte da einen Montrachet«, rief Fullerton aus der Küche.

»Ja, wunderbar.«

Fullerton hatte draußen sein Jackett abgelegt und seine Krawatte gelockert. Er brachte zwei Gläser mit Wein aus der Küche und drückte ihr eins davon in die Hand. »Sie nehmen doch hoffentlich keine Beruhigungsmittel mehr?« fragte er. Er setzte sich auf den zweiten Sessel und legte die Beine auf die Couch.

»Nein«, sagte Jane hastig.

»Cheers«, sagte er und hob sein Glas. »Ich finde, es ist ganz ausgezeichnet gelaufen. Nur schade, daß die Show live ausgestrahlt worden ist.«

»Ich habe sie mitgeschnitten. Ich habe so einen Videorecorder mit –« Oh, verdammt, sie plapperte schon wieder. Gleich würde sie sämtliche Knöpfe des Recorders beschreiben. Rasch nahm sie einen Schluck Wein, um ihr Verstummen plausibler zu machen.

Fullerton nahm seine Krawatte ab und legte sie auf den Tisch. »Ich glaube, nach Ihrem heutigen Auftritt werden Sie eine gefragte Interviewpartnerin sein. Jede Talkshow im Land wird Sie haben wollen.«

»Sie waren aber auch sehr gut«, sagte Jane.

»Wir könnten auf Tournee gehen – als psychologischer Wanderzirkus.« Jane starrte ihn ungläubig an. Fullerton hatte einen Scherz gemacht! Oder nicht? Jane lächelte, aber Fullerton verzog keine Miene. »Was werden Sie tun, wenn man Sie zu weiteren Fernsehshows einlädt?« fragte er.

»Ich weiß nicht recht«, sagte sie und nippte erneut an ihrem Wein. Fullerton hatte sein Glas schon geleert. »Mein Mann wäre vermutlich nicht einverstanden damit.«

»Stellt das ein großes Problem für Sie dar?«

»Ja.« Sie hätte ihm gern erzählt, wie schlimm es mit Nicholas war. Sie hätte gern gefragt, was sie wohl falsch gemacht hatte. Was es bedeutete, daß sich Nicholas nicht mehr vor ihr auszog, sondern auch im Schlafzimmer stets im Bademantel herumlief, so, als wolle er sie auf keinen Fall mehr an seinen berühmten Körper heranlassen. Jane wollte gern reden, aber Fullerton war ja in diesem Augenblick kein Psychiater. Er hatte seinen Kragen geöffnet und die Füße hochgelegt, und sie trank seinen Wein. Und nannte ihn Judson. »Ich weiß nicht, ob ich unsere Kampagne fortsetzen kann«, sagte sie. »Ich würde auch weiter gern helfen, aber ich weiß nicht, wie weit ich gehen kann. Eine Zirkusnummer möchte ich nicht werden.«

»So habe ich das nicht gemeint«, sagte er.

»Ich weiß. Aber es ist nicht auszuschließen, daß es so kommt. Für Sie ist diese Tournee nur ein kleiner Bestandteil Ihrer beachtlichen medizinischen Laufbahn, aber für mich sieht das anders aus –« Sie seufzte. »Ich möchte nicht die Verrückte vom Dienst werden.«

»Sie sind doch keine Verrückte.«

»Ich möchte auch keine professionelle Ex-Verrückte abgeben. Als Nick seine ersten Filme machte, mußten wir auf Publicitytour gehen. In jeder größeren Stadt gibt es irgendeine regionale Talk-Show, ›Good Morning, Detroit‹, ›Hello Saratoga Springs‹ und so weiter; als Mrs. Nicholas Cobleigh könnte ich in jeder Show auftreten, die ich mir aussuche. Und vielleicht könnte ich sogar ein paar Leuten damit helfen. Wahrscheinlich gibt es in jeder Stadt ein paar Dutzend Frauen, die sich nicht aus dem Haus trauen und den lieben langen Tag vor dem Fernseher sitzen, weil sie sonst nichts zu tun haben. Aber will ich das wirklich?«

»Gibt es denn etwas anderes, was Sie unbedingt tun möchten?« fragte er. Jane zuckte die Achseln. »Möchten Sie immer noch bei unserem Therapie-Programm mitmachen? Möchten Sie so mit Kranken arbeiten, wie Ellie Matteo das mit Ihnen getan hat?«

»Ich weiß nicht, ob ich soviel Geduld aufbringen könnte wie Ellie. Ich erinnere mich noch, wie lange sie mit mir auf dem Hof stand und darauf wartete, daß ich mich entschloß, mich ins Auto zu setzen. Ich glaube nicht, daß ich diese Geduld hätte, auch wenn ich es alles selbst durchgemacht habe. Wahrscheinlich würde ich die Betreffende einfach ins Auto schieben und sagen: ›Komm, stell dich bloß nicht so an.‹ Ist das nicht schrecklich?«

»Nein«, sagte er und strich mit dem Zeigefinger über den Rand seines Glases. Hastig trank sie den letzten Schluck Wein. »Warten Sie, es ist noch was draußen«, sagte er.

Er holte den Wein aus der Küche und füllte ihre Gläser noch einmal. Als sie sich nach vorn beugte, um ihr Glas vom Tisch zu nehmen, setzte sich Fullerton auf die Lehne des Sessels.

Jane wagte nicht, das Glas an die Lippen zu heben. Wahrscheinlich würde ihre Hand zittern. Sie spürte seinen Schenkel an ihrer Schulter. Es war nichts. Sie interpretierte bestimmt alles falsch. Fullerton benahm sich einfach ganz zwanglos. Sie lehnte sich zurück. Sein Arm war schon da. Seine Hand war so warm. Er beugte sich über sie, um sie zu küssen.

Erst ein leichter, behutsamer Kuß. Dann ein langer. Seine Zunge streichelte ihre Lippen, stellte einen intensiven Kontakt her. Jetzt mußt du etwas sagen, dachte Jane, die Dinge wieder zurechtrücken, aufhören mit dieser Verrücktheit, solange noch Zeit war.

Statt dessen verrenkte sie sich beinahe den Hals, um ihren Mund noch fester an seine Lippen zu pressen. Fullerton zog sich etwas zurück, berührte sie auch nur ganz leicht. Jane öffnete ihre Lippen, aber Fullerton schob ihr die Zunge nicht in den Mund, sondern rieb nur seine geschlossenen Lippen an ihren.

Ihre Hände glitten zu seinen Schultern hinauf, aber Fullerton stieß sie zurück. »Laß dir Zeit«, sagte er. Jane legte ihre Hände zurück in den Schoß, ließ sich einfach nur küssen.

Fullerton setzte seine zarten, zögernden Berührungen fort, und Jane wurde immer erregter. Es war demütigend, wie er sie warten ließ. Ihre Hüften begannen zu zucken, während er an ihrer Unterlippe saugte. Sie konnte das nicht länger aushalten, wollte sich losreißen. Aber jetzt hielt er sie fest. Sie legte ihm die Hand auf die Hüfte – er stieß sie zurück.

»Sachte«, flüsterte er und küßte erneut ihre Lippen.

»Bitte, ich möchte mich ausziehen.« Hatte sie das wirklich gesagt? Fullerton stand auf, packte ihre Handgelenke und zog sie vom Sitz hoch. Die Bewegung ernüchterte sie, und sie spürte, daß sie eine gewisse Verlegenheit überfiel, aber das dauerte nur einen Moment, denn schon begann er sie wieder zu küssen. Jane zerrte ihren Pullover aus dem Rockbund.

»Mußt du zu einer bestimmten Zeit zu Hause sein?« fragte er.

»Nein«, flüsterte sie.

»Wozu dann die Eile?«

Es schien, als ob sie stundenlang küßten. Dann plötzlich zog er sie an sich, und Jane stieß einen so freudigen Schrei aus, daß sie sich vor Verlegenheit gleich wieder losreißen wollte.

Fullerton schien es nicht zu bemerken. Er hielt sie in seinen Armen und küßte ihre Lippen, ihr Kinn, ihren Hals. Er stand vollkommen still, während sich Jane an ihn drängte und sich kaum auf den Beinen zu halten vermochte.

»Ach, Jane«, sagte er schließlich. »Das ist ein gutes Gefühl.«

Jane befand sich in einem Zustand, der keine klaren Gedanken mehr zuließ. Sie versuchte sich die Kleider vom Körper zu reißen, aber Fullerton hielt sie fest. »Nein«, sagte er, »ich werde dich ausziehen.« Er ließ sich viel Zeit dabei, küßte sie ausgiebig auf den Hals und die Schultern, ja sogar unter den Armen, und als er endlich ihren Büstenhalter aufhakte, hätte sie vor Dankbarkeit beinahe geweint. Es war, als hätte er sie von einer schrecklichen Bürde befreit. »Faß mich an«, bettelte sie, »bitte, Judson, ich möchte, daß du mich überall anfaßt.« Sie versuchte, seine Hände zu packen und ihre Brüste damit zu berühren, aber Fullerton sträubte sich, streichelte ihren Rücken statt dessen, kniete sich hin und küßte sie auf den Bauch. »Faß mich an, Judson! Warum faßt du mich denn nicht an?« Vorsichtig zog er sie auf den Boden. Der Teppich war trocken und kratzig. Kleine Nägel schienen sich ihr in den Rücken zu bohren.

Fullerton hinderte sie daran, ihren Schlüpfer herunterzuziehen. »Laß«, sagte er, »das werde ich für dich tun.«

Er kniete sich neben sie, küßte und streichelte sie ununterbrochen. Als seine Zunge ihren Bauch berührte, zogen sich ihre Muskeln fast schmerzhaft zusammen. »Das gefällt dir, nicht wahr?« sagte er. Aber er weigerte sich, ihre Brüste zu berühren oder sie zwischen den Schenkeln zu streicheln, obwohl sie seine Hände immer wieder zu sich heranzuziehen versuchte.

»Nicht«, sagte er.

Dann endlich fuhr er mit seinen Fingerspitzen über ihre klatschnasse Spalte und netzte mit der Feuchtigkeit seine Lippen, ehe er sie noch einmal küßte.

Tränen strömten ihr übers Gesicht. Halb geblendet streckte sie ihre Hand nach der Stelle aus, wo sein Geschlecht den Hosenstoff spannte. Fullerton wich zurück. »Heute nicht«, sagte er.

Jane spreizte die Schenkel und reckte ihm ihre Vulva entgegen. Fullerton ignorierte die Einladung.

»Warum denn nicht?« fragte sie. »Um Himmels willen, warum nicht?«

»Weil wir heute erst anfangen«, sagte er leise.

26

> Weibliche Stimme: ... unser heutiger Gast, Beatrice Drew. Miß Drew ist eine der großen Persönlichkeiten des amerikanischen Theaters und wird in Houston in einer Inszenierung des erfolgreichen Broadway-Stücks »Starry Night« auftreten. Miß Drew, ehe wir auf »Starry Night« eingehen, möchte ich noch ein anderes Thema anschneiden. Sie sind doch eine enge Freundin von Jane und Nicholas Cobleigh und haben vor Jahren mit Nicholas auf der Bühne gestanden. Können Sie unseren Zuschauern sagen, wie es Jane heute geht?
>
> Patricia Obermaier, KTRK-TV News, Houston

Nicholas hatte das Mädchen schon einmal gesehen, als ihm die New York University im Frühjahr die Ehrendoktorwürde verliehen hatte. Sie hatte irgendwo im Hintergrund der Präsidentenloge gesessen und eine Limonade getrunken. Zunächst war sie ihm nur durch ihre schönen roten Haare aufgefallen. Sie war viel graziler als seine Töchter und kam ihm wie eine rothaarige Alice im Wunderland vor. Jedesmal, wenn er sie ansah, hatte sie die Augen gesenkt. Nicholas hatte sie für die Tochter eines der Professoren gehalten und bald wieder vergessen. Solche Begegnungen hatte er täglich.

Den Lehrauftrag an der NYU im Juli hatte er nur angenommen, weil er zwischen zwei Filmen gerade nichts anderes zu tun und zudem keine Lust hatte, vier Wochen mit Jane zu verbringen. Es war besser, wenn jeder von ihnen eine Zeitlang für sich blieb. Er jedenfalls brauchte Ruhe. Janes Zunge war schon immer spitz gewesen, seit einigen Wochen aber war sie rasiermesserscharf. Einmal war er nach einem Streit nach Manhattan gefahren und hatte dort übernachtet. Es war eine Wohltat gewesen, das große Bett für sich allein zu haben, und er hatte weit besser geschlafen als in den Wochen zuvor.

Am nächsten Morgen hatte er den Dekan der philosophischen Fakultät der NYU angerufen und sich bereit erklärt, im Juli zweimal pro Woche ein zweistündiges Seminar abzuhalten. Das war keine übermäßige Belastung, gab ihm aber Gelegenheit, allein zu sein und sich Gedanken zu machen. Wenn er allerdings tatsächlich allein war, fiel ihm meist nur ein, daß er wütend war, daß Jane wütend war und daß sie offenbar ein Problem hatten. Und natürlich, daß er sehr unglücklich war.

»Mir ist, als hätte ich meinen besten Freund verloren«, hatte er in einem seiner Filme zu sagen gehabt, und dieser Satz ging ihm seit Wochen nicht mehr aus dem Kopf.

Und dann saß dieses Mädchen mit den roten Haaren plötzlich in seinem Seminar. Er war einigermaßen überrascht, denn es hatte geheißen, zu dieser Veranstaltung seien nur Doktoranden zugelassen, und die Rothaarige sah nicht älter aus als siebzehn. Sie war sehr still, hielt den Kopf gesenkt und machte sich ständig Notizen.

In der dritten Sitzung erklärte Nicholas, er wolle sich jetzt die Namen merken, und las die Liste der Teilnehmer vor. Die Rothaarige meldete sich bei dem Namen P. MacLean.

»Mr. Cobleigh«, rief einer der Studenten. Nicholas war sich nicht sicher, ob es B. Nussbaum oder L. Drutman war. Seine Haltung war unnatürlich steif, und er trug die ganze Zeit eine Sonnenbrille, so daß er wie ein blinder Jazzmusiker aussah.

»Ja.«

»In welchem Verhältnis stehen Ihre Filme zum Werk von Orson Welles, Mr. Cobleigh?«

»Ich weiß nicht, ob –«

»Vergessen Sie jetzt mal ›Citizen Kane‹«, sagte der Student. »Denken Sie an ›The Magnificent Ambersons‹.«

»Nun, ich finde, diesen Film kann man eigentlich nicht richtig beurteilen. Die Filmgesellschaft, ich weiß nicht mehr, welche –«

»RKO«, sagte der Student müde.

»Die RKO hat eine ganze Stunde aus dem Film herausgeschnitten, darunter einige Szenen, die Orson Welles für die wichtigsten hielt.«

»Sehen Sie Parallelen zwischen Ihren Filmen und denen von Orson Welles?«

»Eigentlich nicht.«

»Überhaupt keine?« B. Nussbaum beziehungsweise L. Drutman schien verblüfft, daß Nicholas so blind war.

»Nein. Sehen Sie welche?«

»Das läßt sich nicht in zwei Sätzen sagen. Um das zu beantworten, braucht man schon ein paar Stunden.« Er schien darauf zu warten, zu einen Erläuterung aufgefordert zu werden.

Nicholas wandte sich statt dessen den anderen Seminarteilnehmern zu. »Sonst noch irgendwelche Fragen, ehe wir anfangen?«

P. MacLean hatte den Kopf nicht gehoben. Mehr denn je sah sie wie Alice im Wunderland aus. Sie trug ein altmodisches blaues Kleid mit Puffärmeln und wirkte so zerbrechlich wie eine Marionette.

Daß es solche Kleider überhaupt für Erwachsene gab! Vielleicht hatte sie eine Kindergröße gekauft. Nicholas fragte sich, was wohl das »P« bedeuten mochte: Patty, Penny, Polly?

Eine Viertelstunde später, als er über seine Arbeit als Regisseur sprach, ertappte er P. MacLean dabei, daß sie ihn anstarrte. Aber ihr Blick war nicht auf sein Gesicht, sondern auf seine Hose gerichtet. Die kleine Alice im Wunderland! Er hätte beinahe gelacht, aber dann wurde ihm klar, daß sie genau wußte, daß er sie ertappt hatte. Ihr Gesicht war dunkelrot angelaufen, und sie senkte hastig den Kopf. Sie begann wieder fieberhaft, sich Notizen zu machen, aber sie zitterte so, daß ihr der Stift aus der Hand fiel. Als sie sich danach bückte, wäre beinahe ihr Stuhl umgefallen. Nicholas hätte ihr so gern einen beruhigenden, freundlichen Blick zugeworfen. Sie war noch so jung, und sie tat ihm irgendwie leid. Aber den ganzen Rest der Stunde über hob sie nicht mehr den Kopf.

Als er in den großen Spiegel blickte, der eine ganze Wand des Badezimmers in der Fifth Avenue einnahm, fuhr Nicholas erschrocken zurück. Er sah grauenhaft aus. Drei Tage war er zum Angeln in der kanadischen Wildnis gewesen, und jetzt hatte er einen Sonnenbrand, der ihn wie eine geschälte Tomate aussehen ließ. Die Haut hing in Fetzen von seinem Gesicht, und die Mücken hatten ihn zerstochen, daß er sich mit Gewalt daran hindern mußte, sich ständig zu kratzen. Der einzige Vorteil seines Zustands war vielleicht darin zu sehen, daß er die achtzig Blocks von seiner Wohnung bis zur New York University hätte zu Fuß gehen können, ohne daß ihn jemand erkannte.

Forellen würde er so schnell nicht wieder essen. Sie hatten Hunderte aus dem Wasser gezogen. Manchmal hatte er den Eindruck, daß die Fische sich geradezu danach drängten, von ihnen gefangen zu werden. Nachdem der erste Erfolgsrausch verflogen war, hatte er das Angeln als lästig empfunden. Richtig Spaß hatte es schon deshalb keinen gemacht, weil sein Bruder Michael mit seinen nunmehr dreißig Jahren sich so verknöchert benahm, daß er älter wirkte als sein Vater James. Michael war Banker, aber so humorlos und stur, daß er beinahe wie eine Karikatur wirkte. Das einzige, was ihn zu interessieren schien, waren die Zinskonditionen der Federal Reserve Bank. Sein rotes Haar war so kurz geschnitten, daß sein Kopf wie ein rostiger Topfkratzer aussah.

Nicholas und sein Vater waren die erste Nacht hindurch wachgeblieben und hatten eine Flasche Wodka zusammen geleert. »Jetzt sind es sechzehneinhalb Jahre«, hatte sein Vater vor dem Morgengrauen gesagt.

»Was?« fragte Nicholas.

»Vor sechzehneinhalb Jahren, am 1. Dezember 1961, hat deine Mutter mich rausgeworfen, Nick. Schuld daran war ihr Psychiater. Der hat sie dazu getrieben.«

»Dad –«, sagte Nicholas.

»Schon gut, Junge. Aber paß du nur auf! Der Bursche, der sich dauernd mit deiner Frau interviewen läßt, ist auch so ein Typ.«

»Das ist schon in Ordnung, Dad.«

»Na, dann ist ja gut.« James goß seinem Sohn Wodka in den Pappbecher. »Weißt du übrigens, daß ich bei Winifred war?«

»Du hast sie besucht?«

»Ja. Das Hausmädchen wollte mich zwar nicht hereinlassen, weil sie mich nicht kannte, aber dann kam deine Mutter selbst an die Tür. Sie sieht fabelhaft aus.«

»War sie nicht sehr überrascht, dich zu sehen?« Nicholas wußte nicht, was er sonst sagen sollte. Er konnte seinen Vater ja nicht gut fragen, wie er nach so vielen Jahren und so vielen anderen Frauen den Mut aufgebracht hatte, Winifred zu besuchen.

»Ja, das war sie schon«, sagte James bedächtig. Nicholas hatte plötzlich befürchtet, sein Vater werde ihm etwas anvertrauen, was ein Sohn besser nicht wissen sollte. »Aber es hat sich dann sehr gut entwickelt.«

»Das freut mich«, sagte Nicholas, ehrlich erleichtert. Er hatte sich an der rauhen Wand des Blockhauses hochgezogen und stand leicht schwankend da. »Schätze, ich lege mich noch ein paar Stunden aufs Ohr, Dad. Was ist mit dir?«

»Sie nimmt mich wieder«, sagte James.

»*Was*?«

»Schon gut, Nick. Wir sind nicht im Kino. Du brauchst keine Überraschung zu heucheln. Du hast sehr gut verstanden.«

»Dad –«

»Wir fahren im August zusammen nach Frankreich, und danach werde ich wieder in die Park Avenue ziehen. Sechzehneinhalb Jahre waren wir getrennt, bloß wegen dieses verdammten Psychiaters. Winifred sagt, sie hätte nie aufgehört, mich zu lieben.«

»Glaubst du nicht –«

»Sieh bloß zu, daß dieser Fullerton, dieser Bastard, nicht zuviel Einfluß auf deine Jane kriegt.«

Nicholas hielt einen Waschlappen unter das kalte Wasser und kühlte sich damit das Gesicht. Dieser Sonnenbrand war wirklich scheußlich. Eigentlich war er mit Murray zum Mittagessen verabredet, und danach mußte er in die Uni, um sein Seminar abzuhalten. Sehr lustig würde das nicht werden.

»Wie geht es meiner Janie, dem neuen Fernsehstar?« würde Murray mit Sicherheit fragen. Nicholas warf den Lappen ins Waschbecken und ging hinüber ins Schlafzimmer. Die verschiedensten Pakete und Schachteln stapelten sich auf der Couch und den Stühlen. Vor der Reise nach Kanada hatte er sich eine komplette neue Garderobe bestellt, da er keine Lust hatte, jedesmal nach Connecticut fahren zu müssen, wenn er frische Socken benötigte. Als erstes brauchte er jetzt ein Sporthemd. Er suchte ein bißchen herum und öffnete schließlich eine der Schachteln von Saks. Ein Mißgriff. Sie enthielt einen Pyjama. Auch im nächsten Päckchen fand er kein Sporthemd. Es enthielt Unterwäsche für Jane. Aber nicht etwa die üblichen weißen, schwarzen oder pfirsichfarbenen Seidenhöschen, die sie sonst trug. In der Schachtel befand sich extravagante Reizwäsche in den ausgefallensten Farben: grau, burgunderrot und nilgrün. Ein gelber BH hatte so dünne Träger und so tief ausgeschnittene Körbchen, daß er wahrscheinlich ganz einfach abreißen würde, wenn sie ihn zu tragen versuchte. Nicholas schleuderte das Wäschestück quer durch den Raum, wo es wie eine abgerissene Narzisse auf dem Fußboden landete. Er war unglaublich wütend auf Jane.

Bildete sie sich etwa ein, neue Unterwäsche könnte alles wiedergutmachen? Bildete sie sich etwa ein, sie könne ihn wochenlang sarkastisch und feindselig behandeln, ihn mit ihren Fernsehauftritten als Irre von Connecticut zum Gespött machen und ihn dann mit ein paar nilgrünen Unterhöschen im Schlafzimmer rumkriegen? Das war eine so primitive Idee, daß sie eigentlich nur aus einer Frauenzeitschrift stammen konnte. »Wie Sie Ihren Ehemann wieder scharfmachen können! Ziehen Sie brandneue, sexy Reizwäsche an! Er kann Ihnen mit Sicherheit nicht widerstehen.« Das war genau die Sorte Empfehlung, über die Jane früher gelacht hätte und auf die sie heute hereinfiel: primitive, billige Tricks.

Nicholas durchquerte das Zimmer, hob den BH auf und stopfte ihn wieder in die Schachtel zurück. Jane war in Connecticut, bei diesem verdammten Psychiater, und bereitete ein Kolloquium über Phobien von Hausfrauen vor. Er hätte gute Lust gehabt, sie in Fullertons Büro anzurufen und ihr zu sagen: »Soll ich dir etwas verraten, Jane? Du hast dein Geld umsonst ausgegeben. Der Trick mit der Reizwäsche wird nicht funktionieren.«

Er hatte ihre Haare schon von weitem gesehen, aber erst als sie den Washington Square schon halb überquert hatte, war er sich seiner Sache sicher. Von hinten sah sie mit ihrem T-Shirt, ihren Tennisschuhen und Shorts wie eine Zehnjährige aus. Sie trug eine riesige Wassermelone unterm Arm. An einer Bank blieb sie stehen, legte die Melone vorsichtig ab und ruhte sich aus. Obwohl Nicholas noch zu weit weg war, um ihr Gesicht zu erkennen, wußte er, daß es P. MacLean war. Auf ihrem T-Shirt stand der Name der ersten Filmregisseurin der Welt: Alice Guy-Blaché.

Kurz darauf stand Nicholas vor ihr. »Sie sind P. MacLean«, sagte er. »Stimmt's?« Ihr blasses, nur mit ein paar Sommersprossen akzentuiertes Gesicht war so weiß, daß er glaubte, sie würde jeden Augenblick ohnmächtig werden. »Was bedeutet das P?« fragte er.

»Pamela.«

»Ist die Melone denn nicht viel zu schwer für Sie?«

Sie schüttelte den Kopf. Dann wurde ihr klar, daß sie den Mund aufmachen mußte. »Sie ist für eine Geburtstagsparty gedacht.«

»Ihre?« Pamela schüttelte wieder den Kopf. »Ich trage sie Ihnen, okay?« Sie nickte. »Wohnen Sie hier in der Nähe?«

Pamela schluckte. »In der Bank Street«, sagte sie. Ihre Stimme war genauso dünn wie sie selbst. »Machen Sie sich doch keine solche Mühe.«

»Ich mache das gern.«

Gemeinsam gingen sie durch den Park. Als sie die Straße erreichten, wurde Nicholas von den Fahrgästen eines Taxifahrers erkannt und mit lautem Geschrei begrüßt. Das Fahrzeug geriet einen Augenblick lang ins Schleudern und hätte sie beinahe über den Haufen gefahren. Pamela sprang erschrocken zurück. »Machen Sie sich nichts draus«, sagte Nicholas. »So etwas passiert dauernd. Bisher habe ich es noch immer überlebt.«

Endlich begann sie zu sprechen. »Wissen Sie, das ist mir sehr peinlich, daß Sie die Melone für mich durch die Stadt schleppen. Eine Freundin hat sie für mich besorgt. Sie hat eine Quelle, wo das Kilo nur zwölf Cent kostet; bei uns im Key Food Supermarkt nehmen sie doch glatt achtundzwanzig dafür. Ich bringe sie eigentlich nur von der Wohnung meiner Freundin zu mir. Ich –« Sie warf ihm einen verzweifelten Blick zu. »Es macht mich sehr nervös, mit Ihnen zu sprechen«, bekannte sie schließlich.

»Das ist aber völlig unnötig«, meinte Nicholas.

»Darf ich einen Augenblick nachdenken?« fragte sie. »Ich meine, bis ich mich daran gewöhnt habe, daß Sie meine Melone herumtragen?«

»Natürlich«, sagte er. Pamela lief wie ein Kind mit leicht nach innen gedrehten Füßen. Ihre Schüchternheit und Offenheit waren rührend.

Hübsch war sie eigentlich nicht. Ihre Nase war etwas zu lang, ihre Lippen waren zu dünn und ihr Kinn war zu spitz. Das Beste waren die Haare, und das schien sie auch zu wissen. Mit süßer Verzweiflung versteckte sie dahinter soviel wie möglich von sich. Nicht, daß sie viel hätte verstecken müssen: Sie war so schlank und schmal wie ein kleiner Junge. Sie trug auch keinen Büstenhalter unter dem T-Shirt. Ihre Brüste waren nur als zwei winzige Erhebungen zu erkennen. Unter dem l und dem h von »Alice Guy-Blaché«.

»Woher haben Sie dieses T-Shirt?« fragte er. »Oh, können wir überhaupt wieder reden? Oder halten Sie immer noch Ihre Schweigeminute?«

»Meine Mutter hat es mir machen lassen. Ich schreibe meine Dissertation über Alice Guy-Blaché. Kennen Sie ihre Arbeiten?«

»Nein. Ehrlich gestanden, ist mir nur ihr Name ein Begriff.«

»Soll das heißen, daß Sie noch nie von ›The Monster and the Girl‹ und ›The Girl with the Green Eyes‹ oder ›Tarnished Reputation‹ gehört haben?« Pamela lächelte. »Alle Leute fragen mich nach meinem Thema, und wenn ich's ihnen sage, dann fragen sie: ›Wie heißt die? Alice ...‹«

»Na, ja«, sagte Nicholas, »alles kann man schließlich auch nicht wissen. Hat sie eigentlich irgendwelche vernünftigen Filme gemacht?«

»Nein, ihre letzte Arbeit war ›Vampire‹ und stammt aus dem Jahr 1920.« Sie hob einen Augenblick ihre Haare hoch, als ob sie ihr Genick kühlen wollte.

»Nur so aus Neugier«, sagte er, »wieso sitzen Sie eigentlich bei mir im Seminar?«

Pamela senkte den Blick und konzentrierte sich ganz auf die Wassermelone. »Weil ich seit acht Jahren in Sie verliebt bin.«

»Kann ich mal telefonieren?« fragte Nicholas. Das Zimmer war so spärlich möbliert, daß er fürchtete, Pamela könnte sich kein eigenes Telefon leisten. Es gab zwar zwei Sessel, aber ihre Bücher lagen auf dem Fußboden verstreut, weil sie keinen

Schreibtisch besaß. Der Teppich war so verschlissen, daß man an einigen Stellen schon die Dielen durchschimmern sah.

»Das Telefon steht in der Küche«, sagte sie.

»Und warum nicht hier?«

»In der Küche ist es so eng, daß ich stehen muß beim Telefonieren. Auf diese Weise halte ich meine Telefonrechnung niedrig.«

»Du bist ja unheimlich schlau.«

Nicholas fühlte sich wohl in Pamelas Bett. Es war schmal, und die mit bunten Blumen bedruckte Bettwäsche war so hell und frisch wie eine sonnige Wiese. Pamelas Kopf lag auf seiner Brust, und er streichelte ihr über das Haar. Sie schlang ihre Arme um seinen Nacken, als sie ihn küßte. »Nicht so schlau«, sagte sie, »bloß praktisch.«

Er ließ seine Hand über ihren nackten Rücken gleiten. Sie war so unglaublich schmal und schlank. Es war, als ob man eine lebende Puppe im Arm hielte. Eine Puppe mit vollendeten kleinen Brüsten, mit roten Flammenhaaren und zierlichen Gliedmaßen. »Auch wenn du bloß praktisch bist, wirst du wohl wissen, daß du mich mit so einem Kuß bloß wieder in Fahrt bringst und ich auf diese Weise wohl nie dazu kommen werde, meinen Anruf zu tätigen. Ich war vor einer Stunde mit meinem Agenten verabredet, und er wartet womöglich immer noch. Aber bitte bleib genauso liegen. Ja nicht bewegen!«

»Ich fürchte, ich muß mich schon ein bißchen bewegen, denn in einer halben Stunde fängt dein Seminar an, und wir brauchen mindestens zehn Minuten für den Weg.«

Nicholas massierte die zarten Wirbelknochen, die aus ihrem Rücken hervorstanden. »Wenn das so ist«, sagte er langsam und schloß die Augen, »dann telefoniere ich gar nicht. In den uns verbleibenden zwanzig Minuten gibt es wahrlich Wichtigeres zu tun.«

Nicholas beobachtete Jane vom Schlafzimmer aus. Sie stand vor dem wandhohen Spiegel im Bad und tuschte sich die Wimpern.

»Kannst du mal einen Augenblick damit aufhören?« rief Nicholas.

»Nein, tut mir leid. Ich bin schrecklich in Eile. Aber sprich nur, ich höre zu.«

Jane trug weiße Leinenhosen, rot-weiß gestreifte Schuhe mit hohen Absätzen und einen durchsichtigen weißen BH. Ein Plastikbügel mit einer weißen Bluse hing an der Tür.

Verglichen mit seiner zierlichen Geliebten sah Jane wie ein Riesenweib aus. Außerdem störte ihn dieses eigenartig gekünstelte Aussehen an ihr. Jedesmal, wenn sie sich anzog, richtete sie sich her, als ob sie für »Vogue« Modell stehen müßte. Alles war Teil eines ausgeklügelten Konzepts, von der Frisur über die Strümpfe bis zum Schmuck gehörte alles zu einem komplizierten Ensemble. Aber das Schlimmste war ihr Makeup: Die Marmorplatte im Bad war mit Fläschchen und Tiegeln, Töpfchen, Schwämmen und Bürsten vollgestellt; und es gab genug Puder, Cremes, Lippenstifte und Rouge, um sämtliche Komparsen eines Cinemascope-Films von Cecil B. De Mille sechs Wochen lang zu schminken.

»Ich muß in fünf Minuten weg«, sagte sie. Während sie aus dem Bad kam, streifte sie die weiße Seidenbluse über und knöpfte sie zu. Nicholas mußte zugeben, daß sie hervorragend aussah, ja, sogar schön war. Ihr kraftvolles, strahlendes Aussehen und ihr energisches Wesen paßten sehr gut zusammen. Wenn sie zusammen ausgingen, sahen die Männer ihr nach. Sie wurde zwar nicht so angestarrt, wie Nicholas von den Frauen angestarrt wurde, aber sie wurde bemerkt. Allerdings war sie nur noch äußerlich attraktiv. Man hatte immer den Eindruck, daß man ihre Schönheit mit ein paar Handgriffen abschälen könnte. Sie hatte mit ihrem Inneren nichts mehr zu tun.

»Wo gehst du eigentlich hin?« fragte Nicholas.

»Zu einem Arbeitsessen mit einer sehr netten Redakteurin von ›Redbook‹. Sie wollen, daß ich eine Kolumne dort übernehme.«

»Worüber willst du denn schreiben?«

»Das wollen wir beim Essen besprechen. Wahrscheinlich wird es eine Kolumne zu allgemein interessierenden Themen. Du brauchst dir also keine Sorgen darüber zu machen, daß ich über unsere Ehe oder dein Privatleben schreibe.« Jane ging zu ihrem Garderobenschrank und nahm zwei rote Handtaschen heraus, die sie vor dem Spiegel miteinander verglich, als gelte es, eine gravierende ästhetische Entscheidung zu fällen. »Ich weiß nicht, ob du es schon bemerkt hast«, sagte sie, »aber die Leute interessieren sich für das, was ich zu sagen habe, und ich habe mir durchaus einen Namen gemacht.«

»Sicher. Als die geschwätzige, neurotische Ehefrau eines bekannten Schauspielers.« Nicholas wartete darauf, daß sie ihn ohrfeigte, denn er hätte sie gern geschlagen. Statt dessen ging sie zu ihrer Kommode, nahm ihr Portemonnaie und einige andere Utensilien aus einer weißen Handtasche und packte sie in die rote ein. »Hast du gehört?« brüllte er. Jane gab keine Antwort. Sie kramte in einer Schmuckkassette, wählte zwei rosa Perlenohrringe aus und befestigte sie behutsam an ihren Ohrläppchen. »Merkst du eigentlich nicht, daß die Leute über dich lachen?« fragte er.

»Laß mich in Ruhe.«

»Man braucht ihr bloß ein Mikrofon vor die Nase zu halten, und sie macht alles, was man von ihr verlangt. Bist du dir eigentlich nicht darüber im klaren, was für eine traurige Figur du dabei abgibst? Ich versuche dich ja nur daran zu hindern, dich noch mehr zum Narren zu machen. Du gehst zum Fernsehen und –«

»Das einzig Traurige bist du, Nick«, sagte sie hämisch. »Vielleicht interessiert es dich trotzdem, daß die NBC nach meiner Talk-Show nicht weniger als fünfhundert Briefe gekriegt hat! Sie wollen, daß ich in ein paar Wochen noch einmal auftrete und den Leuten erzähle, wie ich eine Dinnerparty vorbereite und womit ich die Gäste bewirte.«

»Du bist unglaublich naiv«, sagte Nicholas. »Dieser Armleuchter fragt dich: ›Nun, Jane, wie ist das, wenn sich die berühmtesten Leinwandstars an Ihrer Tafel versammeln?‹ und du sagst –«

Jane schmetterte ihre weiße Handtasche aufs Bett. »Hast du eigentlich nichts Besseres zu tun, als mich zu beschimpfen? Laß mich doch einfach in Ruhe.«

»Ich denke ja gar nicht daran.« Das Blut begann in seinen Schläfen zu pochen. Sie schaffte es immer wieder, ihn wütend zu machen. »Du bist ein verdammter Schmarotzer, Jane. Du mißbrauchst meinen Namen –«

»Oh, nein. Das tue ich keineswegs.«

»Doch. Du mißbrauchst meinen Namen und meine Beziehungen dazu. Du wußtest genau, warum du mich geheiratet hast. Du hast dir geholt, was du wolltest.«

»Wovon redest du eigentlich, Nick?« Jane stand vor Verblüffung der Mund offen.

»Du hast mich wegen meines Geldes geheiratet.«

»Wegen deines Geldes? Machst du Witze? Ich mußte jobben, damit du –«

»Du hast genau gewußt, alles würde nur eine Frage der Zeit sein. Dir stand der Sinn nach Höherem, und du warst unglaublich ehrgeizig, bloß fehlte es dir am Geld, und du wußtest nicht, wohin du solltest, zumal deine reizende Familie nichts von dir wissen wollte. Da hast du eben nach dem goldenen Ringlein gegriffen, und ich bin darauf hereingefallen. Ich war ja schließlich auch erst gerade zwanzig!«

»Ich habe dich damals sehr geliebt, Nick«, sagte sie.

Ihre Stimme war so sanft und leise, daß er gleich wußte, sie machte ihm etwas vor. »Oh, ja«, trällerte er. »Du hast mich geliebt. Vielen Dank, Jane. Ich habe dich ja auch soo geliebt.«

»Bitte, Nick, so geht es nicht weiter. Ich kann nicht mehr, Nick.«

»Ich weiß noch genau, wie mein kleines Herz klopfte, als ich dich zum ersten Mal sah. Du warst diese begabte, strahlende Schauspielerin, und ich dieser blöde Verbindungsstudent. Und dann hast du dich herabgelassen, mich –«

»Hör auf, Nick! Wir müssen aufhören, uns zu bekämpfen. Was ist das für eine Ehe? Wir können doch wenigstens –«

»Wir können doch wenigstens zugeben, daß du eine kleine, ehrgeizige Abenteuerin warst. Eine nette, intelligente Person, aber doch eine Abenteuerin, die auf das große New Yorker Geld scharf war. Stimmt's?«

»Ich habe dich geheiratet, weil ich dich liebte, Nick.«

»Ich glaube, wenn du ehrlich dir selbst gegenüber wärst, würde ich dich mehr respektieren.«

Jane hob ihre Handtasche auf und hielt sie sich vor die Brust, als könnte sie sich damit vor weiteren Angriffen schützen. »Wenn du schon solchen Wert auf Ehrlichkeit legst«, sagte sie,

»dann frag dich doch mal, warum *du* mich geheiratet hast. Du hast mich geheiratet, weil du jemanden haben wolltest, nein, haben *mußtest*, der so blindlings in dich verliebt war, so dankbar für jedes bißchen Aufmerksamkeit, daß dein Ego und deine Karriere niemals in Frage gestellt wurden. In dieser Beziehung warst du erfolgreich. Ich habe dir alles gegeben, was du wolltest.«

»Da irrst du dich, Jane. Du hast nie auch nur die verschwommenste Ahnung von dem gehabt, was ich wollte.«

Danach herrschte Schweigen. Sie starrten sich wortlos an. Eine stumme Kraftprobe. Jane wandte als erste den Blick ab. Nicholas hatte es nicht anders erwartet. Sie hatte nun mal keine Klasse. Sie drehte ihm den Rücken zu, nahm eine Perlenkette aus ihrem Schmuckkasten, stopfte sie in die Handtasche und lief aus dem Zimmer.

Nicholas folgte ihr auf den Flur, aber ihre Absätze klapperten bereits die Treppe hinunter. »Meine Eltern haben uns zum Dinner eingeladen«, rief er hinter ihr her. »Um sieben Uhr bei meiner Mutter.« Jane klapperte weiter die Treppe hinunter. »Hast du verstanden?« brüllte er.

Jane hielt eine Sekunde lang inne. »Ich fürchte, das schaffe ich nicht«, gab sie zurück.

»Hör mal zu, Jane. Ich verlange wirklich nicht mehr sehr viel von dir. Du hast soviel Zeit für dich selbst, wie du willst. Aber du weißt genau, daß deine Aktivitäten nicht so schrecklich wichtig sind, daß du dir nicht mal einen Abend freinehmen kannst.«

»Tut mir leid«, sagte sie. »Zufällig wird heute abend mein Auftritt in der David-Susskind-Show aufgezeichnet. Aber bitte grüße deine Eltern recht herzlich von mir. Sag ihnen, daß ich mich freue ...« Sie unterbrach sich. »Sag ihnen, daß ich mich freue, daß sie ihre Probleme gelöst haben.«

»Irgendwie ist unsere Beziehung sehr einseitig«, sagte Pamela. »Ich weiß fast alles über dich.«

Seit einer Woche war Pamela jetzt seine Geliebte. In ihrer Beziehung ging es nicht nur um Sex, obwohl Sex natürlich nicht unwichtig war. Nicholas war glücklich über ihre Zärtlichkeit, ihre Innigkeit, ihre Hingabe. Wenn sie miteinander sprachen, berührte sie ihn ständig, streichelte ihn, kuschelte sich in seinen Arm oder verfolgte die Adern auf seiner Hand mit den Fingern. Sie war so unglaublich zierlich! Seine Hand auf ihrem Bauch reichte fast von einem Beckenknochen zum anderen.

»Ich glaube, ich habe in meinem Gedächtnis so ungefähr alles gespeichert, was ich jemals über dich gelesen habe«, sagte sie. »Ist das nicht schrecklich? Ich weiß, daß du Hockey im College gespielt hast und daß du lieber ein Symphoniekonzert besuchst als die Oper. Außerdem magst du kein Oregano. Ist das richtig?«

Nicholas lachte. »Ja. Aber ich kann mir nicht vorstellen, daß solche Sachen jemals irgendwo gedruckt worden sind. Wo hast du das denn gelesen?«

»Laß mich nachdenken.« Pamela schloß die Augen und preßte sich seine Finger mit beiden Händen fest auf die Bauchdecke.

»Hilft das beim Nachdenken?« fragte Nicholas und spürte, wie er eine Erektion bekam. Allerdings durfte er sie nicht einfach packen und seiner Lust freien Lauf lassen. Das hatte er beim ersten Mal versucht, aber das Mädchen war entsetzlich erschrocken. »Nein, bitte nicht«, hatte sie gesagt und trotz der Julihitze heftig zu zittern begonnen. Pamela wollte fast wie ein Kind geküßt und gestreichelt werden, ehe sie sich zu öffnen vermochte. Erst wenn sich ihre Hände wie zwei eifrige, flatternde Vögel auf seinem Körper bewegten, war sie bereit. Selbst dann mußte er sie noch beruhigen und trösten: »Vorsichtig, Pam. Nein, ich tu dir nicht weh. Hab keine Angst.« Aber wenn sie einmal offen war, wollte sie auch, daß er sich keine Zügel mehr anlegte und richtig aus sich herausging. »Sag's mir«, hatte sie beim ersten Mal verlangt. »Sag mir, wie ist es, wie fühlt es sich an? Was denkst du dabei?« Es war ihm sehr schwergefallen, seine Gefühle in Worte zu fassen, vor allem als er merkte, was sie genau hören wollte. Es war, als ob man schmutzige Wörter an die Wand einer Kirche geschmiert hätte. Aber als er einmal angefangen hatte, ließ sie sich immer mehr gehen. Nicholas hatte sich kaum noch zurückhalten können; aus seinem Liebesgeflüster wurden Obszönitäten, und jeder Satz steigerte ihre Leidenschaftlichkeit.

Aber jetzt war sie wieder mädchenhaft scheu. »Deine Hand

fühlt sich gut an«, sagte sie. »Ach, jetzt weiß ich, wo ich das mit dem Oregano gelesen habe.«

»Wo denn?«

Nicholas spürte sofort, daß etwas nicht stimmte. Pamela lag vollkommen still, dann stieß sie plötzlich seine Hand weg und setzte sich auf. »Es war in einer Frauenzeitschrift. Ein Artikel über dich und deine Frau.« Sie senkte den Kopf und dachte eine Sekunde lang nach. Als sie den Blick wieder hob, sah sie unglücklich aus. »Nicholas, ich finde das alles nicht richtig.«

»Ich habe dir doch gesagt, daß meine Ehe nicht mehr zählt.«

»Du bist aber immer noch verheiratet, Nick. Ich bin nicht für so etwas geschaffen. Ich bin kein Mädchen für einmal die Woche oder einmal im Monat.«

»Nicht, Pam.«

»Irgendwann wird es vorbei sein. Du wirst mich verlassen, und das kann ich nicht vertragen. Verstehst du? Ich wünschte, ich könnte das alles ganz souverän sehen, aber das kann ich nun mal nicht. Ich bin zweiundzwanzig Jahre alt, und ich habe einundzwanzig Jahre meines Lebens in New Jersey gelebt. Das ist eine verdammt schlechte Voraussetzung für solche gefährlichen Affären mit verheirateten Männer deiner Kategorie. Ich hätte mich nie darauf einlassen dürfen. Es war wie ein wundervoller Traum, und ich war die Schlafwandlerin. Aber ich werde wohl aufwachen müssen. Solche Träume sind nichts für mich.«

Nicholas streckte den Arm aus und zog sie zu sich heran. Sie wehrte sich und wollte sich losreißen, aber er ließ es nicht zu. »In all den Artikeln, die du über mich gelesen hast, Pam, stand da irgendwo, ich sei ein Mann mit Affären?« Einen Augenblick hielt Pamela still, dann schüttelte sie langsam den Kopf. »Bitte versteh doch«, sagte er. »Das hier ist auch für mich keine bloße Affäre.«

Sie preßte ihr Gesicht an seine Brust. Dann hob sie den Blick. »Ich will mich aber nicht von dir aushalten lassen.«

»Pam, es besteht kein Grund, warum du fünfmal die Woche Thunfisch und trockenes Brot essen solltest.«

»Oh, doch. Ich habe sehr wenig Geld. Das ist keine Schande. Eines Tages werde ich promoviert haben und mir einen Job suchen. Dann esse ich nie wieder Thunfisch.« Sie machte eine Pause. »Das klingt wie ›Vom Winde verweht‹.«

»Pamela, bitte denk auch ein bißchen an mich. Ich sitze nicht gern auf dem Fußboden, ich schlafe lieber in einem etwas bequemeren Bett, und Thunfisch kann ich fast genausowenig leiden wie Oregano. Bitte, erlaube mir, uns eine Wohnung zu suchen.«

»Ich bin ganz durcheinander.«

»Aber, Pam, es ist doch so einfach.« Er nahm ihr Gesicht in seine Hände und küßte sie auf den Mund. Pamela errötete, und er konnte es gar nicht erwarten, sie wieder in seinen Armen zu halten. »Ich möchte glücklich mit dir sein. Das ist alles.«

27

Jane Cobleigh im Koma? Erschütterung bei der NBC
Variety-Schlagzeile

»Sexuelle Hitze verfliegt spätestens nach sechs Monaten«, las Jane. »Den Wechsel von himmelhoch jauchzendem Jubel und tiefer Verzweiflung, das ständige Brodeln des Begehrens und die Qualen der Lust kann auch das innigste Liebespaar nur ein halbes Jahr lang ertragen. Mehr als sechs Monate ständig geschwollener Genitalien sind keinem Irdischen erlaubt. Dann beginnt das Ich sich vor der Leidenschaft zu schützen, und Friede kehrt ein. Das erhitzte Fleisch kühlt ab, und die Liebenden trennen sich. Oder aber die Leidenschaft entwickelt sich zu routiniertem Sex, und aus dem blinden, rasenden Verlangen nach dem anderen wird Kameradschaft.«

Jane wußte, daß der Verfasser des Artikels sich irrte. Ihre Affäre währte jetzt schon acht Monate, und ihr Verlangen nach Judson Fullerton war größer denn je.

Am 10. März 1979 gaben ihre Schwiegereltern eine Geburtstagsparty für sie. Es war ihr neununddreißigster Geburtstag. Sie saß zwischen Liz und Vicky und versuchte, das Geplapper ihrer Töchter zu ignorieren. Sie, die gefeierte Hausfrau und Mutter, wünschte ihre Töchter zum Teufel. Victoria, mit ihren sechzehn Jahren genauso groß, dunkelhaarig und grobknochig wie ihre Mutter, war in ihrem ersten Studiensemester an der Brown University. Die vierzehnjährige Elizabeth war im dritten Jahr im Internat und zählte ihrer Mutter unermüdlich die unzähligen Tugenden ihres neuen Freundes auf, der sechzehn Jahre alt war. Beide Mädchen redeten ununterbrochen auf Jane ein: »Mami, hast du mein Referat über Congreve gelesen?«

»Mami, warst du überrascht, daß wir hier sind?«

»Mami, hast du gewußt, daß Congreve eine Tochter von der Herzogin von Marlborough hatte?«

»Mami, Davids Bernhardinerhündin ist trächtig, aber wahrscheinlich nicht von einem Bernhardiner, sondern von einem Labrador-Rüden.«

Jane hatte keine Lust, wieder einmal die Mutter zu spielen. Sie fand es ermüdend und langweilig, aber sie zwang sich dazu. Sie lächelte und nickte, unterhielt sich mit Viktoria über Congreve, nickte und lächelte und streichelte Elizabeths Haar. Es hatte einmal eine Zeit gegeben, in der sie alle Aufsätze mit Victoria diskutiert und die Namen von sämtlichen Hunden und Katzen auswendig gekannt hatte, die Elizabeths Freunden gehörten.

Jane starrte in die kleinen, aufrechten Flammen der Kerzen in den silbernen Leuchtern, ohne Nicholas auf der anderen Seite ins Auge zu fassen. Ihre Gedanken weilten bei Judson Fullerton.

Sie trafen sich zwei- oder dreimal die Woche. Mittwoch abends in seinem Studio in Manhattan und nachmittags gelegentlich in seinem Büro in Connecticut. Jane pendelte zwischen New York und der Farm hin und her; unabhängig davon, was Nicholas machte, versuchte sie immer da zu sein, wo Fullerton war. Heute muß ich in die Bibliothek, behauptete sie, ich glaube, ich bleibe über Nacht in Manhattan. Nicholas hielt sich entweder in New York oder in Montauk auf, wo »Land's End«, sein neuester Film, gedreht wurde. Er war den ganzen Sommer über so beschäftigt gewesen, daß er sich ihre Lügen kaum anhörte, geschweige denn überprüfte. Ein paarmal hatte ihr Nicholas ausrichten lassen, er wolle auf Long Island übernachten, und sie konnte die ganze Nacht in Fullertons Studio zubringen. Sie mußten auf der schmalen Bettcouch schlafen, und donnerstags war sie immer ganz steif, weil sie so wenig Platz und viel zu viel Sex gehabt hatte. Wir sind für so was zu alt, sagte sie, aber in Wirklichkeit konnte sie gar nicht genug kriegen. Erst gestern abend war sie in Fullertons Büro in Connecticut gewesen und hatte sich unglaublich durchvögeln lassen.

Fullerton hatte verlangt, daß sie sich völlig nackt auf die kalte Glasplatte setzte, die er als Schreibtisch benutzte, und sie von unten beobachtet. Er hatte sie die verschiedensten Positionen einnehmen lassen. »Leg dich flach auf den Bauch«, sagte er. »Setz dich auf die Tischkante. Mach die Beine mehr auseinander.« Jedesmal, wenn sie versucht hatte, irgendeinen Körperteil zu verstecken, hatte er von unten an die Platte geklopft. »Laß das.«

»Nicholas«, rief James. »Einen Trinkspruch auf Jane.«

Jane wußte noch genau, wie ihr das Blut zu Kopf gestiegen war, als Fullerton verlangt hatte, sie müsse die Schenkel noch weiter spreizen. Sie schloß die Augen und versuchte sich an sein Gesicht zu erinnern, als er unter ihr gelegen und die Umrisse ihrer Schamlippen auf seiner Seite der Glasplatte mit dem Finger nachgemalt hatte.

Nicholas stand auf, und Jane öffnete hastig die Augen. »Auf Jane«, sagte er und überlegte dann, wie er fortfahren sollte.

Später hatte sie flach auf dem Rücken gelegen, das Glas war sehr kalt auf der Haut. Fullerton hatte vor ihr gestanden, ihre Beine um sich geschlungen und war langsam in ihren Leib eingedrungen.

»Es ist zwar kein runder Geburtstag, den du heute feierst, Jane«, sagte Nicholas, »aber auch der neununddreißigste verdient eine gewisse Beachtung.« Er hatte denselben Tonfall angeschlagen, in dem er sich für seine Oscars bedankt hatte: voller falscher Bescheidenheit und überaus wohltönend.

Fullerton war sehr groß, und er stieß tief in sie hinein. Jane hatte sich mit aller Kraft an der Kante der Glasplatte festkrallen müssen.

»Wir alle wünschen dir ...« Im Licht der Kerzen sah Jane, daß Nicholas sein Glas direkt vor der Brust hielt. »... das Beste.«

Fullerton hatte sie fast eine halbe Stunde bearbeitet. Immer und immer wieder hatte sie seinen großen roten Penis in sich hineingleiten sehen.

Schweigen lag über der Tafel. Nicholas hatte seinen Toast beendet und setzte sich wieder.

Jane hob ihr Glas und neigte es leicht zu Nicholas hinüber. »Vielen Dank«, sagte sie. Aber Nicholas sah sie schon gar nicht mehr an. Er unterhielt sich mittlerweile mit seiner Schwester Abby, dem einzigen Cobleigh-Sprößling, der getan hatte, was James sich bei seinen Söhnen gewünscht hatte: Abby hatte Jura studiert und war Staatsanwältin in Boston. Ihr Freund, ebenfalls ein junger Jurist, saß neben ihr. Die elegante Wohnung, die Gegenwart des berühmten Filmstars und die verschiedenen Dienstboten hatten ihn offensichtlich so entnervt, daß ihm dreimal nacheinander das Essen von der Gabel gefallen war. Auch

Jane war das einmal passiert, aber Jane interessierte sich trotzdem nicht für den jungen Mann und seine Nervosität. Sie wünschte sie alle zum Teufel.

Während des Verkehrs hatte Fullerton ihre Klitoris mit dem Finger gerieben, sie hatte einen Höhepunkt nach dem anderen gehabt, und mit jeder Kontraktion hatte sie Fullerton weiter in ihre Scheide gezogen.

»Gib mir einen Abschiedskuß«, hatte sie von ihm verlangt, und er hatte sie so oberflächlich geküßt wie ein Ehemann, der sich auf den Weg ins Büro macht. »Bis Mittwoch«, hatte er gesagt. »Halb sechs, wie üblich.«

Er war in Eile gewesen. Seine Frau hatte ihre Eltern zum Essen eingeladen, und er wurde zu Hause erwartet.

Fullerton war seit fünfundzwanzig Jahren verheiratet. Alles, was Jane von seiner Frau wußte, war der Name: Virginia. Sie wurde Ginny genannt und sollte angeblich eine gute Schwimmerin sein. Sie sei siebenundvierzig, hatte Fullerton gesagt, und von Anfang an unfruchtbar gewesen. »Warum habt ihr kein Kind adoptiert?« hatte Jane gefragt. Fullerton hatte die Achseln gezuckt. Er hatte offenbar nicht die Absicht, ihr weitere Informationen über seine Ehe zu geben. Statt dessen hatte er das Thema gewechselt: »Du sollst bei der Middle Atlantic Phobia Conference ein Referat halten, Jane.« Business und Sex – über etwas anderes redete er nie mit ihr. Als er sie zu ihrem Wagen brachte, hatte Fullerton gesagt: »Das nächste Mal verzichten wir auf den Verkehr, ja? Wir werden aber ganz intensiv miteinander spielen.«

»Davids Mutter spricht sogar Russisch«, erklärte Elizabeth gerade.

»Wirklich?« erwiderte Jane.

»Kann sie es auch lesen?« fragte Victoria.

»Ich weiß nicht«, gab Elizabeth zu.

»Ja, hast du dich denn danach nicht erkundigt?« Victoria zog die Augenbrauen hoch.

»Wenn du willst, kann ich David ja fragen.«

»Ach, Liz, es geht doch gar nicht um mich, sondern um dich! Dir fehlt wirklich jegliches intellektuelle Interesse!«

»Vicky, Liz, jetzt hört aber auf!« sagte Jane.

Fullerton war nicht bereit, über seine Ehe zu reden. »Bist du glücklich mit Virginia?« hatte Jane ihn gefragt, und er hatte erwidert: »Worauf willst du hinaus, Jane?« Sie wolle wissen, welchen Platz sie in seinem Leben einnehme, hatte Jane ihm gesagt, und er hatte geantwortet: »Du weißt doch, was du mir bedeutest. Trotzdem will keiner von uns etwas ändern. Du willst an deiner Ehe nicht rütteln, und ich nicht an meiner. Oder hast du das vor?« Er hatte sie geküßt und hinzugefügt: »Ach, was hast du für einen herrlichen Mund.«

Wirkliche Gespräche fanden nie statt. Und es gab auch keine gemeinsamen Unternehmungen. »Können wir nicht mal zusammen ausgehen?« fragte Jane immer wieder. »Du bist viel zu bekannt«, hatte Fullerton ihr geantwortet. »Aber die Leute wissen doch nicht...«, hatte sie begonnen. »Mir fällt es auch schwer«, hatte Fullerton gesagt. »Sei doch vernünftig.« Jane hatte protestiert und ihn einen Feigling genannt. »Wenn du das Gefühl hast, ich gebe dir nicht, was du brauchst, Jane...«, hatte Fullerton daraufhin gesagt, und sie hatte rasch eingelenkt. »Nein, nein, Judson. Ich wünschte nur, wir könnten auch manchmal woanders hingehen als in dein Büro und in deine Wohnung.« Fullerton hatte ihr keine Antwort gegeben.

Auf seine Frau nahm er nicht so viel Rücksicht. Er sagte Jane, er müsse um sieben zu Hause sein, und blieb aber dann bis um neun mit ihr in seinem Büro. Jane war sich bis heute nicht darüber im klaren, ob Virginia Bescheid wußte. Einmal hatte sie angerufen, als sie zusammen im Bett lagen. »Ist es ein Notfall?« hatte Fullerton gefragt und mit den Fingern auf die Tischplatte getrommelt, während er den Erklärungen seiner Frau zuhörte. »Du weißt doch, daß ich in New York nicht gestört werden möchte. Ich brauche Zeit für mich selbst.« Einmal hatte Jane ihn ganz direkt gefragt: »Weiß deine Frau Bescheid über uns?« Aber Fullerton hatte bloß gesagt, er halte solche Diskussionen für sinnlos. »Das geht doch nur dich und mich an. Laß Virginia aus dem Spiel, Jane. Sie gehört nicht dazu.«

Über Nicholas sprach Fullerton eher, allerdings nur im Zusammenhang mit Sex. »Hat er das schon mal mit dir gemacht?« fragte er zum Beispiel. »Hat er das schon mal probiert? Ist sein Schwanz dicker als meiner?« Jane hatte seine Fragen abgewehrt:

»Bitte, Judson ...« Aber Fullerton hatte nicht lockergelassen. »Ist er es nun oder nicht?« Jane hatte den Kopf geschüttelt. »Bist du wirklich niemals bei ihm gekommen, dem größten Sex-Idol der westlichen Welt?« Wiederum hatte sie den Kopf geschüttelt. »Nein, ich habe es dir doch gesagt; er hat mich niemals zu befriedigen vermocht. Das schaffst nur du.«

Von sich selbst erzählte Fullerton wenig. Er stammte aus Maine, war fast an der kanadischen Grenze geboren. Sein Vater hatte einen Spirituosenladen gehabt. Ob der nett gewesen war, wollte Jane wissen. »Nein, nicht besonders«, hatte Fullerton geantwortet. »Warum sprichst du so wenig über deine Vergangenheit?« hatte sie gefragt. »So bin ich eben, Jane. Brauchst du jemanden, der offener ist?« Jane hatte sich eilig entschuldigt.

»James«, sagte Winifred und beugte sich über den Tisch. »Wie findest du Janes neues Armband? Ist es nicht fabelhaft?«

»Sehr hübsch«, sagte James.

Winifred wandte sich an Jane. »Hat dich Nicholas heute damit überrascht?«

»Ja.« Jane lächelte freundlich. Vor zwei Tagen hatte Nicholas ihr gesagt, sie solle zu Cartier gehen und sich ein Geburtstagsgeschenk kaufen. Sie war nicht einmal beleidigt gewesen. Sie hatte sich einen dünnen goldenen Reif mit vielen Diamanten und Saphiren ausgesucht, den Nicholas mit Sicherheit viel zu protzig fand. »Nicholas hat so einen wunderbaren Geschmack.« Jane hielt ihr Handgelenk hoch, und Nicholas starrte sie überrascht und ärgerlich an. Aber Jane hatte ihr Weinglas vom Tisch genommen, trank und schien davon nichts zu bemerken.

Abgesehen von jenem ersten Abend hatten Judson und sie nie wieder ein Glas Wein zusammen getrunken. Jane hatte zwar mal eine Flasche mitgebracht, die er in den Kühlschrank stellte, aber dann hatten sie sie einfach vergessen.

»Wenn du schon über deinen Vater nicht reden willst«, hatte sie gesagt, »darf ich dir dann mal etwas von meinem Vater erzählen?«

»Jane, bitte!«

»Judson. Hör mal zu. Mein Vater hat alle möglichen Dinge mit mir gemacht. Als ich in der High-School war, ist er nachts in mein Zimmer gekommen und hat sich zu mir ins Bett gelegt.«

»Jane –«

»*Bitte* hör doch mal zu. Als ich noch klein war, hat er mich immer ins Schlafzimmer gezerrt und mir die Schlüpfer heruntergezogen.«

»Jane, bitte hör auf damit. Ich bin nicht mehr dein Psychiater.«

»Ich weiß, Judson, aber ich wollte dir gern trotzdem –«

»Ich habe dir eine ganze Reihe guter Ärzte benannt, die –«

»Judson, ich bitte dich. Ich habe doch sonst niemand, dem ich diese Dinge erzählen könnte. Ich habe noch nie darüber gesprochen, aber ich denke dauernd daran und –«

»Jane, du machst es mir wirklich sehr schwer.«

»Ich will doch nur mit dir reden, von Mensch zu Mensch. Ich habe gar nicht die Absicht, wieder deine Patientin zu werden. Verstehst du das nicht? Mit wem soll ich denn sonst reden?«

»Du weißt genau, mit wem du reden kannst, Jane. Versuche bitte nicht, mich zu manipulieren. Ich bin wirklich der letzte, bei dem du dieses Thema anschneiden solltest, es sei denn, du möchtest deinen Vater zu uns ins Bett holen.«

»Judson!«

»Okay, dann wollen wir Schluß damit machen. Komm, Jane, beruhige dich.«

»Liebst du mich denn gar nicht?«

»Doch, Jane, es ist alles in Ordnung. Ganz langsam atmen. Nicht zu tief. So ist es richtig. Fühlst du dich jetzt besser?«

»Es tut mir leid, Judson.«

»Ist schon gut, Jane. Hat er dich zum Geschlechtsverkehr gezwungen?«

»Nein.«

»Hat er dich zur Fellatio gezwungen?«

»Nein. Nichts dergleichen, aber er –«

»Solche Dingen passieren viel öfter, als man denkt, Jane. Hast du dich ein bißchen beruhigt? Dann reden wir nicht mehr darüber.«

»Mami?«

»Was ist, Liz?«

»Hast du eine Midlife-crisis, Mami?«

»Elizabeth!« sagte Winifred kopfschüttelnd. »Ich möchte wissen, wo du solchen Unsinn gehört hast!«

»Mami sagt überhaupt nichts«, beharrte Elizabeth. »Sie ist so merkwürdig still und verträumt. Außerdem hat sie Geburtstag. Zwischen fünfunddreißig und vierzig haben viele Leute so eine Krise. Da könnt ihr jeden Arzt fragen. Davids Mutter hat auch eine Midlife-crisis gehabt. Sie hat ständig Schlankheitspillen geschluckt und ist davon süchtig geworden. Am Ende ist sie ins Krankenhaus gekommen. Als es ihr wieder besser ging, hat sie eine Schönheitsoperation machen lassen, aber niemand darf etwas davon wissen.«

Jane warf ihrer Schwiegermutter einen langen Blick zu und lächelte vergnügt. »Wer weiß? Vielleicht mache ich tatsächlich eine kleine Krise durch«, sagte sie. »Aber wenn ich Glück habe, komme ich vielleicht mit einer Nasenoperation und milden katatonischen Krämpfen davon.«

»Unsinn«, schmunzelte Winifred. »Ihr zwei habt das Schlimmste doch hinter euch. Oder nicht, Nicholas?«

Barbara Hayes, die Produzentin der Fernsehshow »Talk«, war eine furchteinflößende Erscheinung. Sie war genauso groß wie Jane, aber sehr viel grobknochiger. Obwohl sie kein Gramm Fett am ganzen Leib hatte, wirkten sowohl ihr Gesicht als auch ihr Körper außerordentlich kantig und breit. Ihre Hautfarbe war schwarz, und unter ihrem seitlich geschlitzten Rock spannten sich bretthartes Muskeln, wie sie selbst Nicholas nie hatte aufweisen können. Die hochhackigen Schuhe standen in apartem Kontrast zu ihren kräftigen Schultern, ihrer strengen Kostümjacke und dem kurzgeschnittenen Kraushaar.

Trotz ihres furchteinflößenden Äußeren war Barbara eine reizende junge Frau, dachte Jane, eine jener freundlichen, liebenswürdigen Persönlichkeiten hinter den Kulissen, die einen glatt vergessen lassen könnten, was für ein brutales Gewerbe das Showgeschäft ist. »Jetzt sehen Sie sich bloß an, wie diese Typen uns anstarren«, sagte sie, als sie mit Jane in die »Rôtisserie« kam. »Die Herren der Schöpfung halten uns offensichtlich für die Vorhut der Amazonen. Wahrscheinlich überlegen sie, ob sie im Pentagon anrufen müssen.« Barbara lächelte. »Wahrscheinlich fragen Sie sich, warum ich Sie zum Lunch eingeladen habe, nicht wahr?« sagte sie.

»Ja«, gab Jane zu.

»Jedesmal, wenn Sie in der Show waren, hatten wir gute Einschaltquoten und eine fabelhafte Resonanz. Sie sind der geborene Fernsehstar.«

»Ich habe mich schon lange gefragt, wozu ich geboren sein könnte.«

»Jetzt wissen Sie es! Schmeckt Ihnen der Lachs? Gut. Aber kommen wir zur Sache. Gary Clifford geht zwei Wochen in Urlaub. Wir möchten Sie bitten, ihn eine Woche lang zu vertreten.«

Jane starrte ihr Gegenüber verblüfft an, aber Barbara Hayes war völlig damit beschäftigt, ihren Toast mit geräuchertem Lachs zu belegen.

»Ich soll Gary Clifford vertreten?« fragte Jane.

»Ja. Eine Woche lang Sie, und eine Woche lang Jerry Gallagher von ›Today‹. Sie kennen ihn sicher. Das ist der mit den Sommersprossen.« Jane kannte den Mann. Er sah aus wie die Puppe eines Bauchredners. »Ich will Ihnen ganz ehrlich sagen«, fuhr Barbara fort, »daß wir noch nicht recht wissen, was daraus wird. Wir möchten herausfinden, ob man in der schwierigen Zeit zwischen vier und sechs überhaupt eine Frau im Programm präsentieren darf. Das Publikum besteht vor allem aus Hausfrauen, aber es gibt auch berufstätige Frauen und ein paar Männer, die gerade von der Arbeit nach Hause gekommen sind. Das sind aber nur zweiundzwanzig Prozent. Bisher waren wir der Ansicht, der Moderator müsse immer ein Mann sein: freundlich, ein ganz klein bißchen sexy, aber mit viel Autorität.«

»Und Gary Clifford ist ...«

Glücklicherweise brauchte sie ihren Satz nicht zu vollenden. Barbara streckte ihr den Zeigefinger entgegen und sagte: »Genau!«

»Ich verstehe«, sagte Jane, aber sie verstand überhaupt nichts.

»Er ist zu sexy und hat zu wenig Autorität. Außerdem ist er nicht sehr intelligent. Wissen Sie, die Zeiten haben sich geändert: Die Leute wollen keine Küchenchefs mehr sehen, die mit ihren Eiern und Soßen herumpantschen. Und die Schnulzenautorinnen, die ihren Bestseller geschrieben haben, während sie Drillinge großzogen, locken auch keinen Hund mehr hinter dem Ofen hervor. ›Talk‹ braucht einfach witzige, intelligente Interviews und Gespräche.«

»Und deshalb wird Garys zweiwöchiger Urlaub –«

»Erraten.« Jane fragte sich, welches Rätsel sie da gelöst haben mochte. »Vielleicht sind es zwei Wochen, vielleicht ist es für immer. Sein Vertrag läuft nur noch fünf Monate. Wir können ihn mühelos abfinden.«

Jane hatte begriffen. Die NBC wollte Gary abschießen. Barbara hatte recht, besonders intelligent war er nicht. Aber er war nett. Jane fragte sich, ob er wohl wußte, was ihm bevorstand. »Wollen Sie mich bloß als weiblichen Säuretest einsetzen, oder –«

Barbara lächelte, und Jane lächelte zurück. »Sie wollen mich festnageln«, sagte Barbara. »Na gut, das kann ich verstehen.« Jane wußte immer noch nicht, worauf die Produzentin hinauswollte. »Ich gebe zu, wir benutzen Sie für unsere Absichten, aber wir tun es in erster Linie, weil wir Sie im Programm haben wollen. Jedesmal, wenn wir Sie dabei hatten, war die Sendung ein Hit. Das wissen Sie ja. Sie sind freundlich, ernsthaft, verletzlich, intelligent und gebildet. Und Sie können sich ausdrücken.«

»Vielen Dank«, sagte Jane. Hoffentlich vergaß sie keines dieser schmeichelhaften Attribute, wenn sie Cecily von dieser Begegnung erzählte! ›Verletzlich, gebildet‹!

»Hat dieses Angebot eigentlich etwas mit der Tatsache zu tun, daß ich mit einem Filmschauspieler verheiratet bin?«

»Es hat sehr viel mit Ihrem Mann zu tun«, sagte Barbara Hayes. »Dem Namen Cobleigh haftet einfach ein gewisser Glanz an. Trotzdem ist er allenfalls ein Sprungbrett für Sie, denn schwimmen müssen Sie selbst.«

»Oder untergehen wie eine bleierne Ente.«

»Wenn wir Befürchtungen hegten, daß Sie versagen, hätten wir Sie bestimmt nicht gefragt. Aber selbst wenn Sie Probleme haben sollten, ist das für uns ...« Barbara ließ den Rest des Satzes in einem großen Stück Toast stecken.

»Ein Testlauf, der Ihnen zeigt, ob die Zuschauer bereit sind, eine Frau zu akzeptieren?« stellte Jane fest.

»Genau.«

»Soll ich noch über meine Agoraphobie sprechen?«

»Nein. Phobien sind *out*. Das Thema ist durch. Wir wollen Sie in der Show haben, weil sie zu einem sehr breiten Spektrum die Fragen stellen können, die unsere Zuschauerinnen zu Hause auch stellen würden. Sie haben keinerlei Hemmungen, naiv zu wirken oder sich Blößen zu geben, wenn Sie mit Fachleuten reden. Das wurde beispielsweise sehr deutlich, als Sie mit dieser Professorin über Frauenfragen diskutiert haben. Sie haben nur ganz einfache Dinge gefragt, und sie hat sich auf geradezu unvergeßliche Weise entlarvt.«

»Die überhebliche Art und Weise, in der sie über Hausfrauen sprach, war wirklich zum Kotzen.«

»Genau«, sagte Barbara. »Aber, was sagen Sie denn zu meinem Angebot? Sind Sie interessiert?«

»Ich fühle mich geehrt. Natürlich interessiere ich mich sehr dafür, aber ...« Jane überlegte krampfhaft, wie sie möglichst elegant sagen konnte, daß sie sich die Sache nicht zutraute. Bisher war sie schließlich nur Gast in der Talk-Show gewesen und nicht Moderatorin. Schon jetzt blieben ihr die Worte im Hals stecken.

Barbara beugte sich vor. Einen winzigen Augenblick sah sie unsicher aus. »Aber ...?« fragte sie. Die Spitze ihrer Gabel zeigte genau auf die Mitte des Tellers. Sie wirkte ehrlich beunruhigt. »Bitte, wenn Sie irgendwelche Fragen haben, dann sagen Sie es!«

Jane legte ihre Arme auf die Lehnen des Sessels. Es war alles in Ordnung. Die Leute mochten sie. Barbara Hayes und die NBC hielten sie für freundlich, ernsthaft und intelligent. Jane entspannte sich so gründlich, daß sie fast vom Stuhl gefallen wäre. Sie setzte sich wieder gerade und lächelte Barbara an. »Nein. Keine weiteren Fragen. Sie müßten nur noch mit Murray King über die Details sprechen. Er ist mein Agent.«

Barbara lächelte erleichtert. »Natürlich, Jane«, sagte sie. »Das versteht sich von selbst.«

NBC bot Jane einen auf fünf Jahre befristeten Vertrag an, der beiderseitig nach jeweils dreizehn Wochen aufgekündigt werden konnte. Ihr Honorar sollte zweitausendfünfhundert Dollar pro Woche betragen. Nach den ersten vier Wochen rief Murray King noch einmal bei Barbara Hayes an, und zwei Tage später entschloß sich die NBC, diesen Betrag auf dreitausend Dollar aufzustocken.

»Hallo und willkommen zu ›Talk‹, sagt Ihre Jane Cobleigh.« Sie sprach in Kamera eins. »Darf ich Sie mal ganz persönlich etwas fragen? Haben Sie in letzter Zeit zufällig mal elf oder zwölf Dollar für ein gebundenes Buch oder zweifünfundneunzig für ein Taschenbuch ausgegeben? Für ein Buch, das aussah, als wäre es unheimlich interessant? Sie wissen schon, mit all diesen tollen Pressestimmen auf der Rückseite: ›Gescheit und witzig, liebenswürdig und phantasievoll. Atemberaubend und spannend, ein richtiger Thriller. Beschwört eine große Epoche herauf ...‹ Und dann haben Sie angefangen zu lesen, und siehe da, das liebenswürdige, spannende Buch« – sie legte ihre Hand auf einen großen Bücherstapel, der neben ihr lag – »war ganz einfach langweilig. Dieses angeblich gescheite, atemberaubende, von allen Seiten bejubelte Buch war lausig geschrieben, schlecht gesetzt und gedruckt und so miserabel gebunden worden, daß die Seiten 247 bis 318 nach einer Woche herausfielen. Heute wollen wir uns in ›Talk‹ mit der Frage beschäftigen, was eigentlich mit unseren Verlagen los ist und warum so viele gute Bücher« – sie lächelte und zuckte leicht mit den Achseln – »so schlecht sind. Aber zunächst die Werbung.«

Nach seinem dritten Film hatte Nicholas ihr gegenüber geäußert: »Wenn du berühmt wirst, bist du gefragt, und die Leute erwarten geradezu, daß du Allüren an den Tag legst. Wenn sich dann allerdings herausstellt, daß du ein ganz normaler Mensch bist, sind sie total verblüfft. Und dieser Effekt führt dazu, daß du am Ende mehr erreichst, als wenn du irrsinnige Forderungen stellst. Es ist erstaunlich, wie hilfsbereit die Leute sind, wenn man höflich ist und sich danach erkundigt, ob ihre Kinder gesund und vergnügt sind.«

Nach fünf Wochen fragte die NBC bei Jane an, ob sie etwas dagegen hätte, wenn ihr Büro mit neuen Tapeten, Teppichböden und Möbeln ausgestattet würde.

»Weshalb sollte ich«, sagte Jane. Ob sie spezielle Wünsche damit verbinde? Sie beschloß, ganz bescheiden zu bleiben. »Irgend etwas Hübsches und Weibliches«, sagte sie.

Anstelle des Jugendstilmobiliars, das ihr vorgeschwebt hatte, kriegte sie Louis XVI., blaßrosa Wände, rosa bezogene Stühle und zartgrüne Seidenvorhänge. Sogar eine Chaiselongue war vorhanden. Das viele Blattgold ließ das ehemals eher nüchterne Büro wie das Boudoir der Pompadour aussehen.

»Deine Show war phantastisch«, sagte Barbara Hayes. »Hast du schon die neuesten Zahlen über die Sehbeteiligung?« Jane nickte. »Soll ich dir was sagen? Jetzt halten sie mich für ein Genie, weil ich dich in die Show gebracht habe. Ich kriege ein neues Büro!«

»Bist du nicht erst vor einem halben Jahr in ein neues Büro gezogen?« fragte Jane.

»Schon, aber das hat nur an einer Wandseite Fenster.«

»Aha. Und das neue?«

»Das neue hat an zwei Wänden Fenster, und außerdem liegt es fünf Stockwerke höher. Es ist, als ob man direkt ins Paradies befördert wäre. Außerdem haben sie mich gefragt, ob ich flaschengrün mag.«

»Ich hoffe, du hast sie ausgelacht, Barbara.«

»Nein. Über Statussymbole mache ich nie Witze, denn sie sind ein Ausdruck von Macht. Ich habe ihnen gesagt, ich hätte gern etwas Schlichtes, und nicht zu weiß. Ist das nicht gut? Etwas Schlichtes. Das klingt doch sehr asketisch und souverän, oder?«

»Am Ende kriegst du einen alten Läufer, ein Telefon und einen wackligen Schreibtisch.«

»Ich bin auch sehr gespannt, wie sie ›nicht zu weiß‹ interpretieren.« Barbara wedelte mit ihrem Notizblock. »Also gut. Morgen und am Freitag reden wir über die wechselseitigen Vorurteile und Abneigungen zwischen Karrierefrauen und Hausfrauen. Ich hoffe, es wird gut laufen, denn es kostet uns schließlich eine Stange Geld, deine vier ehemaligen Klassenkameradinnen von der Woodward High-School nach New York einzufliegen.«

»Keine Sorge.«

»Die Ehemaligen von der Abraham Lincoln High-School in Brooklyn würden uns bloß das Taxi und ein Mittagessen kosten.«

»Aber für jeden Durchschnittsamerikaner sind das New

Yorkerinnen. Meine Klassenkameradinnen sind gerade deshalb viel interessanter, weil sie *nicht* so witzig sind und *nicht* so schnell sprechen. Ich will keine New Yorkerinnen und keine Frauen aus Kalifornien. Okay?«

»Es ist deine Show.«

»Nein, es ist deine.«

»Also gut, unser beider Show, und solange die Sehbeteiligung so hoch bleibt wie bisher, können wir ganz Ohio einfliegen lassen.« Barbara gab Jane eine Mappe mit Aufzeichnungen. »Hier sind die Notizen über die vorbereitenden Gespräche mit den vier Frauen. Im Programm der nächsten Woche haben wir ein paar Änderungen vorgenommen. Wir haben die Magersucht mit dem Desinteresse an der Außenpolitik getauscht, weil dieser Knilch vom Außenministerium am Mittwoch nicht kann.« Barbara legte Jane ein weiteres Blatt auf den Schreibtisch. »Ist sonst noch was?« fragte sie.

»Nein, keine Fragen.«

»Fährst du heute noch nach Connecticut raus?«

»Nein. Ich bin so erschöpft, ich bleibe über Nacht in New York.«

»Dann bis morgen, Jane. Schlaf dich ordentlich aus!«

Jane stützte den Kopf in die Hände und schloß einen Moment lang die Augen. Sie würde sich keineswegs ordentlich ausschlafen können. Es war Mittwoch, ihr Abend in Fullertons Apartment.

Fünf Shows die Woche, Verabredungen zum Dinner und zum Lunch, Konferenzen und Interviews, ein Fotograf der führenden Fernsehzeitschrift, der sie zwei Stunden lang fotografiert hatte – Jane war todmüde. Ihre Arme und Beine schmerzten, und sie hatte das Gefühl, sie könnte jeden Augenblick in Tränen ausbrechen wie ein überdrehtes Kind. Zum ersten Mal hatte sie keine Lust, Fullerton zu besuchen. Das einzige, wonach sie sich sehnte, war Schlaf. Nach Hause gehen, eine Schüssel Cornflakes essen und schlafen.

Das Telefon klingelte. »Dr. Fullerton möchte Sie sprechen«, sagte die Sekretärin. *Ihre* Sekretärin.

»Vielen Dank«, sagte Jane und hob den Telefonhörer ab. »Hallo.«

»Hallo. Wo bleibst du denn, Jane? Ich warte.«
»Ich hatte eine Besprechung mit der Produzentin.«
»Ach so. Na, dann beeil dich.«
»Judson –«
»Los, mach dich auf den Weg, Jane.«

Nicholas mußte offensichtlich genauso müde gewesen sein wie Jane. Anders ließ es sich nicht erklären, daß sie am nächsten Morgen eng umschlungen in der Mitte des Bettes erwachten. Im Halbschlaf zog Nicholas seine Frau sogar noch näher zu sich heran, und sie ließ es sich willig gefallen.

Dann aber fuhren sie auseinander, als hätte man sie mit glühenden Nadeln gestochen. Jane räusperte sich und reckte die Arme, während Nicholas die Hände vor die Augen hielt, als ob er sich vor dem Tageslicht schützen müsse.

Jane wußte, daß er müde sein mußte. Obwohl er den ganzen Tag mit seinem Kameramann die Strände von Long Island nach interessanten Blickwinkeln und Einstellungen absuchte, war Nicholas ungewöhnlich blaß. Seine Lippen waren fast so grau wie sein Gesicht.

»Wann bist du denn nach Hause gekommen?« fragte Jane. Zum Glück war sie in der Wohnung gewesen, als Nicholas überraschend aufgetaucht war. Sie hatte Fullerton gegen ein Uhr morgens verlassen, weil sie zu erschöpft und abgespannt war, um mit ihm auf der schmalen Couch in seinem Studio zu nächtigen. Fullerton hatte auch nicht versucht, sie zurückzuhalten. Eigentlich war sie überzeugt gewesen, Nicholas werde die Nacht in seinem Hotel auf Long Island zubringen. Statt dessen war er plötzlich unter die Decke geschlüpft, als sie gerade eingeschlafen war. »Ich bin es«, hatte er leise geflüstert, und sie war mit einem Schlage wieder hellwach gewesen. Beim Gedanken an die Beinahe-Katastrophe hatte sie Blut und Wasser geschwitzt. Erst eine Stunde und einen doppelten Brandy später hatte sie sich soweit beruhigt, daß sie wieder einschlafen konnte. Was um Himmels willen wäre gewesen, wenn sie in dieser Nacht bei Fullerton geblieben wäre?

»Weiß ich nicht. Um eins oder zwei, glaube ich. Ich war bei Ken und habe am Drehbuch gearbeitet.«

»Ich dachte, du bleibst auf Long Island.«

Nicholas nahm die Hand vom Gesicht und schob sie sich unter den Kopf. Er hatte dunkle Ringe unter den Augen. »Nein, ich mußte zurück in die Stadt.«

»Du siehst müde aus.« Nicholas nickte, er starrte an die Decke. »Hast du Probleme mit dem Drehbuch?« fragte sie.

»Die Dialoge waren etwas hölzern in einigen Szenen.«

»Soll ich mir das Drehbuch mal ansehen?«

»Wie bitte?«

»Ich habe gefragt, ob ich mir die Dialoge mal ansehen soll? Ich brauche erst um halb elf ins Büro.«

»Nicht nötig.«

»Habt ihr letzte Nacht alles ausgebügelt?« Nicholas starrte sie geistesabwesend an. »Du und Ken? Habt ihr die Dialoge neu geschrieben, Nick?«

»Jane«, sagte Nicholas und schob seinen Rücken am Kopfende des Bettes hoch, bis er senkrecht saß. »Jane, laß uns mit dem Theater aufhören.«

»Was meinst du damit?« fragte sie mit belegter Stimme. Nicholas wußte also Bescheid. Irgendwie hatte er herausgefunden, was mit ihr los war. Er schien nicht einmal wütend zu sein. Seine Worte klangen zwar gequält, aber ruhig. Es war, als ob sie einem Fremden auf einer Party zuhörte. »Was für ein Theater muß aufhören?« Jane wünschte, sie wäre weit weg. Sie wollte nichts von dem hören, was jetzt kam.

»Das Theater mit unserer Ehe. Ich halte das nicht mehr aus, Jane.« Sie wußte, daß es zum Weinen zu früh war, aber sie konnte die Tränen trotzdem nicht verhindern. »Bitte, wein doch nicht«, sagte er. »Es tut mir leid, daß es so kommen mußte.«

»Nick, ich –« Was sollte sie sagen? Es war Sex. Nicht mehr und nicht weniger. Bloß Sex. Ich werde Fullerton aufgeben, ich verspreche es dir. Sie schluchzte. Glühender Protest staute sich in ihrer Brust: Ich weiß nicht, ob ich ihn aufgeben kann. Durch einen Tränenschleier hindurch sah sie Nicholas bleich werden.

»Bitte, hör mir zu«, sagte er. Jane zog die Beine hoch und preßte ihr Gesicht auf die Knie. »Jane, du weißt ja, was los ist. Du hast die Lügen bestimmt genauso satt wie ich.« Wieder schluchzte Jane laut. Es war ein nach innen gewendeter Schrei. »Es tut mir leid«, sagte er. »Ich will dir nicht wehtun, aber ich kann so nicht weiterleben, Jane. Ich will dich nicht dauernd anlügen.«

»Mich anlügen?« flüsterte sie. Sie hob den Kopf und sah, daß er sie mit geröteten Augen anstarrte. »Ach Gott, Nick.«

»Jane –«

»Du warst also gestern abend nicht bei Ken?«

»Ich stecke schon seit Monaten nicht mehr da, wo ich angeblich bin. Nacht für Nacht, Woche für Woche haben wir dieses Theater gespielt. Wie zwei billige –«

»Du hast jemanden anderes?«

»Jane, bitte. Mach es mir nicht so schwer. Du weißt doch seit langem –«

»Nein!«

»Wir haben seit mindestens *einem* Jahr nicht mehr miteinander geschlafen, Jane. Seit einem vollen Jahr! Ich bin seit Monaten nicht mehr in Connecticut gewesen. Die meiste Zeit –«

»Warst du draußen in Montauk auf Long Island.«

»Nein. Ich war in der Stadt. Wir haben hier eine Wohnung.«

»Wir? Was für eine Wohnung?« Janes Blick irrte durchs Zimmer.

»Pamela und ich.«

»Pamela.« Ihr Herz krampfte sich zusammen, und in ihrem Kopf begann ein wütendes Stechen. Es war kein Anfall, sondern viel schlimmer. Diesmal hatte sie einen Grund. »Wer ist Pamela?«

»Ich habe sie an der New York University kennengelernt, als ich diesen Lehrauftrag hatte.«

Jane schleuderte ihre Decke beiseite und sprang aus dem Bett. Sie rannte zu ihrem Schrank und wollte einen Morgenmantel herausholen. Nicholas war ihr gefolgt und legte ihr die Hände auf die Schultern; sie fühlten sich klebrig und heiß an. »Jane –«, sagte er.

Sie riß sich los.

»Jane, ich liebe dich doch.«

»Hör auf!«

»Jane, ich liebe dich. Aber ich liebe sie auch. Es war nicht bloß ein Seitensprung ... Pamela bereichert mein Leben, weißt du?«

»Das interessiert mich nicht. Ich will das nicht hören.«

»Ich möchte mit ihr zusammenleben und nicht irgendwann morgens um drei von ihr nach Hause schleichen. Das ist einfach nicht fair, ihr gegenüber nicht und dir gegenüber auch nicht. Jane, ich kann nicht mehr. Ich ziehe zu ihr.«

»Oh, nein!«

»Jane, du kannst die Wohnung haben. Du kannst auch die Farm haben. Jetzt findest du es vielleicht schrecklich, aber du wirst sehen: Es macht gar keinen großen Unterschied.«

Jane starrte ihn ungläubig an. Seine Augen waren vollkommen rot. »Aber du hast gerade gesagt, du wolltest mit *ihr* leben.«

»Aber wir haben doch schon lange nicht mehr zusammen gelebt, Jane. Außerdem ist es bestimmt nur für einige Zeit.«

»Für einige Zeit? Für zwei Wochen? Oder ein Jahr? Soll ich die Tage auf dem Kalender abzählen?«

»Ich brauche etwas Zeit, um mit mir ins reine zu kommen.«

»Um mir dir ins reine zu kommen? Was willst du denn prüfen? Ob du sie mehr liebst als mich? Ob sie geeignet ist, die zweite Mrs. Cobleigh zu werden? Oder ob es günstiger für dein Image ist, wenn wir das Goldene Paar bleiben?« Sie wandte sich ab und setzte sich auf die Bettkante, um Atem zu schöpfen. »Wo hast du sie kennengelernt?« Sie hatte schon vergessen, was Nicholas eben gesagt hatte.

Nicholas setzte sich neben sie, ließ aber einen halben Meter Abstand zu ihr. »Im Juli, an der New York University.«

»Und wer ist sie?«

»Sie war bei mir im Seminar. Eine Doktorandin. Sie studiert Filmgeschichte.«

»Filmgeschichte! Endlich jemand, der Nicholas Cobleigh wirklich zu würdigen weiß! Fabelhaft! Hat sie dich schon mit Eisenstein verglichen?« Nicholas wurde rot. »Wie alt ist sie denn?«

Seine Stimme war kaum zu hören. »Zweiundzwanzig.«

»Nick!«

»Am siebenten August wird sie dreiundzwanzig.«

»Ich schicke ihr bestimmt keine Glückwunschkarte.«

»Jane, hör auf! Sie ist –«

»Du wirst in ein paar Wochen neununddreißig – versuch nicht, mich zu unterbrechen, Nick, das wirst du nicht schaffen.

Bald wirst du neununddreißig, und dann wirst du vierzig. Hast du Angst, daß du alt wirst? Brauchst du ein junges Mädchen, damit du deine panische Angst vor Runzeln und Falten und grauen Haaren verlierst?« Nicholas hob die Hand. »Faß mich nicht an!«

»Sie ist nicht einfach ein junges Mädchen.«

»Was denn sonst? Sie ist zweiundzwanzig. Aber du hast dich keineswegs in sie verliebt, weil sie jung ist und dich glauben läßt, du brauchtest nie vierzig zu werden. Oh, nein. Sie ist so ein wunderbarer Mensch, nicht wahr? So intelligent! Eigentlich liebst du nur ihren Geist, hab ich recht?«

Inzwischen waren sein Hals, seine Ohren und sein Gesicht feuerrot. »Pamela ist wirklich außerordentlich intelligent und –«

»Halt den Mund, du Idiot!«

»Jane, ich weiß, du bist verletzt, aber bitte –«

»Bitte was? Bitte benimm dich wie ein zivilisierter Mensch? Bitte laß uns in aller Ruhe über Pamela reden? Ja, wunderbar. Laß uns über Pamela reden. Erzähl mir von ihr und eurem kleinen Liebesnest. Hängt ihr Diplom an der Wand? Oder ein Poster? Ist es Charlie Chaplin in ›Modern Times‹? Rauchst du mit deiner zweiundzwanzigjährigen Freundin auf dem Fußboden Haschisch, während ihr über Filmkunst und Regie diskutiert?« Jane schluckte. »Ich habe dich etwas gefragt.« Noch ehe Nicholas antworten konnte, beugte sie sich zu ihm hinüber und schrie ihm ins Ohr: »Wo ist eure Wohnung?«

Nicholas fuhr zurück. »Mach das nicht noch einmal.« Er massierte sein Ohr.

»Wo ist die Wohnung? Ich möchte es wissen.«

»Im unteren Teil der Fifth Avenue.«

»Hübsch. Gute Adresse. Wie viele Zimmer?«

»Fünf.«

»Hübsch. Sehr bescheiden. Zahlt Miß Summa cum laude auch pünktlich ihren Anteil der Miete?«

»Nein. Sie kommt aus einer armen Familie und hat immer von ihrem Stipendium gelebt.«

»Hättest du dir beim zweiten Mal nicht etwas anderes aussuchen können? Oder gehört das zum Cobleigh-Stil? Sofortiger gesellschaftlicher Aufstieg gegen –«

»Jane, bitte hör auf. Laß uns vernünftig darüber reden. Ich brauche einfach Zeit.«

»Und du glaubst, die könntest du dir verschaffen, indem du mit einer Zweiundzwanzigjährigen schläfst.«

»Ich brauche Zeit, was Pamela anbelangt. Sie wird meine Assistentin, wenn ich ›Land's End‹ drehe.«

»Wie wird sie dir denn assistieren? Auf dem Rücken?«

»Jane, ich bitte dich, hör damit auf!« Jane hatte aufgehört zu weinen, aber jetzt strömten ihre Tränen von neuem. »Es tut mir leid«, sagte er. »Aber ich will mit ihr zusammensein. Das bin ich ihr schuldig. Sie war so verständnisvoll, so geduldig.«

»Eine Heilige. Muß das sein? Pamela ist eine Heilige. Das ist zuviel für mich. Gegen eine zweiundzwanzigjährige Heilige kann ich nicht konkurrieren.«

»Jane, ich weiß, es klingt merkwürdig, aber du würdest sie bestimmt mögen.«

»Mögen? Ich bin sicher, ich wäre *begeistert* von ihr. Und die Kinder erst! Willst du sie nicht einladen, den Sommer mit dir und Pamela zu verbringen? Draußen in Montauk? Du darfst nur nicht vergessen, die Hosen wieder hochzuziehen, ehe du ihnen die Tür aufmachst, Nick. Aber sonst werden sie bestimmt viel Spaß haben. Vor allem Vicky natürlich. Sie wird sich bestimmt freuen, eine Freundin ihres Alters bei dir zu finden.«

»Pamela ist immerhin sechs Jahre älter«, sagte Nicholas müde. »Außerdem ist es keine Frage des Alters, Jane. Es geht um Pamela. Und um uns. Unsere Ehe ist kaputt. Das weißt du genausogut wie ich. In all den Jahren habe ich nie ... Aber jetzt gibt es Pamela, und ... Ich sage nicht, daß ich mich scheiden lassen will, ich weiß selbst nicht genau, was ich will.«

»Soll ich dir sagen, was *ich* möchte. Ich möchte, daß du verschwindest.«

Nicholas ließ sich nicht stören. »Ich weiß, daß du begonnen hast, beim Fernsehen Karriere zu machen, und ich möchte dich nicht in Verlegenheit bringen. Ich werde diskret sein. Das verspreche ich dir. Niemand braucht etwas zu erfahren. In der Öffentlichkeit werden wir weiter zusammen auftreten, wie bisher. Es besteht kein Grund, irgend etwas nach außen dringen zu lassen. Ich weiß ja selbst noch nicht, was ich tun werde.«

»Aber ich weiß es: Du wirst den Sommer damit verbringen, deine Pamela zu ficken. Wahrscheinlich draußen im Montauk.«

»Du sollst nicht so reden.«

»Warum denn nicht?«

»Das paßt nicht zu dir.«

»Du hast doch überhaupt keine Ahnung, was zu mir paßt.«

»Jane, wir sind jetzt seit achtzehn Jahren verheiratet. Ich kenne dich besser als sonst irgend jemand. Deshalb ist es ja alles so schrecklich für mich.«

»Du armer Kerl.«

»Jane, achtzehn Jahre kann ich nicht einfach abstreifen. Ich liebe Pamela. Ich liebe sie sehr. Aber ich kann mich nicht einfach von meinem bisherigen Leben verabschieden.«

»Du bist aber gerade dabei.«

»Nein. Noch nicht, Jane.«

Sie malte mit ihrem nackten Zeh einen Kreis auf den Teppich. »Du möchtest also, daß ich warte, bis du weißt, was du willst, ja? Wie lange soll ich denn warten, Nick?«

»Ich weiß nicht.« Er schluckte. »Seit zwei Wochen denke ich nur noch daran, daß du den Sommer über allein bist, während –«

»Während du in Montauk bist und mit Pamela im Bett liegst.«

»Jane, ich liebe dich doch.«

Sie stand auf, ging zum Schrank, kam dann aber wieder zurück. Nicholas hatte den Kopf gesenkt, so daß sie nur sein blondes Haar sehen konnte. »Nun ja«, sagte sie. »Auf diese Weise habe ich vielleicht für Judson mehr Zeit.«

»Wieso? Wollt ihr noch eine Publicity-Tour machen?«

»Oh, nein«, lachte sie. »Wir machen längst ganz andere Sachen.«

»Was für Sachen?«

»Dreimal darfst du raten! Soll ich dir Einzelheiten erzählen?«

»Du meinst –«

»Ja, genau!«

»Ich glaub' dir kein Wort.«

»Du kannst mir ruhig glauben. Es macht mir viel Spaß.«

»Und seit wann ...?«

»Seit Juli. Genau wie bei dir und deiner Pamela. Ist das nicht praktisch? Vielleicht können wir nächstes Jahr eine kleine gemeinsame Feier veranstalten?«

»Jane, ich finde das überhaupt nicht komisch!«

»Vielleicht hast du recht. Ich feiere lieber mit Judson allein. Er hat so viel Sinn für Zeremonien. Wirklich wunderbar, Nick. Phantastisch im Bett. Du solltest mal zuschauen. Er macht Sachen mit mir, auf die würdest du niemals kommen.«

»Du lügst mich an, Jane!«

»Nein. Er ist wirklich gut, Nick. Ich habe jedesmal einen Orgasmus. Nein, sogar mehrere, Nick. Man nennt es multiplen Orgasmus. Das können nur Frauen. Jedenfalls, wenn sie richtig gefickt werden. Und Judson ist dazu in der Lage. Wenn er richtig loslegt, ist er unglaublich.«

»Hör auf!«

»Er leckt mir zum Beispiel fast immer die Möse.« Nicholas hielt sich die Ohren zu, aber Jane riß ihm die Hände vom Kopf weg. »Wir wollten doch ehrlich sein miteinander, nicht wahr? Du hast mir von Pamela erzählt, und jetzt erzähle ich dir von Judson. Sie ist zweiundzwanzig, und er ist einundfünfzig. Sie ist in Princeton gewesen, und er war in Bates. Ich glaube nicht, daß er *summa cum laude* promoviert hat, aber –«

»Mach nicht alles kaputt, Jane!«

»Aber es gibt etwas an ihm, das ist absolut *summa!* Er hat einen unglaublichen Schwanz, Nick. Groß und dick, so was hast du bestimmt noch nie gesehen. Starr mich nicht so entsetzt an, ich will dir ja nur erzählen, wie ich mir die Zeit vertrieben habe, während du dich mit Pamela amüsiert hast.«

Sie hatte geglaubt, daß sie lachte, aber jetzt merkte sie, daß ihr die Tränen über das Gesicht strömten. Sie schluchzte und rang verzweifelt nach Luft.

»Jane«, hörte sie, »Jane.«

Endlich konnte sie wieder atmen. Ihre Kehle war immer noch wie zugeschnürt, aber sie bekam wieder Luft. »Es ist schon gut«, flüsterte sie. »Alles in Ordnung.« Sie wischte sich die Tränen aus dem Gesicht. »Siehst du? Alles in Ordnung.«

→ 28 ←

Weibliche Stimme: Hallo? Hallo?
Männliche Stimme: Ja. Hier spricht Reverend Joe, und Sie sind auf Sendung.
Weibliche Stimme: Reverend, ich habe eine Frage wegen Jane Cobleigh. Ich habe gerade Epheser 5,24 gelesen, wo es heißt –
Männliche Stimme: »Aber wie nun die Gemeinde ist Christo unterthan, also auch die Weiber ihren Männern in allen Dingen.«
Weibliche Stimme: Ja. Ich habe mich gefragt, ob der Herr sie vielleicht verschont hätte, wenn sie treu an der Seite ihres Mannes geblieben wäre, statt sich im Fernsehen mit ihrer Show aufzuspielen. Wenn sie eine gute Ehefrau wäre –
Männliche Stimme: »Häuser und Reichthum sind das Erbtheil der Väter: und ein kluges Weib ist des Herrn.« Und wenn Sie wissen, wo dieser Bibelspruch steht, rufen Sie Reverend Joe an! Hier ist noch einmal die Nummer ...

»Calling for Christ«, KMT Radio,
Arkadelphia, Arkansas

Nicholas war nie sehr lärmempfindlich gewesen. Er hatte seine Jugend in Manhattan verbracht, und das Tosen des Verkehrs an der Park Avenue hatte genauso zu seinem Leben gehört wie der Lärm seiner Geschwister. In Connecticut hatten ihn die Vögel mit ihrem morgendlichen Gesang selten zu wecken vermocht, und wenn es doch einmal vorkam, hatte er sich einfach die Decke über die Ohren gezogen und weitergeschlafen.

In seinem neuen Haus in Santa Barbara hingegen störte ihn das ständige Rauschen der Brandung. Das Donnern der Wogen war ihm zu dramatisch. Er hatte das Haus auf den Klippen gekauft, um sich von New York zu erholen. Er wollte sein neues Leben genießen, mit Pamela auf den Pazifik hinaussehen und lange Wanderungen am Strand machen. Aber das ständige Getöse unterhalb des Hauses war ihm nicht recht geheuer. Es war wie in einem billigen Film: Vorsicht! schienen die Wellen zu sagen. Es wird etwas Böses geschehen!

Eine Wand ihres Schlafzimmers bestand aus einem einzigen riesigen Fenster. Von hier aus waren weder die Straße noch die Auffahrt des Hauses zu sehen, nur das Meer und die Klippen, an denen sich ständig die Dünung des Ozeans brach. Pamela konnte stundenlang auf dem Bauch liegen und das Spiel der Wellen beobachten. Nicholas dagegen begann das gewaltige Panorama zu meiden. Er konnte plötzlich verstehen, warum sich Jane jahrelang vor der Außenwelt versteckt hatte. Jedesmal, wenn er in den Abgrund hinabschaute, mußte er an die berüchtigten Naturkatastrophen in Kalifornien denken: ein Erdrutsch, ein Taifun, eine Flutwelle. Er stellte sich vor, wie die Klippen unter dem Haus abstürzten, er sah sich zerschmettert auf den spitzen Felsen am Strand liegen.

Am Donnerstag in ihrem Hotel in Los Angeles hatte er zu ihr gesagt: »Laß uns am Wochenende hier in der Stadt bleiben.«

»Warum denn?« hatte Pamela gefragt. »Wir haben doch das Haus in Santa Barbara draußen. Du mußt dich nach all diesen Konferenzen ein bißchen entspannen.«

Die Verhandlungen über »William the Conqueror« zogen sich hin. Die Banker waren noch nervöser als die Manager der Filmgesellschaft, so daß der sensible englische Regisseur bei all dem Durcheinander oft wie ein Fels in der Brandung erschien. Fünfunddreißig Millionen Dollar mußten für das Epos aufgebracht werden, und wenn man es genau nahm, waren nur Nicholas Cobleigh und ein exzentrischer Drehbuchautor mit geschorenem Kopf wirklich völlig davon überzeugt, daß jener geniale Feldherr des elften Jahrhunderts, der den Kanal überquert, die Schlacht von Hastings gewonnen und die französische Kultur nach England gebracht hatte, einen Vierstundenfilm wert war. Wenn die Geldgeber Nicholas die Hand schüttelten, fragten sie immer: »Wie steht es? Geht alles in Ordnung?« Sie hatten panische Angst.

»Alles in Ordnung«, antwortete Nicholas unweigerlich und senkte vertraulich die Stimme, als ob er ihnen ein Geheimnis mitteilen wolle. »Stimmt's, Arthur?«

»Ja, alles in Ordnung«, quiekte der Regisseur.

Es war April, und im Juli sollten in England die Dreharbeiten beginnen. Es gab kein Zurück mehr. War wirklich alles in Ordnung? Nicholas wußte es nicht.

Er stand in der hinteren Tür, die zum Garten hinausführte. Pamela konnte er zwar nicht sehen, aber er wußte dennoch, wo sie war.

Wenn Pamela nicht im Swimming-pool planschte, setzte sie sich in die kleine, mit Clematis überwachsene Laube am Ende des Gartens, um sich vor der Sonne zu schützen. Ihre Haut war so zart, daß sie selbst zum Schwimmen ein T-Shirt anziehen mußte, um einen Sonnenbrand zu vermeiden.

Die Laube sah wie ein Puppenhaus aus. Nicholas wußte, daß Pamela nach dem Schwimmen das nasse T-Shirt und die Bikinihose auszuziehen pflegte und sich, in ein großes Badetuch gehüllt, auf die weißgestrichene Bank setzte, ihren Cassetten-Recorder laufen ließ und sich in Ruhe Rockmusik, die er nicht ausstehen konnte, anhörte. Nicholas wäre gern zu ihr hinuntergegangen, aber Murray hatte seinen Besuch angekündigt, und wenn er in die Laube hinunterging, würde er so rasch nicht wieder ins Haus zurückkehren. Er wußte, daß es immer ziemlich lange dauerte, ehe Pamela bereit war, das Badetuch fallen zu lassen. Er ahnte zwar, daß ihre Schüchternheit nach fast zwei Jahren nur noch gespielt war, aber das hinderte ihn nicht, dieses Spiel zu genießen.

Aus irgendeinem Grund mußte er plötzlich an Jane denken. Am 10. März, Janes vierzigstem Geburtstag, hatte er sich aus einer Konferenz fortgeschlichen, um sich »Talk« anzusehen. Es war irgendwie schockierend für ihn gewesen, sie plötzlich als Fernsehmoderatorin auf dem Bildschirm vor sich zu sehen. Sie hatte sich mit einer dreißigjährigen Revuetänzerin, einer fünfzigjährigen Hausfrau und einer achtzigjährigen Schriftstellerin über das Altwerden unterhalten. Ihre weiße Folklore-Bluse zeigte viel braune Haut, so daß sie auch im Fernsehen sehr exotisch und aufregend wirkte, ein Eindruck, der durch die großen Ohrringe und die zur Seite gekämmten Haare noch verstärkt wurde. Die Schriftstellerin hatte ihr eine Frage gestellt, die irgendwie einstudiert klang: »Was denkt Ihr Mann denn darüber, daß Sie heute vierzig werden?« Nicholas war ärgerlich darüber gewesen; denn sie hatten verabredet, weder über ihre Trennung zu sprechen noch das Image als »Goldenes Paar« besonders zu pflegen. Aber Jane war geschickt ausgewichen. Sie hatte mit den Achseln gezuckt und gesagt: »Es beunruhigt ihn wohl nicht besonders.« Und hatte freundlich gelächelt. Er hatte den Fernseher abgestellt und war in die Besprechung zurückgekehrt.

Die Woche davor hatte er stundenlang überlegt, ob er ihr ein Geschenk schicken sollte. Irgendeine Kleinigkeit, zum Beispiel ein Buch; oder irgend etwas ganz Großartiges wie einen italienischen Sportwagen oder dergleichen. Am Ende hatte er sie bloß angerufen und gratuliert. Halb und halb hatte er erwartet, daß sie in Tränen ausbrechen würde. Als das nicht der Fall war, hatte er gefragt: »Hast du einen speziellen Geburtstagswunsch?«

»Nein, vielen Dank, Nick. Aber es ist nett, daß du anrufst.«

Bis auf weiteres blieben sie Mann und Frau, obwohl er sie oft monatelang nicht mehr sah. Gelegentlich stellte er den Fernseher an, um ihre Talk-Show zu sehen. Jedesmal erwartete er, eine Frau mit grauen Strähnen im Haar oder grotesk aufgequollenem Körper zu sehen. Aber Jane blieb immer dieselbe.

Sie waren noch nicht einmal bei ihren Rechtsanwälten gewesen. Aber das würde bald kommen. »Bald werde ich fünfundzwanzig«, hatte Pamela neulich gesagt. Sie hatte in einem tiefen Sessel gesessen und ihre Hände so eigenartig über ihrem Schoß gefaltet, daß er gleich wußte, worüber sie nachdachte.

»Laß mir Zeit, bis der Film fertig ist«, hatte Nicholas schließlich gesagt. »Dann fahren wir zurück nach New York, und ich ordne meine Verhältnisse.« Pamela hatte nur süß genickt und keine weiteren Zusicherungen verlangt. »Wir machen die Trennung bekannt, und sobald die Scheidung rechtsgültig ist, werden wir heiraten.« Mit Tränen in den Augen hatte sie sich in seine Arme geworfen. »Ich will dich nicht drängen, Nicholas. Aber ich hätte so gern ein Baby von dir, und –« An dieser Stelle hatte ihre Stimme versagt.

Es klingelte, aber noch ehe er an der Tür war, hatte das Dienstmädchen geöffnet, und Murray stand bereits in der Halle. Die einzige Konzession, die er an Kalifornien gemacht hatte, war ein leichter Panamahut. Als er ihn vor einigen Monaten zum ersten Mal vorgeführt hatte, war er von seiner Neuanschaffung regelrecht begeistert gewesen: »He, Nicky, sag ehrlich, sehe ich nicht aus wie ein richtiger Sportsmann?« Nicholas hatte gelächelt: ein Sportsmann im dunkelblauen Anzug mit kastanienbrauner Krawatte.

»So, das wäre geschafft«, verkündete Murray. »Sie mieten eine dieser superschicken Wohnungen mitten in London für dich. Außerdem steht dir ein Dienerehepaar, ein Leibwächter und ein Chauffeur, ein Trainer und ein privates Bodybuilding- und Fitness-Studio zur Verfügung.«

»Was ist mit der Sekretärin?« fragte Nicholas.

Murray ließ den Panamahut um seinen Zeigefinger kreisen. »Kriegst du natürlich auch. Willst du Florrie mitnehmen, oder soll sie in New York bleiben?«

»Laß Florrie in New York. Ich brauche da jemanden.« Endlich gelang es dem Dienstmädchen, Murray seinen Panama abzunehmen, um ihn in der Garderobe aufzuhängen.

Nicholas führte seinen Agenten durch eine Reihe supereleganter Wohnräume zu einer kleinen Bar, deren Türen auf den Garten hinausgingen. Hinter der Theke hingen mehrere Spiegel, so daß jede kleine Handbewegung zahllose Reflexe auslöste. »Möchtest du einen Drink?«

»Ein Glas Mineralwasser, bitte. He, Nicky, das Haus ist wirklich phantastisch.«

Nicholas goß sich selbst ein Glas Wein ein. Er fing Murrays Blick im Spiegel auf, aber der Agent senkte gleich wieder die Augen und ließ die Eiswürfel in seinem Glas klirren. Seit er in Kalifornien war, hatte sich Murray offenbar in ein Nervenbündel verwandelt. Er konnte keine zehn Minuten mit Nicholas verbringen, ohne eine Büroklammer bis zur Unkenntlichkeit zu verbiegen oder eine Papierserviette in kleine Fetzen zu reißen.

»Du magst das Haus nicht. Stimmt's, Murray?«

»Was soll denn die Frage, Nicky?« Sie sprachen miteinander im Spiegel. Murray tippte Nicholas auf die Schulter. »Kannst du dich vielleicht rumdrehen, damit ich weiß, welches deine linke und welches deine rechte Hand ist? Ich rede nicht gern mit Leuten, die seitenverkehrt sind.« Nicholas drehte sich um. »So, das ist besser.« Er machte eine Pause. »Ob ich dieses Haus mag, hast du gefragt? Warum auch nicht? Neunundneunzig Komma neun Prozent der Menschheit würden wahrscheinlich vor Freude einen Herzanfall kriegen, wenn du ihnen dieses Haus schenken würdest.« Murray lächelte. Nicholas beobachtete ihn mißtrauisch. »He, Nicky, warum stellst du mir solche Fragen?«

»Ich habe dir eine ganz normale Frage gestellt. Aber du weichst mir aus.«

»Du bist schlecht gelaunt, Nicky.«

»Quatsch.« Nicholas kippte den Wein weg, stellte ein großes Wasserglas auf die Theke und goß sich einen dreistöckigen Wodka ein. »Du bist launisch, seit du in Kalifornien bist.«

»Na schön. Ich bin also launisch. Und warum trinkst du plötzlich Wodka?«

»Weil ich Lust dazu habe.«

Solche Streitigkeiten gab es in letzter Zeit öfter. Sie benahmen sich wie ein altes Ehepaar, das sich wegen nichts und wieder nichts ankeift. Nicholas wußte nicht recht, woher diese Spannungen kamen. War es das Risiko eines Fünfunddreißig-Millionen-Dollar-Films? Versuchten sie auf diese Weise einem viel gefährlicheren Konflikt auszuweichen?

»Na denn Prost. Trink nur schön Wodka, wenn er dir schmeckt.«

Nicholas nahm einen großen Schluck. »Ich habe dich was gefragt, Murray. Gefällt dir das Haus?«

»Durchaus, nur lebe ich nun mal nicht in Kalifornien.«

Nicholas knallte sein Glas auf die Theke, daß der Wodka herausspritzte. »Los, raus mit der Sprache! Sag endlich, was los ist!«

»Was meinst du?«

»Ich möchte endlich wissen, warum du seit einem halben Jahr so trübsinnig bist.«

»Ich bin nicht trübsinnig.«

»Ach, red doch keinen Scheißdreck!«

»Bitte, sei so nett und sprich anständig mit mir. Ich rede keinen Scheißdreck.«

»Verdammt noch mal, Murray –«

»Wenn du so unflätig herumbrüllen willst, such dir bitte einen anderen Agenten, Nicky. Das ist mein Ernst. Ich habe mir sehr viel bieten lassen von dir, und zwar nicht nur in den letzten sechs Monaten. Du benimmst dich schon seit Jahren unmöglich.«

»Murray –«

Mit seinem dunklen Anzug und seiner Leichenbittermiene sah Murray aus, als ob er einer Beerdigung beiwohnte. »Nicky, ich liebe dich wie meinen eigenen Sohn. Das weißt du. Aber genug ist genug. Ich bin zu alt für solche Späße. Ich habe mein ganzes Leben mit Schauspielern verbracht. Immer wieder habe ich zusehen müssen, wie manche ihr Leben zerstört haben. Das ist zwar sehr traurig, aber es gehört offenbar zu diesem Gewerbe. Schauspieler sind sensible Künstlernaturen, und wenn die Leute ihnen Puderzucker in den Hintern blasen, dann werden sie eben größenwahnsinnig. Das bedeutet leider, daß ich mir ziemlich viel Scheiße anhören muß. Leute, die unter Druck stehen, benehmen sich manchmal – beschissen. Aber du bist eigentlich immer anders gewesen, Nicky.«

»Solche Ermahnungen sind wirklich ganz überflüssig.«

»Dann ist es wohl besser, wenn ich meinen Hut nehme.«

Murrays Stimme war plötzlich eiskalt geworden. Was er sagte, traf Nicholas wie ein harter Faustschlag in den Magen. »Murray«, sagte er schließlich, »es tut mir leid. Ich wollte dich nicht kränken.«

»Ich beanspruche nur das Recht, dich beraten zu dürfen, Nicky, mehr nicht. Du warst nie bloß ein Schauspieler, sondern vor allen Dingen immer ein Mensch. Ein richtiger Mann. Mit einer schönen, intelligenten Frau, zwei Kindern und – laß mich bitte ausreden – einem Haus auf dem Land. Ein guter Kerl. Trotz deiner Herkunft warst du kein Snob. Du warst nicht arrogant, und du hast auch nie so getan, als wäre dir die Welt etwas schuldig. Und vor allem warst du keins von diesen billigen kleinen Arschlöchern, die bloß darauf warten, daß sie ein bißchen prominent und berühmt werden, damit sie andere herumschubsen können. Du warst immer ein guter Mensch.«

»Und was bin ich jetzt?«

»Immer noch ein guter Mensch, aber unglücklicher Mann.«

»Murray, ich ahne schon, worauf du hinauswillst, aber es stimmt einfach nicht.«

»Bist du denn glücklich?«

»Ja. Ich weiß, daß es deinen Erwartungen nicht entspricht, aber ich bin tatsächlich glücklich.«

»Macht einen das glücklich, wenn man in so einem Schöner-Wohnen-Haus wohnt mit einem jungen Mädchen, das kaum älter ist als die eigene Tochter? Na ja. Jetzt wirst du gleich sagen: ›Warum sollte es mich nicht glücklich machen, in einem Haus zu wohnen, in dem die Badezimmer größer als das Yankee-Stadion sind? Warum sollte es mich nicht glücklich machen, mit einem süßen kleinen Rotschopf zu schlafen, der auf einer Hochzeitstorte Platz hätte?‹ Aber was immer du sagst, ich weiß, daß du nicht glücklich bist.«

»Das einzige, was mir leid tut, ist meine kaputte Ehe.«

»Deine Ehe ist nicht kaputt. Ihr seid bloß in eine Krise geraten.«

»Nein, Murray, sie ist kaputt. Wir haben einfach zu jung geheiratet, und aus den falschen Gründen. Die Probleme waren von Anfang an da. Jane brauchte jemanden, der ihr einen Halt bot, und ich brauchte eine Herausforderung, ich brauchte jemanden, der mich davon abhielt, einfach den Weg zu beschreiten, den die Familie abgesteckt hatte. Mit zwanzig, zweiundzwanzig hat jeder von uns die Bedürfnisse des anderen erfüllt. Aber mit vierzig –«

»Red doch keinen Unsinn, Nicky. Ihr habt euch ganz einfach geliebt.«

»Das streite ich gar nicht ab. Aber die Dinge ändern sich eben. Jane ist erwachsen geworden und braucht keinen Halt mehr. Und ich brauche Ruhe. Ich brauche keine ständigen Herausforderungen mehr.«

»Na und? In jeder Ehe ändern sich die Beziehungen im Laufe der Zeit.«

»Murray, es hat einfach nicht funktioniert, und ich bin traurig darüber. Es tut mir leid wegen Jane, und es tut mir leid, daß die Mädchen Pamela vorläufig so ablehnen, daß sie ... Ach, vergiß es. Sie werden sich im Laufe der Zeit schon daran gewöhnen.«

»Vielleicht.« Murray ging zu einer breiten Ledercouch und setzte sich hin. Nicholas setzte sich auf einen Sessel. »Aber vielleicht gewöhnen sie sich auch nicht an die Situation. Hast du dir das schon mal überlegt, Nicky? Hast du schon mal darüber nachgedacht, daß deine kleine Süße –«

»Sie ist nicht meine kleine Süße, Murray. Sie ist ein warmherziges, intelligentes menschliches Wesen.«

»Entschuldigung. Hast du jemals darüber nachgedacht, daß dieses warmherzige, intelligente menschliche Wesen deine Beziehung zu deinen Töchtern so vergiften kann, daß sie sich nie wieder erholt?«

»Ich glaube, sie werden sich daran gewöhnen.«

»Und wenn sie das nicht tun, was dann? Schreibst du sie einfach ab? Machst ein paar neue Kinder mit Pammy?«

»Murray, ich verbitte mir das!«

»Bist du wirklich bereit, für diese süße, kleine Intelligenzbestie, die dauernd über tote Regisseure und die Kunst der weichen Überblendung redet, deine Frau, deine Ehe und deine Kinder zu opfern? Ist sie das wert? Nein, laß mich ausreden, Nicky! Soll ich dir mal etwas sagen? Als ich heute zu dir herausfuhr, da habe ich mir überlegt, daß ich vielleicht meinen besten Klienten und meinen besten Freund eingebüßt haben werde, wenn ich zurück in die Stadt fahre. Aber soll ich dir noch etwas sagen? Das ist mir egal! Es wird mich nicht hindern, dir alles zu sagen, was ich für notwendig halte.«

»Murray, du kannst die Schuld nicht nur mir geben. Du weißt doch genau, daß sich Jane auch ganz gut amüsiert hat.«

»Ach, du meinst mit diesem Uhu von einem Psychiater?«

»Allerdings! Als verlassene Ehefrau ist sie nicht gerade die ideale Besetzung.«

Murray setzte sich auf. »Nicky, sie hat einen Fehler gemacht und sich ziemlich töricht benommen. Aber das hat doch nichts zu bedeuten. Jahrelang ist sie todunglücklich gewesen, dann kam dieser psychotherapeutische Casanova daher, und Simsalabim – war sie plötzlich geheilt. Kein Wunder, daß sie ihm dankbar war und so weiter. Es war sicher verkehrt, was sie gemacht hat, aber deswegen ist Jane noch kein Monster.«

»Ich weiß. Aber die Sache war auch kein kleines Versehen. Ich könnte wetten, die beiden machen munter weiter.«

»Nur weil du nicht da bist. Weil sie sich in diesem Zustand der Ungewißheit befindet.«

»Murray, es gibt kein Zurück mehr. Unsere Ehe ist nicht zu retten.«

»Nicky, ihr beide wart so ein perfektes Paar. Wenn man zu euch auf die Farm kam, das war wie eine Einladung ins Paradies. Immer wenn Jane –«

Plötzlich fuhren die beiden Männer erschrocken zusammen. Pamela stand vor der Glastür zum Garten und klopfte. Nicholas sprang auf und öffnete ihr. Pamela stellte sich auf die Zehenspitzen, um ihn zu küssen. »Hallo, Murray!« sagte sie.

»Hallo!«

»Wie gefällt Ihnen das Haus?«

»Das Haus ist phantastisch.«

Nicholas wandte den Blick ab. Pamela hatte sich in ein blaugrün gestreiftes Badetuch eingehüllt. Es war so lang, daß es auf dem Fußboden schleifte, und sie sah aus wie ein kleines Mädchen im schulterfreien Abendkleid seiner Mutter. Nicholas legte ihr den Arm um die Schulter. Ihre Haare waren noch feucht und leuchteten im dämmerigen Licht fast orange. Er spürte den leichten Blütenduft ihres Shampoos. Alles an Pamela war weiblich und zart. Niemals roch sie nach Seife, Parfüm oder Schweiß. Der Duft, den sie verströmte, schien Teil ihres Wesens zu sein. Wenn Nicholas mit ihr schlief, konnte er sich einbilden, in einem Blütenmeer zu versinken.

»Haben Sie ›Land's End‹ schon gesehen?« fragte Pamela. Murray schüttelte den Kopf, und Nicholas seufzte. Pamela gab sich so viel Mühe mit Murray, obwohl sie wußte, daß er Janes Freund und Agent war. »Ich finde, es ist der beste Film, den Nicholas bisher gemacht hat. Seine reifste Arbeit als Regisseur. Er enthält die ganze Wärme, die wir von Wyler her kennen, trägt aber doch den unverwechselbaren Stempel des Cobleighschen Stils: Er ist sehr amerikanisch, sehr menschlich und von einer alles beherrschenden Urbanität.«

»Wie nett«, sagte Murray.

»Und als Schauspieler ist er natürlich ganz überragend.«

»Haben Sie da auch irgendwelche Vorbilder feststellen können?«

Nicholas erstarrte. Murray wollte Pamela offenbar aufziehen.

»Nein, er erinnert mich an niemanden. Als Schauspieler ist Nicholas eine Erscheinung *sui generis*. Eine Klasse für sich.«

»Ich weiß, was *sui generis* heißt, Pamela.«

Nicholas schloß die Augen und wünschte, er wäre weit weg. Warum konnte er nicht einfach zur Tür gehen, das Haus verlassen und drei Stunden lang joggen?

»Entschuldigen Sie, Murray, ich wollte Sie nicht belehren. Das ist so eine blöde Angewohnheit von mir, alle Fremdwörter gleich zu erklären. Ich habe mal ein Tutorium für Erstsemester gehalten. Ich –«

»Schon gut, Pamela. Nicky, ich bleibe noch bis Montag in Los Angeles. Wenn du mich brauchst, dann weißt du ja, wo du mich findest ... Pamela ...« Er überlegte einen Moment.

»Ja, Murray?«

»Mach's gut.«

»Ja, Murray. Schön, daß Sie da waren. Ach, würden Sie vielleicht gern zum Abendessen dableiben? Das ist gar kein Problem. Die Köchin braucht bloß noch ein Lachssteak mehr in die Pfanne zu legen.«

Murray starrte sie unbewegt an. »Nein, vielen Dank. Ich möchte Ihrer Köchin keine Umstände machen.« Dann wandte er sich wieder Nicholas zu. »Ich gehe dann lieber.« Plötzlich sah er sehr alt und schwach aus. Es gelang ihm nicht, von der Couch aufzustehen. Nicholas mußte ihm helfen. »Ich muß im Hotel noch eine Menge Papierkram erledigen«, sagte er. »Außerdem möchtet ihr zwei doch sicher gern noch ein bißchen allein sein.«

»Murray«, sagte Nicholas. »Bitte, bleib.«

»Ich kann nicht, Nicholas. Ich bin schrecklich müde.«

Am Abend seines vierzigsten Geburtstags wäre Nicholas beinahe ohnmächtig geworden. Im Atelier hatten sie mit Champagner gefeiert; er hatte zudem ungefähr acht Gläser Wein und eine halbe Flasche Wodka intus, als er in seiner eleganten Londoner Stadtwohnung eintraf. Er setzte sich noch an den festlich gedeckten Tisch, konnte aber nichts essen. Kurz bevor seine Augen sich schlossen, sah er, daß seine Hände sich affenartig auf der Tischdecke krümmten. Erst da wurde ihm völlig bewußt, wie betrunken er war. Aber es war ihm egal. Er hoffte nur, daß er nicht so blöde vor sich hinstierte, wie er es bei seinem Vater früher beobachtet hatte. Er versuchte den Mund zu schließen, aber er fand es zu anstrengend, den Unterkiefer zu heben.

Pamela hatte irgendeine scheußliche rosa Suppe bestellt, und als der Butler kam, um die Überreste zurück in die Küche zu bringen, fragte er, ob er Mr. Cobleigh in den oberen Stock helfen dürfe. Pamela, die offenbar keinen Appetit auf ein *Dinner for one* bei Kerzenlicht hatte, stimmte zu. Nicholas hörte, wie sie ihn mit der Bemerkung entschuldigte, er habe im Studio sehr schwer gearbeitet.

Nicholas wußte zwar, daß er jetzt zu Bett gebracht werden sollte, war aber doch überrascht, als der Butler ihm den Kopf unter den Arm schob, sein Handgelenk packte und ihn vom Stuhl zerrte. Nicholas wehrte sich gegen diese Behandlung. Er versuchte sein Handgelenk freizukriegen und dem Butler mit der anderen Faust in den Magen zu schlagen, aber der Butler brummelte nur ein paar beruhigende Worte (ähnlich wie ein Kindermädchen, daß einen ungebärdigen Dreijährigen im Arm hat), und Nicholas ließ es sich schließlich gefallen, daß man ihn ins obere Stockwerk schleifte und in einem kampferduftenden Nebenzimmer auf ein schmales Himmelbett legte.

Er mochte den Butler. Der Mann zog ihm nicht nur die Schuhe, sondern auch die Socken aus und deckte ihn mit einer leichten Bettdecke zu. Nicholas sank sofort in traumlosen Schlaf. Es war wirklich ein schwerer Monat gewesen.

Die Filmgesellschaft hatte die relativ unbekannte Schauspielerin, die Williams Königin spielen sollte, im letzten Augenblick gefeuert und statt dessen Laurel Blake engagiert. Seine Rechtsanwälte hatten ihm zwar bestätigt, daß Nicholas theoretisch das Recht gehabt hätte, gegen diese Besetzung Widerspruch einzulegen, hatten aber gleichzeitig darauf hingewiesen, daß es sehr schwierig sein könnte, den Punkt vor Gericht durchzusetzen.

Pamela kam jeden Tag ins Studio, und auch Laurel wurde überallhin von ihrem Liebhaber begleitet, einem jungen Mann Mitte zwanzig, der in mehreren Pornofilmen mitgespielt und den sie als ihren Manager vorgestellt hatte. Aber diese Umstände bremsten Laurel nicht im geringsten. Täglich schickte sie Nicholas kleine Zettel, die ihm das Skriptgirl in unverschlossenen Umschlägen zusteckte. Es hatte relativ unauffällig begonnen: »Weißt du noch? Jugoslawien?« Aber als Nicholas nicht reagierte, wurde sie deutlicher: »Weißt du noch, wie schön wir es hatten? Hast du keine Lust, es noch mal zu probieren?« Und schließlich: »Weißt du noch, wie ich dir den Finger in den Arsch gesteckt habe? Das hat dir gefallen, nicht wahr?«

Nach einer Besprechung hatte er Laurel beiseite genommen. »Ich möchte, daß du Schluß mit diesen Zettelchen machst«, sagte er.

Laurel hatte gelächelt. »Du weißt genau, was du tun mußt, damit ich keine Zettel mehr brauche.«

Einmal hatten sie eine Einstellung zwanzigmal hintereinander gedreht, und der Regisseur war immer noch nicht zufrieden gewesen. Laurel und Nicholas hatten eine Pause vorgeschlagen, und das ganze Ensemble hockte erschöpft in den Kulissen, als Pamela mit einem Handtuch kam, um Nicholas den Hals abzutrocknen. Laurel hatte das zierliche Mädchen mit seinem T-Shirt, seinen Jeans und den unvermeidlichen Turnschuhen spöttisch gemustert und dann vor versammelter Mannschaft gekräht: »Na, Nick, jetzt hast du ja endlich, was du immer gewollt hast: einen Lustknaben!«

Allen war es sehr peinlich gewesen, und die Leute bemühten sich nach Kräften, Pamela mit Freundlichkeit zu begegnen, aber am liebsten gingen sie ihr aus dem Weg. Auch Nicholas spürte, daß sie nicht dazugehörte und nicht dazu paßte. Über die Geschichte des Films wußte sie alles, aber die Leute, die Filme machten, waren ihr offensichtlich ein Rätsel. Sie konnte einfach nicht mit ihnen umgehen. Meist saß sie schüchtern irgendwo in der Ecke herum, und wenn sie endlich den Mut fand, den Mund aufzumachen, dann versuchte sie, über Filmkunst zu diskutieren. »Kennen Sie die Arbeiten von Gianni di Venanzo?« fragte sie den Kameramann. Sie wollte nur mit ihm plaudern, aber der Mann faßte ihre Frage sofort als Kritik auf. Den Regisseur fragte sie, wer seine Vorbilder seien, und er sagte: »Mein Vater und meine Mutter.«

Die Leute gingen ihr aus dem Weg, und weil sie fast ständig in seiner Nähe war, gingen sie Nicholas auch aus dem Weg. Am nötigen Respekt für den Star des Films ließen sie es natürlich nicht fehlen. Wenn er durch die Studios ging, wurde Nicholas überall mit einem freundlichen Lächeln begrüßt, und selbstverständlich bemühten sich alle, ihm jeden Wunsch zu erfüllen. Aber obwohl er von Natur aus zurückhaltend war, begann er sich nach einigen Wochen zu langweilen. Er hatte viel zuviel Zeit. Wenn er nicht vor der Kamera stand, saß er den ganzen Tag mit Pamela in seiner Suite auf dem Studiogelände. Sie schliefen viel zu oft miteinander, und er telefonierte weit mehr mit seinen Rechtsanwälten und Börsenmaklern, als notwendig war. Natürlich war er der Star, der eigentliche Grund, warum »William« überhaupt gedreht wurde, aber er gehörte nicht zum Ensemble. Er vermißte die Kameradschaft. Pamelas Schüchternheit war so intensiv, daß auch Nicholas ins Abseits geriet. Sie zog ihn geradezu in den Schatten.

Die offiziellen Abendeinladungen, die jeder prominente Besucher über sich ergehen lassen mußte, waren für Pamela eine Qual. Niemand, sagte sie, wollte bei diesen Gelegenheiten ein ernsthaftes Wort reden. Weder die Politiker noch die Schriftsteller, ja, nicht einmal die Professoren. Einem der bekanntesten Bühnenautoren hatte sie mit leuchtenden Augen erklärt, wie sehr sie seine Werke bewundere, und er hatte es ihr mit einem halbstündigen Vortrag über die Vorzüge seines Schuhmachers gedankt, zu dessen Kunden, wie er versicherte, neben dem britischen Thronfolger auch Nicholas Cobleigh gehörte. Alles, was diese Leute wollten, war angeben und Klatschgeschichten verbreiten. Niemand interessierte sich für ein intelligentes Gespräch. Wenn man ihr Informationen über Nicholas zu entlocken versuchte oder von Leuten erzählte, die sie nicht kannte, verstummte sie völlig. Sie war einfach nicht für Cocktailpartys, oberflächliche Konversation und heuchlerischen Enthusiasmus geschaffen.

Nicholas hatte mehrfach beobachtet, wie sie ihre Tischnachbarn, die mit ihr plaudern wollten, durch allzu ausführliche oder allzu knappe Antworten vor den Kopf stieß. Er sah, wie sich die Engländer, die eine Unterhaltung versucht hatten, mit großer Erleichterung anderen Gesprächspartnerinnen zuwandten, sobald sich dazu die Gelegenheit bot. Seine eigenen Tischnachbarinnen ließen ihre Blicke mit offensichtlicher Neugier von ihm zu Pamela gleiten. Ihre stumme Frage »Was der wohl an ihr findet?« war deutlich zu hören.

Nicht, daß sich Nicholas ihrer geschämt hätte. Er hätte sich nur gewünscht, daß sie nicht so unglücklich war.

Bei einer der Dinnerpartys hatten die Herren nach dem zweiten Gang die Plätze gewechselt, und ein Lord Soundso hatte neben Pamela gesessen. Besonders aristokratisch hatte der Mann nicht ausgesehen. Nicholas fand, daß sein dunkelblauer Anzug eher unkleidsam war. Aber immerhin war er ein Lord. Jane hätte sicher ihre Freude gehabt. Pamela sagte kein Wort. Sie saß da wie eine Mumie und löffelte Pudding mit Sahne. Die Fragen ihres Tischnachbarn beantwortete sie mit kurzen Sätzen, die sich für Nicholas am anderen Ende des Tisches wie das eintönige Piepsen eines ängstlichen Vogels anhörten.

Jane hätte sich dem Mann zugewandt und gesagt: »Ich habe noch nie einen Lord getroffen. In Ohio haben wir keine.« Sie hätte ihn gefragt, ob Adel denn wirklich verpflichte oder ob er jeden anderen Mann von Geblüt schon von weitem erkenne. Sie hätte sich die Rolle der Liberalen im britischen Parlament erklären lassen, sie hätte ihn zum Reden gebracht. Sie hätte ihn zum Lächeln gebracht. Und nach der Party wäre das Ganze noch weiter gegangen. »Hast du gesehen?« hätte sie beim Zubettgehen gefragt. »Ich habe mich den ganzen Abend mit einem echten Lord unterhalten. Er sah zwar aus wie ein Mafiaboß mit seinem Wieselgesicht, aber er war sehr angetan von mir. Allein schon die Art, wie er mir in den Ausschnitt gestarrt hat! Du bist sicher sehr eifersüchtig gewesen, mein Liebling! Nur gut, daß es kein *jus primae noctis* mehr gibt.«

Pamela hingegen sagte, als sie mit dem großen Mercedes zurück zum Berkeley Square fuhren, bloß: »Mein Gott, bin ich froh, daß es vorbei ist!«

In England mußte er häufiger an Jane denken als in den Vereinigten Staaten. Sehr sympathisch war ihm das nicht. Er empfand die Erinnerungen als schmerzlich und störend.

Manchmal dachte er über Jane und ihr Verhältnis zu Fullerton nach. Besonders ihre Beschreibung von Fullertons Penis, den er sich als wuchtigen Rammbock vorstellte, ließ ihn nicht los. Immer wieder malte er sich aus, wie Fullerton und seine Frau zusammen im Bett lagen, wie Jane ihre Schenkel aufmachte und Fullerton seinen dicken Stößel in sie hineinrammte, bis sie von einem Höhepunkt zum anderen jagte, bis sie stöhnte und schrie, wie sie niemals geschrien hatte, wenn er selbst mit ihr schlief. Er hörte geradezu ihre Stimme: Judson! Ach, Judson! Ihm wurde ganz übel davon.

Manchmal waren seine Gedanken auch weniger unangenehm. Pamela sagte: »Ich kann noch gar nicht glauben, daß ich in ein oder zwei Jahren dein Kind tragen werde«, und er sah sich diesen mageren Körper an, der da nackt vor ihm lag, und überlegte, wie Pamela aussehen würde, wenn sie schwanger war. Es wollte ihm nicht recht gelingen; denn die einzige Frau, die er sich schwanger vorstellen konnte, war Jane.

Er erinnerte sich noch genau, wie langsam Jane die sechs Stockwerke zu ihrer Wohnung in der 46. Straße hinaufgestiegen war, als sie im achten Monat mit Victoria schwanger war. Oder war es in der 45. Straße gewesen? Jane würde es wissen. Laß dir Zeit, hatte er gesagt und ihr ab und zu den Hintern getätschelt. Die Schwangerschaft stand ihr gut. Mit ihren breiten Hüften und ihren großen Brüsten war sie die geborene Mutter. Nicholas war auf jeden Zentimeter stolz, den ihr Körper während der Schwangerschaft anschwoll. Er wußte, daß es lächerlich war, aber heimlich betrachtete er Janes gewaltigen Bauch als wandelnde Reklame für seine Potenz. Seht her, was Nicholas Cobleigh mit mir gemacht hat! schien die Wölbung ihres Leibes zu sagen.

Ein paar Tage vor seinem Geburtstag war Nicholas morgens um drei aufgewacht. Er hatte Pamela angesehen, die sich wie ein kleines Kind in der Mitte des Bettes zusammengerollt hatte. Er war lautlos aus dem Bett geschlüpft und auf Zehenspitzen die Treppen hinuntergegangen, hatte zum Telefon gegriffen und zuerst in Manhattan, dann auf der Tuttle-Farm angerufen.

»Nick?« hatte Jane am anderen Ende der Leitung gesagt. »Wie geht es dir, Nick? Das ist wirklich unheimlich, ich habe gerade in dieser Sekunde daran gedacht, wie du damals den Romeo geprobt hast und ... Na, ist auch egal. Wie geht's denn mit ›William‹?«

Die alte Gedankenübertragung funktionierte also noch. Jane hatte immer geschworen, sie wüßte ganz genau, wann sein Flugzeug die Landebahn auf dem Kennedy International Airport berührte, weil sich ihr ganzer Körper entspannte, sobald er in Sicherheit war. Und bei Nicholas war es ganz ähnlich gewesen. Als Elizabeth noch ein Baby war, schreckte er manchmal mitten in der Nacht hoch, und noch ehe er richtig wußte, was eigentlich los war, stand er schon mit einem seiner Pullover im Kinderzimmer, wo Jane gerade das Kind stillte. »Merkwürdig«, sagte sie. »Gerade vor drei Sekunden habe ich angefangen zu frieren.«

Die meiste Zeit versuchte Nicholas allerdings, Jane aus seinem Bewußtstein so gut es ging zu verdrängen, auch wenn es tröstlich war, an sie zu denken. Früher hatte er immer an sie und die Kinder gedacht, wenn die Dreharbeiten mühselig wurden.

Er vermißte seine Töchter sehr, aber die Erinnerung an ihre letzte Begegnung und die Vorstellung, was sie wohl von ihm dachten, machte jeden Gedanken an sie zu einer schmerzlichen Erfahrung. Am Heiligabend war er nach New York geflogen, aber seine Töchter hatten sich geweigert, zu ihm ins Hotel zu kommen und mit ihm und Pamela zu essen. »Lernt sie doch kennen«, hatte er am Telefon gebettelt. »Ihr werdet sehen, sie ist wirklich sehr nett.« Victoria war regelrecht giftig geworden: »Darf ich Mama zu ihr sagen?« hatte sie hämisch gefragt. Elizabeth hatte geschluchzt: »Willst du denn nicht zu uns kommen, Daddy?« Am nächsten Tag hatte er Pamela für ein paar Stunden allein gelassen und war in die Wohnung seiner Eltern gegangen, die sich mit Kerzen und allzu strahlenden Augen bemühten, eine festliche Stimmung zu schaffen. Jane und die Kinder waren natürlich auch da. Die ganze Familie. »Fröhliche Weihnachten, Nick«, hatte Jane gesagt und ihn sogar auf die Wange geküßt. Dann hatte sie sich den beiden Mädchen zugewandt, die mürrisch in einer Ecke saßen. »Wünscht eurem Vater fröhliche Weihnachten!« hatte sie verlangt. »Los!«

Nicholas hatte das Gefühl, Pamela zu betrügen, weil er so oft an seine Frau dachte. Vermutlich tat er dies nur deshalb, weil es in England so langweilig war; weil ihm Laurel Blake auf die Nerven ging, und weil ihm das Essen nicht schmeckte; weil er bei den Dreharbeiten so isoliert war; weil ihm die ständigen hysterischen Telefonanrufe aus Hollywood ebenso auf die Nerven gingen wie sein neuer Trainer mit seinen anstrengenden Übungen. »Wollen Sie nun in Form bleiben oder nicht?« hatte der Mann ihn energisch gefragt. »Wenn man älter wird, muß man härter trainieren. Wenn man seinen Körper nicht fordert, geht er vor die Hunde. Vor allem, wenn man ihn ständig mißbraucht.«

England machte ihm einfach keinen Spaß.

Am Nachmittag seines Geburtstags mußte er noch etwas anderes feststellen: England war auch nicht Amerika. Er konnte nicht seinen Fernseher einschalten und »Talk« sehen. Erst als ihm klar wurde, daß er Jane seit über einem Monat nicht einmal mehr auf dem Bildschirm gesehen hatte, wurde ihm bewußt, wie sehr er sie wirklich vermißte.

→ 29 ←

> Männliche Stimme: »Unsere heutige ›Talk‹-Show wurde bereits in der vergangenen Woche aufgezeichnet, unmittelbar bevor Jane Cobleigh nach London aufbrach. Wir hoffen ...«
>
> Vorspann zur »Talk«-Show, NBC-TV

Cecily hatte die Frage zum erstenmal vor einem Monat gestellt. »Warum hat Nicholas eigentlich nicht die Scheidung verlangt?«

Jane wußte es nicht. Sie hatte sich dasselbe schon seit Monaten immer wieder gefragt.

»Vielleicht will er nicht zugeben, daß ihm irgend etwas mißglückt ist«, sagte sie. »Vielleicht will er seine Beziehung zu Vicky und Liz nicht noch weiter gefährden. Vielleicht will er Pamela noch gar nicht heiraten. Vielleicht hat es ihn unsicher gemacht, daß seine Eltern sich wieder versöhnt haben, und er möchte keinen so endgültigen Schritt tun. Vielleicht ist er einfach zu faul. Vielleicht hat er so viel zu tun, daß er keine Zeit hat, sich mit den komplizierten juristischen und finanziellen Fragen auseinanderzusetzen, die mit einer Scheidung verknüpft sind.«

»Vielleicht liebt er dich noch«, hatte Cecily einfach gesagt.

Eines wußte Jane: Was sie für Judson empfand, war nicht Liebe. Es war auch keine rechte Leidenschaft mehr. Im Verlauf des letzten Jahres hatte ihre Sexualität sich verändert und war eine künstlerische Aufgabe geworden, die immer weniger mit Lust und immer mehr damit zu tun hatte, die komplizierten Situationen zu schaffen, die das Begehren hervorrufen.

»Stell dir vor, drei Männer halten dich gefangen«, sagte Fullerton zu ihr. »Drei schwarze Männer mit mächtigen Armen.«

»Könnte nicht wenigstens einer ein Puertoricaner sein, Judson?«

»Ein Puertoricaner?«

»Ach, schon gut, Judson, sprich weiter.«

»Sie halten dich schon seit zwei Tagen fest. Außer Wasser haben sie dir nichts zu essen oder zu trinken gegeben. Du hast furchtbaren Hunger, okay? Du hast wahnsinnige Angst. Es ist zwar noch nicht viel passiert, aber die Spannung steigt ungeheuer.« Fullerton lag auf ihrem Arm. Jane rückte ein Stückchen zur Seite, um sich zu befreien. »Wo bist du?« fragte er.

»Hier.« Sie lagen im Gästezimmer der Wohnung in der Fifth Avenue; in das eheliche Schlafzimmer hatte sie Fullerton nie mitgenommen.

»Ich meine, wo *befindest* du dich mit den drei Schwarzen?«

Einen Augenblick konnte Jane überhaupt nicht mehr denken. Dann sagte sie zögernd: »In Swaziland vielleicht?«

»Ach, komm! Hier, meine ich. In den Vereinigten Staaten.«

»In South Avondale«, sagte sie rasch.

»Wo?«

»In South Avondale. Das ist ein Stadtteil von Cincinnati.«

Fullerton setzte sich auf. Er hatte einen eigentümlichen Haarkranz um seinen Bauchnabel, der wie ein Trauergebinde aussah. »Willst du mich auf den Arm nehmen?« fragte er. Seine Erektion war von einer Minute auf die andere verschwunden.

»Ich denke, wir spielen ein Spiel?« sagte sie.

»Du weißt genau, was ich meine.«

Ihre Spiele hatten von Mal zu Mal weniger mit Sex zu tun. Eigentlich erinnerten sie Jane vor allem an die Geschichten, die sie ihrer Freundin Charlene erzählt hatte, als sie sechs oder sieben Jahre alt waren. Dunkle Verliese mit knarrenden Türen, böse Stiefmütter, die in Öl gekocht wurden, Schlösser, deren Türme bis in die Wolken hinaufreichten, schöne Prinzen mit goldenem Haar. Ausgefeilte Schauermärchen, die keinen Wunsch offenließen und die Müdigkeit vertrieben.

»Vielleicht ist das nicht das richtige Spiel für mich, Judson.«

Fullerton lehnte sich wieder zurück. Der Bettbezug war hellgelb. Die Farbe stand Fullerton nicht. »Okay«, sagte er. »Fangen wir noch einmal von vorn an.« Jane warf einen Blick auf seinen Penis und mußte ihm innerlich recht geben. Sie mußten tatsächlich von vorne anfangen. »Willst du überhaupt was mit Schwarzen?«

»Wie wäre es mit Filipinos?« fragte sie.

»Filipinos?«

»Oder Serbokroaten?«

Fullerton beugte sich vor und zog sich das Bettlaken über den Körper. »Ich sehe schon, Jane. Heute ist nicht unser Tag.«

»Da hast du wahrscheinlich recht.«

»Es wäre besser gewesen, wenn du mir vorher Bescheid gesagt hättest. Der Dekan hatte mich auf ein Glas eingeladen, und ich habe ihm abgesagt, damit ich um sieben Uhr hier sein konnte.«

Jane nahm ihre Armbanduhr vom Nachttisch. »Jetzt ist es erst zwanzig nach sieben. Wenn du dich beeilst, kannst du dich immer noch vollaufen lassen.«

»Schon gut«, sagte er, setzte sich auf und drehte ihr den Rücken zu. Zum ersten Mal sah sie die grauen Haare, die auf seiner Wirbelsäule wuchsen. Fullerton zog einen Socken an, dann drehte er sich zu ihr um. »Du bist feindselig. Das liegt auf der Hand. Möchtest du darüber reden?«

»Unsere Beziehung dauert jetzt schon sehr lange.«

»Ich verstehe.« Er drehte den anderen Socken von der rechten auf die linke Seite.

»Nein, du verstehst gar nichts.«

»Doch, ich verstehe. Wir haben diese Diskussion letztes Jahr schon einmal geführt. Am Wochenende vor dem Nationalfeiertag.«

»Oh, nein.«

»Doch, Jane. Du warst damals sehr direkt und hast gefragt, ob ich die Absicht hätte, Ginny je zu verlassen. Und ich war genauso direkt. Ich habe nein gesagt. Ich habe dir auch erklärt, warum ich nein gesagt habe.«

»Du hast gesagt, sie wäre labil.«

»Das ist sie auch.«

»Aber das ist nicht der Grund, warum du bei ihr bleibst.«

»Ich verstehe. Du bist inzwischen selbst eine Psycho-Expertin geworden und wirst mir jetzt meine Ehe erklären. Nur zu! Ich freue mich über jegliche Aufklärung.«

»Das bezweifle ich, Judson. Aber ich werd es dir trotzdem erklären. Du brauchst deine Ehe, weil du jemanden brauchst, den du betrügst. Du brauchst eine Frau, die schrecklich darunter leidet, daß du nach New York fährst, weil sie ganz genau weiß, daß du die Nacht mit einer anderen verbringst.«

Fullerton blies die Backen auf und schüttelte den Kopf. »Das kann ja wohl nicht dein Ernst sein. Ich hatte dich für intelligenter gehalten.«

»Du bist nur deshalb noch verheiratet, weil du jemanden brauchst, den du quälen kannst.«

»Mach dich nicht lächerlich, Jane.«

»Du brauchst jemanden, der todunglücklich ist, wenn du drei Stunden zu spät nach Hause kommst, mit heraushängendem Hemd und wirrem Haar.« Fullerton preßte die Lippen zusammen, bis sie nur noch ein schmaler Strich in seinem Gesicht waren. »Ich beobachte schon lange, wie lässig du deine Krawatte in die Tasche steckst, wenn du mit mir im Bett warst und wieder zu ihr gehst.«

»Da hast du dir ja was Tolles ausgedacht, Jane. Du solltest Märchenerzählerin werden.«

»Da hab ich mir nicht viel ausdenken müssen, Judson. Ich kenne dich inzwischen ziemlich genau. Ich weiß, daß du der ordentlichste Mensch auf der Welt bist, und der einzige Grund, warum du nach Hause gehst, als ob du gerade aus dem Bett kämst, ist der, daß du ordentlich damit angeben willst. ›Schau mal, Ginny, ich komme gerade aus dem Bett.‹ Das ist doch der halbe Spaß, Judson, hab ich recht? Weint sie jedesmal? Bittet sie dich, auf mich zu verzichten! Landet ihr am Schluß zusammen im Bett?«

»Hör auf.« Fullerton zog sich den zweiten Socken an und stand auf. Er warf Jane einen wütenden Blick zu. »Und?«

»Zieh dich ruhig an.« Janes Stimme klang tief und selbstsicher wie vor der Kamera. Hallo, liebe Zuschauerinnen und Zuschauer, heute wollen wir mal über Ehebruch reden. Warum machen die Leute so was? Ehe Sie lachen, bleiben Sie auf Empfang und hören Sie zu, was unsere Experten berichten!

Eigentlich hätte sie vor Aufregung zittern müssen, aber sie war vollkommen ruhig.

Fullerton zog sich Unterwäsche, Hemd, Hosen und Jackett an, und nachdem er sich die Schnürsenkel zugebunden hatte, zog er demonstrativ einen Kamm aus der Tasche und kämmte sich vor dem Spiegel die Haare. Anschließend überprüfte er noch den Sitz seiner Krawatte, ehe er sich Jane wieder zuwandte. »Ich glaube, wir sollten uns diese Woche nicht mehr treffen«, sagte er. Jane antwortete nicht. »Vielleicht nächste Woche auch nicht«, fügte er hinzu. Wenn sie lange genug wartete, würde er sagen: Übernächste Woche auch nicht. Nicht bis Thanksgiving. Das ganze Jahr nicht mehr.

»Judson, ich glaube, es ist vorbei.«

Fullerton sah so ordentlich aus mit seinem weißen Leinenanzug, seinem blauen Hemd, seiner orangegestreiften Seidenkrawatte. Er beherrschte sich so vollkommen. Vom Scheitel bis zur Sohle der erfolgreiche, selbstbewußte Psychiater. Nur das Blinzeln brachte er nicht unter Kontrolle. Seine Augenlider öffneten und schlossen sich, als könne er nicht glauben, was er sah.

Jane lag nackt auf dem Bett. Sie machte keinerlei Anstrengung, sich zu bedecken. »Es ist vorbei, Judson.«

»Einfach so?«

»Ich wüßte nicht, wie wir sonst aufhören sollten.«

»Hast du jemand anderen?«

»Nein.«

Fullertons Blinzeln ließ nach. »Nein? Was hast du denn sexmäßig vor?«

»Ich glaube, das möchte ich nicht mit dir diskutieren.«

So viele Monate. Zwei- bis dreimal die Woche. Sie könnte wenigstens ein paar Tränen vergießen. Aber ihre Augen waren vollkommen trocken. Sie mußte nicht einmal blinzeln. Es war ein erstaunlich neutraler Moment. Das einzige, was sie spürte, war eine gewisse Erleichterung. In ein paar Minuten würde er weg sein. Sie konnte sich anziehen und noch vor Anbruch der Dunkelheit nach Connecticut fahren. Vielleicht war das Wildentenpaar noch am Teich, das jedes Jahr ein paar Tage auf der Tuttle-Farm Station machte, ehe es weiter nach Kanada flog.

»Jane.«

»Es tut mir leid, daß es nicht funktioniert hat. Aber es hatte wohl von Anfang an keine große Perspektive, nicht wahr, Judson?« Er blinzelte. Sie fürchtete fast, er würde zu weinen beginnen, aber das war eine überflüssige Sorge. Er sah nicht einmal besonders traurig aus. Eher verblüfft und verärgert. Jetzt hatte er sowohl die Cocktails mit dem Dekan als auch die scharfe Geschichte mit den drei Schwarzen verpaßt. Wahrscheinlich würde er auch nach Connecticut zurückfahren.

»Du liebst mich nicht?« fragte er. Es war eine kühle, klinische Frage.

»Nein, ich liebe dich nicht.«

»Ich verstehe.« Er nahm sein Portemonnaie, seine Schlüssel und seine Armbanduhr vom Nachttisch. »Na dann, lebe wohl«, sagte er und ging aus der Tür.

Er war ihr nicht einmal besonders sympathisch.

»Und was hast du jetzt vor?« fragte Rhodes.

»Das weiß ich auch nicht.«

Sie saßen an einem winzigen runden Tisch in einem der besten Restaurants von New York und tranken Espresso und Brandy. Jane war hier Stammgast und wurde mit ausgesuchter Höflichkeit bedient. Die Geschäftsleitung wußte, daß die bekannte Fernsehmoderatorin und ihre Gäste eine gute Reklame für sie waren.

»Du hast dich also endgültig von diesem Psychiater getrennt?« fragte Rhodes. »Das wurde auch Zeit. Der Bursche war nichts für dich.«

»Rhodes —«

»Ich brauche bloß an diese Knollennase zu denken, dann wird mir schon übel! Als ich euch zum erstenmal im Fernsehen zusammen gesehen habe, dachte ich: Arme Jane, wie hält sie es bloß aus, dieser Kartoffelnase zweimal in der Woche fünfundvierzig Minuten gegenüberzusitzen und über ihr Seelenleben zu plaudern? Und dann hast du eine Affäre angefangen mit ihm!«

»Er war phantastisch im Bett.«

»Wie redest du denn daher? ›Er war phantastisch im Bett.‹ Willst du mir die fesche kleine New Yorkerin vorspielen? Diese Affäre war doch von vornherein eine ganz trostlose Geschichte. Weißt du nicht, daß alle frustierten Weiber bei ihrem Psychiater im Bett landen? Jedenfalls mindestens sechzig Prozent.«

»Halt den Mund, Rhodes.«

»*Du* hast mich nach New York eingeladen, um mit mir zu reden. Also, bitte!«

»Du wolltest sowieso hier Station machen. Du hast jedesmal hier Station gemacht, wenn du mit Philip nach Europa gefahren bist, und ich dachte, es wäre eine gute Idee, ein bißchen mit meinem sensiblen Bruder zu reden, der mich liebt und Verständnis hat für meine Probleme. Aber das war wohl ein Irrtum.«

»Nein, Jane.« Er streichelte seiner Schwester die Hand. »Schließen wir Frieden, okay? Aber ganz im Ernst: Was willst du denn mit dem Rest deines Lebens anfangen?« Jane zuckte die Achseln. »Ich weiß genau, was du willst, Schwesterherz. Aber sag es mir trotzdem. Ich möchte es von dir hören.«

Jane betrachtete seine langen, kräftigen Finger, die auf ihrer Hand lagen. Sie hatte ihren Bruder immer geliebt, aber heute war einer jener Tage, wo es ihr übermächtig bewußt wurde, wie sehr sie ihn brauchte.

»Rhodes«, sagte sie, »weißt du überhaupt, wieviel du mir bedeutest?«

»Ich weiß«, sagte er, »denn umgekehrt ist es genauso.« Seine Hand blieb einen Augenblick auf ihrer Hand liegen, dann zog er sie weg. »Okay, Schwesterherz«, sagte er im üblichen ironischen Tonfall. »Jetzt verrate mir, wie du dir die Zukunft vorstellst.«

»Ich möchte jedenfalls keine Scheidung. Ich will nur Nick.« Sie hatte den falschen Ort für dieses Gespräch gewählt. Sie hätte in ihrer Wohnung bleiben sollen, wo sie sich an der Brust ihres Bruders hätte ausweinen können. »Aber das sind natürlich nur Träume«, sagte sie leise. »Nick will mich bestimmt nicht mehr.«

»Hast du ihn gefragt?«

»Nein!« rief sie erschrocken und fuhr dann mit gedämpfter Stimme fort. »Nein, natürlich nicht, Rhodes. Er lebt jetzt seit zwei Jahren mit ihr zusammen, und ich habe gehört, daß sie buchstäblich unzertrennlich sind. Pamela soll wie eine Klette an ihm hängen.«

»Und Nick? Hält er sich auch dauernd an ihr fest wie ein Klammeraffe?« fragte Rhodes.

»Ich glaube schon.« Sie ließ ihren Zeigefinger auf dem Rand ihrer Kaffeetasse kreisen. »Im letzten Monat hat er allerdings...« Sie verstummte.

»Was ist los? Machst du eine Pause für die Werbespots, oder was?«

»Rhodes, laß mich einen Augenblick in Ruhe, ja?« Sie fuhr sich mit der Hand über die Stirn. »In den letzten Monaten hat er häufiger angerufen. Am Anfang ging es immer nur um die Kinder. Er wollte unbedingt, daß Vicky, Liz und Pamela sich besser kennenlernen und mich bombardierte er mit moralischen Vorwürfen wegen dieses ›Schweins von einem Psychiater‹ und so weiter –«

»Hat er wirklich ›Schwein‹ gesagt?«

»Ja ... Jedenfalls hat er in letzter Zeit häufiger angerufen. Spät abends. Ich habe mir ausgerechnet, daß es in London ungefähr drei oder vier Uhr morgens gewesen sein muß. Er fängt immer mit irgendwelchen Anfragen an. Ob der Scheck für Elizabeths Nachhilfelehrer pünktlich eingetroffen sei, ob die Pferde gut gepflegt werden und so weiter. Danach fängt er an zu erzählen.«

»Und wovon redet er?«

»Über den Film, ›William the Conqueror‹. Er liest mir ganze Passagen aus dem Drehbuch vor und fragt mich, was ich davon halte. Oder er erkundigt sich bei mir, wie der Bühnenbildner hieß, den er 1963 bei einer Off-Broadway-Inszenierung kennengelernt hat.«

Rhodes hielt sein Glas in der Hand, trank aber nicht, sondern musterte den Inhalt, als könne er die Zukunft daraus lesen. »Hört sich an wie die typischen Gespräche zwischen Mann und Frau«, sagte er.

»Irgendwie schon. Aber irgendwelche Liebeserklärungen kommen nicht darin vor. Er ist nicht einmal sonderlich herzlich, sondern fast auffällig beiläufig.«

»Spricht er über Pamela?«

»Nein.«

Rhodes warf seiner Schwester einen prüfenden Blick zu. »Was machst du denn für ein komisches Gesicht? Hast du ihn etwa nicht nach ihr gefragt? Du bist wirklich unglaublich bescheuert, Jane.«

»Ich habe nur ein einziges Mal gefragt: ›Wie geht's Pamela?‹ Er hat gesagt: ›Gut.‹ Aber ich glaube, er hat sich geärgert; denn damit war das Gespräch praktisch zu Ende. Ich weiß auch nicht recht. Gestern abend habe ich angerufen, weil er Geburtstag hatte, und sie war am Telefon. Sie hat gesagt, er hätte einen schweren Tag gehabt und sich früh hingelegt.« Jane warf ihrem Bruder einen Blick zu, aber Rhodes starrte weiterhin nur in sein Glas. »Ich hasse sie«, sagte Jane plötzlich. »Sie hat so eine mickrige Piepsstimme. Wie eine Maus von Walt Disney. Ich verstehe gar nicht, wie Nick das überhaupt aushält.«

»Vielleicht hält er es gar nicht mehr aus«, sagte Rhodes bedächtig und sah seiner Schwester direkt ins Gesicht. »Vielleicht versucht er schon seit einiger Zeit, dir etwas zu signalisieren. Meinst du nicht auch?«

»Ich weiß nicht.«

»Weiß er, daß du Dr. Kartoffelnase abgehängt hast?«

»Nein. Aber über diese ganze Affäre haben wir sowieso nur ein einziges Mal geredet. Ganz am Anfang, als alles herauskam.«

»Okay. Kehren wir noch einmal zur zentralen Frage zurück: Was hast du vor? Wirst du versuchen, Nick zurückzugewinnen?«

»Ich habe Angst davor.«

»Warum?«

»Er hat Pamela. Sie ist vierundzwanzig oder fünfundzwanzig Jahre alt, und ich ...«

»Ach, hör doch auf. Pamela ist ein Gänschen. Du bist eine im ganzen Land bekannte und geschätzte Fernsehmoderatorin, und der Grund dafür ist, daß du eine Persönlichkeit mit menschlicher Reife bist.«

»Aber vielleicht will er gar keine Persönlichkeit, sondern lieber ein junges Mädchen, das ihn anhimmelt.«

»Möglich. Ich glaube aber, er braucht eine wirkliche Frau.«

»Er kann Pamela ja heiraten.«

Rhodes beugte sich vor und schlug mit der Hand auf den Tisch. Die kleine Vase mit der Rosenknospe zitterte heftig. »Jane, er könnte so gut wie jede Frau haben. Aber was ist denn wirklich geschehen? Er hatte zwei Jahre lang Zeit, um dich loszuwerden und sie zu heiraten. Aber er hat's nicht getan. Und warum nicht? Weshalb wohl steht er plötzlich morgens um drei Uhr auf und führt transatlantische Telefongespräche mit dir? Möchte er sein

Pipimädchen nicht aufwecken? Er könnte ja auch jemand anderen anrufen. Hunderttausende würden sich freuen, wenn sie einen Anruf von Nicholas Cobleigh kriegten. Um drei Uhr morgens und zu jeder anderen Zeit. Das weiß er genau. Warum ruft er gerade dich an? Du brauchst nicht zu antworten. Es ist eine rein rhetorische Frage.«

»Was soll ich denn deiner Meinung nach tun?«

»Du müßtest eine Aussprache herbeiführen.«

»Und was soll ich sagen?«

»Ganz einfach: Nick, ich liebe dich immer noch. Liebst du mich auch?«

»Glaubst du, Männer und Frauen reden so miteinander?«

»So reden Leute miteinander, die sich überflüssigen Schmus und patzige Bemerkungen sparen können. Sei so nett und hör auf, dich wie eine schnippische New Yorker Zicke zu benehmen.«

»Und wenn er sagt, daß er Pamela liebt?«

»Dann sagst du: Okay, tut mir leid, daß ich dich gestört habe, bitte sag deinem Anwalt, daß er meinen anrufen soll. – Aber glaubst du denn, daß er überhaupt so etwas sagt?«

Jane wußte es nicht. Manchmal hatte sie sich – zugegebenermaßen recht naiv – eine Versöhnung auszumalen versucht. Es müßte draußen in Connecticut sein: Sie ist gerade dabei, ihre Notizen für die Show und ihre Handtasche ins Auto zu legen, um nach New York zu fahren, da braust plötzlich ein Wagen die Auffahrt hinauf: Nicholas' alter Porsche – eine alberne Vorstellung, denn den hatte er schon vor Jahren verkauft. Nicholas springt dennoch aus dem Wagen, läuft hinüber zu ihr und ruft dabei: Jane, Jane, Jane!

Oft genug aber lähmte eine andere Vorstellung all ihre Hoffnungen: Nicholas steht in einem üppig ausgestatteten englischen Wohnzimmer mit viktorianischen Möbeln, schwere Brokatvorhänge verdunkeln den Raum, und er hält mit angewidertem Gesicht den Telefonhörer. Ihre Liebeserklärungen sind ihm peinlich, und er schämt sich für sie.

»Rhodes, ich habe nicht die Absicht, eine jener unglücklichen Ehefrauen zu werden, die in jedes Wort ihres Mannes tausend verschiedene Bedeutungen hineininterpretiert, um sich zu trösten. Bleiben wir doch mal bei den Tatsachen. Die beiden leben zusammen und haben sich in Santa Barbara ein Haus gekauft, und im letzten Jahr haben sie sich eine Reihe von Penthousewohnungen in New York angesehen.«

»Das sind Immobilien, und die sind nicht identisch mit Liebe.«

»Was ist, wenn er nein sagt, ich brauche dich nicht. Ich liebe dich schon seit Jahren nicht mehr, und die Telefonanrufe waren auch keine Signale, sondern einfach freundliche Anrufe. Er kann es sich leisten, freundlich zu sein, denn er liebt mich nicht mehr. Siehst du nicht, daß ich mich völlig zum Narren machen würde? Ich würde ihm wahrscheinlich bloß leid tun. Er hängt den Telefonhörer ein, dreht sich zu Pamela um und erzählt ihr die ganze Geschichte!«

Rhodes hob die Hand wie ein Polizist, der den Verkehr stoppen will. »Moment mal! Wer redet denn von einem Telefonanruf? Es geht dabei nicht um ein bißchen freundliche Konversation. Wir unterhalten uns schließlich auch nicht am Telefon, sondern du wolltest mich hier in New York haben für dieses Gespräch. Ich glaube, wenn ihr euch gegenübersteht ...«

»Wie denn? Nicholas ist in London, und er wird dort den ganzen Herbst über drehen.«

»Dann flieg doch hin, Schwesterherz!«

»Nach London? Ich bin noch nie in einem Flugzeug gesessen, Rhodes. Ich habe ja viele Ängste überwunden, aber wenn ich daran denke, ich müßte fliegen, fängt mein Herz an zu pochen, als ob ... Vergiß es, Rhodes.«

»Okay, vergessen wir es.«

»Selbst wenn ich mit dem Schiff fahren würde, und ich habe weiß Gott keine Lust, mitten auf dem Atlantik zu schwimmen, was könnte ich in London schon ausrichten? Soll ich hingehen und bei ihm an der Tür klingeln? Soll ich mitten in die Dreharbeiten hineinplatzen?«

»Ja, genau.«

»Und was soll ich dann sagen? ›Entschuldigen Sie, Pamela, ich würde gern mit meinem Mann ein paar Dinge besprechen.‹ Und dann, wenn sie weg ist: ›Ich liebe dich, Nick. Komm wieder zurück. Schick sie weg. Ich bin doch deine Frau. Wir kriegen alles wieder hin, wir haben doch nie aufgehört, uns zu lieben.‹«

»Ja«, sagte Rhodes, »das klingt ganz vernünftig.«
»Und was ist, wenn er nein sagt?«
»Das mußt du riskieren. Doch was, wenn er ja sagt?«

Acht. Ihre Angst war bei acht auf der Skala des Schreckens. Nein, bei neun. Es gab keine Luft mehr in der Kabine, und die Stewardeß lächelte unerbittlich. Lächeln, warum mußte sie lächeln. Sie waren zwölftausend Meter über dem Atlantik, die Concorde raste mit Überschallgeschwindigkeit dahin, und die Stewardeß lächelte, als ob sie nicht wüßte, daß sie bald genauso wie die Passagiere in einem völligen Vakuum verzweifelt nach Luft ringen würde. Wir bedauern, Ihnen mitteilen zu müssen, daß wir keine Sauerstoffmasken an Bord haben.

»Ist alles okay, Mrs. Cobleigh?« Das Lächeln wurde noch breiter. Wahrscheinlich hatte sie ihre Talk-Show gesehen, oder sie erkannte Leute, die Angst vorm Fliegen hatten, auf Anhieb.

»Danke, bestens.« Daß Jane unter ihrer Jacke eine große Spucktüte bereithielt, brauchte die Stewardeß nicht zu wissen.

»Das freut mich.« Die Stewardeß lächelte auch weiterhin für sie mit. Sie wollte ihr wohl Mut einflößen. »Vor einem oder zwei Monaten hatten wir das Vergnügen, Mr. Cobleigh bei uns an Bord zu haben!«

»Ach.« Es war kaum noch Luft da, und die eisige Kälte der Stratosphäre war schon zu spüren. Das Lächeln der Stewardeß wurde schwächer. Eine solche knappe Reaktion hatte sie offenbar nicht erwartet. »Das ist nett«, fügte Jane eilig hinzu.

Das Lächeln kehrte zurück. »Er hat denselben Wein bestellt wie Sie!«

»So? Das ist ja –« Man muß sich seiner Angst bewußt werden, man muß sie hinnehmen. Acht, acht. Immer noch keine Luft. Doch, jetzt kommt Luft. Sieben, vielleicht sogar sechs. Nein, doch sieben. Jane sah direkt in das große fleischige Lächeln hinauf. Es war jetzt ganz sicher, so groß und strahlend, wie es nur sein konnte. Und es galt nur ihr. »Nun ja, nach neunzehn Jahren Ehe hat man eben denselben Geschmack«, sagte Jane.

In London ist es heißer, als es gestern in New York war, aber in der großen grauen Limousine ist es kühl. Die Reichen sind gegen das Klima immun. Jane starrt zum Fenster hinaus, das blaugetönte Glas macht die Außenwelt vollkommen unwirklich. Nur sie selbst, der Fahrer und das Innere des Wagens sind real.

Der herbe Geruch der Lederbezüge mischt sich mit dem süßen Duft einer einzelnen Rose, die in einer Vase neben dem Fenster steckt. Obwohl in einem Fach ein großer, beleuchteter Spiegel bereitliegt, greift Jane automatisch nach ihrem Taschenspiegel, um ihr Aussehen zu kontrollieren. Sie sieht müde aus, hat aber trotzdem nur ein winziges bißchen Rouge aufgelegt, wenig Wimperntusche und einen Hauch Lipgloss. Nicholas hat Make-up nie besonders gemocht. Jane überlegt, ob sie sich die Lippen abwischen soll. Sonst schmecken sie fettig, wenn er sie küßt. Aber ohne Lipgloss sieht sie zu blaß aus, zu alt.

Lächerlich. Entweder er will sie oder er will sie nicht. Was auf ihren Lippen ist, hat damit nichts zu tun. Jane denkt, daß er sie wollen wird.

Erst vor zwei Tagen hatte er wieder angerufen, und es wurde ihr bisher längstes Telefongespräch. Zum ersten Mal, seit sie sich getrennt hatten, sprach Nicholas über die Vergangenheit.

»Weißt du noch, wie wir das Haus gestrichen haben, als wir nach Connecticut auf die Farm zogen? Ich hatte lauter grüne Farbe im Haar, und du hattest auch irgendeinen Fleck auf der Nase.«

»Ich habe den Messingklopfer geputzt. Diesen dümmlichen Adler.«

»Stimmt. Ich erinnere mich. Weißt du, das war das letzte Mal, daß ich so was selbst gemacht habe. Außerhalb meiner eigentlichen Arbeit habe ich seitdem alles durch irgendwelches Personal erledigen lassen. Na ja, das läßt sich wohl nicht ändern, ich habe eben immer so viel zu tun ...«

»Was ist los, Nick?«

»Nichts, ich habe nur über diesen Tag auf der Farm nachgedacht. Wie wir im Gras gelegen haben. Erinnerst du dich?«

»Ja. Ich weiß es noch gut.«

»War das nicht schön, damals?«

Sie steckt den Spiegel zurück in die Handtasche. Die bloße Erinnerung an einen schönen Augenblick in einer ansonsten gescheiterten Ehe konnte ihn doch nicht veranlaßt haben, morgens um drei ans Telefon zu gehen und in New York anzurufen? Nein, ihre Ehe war noch nicht tot.

Janes Hände liegen in ihrem Schoß, die Nägel sind kurzgeschnitten und unlackiert. Natürlich. So wie er sie mag. Einen Ehering hat sie sowieso immer getragen. Sie hat verschiedene Eheringe: verschlungenes Weißgold und Rotgold; Platin; Jade; Diamanten mit Saphiren; Diamanten mit Rubinen. Schmale Ringe und breite. Der, den sie jetzt trägt, stammt aus Maryland. Nicholas hat ihn vor über neunzehn Jahren gekauft, eine halbe Stunde bevor sie geheiratet haben. Er hat seit einigen Jahren ganz unten in ihrer Schmuckkassette gelegen. Sie trägt ihn erst seit vierundzwanzig Stunden.

Als sie ihn das letzte Mal gesehen hat, zu Weihnachten, trug Nicholas seinen Ring nicht. Aber Jane ist ganz sicher, daß er ihn noch hat. Er braucht wahrscheinlich nicht einmal danach zu suchen.

Bitte gib, daß ich mich nicht irre, betet Jane, aber sie glaubt, daß Nicholas sie immer noch liebt.

Der Wagen wird langsamer. Sie sind weit außerhalb von London, irgendwo in den Vororten. Das Laubdach der Bäume wirft Schatten auf die Fahrbahn. Auf der anderen Straßenseite stehen zwei Granitsäulen. An der einen ist eine Bronzetafel mit der Aufschrift BLACKHEATH STUDIOS befestigt.

Die Limousine hält an, der Fahrer dreht sich zu ihr um. »Da wären wir, Madame, soll ich hineinfahren?«

»Ja«, sagt sie. Aber im gleichen Augenblick sieht sie eine andere graue Limousine, das Gegenstück zu ihrer, aus der Einfahrt rollen. Jane bemüht sich, einen Blick ins Innere des Wagens zu werfen, und glaubt mit Sicherheit, einen blonden Mann zu erkennen.

»Ich steige gleich hier aus.«

Sie springt aus dem Wagen und winkt zu dem anderen Mercedes hinüber, der nach links auf die Straße einschwenkt.

»Nick«, ruft sie. »Nick!«

Der schwere Wagen beschleunigt rasant. Jane rennt über die Straße.

»Nick! Ich bin es, Nick!«

Danach kommt nur noch das Kreischen von Bremsen, ein stechender Schmerz und ein schrecklicher, taumelnder Sturz auf die Fahrbahn.

30

> Höre mein Gebet, Herr, und vernimm mein Schreien, und schweige nicht über meinen Thränen; denn ich bin dein Pilgrim und dein Bürger, wie alle meine Väter. Laß ab von mir, daß ich mich erquicke, ehe denn ich hinfahre, und nicht mehr hie sei.
>
> Der 39. Psalm

»Was bedeutet uns England, William? Bleib bei mir.« Laurel Blakes Stimme wurde von der Woge der Gefühle fast erstickt, und schwere Tränen hingen an ihren Wimpern. In Großaufnahme fing die Kamera nun das Gesicht von Nicholas ein. Er betrachtete seine Herzogin mit so unendlichem Abschiedsschmerz, daß er fast genauso verzweifelt aussah wie sie.

»Schnitt«, rief der Regisseur. »Wunderbar.«

Nicholas drehte Laurel den Rücken zu und gähnte. Seine Hand bedeckte den Mund noch nicht ganz, als er Murray King entdeckte, der sich gerade an einem der Helfer vorbeidrängte.

Nicholas erstarrte mitten in der Bewegung. Er wußte zwar, daß Murray schon vor zwei Wochen in Heathrow mit einem Koffer voller Drehbücher und zwei blauen Anzügen gelandet war; dennoch war er völlig überrascht, ihn hier zu sehen. So gern sich Murray hinter der Bühne eines Theaters aufhielt, so wenig mochte er Filmstudios mit ihrem ewigen Durcheinander von Mikrofonen, Kameras und Kabeln. Er hatte Nicholas erst ein einziges Mal bei Dreharbeiten besucht, und das war bereits fünf Jahre her. Murray setzte nie einen Fuß in ein Filmatelier, wenn es sich vermeiden ließ. Die Verträge mit den Filmgesellschaften wurden stets beim Lunch, beim Cocktail oder beim Dinner ausgehandelt. Und jetzt stürmte Murray plötzlich durch die Kulissen der Blackheath Studios?

»He, Murray«, rief Nicholas. »Was gibt's?«

Irgend etwas stimmte nicht. Murray sah blaß und verstört aus, er hatte seinen Hut verloren, und seine Brille drohte ihm von der Nase zu fallen. »Nicky«, stieß er mühsam hervor. »Nicky, komm mit!«

Nicholas schluckte und räusperte sich. Er war übermüdet und hatte zudem seit Tagen zuviel getrunken. Er war so kaputt, daß ihm schon jede normale Unterhaltung zuviel war. Und jetzt dieser Auftritt seines Agenten! Was mochte bloß vorgefallen sein?

»Nicky.« Murray legte ihm den Arm um die Schultern und führte ihn aus den Kulissen. Nicholas wagte nicht noch einmal zu fragen, was los sei. Es mußte sich um irgend etwas sehr Schlimmes handeln, soviel war klar. Murray führte ihn die Treppe hinauf. »Wo ist deine Garderobe?« fragte er. Nicholas ging den Korridor hinunter und drehte den Türknopf, aber seine schweißnasse Hand glitt an dem Plastikmaterial ab. »Komm, Nicky, ich mache schon auf.«

War irgend etwas mit seinem Vater? Die Leber? War er ins Krankenhaus gebracht worden? Seine Mutter? Als er aus New York abgereist war, schien sie noch bester Gesundheit zu sein. Hatten sich ihre Depressionen wieder gezeigt? Was mochte bloß vorgefallen sein?

»Es ist wegen Jane«, sagte Murray.

Wie vom Donner gerührt stand Nicholas da.

»Sie hat einen Unfall gehabt. Jane ist von einem Auto angefahren worden, Nicky, und liegt im Krankenhaus.«

Schweigen senkte sich über den Raum. »Ist es schlimm?« fragte Nicholas schließlich.

»Ziemlich. Sie hat eine schwere Kopfverletzung davongetragen. Sie befindet ich auf der Intensivstation ...«

Hoffentlich befindet sie sich wenigstens in einem der modernen und bestens ausgestatteten New Yorker Krankenhäuser und nicht in Connecticut draußen.

»Nicky –«

Nicholas hielt es nicht länger aus. Er rannte ins Badezimmer, schlug die Tür hinter sich zu, setzte sich auf die Toilette, legte den Kopf auf den Waschbeckenrand und kühlte sich, am ganzen Leibe zitternd, die Stirn.

Murray klopfte an die Tür. »Bist du okay?«

»Ja.« Nicholas stand auf, stellte das kalte Wasser an und hielt seine Handgelenke darunter. Das hatte Jane immer mit den Kindern gemacht, wenn sie erhitzt und vom Spielen völlig überdreht heimkamen.

»Nicky, bitte mach auf!«

Nicholas öffnete die Tür. »Buche sofort einen Flug für mich, Murray.«

»Nicky, sie ist –«

»Falls ich nicht innerhalb der nächsten Stunde irgendwie mitkomme, dann charterst du eine Maschine.«

»Nick, sie ist *hier*. Hier in London.«

»In *London*?«

»Der Unfall ist gerade erst vor einer Stunde passiert. Hier, direkt vor der Einfahrt zum Studio.«

»Nein. Das ist doch völlig unmöglich. Wahrscheinlich handelt es sich um irgendeine andere Frau, der Name Cobleigh ...«

»Es ist keine Verwechslung.«

»Es muß ein Irrtum sein, Murray! Es muß! Wie sollte sie denn hierhergekommen sein?«

»Nicky –«

»Murray, jetzt höre mir mal zu. Sie ist ihr ganzes Leben noch nicht geflogen. Sie hat noch nie in einem Flugzeug gesessen. Wahrscheinlich könnte sie auch nicht mit dem Schiff fahren. Wie hätte sie denn herkommen sollen? Komm, Murray, jetzt ist es genug. Es kann nicht Jane sein.«

»Doch, Nicky. Es ist Jane.«

»Nein.«

»Doch.«

»Nein!«

Sie warteten auf dem Korridor vor der Notaufnahme: der Verwaltungsdirektor des Krankenhauses, der Neurologe und der Neurochirurg, mehr Krankenschwestern, als notwendig waren, und natürlich die Presse.

»Bitte, verlassen Sie das Gebäude!« rief der Direktor. Er ging auf die Reporter zu und versuchte, einem der Fotografen die Hand vor die Linse zu halten. »Sie sind nicht berechtigt –«

»Mr. Cobleigh, ich bin Alfred Sadgrove, der Neurologe, und das ist –«

»Wo ist sie?« brüllte Nicholas wütend.

»Nicky«, sagte Murray beruhigend.

»Wo zum Teufel ist meine Frau? Was haben Sie mit ihr gemacht?«

»Das ist er!« sagte eine der Krankenschwestern halblaut.

»Kleiner, als ich gedacht habe«, sagte eine andere.

»– Sir Anthony Bradley, der Neurochirurg. Er kann Ihnen erklären –«

»Wo, verdammt noch mal, ist meine Frau?« Es war so heiß auf dem Flur. Und die vielen Menschen.

»Wissen Sie, Mr. Cobleigh –«

Zwei Sanitäter kamen im Eilschritt mit einer Bahre herein. Nein, Jane war es nicht, die da auf der Trage lag. Es handelte sich um einen dicken Mann, dessen Arm notdürftig mit einem blutigen Handtuch bandagiert war. »Platz da!« schrie einer der Sanitäter. Die Frau des Verletzten bemühte sich, an der Seite ihres Mannes zu bleiben. »Stanley«, wimmerte sie. »Stanley.« Plötzlich wurde sie langsamer, erstarrte und blieb reglos stehen. Mit weit aufgerissenen Augen und hin und her pendelnden Armen glotzte sie Nicholas an. Mechanisch strich sie sich über die Haare. Nicholas wandte sich ab. Eine Sekunde später stürmte die Frau durch die Schwingtüren der Notaufnahme, die sich hinter ihrem Mann schlossen. »Stanley«, kreischte sie. »Stanley.«

Einer der drei Ärzte stand neben Nicholas und redete auf ihn ein. Sir Sowieso, hatte der andere ihn genannt. »Sie ist auf der Intensivstation, Mr. Cobleigh. Sie können gleich zu ihr. Als sie eingeliefert wurde, habe ich sofort veranlaßt, daß unter anderem ein EEG gemacht wurde. Sie hat rechtsseitig einen Schädelbasisbruch erlitten.«

»EEG«, sagte Nicholas. »Ist etwas mit ihrem Gehirn?«

»Die Verletzung Ihrer Frau ist sehr schwer. Als sie eingeliefert wurde, war sie nicht mehr in der Lage, zusammenhängend zu sprechen.«

Was erwarteten denn diese Typen? Sollte Jane mit ihnen Konversation machen? »Der Schock ...«, setzte Nicholas zu einer Erklärung an, doch der Neurochirurg sah ihn an und schüttelte kaum merklich den Kopf.

»Mr. Cobleigh, ich fürchte, die Sache ist komplizierter. Ihre

Frau hat schwere Hirnquetschungen. Zum Glück konnten wir bisher kein Gerinnsel feststellen, aber wir müssen sie natürlich weiterhin beobachten.«

Nicholas nickte, obwohl er immer noch nicht verstand, was der Chirurg von ihm wollte. »Warum?« frage er vorsichtig.

»Es besteht die Gefahr eines Hämatoms unter der Hirnhaut. So etwas entwickelt sich oft erst nach einiger Zeit.«

»Ein Hämatom?«

»Ein Bluterguß. Bei der Hirnquetschung können Blutgefäße verletzt worden sein. Ihre Frau befindet sich jetzt in einem Zustand der Bewußtlosigkeit. Wir messen den Schädeldruck ununterbrochen, um festzustellen –«

»Ob der Hirndruck wächst?«

»Es könnte sein, daß wir operieren müssen, um das Gehirn zu entlasten.«

»Aber dann ist alles wieder in Ordnung?«

Der Chirurg warf Nicholas einen prüfenden Blick zu. »Mr. Cobleigh«, sagte er vorsichtig.

»Ja?« sagte Nicholas fast lautlos.

»Wir wissen es nicht.«

Gemeinsam warteten sie auf den Fahrstuhl. Die Engländer standen dicht an der Tür, Nicholas und Murray etwas dahinter.

»Laß nur, Nicky«, flüsterte Murray. »Vielleicht ist es gar nicht so schlimm. Vielleicht sitzt sie oben im Bett, empfängt uns mit einem Lächeln und sagt: ›Holt mich hier raus, Jungs.‹«

»Murray, bitte, ich mag jetzt nicht reden.« Nicholas beobachtete den Neurochirurgen. Er hatte einen edlen Kopf, der auf einem Denkmal wahrscheinlich sehr überzeugend gewirkt hätte. Nicholas beschloß, die Herkunft des Mannes überprüfen zu lassen. Falls sein Titel ererbt war, würde er auf keinen Fall zulassen, daß er Jane operierte.

»Nicky, vielleicht ist das Ganze ein Windei. Von Schädelbrüchen hört man doch dauernd. Da war zum Beispiel diese Geschichte mit Harry Bluestone. Das war kein Schädelbruch, das gebe ich zu. Aber immerhin: Irgend so ein Idiot ist ihm mit einem Lastwagen über den Fuß gefahren, und es ist überhaupt nichts passiert ...«

Gott im Himmel! Sie sieht ja aus wie eine Wachspuppe. Abrasierte Haare. Ein Stück in den Schädel gepflanztes Metall.

»Das ist der Druckmesser«, sagte einer der Engländer.

Eine leblose Puppe, mit leblosen Apparaten verdrahtet. Am Tropf. Ein häßlicher gelber Plastikschlauch hängt aus dem Mund.

Gott im Himmel, mach, daß sie nicht tot ist. Sie liegt so still und totenbleich da.

Immerhin atmete sie.

Ihr rechter Arm war in einem merkwürdigen Winkel auf ihre Brust bandagiert. Wie der Flügel eine gefrorenen Hühnchens.

»Ein Bruch des Oberarmknochens«, sagte einer der Ärzte, »nichts weiter Beunruhigendes.«

Jane lag so schrecklich gerade, als ob sie aufgebahrt wäre. Selbst im tiefsten Schlaf hatte sie noch nie so steif und gerade gelegen. Auch die Hände sahen aus, als ob sie aus Wachs wären.

»Jane«, sagte Nicholas leise.

Sie bewegte sich nicht.

»Jane.«

Hilflos starrte er ihre schneeweiße Hand an. Die Farbe paßte überhaupt nicht zu ihr. Ihren Ehering trug sie auch. »Echtes Gold!« hatte der Juwelier in Maryland ihnen versichert. Seiner lag zusammen mit seinen Manschettenknöpfen in einer Kassette zu Hause. Er hatte ihn unter das Samtfutter geschoben, damit er ihn nicht jeden Tag sah.

Nicholas wandte sich um. Murray stand direkt neben ihm.

»Mein Ehering ist in der Schmuckkassette zu Hause am Berkeley Square«, sagte Nicholas gedankenverloren.

»Glücklicherweise ist das Rückenmark nicht verletzt«, sagte einer der Ärzte.

»Dennoch dürfen Sie nicht vergessen, Mr. Cobleigh«, sagte ein anderer, »daß die Prognose recht ... unsicher ist.«

Unter dem Leinentuch, das ihren Bauch und ihre Beine bedeckte, lugten die Füße heraus. Nicholas trat einen Schritt vor und umfaßte einen der Knöchel. Warm war er nicht, aber zum Glück auch nicht kalt.

»Wenn Sie natürlich noch andere Spezialisten beiziehen wollen...«

»Sie haben allerdings Glück gehabt, Mr. Cobleigh. Wir sind weitaus besser auf solche Verletzungen eingerichtet als die meisten anderen Krankenhäuser, und Sir Anthonys Ruf reicht weit über England hinaus ...«

Nicholas streichelte den nackten Fuß, den er in seiner Hand hielt. Jane hatte immer noch eine wunderbare, samtige Haut. Dann zog er das Laken über die Füße.

»Mr. Cobleigh, ich habe veranlaßt, daß Sie sich in den nächsten Stunden in meinem Büro aufhalten können, falls Sie das wünschen«, sagte der Verwaltungsdirektor. »Wir möchten verhindern, daß die Reporter Sie weiter behelligen.«

»Murray«, sagte Nicholas, »ich hätte gern meinen Ring.«

Nicholas setzte sich auf den Schreibtischstuhl. »Du mußt dich bei den Leuten bedanken«, flüsterte Murray ihm zu.

»Es ist wirklich sehr nett, daß ich Ihr Büro benutzen darf«, sagte Nicholas folgsam. Der Verwaltungsdirektor stand auf der anderen Seite des Schreibtischs. »Vielen Dank.«

»Nichts zu danken, Mr. Cobleigh. Das tun wir doch gern.«

»Es ist schon fast zehn«, sagte Murray. »Ich glaube, wir gehen jetzt besser nach Hause. Falls irgendeine Änderung in Mrs. Cobleighs Befinden eintritt ...«

»Natürlich werden wir Sie dann sofort informieren«, sagte der Verwaltungsdirektor.

Wieder ließ sich Nicholas von seinem alten Freund führen, diesmal zu einem Seiteneingang hinaus, wo ein Taxi bereitstand. Der Wagen, mit dem sie gekommen waren, stand vor dem Krankenhaus, umlagert von Fotografen und Pressereportern. »Willst du in deine Wohnung am Berkeley Square, Nicky?«

»Was?« fragte Nicholas verwirrt. Er konnte einfach nicht mehr klar denken. Wenn er sich nicht auf der Intensivstation befand, hatte er im Büro des Verwaltungsdirektors gesessen. Die gelb tapezierten Wände dieses palastartigen Raumes zierten kolorierte Lithographien von englischen Jagdszenen. Pferde und Hunde sprangen über Wasserläufe und Hecken, Jagdröcke leuchteten rot. Trotz der hohen Decke und des wuchtigen Schreibtischs wirkte das Büro wie die Kulisse zu einem billigen C-Film. Nicholas hatte geduldig auf seinem Stuhl gehockt und vergeblich darauf gewartet, daß ein Regisseur die Stimme erhob und ihm sagte, was er jetzt tun sollte. Er preßte die Fäuste gegen die Augen, die ihm wieder einmal zu groß für seinen Schädel erschienen, so, als ob er den ganzen Tag im grellen Licht der Scheinwerfer gearbeitet hätte.

»Willst du zu dir nach Hause, Nicky? Du kannst aber auch selbstverständlich mit zu mir ins Hotel kommen.«

Er konnte nicht mehr klar denken. Er legte den Kopf in die Hände und erschrak über das viele Haar in seinem Gesicht; immer wieder vergaß er seinen drei Monate alten Bart, den er sich für seine Rolle hatte stehen lassen. Er ließ die Hände wieder in den Schoß fallen.

»Ich muß nach Hause«, sagte er. Das Taxi kroch durch die leeren Straßen, als ob sie sich mitten in einem Verkehrsstau befänden. »Hast du Rhodes erreicht?«

»Es hat ziemlich gedauert. Das Hotel in Mykonos war leicht zu erreichen, bloß wußten die vom Empfang natürlich nicht, an welchem Strand er sich aufhielt. Nach dreieinhalb Stunden hatte ich ihn endlich am Apparat. Rhodes nimmt die nächste Maschine nach Athen und fliegt von da aus direkt nach Heathrow weiter. Sein Freund, dieser Typ, der mit deiner Cousine verheiratet ist, –«

»Philip Gray.«

»– ja, der kommt auch mit.«

Im Büro des Verwaltungsdirektors hatte Nicholas eine halbe Stunde lang hektische Aktivität entwickelt. Es war eine verzweifelte Anstrengung, alles wieder »in Ordnung« zu bringen: »Laß sofort einen, nein, am besten gleich zwei der besten amerikanischen Neurochirurgen einfliegen; versuche etwas über diesen Sir Anthony Bradley rauszukriegen; laß Vicky und Liz zum John F. Kennedy Airport bringen und mit dem nächsten Flugzeug hierherkommen; nimm Kontakt mit Rhodes auf; sag Arthur, sie sollen erst alle Szenen abdrehen, bei denen ich nicht gebraucht werde.« Danach war er völlig apathisch in sich zusammengesunken und kaum mehr in der Lage gewesen, die Teetasse zum Munde zu führen.

»Philip Gray steckt neuerdings auch eine Menge Geld ins Kabelfernsehen«, sagte Murray. »Wußtest du das?«

»Ja.«

»Aber den größten Teil seines Vermögens hat er wohl noch immer in japanischen Stahlwerken und in Geschäften mit seltenen Metallen investiert.« Murray war sofort in Tränen ausgebrochen, als sie die Intensivstation verlassen hatten; doch nachdem er seine Fassung zurückgewonnen hatte, schien sich eine eigentümliche Redseligkeit seiner bemächtigt zu haben. Man konnte den Eindruck gewinnen, als versuche er, mit einem gewaltigen Redeschwall alles fortzuspülen, was in den letzten Stunden passiert war, um auf diese Weise die Normalität wieder herzustellen. »Rhodes hat gesagt, sie würden vom Flughafen sofort ins Krankenhaus fahren. Er will dich zwar von Heathrow aus anrufen, aber er hat mir für alle Fälle auch Philip Grays Londoner Nummer gegeben. Gray hat offenbar hier ein Apartment.« Er drückte Nicholas ein Zettelchen in die Hand. »Sonst noch etwas? Ach, ja, die beiden amerikanischen Neurochirurgen sind auch bereits unterwegs. Ich habe Zimmer im ›Connaught‹ für sie reserviert.«

Das Taxi mußte vor einer roten Ampel anhalten. Der Fahrer drehte sich um und starrte Nicholas an. Die Ampel wurde grün, aber der Fahrer machte keine Anstalten weiterzufahren. Er betrachtete Nicholas wie ein Trapper, der eine Kaninchenfalle aufgestellt hat und plötzlich entdeckt, daß in der Schlinge ein Hermelin zappelt. Murray fuhr wütend hoch und schlug mit der Faust an die Trennscheibe. Sein Zorn erschreckte Nicholas fast noch mehr als den Fahrer; dennoch schoß das Taxi mit einem gewaltigen Satz vorwärts, und wenige Minuten später hatten sie ihr Ziel erreicht.

Murray setzte Nicholas am Berkeley Square ab, und noch ehe das Taxi weiterfuhr, ging die Haustür auf. Nicholas trat verwirrt in die dämmerige Halle. Gleich würde der Butler ihm den Mantel abnehmen. Aber er trug ja gar keinen Mantel, sondern hatte noch immer sein Kostüm an: Baumwollstrumpfhosen und ein dünnes ledernes Wams — und darüber einen Arztkittel, den ihm jemand in der Intensivstation übergestreift hatte.

»Oh, Nicholas!«

Direkt vor ihm stand Pamela mit weit ausgebreiteten Armen.

»Nicholas, es tut mir so leid.« Ihre Arme schlossen sich um seine Hüften. »Was für ein schrecklicher, schrecklicher Schock.« Ihr Kopf lag an seiner Brust. »Selbst nach all der Zeit muß es fürchterlich für dich sein ...«

Er versuchte sich loszureißen. Aber das war gar nicht so einfach. Ihre dünnen Arme waren recht kräftig. »Nicholas!« rief sie, während sie ihm in die Bibliothek folgte. »Komm, ich bringe dir was zu trinken.« Sie huschte an ihm vorbei und drückte ihm, kaum daß er sich gesetzt hatte, einen großen Wodka in die Hand. »Das wird dir guttun«, sagte sie. »Ich gieß dir gleich auch noch einen ein, falls du möchtest.«

Sie stand vor ihm und wartete darauf, daß er trank. Aber Nicholas starrte nur geradeaus. Alles, was er sehen konnte, war das blausilberne Muster auf ihrem Pyjama: Halbmonde vor einem finsteren Nachthimmel. Der Anblick erinnerte ihn an abgeschnittene Fingernägel. Er stellte das Glas auf den Boden.

Pamela bückte sich und hob es wieder auf. »Hier, Nicky, trink lieber was. Du Ärmster hast einen Schock.« Sie kniete sich auf den Boden und hielt ihm das Glas hin. »Bitte, Nicholas.« Sie stellte das Glas auf den Teppich zurück und nahm seine Hand. »Ich wünschte, ich könnte dir diese Qual ersparen.« Nicholas betrachtete ihre Hände. Sie trug den Smaragd, den er ihr geschenkt hatte, an der linken Hand, wie einen Verlobungsring. »Ach, Nicholas«, murmelte sie. »Es ist alles so schrecklich. Hast du Vicky und Liz angerufen?«

Nicholas nickte. Er betrachtete die Halbmonde auf ihrem Ärmel. Sie hob sein Kinn mit der Hand und sah ihm direkt in die Augen. Sie küßte seine Stirn, seine Wangen, dann seinen Mund. Ihre Haare hingen wie ein seidiger Vorhang um sie herum.

»Pamela«, sagte er und senkte den Kopf.

»Ja.«

»Es tut mir sehr leid.«

»Das verstehe ich doch. Es wäre ja entsetzlich, wenn dich die Sache nicht beschäftigen würde. Das zeigt doch nur –«

»Pamela, du mußt gehen.«

»Gehen?«

»Es tut mir leid. Ich weiß nicht, wie ich das sonst ausdrücken soll. Ich bin zu durcheinander, um –«

»Ich verstehe. Deine Töchter werden es nicht mögen, wenn

ich hier bin. Du hast vielleicht recht. Wenn du willst, ziehe ich ins Hotel, doch langfristig, glaube ich, ist es besser, wenn die Mädchen sich an die Realitäten gewöhnen.«

»Die Realitäten«, sagte er.

»Das ist meine ehrliche Überzeugung, Nicholas.« Erneut hielt sie ihm das Glas hin, und diesmal nahm er den Wodka und trank. »Du kannst beruhigt sein, ich werde mich niemandem aufdrängen, aber ich möchte anwesend sein und dir helfen. Du brauchst einen Halt.«

»Pamela, ich möchte, daß du in die Staaten zurückkehrst.«

»Nein.« Sie legte ihm den Kopf auf die Knie. »Nicholas, nein. Aus Angst vor dem Gerede der Leute darfst du nicht kapitulieren. Ich verspreche dir, ich werde sehr diskret und zurückhaltend –«

»Es geht nicht um das Gerede der Leute.«

»Warum kann ich dann nicht bleiben?« Nicholas schüttelte den Kopf. »Na schön, ich ziehe ins Hotel. Okay? Aber eins muß ich dir noch sagen: Ich weiß, daß du schrecklich unter Streß stehst, aber ich finde, du behandelst mich ... schäbig.«

»Ich weiß. Es tut mir leid, aber es läßt sich nicht ändern.«

»In welchem Hotel soll ich mich einquartieren?«

»In gar keinem, Pamela. Flieg nach New York und schlage die Universitätslaufbahn ein, die du ursprünglich anvisiert hast.«

»*Nein.*«

»Bitte. Ich weiß, daß dies für dich alles sehr abrupt kommt, aber es muß leider sein.«

»Wann sehen wir uns wieder?«

Zum ersten Mal sah er Pamela ins Gesicht. »Es tut mir leid«, sagte er, »aber es ist aus zwischen uns. Natürlich werde ich dafür sorgen, daß du anfänglich finanziell klarkommst und auf nichts –«

»Nein! Das kannst du nicht machen.«

»Doch. Hör mir mal zu und versuch mich doch zu verstehen. Seit wir in London sind – und zum Teil auch zuvor schon – habe ich dauernd an Jane gedacht. Sie ist meine Frau, und ich gehöre zu ihr. Ich will bei ihr sein, Pamela.«

»Nick, ich verstehe, daß du Schuldgefühle hast. Deine Frau hat einen Unfall gehabt, und du stehst unter Schockeinwirkung.

Du denkst, du wärst verantwortlich für das, was passiert ist. Aber das bist du nicht, Nick. Sobald es ihr wieder besser geht –«

»Ich muß bei ihr sein. Ich gehöre zu ihr.«

Pamela stand auf. Plötzlich wirkte sie gar nicht mehr zierlich und klein. »Du mußt bei ihr sein? Sie weiß doch nicht einmal, daß du da bist. Ich habe die Meldungen im Radio gehört. Ihr Zustand ist ernst, und sie ist ohne Bewußtsein. Wahrscheinlich hat sie eine Gehirnverletzung. Haben sie dir das nicht gesagt?«

»Doch.«

»Und?«

»Darauf kommt es nicht an.«

»Oh, doch. Du willst mich wegschicken. Ich weiß, es hört sich brutal an, aber was willst du denn mit ihr anfangen, wenn sie auf Dauer gestört ist? Was ist, wenn sie stirbt? Hast du dir das schon mal überlegt? Jetzt denkst du nur an deine Gefühle, aber versuch doch mal an die Zukunft zu denken. Laß dich nicht von irgendwelchen mittelalterlichen Vorstellungen über ritterliches Verhalten zu übereilten Entschlüssen verleiten. Setz dich ruhig an ihr Krankenbett. Das ist völlig okay. Ich bewundere dich dafür. Alle werden dich bewundern. Ich verstehe, daß du in der nächsten Zeit Haltung bewahren mußt, weil die Öffentlichkeit dich noch genauer als sonst beobachtet, aber –«

»Pamela, es tut mir wirklich leid.«

»Nicholas, denk doch mal nach. Was willst du denn machen, wenn ihr etwas passiert?« Pamelas Haar sah trocken aus und stand strohig vom Kopf ab. »Du weißt doch, daß du mich brauchst.«

»Es tut mir leid. Ich brauche Jane.«

»Na schön. Wie du willst. Ich gehe. Ich will dir nichts vorheulen, aber du kannst dir sicher denken, wie ich mich fühle. Trotzdem verspreche ich dir, falls du mich brauchst –«

»*Nein*, Pamela.«

»Hör zu, Nick, ich kehre jederzeit zu dir zurück.«

»*Nein!*«

Pamela preßte ihre linke Hand an die Brust. »Willst du den Ring zurückhaben?«

»Nein, der gehört dir.«

Noch einmal kniete sich Pamela hin. »Nicholas, versuch mich

doch zu verstehen. Du denkst wahrscheinlich, ich wäre egoistisch, weil ich dich nicht verlassen will. Aber ich denke an dich. Ganz im Ernst, wenn sie ... wenn ihr etwas passiert, wer bliebe dir dann noch?«

»Niemand«, sagte er.

»Daddy.«

Seine Töchter hatte Nicholas seit zwei Jahren nicht mehr umarmt. Jetzt standen sie gemeinsam vor der Tür zu Janes kleinem Zimmer auf der Intensivstation.

»Dürfen wir hineingehen?« fragte Victoria.

»Ja. Aber denkt bitte daran, was ich euch über ihr Aussehen gesagt habe. Außerdem ist sie noch immer bewußtlos.« Victoria trat einen Schritt zurück und sah ihn empört an.

»Bist du heute morgen schon bei ihr gewesen?«

»Nein, aber ich habe mit dem englischen Chirurgen und den beiden amerikanischen Ärzten, die ich habe einfliegen lassen, gesprochen. Sie tun, was sie können.«

Elizabeth war bei ihm geblieben und schmiegte sich an ihn. Er legte ihr den Arm um die Schultern und streichelte ihr lockiges Haar. »Ich habe Angst«, flüsterte sie.

»Ich weiß. Kommt jetzt.« Er zog Victoria dicht an sich heran. »Wir gehen zusammen hinein.«

Als Victoria ihre Mutter sah, erstarrte sie und preßte die Lippen zusammen. Elizabeth weinte. »Mami«, schluchzte sie. »Mami.«

Jane lag auch diesmal vollkommen still. Nach wie vor steckten Drähte und Schläuche in ihrem Schädel. Nicholas blieb mehrere Minuten an ihrem Bett stehen und hielt seine Töchter im Arm. Er hatte das Gefühl, nach zwei Jahren der Trennung irgend etwas Väterliches sagen zu müssen, aber es fiel ihm nichts ein. Er hatte mindestens genausoviel Angst wie seine Töchter. Ich bin vierzig Jahre alt, sagte er sich, aber das half nichts. Alles, was er konnte, war schauspielern.

Er ließ die Mädchen los und trat näher ans Bett seiner Frau. Sie sah immer noch stark genug aus, um die Verantwortung für die ganze Familie zu tragen. Wenn sie nur ihre Augen öffnen würde, wäre alles wieder in Ordnung. Er würde wieder aufleben, er würde wieder der Mann werden, der er eigentlich sein sollte, und die Familie wäre wieder vereint. Nicholas ergriff ihre Hand und hob sie an seine Lippen, aber diese Hand spürte nicht, daß sie geküßt wurde. Janes Haut hatte einen Klinikgeruch angenommen, so als ob man sie über Nacht mit Lysol gewaschen hätte. Nicholas legte die Hand zurück auf die Bettdecke. Er erinnerte sich an die französische Seife, die Jane so geliebt hatte. »Meine Anti-Cincinnati-Seife« hatte Jane sie genannt. Er hätte ihr jetzt so gern die Hände mit dieser duftenden Seife gewaschen.

»Dad«, sagte Victoria, »ist es sehr schlimm?«

»Ja. Deshalb habe ich euch auch herkommen lassen.«

Er streckte seinen Töchtern die Hände entgegen. Victoria zögerte, aber Elizabeth lehnte sich schluchzend an seine Brust. »Mein Kleines«, sagte er und unterdrückte mit Mühe den Satz: Es wird bestimmt wieder gut.

Victoria hatte sich abgewandt und starrte den Schlauch an, der in Janes Armvene steckte. Ihr Gesicht war sonnenverbrannt. Sie jobbte in diesem Sommer als Tennistrainerin in einem Ferienlager für Zehnjährige.

»Komm zu mir, Vicky.« Nicholas streckte den Arm aus.

»Und was ist mit *ihr*?« fragte Victoria. Trotzig sahen ihre grünblauen Augen ihn an.

»Sie kann uns nicht hören«, sagte er.

»Ich rede nicht von Mami. Ich meine deine kleine Freundin.«

»Ich verbitte mir diesen Ton.« Seine Stimme war dünn. Die Vaterrolle hatte er zu lange vernachlässigt, und es fehlte einfach die nötige Autorität.

Trotzdem milderte Victoria jetzt ihren Tonfall. »Was ist mit ihr? Du hast sie noch gar nicht erwähnt –«

»Sie ist weg.«

»Endgültig?«

»Ja.«

»Ich glaube es nicht. Bist du ganz sicher?« fragte Victoria, kam aber doch einen Schritt näher.

Nicholas legte ihr den Arm um die Schultern. »Ja, Vicky. Und jetzt hör mit der Fragerei auf.«

»Weiß Mami es schon?«

»Nein, noch nicht.«

Elizabeth hob den Blick. »Daddy, vielleicht wenn du es ihr sagst, dann –«

»Liz, sie kann uns nicht hören. Sie ist bewußtlos.«

Victoria tippte sich an die Stirn. »Meine Güte, Liz, bist du dämlich. Sieh dir Mami doch an! Sollen wir sie an den Schultern rütteln und –«

»Schluß damit, Vicky!« sagte Nicholas scharf.

Elizabeth riß sich aus seinem Arm los, rannte zum Bett ihrer Mutter und klammerte sich an den weißlackierten Gitterstäben am Fußende fest. »Mami!« schluchzte sie. »Mami!«

Jetzte müßte Jane die Augen aufschlagen und lächeln. Aber es zeigte sich keinerlei Reaktion in ihrem Gesicht.

»Mami! Mami!« Elizabeths flehentliche Stimme klang wie der Ruf eines ängstlichen Vogels.

»Liz«, sagte Nicholas und zog sie zurück. »Bitte, mein Kleines, sie –«

»*Mami!*«

Es war ein verzweifelter, herzzerreißender Schrei, der ihm durch Mark und Bein ging.

»Sie soll aufhören!« kreischte Victoria und begann haltlos zu schluchzen. »Daddy, sag ihr, daß sie aufhören soll –«

»*Mamiii!*«

Krachend flog die Tür auf. Die drei Ärzte stürmten fast gleichzeitig herein. »Was ist los?« fragte Sir Anthony und warf einen Blick auf seine Patientin. Die Mädchen drängten sich an ihren Vater. »Ich glaube, es ist besser, Sie warten jetzt draußen«, sagte der Arzt. »Wir haben zu tun.«

Den Nachmittag verbrachte Nicholas mit seinen Töchtern im gelben Büro des Verwaltungsdirektors. Sie sprachen nur wenig, die meiste Zeit starrten sie bloß auf die Möbel, die Wände, die Tür. Als die drei Ärzte eintraten, stand Nicholas auf. Die Neurochirurgen kamen zu dritt, aber die beiden Amerikaner blieben neben der Tür stehen. »Mr. Cobleigh«, sagte Sir Anthony.

»Ja.« Victoria und Elizabeth senkten die Köpfe, als ob sie die Mitteilung des Arztes nicht hören wollten.

»Es gibt Grund zur Besorgnis.«

»Ja?«

»Wir haben noch ein EEG machen lassen.«

»Hat sich etwas Neues ergeben?«

»Im linken Schläfenlappen hat sich ein Blutgerinnsel gebildet. Es gab schon einige Faktoren, die darauf hindeuteten. Der Blutdruck der Patientin ist zu hoch und der Herzschlag ist unregelmäßiger geworden. Ihre linke Pupille ist erheblich erweitert.«

Nicholas wußte, daß er jetzt eine vernünftige, sachliche Frage stellen mußte. Er hatte den ganzen Tag darüber nachgedacht, während er versuchte, mit den Mädchen zu reden, als seine Eltern und seine Geschwister anriefen, während er wartete, daß die Ärzte ihm endlich sagten, was los war. Aber jetzt fehlten ihm einfach die Worte. Er hatte nur Angst – schreckliche, würgende Angst.

»Ein solche Erweiterung der Pupille ist ein Zeichen für wachsenden Hirndruck«, fuhr Sir Anthony fort, »und die Messung hat diese Vermutung bestätigt.«

»Ich verstehe«, sagte Nicholas. Er wollte sich hinsetzen, wagte es aber nicht.

»Haben Sie irgendwelche Fragen, Mr. Cobleigh?«

»Können Sie irgendwas tun?«

»Ja. Ich würde gern eine Hirnpunktion vornehmen, um das Blut zu entfernen, den Hirndruck zu senken und nach Möglichkeit die Blutung zu stillen.«

»Eine Operation?«

»Ja. Eine Operation.«

Nicholas richtete seinen Blick auf die beiden amerikanischen Ärzte. Sie nickten, und Nicholas spürte, wie sich der Knoten in seinem Magen noch enger zusammenzog. »Hat sie noch eine Chance?« fragte er mühsam.

»Das hängt davon ab, ob die Blutung sehr stark ist. Den Umständen entsprechend ist die Prognose nicht schlecht, Mr. Cobleigh.«

Nicholas hatte erwartet, daß Rhodes mit großem Getöse in das Büro des Verwaltungsdirektors hereinplatzen würde. Er war deshalb ziemlich erschrocken, als sein Schwager plötzlich neben ihm auf der Couch saß und sagte: »Hallo, Nick.«

»Ach, Rhodes, schön, daß du da bist.«

Nicholas wollte die Hand ausstrecken, aber Rhodes umarmte ihn einfach. Bei jeder anderen Gelegenheit wäre es Nicholas peinlich gewesen, sich so umarmen zu lassen, aber jetzt war er froh, daß Rhodes ihm so deutlich zeigte, daß er Hilfe und Trost spenden wollte.

»Wie geht es ihr?« fragte Rhodes schließlich und ließ Nicholas los.

»Sie ist vor einer halben Stunde in den Operationssaal gebracht worden. Der Chirurg hat gesagt, die Aussichten wären den Umständen entsprechend nicht schlecht.«

»Oh, Scheiße.«

»Guten Tag, Onkel Rhodes.«

Victoria und Elizabeth kamen aus ihrer Ecke, um Rhodes zu begrüßen. Er stand auf und umarmte sie, erst jede einzeln und dann noch einmal beide zusammen. Nicholas hätte sich am liebsten dazugestellt. Er hatte gar nicht gewußt, wie sehr er seinen Schwager in den letzten zwei Jahren vermißt hatte. Schmerzlich erinnerte er sich an die vergnügten Wortgefechte zwischen Rhodes und Jane, über die er oft so gelacht hatte. Die »Heissenhuber-Show« hatte er diese fröhlichen Stunden immer genannt. Sie hatten so viel Spaß zusammen gehabt.

Er sehnte sich nach diesen unbeschwerten Stunden. In den ganzen zwei Jahren mit Pamela hatte er nie von Herzen gelacht.

Rhodes ließ die beiden Mädchen los und setzte sich wieder zu Nicholas auf die Couch. »Sie tun mir so leid«, sagte er, als Victoria und Elizabeth mit hängenden Schultern zu ihren Sesseln zurückkehrten.

Nicholas warf seinem Schwager einen prüfenden Blick zu. Seine Augen waren blutunterlaufen, und unter der Sonnenbräune glühten seine Wangen unnatürlich. Nicholas nahm an, daß Rhodes seit dem Telefonat mit Murray getrunken hatte. Mit seinen Bartstoppeln und dem wirren Haar sah er ziemlich wüst aus. Wahrscheinlich hatte er schon lange nicht mehr in den Spiegel geschaut. »Wie lange wird die Operation dauern?« fragte er.

»Drei bis dreieinhalb Stunden«, sagte Nicholas. »Möchtest du etwas trinken?«

»Nein, danke, es hilft sowieso nichts.«
»Wo ist Philip?«
»In seinem Apartment. Er will später vorbeikommen. Er dachte, es wäre besser, wenn er uns erst einmal eine Weile allein läßt. Nick ...«
»Was ist?«
»Ich bin schuld daran, daß sie hier ist. Ich habe sie dazu überredet, nach London zu fliegen. Sie wollte mit dir reden, um – na ja, du weißt schon – um es noch einmal zu versuchen. Sie wollte dich anrufen, aber ich habe ihr eingeredet, es wäre besser, sich bei so einem Gespräch persönlich gegenüberzusitzen. Sie hatte schreckliche Angst vor dem Flug, aber ich habe ihr gesagt, wenn sie nicht fliegen würde, hätte sie keine Chance, dich jemals zurückzukriegen.« Rhodes rieb sich mit dem Handrücken so heftig über die Lippen, daß ein lautes Kratzgeräusch entstand.

»Reg dich nicht auf«, sagte Nicholas und legte seinem Schwager die Hand auf den Arm. »Erzähl mir, was sie gesagt hat.«

»Das sie dich immer noch liebt. Sie wollte versuchen, dich zurückzugewinnen und Pamela ...« Rhodes errötete plötzlich. »Entschuldige, ich meine ... Ich weiß nicht. Entschuldige.«

»Schon gut. Pamela ist auf dem Weg nach New York.«

»Sie gehört der Vergangenheit an?«

»Was? Ja. Sie gehört der Vergangenheit an. War wohl auch keine Sternstunde, als ich sie kennengelernt habe.«

»Was Jane in den letzten zwei Jahren erlebt hat, waren auch nicht nur Sternstunden, Nick. Und das wußte sie auch.«

»Hat sie dir etwas von diesem Psychiater erzählt?« fragte Nicholas.

»Sicher. Sie hat ihm vor ungefähr einem Monat gesagt, er solle sich dünnmachen, aber es war wohl im Grunde schon länger vorbei. Sie war nur einfach allein, und der große Wunderheiler war der einzige Kontakt, den sie hatte. Sie sagt, sie hätte schon amüsantere Kröten getroffen.«

Nicholas lächelte. »Das hat Jane bestimmt nicht gesagt.«

»Sie hat gesagt, er sei langweilig. Das läuft doch wohl auf dasselbe hinaus.«

Nicholas warf einen Blick zu den beiden Mädchen hinüber. Sie waren von ihren Sesseln gerutscht und hatten sich auf den

Boden gesetzt. Victoria lehnte mit dem Rücken an der Wand, und Elizabeth hatte ihren Kopf in den Schoß ihrer Schwester gelegt. Sie schliefen.

»Ich kann gar nicht glauben, daß ich zwei Jahre meines Lebens so nutzlos vertan habe«, sagte Nicholas kopfschüttelnd zu seinem Schwager.

»Ihr habt beide eure Zeit vertan«, sagte Rhodes.

»Ich hoffe bloß, es ist nicht zu spät ...«

»Ich weiß.«

»Es ist so idiotisch. Wir dachten, wir wären so schlau, und wußten nicht, was wir uns antaten.«

»Weißt du«, sagte Rhodes, »ich war mal bei euch auf der Farm, als du irgendwo in Europa gedreht hast. Jane, Cecily von Doorn und ich saßen zusammen, und ich versuchte gerade, Jane zu einer neuen Therapie gegen ihre Krankheit zu überreden, da sagte Cecily plötzlich: ›Das Leben ist so kurz, Jane.‹ Ich hab das damals nicht so ganz verstanden. Natürlich meinte sie, Jane solle nicht ihre besten Jahre im Gefängnis ihrer Krankheit verbringen, aber das war nicht alles. Sie meinte auch die Verletzlichkeit, denn wir sind ja so verletzbar.«

»Gestern abend«, sagte Nicholas, »habe ich die Mädchen am Flughafen abgeholt, und dann haben wir bis zwei Uhr morgens geredet. Ich habe sie mit Mühe und Not ins Bett gekriegt, und dann war ich so müde, daß ich es kaum noch zurück in mein Zimmer schaffte. Aber dann war ich mit einem Mal wieder hellwach. Es war wie ein elektrischer Schock: Plötzlich wurde mir klar, daß ich nie geglaubt hatte, Jane und ich würden uns endgültig trennen. Insgeheim war ich immer überzeugt, wir würden wieder zueinander zurückfinden. Es bleibt uns gar nichts anderes übrig. Wir sind füreinander geschaffen. Vielleicht lachst du darüber, aber ich bin wirklich davon überzeugt.«

»Ich lache keineswegs«, sagte Rhodes. »Wenn ihr nicht füreinander geschaffen wärt, hättest du wahrscheinlich diese ideale Partnerin geheiratet, die du auf der Universität hattest. Jemand wie dich und meine Schwester konnte nur das Schicksal zusammenführen. Du weißt schon: die alte Geschichte mit den Ehen, die im Himmel geschlossen werden und so. Ein Geschenk der Götter, so was gibt's. Das weiß ich genau.«

»Aber ich habe das Geschenk weggeworfen.«

»Du hast es für eine Weile beiseite gelegt. Das hat Jane auch getan. Was ihr dafür gekriegt habt, ist klar: Sie hatte den Seelenklempner und du deine ... Nymphe. Auf diese Weise haben euch die Götter gezeigt, was für Dummköpfe ihr doch seid.«

»Pamela war – ich weiß auch nicht – eine Abwechslung. Ganz real war sie nie. Wahrscheinlich deshalb nicht, weil ich unbewußt damit rechnete, früher oder später zu Jane zurückzukehren. Ich habe wohl insgeheim gedacht, bei unserer goldenen Hochzeit würde bestimmt niemand mehr darüber reden, daß es mal ein, zwei Jahre bei uns nicht so gut lief. Was sind schon ein, zwei Jahre in einem ganzen Leben? Die können doch soviel nicht bedeuten.«

»Aber bitte wirklich nur einen Augenblick«, sagte Sir Anthony Bradley. »Sie ist noch sehr schwach.«

Janes Kopf war völlig bandagiert. Ihr seidiges schwarzes Haar war verschwunden. Die einzige Erinnerung daran waren ihre Augenbrauen, die zwei schwarze Akzente in ihrem bleichen Gesicht setzten.

Nicholas mußte daran denken, daß er sich einmal eine ihrer Haarsträhnen über die Oberlippe gezogen und gefragt hatte: Sehe ich aus wie Clark Gable!«

Ihre Haut war so weiß.

»Jane. Jane!«

Nicholas erwartete nichts, aber plötzlich öffnete Jane ihre Augen. Tränen liefen ihm übers Gesicht. Jane sah ihn an. Sie erkannte ihn, dessen war er sich sicher.

»Ich liebe dich«, sagte er. »Jane, ich liebe dich mehr als alles auf der Welt.«

»Nick.« Es war kaum zu hören. »Ich liebe dich.«

»Ich weiß«, sagte er. »Jane, ich weiß.«

Ihre Augen schlossen sich wieder.

Um Mitternacht rief der Chirurg am Berkeley Square an. »Sie hat das Bewußtsein verloren.«

»Was?«

»Ich fürchte, Mr. Cobleigh, Ihre Frau ist im Koma. Wir haben noch ein EEG gemacht. Wir haben kein Gerinnsel mehr gefunden, aber der Hirndruck ist wieder gestiegen. Die Quetschungen sind leider sehr ernst. Die Schwellungen nehmen zu.«

»Muß sie sterben?« zwang sich Nicholas zu fragen.

»Es sieht sehr ernst aus«, sagte der Arzt. »Wir tun, was wir können, und es besteht auch noch eine Chance, aber ...«

»Wie groß ist diese Chance?« flüsterte er.

»Nicht sehr groß, fürchte ich.«

Lieber Gott, bitte laß sie am Leben.

Wieder fahren sie in das gelbe Büro, und diesmal verlassen sie es nicht wieder. Am zweiten Tag nach der Operation kommt Sir Anthony Bradley am späten Nachmittag zu ihnen. Er steht auf der Schwelle und sagt: »Mr. Cobleigh.«

Sie erheben sich alle gleichzeitig.

»Beide Pupillen sind stark erweitert. Sie wird künstlich beatmet.«

»Was bedeutet das?« fragt Nicholas tonlos.

Aber er weiß es. Er braucht Sir Anthonys Antwort nicht mehr. Er steht mit seinen beiden Töchtern und seinem Schwager in einem gelben Büro in einem Krankenhaus in der Stadt London und weiß, daß Cecily recht hatte.

Das Leben ist so kurz.

Maude Hutchins

Honig im Mond

Roman

Ullstein Buch 22074

ein Ullstein Buch

»In diesem Roman geht es um einen Zweikampf – ein Gefecht der zwanzigjährigen Heldin mit ihrem doppelt so alten und frisch angetrauten Ehemann, aber auch um ein Duell der jungen Frau mit dem eigenen Ich und seiner Vergangenheit. Maude Hutchins hat die Entwicklung dieser Ehe mit viel Einfühlungsvermögen und sprachlicher Eleganz geschildert.«

Die Welt

Helen Hooven Santmyer

»... und Damen des Klubs«

Roman

Ullstein Buch 22047

»Ein außergewöhnlicher Roman, der die Zeit von den ersten Jahren nach dem Sezessionskrieg bis zu der großen wirtschaftlichen Depression Anfang der 30er Jahre umspannt. Ein Roman, der durch seinen Reichtum an Details und durch die gewählte Erzählperspektive fasziniert. Ein im besten Sinne amerikanischer Heimatroman.«
Österreichischer Rundfunk, Wien

ein Ullstein Buch